BERLIN IM MITTELALTER

S | M
P | K

STAATLICHE MUSEEN PREUSSISCHER KULTURBESITZ

Die Austellung wird veranstaltet von

den Staatlichen Museen Preußischer Kulturbesitz
dem Senat von Berlin und
dem Bezirksamt Spandau
aus Anlaß
des 750jährigen Jubiläums der Stadt Berlin 1987
Konzeption:
Friedrich Meinecke-Institut der FU-Berlin
Archäologisches Landesamt
Gesamthochschule Kassel
Museum für Vor- und Frühgeschichte (MVF)

Bürger Bauer Edelmann

BERLIN IM MITTELALTER

Museum für Vor- und Frühgeschichte
Staatliche Museen Preußischer Kulturbesitz

Berlin – Zitadelle Spandau
8. Mai bis 1. November 1987
dienstags bis sonntags
von 9–17 Uhr

Wissenschaftliche Vorbereitung:

Dr. E. Bohm
Dr. F. Escher
Prof. Dr. W. H. Fritze
Dr. K. Goldmann
Dr. A. Kernd'l
Prof. Dr. D. Kurze
Prof. Dr. A. von Müller
Prof. Dr. W. Schich
Prof. Dr. K. Schulz

Koordination, Durchführung und Redaktion:
G. Saherwala, A. Theissen

Ausstellungsgestaltung:

L + Z Grafik-Design
Fa. Ausstellungsbau Heimann

Für Hilfe und Beratung danken wir:

Prof. Dr. Peter Bloch
Prof. Dr. Henning Bock
Prof. Fred Christ
David Goldberg
Dieter Hafemeister
Heidrun Klein
Karsten Klingbeil
Prof. Dr. Dietrich Kötzsche
Gerhard Pieh
Prof. Dr. Werner Plarre
Manfred Richter

ISBN: 3-87584-198-0

Buchhandelsausgabe: Nicolaische Verlagsbuchhandlung Beuermann GmbH, Berlin
Fotos: K. Anger, J. Bartsch, K. P. Petersen, H. Scheiter u. P. Sierigk
Umschlaggestaltung und Plakat: D. Winzens
Satz: Con Composition Berlin
Druck: Druckerei Vogt, Berlin
Layout und Gesamtherstellung: Werner Kattner / Nicolaische
Verlagsbuchhandlung, Berlin
Printed in Germany

Inhaltsverzeichnis

Katalogteil

Leihgeber (alphabetisch nach Orten)

Amberg	Stadtmuseum
Bamberg	Staatsarchiv
Bamberg	Staatsbibliothek
Berlin	Archäologisches Landesamt
Berlin	Berlin-Museum
Berlin	Bischöfliches Ordinariat
Berlin	Fischersozietät Tiefwerder-Pichelsdorf
Berlin	Geheimes Staatsarchiv Preußischer Kulturbesitz
Berlin	Heimatmuseum Neukölln
Berlin	Ev. Kirchengemeinde Kladow
Berlin	Ev. Kirchengemeinde Lankwitz
Berlin	Ev. Kirchengemeinde Lübars
Berlin	Ev. Kirchengemeinde Alt-Wittenau
Berlin	Ev. Kirchengemeinde Schlachtensee
Berlin	Evangelische Kirche in Berlin-Brandenburg (Berlin-West)-Konsistorium
Berlin	Landesarchiv
Berlin	Sammlung Manfred Paul Schulze Spandau
Berlin	Staatliche Museen Preußischer Kulturbesitz – Kunstgewerbemuseum – Kupferstichkabinett – Museum für Deutsche Volkskunde – Museum für Vor- und Frühgeschichte
Berlin	Staatsbibliothek Preußischer Kulturbesitz – Kartenabteilung – Handschriftenabteilung – Orientabteilung
Berlin	Stadtgeschichtliches Museum, Archiv Spandau
Berlin	Schützengilde zu Spandau (Korp.)
Berlin	Verein für die Geschichte Berlins
Braunschweig	Stadtarchiv
Freiburg	Landesdenkmalamt Baden-Württemberg
Göttingen	Niedersächsische Staats- und Universitätsbibliothek
Göttingen	Städtisches Museum
Goslar	Stadtarchiv
Konstanz	Landesdenkmalamt Baden-Württemberg
Kopenhagen	Königliche Bibliothek
Lübeck	Amt für Bodendenkmalpflege
Lübeck	Hansestadt Lübeck
Mollenfelde	Europäisches Brotmuseum, Sammlung Kunkel
München	Bayerisches Hauptstaatsarchiv
München	Bayerishe Staatsbibliothek
München	Staatliche Münzsammlung
Nürnberg	Germanisches Nationalmuseum
Rothenburg o. d. Tauber	Mittelalterliches Kriminalmuseum
Trier	Stadtbibliothek
Wienhausen	Kloster Wienhausen
Wolfenbüttel	Herzog-August-Bibliothek

sowie ungenannter Privatbesitz

Geleitwort

Berlin begeht am 28. Oktober 1987 sein 750jähriges Jubiläum. Jeder weiß, daß sich dieses Datum allein auf die erste Erwähnung, nicht einmal Berlins selbst, sondern nur eines Teils der alten Doppelstadt Berlin-Cölln, nämlich Cöllns bezieht. Dies hat nichts mit einem Gründungsdatum zu tun. Berlin-Cölln kann also, und das vermutete man schon immer, viel älter sein. Allein es fehlten die urkundlichen Quellen. Durch die nach dem zweiten Weltkrieg in der völlig zerstörten Innenstadt von Berlin in Gang gesetzte archäologische Forschung gelang es nun, das wirkliche Alter unserer Stadt, wenn auch nicht aufs Jahr genau, doch immerhin ungefähr zu bestimmen. Es fällt in die Zeit um Zölfhundert. Archäologen und Historiker hatten es sich zur Aufgabe gemacht, die Forschung in dieser Frage voranzutreiben. Die gedeihliche Zusammenarbeit führte zu dem Ergebnis, daß Berlin-Cölln zwei Vorgänger hatte, Spandau und Köpenick. Doch zeigte sich bald bei fortschreitender Forschung, daß Spandau der Vorrang gebührte. Die Stadt, etwa einen Kilometer südlich der heutigen Altstadt gelegen, bestand bereits 400 Jahre vor der Gründung Berlins. Man darf sie somit als Vorläufer der Doppelstadt bezeichnen. Sie war, wie später Berlin-Cölln, ein wirtschaftlicher Mittelpunkt, aber in erster Linie ein bedeutender Verkehrsknotenpunkt im Fernhandelsnetz. Man muß daraus den Schluß ziehen, daß die Bedeutung Berlins für die spätere Geschichte Preußens und Deutschlands nicht zufällig war und schon gar nicht im politischen Bereich allein angesiedelt gewesen sein kann. Vielmehr ist es der Berliner Raum, der von altersher in wirtschaftlicher, verkehrspolitischer und daraus resultierend in politischer Hinsicht prädestiniert war für die Entstehung der deutschen Hauptstadt. Diesen erst jüngst gewonnenen Erkenntnissen trägt die Ausstellung Rechnung, in der nicht nur die Geschichte der mittelalterlichen Doppelstadt Berlin-Cölln, sondern auch des Großraums Berlin mit seinen Städten und Dörfern in der historischen Entwicklung dargestellt wird. Es ist dies der erste Versuch, die Entstehung und Entwicklung Berlins in jenem neuen forschungsgeschichtlichen Licht zu sehen. Zahlreiche eminente Kollegen haben an der wissenschaftlichen Vorbereitung der Ausstellung mitgewirkt, wofür ihnen aufrichtiger Dank gebührt. Ganz undenkbar ist aber der Stand gegenwärtiger Kenntnis des frühen Berlins und damit auch diese Ausstellung ohne die jahrelange vorbildliche Tätigkeit Adriaan von Müllers in seiner doppelten Eigenschaft als Direktor des Museums für Vor- und Frühgeschichte und als Berliner Landesarchäologe. Ihm gebührt allen voran unser aller Dank.

Wolf-Dieter Dube

DIE ANFÄNGE I

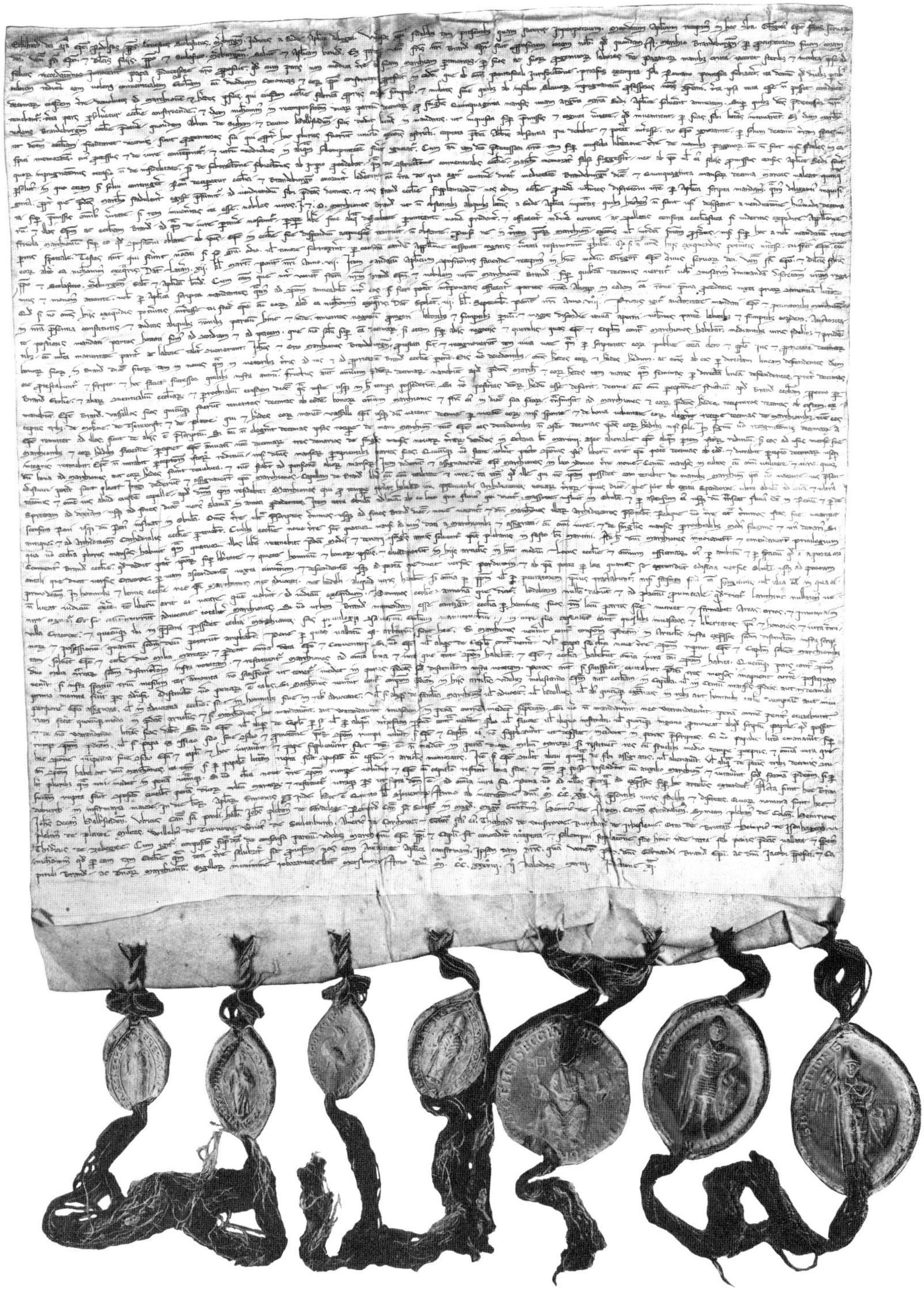

Die Ersterwähnung Cöllns in einer Urkunde des Jahres 1237.

Entstehung und Anfänge von Berlin

Wolfgang H. Fritze

Wenn wir im Jahr 1987 das 750jährige Bestehen der Stadt Berlin begehen, dann tun wir gut, uns darüber klar zu werden, daß es sich bei dieser Altersbestimmung um eine bloße Konvention, um eine Hilfskonstruktion gewissermaßen handelt. Denn was in diesem Jahr 750 Jahre alt wird, das ist in Wahrheit nur die erste Erwähnung der Stadt in einer Urkunde, die einen Vertrag zwischen dem Markgrafen und dem Bischof von Brandenburg enthält und die unter den Zeugen einen *Symeon plebanus de Colonia* nennt, also einen Pfarrer von Cölln an der Spree. Die erste Erwähnung sagt aber gar nichts darüber, wie alt die Stadt zu diesem Zeitpunkt bereits war, und es ist deshalb kaum zu verwundern, wenn diese Frage in der Berlin-Forschung immer erneut und mit sehr verschiedenem Ergebnis behandelt worden ist.

Wenn im Folgenden diese und andere Fragen der Entstehungsgeschichte Berlins erörtert werden sollen, dann sei vorab vermerkt, daß die hier dargelegte Auffassung von den Anfängen der Stadt Erkenntnisse aufnimmt und fortbildet, die eine bestimmte Richtung der älteren Forschung gewonnen hat, die aber keineswegs ohne Widerspruch geblieben sind. Doch haben sie eine um vieles breitere Basis erhalten durch neue Einsichten, die sich zum einen aus neuen kritischen Untersuchungen der schriftlichen Quellen ergeben haben, vor allem aber aus der Einbeziehung von Ergebnissen neu entwickelter, mit nichtschriftlichen Quellen arbeitender Disziplinen, besonders der mittelalterlichen Archäologie, aber auch der historischen Siedlungsgeographie, der historischen Verkehrsgeographie und der Ortsnamenforschung. Diese weiterführende Arbeit ist seit dem 2. Weltkrieg gleichmäßig in beiden Teilen dieser Stadt geleistet worden.

Was nun die Frage des Alters der Stadt betrifft, so verfügen wir hier über ein Zeugnis, das die Gründung der Stadt scheinbar verhältnismäßig genau datiert. Die sogenannte Märkische Fürstenchronik, die um 1280 in der Umgebung des Markgrafen Otto III. von Brandenburg entstanden ist, teilt mit, die Markgrafen Johann I. und Otto III., zwei Brüder, hätten sich auch dadurch ausgezeichnet, daß sie gemeinsam eine Reihe von Städten errichtet hätten *(exstruxerunt);* an erster Stelle nennt die Chronik hier Berlin (s. Abb. 1). Da die Brüder gemeinsam die Mark von 1225–1257 regiert haben (s. Abb. 2), schien die Gründung der Stadt in die Zeit von 1225 bis 1237 zu fallen. Doch hat die Mitteilung der Chronik schon früh Fragen aufgeworfen. Was soll man unter der „Erbauung" (exstructio) der Stadt verstehen? Ist damit etwa nur eine Ummauerung oder eine sonstige städtebauliche Maßnahme gemeint? Sollte dies der Fall sein, dann ließe uns die Chronik-Notiz für die Frage nach dem Alter der Stadt im Stich.

Aufgrund der – nicht sehr zahlreichen – schriftlichen Zeugnisse, die uns aus dem 13. Jahrhundert erhalten sind, können wir nur sagen, daß die Stadt bereits zu dieser Zeit als Doppelstadt bestanden hat, d.h. in Gestalt zweier

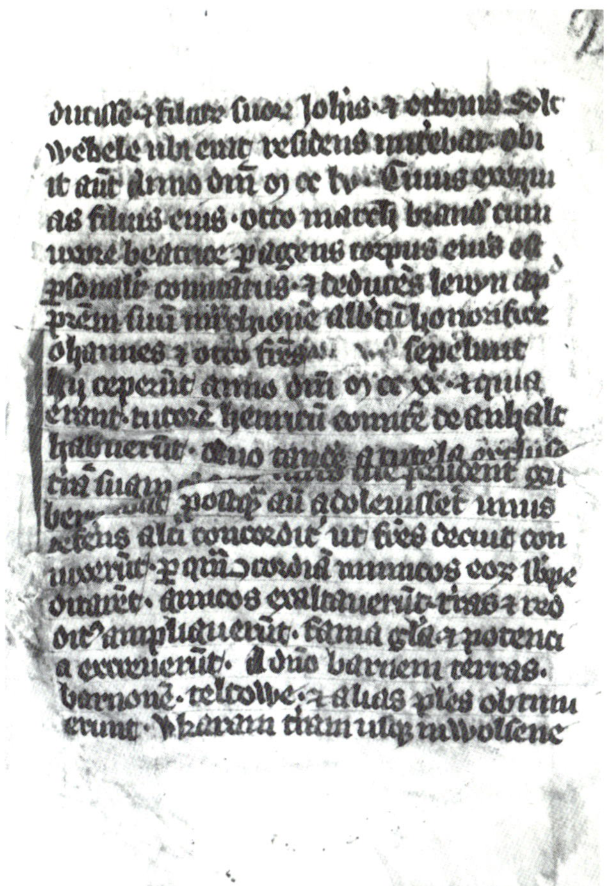

1. Aus der Märkischen Fürstenchronik (Bl. 27).

2. Siegel der beiden brandenburgischen Markgrafen Otto III. und Johann I., die von 1225 bis 1257 gemeinsam regierten.

rechtlich selbständiger städtischer Gemeinden, deren eine, Berlin – zuerst 1244 bezeugt (s. Abb. 3) –, auf dem nördlichen Ufer der Spree gelegen war, während Cölln auf einer Insel in der Spree errichtet war. Beide Städte bildeten aber insofern eine gewisse rechtliche Einheit, als sie ein und demselben Schultheißen unterstellt waren, nämlich dem von Berlin, der zuerst in einer Urkunde von 1247 erscheint. Der Schultheiß war ein landesfürstlicher Amtsträger, der im Auftrag des Landesherren dessen Gericht in der Stadt wahrnahm. Wenn Berlin-Cölln 1247 einen Schultheißen gehabt hat, dann hat die Doppelstadt zu dieser Zeit einen selbständigen, aus dem Landgericht der markgräflichen Vögte herausgelösten Gerichtsbezirk gebildet, und das bedeutet, daß Berlin und Cölln zu dieser Zeit als städtische, nicht etwa als ländliche Gemeinden aufzufassen sind.

Auch in kirchlicher Hinsicht waren beide Städte miteinander verbunden. Beide unterstanden nach Zeugnissen des 14. Jahrhunderts dem Propst (Archidiakon) von Berlin, der 1244 zuerst erwähnt wird (s. Abb. 3).

1251 wird Berlin erstmals als *civitas* bezeichnet, d.h. als sich selbst verwaltende, autonome Stadt, als „kommunale" Stadt im Rechtssinne, wie ihn das hohe Mittelalter verstand. Dem entspricht es, wenn die Markgrafen 1253 der von ihnen neu angelegten Stadt Frankfurt/Oder das Recht der Stadt Berlin verleihen und wenn wenig später auch erstmals das charakteristische Hauptorgan der städtischen Selbstverwaltung, der städtische Rat, erscheint.

Aus den schriftlichen Zeugnissen ergibt sich also immerhin soviel, daß in der Mitte des 13. Jahrhunderts Berlin und Cölln voll ausgebildete „kommunale" Städte gewesen sind, die in ihrer Verfassung dem hochmittelalterlichen Stadtmodell, wie es im 11. und 12. Jahrhundert im westlichen Europa entwickelt worden war, entsprachen. Es ist aber wahrscheinlich, daß sie diesen Status zum Zeitpunkt der Ersterwähnung 1237 noch nicht besaßen. Seit langem wird mit guten Gründen angenommen, daß mit jener exstructio, von der die Märkische Fürstenchronik berichtet, eine Stadterweiterung gemeint war, mit der die Verleihung des „Stadtrechtes", also des Status einer „kommunalen" Stadt im oben bezeichneten Sinne, verbunden war.

Eine Analyse des mittelalterlichen Stadtgrundrisses, wie ihn der älteste, von dem kurfürstlichen Ingenieur Johann Gregor Memhardt stammende Plan um 1650 (s. Abb. 96 auf S. 2/4) festgehalten hat, ergibt, daß im mittelalterlichen Berlin ein älterer Teil um St. Nikolai zu unterscheiden ist von einem etwas jüngeren um St. Marien. Die Namen des Olden (oder Molken-) Marktes bei St. Nikolai und des Neuen Marktes bei St. Marien weisen auf die zeitliche Folge in der Entstehung beider Stadtteile hin, die durch die Oderberger (heutige Rathaus-) Straße von einander geschieden werden. Mit ihrem überaus regelmäßigen, schachbrettförmigen Grundriß hebt sich die jüngere Mariensiedlung von der älteren Nikolaisiedlung, die in ihrem Grundriß einem älteren Schema folgt, deutlich ab.

Es hat viel Wahrscheinlichkeit für sich, daß mit der Stadterweiterung, die mit der Anlage der Mariensiedlung wohl um 1240 gegeben war, die Verleihung des Stadtrechtes Hand in Hand ging. Dafür spricht besonders, daß in zwei benachbarten märkischen Städten, Spandau und Frankfurt/Oder, ein entsprechender Vorgang nachweisbar ist. Das bedeutet aber nicht, daß Berlin und Cölln nicht auch schon vorher als „Städte" zu betrachten wären. Vielmehr besteht kaum ein Zweifel, daß beide Orte bereits 1237 Städte zwar nicht im vollen Rechtssinn, wohl aber im wirtschaftlich-funktionalen Sinne des Wortes waren, Siedlungen also, die dem Handel und dem Gewerbe dienten.

Darauf deutet wiederum die Analyse des Stadtgrundrisses. Der ältere Teil von Berlin, die Nikolaisiedlung, zeigt sich beherrscht von dem Zuge zweier Fernverkehrsstraßen, die von dem zentralen Platz, dem Olden Markt, aus nach Westen und nach Nordosten führen, der Spandauer Straße mit dem Spandauer Tor, der Stralauer Straße mit dem Stralauer Tor. Von den Toren kommend, mündeten beide Straßen in leichter Biegung nach Süden in den Olden Markt und fanden dort ihre Fortsetzung in südlicher Richtung in dem Straßenzug, der über den Mühlendamm durch Cölln und zum Teltower oder Gertrauden-Tor lief. Zielpunkte dieser Straßen waren im Westen Magdeburg, im Nordosten Stettin und im Süden Halle und Erfurt.

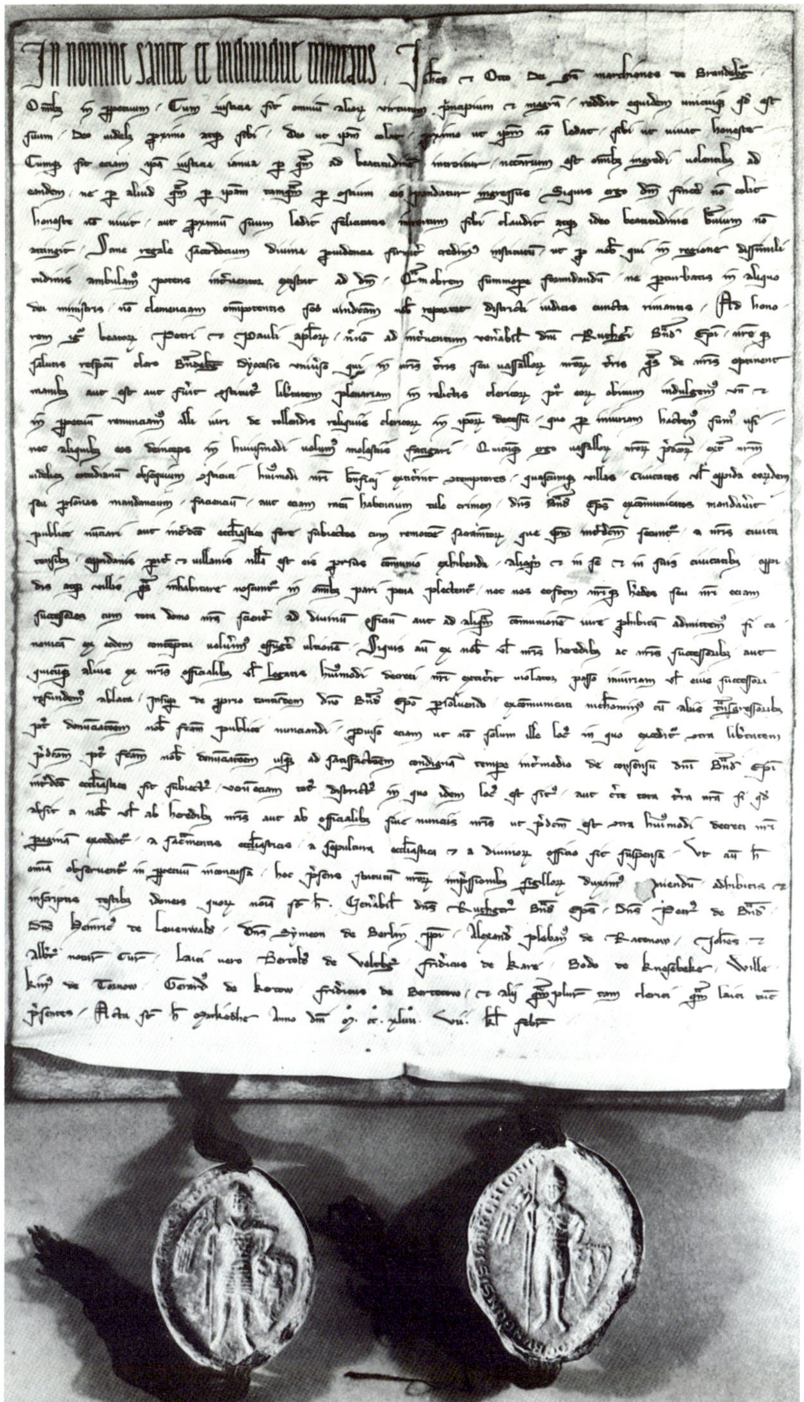
In nomine sancte et individue trinitatis

3. Die Ersterwähnung Berlins in einer Urkunde des Jahres 1244.

Einen Verkehrsweg nach Norden, der über die Hochfläche des Barnim auf Prenzlau und auf Stettin zielte, hat erst die im Rahmen der Stadterweiterung um 1240 angelegte Oderberger Straße geschaffen.

Der mittelalterliche Stadtgrundriß zeigt Berlin und Cölln also gerade in ihren ältesten Teilen eingebunden in ein weitgreifendes Netz von Fernverkehrsstraßen, und schon deshalb kann als sicher gelten, daß die Doppelstadt seit ihrem Bestehen den Charakter einer kaufmännisch-gewerblichen Siedlung besaß (s. Abb. 4). Hinzu kommt die besondere Lage an einer Stelle, an der die Ränder der Hochflächen von Barnim und Teltow, der beiden Länder nördlich und südlich der unteren Spree, verhältnismäßig nahe aneinandertreten und dadurch den Übergang über die breite und feuchte Spree-Niederung erheblich erleichtern, zumal Talsandinseln in der Niederung und auf der Spree-Insel gewissermaßen Trittsteine für den Durchzug bilden. Ein solcher Standort bot günstige Bedingungen für die Anlage einer dem Fernhandel bestimmten Siedlung.

Was nun aber die offene Frage des Alters der Stadt betrifft, so haben Grabungen eine neue Grundlage für ihre Beurteilung geschaffen, die in den 50er Jahren an der ältesten Pfarrkirche Berlins St. Nikolai und an der Cöllner Pfarrkirche St. Petri durchgeführt worden sind. Unter der gotischen Hallenkirche von St. Nikolai ist eine romanische Vorgängerkirche zutage getreten, die in ihrem Grundriß gut rekonstruierbar war, eine dreischiffige, kreuzförmige Feldsteinbasilika mit Westwerk und einer Länge von ca. 56 m, die wohl auf die Zeit von 1237 bis 1244 zu datieren ist. Eine Kirche von diesen Ausmaßen konnte nicht die Pfarrkirche einer dörflichen, sondern nur einer städtischen Siedlung sein. Die Schlüsse, die aus den schriftlichen Zeugnissen zu ziehen waren, finden in diesem Ergebnis der Grabung also eine erwünschte Bestätigung. Ein entsprechender Befund ergab sich an St. Petri, wenn dort auch der Grundriß des romanischen Vorgängerbaues nicht so klar erkennbar geworden ist wie bei St. Nikolai.

Unter der romanischen Kirche St. Nikolai stießen die Ausgräber nun aber auf ein Gräberfeld, dessen Tote auf dem sterilen Sandboden lagen, in Särgen und ohne Beigaben bestattet, zudem in Ost-West-Orientierung, so daß an ihrem christlichen Charakter kein Zweifel sein kann. Die Zahl der Gräber, von denen nur ein Teil aufgedeckt werden konnte, wird auf maximal 360 geschätzt (s. Abb. 10). Vorsichtige Überlegungen führen die Ausgräber zu einer Datierung des Gräberfeldes in den Ausgang des 12. Jahrhunderts. Überraschend analoge Feststellungen waren wiederum unter der romanischen Kirche St. Petri zu machen.

Der Schluß, daß den beiden Gräberfeldern unter St. Nikolai und unter St. Petri Siedlungen und wohl auch Kirchen zugeordnet waren, ist unabweislich. In diesen erschließbaren, auf sterilem Sandboden liegenden Siedlungen haben wir die ältesten Kerne der Städte Berlin und Cölln zu erblicken. Die in der Berlin-Forschung so lange umstrittene Frage nach dem Alter der Stadt darf damit als weitgehend geklärt gelten. Berlin-Cölln war, das können wir heute sicher sagen, nicht eine in allmählicher Entwicklung „gewachsene" Stadt, sondern eine Gründungsstadt der Zeit um 1200. Gründungsstädte sind eine charakteristische Erscheinung des 12. und 13. Jahrhunderts. Sie gehören zu dem Bilde einer revolutionierenden Um- und Fortbildung des europäischen Städtewesens, die sich in jener Zeit vollzog. Berlin hat nicht, wie die Nachbarstädte Spandau und Köpenick oder wie der alte namengebende Hauptort der Mark Brandenburg, eine slawische Vergangenheit. Einen slawischen Burgort, aus dem die deutschrechtliche „kommunale" Stadt herausgewachsen wäre, hat es hier nicht gegeben. Auch die alte These, nach der Cölln sich aus einem slawischen Fischerdorf heraus entwickelt hätte, hat bisher keine archäologische Bestätigung erfahren. Sollte dies aber noch eintreten, so könnte man ein Fischerdorf nur im chronologischen Sinne als Vorgängersiedlung einer Stadt bezeichnen, nicht im historisch-genetischen.

Die Namen von Berlin und Cölln sind wohl beide slawisch. Doch handelt es sich in beiden Fällen von Hause aus um Örtlichkeitsnamen, nicht um Siedlungsnamen. Es ist durchaus denkbar, daß die ankommenden deutschen Siedler vorgefundene slawische Örtlichkeitsnamen aufgenommen und zu dem Namen ihrer Siedlung gemacht haben, wie das auch in anderen Fällen nachzuweisen ist. Der Name von Cölln ist dabei anscheinend von den deutschen Siedlern, die zum Teil aus dem Rheinland gekommen sein dürften, im Sinne des Namens der alten Stadt am Rhein umgedeutet worden.

Haben die ältesten Siedlungen von Berlin und Cölln also auch nicht an slawische Vorgängersiedlungen angeknüpft, so bedeutet das doch nicht, daß zur ältesten Bürgerschaft nicht auch Slawen gehört haben könnten. Daß es in dieser Zeit in Spandau bereits eine christliche slawische Bevölkerung gegeben hat, ist sehr wahrscheinlich, und wenn wir daran denken, daß Berlin-Cölln zwischen zwei alten slawischen Burgstädten, zwischen Spandau im Westen und Köpenick im Osten, entstanden ist, dann können wir den Zuzug slawischer Bürger in die neue Gründung keinesfalls ausschließen. Besonders ist, angesichts des entwickelten Standes des slawischen Handwerks, wie er in Spandau zutage getreten ist, an Handwerker slawischer Herkunft zu denken.

Die auf Grund der Grabungsbefunde erschließbaren ältesten Kerne der Städte Berlin und Cölln haben nun freilich

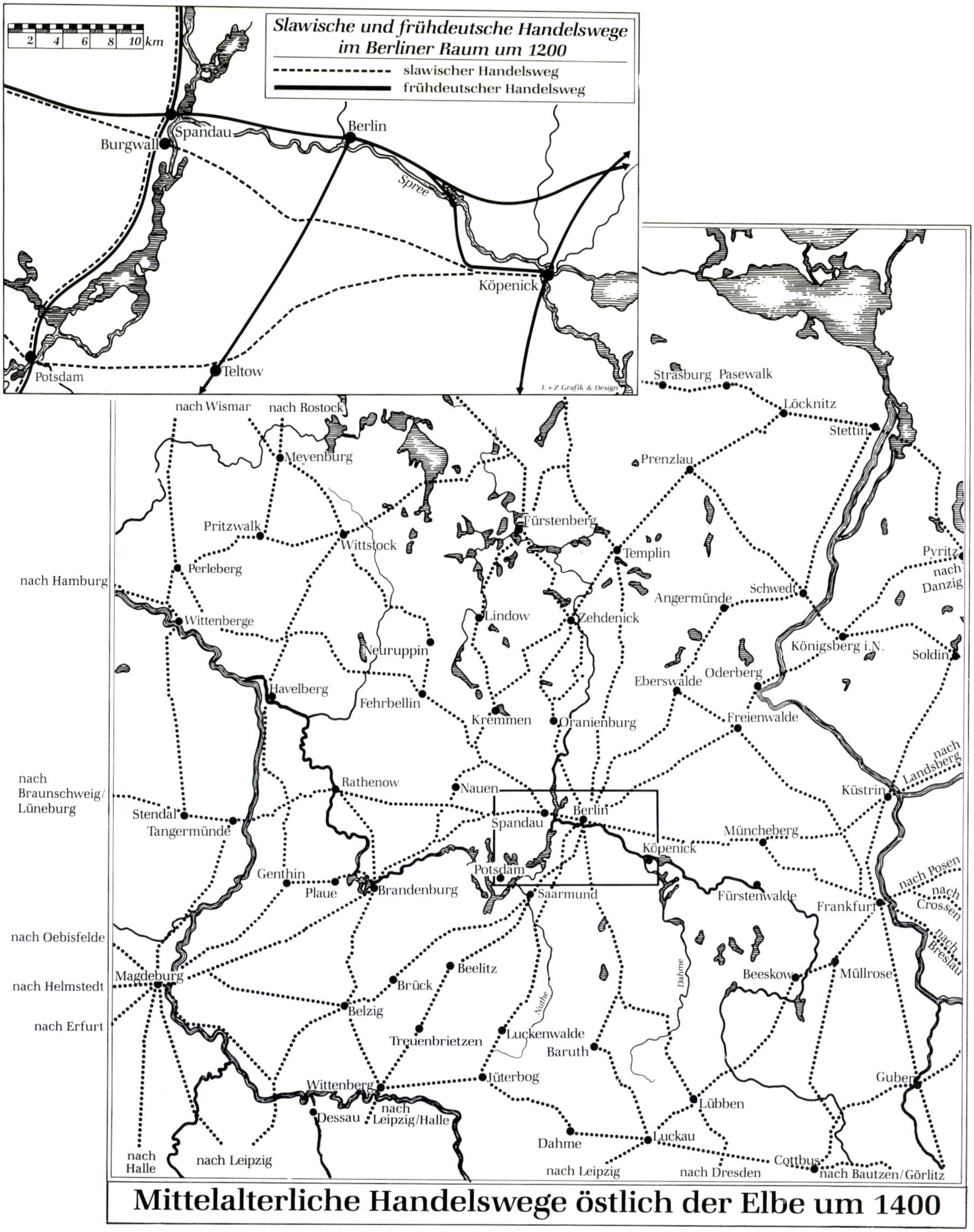

4. Mittelalterliche Handelswege östlich der Elbe um 1400.

gewiß noch nicht den ganzen Raum der mittelalterlichen Städte, wie der Memhardtsche Plan ihn zeichnet, eingenommen. Daß Berlin noch in der 1. Hälfte des 13. Jahrhunderts eine Erweiterung durch die Anlage der Mariensiedlung erfahren hat, wurde bereits vermerkt. Aber auch die älteste Nikolai-Siedlung war ohne Zweifel kleiner, als der Memhardtsche Plan sie darstellt; wahrscheinlich beschränkte sie sich auf den Raum zwischen Spree, Stralauer Straße, Jüdenstraße und Oderberger Straße. Auch Cölln wird über den engeren Umkreis des Cöllnischen Fischmarktes noch kaum hinaus gegriffen haben.

Viel spricht jedoch dafür, daß die Spreestadt bereits zur Zeit der Gründung als Doppelstadt geplant worden ist, auch wenn die umstrittene Frage, ob beide Städte auch gleichzeitig angelegt worden sind, bisher noch nicht entschieden werden konnte. Auch Frankfurt/Oder ist 1253 als Doppelstadt geplant, wenn auch nicht ausgeführt worden. Sollten die beiden Gründungen mit einem gewissen zeitlichen Abstand aufeinander gefolgt sein, so kann es sich dabei doch kaum um mehr als ein bis höchstens zwei Jahrzehnte gehandelt haben. Berlin müßte in diesem Fall als die ältere Siedlung gelten.

Haben die Grabungen auch das Alter der Doppelstadt annähernd bestimmen können, so ließen sie andere Fragen doch noch offen. Wer waren die Gründer der Stadt, welche Motive leiteten sie und unter welchen Umständen haben sie ihre Gründung vorgenommen? Eine Antwort auf solche Fragen läßt sich nur finden, wenn wir die Entstehung der Stadt in den weiteren Rahmen der politischen, der Handels- und der Siedlungsgeschichte im Raum zwischen mittlerer Elbe und Oder hineinstellen.

Als der erste Markgraf von Brandenburg, Albrecht der Bär aus dem Hause der Askanier, 1150/57 die Mark Brandenburg als deutsches Reichsfürstentum im Lande der slawischen Heveller begründete, fand seine Herrschaft ihre Grenze nach Osten an einer von der oberen Havel und der Nuthe gebildeten, von Norden nach Süden laufenden Linie (s. Abb. 5). Die östlich dieser Linie zu beiden Seiten der unteren Spree liegenden späteren Länder Barnim und Teltow standen damals also nicht unter askanischer Herrschaft. In Köpenick saß zu dieser Zeit mit polnischer Unterstützung der bekannte slawische Fürst Jaxa, dessen Herrschaftsgebiet, das Land der slawischen Sprewanen, sich vor allem auf die slawischen Siedlungszonen in den Niederungen von Dahme und Notte erstreckte, aber auch besiedelte Räume des Barnim umfaßt haben dürfte. Die von Grundmoränenplatten gebildeten zentralen Hochflächen von Barnim und Teltow waren von slawischer Siedlung nur sehr schwach besetzt; die schweren Geschiebelehme der Grundmoränen ließen sich von dem verhältnismäßig leichten slawischen Pfluggerät kaum bearbeiten. Wie die Verbreitung der Bodenfunde, der Ortsnamen und der Siedelformen übereinstimmend lehrt, wurden die Hochflächen von Barnim und Teltow erst in der Zeit deutscher Herrschaft von einem dichten Netz deutsch geprägter und deutsch benannter Siedlungen, Straßen- und Angerdörfer mit Hufengewannflur, überzogen. Die Länder Barnim und Teltow, in der Ausdehnung, die uns die Quellen des 14. Jahrhunderts vorführen, waren um 1200 größtenteils noch von dichtem Wald bedeckt und sind offensichtlich erst im Ergebnis der Siedlung des 13. Jahrhunderts entstanden.

Gleichwohl waren diese schwach besiedelten Gebiete, die in der Zeit um 1200 eine Art Niemandsland bildeten, von mehreren Seiten heftig umstritten. Von Südosten drängten aus der von ihnen beherrschten Niederlausitz heraus die Markgrafen von Meißen aus dem Hause Wettin in Richtung auf die untere Spree. Bis in die Mitte des 13. Jahrhunderts haben die Wettiner den ganzen östlichen und südlichen Teltow beherrscht und zeitweise vielleicht auch auf dem Barnim eine Herrschaft ausgeübt. Von Südwesten her drangen die Erzbischöfe von Magdeburg als Herren des Landes Jüterbog vor, das nach Norden die untere Nuthe und den Seddiner See erreichte. Doch ist es den Erzbischöfen, soweit wir sehen können, nicht gelungen, auf dem Hohen Teltow Fuß zu fassen. Beiden herrschaftlichen Gewalten ging es um einen Zugang zu der polnischen Oderfeste Lebus, die sie in ihren Besitz zu bringen suchten. Von Norden stießen aus der späteren Uckermark heraus die Herzöge von Pommern nach Süden vor, wo sie zeitweise mindestens die untere Spree erreicht haben müssen.

Im Zuge dieser Auseinandersetzungen hat auf eine uns nicht deutlich erkennbare Weise die Herrschaft Köpenick ihr Ende gefunden, anscheinend um das Jahr 1180. Nun sind offenbar auch die Markgrafen von Brandenburg über Havel und Nuthe hinaus nach Osten in den Teltow vorgestoßen, obgleich ihr eigentliches Expansionsziel damals der Raum der Odermündung war. Um 1210 sind die Markgrafen von Meißen im Osten, die von Brandenburg im Westen des Teltow nachweisbar; zur gleichen Zeit hatten die Markgrafen von Brandenburg, vielleicht auch die von Meißen, bereits Teile des Barnim okkupiert. Wenn nach einer auf die Zeit von 1234/36 datierbaren Notiz der Märkischen Fürstenchronik Herzog Barnim I. von Pommern die Länder Barnim und Teltow an die Markgrafen von Brandenburg abgetreten hat, dann handelte es sich dabei offenbar um Herrschaftsrechte, die die Herzöge von Pommern von dem letzten Fürsten von Köpenick übernommen hatten, aber selbst schon seit längerem nicht mehr auszuüben vermochten.

Das ist die politische Situation, in deren Rahmen die Gründung Berlins sich vollzogen hat. Da sich als östliche Grenze des askanischen Herrschaftsbereiches auf dem Tel-

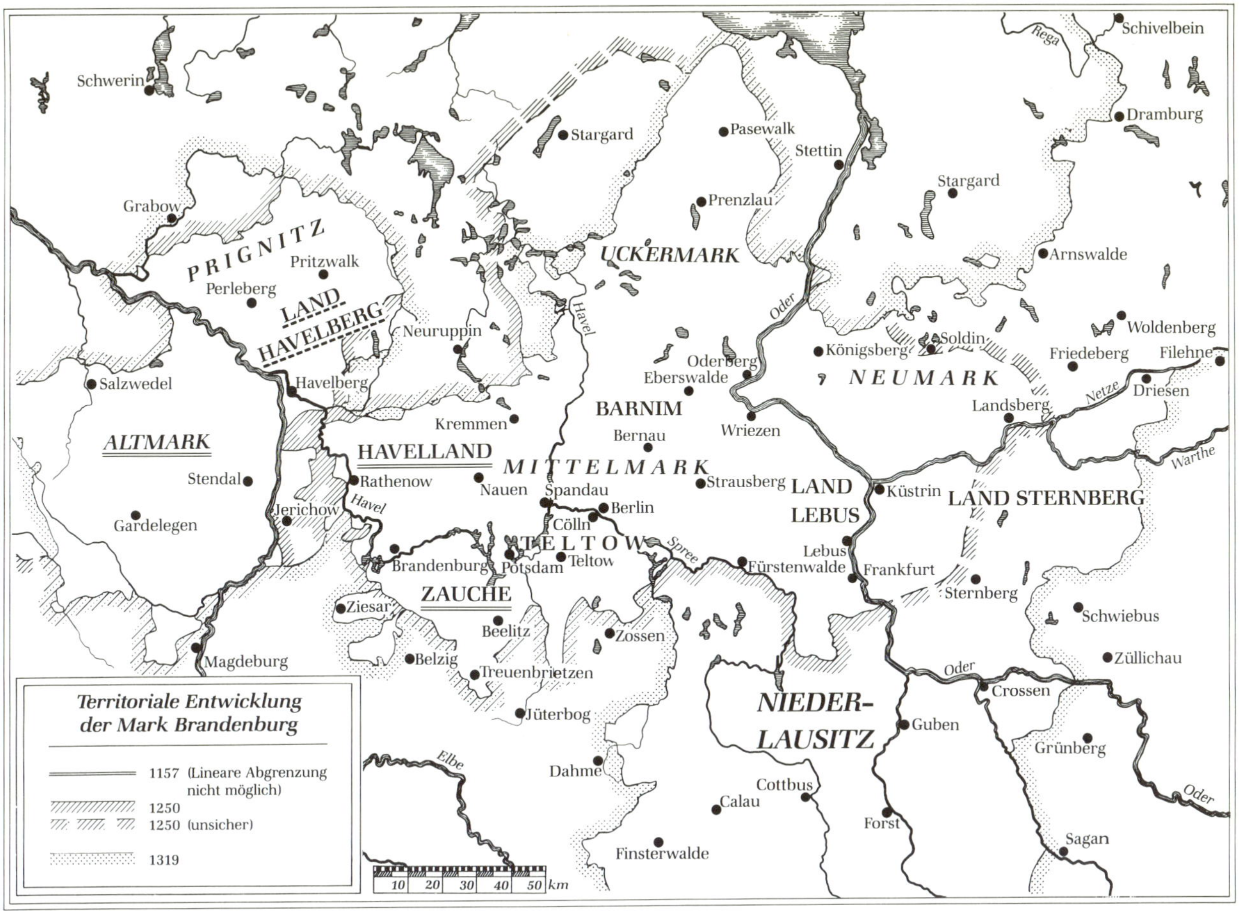

5. Territoriale Entwicklung der Mark Brandenburg.

tow zu dieser Zeit eine Linie ermitteln läßt, die längs der Ostgrenze der Gemarkungen von Tempelhof, Mariendorf und Marienfelde und von dort weiter nach Süden läuft, ist zu schließen, daß der Standort von Berlin um 1200 bereits in askanischer Hand war, um so mehr, als die durch eine Grabung ermittelte älteste Kirche von Tempelhof in eben diese Zeit zu setzen ist. Es sind deshalb die Markgrafen von Brandenburg, die wir als Gründer der Doppelstadt an der Spree zu betrachten haben. Da das älteste Berlin nach Ausweis des Stadtgrundrisses eine Fernverbindung nach Norden durch den damals kaum besiedelten Barnim hindurch noch nicht besaß, können die Herzöge von Pommern dafür kaum in Betracht gezogen werden. Auch den Erzbischöfen von Magdeburg fehlte in der Zeit um 1200 ein Zugang zu dem Standort von Berlin; auch von ihnen kann deshalb die Gründung der Stadt nicht ausgegangen sein. Die Markgrafen von Meißen aber waren auf den östlichen Teltow beschränkt und verfügten zudem über den alten Spree-Übergang bei Köpenick. Umgekehrt spricht für die Markgrafen von Brandenburg als Gründer, daß die Markgrafen das Patronatsrecht an den drei alten Pfarrkirchen von Berlin und Cölln besaßen und daß die Dreiheit der Patrozinien von St. Petri, St. Nikolai und St. Marien in Stendal, einer Gründung Markgraf Albrechts des Bären, wiederkehrt.

Erwägt man die skizzierten politischen Gegebenheiten und bedenkt man, daß im Westen wie im Osten Berlins slawische Burgstädte lagen, die sich als Kerne weiterer städtischer Entwicklung anboten, bedenkt man ferner, daß der Berliner Standort in einem siedlungsarmen Gebiet und insofern für eine Stadtgründung ungünstig lag, so erscheint die Wahl des Platzes trotz der Lage an einem „Spree-Paß" sonderbar und – so muß man sagen – von geradezu waghalsiger Kühnheit. Der Schluß auf eine politische Motivation drängt sich auf. Wir müssen annehmen, daß es die Absicht der markgräflichen Gründer war, den von Westen und Süden auf Köpenick laufenden Handelsverkehr auf Berlin zu ziehen. Berlin war also allem Anschein nach als Gegengründung gegen das damals wettinisch beherrschte Köpenick gedacht. Ähnlich haben die Askanier nicht viel später Frankfurt/Oder gegen das ältere Lebus gesetzt und Landsberg a.d. Warthe gegen das ältere Zantoch.

Daß die slawische Burgstadt Spandau im 11. und 12. Jahrhundert Zentrum eines weitreichenden Fernhandels gewesen ist, haben die langjährigen Ausgrabungen dort zur Genüge erwiesen. Wir wissen, daß über Spandau ein west-östlich gerichteter Fernverkehrsweg lief, der von Magdeburg und Brandenburg kam und weiter über Köpenick nach Lebus und Posen zog. Eine andere West-Ost-Verbindung führte von Magdeburg und Brandenburg über Potsdam und Köpenick an die mittlere Oder. Von Köpenick ging eine Straße am südöstlichen Rande des Barnim in Richtung auf Wriezen an der Alten Oder und von dort nach Stettin. In südlicher Richtung war Köpenick über Mittenwalde und Zossen an die Handelszentren des Elb-Saale-Raumes angeschlossen. Haben die ungünstigen äußeren Bedingungen auch die Beschränkung der Grabung in Köpenick auf die slawische Burg selbst bewirkt, so muß doch auch hier eine burgstädtische Siedlung von ähnlichem Charakter und ähnlicher Bedeutung wie Spandau angenommen werden (s. Abb. 4).

Mitten in dieses System alter Fernverkehrswege zwischen Havel und Oder wurde nun Berlin hineingesetzt. Um die Stadt funktionsfähig zu machen, mußte sie an das bestehende Wegenetz angeschlossen werden, und dazu war eine eingreifende Umstellung der Straßenzüge unumgänglich. Die Straße von Spandau nach Köpenick, die bis dahin am Nordrand der Teltow-Hochfläche entlang gezogen war, wurde mit Rücksicht auf die Lage Berlins am Nordufer der Spree auf die nördliche Seite der Spree-Niederung, an den Südrand der Barnim-Hochfläche, verlegt. Damit zusammen hing die Verlegung der städtischen Siedlung in Spandau vom alten Standort auf der Burgwall-Insel an den neuen der Altstadt, die auf die Zeit um 1200 datiert werden kann. Die Straße, die von Potsdam her längs einer schmalen Senke, der Bäke-Lanke-Rinne, quer durch den Hohen Teltow auf Köpenick zu führte, wurde von Steglitz aus nach Norden über Schöneberg auf Cölln, auf das Teltower- oder Gertraudentor, zu geleitet. In nordöstlicher Richtung wurde eine neue Straße angelegt, die über Stralau den Anschluß an die alte Straße nach Wriezen und Stettin herstellte (s. Abb. 4).

Daß eine Stadtgründung unter solchen Umständen gelingen konnte, wirkt fast wie ein Wunder. Die Chancen einer Gründung in einem noch kaum besiedelten Gebiet, mitten in einem von vier Seiten umkämpften Lande, für deren Gelingen das bestehende Straßensystem in solchem Umfange umgestellt werden mußte, konnten nur gering eingeschätzt werden. Daß die Doppelstadt dennoch sich nicht nur behaupten, sondern auch einen erstaunlich raschen Aufstieg noch im 13. Jahrhundert nehmen konnte, ist gewissen günstigen Entwicklungen zuzuschreiben, die sich freilich zum Zeitpunkt der Gründung noch kaum voraussehen ließen. Die Markgrafen von Brandenburg konnten sich in der ersten Hälfte des 13. Jahrhunderts gegenüber ihren Rivalen zwischen Havel und Oder durchsetzen. Nach einem bewaffneten Konflikt mit dem Markgrafen von Meißen waren 1245 Teltow und Barnim in ihrer gesamten Ausdehnung in ihrer Hand. 1250 gelang ihnen, gemeinsam mit dem Erzbischof von Magdeburg, der Erwerb des altpolnischen Landes Lebus zu beiden Seiten der Oder. Die von ihnen und den Markgrafen von Meißen schon früher begonnene Aufsiedlung der gewonnenen

6. Ältestes Berliner Stadtsiegel um 1253.

Gebiete wurde nun zügig weitergetrieben. In Teltow und Barnim entstanden leistungsfähige Dörfer, die der Spreestadt einen beträchtlichen Getreideüberschuß zu liefern vermochten. Berlin-Cölln wurde dadurch zu einem Mittelpunkt des märkischen Getreideexportes, der nach Ausweis des Hamburger Schuldbuches von 1288 besonders nach Hamburg ging.

Ein wesentlicher Faktor in diesem Prozeß ist aber ohne Zweifel auch eine erfahrene Kaufmannschaft mit weitreichenden Verbindungen und Kenntnissen gewesen. Soweit wir sehen können, kam die älteste Kaufmannschaft von Berlin nicht nur aus dem Gebiet von Magdeburg und der Altmark, sondern auch aus Westfalen und dem Rheinland, also aus Gebieten mit altem und entwickeltem Städtewesen. Der Anteil dieser Kaufleute an Entstehung und Aufstieg Berlins kann nicht hoch genug eingeschätzt werden. Die Gründung der Doppelstadt war keinesfalls allein das Werk einer herrschaftlichen Gewalt. Aber ebensowenig kann sie einer kaufmännischen Genossenschaft allein zugeschrieben werden. Berlin-Cölln bildet vielmehr eines der nicht wenigen Beispiele dafür, daß im Entstehungsprozeß der Gründungsstädte jener Zeit herrschaftliche Gewalt und kaufmännische Genossenschaft nicht gegeneinander, sondern im Gegenteil in enger Wechselbeziehung miteinander gewirkt haben. Wenn das älteste erhaltene Berliner Stadtsiegel aus der Mitte des 13. Jahrhunderts gleichzeitig den Adler als das Herrschaftszeichen der Markgrafen von Brandenburg und die Stadtmauer als das Symbol städtischer Autonomie zeigt, dann gibt es diesem Miteinander sinnfälligen Ausdruck (s. Abb. 6).

Die starke Stellung, die die Markgrafen der Bürgerschaft offenbar von Anfang an eingeräumt haben, äußert sich auch in ihrem Verzicht auf die Errichtung einer Burg in der Stadt. Sie begnügten sich hier mit der Anlage eines festen Hofes, dem „Hohen Haus", im Zuge der Stadterweiterung. Eine landesherrliche Burg haben erst die Hohenzollern im 15. Jahrhundert in der Stadt gebaut. In askanischer Zeit fiel die Funktion eines landesherrlichen Burgortes dem benachbarten Spandau zu.

So ist denn das kühne Werk – fast wider Erwarten – gelungen. Am Ende des Jahrhunderts nahm Berlin-Cölln unter den Städten der Mark Brandenburg wirtschaftlich und politisch bereits die erste Stelle ein.

Literatur:

Bohm, Eberhard: Teltow und Barnim. Untersuchungen zur Verfassungsgeschichte und Landesgliederung brandenburgischer Landschaften im Mittelalter, Köln–Wien 1978.

Fritze, Wolfgang H.: Das Vordringen deutscher Herrschaft in Teltow und Barnim; in: Jahrbuch für brandenburgische Landesgeschichte 22, 1971, S. 81–154.

Herrmann, Joachim: Köpenick. Ein Beitrag zur Frühgeschichte Groß-Berlins, Berlin (Ost) 1962.

Müller, Adriaan von/Klara von Müller-Muči: Die Ausgrabungen auf dem Burgwall in Berlin-Spandau, 2 Bde, Berlin 1983.

Müller-Mertens, Eckhard: Die Entstehung der Stadt Berlin; in: Berliner Heimat 1960, S. 1–12.

Reinbacher, Erwin und andere: Die älteste Baugeschichte der Nikolai-Kirche in Alt-Berlin, Berlin (Ost) 1963.

Schich, Winfried: Stadtwerdung im Raum zwischen Elbe und Oder im Übergang von der slawischen zur deutschen Periode; in: Germania Slavica I, hrsg. v. Wolfgang H. Fritze, Berlin 1980, S. 191–238.

Schultze, Johannes: Entstehung der Mark Brandenburg und ihrer Städte; in: Berlin. Neun Kapitel seiner Geschichte, hrsg. v. Richard Dietrich, Berlin 1960.

Seyer, Heinz: Ausgrabungen in der Cöllner Petrikirche. Ein Beitrag zur Frühgeschichte von Berlin; in: Zeitschrift für Archäologie 3, 1969, S. 122–140.

ders.: Die Ausgrabungen in der Nikolai-Kirche und die Anfänge Berlins; in: Das Altertum 28, 1982, S. 133–139.

Siedler, Eduard Jobst: Märkischer Städtebau im Mittelalter, Berlin 1914.

Weitere Literatur und ausführliche Begründung der oben gegebenen Darstellung s. bei: W. H. Fritze, Die Entstehungsgeschichte Berlins als Forschungsproblem; in: Jahrbuch für die Geschichte Mittel- und Ostdeutschlands, 36, 1987.

Allgemeine Literatur s. S. 287.

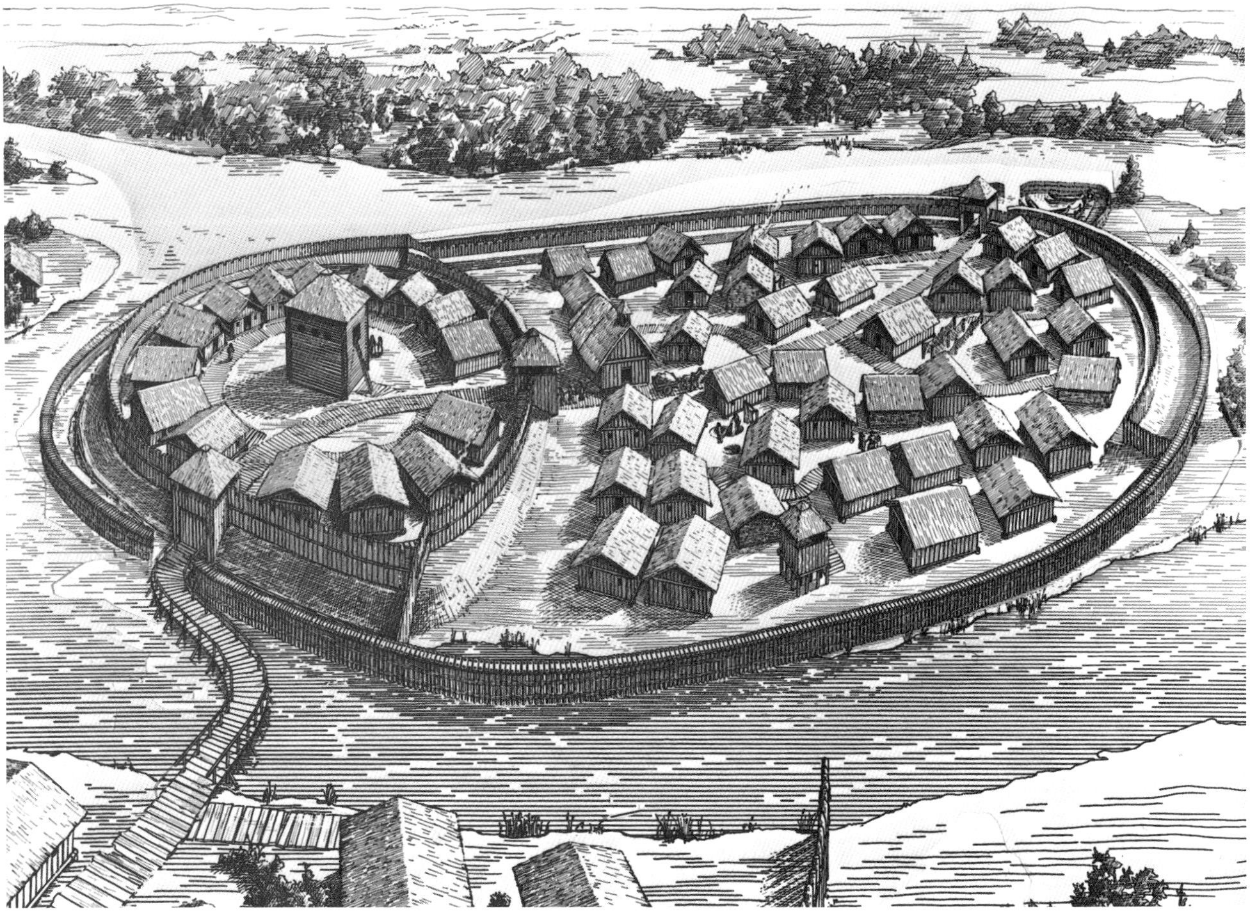

7. Rekonstruktionsversuch der Burg und Siedlung Spandau im 10. Jahrhundert.

Die Anfänge Berlins aus archäologischer Sicht

Adriaan von Müller

Als vor 50 Jahren der Geschichte Berlins in einer eigens zum 700jährigen Jubliäum herausgegebenen Festschrift gedacht wurde, konnten die Anfänge der Stadt nur mit Hilfe der dortigen historischen Überlieferung beleuchtet werden. Heute, 50 Jahre später, liegt ein weit umfangreicheres Quellenmaterial vor, das wir überwiegend intensiven Ausgrabungen im Großraum Berlin verdanken. Die Mittelalter-Archäologie hat nicht nur Neues entdeckt, sie sah sich darüber hinaus häufig auch in der Lage, althergebrachte Ansichten über historische Vorgänge auf Grund ihrer Grabungsergebnisse zu korrigieren und in ein anderes Licht zu rücken. Die Wichtigkeit solcher Forschungsergebnisse gibt Anlaß, erneut der Frage nach der Gründung und frühen Entwicklung der Berliner Städte und Dörfer nachzugehen.

Spätestens im Jahre 1157 gelang es dem Askanier Albrecht dem Bären, endgültig das Havelland zu gewinnen. Die historische Überlieferung läßt dabei offen, wieweit Albrecht oder seine Nachfolger bereits im 12. Jahrhundert nach Osten vorgedrungen sind und wann Berlin-Cölln gegründet wurde. Man kann diesen Quellen nicht einmal entnehmen, zu welchem Zeitpunkt Spandau als Burgort eine führende Rolle im politischen Geschehen übernahm. Ersterwähnungen von Städten und Dörfern im Berliner Stadtgebiet vermögen nichts über die Ortsgründungen auszusagen. Die historischen Quellen spiegeln gewöhnlich erst einen Zeitabschnitt wider, der oft erheblich jünger ist als die Siedlungsanfänge. Was hat die archäologische Forschung nun durch ihre nahezu 50jährige Ausgrabungstätigkeit an Neuem beizutragen?

Spandau

Es kann heute kein Zweifel mehr daran bestehen, daß Spandau als ältestes frühstädtisches Zentrum im gesamten östlichen Havelland, aber auch im unteren Spreebereich anzusehen ist. Die Ausgrabungen auf dem sogenannten Burgwall, knapp 1,2 km südlich der heutigen Altstadt, konnten die älteste, neben einer Burg entstandene Burgstadt bereits für das 8.–9. Jahrhundert belegen. Die Befestigung der auf einer kleinen Havelinsel entstandenen Burg bestand aus Wall und zwei voreinander angelegten Palisaden. Auch die Burgstadt auf der benachbarten größeren Havelinsel war leicht befestigt. Beide Inseln verfügen über eine Brückenverbindung zum westlichen Havelufer. Die dichte Bebauung der Burgstadt und das reiche, von weit her gebrachte Importgut gibt Anlaß zu der Vermutung, daß es sich hier nicht nur um eine vom Burgherrn abhängige Dienstsiedlung gehandelt hat. Offenbar hat Spandau schon zu diesem frühen Zeitpunkt, im frühen 9. Jahrhundert nämlich, eine wichtige Funktion im Fernhandel übernommen.

Vermutlich um 830 wurden Burg und Burgstadt von Spandau gewaltsam zerstört und anschließend nur noch die Burg wiederaufgebaut. Erst etwa 130 Jahre später, um die Mitte des 10. Jahrhunderts, begann man, das Gelände der Burgstadt erneut zu bebauen (s. Abb. 7). Es ist dies die Zeit der ersten deutschen Ostexpansion unter den ottonischen Kaisern. Sie ersetzten die vorgefundene Burg durch eine Anlage, die damals zum modernsten gehörte, was auf dem Sektor der Befestigungstechnik entwickelt worden war: in Spandau entstand ein Burgberg. Darüber hinaus verbanden die neuen Herren von Spandau die beiden Inseln miteinander, indem der zwischen diesen vorhandene flache Wasserarm der Havel zugefüllt und beide Inseln von einer durchgehenden Außenpalisade geschützt wurden.

Für eine große Überraschung sorgten die Grabungskampagnen der Jahre 1983–84. Die Ausgräber entdeckten nämlich im Bereich des zugefüllten Wasserlaufes eine kleine heidnische Kultanlage in Form eines Umgangstempelchens mit zentraler Opferstelle, die in der Zeit nach 970, vermutlich um 980 entstanden war. Der Tempel wurde aber schon sehr bald wieder abgerissen und an seiner Stelle eine große Saalkirche aus Holz errichtet. Diese ging während des großen Aufstandes der Lutizen im Jahre 983 zugrunde. Sie brannte ab. Spätestens in diesem Jahr hatten sich slawische Stämme zwischen Elbe und Oder zu einem starken Militärbündnis zusammengeschlossen, das unter dem Namen Lutizenbund in die Geschichte eingegangen ist. Die Aufständischen zerstörten Brandenburg, Havelberg und wie wir heute wissen auch Spandau. Sie schüttelten die deutsche Herrschaft ab.

Dies alles hat die wirtschaftliche Entwicklung Spandaus sicher nur für kurze Zeit beeinflussen können. Der Aufbau von Burg und Burgstadt erfolgte sehr schnell. Spätestens für das zweite Viertel des 11. Jahrhunderts läßt sich an der sich immer weiter ausdehnenden Bebauung, an den aufblühenden Handwerksbetrieben, zu denen auch Gold- und Silberschmiede gehörten, und an den überaus reichen Importen ein so großer Aufschwung des Gemeinwesens ablesen, wie er zuvor noch nie dagewesen war (s. Abb. 86 auf S. 189). So ist es auch nicht überraschend, wenn um 1100 der zweite östliche Havelarm überbrückt wurde, so daß der Landverkehr nunmehr ungehindert die Flußniederung in ost-westlicher Richtung überschreiten konnte. Parallel dazu wurde der Wasserweg spreeaufwärts in nördlicher Richtung havelaufwärts und in westlicher Richtung auf dem damals noch schiffbaren Bullengraben genutzt.

Um 1140, unter der Herrschaft des bereits zum Christentum übergetretenen slawischen Hevellerfürsten Pribislav von Brandenburg, entstand am Havelufer gegenüber der Burg eine kleine christliche Kirche. Sie bildete den Mittelpunkt eines neuentstandenen Friedhofes, der spätestens um 1200 aufgegeben worden ist. Daraus läßt sich bereits ablesen, daß es zu diesem Zeitpunkt auf dem Burgwall keine Bevölkerung mehr gegeben hat. Freiwillig oder gezwungenermaßen waren die Bewohner „Alt-Spandaus" vom Burgwall unter der Herrschaft Ottos I. und II. in die heutige Altstadt umgesiedelt worden. Ihre Holzhäuser, die in technischer Hinsicht denen auf dem Burgwall glichen, fand man bei Ausgrabungen an der Mönchstraße. In unmittelbarer Nachbarschaft unter den heutigen Gebäuden Reformationsplatz 2–4 entdeckte man ihre Toten. Sie hatten ein christliches Begräbnis erhalten, woraus zu schließen ist, daß es damals bereits einen Vorläufer der heutigen Nikolaikirche gab. Wenn auch die anthropologischen Untersuchungen der aufgefundenen Skelette noch nicht abgeschlossen sind, darf heute bereits festgestellt werden, daß diese älteste Bevölkerung der heutigen Spandauer Altstadt zum großen Teil einem oder mehreren Massakern zum Opfer gefallen ist, die in der 2. Hälfte des 12. Jahrhunderts stattgefunden haben müssen. Axt-, Schwert- und Keulenhiebe führten zum Tode von Männern, Frauen und Kindern. Der Befund regte dazu an, die spärlichen historischen Quellen erneut in der Hoffnung zu durchforsten, irgendeinen Hinweis auf das Spandauer Ereignis zu erhalten. Und diesem Unternehmen war Erfolg beschieden. Es stellte sich nämlich heraus, daß in der Zeit zwischen 1157 und 1200 mehrfach die Rede von Überfällen ist, die von heidnischen Slawen gegen deutsche Burgen und Siedlungen ausgeführt worden waren. Die Erschlagenen in den Gräbern an der Nikolaikirche legen ein beredtes Zeugnis dafür ab.

Mit der Verlegung der Burg und Burgstadt Spandau vom Gelände des Burgwalles auf dasjenige der Altstadt und in den Bereich der heutigen Zitadelle – dort entstand die neue Burg – haben die Markgrafen von Brandenburg mehrere Zwecke verfolgt. Einmal boten die Inseln im Bereich des Burgwalles keine Möglichkeit für die Ausdehnung der Stadt. Zum anderen aber waren sie auch stark hochwassergefährdet. In jeder Beziehung bot die heutige Altstadtinsel bessere Siedlungsvoraussetzungen: sie war nahezu fünfmal so groß wie die Burgwallinseln zusammengenommen, und sie ragte um etwa 1 m höher aus der Havelniederung heraus. Die Verlagerung der Stadt auf eine größere Insel muß als Hinweis darauf gedeutet werden, daß die askanischen Markgrafen von Brandenburg Spandau nach wie vor große Bedeutung beimaßen und eine schnelle wirtschaftliche und städtebauliche Entwicklung voraussahen (s. Abb. 8). Vielleicht aber gab es für die Verlegung der Stadt auch noch einen weiteren, auf der politischen Ebene zu suchenden Grund. Man muß nämlich damit rechnen, daß bereits um 1200 oder gar davor die östlichste der drei Berliner Städte, Köpenick nämlich, von den Markgrafen von Meißen aus dem Hause Wettin besetzt worden ist. Über Köpenick aber verlief die alte Ostwesthandelsstraße, und diese konnte von den Meißener Markgrafen dort kontrolliert werden. Wenn also die Brandenburger die Burg am Burgwall vor 1200 aufgaben, kann sie zu diesem Zeitpunkt keine Funktion mehr gehabt haben. Die neue Führung der Fernhandelsstraße über die Burg auf dem Zitadellengelände in östlicher Richtung nördlich der Spree auf Berlin zu, das sich damals gerade in Gründung befand, ist kaum noch anzuzweifeln. Damit aber war langfristig die Übertragung mancher, ursprünglich Spandau zugedachter Aufgaben auf Berlin vorprogrammiert. Zunächst entwickelte sich Spandau jedoch noch in dem Sinne, wie es die Markgrafen offenbar beabsichtigt hatten. Dafür spricht auch die Entdeckung eines großen, an der Mönchstraße gelegenen Baues, bei dem es sich um den südlichen Flügel eines Dominikanerklosters gehandelt haben wird.

Auch diese wichtige Entdeckung verdanken wir dem Zufall. Bauarbeiter waren bei der Entfernung eines alten Kellerfundamentes am Reformationsplatz 3–4 auf darunterliegende Mauerreste gestoßen, an deren hohem Alter von Beginn an kein Zweifel bestehen konnte (s. Abb. 9). Wie die sofort eingeleiteten Ausgrabungen ergaben, gehörten sie zu einem Gebäude, das hier vor 1240 errichtet worden sein mußte und das eine bisher nachgewiesene Länge von über 30 m bei einer Breite von etwa 6 m aufwies. Dieser Trakt war in drei Räume untergliedert, die man alle vermittels einer im Fußboden installierten Heizungsanlage erwärmen konnte. Der mittlere Raum von 6 × 13 m Größe konnte von Süden her durch ein Doppelportal betreten werden, auf der Ostseite führte eine Pforte auf die Kirche zu. Aufgefundene Formsteine von Fenster- und Türlaibungen weisen auf den Baustil des Gebäudes hin. Es gehörte bereits der Frühgotik an. Vergleicht man die Lage des Baues zur Kirche und seine Raumeinteilung mit erhal-

8. Fundgegenstände aus der Spandauer Altstadt, 13.–15. Jahrhundert.

tenen oder anderen ausgegrabenen Dominikanerklosterbauten, dann kann es kaum Zweifel daran geben, daß wir es hier mit Refektorium (Speiseraum), Küche und Calefactorium (Wärmeraum für die Mönche) zu tun haben.

Es stellt sich nun die Frage nach der Datierung des Baues. Daß er vor 1240 errichtet worden sein muß, wurde oben bereits erwähnt. Das ergibt sich aus den mitgefundenen Scherben und aus der Überbauung älterer, beigabenführender Gräber. Da aber die früheste, sonst in Siedlungsschichten Spandaus auftretende deutsche Keramik hier fehlt, ist man nicht berechtigt, den Baubeginn vor das Jahr 1230 zu setzen. Wir müssen demnach mit der Klostergründung in der Zeit zwischen 1230 und 1240 rechnen, was bedeutet, daß das erst zu Ende des 13. Jahrhunderts erstmals erwähnte Berliner Dominikanerkloster in Spandau einen Vorläufer gehabt haben wird.

Man kann über archäologische Forschung in Spandau nicht sprechen, ohne die bedeutenden Grabungsergebnisse auf dem Gelände der Zitadelle zu erwähnen. Die dortigen Untersuchungen setzten auf dem bis zum Jahre 1945 militärisch genutzten Gelände erst spät, im Sommer 1956 ein. Selbst dann konnten sie aber nicht mit der Intensität durchgeführt werden, wie es die Forschungserwartungen erfordert hätten. Mosaiksteinchenweise mußten die Ergebnisse einzelner Grabungsabschnitte zu einem gültigen Bild zusammengefügt werden. Heute nun sind wir in der Lage, die Geschichte der auf der Zitadelle ursprünglich vorhandenen, mittelalterlichen Burg weitgehend nachzuvollziehen.

Spätestens im 11., vielleicht sogar im 10. Jahrhundert hatte man hier eine Burg mit 4 m starken Befestigungen aus Holz und Erde errichtet. Es kann kein Zweifel daran

9. Reste des „Dominikanerklosters" in Spandau.

bestehen, daß diese Anlage im Zusammenhang mit derjenigen auf dem Burgwall zu sehen ist. Die Gründer beider Burgen waren vermutlich Angehörige des in Brandenburg residierenden slawischen Fürstenhauses. Unter dem Kellerfußboden des Palas, der in einem frühen Abschnitt der archäologischen Untersuchungen abgetragen worden war, entdeckte man die Reste zweier älterer Palasbauten. Der unmittelbare Vorgänger des heutigen Palas ließ sich nur noch an den ausgeraubten Fundamentgräbern erkennen. Er wies eine geringfügig andere Ausrichtung auf als der heutige. Ihm voraus ging jedoch ein weiterer Palas, der auf Holzpfähle gesetzt war und dessen Wände entweder aus Fachwerk oder aus Backsteinen bestanden. Dieser älteste Palas datiert in der Zeit um oder vor 1200, und er wurde bereits um 1260 durch den zweiten Palas ersetzt. Als gesichert darf heute gelten, daß der Juliusturm als ältester Stein-Ziegelbau im Spandauer Gebiet allen drei Wohn- und Repräsentationsbauten (Palas) als letzte Zuflucht gedient hatte. Er ist somit vermutlich um 1200 oder bald danach errichtet worden.

Das Mauerwerk des heutigen Palas und zeitgleicher Bauten bildete darüber hinaus eine Fundgrube für eine ganze Denkmälergruppe, deren zeitliche Geschlossenheit in Europa nicht ihresgleichen hat. Es sind dies über 50 jüdische Grabsteine, die offensichtlich nach einem Judenpogrom im Jahr 1349 vom jüdischen Friedhof in Spandau entfernt und als Baumaterial verwendet worden sind. Der älteste datierbare Stein gehört in das Jahr 1244 (s. Abb. 145 auf S. 285), der jüngste in das Jahr 1347.

Die lange Nutzung des Zitadellengeländes für militärische Zwecke hatte wegen zahlreicher Umbauten verständlicherweise zu starken Zerstörungen des Untergrundes geführt. So konnte zwar auf dem heutigen Zitadellenhof der Verlauf der jüngsten und einer älteren Befestigungsmauer festgestellt werden, von den im Innern der Burg stehenden Bauten ließen sich aber immer nur Reste erfassen. Eine Ausnahme machten hier die zahlreichen Brunnenanlagen, von denen eine auf dem Rasen des Zitadellenhofes heute wieder sichtbar ist. Wie wir den Grabungsbefunden weiter entnehmen dürfen, hat sich der Zugang zur Burg im Süden neben Haus 4 befunden. Ein weiteres Burgtor befand sich im Osten an der Stelle des heutigen Heizwerkes. Von dort aus führte eine Brücke, deren Steinfundamente aus gewaltigen Findlingsblöcken bestanden, über die Havel in östliche Richtung. Der Warenverkehr, der früher über den Burgwall von Spandau lief, nahm nun seinen Weg durch die Vorburg der neuen askanischen Anlage auf der Zitadelle und konnte hier leicht kontrolliert werden. Im Norden der Vorburg befand sich allem Anschein nach ursprünglich eine Kirche, um die herum im 13. Jahrhundert zahlreiche Bestattungen vorgenommen worden waren.

So erfolgreich die Untersuchungen trotz der Zerstörungen manchen Befundes im Bereich des Zitadellenhofes waren, so sehr wünschte man sich doch an irgendeiner Stelle ungestörte Schichten. Dieser Wunsch ging in Erfüllung, als wegen der geplanten Nutzung des Palas für öffentliche Veranstaltungen ein Toilettengebäude errichtet werden mußte. Die Bauplanung sah dieses Gebäude innerhalb der über 6 m hohen Erdschüttungen der Südwestkurtine neben dem Palas vor. Das Erdreich, das dort über 300 Jahre lagerte, mußte also fortgeräumt werden. Den Archäologen bot sich die Gelegenheit, an dieser günstigen Stelle auszugraben, und der Erfolg stellte sich schnell ein. Es gelang nicht nur, den Verlauf der jüngeren Burgmauer auf der Südwestseite zu verfolgen, man erfaßte sogar die Holzerdemauer einer slawischen Befestigung aus dem 11. und 12. Jahrhundert und die zugehörigen, dahinterliegenden Häuser, aber auch die frühen askanischen Bauten. Alles war in bestem Erhaltungszustand. So ist es heute möglich, sowohl die Geschichte der Burg Spandau am Burgwall vom 8. bis zum 12. Jahrhundert als auch derjenigen auf der Zitadelle fast lückenlos vom 11. Jahrhundert bis in die Zeit der Hohenzollern nachzuvollziehen. Die Burg Spandau als Fürstensitz – gemeint ist damit diejenige auf dem Gelände der Zitadelle – verlor in dem Augenblick ihre große Bedeutung, als Kurfürst Friedrich II. von Hohenzollern im Jahre 1451 das Berliner Schloß bezog. Sie mußte schließlich um 1560 ganz der damals modernen Zitadellenbefestigung weichen.

Berlin-Cölln

Es hat niemals einen Zweifel daran gegeben, daß die Ersterwähnungen von Cölln im Jahre 1237 und von Berlin im Jahre 1244 keinen Hinweis auf die wirkliche Gründung der Siedlungen geben können. Doch war man bis zum zweiten Weltkrieg noch immer geneigt, die Anfänge dieser Gemeinwesen frühestens in das dritte Jahrzehnt des 13. Jahrhunderts zu setzen. Erst die vor allem nach dem Zweiten Weltkrieg einsetzenden Ausgrabungen in den Stadtkernen brachten hier Neues. Sie begannen beim Abriß der Ruine des Hauses Hoher Steinweg 15 gegenüber dem Roten Rathaus, wurden dann fortgesetzt mit den Untersuchungen innerhalb der Nikolaikirche und fanden einen vorläufigen Abschluß mit den Forschungen in Cölln unter und neben der Petrikirche und auf verschiedenen kriegszerstörten Grundstücken. Schon früher hatte man mit den damals zur Verfügung stehenden, meist unzureichenden Arbeitsmethoden neben der Franziskanerklosterkirche und im Bereich des alten Dominikanerklosters dicht beim Schloß ausgegraben. Die jüngsten Untersuchungen standen im Zusammenhang mit den Vorbereitungen der 750-Jahrfeier Berlins und hatten sich nochmals die Erforschung des Nikolaikirchenbezirkes zum Ziel gesetzt. Gerade ihnen verdanken wir endlich eindeutige Hinweise auf die Gründungsgeschichte Berlins. Als Erwin Reinbacher in den 50er Jahren im Innern der Nikolaikirche ausgrub, stieß er auf ältere Vorgängerbauten, von denen der früheste als romanische Basilika angesprochen werden mußte und in die Zeit von 1220–30 datiert worden ist. Dieser zeitliche Ansatz findet neuerdings durch den jüngst entdeckten Refektoriumstrakt eines Dominikanerklosters in Spandau Bestätigung, denn dieses um 1230 entstandene Bauwerk war bereits in frühgotischem Stil errichtet. Von daher muß man wohl als spätesten Ansatz romanischer Bauweise in der aufstrebenden städtischen Siedlung von Berlin die Zeit um 1230 ins Auge fassen. Bereits die Ausgrabungen von Reinbacher machten deutlich, daß die romanische Basilika auf dem Gelände eines älteren Friedhofes errichtet worden war. Daran ließen die Mauern, die teilweise auf den Gräbern standen und diese nicht selten abgeschnitten hatten, keinen Zweifel. Die Frage war nur, wieviel Zeit zwischen Aufgabe des Friedhofes und Baubeginn der romanischen Basilika vergangen war. Der Ausgräber meinte damals, daß man aus Pietät nicht unmittelbar nach der Bestattung des letzten Toten auf dem Friedhof an gleicher Stelle eine Kirche errichtete. Auf Grund dieser Überlegung und der Zahl der vorgefundenen Toten glaubte man, eine früheste Besied-

10. Gräber unter der Berliner St. Nikolai-Kirche.

lung der Stadt Berlin in der Zeit um 1200 annehmen zu dürfen. Die erneuten Ausgrabungen an der Nikolaikirche während der Jahre 1982–84 haben nun weitere Bestattungen aus der Frühzeit Berlins freigelegt (s. Abb. 10). Insgesamt kennen wir zur Zeit 95 Gräber, die vor der romanischen Basilika angelegt wurden. Errechnete Ausdehnung des ältesten Friedhofes und Belegungsdichte führten zu dem Ergebnis, daß hier ursprünglich zwischen 120 und 150 Tote bestattet worden sind. Sie verteilen sich auf die Zeit vom ersten Siedlungsanfang bis um 1230. Mit Hilfe dieser hochgerechneten Zahl von Bestatteten und ihrer durchschnittlichen Lebenserwartung, die auf 32 Jahre festgesetzt worden ist, haben Wissenschaftler den Versuch unternommen, den Siedlungsbeginn von Berlin zeitlich festzulegen. Legt man die höchstmögliche Zahl von Toten (360 Bestattete) zu Grunde, müßte der Siedlungsbeginn vermutlich schon in der Mitte des 12. Jahrhunderts gelegen haben. Bezieht man die Berechnungen aber auf die wahrscheinlichere Zahl von nur 180 Bestattungen, wären die Anfänge Berlins in die Zeit zwischen 1180 und 1190 zu setzen. Dies ist, sofern man die archäologisch-historischen Forschungsergebnisse auch andernorts zu Rate zieht, wesentlich wahrscheinlicher. Es handelt sich in diesem Falle um die Zeit, in der sich offenbar auch die Umsiedlung der alten Burgwallbevölkerung auf die Altstadtinsel von Spandau vollzog. Wir haben gesehen, daß ein Grund dafür offensichtlich die Verlegung der Fernhandelsstraße vom südlichen auf das nördliche Spreeufer war. Die unter der Nikolaikirche entdeckten älteren Gräber, bei denen es sich mit Sicherheit um christliche Bestattungen handelte, setzen voraus, daß die romanische Basilika ihrerseits noch einen Vorgängerbau besessen haben muß. Von ihm wurde bei den Ausgrabungen Reinbachers jedoch nichts gefunden. Die archäologischen Forschungen der letzten Jahre aber lieferten wenigstens einen Hinweis, wenn auch keinen Beweis auf ein solches Bauwerk. Pfostengruben im Innern der heutigen Kirche lassen vermuten, daß dem Stein- und Ziegelbau der romanischen Basilika ein reiner Holzbau voranging. Das Vorhandensein von Holzkirchen im Gebiet östlich der Elbe wurde früher sowohl von Bau- als auch von Kunsthistorikern für unmöglich gehalten. Heute aber wissen wir es besser. In Spandau wurden zwei Holzkirchen aus dem 10. beziehungsweise aus dem 12. Jahrhundert entdeckt.

Eine weitere Frage, die in der Geschichtsforschung immer von Bedeutung gewesen ist, war, ob die Doppelstadt von Anfang an als solche gegründet wurde. Könnte Cölln, das eine frühere urkundliche Erwähnung erfuhr, vielleicht älter als Berlin sein? Diese Fragen scheinen nun nach den Ausgrabungen, die Heinz Seyer im Bereich der Petrikirche von Cölln durchführte, endgültig geklärt zu sein. Wie unter der Nikolaikirche von Berlin ruhten die Fundamente der ältesten romanischen Basilika dort auf den Bestattungen eines bereits früher vorhandenen Friedhofes. Die Bilder gleichen sich derartig, daß Berlin und Cölln vermutlich gleichzeitig entstanden sind. Dieses Ergebnis ist verständlich, denn, wie wir den im 19. Jahrhundert von Geologen vorgenommenen Tiefbohrungen im Kernbereich von Berlin-Cölln entnehmen können, bildete die Spree im Berlin-Cöllner Gebiet während des 12. und 13. Jahrhunderts drei Flußarme, die die zwei Inseln – die Berliner und die Cöllner – umflossen. Es steht allerdings fest, daß nicht der heutige zwischen Berlin und Cölln fließende Spreelauf der wichtigste war. Im 12. Jahrhundert kam dem heute nicht mehr vorhandenen nördlichsten Spreelauf knapp südlich des heutigen Alexanderplatzes die größte Bedeutung zu. Dort verlief der gesamte Schiffsverkehr. Damit wird verständlich, daß die Markgrafen von Brandenburg gerade an der Stelle, an der dieser nördlichste Spreearm von einer in nordsüdlicher Richtung verlaufenden Fernhandelsstraße gequert wurde, ihren befestigten Hof als Kontrollstation errichteten. Es ist dies die Stelle, an der das Hohe Haus, der ursprünglich markgräfliche, später kurfürstliche Sitz und vorher der sogenannte Alte Hof gelegen haben (s. Abb. 74). Offensichtlich hielten die Markgrafen von Brandenburg noch zu Beginn des 13. Jahrhunderts die gesamte nördliche Talsandkuppe der Berliner Spreeinsel in ihrem Besitz. Dieser Bereich war im Westen durch die Marienkirche, im Osten etwa durch den Bezirk des Franziskanerklosters begrenzt. Immerhin steht fest, daß die brandenburgischen Markgrafen in Berlin keine Burg unterhielten, sondern nur einen leichtbefestigten Stadtsitz. Daraus läßt sich entnehmen, daß sie zu diesem Zeitpunkt noch den Schwerpunkt ihrer Macht auf Spandau konzentriert hatten. Es wäre sicherlich wünschenswert gewesen, wenn die Archäologen im östlichen Teil unserer Stadt Gelegenheit erhalten hätten, nach dem Abriß der Kriegsruinen und der Neuanlage eines modernen Straßensystems im Bereich des Alten Hofes oder des Hohen Hauses zu graben. Leider ist diese Chance verpaßt worden. Wir müssen uns also bezüglich dieses wichtigen Kapitels der frühen Berliner Geschichte nach wie vor mit Spekulationen zufrieden geben. Insgesamt darf man, was die Anfänge Berlins anbelangt, feststellen, daß die Doppelstadt jünger ist als Spandau und anders als dort auf jungfräulichem Boden gegründet wurde. Die neuerdings entdeckten slawischen Siedlungsspuren weisen nicht auf einen unmittelbaren Vorläufer Berlins hin, sondern gehören in die Zeit des 9. bis 10. Jahrhunderts.

Köpenick

Der dritte Stadtkern, die Stadt Köpenick, hat vom 13. Jahrhundert an, wie wir den Ausgrabungsergebnissen entnehmen dürfen, nicht die Bedeutung der Städte Spandau und Berlin-Cölln gehabt. Das lag an dem politischen Schicksal des Ortes, der noch bis zum 12. Jahrhundert Stammesvorort der slawischen Sprewanen gewesen ist. Ihr bekanntester Repräsentant war der Fürst Jaxa von Köpenick. Die kurzfristige Übernahme der Macht in Köpenick durch die Markgrafen der Lausitz aus dem Hause Wettin führte offensichtlich zu einer wirtschaftlichen Weichenstellung zu Gunsten Berlin-Cöllns. Köpenick verlor seine verkehrspolitische Bedeutung und gab sie, wie letztlich auch Spandau, an Berlin-Cölln ab. Damit war der wirtschaftliche Niedergang Köpenicks für die folgenden Jahrhunderte vorgegeben.

Die ländliche Siedlung im Mittelalter

Stadtkernforschung stand in Berlin, wie überall sonst in Europa, am Anfang der Forschungen der Mittelalter-Archäologie. Doch war man sich durchaus auch der Bedeutung ländlicher Siedlungen bewußt. Wie hätten die Markgrafen von Brandenburg in ihrer Auseinandersetzung mit politischen Gegnern beispielsweise mit den Markgrafen der Lausitz und dem Erzbischof von Magdeburg ein machtpolitisches Konzept durchführen können, das zu Städtegründungen führte, aber die ländliche Siedlung außer Acht ließ? So mußte es als ein dringendes Anliegen archäologischer Forschung angesehen werden, nun auch den Dorfkernen außerhalb der städtischen Gemeinwesen erhöhte Aufmerksamkeit zu widmen. Von Anfang an galt es, die Frage nach dem Alter der Dörfer zu beantworten. Dabei stellte sich überall dort, wo die Archäologen den Spaten ansetzten, heraus, daß die von ihrer Siedlungsform her schon immer als deutsch bezeichneten Dörfer – gemeint sind Straßenanger- und Angerdörfer – erst zwischen 1220 und 1230 anzusetzen sind. Dieses Ergebnis schien zu der damals herrschenden Meinung der meisten Historiker zu passen, nach der nämlich Teltow und Barnim erst um 1230 von einem Herrn Barnem, den man mit einem Pommernherzog in Verbindung brachte, erworben wurden und somit eine Besiedlung erst zu diesem Zeitpunkt wahrscheinlich schien. Nur der Ort Tempelhof machte dabei eine Ausnahme.

Wir wissen nichts über die Gründungszeit des Dorfes. Der Name aber und die älteste urkundliche Überlieferung machte deutlich, daß es sich hier um eine Gründung des Tempelritterordens handelte. Die Lage der Kirche abseits des Dorfes wies darüber hinaus auf eine ursprünglich vorhandene Komturei – das ist die kleinste Verwaltungseinheit des Tempelritterordens – hin. Ausgrabungen in der Dorfkirche von Tempelhof haben diese immer wieder vertretene Ansicht bestätigt. Der in den Grundmauern noch alte, heute stehende Bau gehört in die Zeit um 1240. Er hatte aber einen Vorgänger, der um 1200 errichtet worden ist und zu dem mehrere Bestattungen gehörten. Bei ihnen, daran kann kein Zweifel bestehen, handelt es sich um Angehörige des Templerordens. Dem Grabungsbefund ist also zu entnehmen, daß Tempelhof zu den ältesten Dörfern gehört, die heute noch bestehen (s. Abb. 95 auf S. 213). Schaut man sich die Lage des Dorfes im Verhältnis zu Berlin an und berücksichtigt auch die von Tempelhof ausgegangenen Dorfgründungen Mariendorf und Marienfelde, so gibt das Kartenbild eine von Nord nach Süd verlaufende Linie mit den Orten Berlin-Cölln, Tempelhof, Mariendorf und Marienfelde wieder. Dies kann kein Zufall sein. Wir müssen damit rechnen, daß die Tempelritter von den Markgrafen von Brandenburg ins Land gerufen wurden, um eine damals bestehende Grenzlinie gegen den östlichen Nachbarn, den Markgrafen von Meißen und der Lausitz zu sichern. Das bedeutet, die westlich gelegenen Gebiete des Teltow müssen zu diesem Zeitpunkt bereits in askanischer Hand gewesen sein.

Wenn man der frühen Besiedlungsgeschichte des westlichen Teltow aber nachgehen will, ist die Forschung ganz auf die Ergebnisse der Archäologie angewiesen. Erwähnungen von Dörfern, die in die Zeit vor 1239 zurückreichen, gibt es nicht. Es galt also, sowohl in den Dorfkernen selbst als auch im Bereich aufgegebener Dorfstellen, sogenannter Wüstungen, den Spaten anzusetzen (s. Abb. 19). Dabei stellte sich sehr schnell heraus, daß die meisten Straßenangerdörfer auf dem Teltow nicht bis in die Zeit um 1200 zurückreichen. Nur die Siedlungen, die am Rande der den Teltow durchziehenden Rinnen liegen – dazu gehört beispielsweise Lankwitz – haben sich wahrscheinlich aus älteren, slawischen Vorgängersiedlungen entwickelt und ihre Dorflage kaum verändert. Es stellt sich damit die Frage, ob nicht die zahlreichen, besonders im nordwestlichen Teltow entdeckten wüsten Dorfstellen eine vor 1230 liegende Siedlungsphase widerspiegeln. Das schon an der heutigen Erdoberfläche aufgesammelte Scherbenmaterial schien darauf hinzuweisen. Endgültige Klärung war aber nur zu gewinnen, wenn zunächst in Form kleiner Sondierungen, dann aber wo irgend möglich auch großflächig ausgegraben wurde. Bei der Suche nach einem besonders günstigen Objekt fiel die Wahl auf die Wüstung am Machnower Krummen Fenn im Bezirk Zehlendorf. Die systematischen Ausgrabungen setzten im Jahre 1967 ein, sie dauern bis zum heutigen Tage noch an und dürfen als die bedeutendsten und umfangreichsten bezeichnet werden, die jemals auf einer mittelalterlichen Dorfstelle durchgeführt wurden. Im Laufe der Untersuchungen konnte inmitten einer flachmuldenförmigen Senke eine Befestigung von langgestreckter Form nachgewiesen werden. Sie lag in etwa 100 m Entfernung vom Krummen Fenn. Soweit wir heute wissen, handelte es sich um eine Anlage, die bei mehr als 80 m Länge an ihrer breitesten Stelle nur 25 m Tiefe besaß. Zwei schräg gegeneinanderversetzte Tore konnten an beiden gegenüberliegenden Längsseiten der Anlage beobachtet werden. Die seltsame Form der Befestigung vom Machnower Krummen Fenn hatte nur Sinn, wenn sie als Sperriegel verwendet wurde, wobei sie sich besonders gut als Straßenkontrollstelle eignete. Man muß also damit rechnen, daß zwischen 1180 und 1200 an dieser Stelle die von Süden kommende Straße gesperrt und der Warenverkehr kontrolliert worden ist. Alles spricht für den Verlauf einer zeitweiligen Grenze am Machnower Krummen Fenn. Eine ganz ähnliche Anlage wurde nämlich bereits in den Jahren 1937–39 bei Ausgrabungen an der Krummen Lanke innerhalb der urkundlich überlieferten Siedlung Krummensee entdeckt. Beide Befestigungen liegen höchstens 4 km voneinander entfernt, aber wohl an der gleichen Straße. Es spricht vieles dafür, daß die nördliche Straßenkontrollstelle von Krummensee die zeitweilige südliche Grenze des askanischen Machtbereiches und die südliche Kontrollstelle im Bereich der Siedlung Machnower Krummes Fenn den damaligen nördlichen Grenzverlauf des Machtbereiches der Markgrafen von Meißen markieren.

Am Machnower Krummen Fenn entstand in einer zweiten Siedlungsphase ein Dorf mit nahezu gleichmäßig großen Hof- und zum großen Teil wohl auch Feldgrundstücken. Dabei entfernte man den größten Teil der noch stehenden Straßenkontrollstelle, nutzte aber den Teil mit einem Tor, der genau in den Plan des neu zu gründenden Dorfes paßte. Dieser Teil der Palisade schloß den Zugang zu der in Form eines Hufeisens gebauten Siedlung. An einer planmäßigen Gründung kann es keinen Zweifel geben. Obwohl die Ausgrabungen noch nicht beendet sind, muß man mit einer Anzahl von 16 Gehöften rechnen. Das

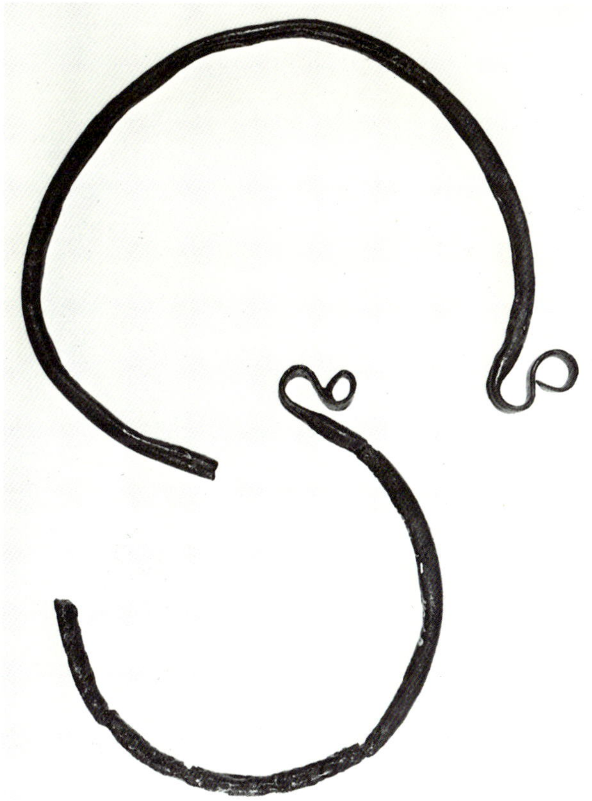

11. Slawische Schläfenringe.

archäologische Fundmaterial weist eindeutig auf einen bedeutenden Anteil slawischer Bevölkerung unter den Siedlern hin (s. Abb. 11). Da das Dorf keine Curia, keinen befestigten Edelhof, besaß, wohl aber auf einem Grundstück reichere Funde, u.a. auch ein Reitersporn, auftraten, darf hier mit einem Schulzenhof gerechnet werden. Dies würde weiterhin dafür sprechen, daß das Dorf von Beginn an als markgräflich-brandenburgische Gründung zu betrachten ist.

Die jüngste Grabungskampagne des Jahres 1985 hat noch einmal für eine Überraschung gesorgt. Es gelang nämlich, auf der südlichen Gehöftreihe einen Hof auszugraben, auf dem nicht die sonst üblichen Haustypen vertreten waren. Vielmehr lieferte dieses Grundstück ein in Pfostenbauweise errichtetes, großes Hallenhaus, das möglicherweise auf die Herkunft seiner Bewohner aus den deutschen Altsiedelgebieten westlich der Elbe hinweisen kann. Eine solche Zuwanderung scheint auch ein Teil der dort aufgefundenen Keramik zu bestätigen. Endgültiges kann hier aber erst nach Auswertung dieses ganz frischen Grabungsbefundes gesagt werden.

Die Ausgrabungen am Machnower Krummen Fenn sollten von Anfang an exemplarischen Charakter haben. Es wird nicht möglich sein, an anderen Stellen in absehbarer Zeit nochmals so großflächig zu untersuchen. Dennoch darf man an den bisherigen Forschungsergebnissen wichtige Erkenntnisse für die Besiedlungsgeschichte des Teltow entnehmen. Sie lauten: Bis um 1200 konnte sich die markgräflich-brandenburgische Herrschaft offensichtlich nicht über eine Linie, die entlang der Grunewaldseerinne über Dahlem, Tempelhof nach Berlin verlief, nach Süden ausweiten. Zu diesem Zeitpunkt war der südlich angrenzende Streifen auf dem Teltow noch in der Hand der Markgrafen der Lausitz aus dem Hause Wettin. Die Aufgabe der wettinischen Straßenbefestigung im Bereich des Dorfes am Machnower Krummen Fenn um 1200 machte es allerdings wahrscheinlich, daß sich damals bereits die machtpolitischen Verhältnisse verändert hatten. Den Markgrafen von Brandenburg muß es spätestens zu Beginn des 13. Jahrhunderts gelungen sein, die Wettiner aus dem westlichen Teltow zu vertreiben. Es setzte dort eine gezielte Siedlungspolitik der Askanier ein, die mit Sicherheit vom Herrscherhaus selbst geleitet wurde. Vermutlich schon um 1220 gelang es dann, auch den östlichen Teil des Teltow in die Hand zu bekommen. Es folgte bis 1230 eine umfassende Siedlungskonzentration unter Aufgabe vieler älterer, auf leichten Sandböden angelegter Dörfer und der Neugründung von Anger- und Straßenangerdörfern auf schweren Lehmböden. Ob sich die Besiedlung des im nördlichen Teil Berlins beginnenden Barnim ebenfalls bereits unter frühaskanischer Herrschaft, also in der Zeit um 1200 vollzog, ist vorläufig nicht zu entscheiden. Zur Klärung dieser Frage wird im Jahre 1987 in einem der vermutlich ältesten Dorfkerne, in Hermsdorf, mit Ausgrabungen begonnen.

Literatur:

Müller, Adriaan von/Klara von Müller-Muči: Die Ausgrabungen auf dem Burgwall in Berlin-Spandau. 2 Bde. Berlin 1983.

Müller, Adriaan von: Spandau, eine bedeutende mittelalterliche Stadt in der Mark Brandenburg, neue archäologisch-historische Forschungsergebnisse. In: Festschrift der Landesgeschichtlichen Vereinigung für die Mark Brandenburg zu ihrem 100jährigen Bestehen: 1884–1984. Hrsg. v. Eckhard Hennig und Werner Vogel. Berlin 1984, S. 78ff.

Allgemeine Literatur s. S. 287.

11.a Alt-Hermsdorf/Bezirk Reinickendorf. Ehemaliges Gut Hermsdorf Südseite, abgerissen 1964.

DAS LAND II

Neue Gesichtspunkte zur Entwicklung der Märkischen Landschaft

Klaus Goldmann

Forschungen in verschiedenen Fächern der Wissenschaft haben in den letzten Jahren Ergebnisse erbracht, die gerade auch für die Landschaftsentwicklung des Berliner Großraumes völlig neue Ausblicke liefern. Bisher war man davon ausgegangen, daß Eingriffe in den Naturhaushalt, also das natürliche Gleichgewicht der landschaftsbestimmenden Faktoren, erstmals mit der Ostsiedlung des Mittelalters vorgenommen wurden. Genau das Gegenteil scheint zuzutreffen: Eine als Folge der Ostsiedlung im 12. und 13. Jahrhundert eingetretene Umweltkatastrophe hat offenbar die in Jahrtausenden durch systematischen Landesausbau vom Menschen geschaffene paradiesische Kulturlandschaft in den grundwassernahen fruchtbaren Niederungen der großen nordeuropäischen Tiefebene für viele Jahrhunderte vernichtet. Erst durch die großen Meliorationsmaßnahmen der preußischen Kurfürsten und Könige gelang es seit dem 17. Jahrhundert, wenigstens Teile des alten Kulturlandes wieder zu fruchtbaren Provinzen umzugestalten.

12. Spreelandschaft.

Der Großraum Berlin ist auch das Zentrum einer seit Jahrtausenden von unseren Vorfahren umgestalteten Landschaft, die ähnlich etwa den Reisterrassen in Südostasien, zur dauerhaften Sicherung der Ernährung ihrer Einwohner große Erträge lieferte. Die „Streusandbüchse" entstand erst nach dem Zusammenbruch des künstlichen Gleichgewichts im 13. Jahrhundert, aber auch schon einmal vorher um die Mitte des 1. Jahrhunderts vor Christus, wobei in beiden Fällen auch Klimaschwankungen mitgewirkt haben können.

Im folgenden werden zwei Gesichtspunkte eingehender behandelt: der offenbar künstliche Flußlauf der Spree, die, wie auch die Havel, anscheinend durch technische Maßnahmen „vorgeschichtlicher" Wasserbauingenieure erst in den vom Niederschlag benachteiligten Berliner Raum geleitet wurde und die Lage Berlins und Spandaus als Knotenpunkt in einem europäischen Netz künstlich ausgebauter Wasser- und Landwege.

Der seltsame Lauf der „Spree"

Die große mitteleuropäische Tiefebene wird gebildet aus den Ablagerungen mehrerer Eiszeiten, die in den letzten Jahrhunderttausenden unseren Kontinent überprägten (s. Abb. 13). Das Eis überfuhr das Gebiet jeweils von Norden her. Dabei schoben die Eisrandlagen Schuttberge vor sich her, die sogenannte Endmoränen bildeten, sie sind heute als breite Landbrücken erkennbar.

Die letzte Eiszeit, die vor etwa 12000 Jahren endete, ließ den nördlichen, auch baltischen Landrücken entstehen, dessen höchste Erhebungen in Pommern mehr als 300 Meter erreichen. Die vorletzte Vereisung, die Saale-

Eiszeit, reichte weiter nach Süden und ließ den südlichen Landrücken zurück, zu dem der Fläming und der Lausitzer Grenzwall gehören. Ihre Höhen reichen hier etwas über 200 Meter. Die Saale-Eiszeit endete vor weit über 100 000 Jahren, auf sie folgte eine Warmzeit mit einem Klima, das dem heutigen in unserem Gebiet ähnlich war. Sie formte, wie die letzte Eiszeit, die Oberfläche der Altmoränen um und wirkte ausgleichend auf die Landschaftsstrukturen.

Nicht nur die ursprüngliche Ausformung der genannten Höhenzüge geht auf die Vereisungen des Kontinents zurück. Südlich der Randlagen der Eisberge entstanden jeweils breite, vorwiegend von Südosten nach Nordwesten gerichtete Talungen, in denen die Schmelzwässer dem offenen Meer zuströmten. Mehrere solcher Talungen durchziehen die ostdeutsche Tieflandsmulde und werden Urstromtäler genannt. Das jüngste ist das Thorn-Eberswalder Urstromtal, in dem die Netze zur Oder fließt und das seit Jahrhunderten auch als natürliche Trasse für den Oder-Havel-Kanal über Eberswalde genutzt wird. Es folgt weiter südlich das Warschau-Berliner Urstromtal, in dessen Teilabschnitten die Warthe, die Oder, die Spree und die Elbe fließen. Weiter südlich kennen wir das Glogau-Baruther Urstromtal, ein Teil dessen ist der Spreewald. Alle bisher genannten Täler sind während verschiedener Stadien der jüngsten Vereisung entstanden. Das noch weiter südlich liegende Bremen-Magdeburg-Breslauer Urstromtal wurde dagegen in der älteren Saale-Eiszeit gebildet.

Die großen Flüsse Weichsel, Oder und Elbe fließen nur auf Teilstrecken in den Urstromtälern, sie haben die Wälle der verschiedenen Endmoränen schon früh in der Nacheiszeit geschnitten und strömen mit dem größeren Gefälle zur Ostsee oder Nordsee. Die Urstromtäler selbst weisen ein außerordentlich geringes Gefälle auf und neigen deshalb vielfach zur Versumpfung. Wird ihr Wasserhaushalt jedoch durch den Eingriff des Menschen reguliert, entstehen geradezu paradiesisch ertragreiche Landschaften. Die „Geschichte des preußischen Vaterlandes" von Ludwig Hahn aus dem Jahre 1881 beschreibt das Wirken Friedrichs des Großen: „Um den Ackerbau zu erwünschter Blüte zu bringen, wandte Friedrich das Mittel an, welches die tüchtigsten seiner Vorfahren von Albrecht dem Bären an öfter benutzt hatten: die Heranziehung fremder Colonisten. Man kann rechnen, daß unter seiner Regierung etwa 250000 Anbauer nach Preußen zogen, wo ihnen besonders solche Striche Landes, welche bis dahin wüste und unfruchtbar gelegen hatten, unter großen Begünstigungen zur Urbarmachung angewiesen wurden. Der König hatte seine größte Freude daran, wenn es ihm auf diese Weise gelang, morastige, öde Gegenden in blühende Felder oder Wiesen umzuwandeln, wie er dies besonders in den Oder-, Warthe- oder Netzebrüchen, in Pommern und Westpreußen mit großem Erfolg bewirkte. Als er einst die fruchtbaren Fluren überblickte, welche im Oderbruche gleichsam auf sein Geheiß entstanden waren, rief er voll Freude aus: „Hier ist ein Fürstenthum erworben, worauf ich keine Soldaten zu halten nöthig habe."

Friedrich der Große hat damals getan, was anderen großen Herrschern Jahrhunderte, ja wohl sogar Jahrtausende vor ihm im gleichen Gebiet schon einmal gelungen war. Diese Vorarbeiten seiner frühgeschichtlichen, bisher für uns namenlosen Vorgänger, ermöglichten erst den Erfolg des großen Preußenkönigs. Sie schufen die Grundlagen für den Landesausbau im 18. Jahrhundert und selbst in heutiger Zeit. Zeugnis gibt uns dafür die Spree.

Das Quellgebiet der Spree liegt in etwa 400 m Meereshöhe am nördlichen Abhang des Lausitzer Gebirges. Ihr Oberlauf ist tief in das Granitgebirge der Oberlausitz eingeschnitten. Nördlich von Bautzen tritt sie in das Breslau-Magdeburger Urstromtal ein und hat jetzt beim kleinen Orte Nieder-Gurig eine Höhe von 152 m. Hier teilt sie sich in zwei Arme, die östliche Kleine Spree und die Haupt-Spree, besser: sie wird geteilt. Denn seit dem vorigen Jahrhundert ist bekannt, daß diese Spreeteilung nur künstlich angelegt sein kann. Allerdings berichtet keine Urkunde über diese bedeutende Wasserbaumaßnahme aus früherer Zeit. Nachdem beide Spreearme fast parallel die Goldene Aue bis zum Orte Klix durchflossen haben, vereinigen sie sich, um sogleich wieder geteilt zu werden, wobei jetzt der westliche Arm „Kleine Spree" heißt. Erst nach mehr als 30 km treffen beide Arme bei Spreewitz erneut aufeinander. Sie hatten sich zum Teil mehr als 10 km voneinander entfernt. Zwingend stellt sich die Frage, ob auch diese Spreeteilung künstlich herbeigeführt wurde – sie geht dann wohl auf die wendische oder eine noch frühere Epoche zurück. Ist es ein Zufall, daß engbenachbart der zweiten Teilungsstelle die spätbronzezeitliche Niederungsburg der „Radisch" von Kleinsaubernitz liegt?

Zwischen Spreewitz und Cottbus durchschneidet die Spree jetzt auf 30 km Länge den Lausitzer Grenzwall, wobei sie 35 m an Höhe verliert und somit eine große Erosionskraft erhält, durch die der Cottbusser Schwemmsandfächer entstanden ist, der als Oberflächenbildung von Cottbus bis Peitz und Burg zu verfolgen ist. Heute wird Spreewasser zwischen Cottbus und Spremberg durch ein Stauwehr von 8 m Höhe in einem Stausee mit dem Fassungsvermögen von mehr als 40 Millionen Kubikmeter gespeichert. Der Stausee dient dazu, in trockenen Sommern dem fruchtbaren Spreewald Zuschußwasser zu liefern und die für die Landwirtschaft schädlichen Hochwasser zu bändigen. Die gleiche Problematik bestand, seit der Spreewald als Kulturlandschaft erstmals dicht besiedelt war, also seit der jüngeren Bronzezeit. Auf ähnliche Weise wie Wasserbauingenieure unseres Jahrhunderts lösten jene schon 10 Jahrhunderte vor Christus das Problem: sie errichteten bei Spreewitz ebenfalls einen Staudamm, wie die völlige Fundleere dieser sonst für bronze- und früheisenzeitliche Besiedlung sehr geeigneten Talniederungen der Großen und Kleinen Spree zu beweisen scheint. Die frühen Ingenieure erreichten noch den Nebeneffekt, Schiffahrt über die heute noch so genannten zwei Landgräben nach Senftenberg ins Flußgebiet der Schwarzen Elster zu ermöglichen, ja wohl sogar größere Wassermengen dorthin überzuleiten. Vieles deutet inzwischen darauf hin, daß lange vor Christi Geburt im gesamten mitteleuropäischen Tiefland ein regelrechtes Wasser-Verbundsystem zwischen den verschiedenen Siedlungszentren in den Talniederungen bestand.

Eine neue Frage entsteht, wenn man den Spreelauf in die Karte der jährlichen Niederschlagshöhen projiziert. Dann sind 70% des Einzugsgebiets der Spree von ca. 10 000 km² ausgesprochen regenarm. Der Berliner Raum z. B. hat heute im langjährigen Mittel etwa 550 mm Jahresniederschlag, dies ist für eine Landwirtschaft auf leichten Sandböden, wie sie Urstromtäler aufweisen, nicht ausreichend. Um wieviel wichtiger waren dann gerade hier Wasserbewirtschaftungsmaßnahmen, wenn der Durchschnittsniederschlag über Jahrhunderte vielleicht um 20% niedriger lag als heute, so während der ausgehenden Bronzezeit und im „wendischen Mittelalter"? Ohne das Wasser der lebensspendenden Spree wäre dann die zentrale Mark Brandenburg mit dem Spreewald und Berlin nur ein unfruchtbarer Kiefernstandort gewesen. Das allein regenreichere Einzugsgebiet der Spree liegt mit 2300 km² nördlich von Spreewitz, also nördlich des Lausitzer Grenzwalls im Magdeburg-Breslauer Urstromtal und im Lausitzer Gebirge. Dort ist für den Regenfeldbau ausreichendes Wasser vorhanden, in der Zone nördlich davon nicht. Deshalb ist der Durchbruch der Spree durch den Grenzwall ein für das nördlich angrenzende Gebiet nahezu unvorstellbarer Glücksfall der Natur, woraus sich die Frage ergibt: Ist die Spree vielleicht ursprünglich ein Arm der Schwarzen Elster, ihr Durchbruch durch den Lausitzer Grenzwall ebenso künstlich wie ihre Zweiteilungen und Talsperren?

Folgen wir der Spree von Cottbus weiter im Oberen Spreewald. Sie fließt jetzt nach Westen in unzähligen Armen bei einem Gefälle von nur 7 m auf 34 km durch die mit 200 km² wohl reizvollste Kultur- und Gartenlandschaft Mitteleuropas.

Bei Peitz fließt ihr als Nebenfluß die Malxe zu, die ihren Ursprung wenige hundert Meter neben der Neiße bei Forst hat, die ihre Wasser der Oder und damit der Ostsee zuleitet. Beim Orte Sacrow – dieser Ortsname läßt frühe Dammbauten annehmen – liegt heute das Niveau der Neiße über dem der Malxe. An dieser Stelle konnte anscheinend dem unteren Spreegebiet bei Bedarf Zuschußwasser aus der Lausitzer Neiße zugeführt werden. Dieser Verbund bestand offenbar sowohl zur Endbronzezeit als auch im frühen Mittelalter. Bis Lübben bewässert die Spree dann einen Teil des Glogau-Baruther Urstromtales. Scheinbar unsinnig, das steilere Gefälle im Urstromtal über Baruth nach Potsdam gleichsam ausschlagend, durchbricht sie wieder nach Norden eine Eisrandlage, um den 74 km² großen Unterspreewald zu formen. An dessen Ende bei Leibsch wird heute Spreehochwasser über den Dahme-Umflut-Kanal in die Dahme geleitet. Dieser Umflut-Kanal ist uralt und war in der Vorzeit offenbar schon einmal zum gleichen Zweck gegraben worden, vielleicht

13. Deutschland/Mitteleuropa (Ausschnitt).

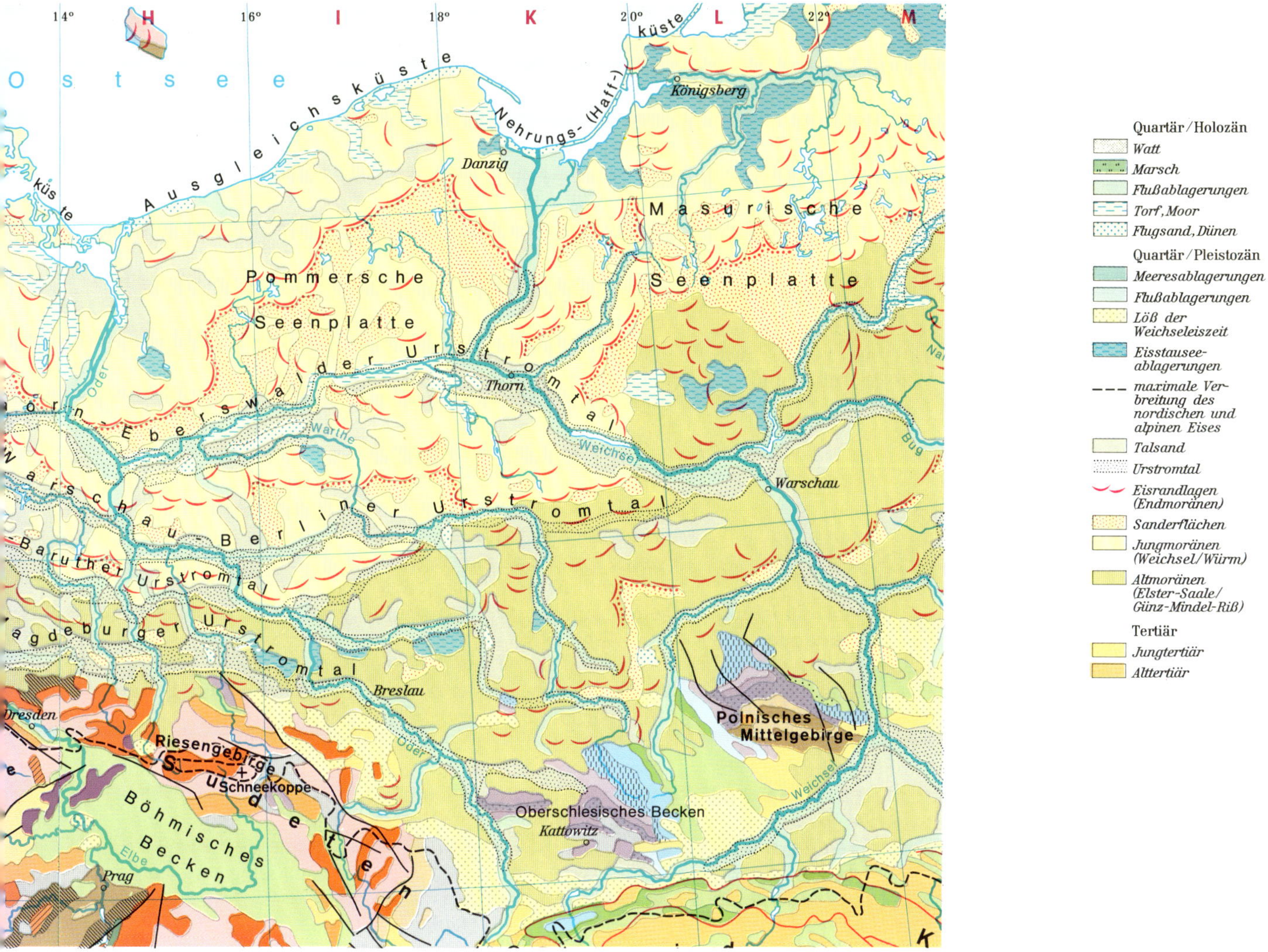

im frühen Mittelalter, wie einige Ortsnamen vermuten lassen. So erklärt sich zwanglos auch der Name der Dahme. Sie heißt auch Wendische Spree. Nach 40 km wird dieser künstliche Spreearm die Hauptspree bei der Burg Köpenick wieder treffen. Die Hauptspree aber fließt von Leibsch plötzlich nach Osten – bei der vorgegebenen topographischen Lage völlig unsinnig, wie kein Fluß im gleichen Gebiet – bis sie in den oberen Teil des Schwieloch-Sees mündet. An dieser Stelle des Schwieloch-Sees sollte 1942 ein Staudamm gebaut werden, um durch Anstau des Sees ein natürliches Speicherbecken zu erhalten, das den Berliner Raum vor Hochwasser schützen und im Sommer Zuschußwasser für den Großraum Berlin liefern sollte. Dieser Speichersee hat nach vielen Indizien bereits einmal in wendischer Zeit bestanden, wie auch alte Ortsnamen, so: Sawall und Sabrodt, also „Bei dem Wall“ und „Bei der Furt“ zeigen, aber auch eine ausgeprägte Uferterrasse belegt. Seinen Zufluß erhielt der Schwieloch-See durch Rinnen, die heute noch die direkte Umleitung von Spreewasser von Fehrow im Oberspreewald nach Norden ohne größere Staumaßnahmen oder Grabenbauten erlauben würden.

Vom Schwieloch-See läuft die Spree in nördlicher Richtung über Beeskow nach Neubrück, wieder eine Eisrandlage durchstoßend, wo sie endlich nach Westen einschwenkt, um über Fürstenwalde im Warschau-Berliner Urstromtal Berlin zu erreichen. Der hier geschilderte, in vielfältiger Hinsicht geographisch unverständliche Lauf der Spree erlaubte aber gerade im 17. Jahrhundert den Bau des Oder-Spree-Kanals über die kürzest mögliche Trasse. Offenbar hat der Große Kurfürst mit seinem Friedrich-Wilhelm-Kanal Grundlagen genutzt, die noch größere Vorgänger wohl 90 und 30 Generationen früher erst geschaffen hatten.

Die Landschaft des Berliner Raums ist nach diesen neuen Erkenntnissen durch das Wirken vieler bedeutender Herrscher in der Vorzeit kunstvoll zu dem gestaltet worden, was sie seit Jahrhunderten als unser Lebensraum ist: Zentrum im Netz europäischer Wasserstraßen und das Herz von Europa.

Berlin: Knotenpunkt europäischer Verkehrswege

Europa ist ein verkehrsfreundlicher Kontinent. Zahlreiche Straßen verbinden seine Siedlungen untereinander und bilden ein engmaschiges Netz. Uralte Heerwege wurden später zum Teil „Königsstraßen" des Mittelalters, dann Reichsstraßen und sind heute Europastraßen oder Haupttrassen der Eisenbahn. Diese überregionalen Verkehrswege waren zu allen Zeiten der Siedlungsgeschichte mehr oder minder gut ausgebaut. Es gab Brücken, Dämme und Bohlwege in Niederungen. Krüge an den Wegkreuzungen und in festen Abständen entlang der Straßen sorgten für das Wohl der Reisenden und Zollstationen für das der Territorialstaaten. Schon im frühen Mittelalter kannte man auch bevorrechtigte Personengruppen, die der Landesherr von mancherlei Abgaben, wie den Wege- und Brükkenzöllen, befreite und die sich durch Kleidung oder schriftliche Privilegien ausweisen konnten. Dazu gehörten zum Beispiel Geistliche, Juden und Adlige.

Seit jeher lag im Berliner Raum ein überaus bedeutsamer Kreuzungspunkt dieser transeuropäischen Verbindungswege (s. Abb. 4). Hier trafen Straßen aufeinander, die über Rostock, Greifswald und Stettin Berlin mit Skandinavien verbanden, solche, die über Küstrin und Pommern ins Baltikum reichten und über Frankfurt, Posen und Warschau nach Rußland. Nach Krakau gelangte man über Breslau, nach Ungarn über Dresden, Prag und Wien. Nach Italien führte die Straße über Leipzig, Hof und Nürnberg, über Thüringen war bis Frankfurt am Main ein kurzer Weg. Paris erreichte der Reisende über Magdeburg, Braunschweig und Aachen. Die neue Autobahn nach Hamburg schließlich läuft parallel zu einer Straße, die in Hamburg Anschluß an den alten Ochsenweg durch Jütland findet. Über das hier geschilderte Wegenetz kamen im 12. Jahrhundert die Neusiedler aus dem Westen in die Mark Brandenburg, wie vorher die Heere der Wendenkreuzzüge. Es waren dieselben großen Handels- und Heerstraßen, die schon in der Bronze- und Eisenzeit die Zentren Europas miteinander verbanden.

Auch damals waren sie Transitstraßen, auf denen besondere Regeln galten, von denen abzuweichen schwere Strafen nach sich ziehen konnte – wen erinnert dies nicht an Situationen in unseren Tagen?

Für den Unterhalt der Verkehrswege und -bauten pflegte der Landesherr schon im Mittelalter Bewohner benachbarter Siedlungen zu verpflichten oder er gründete sogar neue Dörfer, mit der Maßgabe für die Siedler, als Wegemeister zu dienen. Auf diesen Landwegen rollte seit der Steinzeit der Verkehr durch Europa und besonders in den Mooren Deutschlands zeugen Funde vieler Rad und Wagenteile von der Beschwerlichkeit, so zu reisen.

Seit die Eisenbahn im vorigen Jahrhundert ihren Siegeszug antrat, wurde vergessen, daß es bis in die Neuzeit eine weit verbreitete andere Variante des Individualverkehrs gab: die Schiffahrt auf Flüssen und Kanälen (s. Abb. 14).

Wie die Adern den Menschen, durchziehen zahllose Wasserläufe die Länder Europas. Besonders in Mittel- und Nordeuropa sind sie mit Ausnahme weniger Wintermonate bis weit in ihren Oberlauf schiffbar. Es ist gesichertes Wissen, daß die Wikinger mit hochseetüchtigen Booten nicht nur über die großen Flüsse Osteuropas von der Ostsee zum Schwarzen und Kaspischen Meer gelangten, sondern auch, daß sie von den Meeresküsten her selbst kleinere Flüsse aufwärts fuhren, wo sie Kriegszüge unternahmen oder Handel trieben.

Karl der Große hat in den Jahren von 761 bis 814, nach Zeugnis der Urkunden, eine Strecke von etwa dem doppelten Erdumfang zurückgelegt – und das zu einem großen Teil auf dem Wasserwege. Noch Napoleon transportierte seinen Nachschub hauptsächlich auf den Wasserstraßen des Binnenlandes. Der niedrige Wasserstand in den Kanälen und Flüssen im Jahre 1812 ließ ihn, entgegen seiner Planung, zu spät nach Moskau gelangen. Dieser Verzug war ein Hauptgrund für seine spätere Niederlage.

Der Wasserweg ist in historischer Zeit immer der sicherere, bequemere und der wirtschaftlichere gewesen. Schon aus römischer Zeit sind Angaben überliefert, wonach der Transport einer gleichen Warenmenge mit einem Flußboot nur ein Zehntel der Kosten verursachte, die beim Gebrauch eines Wagens entstanden. Dieses Kostenverhältnis ist leicht zu verstehen, da ein Boot keine beweglichen Teile besitzt, die beim Betrieb abgenutzt werden.

Zudem ist die für das Boot erforderliche Zugkraft zur Bergfahrt oder auf stehendem Gewässer viel geringer. Damit kann auch tonnenschwere Ware mit kleiner Begleitmannschaft über große Entfernungen verbracht werden. Selbst der „Tagesmarsch", d. h. die für ein Boot oder einen Wagen als Tagesleistung erreichbare Entfernung liegt bei beiden um die 40 km. Diese Zahlenverhältnisse waren bis zum Beginn des 19. Jahrhunderts gültig, wie Angaben zum Ludwig-Donau-Main-Kanal belegen.

Die aus den angeführten Gründen für Mitteleuropa so überragende Bedeutung der Wasserwege ist in der Vorgeschichtsforschung bis in unsere Tage weitgehend zugunsten der Straßenforschung unberücksichtigt geblieben. Das überrascht umso mehr, als gerade die Urstromtäler zwischen Weser und Weichsel ideale Bedingungen für die „Vernetzung" verschiedener Flußsysteme bieten und solche Vernetzungen lange als Besonderheit auch des Gewässersystems in der Mark Brandenburg erkannt sind. Es gibt zahlreiche Indizien dafür, daß diese Verknüpfung verschiedener Flußsysteme auf die Arbeiten vor- und frühgeschichtlicher Wasserbau-Ingenieure zurückzuführen ist – eine Feststellung, die bei gleichartigen Befunden in weiter südlich gelegenen Regionen heute als selbstverständlich akzeptiert wird, auch wenn sie sogar 6000 Jahre zurückreichen können. In Mitteleuropa schreibt man solche zivilisatorischen Leistungen statt den eigenen Vorfahren lieber dem zufälligen Wirken der Natur zu.

Versuchen wir, im folgenden die wichtigsten Wasserstraßen der Umgebung Berlins und zur Ostsee hin darzustellen, die in den Jahrhunderten um 1000 n. Chr. von den wendischen Völkern unterhalten und genutzt wurden. Zu diesem System gehörten aufwendige Wasserbauten, wie Dämme, Schleusen, Talsperren und Kanäle. Auch das Stadtgebiet Groß-Berlins ist heute noch von ihnen geprägt. Die Erforschung ihrer Funktion und Konstruktion ist Ziel eines vom Autor begonnenen Projekts, in dem Archäologen, Historiker, Techniker und Naturwissenschaftler verschiedener Disziplinen zusammenarbeiten.

Die Wasserwege von der Oder zur Elbe liefen vor 1000 Jahren bereits über einen Vorläufer des Oder-Spree-Kanals, der beim Burgwall Lossow südlich Frankfurt/Oder begann und über Müllrose, einen kleinen Ort auf der Wasserscheide Nordsee/Ostsee, zur Spree verlief. Die Boote konnten wie heute über mehrere Schleusenstufen zunächst bis Köpenick gelangen. Im heutigen Berliner Stadtgebiet lag eine Staustufe mit Schleuse bei Stralau, wo eine Befestigung aus wendischer Zeit nachgewiesen ist. Unterhalb von Stralau wurde die Höhe des Wasserspiegels damals anscheinend durch einen bei Spandau befindlichen Stau bestimmt, der die Untere Spree und die Oberhavel zu einem einzigen Seen-System verband. Dann war im Mittelalter die heutige Spreeaue in Charlottenburg, Tiergarten und auch das Gebiet um Berlin-Cölln weitgehend überflutet. Dies kann die Erklärung dafür sein, warum Berlin-Cölln in vordeutscher Zeit kaum Besiedlungsspuren zeigt.

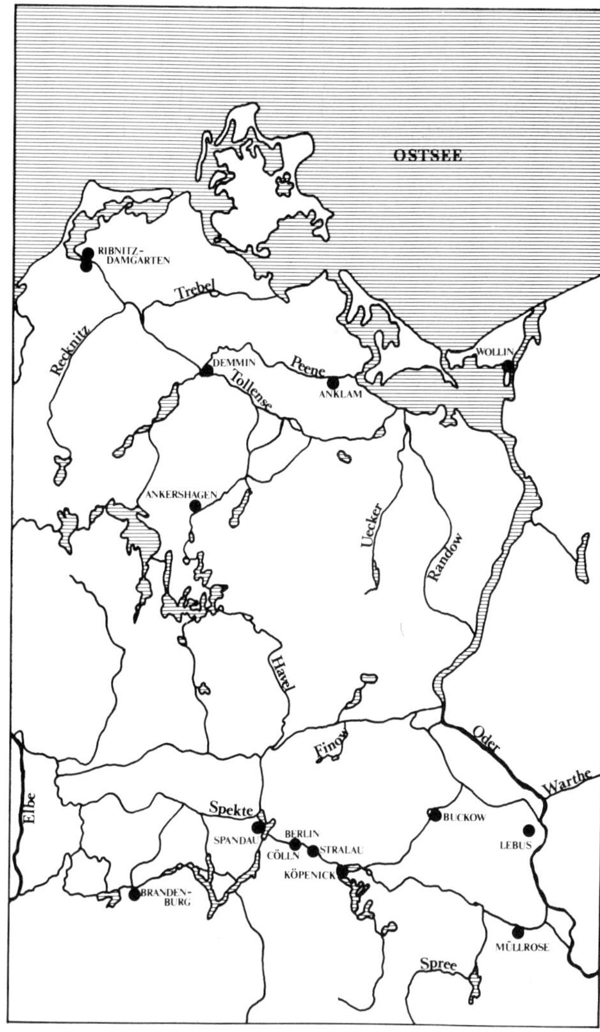

14. Das Netz der Wasserstraßen zwischen Berlin und Ostsee.

Im heutigen Stadtgebiet von Spandau muß sich demnach eine Staustufe befunden haben, die nicht nur den Spiegel der Havel, sondern auch den der Spree auf einer Höhe von etwa 32 m über dem Meeresspiegel gehalten hat. Dies entspricht etwa dem heutigen Niveau der Oberhavel mit dem Tegeler See. Die moderne Stauhöhe der Oberhavel von 2 m wurde damals aber erheblich übertroffen, da der Spiegel der Unterhavel im 8. und 9. Jahrhundert etwa bei 28 Metern lag und erst im 10. Jahrhundert wohl durch einen von Brandenburg her erzeugten Rückstau so kräftig stieg, daß z.B. die Siedlungsebene auf dem Spandauer Burgwall durch mächtige Sandschüttungen erhöht werden mußte. Die künstlich geschaffenen Seen nördlich und östlich Spandaus hatten nach dem gegenwärtigen Forschungsstand damals ihren Hauptabfluß nach Westen im Verlauf der Spekte-Niederung im Stadtgebiet Spandaus und durch das Havelland zur Elbe. Bei Hochwasser wurden jedoch Ableitungen nach Süden vorgenommen, aber auch für die Schiffahrt und zur Regelung des Wasserhaushalts für die Landwirtschaft.

Die Doppelstadt Berlin-Cölln als Schnittpunkt der hochmittelalterlichen Landwege konnte erst Bedeutung erlangen, als das Niveau der Spree im 11. oder 12. Jahrhundert um mehrere Meter gesenkt wurde.

Vorher trafen in Spandau Wasser- und Überlandstraßen aus allen vier Himmelsrichtungen aufeinander. Nur in Bezug auf die Überlandwege konnte die Stadt von Berlin beerbt werden.

Eine zweite Verbindung von der Oder zur Spree verlief im Mittelalter über Buckow in der „Märkischen Schweiz" nach Köpenick, eine dritte Trasse des zuletzt 1909 bis 1914 ausgebauten Oder-Havel-Kanals entlang der Finow. Der heutige Ortsteil „Schöpfuth" von Finow, Kr. Eberswalde, auf der Wasserscheide der Havel gelegen, heißt schon im Landbuch Kaiser Karls IV. von 1375 „Schifforte" und „Schepforde", also Schiffsfurt – lange vor den ersten überlieferten Kanalbauplänen für diese Stelle.

Es gab früher mindestens noch einen weiteren Weg, um über die Havel zur Ostsee zu gelangen. Ihn benutzte wohl Karl der Große, als er 789 mit Hilfe einer friesischen Flotte die Burg des Königs der Wilzen, Dragovit, überfiel, die wahrscheinlich östlich von Demmin lag. Die Flotte muß elbe- und havelaufwärts gefahren und dann über den aufgestauten Quellsee der Havel durch Ankershagen, wo Heinrich Schliemann seine Kindheit verlebte, zur Tollense gelangt sein – über einen Weg, der wohl schon in der Bronzezeit die Havel mit der Tollense und der Peene verbunden hat. Der Ortsname „Ankershagen" genau auf der Wasserscheide Nordsee-Ostsee belegt einen wichtigen Ankerplatz. Ein anderer Ort, Anker, liegt auf der Scheitelstrecke des Elb-Trave-Kanals. Die Herren von „Anker" im Lauenburgischen sollen Ahnen der von „Ankershagen" sein. Es scheint, als seien beide die Herren der wichtigsten Zollstellen des frühen Schiffsverkehrs gewesen.

Es ist offenkundig, daß die Wasserstraßen Europas bereits in vor- und frühgeschichtlicher Zeit zum Teil als Kunstbauten geschaffen und nicht nur für den Handel von hervorragender Bedeutung waren – ihr Ausbau steht anscheinend auch in engem Zusammenhang mit Maßnahmen zur Landeskultur.

Zuvörderst dienten diese nämlich der Be- und Entwässerung der Niederungsgebiete, die dadurch erst fruchtbare Provinzen wurden. Ein Aufruf zur Kreuzfahrt gegen die verketzerten Heiden beschreibt im Jahre 1108 das Land östlich der Elbe mit folgenden Worten: „Wenn es so gut bebaut ist, ist es mit solch einem Überfluß aller Erträgnisse gesegnet, daß kein Land mit ihm verglichen werden kann." Dies war der Erfolg des Landesausbaus in der wendischen Epoche. Die während zweier Jahrhunderte geführten „Wendenkreuzzüge" ließen das Land aber ausbluten und wie nach dem 30-jährigen Krieg verfielen alte Kanäle, die Flüsse uferten aus und das Land versumpfte weitgehend. Erst seit dem 18. Jahrhundert gelang es den preußischen Herrschern wieder, durch systematische Binnenkolonisation das alte Fruchtland einer neuen Blüte zuzuführen. Der Große Kurfürst und Friedrich der Große – sie waren Erben einer großen Tradition großer Vorfahren.

Literatur

Goldmann, Klaus: Märkische Kulturlandschaft – das Erbe bronzezeitlicher Kolonisation?; in: Ausgrabungen in Berlin, 6, 1982, S. 5–50.
Hahn, Ludwig: Geschichte des preußischen Vaterlandes, Berlin 1881.

Allgemeine Literatur s. S. 287.

Siedlung und Agrarwesen

Eberhard Bohm

Die Städte Berlin und Cölln stellten in dem weiten Gebiet, das von den Grenzen Groß-Berlins seit 1920 umschlossen wird und deren äußerer Verlauf sich seitdem nur unwesentlich geändert hat, ein bescheidenes Fleckchen dar. Doch auch die Berliner „Landschaft" – wenn wir das fragliche Gebiet einmal so nennen wollen – hat ihre Geschichte, und es ist nicht allein eine Geschichte der Verstädterung. Der Wandel von der „Agrargeschichte" zur „Stadtgeschichte" vollzog sich für den weitaus größten Teil des heutigen Berlin erst in den letzten 200 Jahren. Die Industrialisierung ließ Berlin seit ungefähr 1840 in immer rascherem Tempo und in unvorstellbarem Maße wachsen, schob das städtische Weichbild auf das platte Land und fraß die Dörfer mit Feld und Flur regelrecht auf. Heute, in einer Zeit, in der es, von Parks, Wäldern und Wasser abgesehen, in Ost und West kaum Freiflächen gibt, können sich die Zwanzigjährigen nicht mehr vorstellen, daß noch vor wenigen Jahren dort, wo sich jetzt Trabantenstädte wie das Märkische Viertel oder Marzahn monumental zum Himmel erheben, „Laubenpieper" ihre himmlische Ruhe fanden oder, an der Stelle der Gropiusstadt, bis zur Mitte der 60er Jahre Bauern ihre Felder bestellt haben. Dort war Berlin noch „Land", und das heißt hier: Mark Brandenburg. Von der märkisch-ländlichen Vergangenheit Berlins ist freilich heute nicht mehr viel zu spüren, und man tut auch alles, um ihre letzten Reste, bewußt oder unbewußt, aus der Stadt herauszudrängen – zum Schaden der Stadt selbst.

Berlin im Mittelalter bedeutet aber im Rahmen seiner weiten Grenzen die Geschichte der ländlichen Siedlung und des Agrarwesens, die Geschichte der Dörfer und der ländlichen Bevölkerung (s. Abb. 16). Sie kann nicht geschrieben werden, wenn die ungefähr 600 bis 700 Jahre seiner slawischen Geschichte und diejenige seines Umlandes nicht berücksichtigt werden.

Nach dem Abzug der germanischen Bevölkerung drangen am Ende des 6. und zu Beginn des 7. Jahrhunderts slawische Verbände aus den Ebenen östlich der Oder und aus dem Südosten über das Elbtal in unsere Gegend vor (s. Abb. 15).

Die ältesten Funde slawischen Ursprungs stammen anscheinend aus Marzahn und können wohl schon in das Ende des 6. Jahrhunderts gesetzt werden. Hier bestand damals eine offensichtlich nur kurzlebige Siedlung, der eine kleine germanische Niederlassung vorausgegangen ist, deren Bewohner kurz vor dem Eintreffen der Slawen abgewandert waren, wie Beobachtungen an einem weiterbenutzten Brunnen ergaben.

Die slawische Besiedlung war innerhalb der Berliner Grenzen nicht sehr dicht. Das liegt daran, daß die naturräumliche Ausstattung weiter Teile des Stadtgebietes nicht der Siedlungsweise der Slawen entsprach, die leichtere Böden und gewässernahe Lagen bevorzugten. Die Grundmoränenplatten der Barnim- und Teltow-Hochflächen sind weithin von schweren Böden (Lehm) oder unfruchtbarem Sand bedeckt, so daß sie, von ausgewählten Lagen abgesehen, fast siedlungsleer waren. Dagegen konzentrierten sich die Niederlassungen in den Niederungen, die die Grundmoränenplatten rings umgeben. Aber auch

15. Slawische Tonware vom „Prager Typ".

Der Tod sagt:

Kehre zurück, Bauer, du mußt schon mit
Und tanzen nach deiner alten Sitte.
Deines Ackers Arbeit ist ganz verloren,
Den du ohne Gott hattest auserkoren.
Lege nieder die Pflugschar und den Prickel,
Du mußt sicher mit in die Partei.

Der Bauer sagt:

Ach guter Tod, daß mir die Güte Gottes,
Schone fortan noch meiner frühen Jugend
Und gib mir, Mann, das übrige dazu!
Ich gebe dir wahrlich eine fette Kuh.
Doch ich sehe wohl, du willst danach nicht fragen.
Ach hilf, Christus, es gilt mir hier den Kragen.

16. Umzeichnung eines Details aus dem Totentanz der Berliner Marienkirche: Tod und Bauer.

17. Sohlpflug aus Eichenholz: Berlin-Waidmannslust, 13. Jahrhundert.

hier ist die Fundverteilung nicht gleichmäßig: Gebiete, in denen sich die Funde häufen und die ein Anzeiger intensiver Siedlungstätigkeit sind, heben sich von solchen ab, aus denen kaum Funde vorliegen und die als unbesiedelt gelten müssen. Da, wo es günstige Böden und ein befriedigender Wasserstand zuließen, war die Siedlung dicht. In einigen Landschaften bildeten die Niederungen bestimmter Flüsse geradezu das Rückgrat slawischer Siedlung. Hier reihten sich die Orte am Fluß wie Perlen an einer Schnur dicht aneinander. Solche Gebiete, die sich heute durch eine hohe Fundkonzentration auszeichnen, waren

18. Bauer beim Pflügen. Darstellung aus der Heidelberger Bilderhandschrift des Sachsenspiegels um 1315.

zudem durch natürliche Grenzen wie versumpfte Niederungen und dichte Wälder von anderen gleicher Art getrennt, so daß man in ihnen mit Recht auch Gebilde eines eigenständigen politischen Lebens gesehen hat. Dank dieser archäologischen Beobachtungen konnten die oftmals ohne nähere Angabe der Wohnsitze überlieferten Namen von Stämmen in Zonen mit hoher Funddichte lokalisiert werden. Das Berliner Stadtgebiet hat an zwei Stammesgebieten Anteil: im Westen, um Spandau, an dem der Heveller, die sich selbst Stodoranen nannten, und im Osten an dem der Sprewanen, den Spreeslawen. Der Schwerpunkt ihres Siedlungsgebietes erstreckte sich südlich von Köpenick die Dahme aufwärts über Mittenwalde bis hin nach Zossen, während im Norden die Niederungen der vom Barnim kommenden Zuflüsse wie Wuhle, Panke und Tegeler Fließ besiedelt waren. An diesen in die Grundmoränenplatten einschneidenden Rinnen waren kleine Siedlungskammern entstanden, die untereinander wieder durch siedlungsleere Flächen von anderen geschieden waren. Ein Stammesgebiet bestand in der Regel aus einer ganzen Anzahl solcher Siedlungskammern, deren Mittelpunkt mitunter eine Burg war. Ein gutes Beispiel bietet Spandau, wo offensichtlich hevellischer Burgbezirk und Siedlungskammer zusammenfielen. Die Zone gehäufter Funde erstreckt sich von nördlich der Zitadelle bis ungefähr Schildhorn, mit Ausläufern bis nach Kladow. Auf dem Barnim und wohl zur sprewanischen Hauptburg Köpenick gehörend bestand in älterslawischer Zeit, d.h. bis in das 10. Jahrhundert, eine Burg bei Blankenburg als Zentrum eines kleinen Siedlungsgebietes an der oberen Panke. Im Gegensatz zum Barnim wird die Teltowhochfläche nicht von den langgezogenen Rinnen durchschnitten. Allein im Südosten, zwischen Köpenick und Mittenwalde, waren einige Niederungen bewohnt, während im Westen nur das Bäketal, das ungefähr dem westlichen Lauf des Teltowkanals entspricht, die Hochfläche gliedert und auch mit einigen slawischen Niederlassungen besetzt war, so daß es den Anschein einer Siedlungskammer erweckt, der allerdings die Burg fehlte. Wahrscheinlich gehörte sie zum Herrschaftsbereich der Heveller. Insgesamt war der Teltow in slawischer Zeit von Wald bedeckt und trennte die Heveller von den Sprewanen ebenso wie eine siedlungsleere Zone im westlichen Barnim und auf den Talsanden nördlich der Spree zwischen Spandau und Berlin. Der größte Teil Berlins war also in slawischer Zeit nicht besiedelt, sondern wurde von einem Grenzwald zwischen zwei politischen Verbänden eingenommen. Grunewald, Jungfernheide und Tegeler Forst sind die letzten Reste eines ehemals ausgedehnten Waldgebietes, das sich als Siedlungs- und Stammesgrenze erwiesen hat. Auch der eigentliche Kern Berlins, die mittelalterliche Doppelstadt, darf als siedlungsfrei angesehen werden. Vor kurzem sind aber unter der Nikolaikirche, deren unmittelbare Umgebung als Keimzelle Berlins angesehen werden muß, frühslawische Funde gemacht worden, über die noch nichts Näheres bekannt ist. Sie liegen außerhalb der beschriebenen Siedlungskonzentrationen und scheinen ganz offensichtlich kein Zeugnis für eine intensive Siedlungstätigkeit abzulegen. Allerdings war die Stelle, an der einmal die Stadt entstehen sollte, der spätslawischen Bevölkerung bekannt: der Name „Berlin“ ist slawischen Ursprungs und als Geländebezeichnung für einen feuchten Platz zu deuten, der von den Slawen an die Deutschen weitergegeben worden ist.

Daß die Slawen in Dörfern lebten, bedarf kaum des Hinweises. Eine Reihe von Dörfern sind durch Oberflächenfunde, in der Regel Scherben von Gebrauchskeramik, aus den o.a. Gebieten bekannt. Außer der frühslawischen Siedlung von Marzahn sind zwei dieser Dörfer bei Mahlsdorf und Kaulsdorf ausgegraben worden. Die älterslawische Siedlung bei Mahlsdorf bestand über 80 Jahre während des 8. Jahrhunderts. Sie ist von vielleicht 35–40 Menschen gleichzeitig bewohnt gewesen. Einige quadratische Grundrisse mit einer Fläche von 16 m² kann man als Wohnhäuser deuten, unter denen sich ein größeres zusammen mit anderen Bauten als ein Gehöft heraushebt. Man darf annahmen, daß hier eine führende Familie gewohnt hat. Eine frühe soziale Differenzierung scheint sich also in den Dörfern abzuzeichnen. Aber eine Hofumgrenzung oder gar Befestigung wurde hier nicht beobachtet. Der Ort ist einem Brand zum Opfer gefallen und aufgegeben worden. Die Bevölkerung wird sich in der Nähe eine neue Bleibe gesucht haben – das Wechseln des Siedelplatzes scheint nicht so selten vorgekommen zu sein. In diesem Fall war eine Katastrophe der Grund; häufiger war der Boden erschöpft. Es mag sein, daß die Kaulsdorfer Siedlung die Nachfolgerin war. Ein älteres Stadium liegt am Ende des 8., zu Beginn des 9. Jahrhunderts, die eigentliche Blütezeit war das 11. Jahrhundert, in der zweiten Hälfte des 12. Jahrhunderts bestand das Dorf nicht mehr. Ungefähr 10 Blockbauten standen dort, jeweils mit einer durchschnittlichen Wohnfläche von 20 m². Viel wissen wir nicht über das slawische Dorf, weil es an hinreichend ausgegrabenen Siedlungen mangelt. Manche Frage nach der Sozialverfassung und Wirtschaftsweise ist noch offen. In Mahlsdorf waren die Häuser anscheinend halbkreisförmig um einen Platz angeordnet, der sich zur Niederung hin öffnete, wohl deshalb, um die Aue als Weidegrund ganz unmittelbar nutzen zu können. Das Runddorf läßt sich über Jahrhunderte als charakteristische Siedlungsform zwischen Aue und Hochfläche beobachten und muß als wesentliche Dorfform der slawischen Stämme in unserem Gebiet gelten. Die Bewohner konnten sowohl die Weide in der Niederung nutzen als auch Gärten hinter den Häusern auf der Höhe anlegen und dort Felder bestellen. Aber auch unregelmäßig über die Dorfstelle verteilte Gehöfte wie vermutlich in Kaulsdorf scheinen als Siedlungsform nicht selten gewesen zu sein. Offenbar haben wir es hier mit individuell wirtschaftenden Bauern zu tun.

Die Pollenanalysen haben im Verhältnis zur offensichtlich sehr viehzuchtbetonten germanischen Landwirtschaft eine Steigerung des Roggenanbaus ergeben. Das gilt zwar auch für Berlin und seine Umgebung, aber wegen der insgesamt minderen Bodenqualität des damals besiedelten Landes war die Wirtschaft bei den Hevellern, vor allem bei den Sprewanen im Gegensatz zu anderen slawischen Stämmen nicht so entwickelt. In Köpenick hat die Pollenanalyse gezeigt, daß die Umgebung der Burg noch im 10. Jahrhundert mit dichtem Wald bedeckt war. Die schriftliche Überlieferung – ein äußerst seltener Glücksfall – bestätigt dieses Bild. In einer Kaiserurkunde des Jahres 965 wird dem Magdeburger Moritzstift der Honigzehnt aus dem unter lockerer deutscher Hoheit stehenden Sprewanengebiet verliehen. Man betrieb also Zeidelei. Sie setzt ausgedehnte Wälder voraus. Erst nach 1000, in spätslawischer Zeit, sind weite Flächen rings um Köpenick gerodet und als Grasland, aber auch als Roggen- oder Weizenacker genutzt worden.

In Köpenick und Umgebung haben Fischfang und Jagd eine erhebliche Rolle gespielt: 40,7 % der in der älterslawischen Burg geborgenen Tierknochen, darunter, wie auch in Spandau, Reste eines Ur, sind Wildtieren zuzuweisen, ein Anteil, der sich nach 1000 kaum änderte. Die Bewohner des slawischen Dorfes bei Kaulsdorf deckten ebenfalls ihren Fleischbedarf beinahe zur Hälfte durch die Jagd. Einen großen Anteil an der Nahrung der Burgbewohner des spätslawischen Köpenick hatten Fische, darunter der jetzt bei uns ausgestorbene Stör. Karpfen und Hechte erreichten Längen von 1–1,5m. Angelgeräte oder andere zum Fischfang benötigte Geräte sind nicht gefunden worden – ein möglicher Hinweis darauf, daß die Burgbewohner von den Leistungen und Abgaben aus dem Herrschaftsgebiet der Burg Köpenick unterhalten worden sind. Das könnte sich auch an der großen Zahl von Jungtierknochen zeigen: das zarte Fleisch der Jungtiere hat man verzehrt, es stammte aus Abgaben der abhängigen Bevölkerung, weil es eine Qualitätsauswahl darstellt.

Wir stoßen mit diesen Beobachtungen unter Umständen auf Züge der sog. westslawischen Fronhofverfassung, d.h. die wirtschaftliche und rechtliche Bindung der in einer Siedelkammer oder auch größeren Gebieten lebenden Bevölkerung an ein herrschaftliches Zentrum, häufig eine Burg. Unsere Vermutungen werden ganz offenbar in Spandau bestätigt, wo man gefüllte Getreidespeicher aus der ersten Hälfte des 8. Jahrhunderts ausgegraben hat. Das Getreide kann eigentlich nur aus der Spandauer Siedlungskammer stammen. Dort ist trotz ihrer geringen Ausdehnung und der für eine großflächige Kultur ungünstigen Bedingungen auf den in Frage kommenden Flächen höchst intensiv Getreide angebaut worden. In der Burg Tornow in der Lausitz waren sogar noch die Gefäße, darunter Leinenbeutel, vorhanden, in denen das Getreide abgeliefert wurde.

In der Spandauer Burg ist auch ein slawischer Hakenpflug (Typ „Dabergotz") aus der zweiten Hälfte des 9. Jahrhunderts gefunden worden. Der Fundort könnte allerdings bedeuten, daß die Burg u.a. Eigenwirtschaft betrieben hat und nicht nur von den Leistungen der abhängigen Bauern lebte. Aus der Vorburg oder dem Suburbium, dem gewerblichen Zentrum, stammt sogar ein Sech, ein am Pflug vor der Schar angebrachtes eisernes Vorschneidemesser. Es gehört der „deutschen" Phase der Burg, der zweiten Hälfte des 10. Jahrhunderts, an und setzt einen anderen Typ als den hier verwendeten Hakenpflug voraus, so daß westliche Herkunft zu vermuten ist. Im übrigen ist nach dem neuesten Befund der Anteil der Wildtierknochen in Spandau nicht so hoch, wie es eine frühere Untersuchung gezeigt hat. Dennoch weicht das Bild, das mittelmärkische Fundplätze bieten, generell von dem der nördlichen und südlichen Landschaften ab: zwar wurde ein intensiver, doch nicht großflächiger Ackerbau betrieben, aber die Viehzucht war weniger entwickelt. Der Fleischbedarf wurde häufig durch Jagen gedeckt, das, wie das urkundlich erwähnte Honigsammeln, ausgedehnte Wälder voraussetzt.

Im Verhältnis zum Hevellergebiet, wo sich Spandau zu einem vielschichtigen Siedlungskomplex mit Burg, frühstädtischer Vorburg und Nebensiedlungen herausbildete, war das Spreeland noch weniger entwickelt. Nach 1000 hat es wahrscheinlich zum polnischen Reich gehört, dessen Burg Lebus ihr Land über die Oder nach Westen vorschob. Wohl 1124 ist hier ein Bistum begründet worden. Sein Auftrag ist in der Mission der Spreeslawen und der westlich von ihnen wohnenden, noch heidnischen Slawen zu suchen. Um 1150 residierte in Köpenick ein polnischer Teilfürst, Jaxa. Das Hevellergebiet mit seiner Residenz Brandenburg und dem Siedlungskomplex Spandau, dessen Niveau Köpenick nicht erreichte, bezeugt eine fortgeschrittenere Entwicklung und die Anziehungskraft dieser Orte für den Handel. Sie findet ihren Niederschlag auch in den zahlreichen Silberschätzen des Havellandes, die im Spreeland fast völlig fehlen. Zu nennen ist der Kladower Silberfund (um 1100). Das Anhäufen solcher Schätze deutet auf die Existenz einer sozial, zumindest wirtschaftlich, vielleicht auch rechtlich höhergestellten Schicht innerhalb der Landbevölkerung hin. Die Schatzbildung war möglich, weil eine große Ost-West-Handelsstraße über Brandenburg und Spandau führte. Die relative Bevölkerungsdichte des Havellandes bot im Gegensatz zum dünn bevölkerten Spreeland, das die Straße auch durchquerte, Gelegenheit zu Austausch und Gewinn.

Auch der Hevellerstaat hatte eine monarchische Spitze. Namen von Fürsten sind uns aus dem 10. und aus dem 12. Jahrhundert überliefert. Die beiden letzten, in Brandenburg residierenden Herrscher waren Christen, der letzte, Heinrich-Pribislaw, führte den Königstitel, dessen Herkunft unklar bleibt. Sein Erbe wird 1150 Albrecht der Bär. Er ruft Siedler aus Holland und Altdeutschland in die entstehende Mark Brandenburg. Bis ungefähr 1200 hatten deutsche Bauern die Havel-Nuthe-Linie erreicht und weite Flächen unbesiedelten Landes urbar gemacht, sich aber auch häufig in den alten slawischen Siedelgebieten niedergelassen und neben den Dörfern der einheimischen Bevölkerung ihre Orte begründet. Jede historische Erfahrung zeigt, daß ein solches Zusammenleben nicht ohne Konflikte möglich ist, gerade dann, wenn sich die einheimische Bevölkerung dem Zustrom von Menschen ausgesetzt sah, die sie nicht gerufen hatte und mit der sie nun das Land teilen mußte. Die deutsche Herrschaft bewirkte eine völlige Umgestaltung der Verhältnisse. Ob die Masse der Bevölkerung unter den neuen Herren schlechter als zuvor gestellt war, ist schwer zu beurteilen, ebenso wie das Ausmaß von Konflikten und der Verdrängung der eingeborenen Bevölkerung, worüber die Quellen nur in Einzelfällen berichten. Sicher ist, daß die Slawen, die sich hier zwischen Ostsee, Elbe und Oder nicht wie anderwärts in einem Nationalstaat zu organisieren wußten, ihre Identität verloren. Sie wurden christianisiert, gewiß häufig gegen ihren Willen, wie heidnische Reaktionen zeigen. Zu vordergründig ist die Ansicht, sie seien allein deshalb christianisiert und in ihren Wohnsitzen belassen worden, damit die Grundherren in den Genuß ihrer Abgaben kämen.

Andererseits gibt es viele Züge eines friedlichen Zusammenlebens, und sie scheinen zu überwiegen. Zu nennen ist die Übernahme zahlreicher slawischer Orts- und Flurnamen, das Weiterleben slawischer Bevölkerung dort, wo der großflächige Getreideanbau nicht möglich war, den die deutsche Dorfwirtschaft bevorzugte, und schließlich die Teilnahme der Slawen am Landesausbau und an der Besiedlung urbar gemachter Gebiete. Das Berliner Stadtgebiet bietet hinreichend Beispiele für alle drei Erscheinungen.

Die spätslawische Siedelkammer des Bäketales und ihrer näheren Umgebung kennt eine Reihe slawischer Ortsnamen, die an der Stelle der alten Siedlung weiterleben: Stolpe (heute Wannsee), (Klein-)Machnow, Lankwitz, während der Name Steglitz zwar slawischen Ursprungs, aber aus Gegenden weiter westlich übertragen ist. Der erste Teil des Namens Zehlendorf ist wie der des Namens Stahnsdorf slawischer Herkunft und von einem Personennamen *Sedla bzw. *Stan(-š) (poln. Stanisław) abzuleiten und verweist in der Verbindung mit dem deutschen Grundwort – dorf auf deutsch-slawisches Zusammenleben in einem Ort. Dafür bietet der Bezirk Zehlendorf noch mehrere Beispiele, die sich auch archäologisch belegen lassen, vor allem das Dorf am Krummen Fenn in Düppel, das von ungefähr 1170 bis 1220 bestanden hat. Die Beteiligung der Slawen am Entstehen der Siedlung zeigt sich, neben dem Vorkommen sog. pseudoslawischer Keramik, besonders am Fund von Hohlschläfenringen, die Bestandteil slawischer Tracht waren und als subjektives ethnisches Symbol zu gelten haben, d.h. von Deutschen nicht getragen worden sind (s. Abb. 11). Übrigens sind auf den angrenzenden Feldern Flugspuren aus jener Zeit aufgedeckt worden.

Eine Reihe solcher Dörfer, die im slawischen Siedlungsgebiet, in den Niederungen und an Gewässern lagen, sind in der zweiten Hälfte des 12. Jahrhunderts entstanden und während des 13. Jahrhunderts wieder verödet. Wüstungen (s. Abb. 19) heißen sie in der Fachsprache. In der Regel tragen sie deutsche Namen, doch zeigt ihre Lage und das Vorkommen slawischer Keramik neben deutscher, daß die eingesessene wendische Bevölkerung mit höchster Wahrscheinlichkeit zusammen mit Deutschen in diesen Orten gewohnt hat. Wir kennen ein Damsdorf an der Mündung des Teltowkanals in den Griebnitzsee, ein Newedorf am Großen Wannsee, Krummensee am Ostufer der Krummen Lanke, eine Siedlung, die an der Havelchaussee/Am Postfenn als „Dorfstättengrund“ weiterlebt, und andere mehr. Ein besonderer Fall ist Slatdorp am Schlachtensee, das 1242 sogar als „villa slavicalis“, als Slawendorf, erwähnt wird. An der fraglichen Stelle ist bisher nur deutsche Keramik geborgen worden, so daß man annehmen muß, der Ort, der einen deutschen Namen trägt, sei erst spät, wohl um 1200 begründet und auch mit Slawen besetzt worden.

Wiederum eine ganze Anzahl jener frühen Dörfer mit slawisch-deutschen Merkmalen lag in Charlottenburg und Moabit an der Spree. Hier hat sich Lietzow, der alte dörfliche Kern Charlottenburgs, erhalten, ein Glienicke auf der Nordseite des Kurfürstendammes, an der Fasanenstraße, ist ebenso untergegangen wie ein Casow an der Schloßbrücke nördlich der Spree. Die Orte tragen slawische Namen. Im Fall des letzten läßt sich slawisch-deutsches Zusammenleben auch mit der namenkundlichen Methode beweisen: 1239 schenken die Markgrafen Johann I. und Otto III. dem Spandauer Nonnenkloster die Dörfer Lankwitz, Lützen (Lietzow) und Kasemerswisch, das recht groß war und eine Feldmark mit 50 Hufen besaß. Der Name bezeichnet den „Ort bei der Wiese eines Kasimir“, es ist ein Mischname, gebildet aus einem slawischen Personennamen in Verbindung mit dem deutschen Grundwort „-wisch“ (= Wiese). 1375 ist nur noch von einem Hof Casow die Rede: Dieser Name ist von einer Kurzform *Kaz oder *Kaš für Kasimir herzuleiten, an die die slawische Endung -ov (-ow) angefügt wurde. Casow lebte zumindest bis 1920 im Namen des Charlottenburger Stadtbezirkes Kalowswerder weiter. Wir dürfen also annehmen, daß ein Slawe der Gründer eines Dorfes war, in dem Menschen beider Volksteile lebten.

Eine Reihe von Flurnamen oder Geländebezeichnungen und Gewässernamen slawischer Herkunft sind noch heute in der Berliner Havellandschaft lebendig. Die Stadt Spandau liefert einige interessante Beispiele von Namen, die, abgesehen vom archäologischen Material, die Beteiligung wendischer Bevölkerung an der Entstehung der Stadt und das Zusammenleben beider Volksteile in den vorstädtischen Siedlungen bezeugen. Der niederdeutsche Gassenname Kolk hat ungefähr die gleiche Bedeutung wie der Ortsname Behnitz: beide meinen wohl eine mit Wasser gefüllte Vertiefung, so daß Kolk die Übersetzung des vorgefundenen slawischen Namens wäre, gleich wie Schildhorn (*ščit = Schild) und Lindwerder an der Lieper Bucht (slaw. lipa = Linde). Der Grimnitzsee trägt einen slawischen Namen, und „Wirchow“ (zu *vich Hügel) wird der Pichelsberg früher geheißen haben.

Vor allem die Fischer bewahrten ihren wendischen Volkscharakter noch längere Zeit. Ihnen waren gewisser-

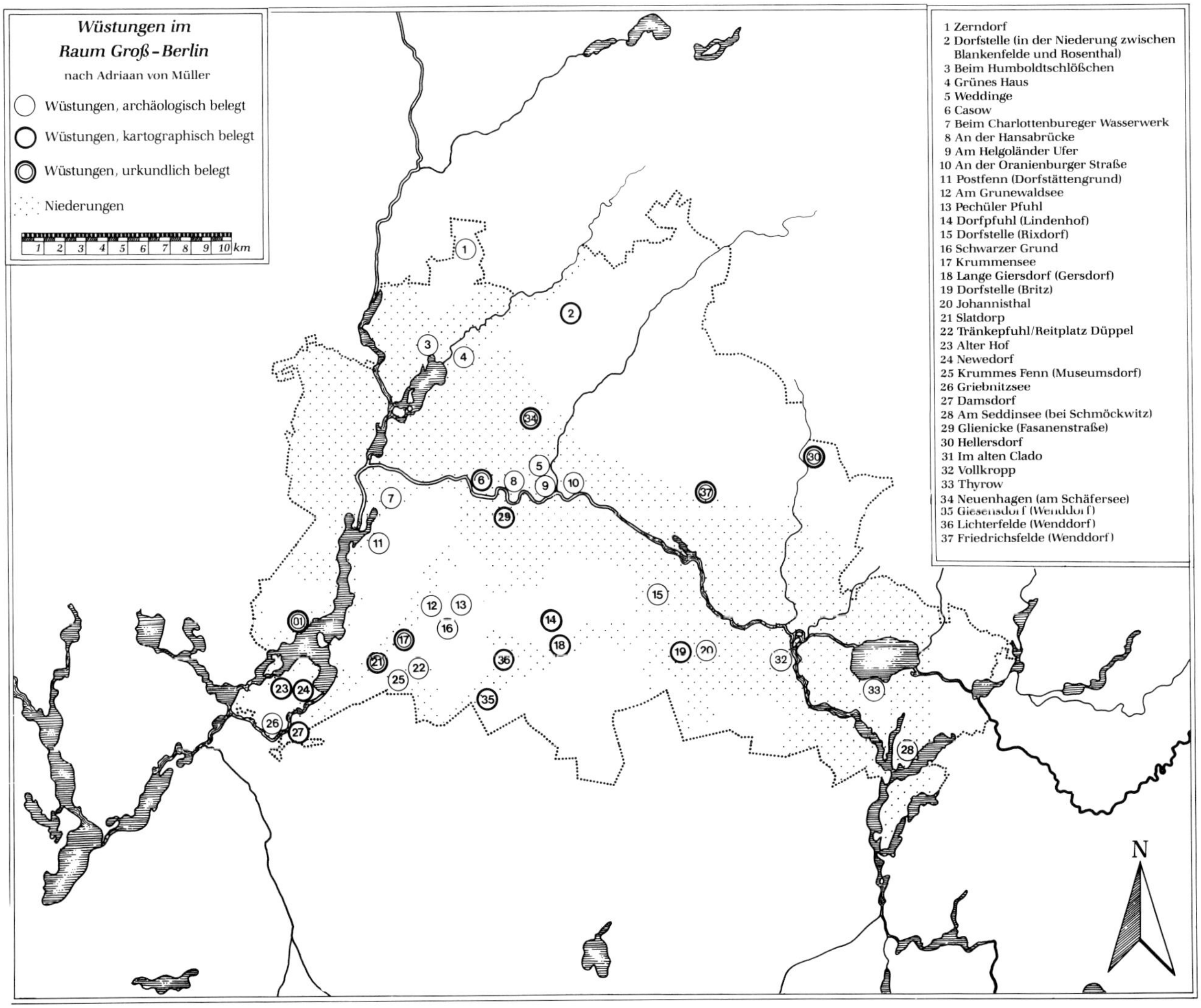

19. Wüstungen im Raum Groß-Berlin.

maßen die weniger zugänglichen Gebiete verblieben, die von der bäuerlichen deutschen Ostsiedlung nur am Rande berührt worden sind. Mit ihren Abgaben und Diensten standen sie außerhalb der deutschen Agrarverfassung. Ein Teil von ihnen lebte in den Kietzen, Dienstsiedlungen bei Burgen, denen sie zu Leistungen und Lieferungen, z. B. Fischen für die herrschaftliche Tafel, verpflichtet waren. Ein den Kietzen vergleichbarer Ort scheint Pichelsdorf mit seinem slawisch-deutschen Mischnamen gewesen zu sein. 1375 gehört er zur Burg Spandau, und es heißt allein: „Servire tenetur" – Pichelsdorf soll dienen. Einen völlig vergleichbaren Fall stellt unter dem Zubehör der Burg Köpenick Rahnsdorf dar, nur daß die Dienste durch eine Geldzahlung abgelöst waren.

Konnte die slawische Bevölkerung in den Kietzen und anderen, abgelegenen Siedlungen mit ähnlicher Wirtschaftsverfassung und Rechtsstellung auf Grund ihrer Eigenheit und Geschlossenheit dem Verschmelzungsprozeß verhältnismäßig am längsten widerstehen, so war ihr das in den Dörfern kaum möglich, die in die deutsche Agrarverfassung einbezogen worden sind. Aber einige unter diesen geben durch Zusätze zum Namen zu erkennen, daß hier einmal Slawen lebten oder der Ort slawischen Ursprungs sei, wie 1299 „Stolp slavicum" (Wannsee; 1382 „villa slavica Stolp") oder 1375 „Buch slavica" bzw. in Übersetzung „Wentzschenbuk" (Landbuch Kaiser Karls IV.). Dort lag damals auch ein „ager, qui dicitur Wendestucke", ein „Feld, die Wendstücken genannt". Es bleibt zweifelhaft, ob sich im 14. Jahrhundert noch slawisches Volkstum in den beiden Dörfern erhalten hatte oder ob nicht die Bezeichnung nur noch traditionell gebraucht wurde. Doch Name und Lage von Stolpe verweisen auf slawischen Ursprung. Neben dem Flurnamen „Wendstücken" sind in Berlin in den alten slawischen Siedlungsgebieten noch drei „Wenddörfer" belegt. Sie deuten darauf hin, daß hier einst slawische Dörfer bestanden, die in den benachbarten deutschen aufgegangen sind: in Friedrichsfelde, am FU-Klinikum in Lichterfelde und in Giesensdorf. Andere Möglichkeiten der Eingliederung von Slawen in die neuen Verhältnisse scheint uns das Beispiel Lübars zu zeigen: der Ort, 1247 erstmals erwähnt, hat die typische Lage slawischer Siedlungen: zwischen der Barnimhochfläche und dem Tal des Tegeler Fließes. Auch der Name ist slawisch. Die Ortsform, ein Rechteckangerdorf, und die bisher geborgene Keramik, die dem 13. und 14. Jahrhundert angehört, machen eine deutsche Gründung in der ersten Hälfte des 13. Jahrhunderts wahrscheinlich. Wenn auch jeder direkte Beweis fehlt, so sprechen doch die zuerst genannten Beobachtungen dafür, daß ein vorgefundener slawischer Ort umgestaltet wurde, in dem die alteingesessene Bevölkerung zusammen mit deutschen Bauern lebte. Im benachbarten Hermsdorf hat sich der altertümliche Charakter noch erhalten: 1375 gab es 5 Höfe, die über keine Hufen verfügten, sondern nur über „Acker", d. h. sie standen außerhalb der Agrarverfassung der großen Dörfer, wo die Hufe als Landmaß und Abgabeeinheit galt. In Hermsdorf war der Boden immer schlecht, war Getreidebau auf weiten Flächen gar nicht möglich. Sicher hat das heutige Dorf auch die Stelle des alten slawischen eingenommen. Aber der Name – „Hermannsdorf" – ist deutsch, so daß man an eine „Umlegung" zu deutschem Recht zu denken hat, die ein Hermann durchgeführt hat. Er aber kann Slawe gewesen sein, wie das ganz offensichtlich ein 1230 erwähnter Hermann Koz war, auf den die Gründung von Harmsdorf im Lande Lauenburg in der Nähe von Ratzeburg zurückgeht. Sicher bestehen auch Rahnsdorf und Pichelsdorf an der Stelle alter slawischer Orte, aber auch sie müssen in irgendeiner Weise zumindest dem deutschen Rechtssystem mit seinen Diensten und Leistungen eingegliedert worden sein. Andernfalls wäre die Bildung der Ortsnamen mit dem Grundwort -dorf, das slawischen Personennamen angefügt worden ist, nicht zu erklären.

Nun lagen die Dörfer, die am Ende des 12. Jahrhunderts unter Beteiligung von Slawen entstanden, in Niederungen und grenzten fast ausnahmslos an schlechte, meist sandige Böden. Betrachten wir die Lage von Slatdorp und Krummensee, so wird uns klar, weshalb hier die Bäume des Grunewaldes bis in unsere Tage stehen. Den ins Land strömenden deutschen Bauern boten diese Böden nicht genügend Anreiz für eine großflächige, lohnende Getreideproduktion. Anscheinend waren aber zunächst Siedler auf eigene Faust in unsere Gegend vorgedrungen und hatten mit Dorfgründungen herumexperimentiert. Zur Rodung größerer Waldflächen reichte wohl die Anzahl der Menschen noch nicht aus, selbst wenn man die hier nach Köpfen schwache slawische Bevölkerung heranzog. So ließ man sich in den schon besiedelten Gebieten neben der einheimischen Bevölkerung nieder und gründete manches Dorf, von dem – neben den schon erwähnten – heute kaum noch eine Spur geblieben ist. Vom Dorfstättengrund an der Havel hörten wir schon, an einer Stelle in den Britzer Wiesen haftet der Flurname „Alte Dorfstätte", hinter Rixdorf (s. Abb. 20) lagen „Die alten Dorfstellen", und der Teich in der Siedlung Lindenhof im äußersten Süden Schönebergs hieß einmal „Dorfpfuhl". Dieser Fall ist besonders interessant. Auf alten Karten ist zu sehen, wie hier mehrere Wege zusammentreffen, darunter ein von Berlin nach Teltow ziehender und der „Priesterweg", auf dem der Schöneberger Pfarrer nach Lankwitz wanderte, dessen Einwohner auch unter seiner geistlichen Obhut standen. Ganz in der gleichen Weise bündeln und verteilen sich Wege und Straßen bei bestehenden Dörfern. Man kann also auf Grund der Wegeführung den

20. Johann Friedrich Hennig: Das Dorf Rixdorf. Stich aus dem Jahre 1790.

Eindruck gewinnen, in der Nähe des „Dorfpfuhls" habe einmal ein uns sonst unbekanntes Dorf gelegen. Von dieser „Wegespinne" zweigte auch ein Weg nach Mariendorf ab, der heute noch im Zug der Röbling- und Gersdorfstraße erhalten ist. „Giersdorf-Pfuhl" aber hießen zwei Teiche, die ungefähr dort lagen, wo die Gersdorfstraße den Teltowkanal überquert, dessen Bau sie zum Opfer gefallen sind. Hier wurden im vorigen Jahrhundert heute nicht näher zu bestimmende Funde gemacht. Gersdorf oder Gerhardsdorf war also der Name des wüsten Ortes, dessen Andenken der Straßenname bewahrt. Daß in dieser Gegend einmal die Flurgrenzen geändert worden sind, auch dort eine ältere Phase der Besiedlung wie in weiten Teilen Berlins den historischen Dörfern und ihren bis zur großstädtischen Bebauung gültigen Gemarkungsgrenzen vorausgegangen ist, zeigt die Lage des Lindenhofer Dorfpfuhls und der Wüstung Gersdorf. Die Mariendorfer Grenze beschrieb an dieser Stelle eine quadratische Ausbuchtung, die auf das Einfügen einer älteren und kleineren Gemarkung in die Mariendorfer schließen läßt.

Wer heute wachen Auges durch die Stadt geht, dem wird an einigen Stellen auffallen, daß die Bebauung am Straßenrand ihren Charakter verändert, daß sich schmale Straßen zu einer breiten, langgestreckten Grünfläche hin öffnen, auf der hohe und schöne Bäume stehen. Der Fahrdamm gabelt sich und wird in zwei Bahnen um die Aue herumgeführt. Früher, als im Westen der Stadt noch Straßenbahnen fuhren, waren ihre Geleise häufig getrennt an den beiden Randstreifen der Dorfauen – denn sie sind es, von denen wir sprechen – verlegt, ein gelungenes Beispiel dafür, wie man ein Element des modernen Massenverkehrs in das historische Stadtbild einfügen konnte. Bis 1949 hießen die Dorfauen auch „Dorfstraßen", von denen es einige Dutzend in Berlin gab. Damals sind sie umbenannt worden, und wenn sie nicht Teil einer längeren Straße sind wie z. B. die alten Dorfstraßen von

Schöneberg, Zehlendorf und Lichterfelde, die in der Hauptstraße, im Teltower Damm/Clayallee oder Hindenburgdamm aufgegangen sind, so führen sie heute den Namensbestandteil „Alt-“ vor dem ihres Dorfes, den auch die alte Bebauung in manchen Dörfern rechtfertigt, wo mitunter tatsächlich noch alte Bauernhäuser stehen.

Besonders schöne und große Dorfauen haben sich in Heiligensee, Lübars, Wittenau, Tempelhof, Lankwitz, Marienfelde, Buckow und Lichtenrade erhalten. Der historischen und geographischen Siedlungsforschung sind diese „Angerdörfer“, wie sie in der Fachsprache heißen, natürlich längst aufgefallen. Sie unterscheiden sich von anderen, in der Regel kleineren und nicht so gleichförmigen Dorfanlagen, so daß die Wissenschaft zu Recht verschiedenartige Vorgänge hinter der Entstehung der beiden Gruppen vermutet hat. Wir meinen Formen wie die Sackgassendörfer Hermsdorf und Pichelsdorf oder Stolpe, dessen Grundriß als Wegedorf beschrieben wird. Auf ihre historischen Wurzeln hatten wir schon hingewiesen.

Das Bild wird besonders deutlich, wenn man die Siedelformen, d. h. Dorf- und Flurform, in der Zeit um 1800 betrachtet, ehe die Dörfer in den Sog Berlins gerieten, der sie gänzlich verändern und schließlich ihrer Existenz berauben sollte. Dieses Bild läßt sich aus Flurkarten des 17., vor allem des 18. und noch des beginnenden 19. Jahrhunderts gewinnen. Die Grundmoränenplatten des Barnim und Teltow sind von den regelmäßig angelegten Anger- und Straßendörfern bedeckt. Die Flurgrenzen verlaufen häufig schnurgerade quer über das Land und gleichen denen zwischen amerikanischen Bundesstaaten. Auch die Äcker der Dorffluren, die allein auf den historischen Flurkarten überliefert sind, waren völlig regelmäßig angelegt. Es gab mehrere Spielarten: hier verbinden sich Anger- und Straßendörfer in der Regel mit der sog. „Hufengewannflur“. Das bedeutet, daß bei der auf den Grundmoränen vorherrschenden Dreifelderwirtschaft die Flur eines Dorfes in 3 Gewanne eingeteilt war, die auch „Felder“ oder „Stücke“, am häufigsten „Hufen“ genannt worden sind. Im Namen Steinstücken lebt ein alter Flurname fort, der ein solches Gewann des Dorfes Stolpe (Wannsee) bezeichnete. Denn ein Gewann umfaßte so viele Streifenparzellen, wie ein Dorf an Hufen besaß. Neben diesen 3 großen Gewannen sind häufig noch kleinere vorhanden, die ebenfalls nach der maßgeblichen Hufenzahl eingeteilt sein können, sog. „Beiländer“. Gemarkungen mit Hufengewannflur bestehen fast allein aus Ackerland, Wald findet sich meist nur an den Rändern der Feldmarken in geringem Umfang, Wiesen und Grünland gibt es kaum. Charakteristisch ist weiterhin, daß die Ackerstreifen keine Rücksicht auf das Gelände nehmen und oft in der ganzen Länge der ausgedehnten Gewanne über Tälchen, Rinnen und Sölle (= kleine Teiche) hinwegziehen. Die streng ra-

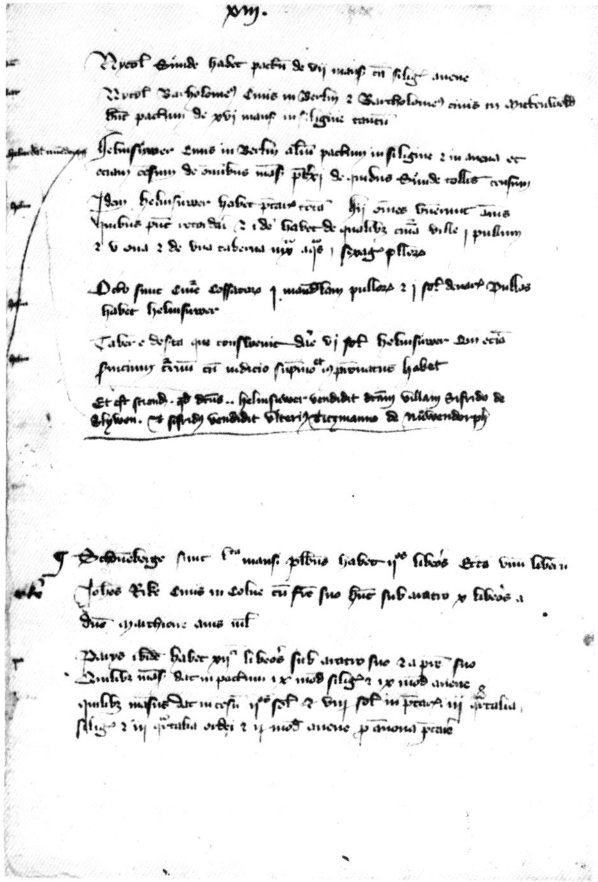

21. Aus dem Landbuch Karls IV. von 1375.

tionale äußere Form der Flureinteilung vernachlässigt unter diesen Umständen auch die Verteilung der Bodengüte: um keinen Hufenbauern zu bevorzugen oder zu übervorteilen, hat die Dorfgenossenschaft die einzelnen Parzellen in den Gewannen durch das Los verteilt. In der Siedlungsgeschichte des deutschen Mittelalters scheint die großzügig gestaltete, planmäßig angelegte Gewannflur die erste wirklich gelungene, im Gebiet der Ostsiedlung auf diluvialen Platten und Grundmoränenböden verbreitete Flurform zu sein, die sich mit den ebenso planmäßig angelegten Anger- und Straßendörfern verbindet, so daß wir von der „mittelmärkischen Plansiedlung“ sprechen. Das Bild, das uns die Flurkarten des 18. Jahrhunderts bieten, muß im 13. Jahrhundert entstanden sein. Eine andere Zeit mit ähnlicher Siedlungsintensität scheidet aus: die Zeit, in der nach dem Dreißigjährigen Krieg noch Dörfer angelegt oder entvölkerte wieder besiedelt worden sind, bedient sich anderer Siedelformen. Im übrigen konnte bewiesen werden, daß die Hufengewannflur vom 14. bis 16. Jahrhundert in Gebrauch war, also älter sein muß. Unsere beste Quelle der mittelalterlichen Agrargeschichte Brandenburgs, das Landbuch Kaiser Karls IV. aus dem Jahre 1375 (s. Abb. 21), setzt die vermessene, im Boden verankerte Ackerhufe voraus, die als anteiliger Hufenstreifen die Grundlage für die planmäßige Feldeinteilung bildete. Die Langlebigkeit einzelner Formen zeigt die Flurkarte von Schöneberg aus dem 18. Jahrhundert (s. Abb. 93 auf S. 208). Zwar ist das Land in Morgen und Ruten vermessen, aber die streifige Einteilung der Gewanne besteht weiter.

Da nun außer der Zeit der Ostsiedlung, das sind im Berliner Gebiet ungefähr die letzten drei Jahrzehnte des 12. Jahrhunderts und die ersten beiden Drittel des 13. Jahrhunderts, keine andere Periode für eine so planvolle Gestaltung der Agrarlandschaft in Frage kommt, müssen die großen Anger- und Straßendörfer in der uns bekannten historischen Form damals angelegt worden sein. Von einer „Plansiedlung" sprechen wir deshalb, weil wir hier den direkten Einfluß der Landesherren, der brandenburgischen Markgrafen Johann I. und Otto III., mit guten Gründen vermuten dürfen, unter deren Leitung die mittelmärkischen Platten ostwärts von Havel und Nuthe nach einem bestimmten Plan unter Verwendung regelmäßiger und wiederkehrender Formen aufgesiedelt worden sind. In anderen Landschaften Ostdeutschlands erweisen von den Landesherren ausgestellte Urkunden über die Vergabe von Land deren direkte Beteiligung an der Besiedlung und am Landesausbau. In der Mark Brandenburg hat es mit einer Ausnahme, der Gründungsurkunde von Rixdorf (1360), entweder, was wahrscheinlich ist, keine schriftlich fixierten Dorfgründungen der Landesherren und anderer Grundherren gegeben oder sie sind nicht erhalten.

Auch eine gewisse Gleichförmigkeit der Ortsnamen mit sich wiederholenden Bestandteilen wie „Schön-" in Schöneberg, Schönow, Schönhausen, Schönefeld, Schönwalde, Schönebeck, Schöneiche und Schönerlinde deuten an, daß man angesichts der großen Zahl neu entstandener Dörfer auf der Suche nach Namen war, die die Schönheit der neuen Heimat in vielen Variationen ausdrücken sollten. Gemeint war natürlich die Wirtschaftskraft des Landes; mit diesem Argument hatten Grundherren, d.h. Landesherren, Adlige, Kirchen und Klöster, die Menschen geworben und sie veranlaßt, über die Elbe zu ziehen und sich dann vor allem jenseits von Havel und Nuthe an der planvollen Besiedlung der schweren Böden auf den Grundmoränenplatten zu beteiligen. Namen wie Blankenfelde, Lichtenberg und besonders Lichtenrade, „die lichte Waldrodung", lassen das Roden der Wälder anklingen und drücken zugleich den neuen Zustand aus. In diesen Rahmen scheint auch Lichterfelde zu passen: mit dem Ortsnamen hat es jedoch seine eigene Bewandtnis. Er gehört zu den gewanderten Namen (s. Abb. 22). Der Ursprungsort ist Lichtervelde in Westflandern (Belgien); unser Dorf hat seinen Namen von einem Ort in der Altmark bzw. einem zweiten im Kreis Jüterborg erhalten. Er ist dann, gleich anderen Ortsnamen des Teltow, in den Barnim, d.h. schon auf die Eberswalder Platte, übertragen worden. Die Bedeutung des Mutternamens ist nicht sicher faßbar, er scheint aber von den Siedlern, die ihn in die Landschaften der Ostsiedlung mitbrachten, so wie die oben genannten verstanden worden zu sein. Das Beispiel lehrt auch, daß die Bauern, die Teltow und Barnim besiedelten, keineswegs allein aus den dichtbewohnten Gegenden Altdeutschlands kamen, sondern offenbar generationsweise von einer „Etappe" zur nächsten weiterzogen. Vermutlich fanden jüngere Söhne nicht immer Platz und sahen sich dann zum Weiterziehen gezwungen. Da einige Namen vom Teltow in den Barnim übertragen sind, könnte man daran denken, daß eine Generation zwischen der Besiedlung der beiden Landschaften vergangen ist. 1239 werden Lankwitz, Lützow und Kasemerswisch als erste Berliner Dörfer genannt, bald darauf folgen andere in Teltow und Barnim, z.B. 1247 Tempelhof und Lübars, so daß nach allem was wir wissen, unsere Landschaft seit ungefähr 1220 schnell und rational besiedelt worden ist, wobei ältere Siedlungen einer Art Landesplanung zum Opfer gefallen sind oder die neuen Dörfer, die auf besseren Böden lagen, soviel Anziehungskraft ausübten, daß die älteren Orte mit ihren Sandböden aufgegeben worden sind. Als Beispiel soll uns das schon 1242 genannte Zehlendorf dienen: das „Museumsdorf" in Düppel bestand kaum länger als bis 1220 und ging ohne Zweifel in Zehlendorf auf, das zu einem planvollen und großen Angerdorf umgestaltet wurde. Um 1300 werden die Bewohner von Slatdorp und Krummensee aufgenommen, der Anger wird nach Süden erweitert. In diesem Fall ist die ordnende Hand des auf rationelles Wirtschaften bedachten Grundherrn, des Zisterzienserklosters Lehnin, zu spüren. Ähnlich war es auch in Lankwitz, wo eine ursprünglich sicher slawische Siedlung, die sich halbkreisförmig zur Niederung der Lanke geöffnet hatte, im 14. Jahrhundert zum heutigen Angerdorf umgestaltet worden ist. Grundherr waren die Spandauer Benediktinerinnen, denen die Erweiterung zu verdanken ist.

Die Markgrafen sind so verfahren, daß sie wie andere Grundherren einen „Lokator" mit der Dorfgründung beauftragten, dem dann in der Regel das Schulzenamt anvertraut wurde. Dieser war mit dem Schulzengut, einem Hof und 2 bis 4 Hufen, belehnt. An das Gut war das Amt geknüpft. Dem Lehnsherrn, in der Frühzeit im allgemeinen der Markgraf, hatte der Schulze ein Lehnpferd für Bo-

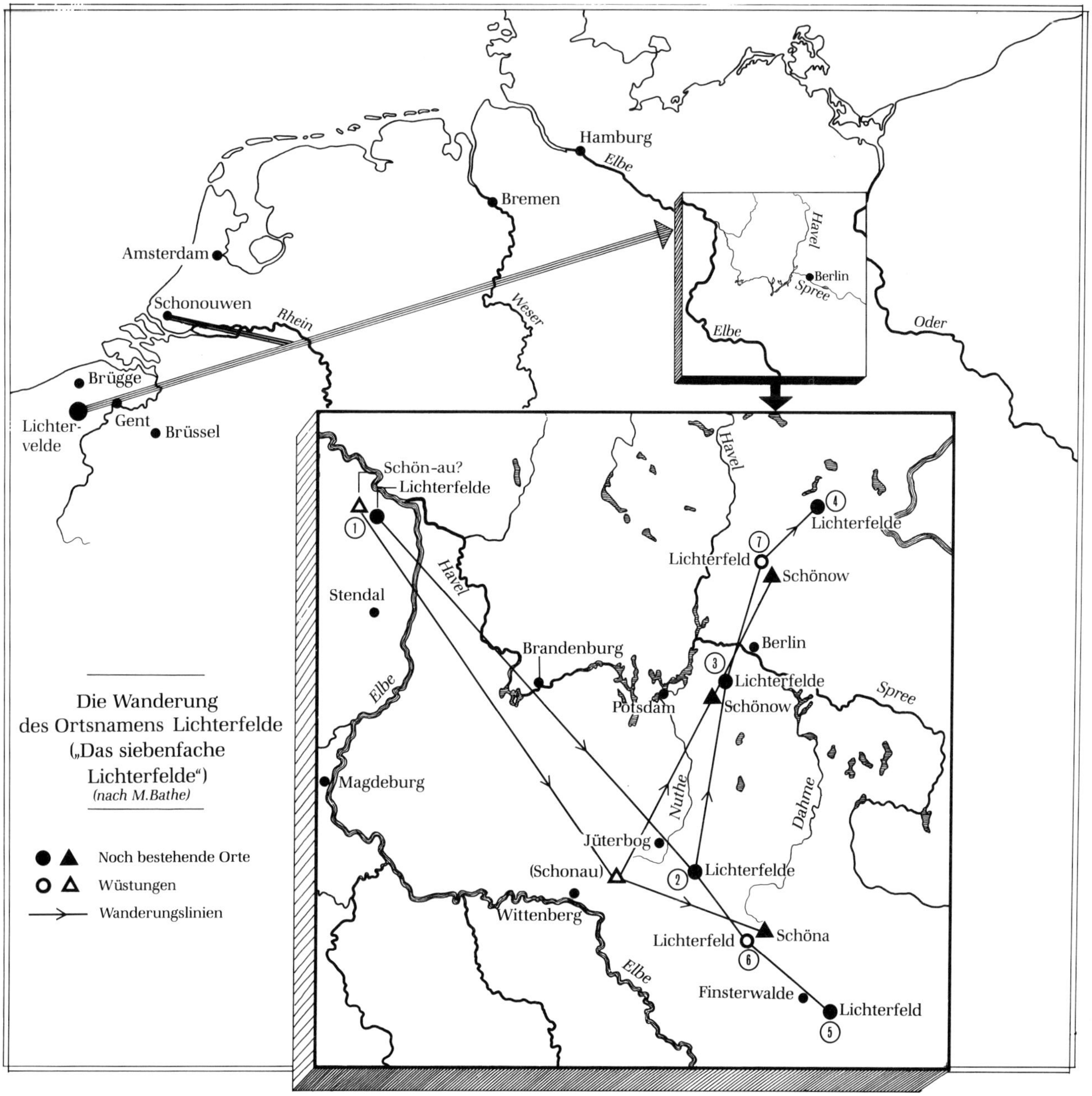

22. Wanderung des Ortsnamens Lichterfelde.

ten- und Kriegsdienste zu stellen. Besonders wichtig war, daß er dem Dorfgericht als Richter vorsaß und das Urteil sprach, das Schöffen gefunden hatten, die aus dem Kreis der Hufenbauern gewählt worden waren. Verhandelt wurden Bagatellsachen wie leichte Körperverletzung, Diebstähle und Übertretungen der Feldordnung. Dafür erhielt er das sog. Richterdrittel. Als Beauftragter des Grundherrn mußte er für die pünktliche Ablieferung der bäuerlichen Geld- und Naturalabgaben sorgen. Mit der bäuerlichen Genossenschaft waren der Beginn der Bestellung und der Ernte, der Auftrieb des Viehs auf Weiden und Stoppelfelder zu regeln. Das war deshalb besonders wichtig, weil Flurzwang herrschte, d.h. jeder Einzelbauer war gehalten, die vom Schulzen festgesetzten Termine zu beachten, weil es sonst zu Streit und Schäden auf den Feldern kommen konnte: die schmalen Ackerstreifen waren im allgemeinen nur über das Feld des Parzellennachbarn zu erreichen. Wurden z.B. Erntetermine nicht eingehalten, konnte das auf Stoppelfeldern weidende Vieh sich leicht an stehengebliebenem Getreide gütlich tun. Die Bauern am Nordrand der Teltowhochfläche hatten es gut: sie nutzten das sog. Unterland im Spreetal, so heißt es in Schöneberg und Tempelhof, als Viehweide.

Wir erwähnten schon die auf den Grundmoränenplatten vorherrschende Dreifelderwirtschaft. Das System wurde so gehandhabt, daß im jährlichen Wechsel zwei der drei Gewanne mit Sommer- und Wintergetreide bestellt wurden, während das dritte brach lag und dem Vieh zur Weide diente. Jedes der Gewanne war in so viele Streifen geteilt, wie es im Dorf Hufen gab: besaß ein Bauer 2 Hufen, was die Regel zu sein schien, so verfügte er über 2 Streifen im Gewann. In Teltow und Barnim hatten die meisten Dörfer zwischen 40 und 70 Hufen. Bei der Ansiedlung erhielten die Bauern ihr Land nicht als freies Eigen, sondern als ein Gut, das vom Grundherrn zu Erbzinsrecht ausgetan war. Hof und Hufe befanden sich also im erblichen, aber nicht teilbaren Besitz des Bauern. Dafür waren dem Grundherrn von der Hufe der Grundzins (lat. census) zu entrichten, ferner der ursprünglich von den Markgrafen in Anspruch genommene kirchliche Zehnt, der in der Regel in eine jährlich dem Grundherrn zu leistende Pachtabgabe (pactus) verwandelt worden war. Schließlich mußte als allgemeine Landessteuer die Bede (precaria) gegeben werden. In den Dörfern des Teltow wurde die Pacht im allgemeinen in Getreide entrichtet, vor allem in Roggen, aber auch in Hafer und Gerste. Die Getreideproduktion mußte also den Eigenbedarf des Bauern decken, für das Saatgut der nächsten Bestellung sorgen und die Naturalrente an den Grundherrn erbringen. Darüber hinaus ist auch für den Markt produziert worden: die Mark Brandenburg war Teil des großen hansischen Wirtschaftsraumes, über den sie ihr Getreide nach Westeuropa exportierte. Unsere Dörfer haben natürlich auch oder zunächst die Städte Berlin, Cölln und Spandau beliefert. Da Bede und Zins fast immer in Geld zu zahlen waren, ist anzunehmen, daß die Bauern Getreide verkauften und Geld erhielten. Schließlich gab es zwar viele, aber im Berliner Umland nur kleine Ritterhöfe, die nicht allein die Marktproduktion erbracht haben können, an der folglich die Bauernwirtschaften beteiligt waren.

Neben die genannten Leistungen traten noch kleinere Naturallieferungen und Dienste öffentlich-rechtlicher Art. Insgesamt war die Belastung der Bauern erträglich. Andernfalls hätte man sie im 13. Jahrhundert nicht zur Ansiedlung bewegen können und hätte später mit ihrem Abzug rechnen müssen, der ihnen frei stand, wenn bestimmte Klauseln des Grundherrn erfüllt waren. Denn die Hufenbauern waren persönlich frei und nicht zu Fronarbeiten auf grundherrlichen Eigenwirtschaften verpflichtet, die aber in der Folge der spätmittelalterlichen Agrarkrise seit dem 15. Jahrhundert verlangt wurden. Doch schon 1360, als die Tempelhofer Johanniter aus Gründen der Rentabilität ihren Hof in Rixdorf in ein Dorf umwandelten, sind von den Hüfnern 3 Tage Pflugdienst, von den Kossäten 3 Tage Arbeit im Jahr in Tempelhof gefordert worden. Im übrigen richteten sich die Hufenabgaben nach den Bodenverhältnissen und schwankten: die niedrige Pacht in Schmargendorf mit seinen schlechten Böden nach Westen hin findet nur so ihre Erklärung.

Wer lebte außer den Hufenbauern, die im allgemeinen die Mehrheit darstellten, noch im Dorf? Die nächststärkste Gruppe waren die Kossäten: sie besaßen ein Häuschen mit Gartenland, hatten mitunter auch Anteil an den Beiländern (Kostenwörden). Über Rechte an der Allmende (Wald, Weide, Wasser), die von den Hüfnern genutzt worden ist, verfügten sie nicht. Die ihnen auferlegten Abgaben, z.B. etwas Geld und ein Huhn, waren entsprechend ihrer Wirtschaftskraft gering. In manchen Dörfern hatten sie den Hüfnern die Abgaben und Dienste zu leisten. Während des 15. Jahrhunderts, in einer Zeit mit starkem Bevölkerungsrückgang, dienten Kossätenstellen als Altenteil, ebenso wie ein nachgeborener Sohn eine solche Stelle erhalten konnte. Kossäten sind auch als Dorfhandwerker anzutreffen (Krüger, Hufschmied, Hirt). Ein Teil war ohne Zweifel slawischer Abkunft, besonders in den Dörfern, die im alten slawischen Siedlungsgebiet lagen. In Lübars und Tegel könnte das der Fall sein. Im 13. und 14. Jahrhundert werden die meisten Kossäten als Landarbeiter beschäftigt gewesen sein. Vor allem dort, wo ritterliche Eigenwirtschaften eine Rolle spielten, häufen sich Kossätenstellen, so in Buckow, wo es 15 im Verhältnis zu $53^1/_2$ Hufen gab und mindestens eine größere Eigenwirtschaft bestand. Desgleichen sind die Kossäten wohl auch zur Bestellung von Pfarr- und Schulzenhufen herangezogen worden. Sicher gab es Gesinde und Tagelöhner, die bei den Dienstherren lebten. Hirten, Schmied und Stellmacher übten für den Fortgang des dörflichen Lebens wichtigste Tätigkeiten aus, nur erfahren wir während des Mittelalters wenig von ihnen. Später, noch häufig in der Gegenwart erkennbar, standen ihre Behausungen und Werkstätten auf dem Dorfanger und galten als Gemeinschaftseinrichtungen. So wird es auch in früheren Jahrhunderten gewesen sein. Schließlich gab es noch den Krug, den das Landbuch von 1375 anscheinend immer anführt bzw. vermerkt, wenn er fehlte. Die Krugzinse gingen an den Grundherrn, den Schulzen oder den Pfarrer. In Tempelhof empfing der Johanniter-Komtur 2 Pfund Pfeffer jährlich: man meinte, aus dieser Abgabe den Verlauf einer Handelsstraße erschließen zu können.

Die auf den Getreideanbau fixierte Wirtschaft läßt sich 1375 auch an der hohen Zahl der Mühlen in und um Berlin beobachten. 1251 gelangten die Spandauer Nonnen in den Besitz einer Mühle an der Panke, beim damals schon wüsten Dorf Wedding. Die Tegeler Mühle war gewiß eine Wassermühle – ihre Nachfolgerin ist heute die Humboldt-Mühle –, vielleicht trieb auch die Bäke die 1375 in Lichterfelde bezeugte Mühle. In Giesensdorf stand eine Windmühle, die „gegenwärtig wegen der Not wüst ist" (desertum propter paupertatem): hinter diesen Worten verbirgt sich die Agrarkrise jener Zeit. In Zehlendorf und Buckow sind nur Mühlen genannt, die sicher der Wind in Gang setzte, usw. Wesentlich ist der Mahl- oder Mühlenzwang, d. h. die Einwohner eines oder mehrerer Dörfer waren gezwungen, ihr Getreide in bestimmten Mühlen zu mahlen. Der Zwang ist aus den hohen Kosten zu erklären, die Bau und Unterhalt erforderten. Für jene Zeit stellten Mühlen eben technisch sehr aufwendige Anlagen dar. Die Markgrafen hatten ursprünglich das Recht, den Mühlenzwang festzulegen, ein Recht, das sie wie so viele andere veräußerten. Besonders groß war aus naheliegenden Gründen der Bezirk des Mahlzwanges um die landesherrlichen Mühlen in Berlin und Cölln: er umfaßte neben den beiden Städten noch 20 Dörfer im Barnim und 12 im Teltow.

Kein Dorf war ohne Herren, viele hatten mehrere, die meisten aber Herren mit vielen Rechten. In dieser hierarchisch abgestuften Welt waren alle Herren zum Herrschen berechtigt, der Markgraf, die Kirchenfürsten samt Äbtissinnen und die vielen Ritter, sogar Bürger übten auf dem Lande Herrschaftsrechte aus. Der Staat der Markgrafen von Brandenburg – Staat nicht im modernen Sinn – hatte, ungewöhnlich für mittelalterliche Verhältnisse, Macht und Herrschaft im 12. und beginnenden 13. Jahrhundert bis wohl zur Jahrhundertmitte in den Händen des Fürstenhauses konzentriert gesehen. Der aus vielfältigen Gründen steigende Geldbedarf der Markgrafen führte zur Veräußerung von Rechten und Einkünften an Ritterschaft und geistliche Institutionen. Damit war zwar kurzfristig der Geldbedarf gedeckt, die Grundlagen der Landesherrschaft aber waren zerstört. Die Mark Brandenburg war im 14. Jahrhundert zu einem feudalen Staat geworden, wie man ihn sich besser kaum vorstellen kann und das Landbuch ihn in allen wünschenswerten Einzelheiten vor Augen führt. Zwischen den Markgrafen und die große Masse der ländlichen Bevölkerung hatte sich eine Schicht von Herrschaftsträgern geschoben: sie übten die häufig unter mehrere Berechtigte geteilte Dorfherrschaft aus, indem sie den Schulzen einsetzten, zwei Drittel der Gerichtsgefälle empfingen und vor allem die oben erwähnten Abgaben erhielten. Mit diesen Berechtigungen waren Ritter und Klöster belehnt worden, und im Laufe der Zeit sind sogar Bürger in ihren Genuß gekommen, obwohl sie nicht lehnsfähig waren. Für sie, reiche Handelsherren, sind die feudalen Rechte (lat. feudum = das Lehen) interessante Kapitalanlagen gewesen. Ein erster Versuch, diesen Zuständen entgegenzutreten, ist sicher in der Anlage des Landbuchs Kaiser Karls IV. aus dem Hause Luxemburg zu sehen, der sich als Landesherr der Mark eine Übersicht verschaffen wollte, was ihm und was anderen zustand.

Denn die Dorfherrschaft hatte einmal anders ausgesehen: dem Markgrafen standen ursprünglich die grundherrlichen Rechte zu, in einigen Dörfern saßen Ritter mit 4–6 abgabefreien Hufen, die im Gemenge mit den Bauernhufen lagen und dem Flurzwang unterworfen waren. Die Ritter waren zur Heeresfolge verpflichtet. Sie sind dann während der geschilderten Entwicklung zu Dorfherren aufgestiegen, ohne daß sie ihre Eigenwirtschaften nennenswert vergrößerten, wofür vielleicht auch der Anreiz fehlte, weil sie zahlreiche Abgaben bequem empfingen, mit den Kossäten über genügend Arbeitskräfte verfügten und außerdem in einen ertragreichen Markt integriert waren. Sie betrieben also wie die geistlichen Institutionen eine Rentengrundherrschaft. Den Spandauer Nonnen gehörten Kladow, Gatow, Tegel, Wittenau, Lübars, Lietzow und Lankwitz, dem Zisterzienserkloster Lehnin Zehlendorf. Der Bischof von Brandenburg war Dorfherr in Stolpe/Wannsee, Schönow und Giesensdorf, der Templer-, später der Johanniter-Orden in Tempelhof, Mariendorf, Marienfelde und Rixdorf. So waren geistliche Herrschaften, die inmitten weltlicher Herrschaften lagen, nicht nur räumlich, sondern vor allem sozial in die feudale Welt fest eingefügt. Sie bedurften des Landbesitzes als Existenzgrundlage, hatten ihn aber oft reichlich vermehrt und zu wirtschaftlicher und politischer Macht ausgebaut. Das konnte der einfache Landpfarrer nicht, den wir hier als letzten, aber sicher nicht unwichtigsten der Dorfbewohner erwähnen wollen, doch auch er blieb auf Landbesitz angewiesen. In der Regel verfügte er über 2–4 Hufen und gewisse Abgaben, wozu noch Einnahmen aus seinem geistlichen Amt kamen. Im Dorfbild war das Gotteshaus der beherrschende Bau. Häufig stand es auf dem Anger, mitunter seitwärts auf dem höchsten Punkt. Die wuchtigen Feldsteinkirchen der Templerdörfer oder die Buckower Kirche, die zu den ältesten gehören, beeindrucken uns immer wieder (s. Abb. 125 auf S. 258). Dagegen dürften die Bauernhäuser zu Füßen der Kirchtürme ärmlich gewirkt haben; als strohgedeckte Fachwerkhäuser haben wir sie uns vorzustellen, deren Keller aus massiven Feldsteinen gebaut waren.

Je nach Lage der Dörfer konnten sich noch Sonderformen der Agrarproduktion entwickeln. Die Zeidelei ist schon in slawischer Zeit im Spreeland, d.h. wohl Köpenick und Umgebung, bezeugt. Die Tradition hat sich erhalten: das Landbuch berichtet, daß neben anderen Barnim-Dörfern Mahlsdorf und Rahnsdorf, auf dem Teltow innerhalb der Berliner Grenzen Britz und Alt-Glienicke pro Jahr 3 Tonnen Honig im Wert von 80 Groschen an die Burg Köpenick liefern mußten. Das war ein beträchtlicher Wert, wenn man bedenkt, daß ein Zweihüfner, also die meisten Bauern, durchschnittlich 56 Groschen an Gesamtabgaben zu entrichten hatte. Honig hatte seinen Preis, weil es im Mittelalter das einzige Süßmittel war. Der Honig stammte aus Heiden (lat. merica) oder Wäldern im Barnim und Teltow. Betrachtet man die Lage der Orte, so müssen die Niederungswälder im Spreetal rings um Köpenick gemeint sein, die so aufgelichtet waren und genug blühende Bäume und Pflanzen trugen, daß eine planvolle Imkerei von den angrenzenden Dörfern aus betrieben werden konnte. Neben diesem aufschlußreichen Beispiel gibt es noch zahlreiche andere Quellen, die Zeidelwirtschaft im Berliner Raum belegen. Dagegen fehlen unmittelbare Zeugnisse für den Weinbau. Da indessen Anbau und Pflege von Reben in den Jahrhunderten nach 1500 überliefert und zudem in den Landschaften um Berlin mittelalterlicher Weinbau betrieben worden ist, wird man ihm auch in der Stadt und ihren Nachbardörfern nachgegangen sein. Das Gebiet der mittleren Havel zwischen Potsdam und Brandenburg, vor allem um Werder, gilt als klimatisch begünstigt, weshalb hier Weinbau schon sehr früh bezeugt ist. Havelaufwärts, in Spandau, erinnern die Weinmeisterhöhe und das Weinmeisterhorn an längst vergangene Rebenkultur. 1509 beschloß der Spandauer Rat sogar die Anlage von Weingärten in Gatow. Die Havelweine hatten einen guten Ruf, und die Berliner Weine sollen ihnen später nicht nachgestanden haben.

Von Fischerdörfern mit zumeist wendischer Bevölkerung in älteren Zeiten hörten wir schon. Den Fischreichtum der zahlreichen Gewässer mit unzähligen Arten zu nutzen, bedurfte es bestimmter Regelungen. Wie die Mühlengerechtigkeit sind auch die Fischereirechte ursprünglich landesherrlich gewesen. Überlieferte Rechtsstreitigkeiten bieten uns einen guten Einblick in das märkische Fischereiwesen. Ohne Zweifel bildeten die Fische eine nicht zu unterschätzende Nahrungsquelle auch als Speise an den Tagen, an denen keine kirchlichen Fastengebote bestanden. Es entzieht sich unserer Kenntnis, ob die Fischerei auf den zahlreichen kleinen Seen und Teichen frei war, wie anzunehmen ist. Vielleicht war Garnfischerei mit Netzen üblich. Gewässerteile trugen die Namen von Garnzügen. So findet sich ein solcher namens „Stite", abgeleitet von einem slawischen Namen für „Schild", bei Schildhorn, dem ein „Liepe" (zu slaw. lipa „Linde") an der Lieper Bucht folgt. Die Fischerei steht also in slawischer Tradition, was auch die merkwürdige Bezeichnung der Wasservögte bezeugt, nämlich Pritzstabel. In Köpenick sind sie 1516 und in Rahnsdorf 1487 genannt, während in Spandau 1409 ein „water vorstund" erscheint. Ihr Amt war, die Gewässer zu beaufsichtigen. Dagegen hat eine Untersuchung der Kietzersprache in Köpenick gezeigt, daß fast sämtliche Ausdrücke der Fachsprache mittelniederdeutsch waren, d.h. die slawischen Fischer frühzeitig durch Zuzug germanisiert worden sind. Die in die Kietze zugezogenen Deutschen lebten unter dem gleichen Recht wie die eingesessenen Slawen.

Mehrfach war schon von der Agrarkrise die Rede. Gemeint ist der dramatische Bevölkerungsrückgang und als seine Folge eine Absatzkrise, von der vor allem die Getreideexportgebiete Mitteleuropas betroffen waren. Als Hauptursache gilt nach vorangehenden großen Pestwellen der Schwarze Tod um 1350, der ca. ein Drittel der Bevölkerung Europas dahinraffte. Doch die seit dem 11. Jahrhundert andauernde Expansion der europäischen Wirtschaft und Bevölkerung hatte sich nach 1300 ohnehin nicht mehr fortgesetzt. In der Mark gab es nach dem Aussterben der Askanier 1319/1320 häufig Kriege und Fehden, die gewiß Teile der Landbevölkerung zum Auszug in die Städte bewogen. 1375, als das Landbuch zusammengestellt worden ist, zeigte sich, daß viele Dörfer auf schlechten Böden ganz wüst gefallen waren, in der Uckermark wohl ein Viertel, wo auch die Hälfte der Hufen nicht mehr bestellt wurde. Das Berliner Umland, das verkehrsgünstig an Flüssen liegt, die auch in Krisenzeiten leidlichen Absatz sicherten, blieb von den gravierenden Folgen verschont: mit Ausnahme von Hellersdorf sind damals keine Dörfer wüst geworden, doch zwischen 1375 und 1480 trugen 18 von den insgesamt 58 Dörfern Wüstungserscheinungen davon: Bauernhufen und Kossätenstellen, Krüge und Mühlen, wie in Giesensdorf („wegen der Not"), wurden wüst. Die Naturalabgaben der Bauern hatten an Wert verloren, weil der Markt wegen des Bevölkerungsrückganges kleiner geworden war und die Preise verfielen. Stellen verstorbener oder abgewanderter Bauern konnten nicht mehr besetzt werden. Sicher sind, um

Einhalt zu gebieten, die Hufenabgaben gesenkt worden, doch am Ende der langdauernden Bevölkerungsdepression stand die Einführung von Zwangsdiensten der Bauern und die Inbesitznahme wüster oder ausgekaufter bäuerlicher Hufen, was während der Agrarkrise sinnlos gewesen wäre, weil Menschen fehlten. Jetzt, nach 1500, entstanden auf diese Weise Güter, das Erbzinsrecht wurde in ein lassitisches Recht mit starker Einschränkung der persönlichen Freiheit des Bauern bis hin zur Leibeigenschaft umgewandelt. Auch das Berliner Umland war Teil der ostelbischen Agrarlandschaft mit ihren großen Gütern und einer Dorfbevölkerung, die im Vergleich zu der Altdeutschlands in drückende Abhängigkeit vom Adel geraten war. Ein verhängnisvoller Weg hatte begonnen.

Literatur

Bohm, Eberhard: Zum Stand der Wüstungsforschung in Brandenburg zwischen Elbe und Oder. Mit einer Bibliographie; in: Jb. f. d. Gesch. Mittel- und Ostdeutschlands, 18, 1969, S. 289–318.

Dehmlow, Friedrich: Vergessene Dörfer im Bezirk Berlin-Zehlendorf; in: Berl. Bll. f. Vor- und Frühgesch. 10, 1963, S. 47–89.

Escher, Felix: Berlin und sein Umland, Berlin 1985.

Gehrmann, Johannes: Die mittelalterliche Besiedlung des Teltow zwischen 1150 und 1300. Eine Bestandsaufnahme der archäologischen Forschungsergebnisse; in: Jb. f. d. Gesch. Mittel- und Ostdeutschlands 24, 1975, S. 1–59.

Helbig, Herbert: Gesellschaft und Wirtschaft der Mark Brandenburg im Mittelalter, Berlin 1973.

Krenzlin, Anneliese: Dorf, Feld und Wirtschaft im Gebiet der großen Täler und Platten östlich der Elbe, Remagen 1952.

Dies.: Die mittelalterlich-frühzeitlichen Siedlungsformen im Raum von Groß-Berlin; in: Die Erde 90, 1959, S. 327–343 (mit einer Karte der Siedelformen).

Dies.: Das Wüstungsproblem im Lichte ostdeutscher Siedlungsforschung. in: Zs. f. Agrargesch. und Agrarsoziologie 7, 1959, S. 153–169.

Die Slawen in Deutschland. Ein Handbuch hrsg. von Joachim Herrmann. Neubearbeitung. Berlin (Ost) 1986.

Schich, Winfried: Zum Verhältnis von slawischer und hochmittelalterlicher Siedlung in den brandenburgischen Landschaften Zauche und Teltow; in: Jb. f. d. Gesch. Mittel- und Ostdeutschlands 26, 1977, S. 53–85.

Schulze, Hans K.: Die Besiedlung der Mark Brandenburg im hohen und späten Mittelalter; in: Jb. f. d. Gesch. Mittel- und Ostdeutschlands 28, 1979, S. 42–178.

Allgemeine Literatur s. S. 287.

Mittelalterliche Siedlungsgeschichte und Landnutzung im Lichte der Historischen Botanik

Arthur Brande, Angela von Lührte, Marlen Schumann

Für das Mittelalter im Berliner Raum liefern schriftliche Quellen nur wenige Angaben über den Zustand und Wandel der Landschaft unter der Nutzung der damaligen Bevölkerung. Manche Kenntnis, etwa über den Kulturpflanzenanbau auf den Äckern und in Gärten, kann aus benachbarten Gebieten und Ländern übernommen werden. Mit den pflanzlichen Überresten in archäologischem Fundgut und in den Ablagerungen der Seen, Pfuhle und Moore Berlins steht außerdem eine reiche Überlieferung bereit, deren Entschlüsselung eine Aufgabe der Historischen Botanik ist.

Pollenkörner werden als Blütenstaub von Bäumen, Sträuchern und Kräutern alljährlich in teilweise großer Menge gebildet. Die widerstandsfähige äußere Hülle jedes Körnchens bleibt auf dem Seegrund, der Mooroberfläche oder nassen Bodenstellen erhalten, wenn sie durch Überdeckung weiterwachsender Seeablagerungen, Torfe oder Siedlungsschichten unter Luftabschluß gerät und so fossilisiert wird. Für die Pollenanalyse, die aus Bohrungen oder Grabungen diese kleinsten Pflanzenfossilien Schicht für Schicht untersucht, bietet Berlin ein weites Betätigungsfeld.

Auch größere Pflanzenreste bleiben unter den genannten Bedingungen erhalten, besonders wenn sie verholzte Gewebe enthalten wie Samen und Früchte, Blätter von Gehölzen und schließlich das Holz ganzer Baumstämme. Durch Feuer angekohltes Material, das in Siedlungsschichten recht häufig vorkommt, bleibt auch in trockenerem Zustand oft noch erhalten und bestimmbar. Derartige Funde bieten für die Großrestanalyse gerade bei archäologischen Grabungen vielseitige Auswertungsmöglichkeiten.

Unter den Bauhölzern sind Eiche und Kiefer, die in den Berliner Forsten heute eine große Rolle spielen, auch im Mittelalter reichlich verwendet worden. Bei der Jahrringanalyse wird an archäologischen Holzproben die alljährliche Zuwachsbreite gemessen. Das für eine Wuchsperiode von einigen Jahrzehnten zeittypische Jahrringbreitenmuster einer Holzart ermöglicht mit Hilfe des Überbrückungsverfahrens, der zeitlich rückschreitenden Überlappung der Zuwachskurven mehrerer Proben, jahrgenaue Datierungen, die für die Baugeschichte von großer Bedeutung sind. Zudem sind die Jahrringbreitenschwankungen von äußeren Wuchsbedingungen wie Wasser- und Nährstoffhaushalt des Bodens und Klimafaktoren abhängig. So ergeben sich bei Zuhilfenahme von ökologischen Eichungen heute wachsender Bäume der betreffenden Holzart aus dem Verlauf der Jahrringbreitenschwankungen Rückschlüsse auf die Standortfaktoren während der durch Jahrringkurven belegten früheren Jahrhunderte oder Jahrtausende.

Alle genannten Methoden sind weit in die Vergangenheit zurückreichend anwendbar, also auch auf Zeiten mit geringer oder fehlender menschlicher Besiedlung. In Berlin ist die Entwicklung bisher nur mit der Pollenanalyse bis an das Ende der letzten Eiszeit zurückverfolgt worden und teilweise darüber hinaus in die Warm- und Kühlphasen des Eiszeitalters, des Quartärs, und bis in die Braunkohlenzeit, das Tertiär. Damit liefern diese botanischen Forschungsansätze wichtige Beiträge zur Landschaftsgeschichte überhaupt. Für die durch schriftliche Zeugnisse erhellten Perioden wie das Mittelalter bietet sich für solche fossilanalytischen ebenso wie für die archäologischen Befunde die Möglichkeit, sie in den Gesamtzusammenhang historischer Überlieferungen zu stellen und gemeinsam zu diskutieren. So stehen die botanischen Beiträge als eine wesentliche ökologische Komponente in der Historischen Landeskunde.

Nach den Ergebnissen der Pollenanalyse ist der wichtigste vegetationsgeschichtliche Vorgang in der ersten Hälfte des Mittelalters die Ausbreitung der Rot- und Hainbuche im Zuge der nacheiszeitlichen Waldgeschichte. Beide Baumarten erreichten damals ihren stärksten natürlichen Anteil in den kiefern- und eichenreichen Mischwäldern besonders der Tallagen, z. B. in den Gebieten des heutigen Tegeler und Spandauer Forstes. In Britz wurde ein örtliches Rotbuchenvorkommen offenbar schon von der dort siedelnden germanischen Bevölkerung der ersten nachchristlichen Jahrhunderte gerodet und die Flächen dann als Grünland für die Viehhaltung genutzt.

Die damalige Siedlungstätigkeit ist auch in Rudow überwiegend mit Weidewirtschaft, wahrscheinlich hauptsächlich an den Rändern der Pfuhle und des Fließes, pollenanalytisch erwiesen. Für die nachfolgende slawische Zeit wird am Rudower Klarpfuhl ein örtlicher Rückgang der Gründungsnutzung zugunsten des Getreideanbaus deutlich.

Trotz der möglichen germanisch-slawischen Siedlungskontinuität an manchen Stellen wanderten die Slawen im

Frühmittelalter in ein Gebiet ein, das weitestgehend von den natürlichen landschaftlichen Gegebenheiten, besonders in der Waldzusammensetzung sowie dem Gewässersystem von Havel und Spree mit den dazugehörigen Mooren und Seen und ihren Verlandungsstadien, geprägt war. Die slawische Siedlungstätigkeit hebt sich nicht in allen Berliner Pollendiagrammen deutlich heraus. Damit bestätigt sich der Siedlungskammercharakter für diese Zeit, als noch größere Teile der Teltower Grundmoränenplatte, aber auch Bereiche des Talsandgebietes wie im heutigen Spandauer Forst von Siedlung und stärkerer Nutzung ausgespart blieben.

Historisch-botanisch am besten untersucht sind die slawischen Siedlungseinflüsse und Landschaftsveränderungen am Spandauer Burgwall. Nach den Pollenanalysen wurden in der Zeit um 800 Eichen in der nächsten Umgebung als Bauholz geschlagen, und es entwickelten sich an diesen Stellen birkenreiche Sekundärwälder. Auf lichteren Waldstellen gedieh Heidekraut, das vermutlich auch gesammelt wurde. Für die trockeneren, zuvor mit kiefern- und eichenreichen Wäldern bedeckten Flächen ist Getreideanbau, darunter Roggen, belegt. Besonders die nasseren erlenreichen Wälder gingen nach der Rodung in Grünland über. Später wurde durch die örtliche Knappheit von Eichen auch Kiefernholz in größerem Umfang verbaut, z. B. für die im 10. Jahrhundert errichtete Kirche. Bei den verwendeten Stämmen dieser und jüngerer Burgwallphasen handelt es sich größtenteils um junge Bäume mit breiten, schwer synchronisierbaren Jahrringen. Auch der unterschiedliche Stammumfang und die Verwendung von starkastigen, qualitativ schlechteren Stämmen zeigt, daß in der Umgebung der Siedlung gutes Bauholz selten geworden war.

Erst seit Beginn des 12. Jahrhunderts scheint nach den Pollenanalysen die Waldrodung für Viehhaltung und Ackerbau zugenommen haben, blieb aber in einem Umkreis von weniger als 7 km vom Burgwall.

Eine erste Analyse der Samen und Früchte aus den Kulturschichten des Burgwalls brachte umfangreiche Ergebnisse. Ein verkohlter Getreidevorrat aus dem 9. Jahrhundert enthielt überwiegend Roggen, Hafer und Gerste sowie wenig Hirse und Weizen, aus dem 10. Jahrhundert überwiegend Roggen und Hirse sowie wenig Weizen, Gerste und Hafer.

Die hochwüchsigen Arten der Ackerbegleitflora (Unkräuter) wie Kornblume und Kornrade weisen auf bodenferne Ernteweise mit Sichel und Herbstaussaat, andere Pflanzen wie Ackerhundskamille, Hühner- und Borstenhirse dagegen auf Frühjahrsaussaat, also Anbau von Sommergetreide. Von den Obstarten wurden bisher eine Birne, mehrere Apfelkerne und ein Pflaumenstein gefunden, vom gesammelten Wildobst einzelne Samen der Himbeere, Brombeere und Kratzbeere sowie von Holunder und Eberesche.

Verschiedene der insgesamt 103 durch Samen oder Früchte nachgewiesenen Pflanzensippen können für mancherlei Zwecke, als Gemüse, zum Färben, als Heilpflanzen usw. gesammelt worden sein. Dazu gehören z. B. die wilde Möhre, Gänsefußarten, Brennessel, Rapunzel, Sauerampfer, Färberhundskamille, Günsel, Flockenblume, Johanniskraut, Seifenkraut, Eisenkraut, Wasserminze, Wasserfenchel, schwarzer und bittersüßer Nachtschatten. Die pollenanalytisch belegten Waldrodungen werden auch aus den Samen oder Früchten von Pflanzen aus Sekundärwäldern und Waldrändern wie Eberesche, Odermennig, Sternmiere u. a. bestätigt. Wichtige Nachweise stammen aus dem auf gerodeten Flächen entstandenen trockenen bis nassen Grünland mit Hasenklee, Felsennelke, Flockenblume, Sauerampfer, Spitzwegerich, Hahnenfuß, Wiesenlabkraut, Braunelle, Mädesüß, Kukkuckslichtnelke und Sumpfziest. Auf den durch die Siedlungstätigkeit und Viehhaltung mit Nährstoffen angereicherten freien Plätzen des Burgwallgeländes und seiner nächsten Umgebung entwickelten sich typische Pflanzengesellschaften mit Beifuß, Gänsefuß, Wolfsmilch, roter und weißer Taubnessel, Brennessel, Glaskraut, Holunder usw. Naturgemäß ist auch die Moor-, Sumpf-, Ufer-, Schlamm- und Wasservegetation der Havel pollen- und samenanalytisch bis hin zu Seerosenbeständen gut erfaßt. Eine Zuordnung der großrestanalytisch belegten

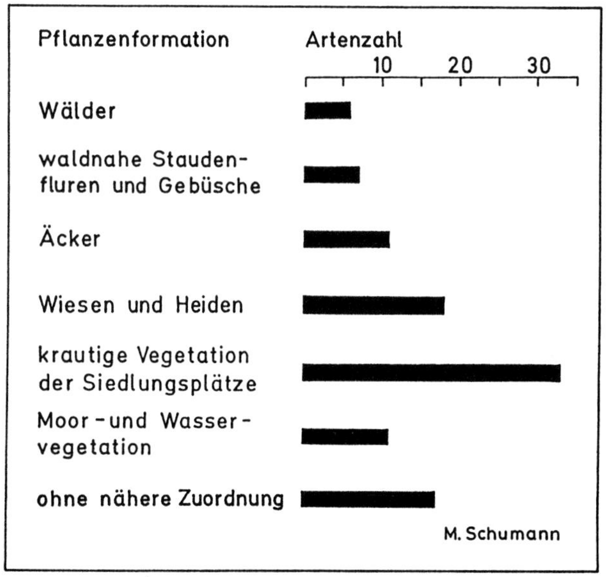

23. Anzahl der auf dem Spandauer Burgwall durch Samen oder Früchte fossil nachgewiesenen Arten in den Pflanzenformationen, ohne die vermutlich kultivierten Obstarten.

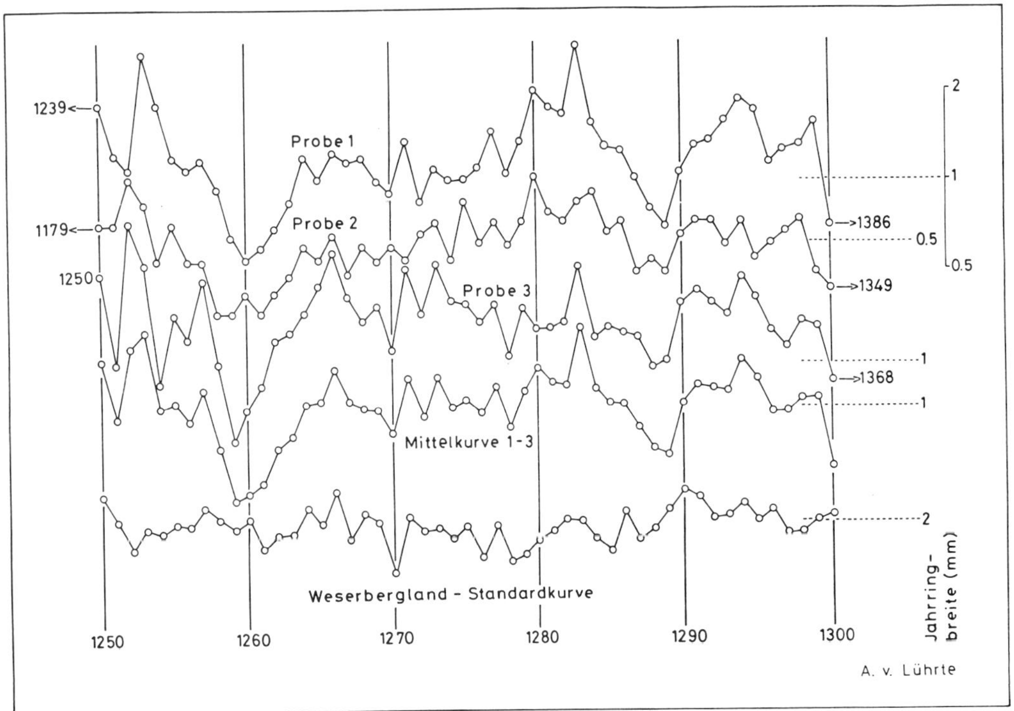

24. Jahrringkurven von Eichen aus spätmittelalterlichen Fundamentkästen der Spandauer Altstadt und Datierung durch die Weserbergland-Standardkurve.

Pflanzen zu den wichtigsten Vegetationstypen am Burgwall zeigt Abb. 23.

Mit der dörflichen slawischen Besiedlung des Havelufers und im Umkreis des Tegeler Sees sowie der damaligen Waldnutzung scheint ein erster deutlicher Rückgang der Rot- und Hainbuche in Zusammenhang zu stehen.

Wie den Wirtschaftsformen und der Landnutzung am Übergang von der germanischen zur slawischen Besiedlung gilt das historisch-botanische Interesse auch der slawisch-deutschen Übergangszeit im Hochmittelalter. Dafür bieten neben dem Fundgut vom Spandauer Burgwall die archäologischen Grabungen der letzten Jahre auf der Spandauer Zitadelle reichhaltiges Material mit Pflanzenfossilien aller Art einschließlich Bauholz. Die Untersuchungen stehen teilweise noch bevor.

In enger Beziehung zur Geschichte des Burgwalls und der Zitadelle stehen die Grabungen in der Spandauer Altstadt, deren reiche Holzfunde die intensive Bautätigkeit im 13. und 14. Jahrhundert belegen. Hier findet sich, nunmehr durch Waldrodungen auch in der weiteren Umgebung, viel Eichenholz. Erst aufgrund der starken Übernutzung der Berliner Wälder in den folgenden Jahrhunderten mußte es immer mehr durch Kiefernholz ersetzt werden.

Ein Beispiel für eine gelungene jahrringanalytische Datierung von Eichenhölzern aus der Altstadt zeigen drei Pfähle aus dem hölzernen Fundamentkasten eines Hauses (s. Abb. 24). Bei einer Probe war der äußerste Jahrring (Waldkante) erhalten, der das jahrgenaue Fälldatum angibt. Die als Ausschnitt dargestellten Jahrringkurven der drei Hölzer erweisen sich als zeitgleich. Obwohl die verwendeten ca. 120 bis 170jährigen Eichen recht unterschiedliche mittlere Jahrringbreiten zeigen, wird doch die große Ähnlichkeit im Zuwachsverlauf deutlich. Die daraus gebildete Mittelkurve kann mit langjährigen Standardkurven verschiedener Wuchslandschaften verglichen werden. Datiert ist eine Probe oder Kurve dann, wenn neben statistischen Berechnungen der Ähnlichkeit auch der optische Vergleich der Kurven anhand markanter Jahrringfolgen positiv ausfällt. Die Altstadt-Mittelkurve ist auf diese Weise über die Weserbergland-Standardkurve auf den Zeitraum 1179–1386 datiert. Wenn auch die Übereinstimmung für bestimmte Jahre wie z. B. 1270 deutlich wird, weisen die Spandauer Eichen doch weitaus größere Schwankungen auf, was auf örtliche Wuchsfaktoren, etwa Grundwasseränderungen, hinweist. Daher ist für die ökologische Interpretation eine regionale Standardkurve Voraussetzung. Hierfür bieten die Spandauer Holzfunde eine gute Grundlage.

Während die frühdeutsche Besiedlung an vielen Stellen an die spätslawische anschloß, gibt es nach den pollenanalytischen Erkenntnissen aber auch klare Belege für eine frühdeutsche Landnahme, also eine Siedlungsgründung in einem vorher bewaldeten Gebiet. So zeigt das Pollendiagramm vom Rand des Krummen Fenns in Zehlendorf (s. Abb. 25) eine durch Brandrodung und Waldweide eingeleitete Urbarmachung des dortigen kiefern-, eichen- und birkenreichen Waldes, die mit einer vorübergehenden Massenausbreitung des Adlerfarns verbunden ist. Sofort setzte auch Getreideanbau ein, überwiegend Roggen, und eine Zeitlang gab es dort Hanfanbau. Die archäologisch erschlossene Verlagerung des Dorfes auf den heutigen Ortskern von Zehlendorf führte am Krummen Fenn nicht zu einer Wiederbewaldung, sondern die Ackerflächen blieben überwiegend erhalten, während sich am Fennrand Grünland mit Gräsern, Spitzwegerich, Sandglöckchen, Knäuel, z.T. Ampfer und später zunehmend Brennessel ausbreitete. Buchweizenanbau und Walnußpflanzungen sind erst aus dieser spätmittelalterlichen Periode belegt, Roßkastanien nicht vor dem 17. Jahrhundert. Viele der genannten Ereignisse charakterisieren die wesentlichen nutzungsbedingten Landschaftsveränderungen seit frühdeutscher Zeit besonders auf den Grundmoränenplatten Berlins, gerade der Getreide- und zeitweilige Hanfanbau. Letzterer ist allerdings pollenanalytisch nicht völlig von dem Vorkommen des Hopfens und seiner möglichen Nutzung zu trennen, der zudem als Schlingpflanze in Wäldern vorwiegend feuchter und nasser Böden nach dem pollenanalytischen Befund seit der frühen Nacheiszeit, also seit etwa 10000 Jahren, im Berliner Raum wie andernorts heimisch ist. Neben dem Hopfen ist am Krummen Fenn auch die wilde Weinrebe vor der hochmittelalterlichen Besiedlung wie an zwei weiteren Berliner Stellen (Heiligensee, Pfaueninsel) durch Pollenfunde als einheimische Pflanze nachgewiesen, stellenweise auch sonst in Mitteleuropa und Südskandinavien seit der mittleren Nacheiszeit, also seit etwa 7000 Jahren. Die Berliner Pollenfunde sind jedenfalls deutlich älter als der bekannte hiesige mittelalterliche und neuzeitliche Weinbau.

Rotbuchenreiche Stellen hat es nach den Pollenanalysen auf dem Teltow während des hochmittelalterlichen Landesausbaus auch bei Buckow kaum gegeben, obwohl der Ortsname darauf hinzuweisen scheint. Auf dem Barnim werden die durch die Orts- und Waldbezeichnung Buch nahegelegten örtlichen Rotbuchenvorkommen durch die pollenanalytischen Ergebnisse eher bestätigt. Besonders deutlich wird die Rodung von Rot- und Hainbuchen und Erlen für Grünlandgewinnung seit der ersten Hälfte des 13. Jahrhunderts auf den grundwasserbeeinflußten Talsandböden, also etwa in den Bezirken Spandau und Reinickendorf, aber auch im Grunewald. Damit tritt der von Kiefer und Eiche geprägte Charakter der Restwälder als ein durch den Menschen verursachter Zustand erstmals klar in Erscheinung. In der Neuzeit wird er dann durch die Forstwirtschaft noch weiter zugunsten der Kiefer verschoben.

Wesentliche Landschaftsveränderungen wurden durch die mittelalterliche Anlage von Wassermühlen-Stauwehren bewirkt. Durch die Vernässung tiefliegender Böden gingen vorwiegend potentiell geeignete Grünlandstandorte verloren. Das ist möglicherweise eine mitverantwortliche Ursache für die hoch- bis spätmittelalterlichen Siedlungsverlagerungen. Die Pollenanalysen belegen erstmals den zeitlichen und ursächlichen Zusammenhang dieser vom Menschen verursachten Vorgänge. Sie zeigen am Heiligensee, daß der Beginn der nachhaltigen dörflichen Entwicklung mit der Anlage des Spandauer Mühlenstaues in der ersten Hälfte des 13. Jahrhunderts zeitlich zusammenfällt. Die ufernahen Moore, die dort seit ca. 3000 v. Chr. aus der Verlandung des Sees hervorgegangen waren, wurden jetzt plötzlich überflutet, während sich auf den höher gelegenen Böden der Ackerbau stark ausdehnte. Später verlandeten die Uferpartien erneut, und es bildeten sich bis heute einige Dezimeter Torf. Dieser moor- und seegeschichtliche Effekt ist pollenanalytisch z.B. auch für den Hermsdorfer Mühlenstau im Tegeler Fließtal, im unteren Bäketal nahe dem Griebnitzsee sowie an der Berliner Unterhavel, dort wahrscheinlich als Auswirkung des Brandenburger Staues, nachgewiesen. Die Staue machten sich in den Talsandgebieten über einen Grundwasseranstieg auch noch in einiger Entfernung bemerkbar. So verstärkte sich die Torfbildung in den Mooren des Spandauer Forstes und des Grunewaldes. Außerdem änderten sich einige Bodeneigenschaften, besonders der Wasserhaushalt. Das muß sich auch auf das Wuchsverhalten der Waldbäume ausgewirkt haben und somit über die Jahrringanalyse faßbar sein. Daraus können sich Anhaltspunkte zur genaueren Datierung dieser Landschaftsveränderungen oder umgekehrt der Jahrringfolgen selbst sowie über das Herkunftsgebiet des Bauholzes und den eigentlichen Wuchsort mit seinen standortökologischen Eigenschaften ergeben.

Spätmittelalterliche bis frühneuzeitliche Wüstungsvorgänge, die auch im Berliner Raum stellenweise auf den intensiven frühdeutschen Landesausbau folgten, scheinen sich in einigen Pollendiagrammen am ehesten in einem Rückgang des Getreideanbaus abzuzeichnen, der dann im weiteren Verlauf der Neuzeit wieder zunimmt.

Bis zum Ende des Mittelalters sind nicht nur viele Kulturpflanzen der Alten Welt im Gebrauch gewesen, sondern es wurden auch zahlreiche Wildpflanzen unter menschlichem Einfluß hier heimisch. So gelten nach verschiedenen florengeschichtlichen Erwägungen von den etwa 1400 heute in Berlin (West) wildwachsenden Farn-

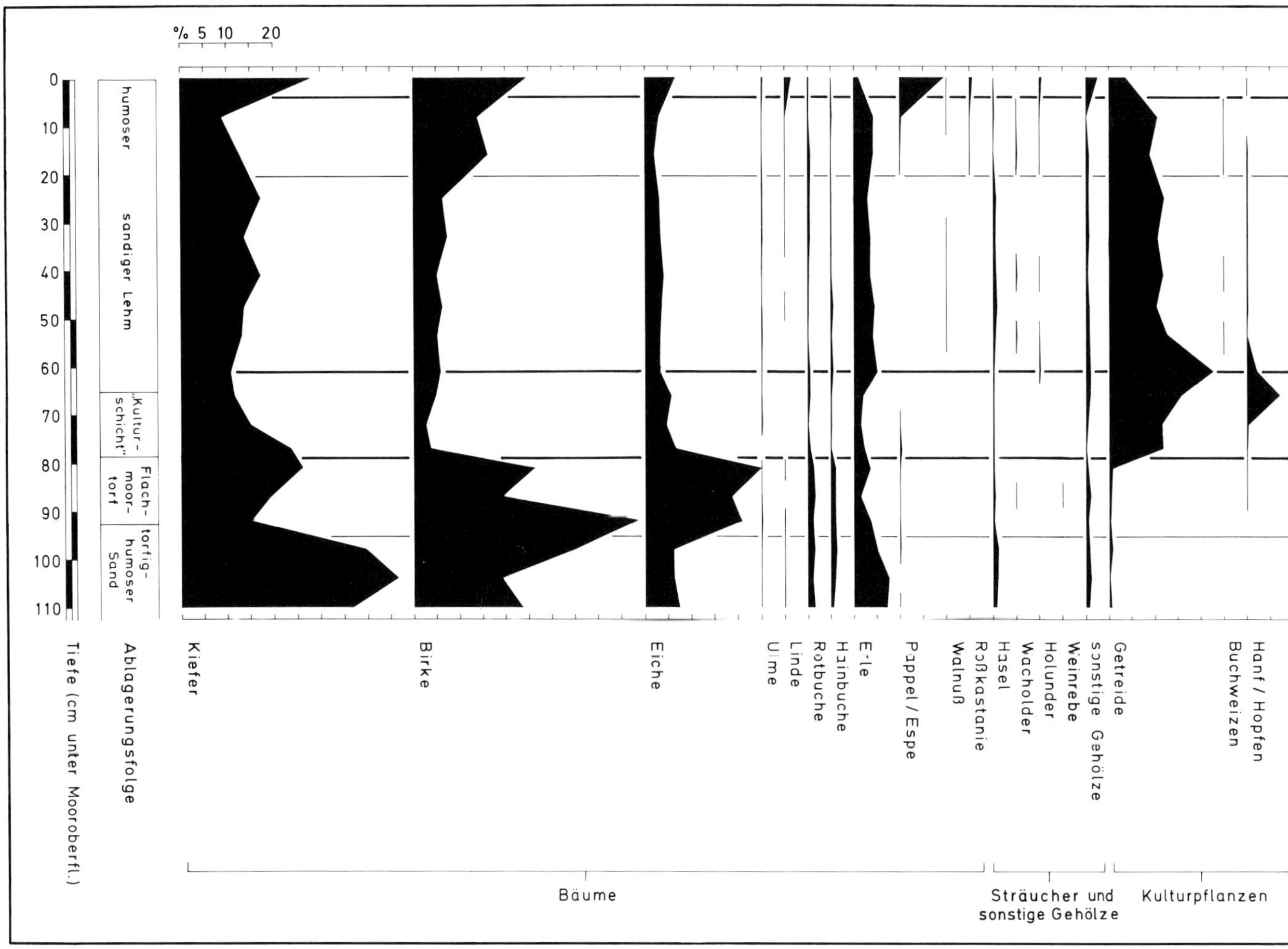

25. Pollen- und Sporendiagramm aus den mittelalterlichen und neuzeitlichen Ablagerungen vom Rande des Krummen Fenns in Zehlendorf und Ableitung der örtlichen Entwicklungsphasen.

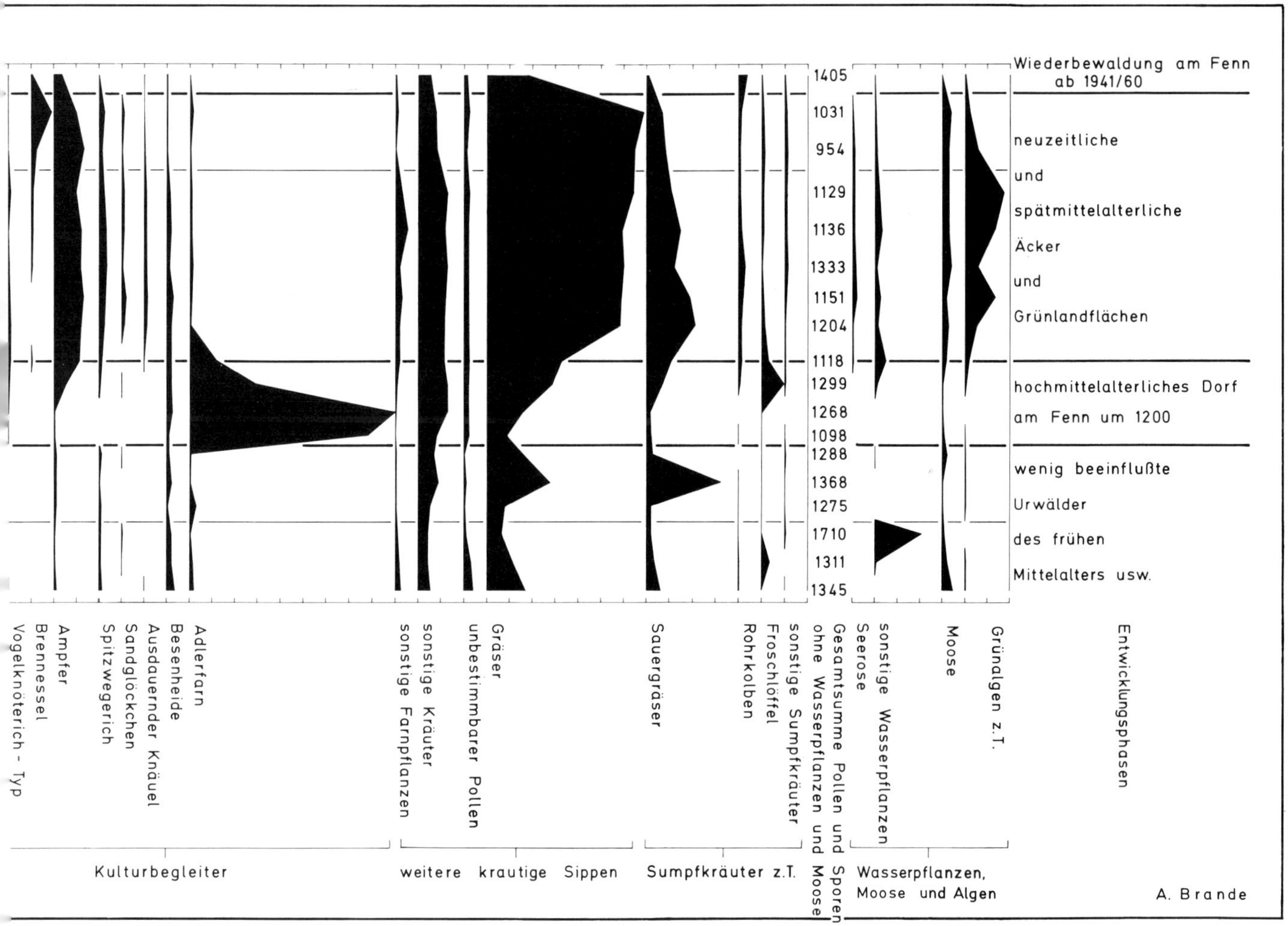
Wiederbewaldung am Fenn ab 1941/60
neuzeitliche und spätmittelalterliche Äcker und Grünlandflächen
hochmittelalterliches Dorf am Fenn um 1200
wenig beeinflußte Urwälder des frühen Mittelalters usw.
1405
1031
954
1129
1136
1333
1151
1204
1118
1299
1268
1098
1288
1368
1275
1710
1311
1345
Vogelknöterich - Typ
Brennessel
Ampfer
Spitzwegerich
Sandglöckchen
Ausdauernder Knäuel
Besenheide
Adlerfarn
sonstige Farnpflanzen
sonstige Kräuter
unbestimmbarer Pollen
Gräser
Sauergräser
Rohrkolben
Froschlöffel
sonstige Sumpfkräuter
Gesamtsumme Pollen und Sporen ohne Wasserpflanzen und Moose
Seerose
sonstige Wasserpflanzen
Moose
Grünalgen z.T.
Entwicklungsphasen
Kulturbegleiter
weitere krautige Sippen
Sumpfkräuter z.T.
Wasserpflanzen, Moose und Algen
A. Brande

und Blütenpflanzen 12% als Archäophyten, d.h. durch menschliche Mitwirkung beabsichtigt oder unbeabsichtigt bis zum Ende des Mittelalters eingeführte und eingeschleppte und heute ohne weiteres Zutun hier gedeihende Arten. Dazu gehören neben der schon erwähnten Kornblume, Kornrade und Ackerhundskamille auch Ackersenf, Feldstiefmütterchen, Mäusegerste, Mäuseschwänzchen, Natternkopf, wilde Malve (Käse- oder Roßpappel), Reseda, Breitwegerich, Eselsdistel, Bilsenkraut und Meerrettich.

Bei den durch Samen oder Früchte nachgewiesenen wildwachsenden Pflanzenarten aus den slawisch-frühdeutschen Schichten des Spandauer Burgwalls liegt der Archäophyten-Anteil bei 27%. Ein Teil der Archäophyten Berlins und angrenzender Landschaften mag erst im Hoch- oder Spätmittelalter, besonders durch den Fernhandel der Hanse über Land und Wasser, hierher gelangt sein. Auch die Saatwucherblume gehört zu den Archäophyten, obwohl sie sich in den Ostseeländern erst in der Neuzeit in den Äckern stark ausbreitete und in Jütland als lästiges Getreideunkraut „Brandenborger" genannt wurde.

Der Anteil der in der Neuzeit, also seit den neuweltlichen und erdumspannenden Handelsbeziehungen in unser Gebiet gelangten und in Berlin eingebürgerten, heute wildwachsenden Pflanzen, wird mit 17% angegeben. Dazu gehören auch verwilderte Zier- und Nutzpflanzen. Genannt seien Eschenahorn, Götterbaum, Robinie, Roteiche, spätblühende Traubenkirsche, Buddleia (Sommerflieder), Goldrute, Nachtkerze, Saatluzerne, Staudenlupine, Stechapfel, kleinblütiges Springkraut, Gold- und Glatthafer und Kalmus. Hinzu tritt eine Anzahl neuer Nutzpflanzen wie Kartoffel, Tomate und Sonnenblume, die als Kulturflüchtlinge nur unbeständig im Stadtgebiet vorkommen. Der Anteil unbeständiger Ansiedler unter den wildwachsenden Pflanzenarten macht heute in Berlin (West) 11% aus.

Im übrigen änderten sich die Landnutzungen bis zur Einführung der Forstwirtschaft und der großflächigen Grün- und Ackerlandgewinnung durch Moorentwässerungen usw. im 18. Jahrhundert aus historisch-botanischer Sicht nicht grundlegend. Doch gehen heute durch Beseitigung pflanzenresthaltiger Ablagerungen bei Bauvorhaben und anderen Landschaftseingriffen, z.B. der tiefgreifenden „Entschlammung" vieler Gewässer, diese wertvollen historisch-ökologischen Quellensammlungen zunehmend verloren.

Literatur:

Zur Pollenanalyse:

Brande, Arthur: Die Pollenanalyse im Dienste der landschaftgeschichtlichen Erforschung Berlins; in: Berliner Naturschutzblätter 22/23 (65/66), 1978/79, S. 435–443 und 469–475.

ders.: Mittelalterlich-neuzeitliche Vegetationsentwicklung am Krummen Fenn in Berlin-Zehlendorf; in: Verhandlungen des Berliner Botanischen Vereins 4, 1985, S. 3–65.

Böse, Margot und Arthur Brande: Zur Entwicklungsgeschichte des Moores „Alter Hof" am Havelufer (Berliner Forst Düppel); in: Berlin-Forschungen I, hrsg. v. Wolfgang Ribbe, Berlin 1986, S. 11–42.

Lange, Elsbeth: Zur Entwicklung der natürlichen und anthropogenen Vegetation in frühgeschichtlicher Zeit. Teil 2: Naturnahe Vegetation; in: Feddes Repertorium 87, 1976, S. 367–442.

Stahr, Karl/Böse, Margot/Brande, Arthur/Gudmudsson, Thornsteinn und Launhardt, Michael: Die Entstehung und Entwicklung des Lolopfuhls in Berlin-Rudow; in: Sitzungsberichte der Gesellschaft Naturforschender Freunde zu Berlin (N.F.) 23, 1983, S. 95–150.

Zur Jahrringanalyse:

Lührte, Angela von: Die Jahrringe der Bäume – eine Chronik unserer Umweltbedingungen; in: Berliner Naturschutzblätter 26 (4), 1982, S. 84–88.

Delorme, Axel: Aufbau einer Eichenjahrringchronologie für das südliche Weser- und Leinebergland; in Forstarchiv 44 (10), 1973, S. 205–209.

Zur Großrestanalyse:

Schumann, Marlen: Paläoethnobotanische Untersuchungen am Spandauer Burgwall – ein Beitrag zur Rekonstruktion der lokalen Flora und Vegetation im Mittelalter. Diplomarbeit im Fachbereich Biologie der FU Berlin 1985, 148 S., vervielfältigt.

Lange, Elsbeth: Zur Entwicklung der natürlichen und anthropogenen Vegetation in frühgeschichtlicher Zeit. Teil 1: Anthropogene Vegetation; in: Feddes Repertorium 87, 1976, S. 5–30.

Zur Florengeschichte:

Brøndegaard, Vagn J.: „Ein böses Kraut". Zur Tradition der Saatwucherblume (Chrysanthenum segetum); in: Ethnobotanik: Pflanzen im Brauchtum, in der Geschichte und Volksmedizin, 1985, S. 11–15.

Sukopp, Herbert: Wandel von Flora und Vegetation in Mitteleuropa unter dem Einfluß des Menschen; in: Berichte über Landwirtschaft 50 (1), 1972, S. 112–139.

ders.: Gehölzarten und -vegetation Berlins; in: Mitteilungen der Deutschen Dendrologischen Gesellschaft 70, 1978, S. 7–21.

ders. und andere: Liste der wildwachsenden Farn- und Blütenpflanzen von Berlin (West) mit Angaben zur Gefährdung der Sippen und Angaben über den Zeitpunkt der Einwanderung in das Gebiet von Berlin (West); in: Landschaftsentwicklung und Umweltforschung 11, 1982, S. 19–58.

Allgemeine Literatur s. S. 287.

DIE STADT III

Der mittelalterliche Stadtkern, seine Zerstörung und die Sehnsucht nach dem alten Berlin.

Winfried Schich

Der älteste Stadtplan von Berlin und Cölln wurde um 1650, also mehr als 400 Jahre nach der Entstehung der beiden Städte, von dem Ingenieur und Festungsbaumeister des Großen Kurfürsten, Johann Gregor Memhardt, gezeichnet (s. Abb. 96 auf S. 214). Veröffentlicht wurde er 1652 in der berühmten „Topographie des Kurfürstentums Brandenburg" von Martin Zeiller, die in Frankfurt am Main im Hause des Kupferstechers und Verlegers Matthäus Merian erschien. Die Aufnahme Memhardts verdankte den militärischen Erfordernissen der Zeit unmittelbar nach Beendigung des Dreißigjährigen Krieges ihr Entstehen. Angesichts der neuen Geschütztechnik reichten die bestehenden, aus dem 13. und 14. Jahrhundert stammenden Stadtmauern nicht mehr aus, und eine neue Befestigung wurde geplant. Vor der Ausführung hat Memhardt den Verlauf der vorhandenen Stadtmauer mit ihren Toren und Türmen im Bild festgehalten.

Seit 1658 ließ der Große Kurfürst unter Memhardts technischer Leitung seine Hauptstadt großzügig nach modernen Gesichtspunkten, d. h. mit Wällen und Bastionen, neu befestigen. Nach dem Verlust ihrer militärischen Funktion wurde die mittelalterliche Mauer nach und nach in großen Teilen niedergerissen. Andere Mauerstücke wurden nicht abgebrochen, sondern (wie noch in der heutigen Waisenstraße zu erkennen) als Rückmauer für neue Wohnhäuser verwendet. Auf diese Weise haben sich geringe Reste der mittelalterlichen Befestigung in Berlin, ebenso wie in Spandau, bis heute erhalten. Auch Spandau war in der Mitte des 17. Jahrhunderts zur modernen Festungsstadt ausgebaut worden. Ein Abschnitt der alten Stadtmauer von Berlin nahe der Klosterkirche wurde erst nach dem Abriß der Reste der an sie einst angebauten Häuser in den Jahren kurz nach dem Zweiten Weltkrieg wieder sichtbar und anschließend konserviert.

Mit der Mauer war die mittelalterliche Doppelstadt Berlin-Cölln klar gegen ihre Umgebung abgegrenzt. Durch die drei Tore auf der Berliner Seite, das Spandauer, das Stralauer und das Oderberger Tor (oder Georgentor), und die beiden Tore auf der Cöllner Seite, das Teltower Tor (oder Gertraudentor) und das Köpenicker Tor, verließ der überlokale Verkehr die Stadt. Wo nicht natürliche Wasserläufe zusätzlichen Schutz boten, wurden vor der Mauer Wassergräben gezogen. Die Spreeufer zwischen den beiden Schwesterstädten blieben frei von einer Befestigungsmauer. Die Zufahrt auf der Spree konnte durch den „Oberbaum" und den „Unterbaum" an beiden Enden der Doppelstadt gesperrt werden. Der Oberbaum wurde erst mit der Erweiterung der Stadt im 18. Jahrhundert weiter spreeaufwärts an die Stelle der heutigen „Oberbaumbrücke" verlegt.

Die Stadtmauer umschloß in Berlin eine Fläche von etwa 47 ha, in Cölln eine solche von ungefähr 23 ha. Damit war schon im 13. Jahrhundert ein Baugebiet abgesteckt worden, das das ganze Mittelalter hindurch und noch einige Zeit darüber hinaus ausreichte. Erst im 16. Jahrhundert setzte vor den Toren eine bescheidene Vorstadtbebauung ein. Diese Vorstädte wurden aber während des Dreißigjährigen Krieges (1640 und 1641) zur besseren Verteidigung der Stadt niedergebrannt. Seitdem endete die bürgerliche Bebauung wieder wie im Mittelalter an der Stadtmauer, d. h. Berlin und Cölln waren zur Zeit Memhardts mit geringen Ausnahmen auf ihren mittelalterlichen Umfang zurückgeführt.

Im Anschluß an das feste Schloß, das seit 1443 am Nordrand von Cölln errichtet und zur ständigen Residenz der Kurfürsten von Brandenburg ausgebaut worden war, wurde die bauliche Entwicklung durch die wachsenden Bedürfnisse des Kurfürsten und seines Hofes geprägt. Hier waren schon im 16. Jahrhundert Wirtschaftsgebäude für die Zwecke der Hofhaltung (Jägerhof, Reithaus) entstanden. In den Jahren kurz vor Memhardts Aufnahme war die landesherrliche Residenz in dieser Richtung weiter ausgebaut worden. Der Große Kurfürst ließ ausgedehnte Gartenanlagen (Lustgarten), die „Linden" und die ersten Ansätze einer neuen Vorstadtbebauung im Nordwesten von Cölln schaffen. Diese sind ebenso wie die (um 1550 errichtete) Schleusenanlage im Cöllner Stadtgraben und die Verstärkung der Befestigung vor dem Spandauer Tor, die sich auf Memhardts Plan finden, für das Mittelalter zu streichen. Im übrigen ist auf dem Plan der Grundriß der mittelalterlichen Stadt deutlich zu erkennen. Die Grundstücksgrenzen enthält Memhardts Plan nicht. Diese zeigt zuerst eine etwa 10 Jahre jüngere Skizze, die sich in den sogenannten „Lindholzschen Papieren", d. h. im Nachlaß des 1703 verstorbenen kurfürstlichen Kammerrates Andreas Lindholz, gefunden hat.

Die Doppelstadt Berlin-Cölln bot im 14. Jahrhundert

das Bild einer in weiten Teilen planmäßig angelegten, ansehnlichen Mittelstadt (von vielleicht etwas mehr als 5000 Einwohnern) (s. Abb. 26). Neben der geschilderten Befestigung, die sie nach außen abgrenzte, sind als wesentliche Bestandteile dieser Stadt zu nennen: der Markt mit seinen Verkaufsstätten für den ständigen Warenaustausch (in Cölln der später so genannte „Fischmarkt", im größeren, um die Mitte des 13. Jahrhunderts erheblich erweiterten Berlin der „Alte Markt" oder „Molkenmarkt" und der „Neue Markt"), das überwiegend kleingliedrige Häuserblockgefüge der Wohn- und Wirtschaftsgebäude der Kaufleute, Handwerker und sonstigen Bewohner der Stadt, die Pfarrkirche (in Cölln St. Petri am Markt, in Berlin St. Nikolai am Alten und St. Marien am Neuen Markt), das Rathaus (in Cölln am Markt, in Berlin am Kreuzungspunkt der beiden wichtigsten Straßen und etwa an der Nahtstelle zwischen dem älteren und jüngeren Stadtteil), weiterhin am Rande der Stadt das Bettelordenskloster für die Ausweitung der Seelsorge über die Pfarrgeistlichkeit hinaus (in Berlin ein Franziskanerkloster, in Cölln, an der Stelle des späteren Domes, ein Dominikanerkloster) und das Spital zur Unterstützung der Notleidenden (in bzw. vor Berlin das Heiliggeist- und das Georgenspital, vor Cölln folgte erst zu Beginn des 15. Jahrhunderts das Gertraudenspital).

Auch der „Alte Hof" des Landesherrn mit dem repräsentativen „Hohen Haus", in dem dieser bei seinen Aufenthalten Unterkunft finden konnte, war in die insgesamt bürgerlich geprägte Stadt eingegliedert (s. Abb. 74). Er befand sich am Rande der Stadt neben dem Franziskanerkloster. Erst nach der Unterwerfung der Bürgerschaft durch Kurfürst Friedrich II. aus dem Hause der Hohenzollern wurde seit 1443 das neue Schloß am Rande von Cölln errichtet.

Ungeachtet der Veränderungen im Zusammenhang mit dem Ausbau der kurbrandenburgischen, dann preußischen Residenzstadt, der in der zweiten Hälfte des 17. Jahrhunderts einsetzenden Stadterweiterungen und der stürmischen Entwicklung Berlins während des 19. Jahrhunderts hat sich der geschilderte mittelalterliche Grundriß von Berlin-Cölln als Kern der wachsenden Großstadt noch bis in das 20. Jahrhundert hinein in seinen wesentlichen Zügen erhalten. Die Gegenüberstellung des Memhardt-Planes mit einem Stadtplan oder einer der ersten Luftbildaufnahmen aus den 20er Jahren zeigt dies eindrucksvoll (s. Abb. 27). Das neue Medium der Fotografie wurde seit Beginn unseres Jahrhunderts auch für die Aufnahme von interessanten Einzelobjekten oder Stadtteilen aus der Luft genutzt. Dazu gehört das Luftbild der Innenstadt von Berlin aus dem Jahre 1920, dem Jahr der Bildung der Einheitsgemeinde Groß-Berlin. Der im 13. Jahrhundert in den entscheidenden Zügen festgelegte Grundriß ist als Kern des modernen Berlin noch deutlich zu erkennen. Als wesentliche Veränderung im Grundriß zeigt sich die stärkere Betonung der Verkehrsführung in südwestlich-nordöstlicher Richtung in Verlängerung der „Linden" über die Spree hinweg im nördlichen Teil Berlins jenseits des neuen Marktes und der Marienkirche (heute Karl-Liebknecht-Straße). Von der Gesamtfläche des neuen Groß-Berlin nahm der mittelalterliche Kern weniger als 1% ein.

Die Veränderungen im Grundriß im Verlaufe von mehr als 600 Jahren sind äußerst gering im Vergleich zu den Veränderungen in den mehr als 60 Jahren, die seit dem Luftbild von 1920 vergangen sind (s. Abb. 97, 98 u. 99

26. Berlin und Cölln um 1400. Nach einem Entwurf von Winfried Schich auf Grundlage des Plans von Johann Gregor Memhardt.

27. Luftbildaufnahme: Berlin-Mitte 1920.

auf S. 214f.). In der Geschichte Berlins war dies eine vergleichsweise kurze Zeit, doch der Stadtgrundriß wurde grundlegend verändert. Durch Kriegszerstörungen und anschließende Abrißarbeiten und Neuplanung für den Wiederaufbau vor allem in den 60er Jahren mit dem alles beherrschenden (365 m hohen) Fernsehturm ging das überlieferte Siedlungsgefüge im Kern von Berlin vollständig verloren. Ein neues Straßenraster liegt über dem einstigen Grundriß. Nur geringe Orientierungsmöglichkeiten blieben in Berlin mit Marienkirche, Nikolaikirche, Klosterkirche (Franziskanerkloster), Heiliggeistkapelle, die bis auf die Klosterkirche restauriert wurden, und Stadtmauerresten erhalten. Vom mittelalterlichen Cölln sind keine baulichen Überreste mehr vorhanden.

Doch schon lange vorher bildete der Stadtgrundriß der vorindustriellen Zeit in großen Teilen nur noch das Gehäuse für einen strukturell vollständig gewandelten Stadtkern. Die auf dem mittelalterlichen Stadtgrundriß über Jahrhunderte gewachsene Bausubstanz und das kleingliedrige Grundstücksgefüge des alten Berlin waren schon in der Zeit der Wandlung zur modernen Industrie- und Handelsmetropole nach der Mitte des 19. Jahrhunderts in großen Teilen beseitigt worden, seit man den Stadtkern zur „City", das heißt zum modernen

Verwaltungs- und Geschäftszentrum, umgebaut hatte.

Der Stadtplan aus der Mitte des 19. Jahrhunderts, z.B. der von Sineck gezeichnete „Situationsplan der Haupt- und Residenzstadt Berlin“ von 1856, zeigt in der Masse der Baublöcke noch das gleiche kleinteilige Grundstücksgefüge, wie es schon der 300 Jahre ältere Grundstücksplan bietet (s. Abb. 28). Überwogen in dieser Zeit im Kern von Berlin noch die zwei- und dreigeschossigen, verhältnismäßig kleinen und schmucklosen Wohnhäuser, so wurden sie in den folgenden Jahrzehnten mehr und mehr ersetzt durch z. T. riesige und repräsentative Verwaltungs- oder Geschäftsbauten, wie etwa die Börse der Berliner Kaufmannschaft (1859–1863), das (aus rotem Backstein gebaute) neue („Rote“) Rathaus der Stadt (1861–1869) oder das für die sich ausdehnende Stadtverwaltung zusätzlich errichtete monumentale Stadthaus (1902–1911, heute Haus des Ministerrates der DDR), um nur einige besonders eindrucksvolle Beispiele zu nennen. Hinzu kamen zahlreiche neue Geschäftshäuser. Für alle diese Neubauten mußten z.T. ganze Straßenblöcke niedergelegt werden. „Auf den ursprünglich mit Wohnhäusern und Gärten bebauten Baublöcken entstanden sowohl im Maßstab wie in Ausstattung und Organisation völlig veränderte Gebäudekomplexe“ – wohlgemerkt im wesentlichen unter Beachtung des alten Straßenrasters. Dieses hat sich noch bis über die Zerstörungen des Zweiten Weltkrieges hinweg erhalten.

Zugunsten der neuen Geschäftshäuser und öffentlichen Bauten der stürmisch wachsenden Großstadt ging z.T. wertvolle alte Bausubstanz verloren. So mußte etwa das am Ende des 14. Jahrhunderts errichtete ansehnliche Haus der bedeutenden Berliner Ratsfamilie Blankenfelde in der Spandauer Straße 1889 dem Berliner Elektrizitätswerk weichen, und die 1931 beim Abriß des königlichen Lagerhauses in der Klosterstraße freigelegten, architektonisch bedeutsamen Reste des gotischen Hohen Hauses der askanischen Markgrafen von Brandenburg (aus dem Anfang des 14. Jahrhunderts) fielen den Plänen des Kaufhauses Wertheim zum Bau eines neuen Geschäftshauses zum Opfer.

Seit den 60er Jahren des 19. Jahrhunderts baute man in Berlin bewußt „monumental“. Schon in dem 1877 vom Berliner Architektenverein herausgegebenen Band „Berlin und seine Bauten“ wurde in einer Art Zwischenbilanz über die mit dem Regierungsantritt König Wilhelms I. im Jahre 1861 eingeleitete, nach Meinung der Autoren bedeutendste Epoche in der Entwicklung Berlins hervorgehoben, daß sich in dem neuen Baustil „ein Lossagen von den bisherigen Traditionen ängstlicher Sparsamkeit und Beschränkung, ein Streben nach gediegener Monumentalität“ geltend mache, „welches fast ebenso deutlich wie die plötzliche Steigerung der Bauthätigkeit im Allgemeinen den gewaltigen Aufschwung Berlins bezeichnet“. Die in diesem Stil errichteten öffentlichen Gebäude sollten Vorbild für die weitere Bautätigkeit in Berlin sein.

Der Neubau des Rathauses, „der an Stelle eines ganzen Häuser-Quartiers von Alt-Berlin trat und die Physiognomie dieses Stadtteils wesentlich veränderte“, war notwendig als Zentrum der großstädtischen Kommunalpolitik. Er war aber auch Ausdruck des gestiegenen bürgerlichen Selbstbewußtseins und knüpfte sogar bewußt an Bauformen aus einer Hochzeit bürgerlicher Selbständigkeit an. Freilich orientierte man sich nicht etwa am mittelalterlichen Berliner Rathaus, sondern vor allem an Bauten der italienischen Hochrenaissance. Ein größerer Kontrast als der zwischen dem neuen Rathaus und dem bescheidenen, in der Tat recht unansehnlichen Vorgängerbau ist kaum vorstellbar. Mit seinem fast 74 m hohen Turm bestimmte das Rathaus, neben den älteren Kirchen, künftig auch den Aufriß der Stadt. Dieser Turm wurde dann 50 Jahre später von dem des Stadthauses, des zweiten großen kommunalen Verwaltungsgebäudes, mit einer Höhe von 101 m, noch deutlich übertroffen.

Nach dem Abbruch des mittelalterlichen Rathauses blieb als Rest noch die Gerichtslaube erhalten (s. Abb. 36). Sie war dem Giebel des eigentlichen Rathauses zur Spandauer Straße hin vorgebaut gewesen und bildete nun ein Hindernis für den zunehmenden Straßenverkehr. Die städtischen Behörden ließen sie verwahrlosen, so daß die Öffentlichkeit zunehmend Anstoß an dem unansehnlichen Bau nahm. 1871 wurde er schließlich abgerissen. Beim Abbruch hat man sich bemüht, unter den barocken Umbauten den gotischen Kern des Gebäudes freizulegen und die Bauteile für den Wiederaufbau an anderer Stelle zu bergen.

Die Berliner Verwaltung wußte aber mit dem Zeugnis der Gerichtsbarkeit der mittelalterlichen Stadt nichts mehr anzufangen und machte daher das Gebäude Kaiser Wilhelm I. zum Geschenk, womit sie die Kosten für den Wiederaufbau sparte. Der Kaiser wies dem Bau einen Platz in seinem Schloßpark Babelsberg zu. Hier wurde die neue, in großen Teilen rekonstruierte Gerichtslaube 1872 in Anwesenheit von zahlreichen Mitgliedern des Vereins für die Geschichte Berlins vom Kaiser feierlich eingeweiht.

Seit dem Abbruch des Berliner Rathauses fertigte man wenigstens Abrißzeichnungen an, die zu einer wichtigen Quelle für die Baugeschichte wurden. Außerdem wurden einzelne herausragende Bauteile aufbewahrt, darunter auch die Inneneinrichtung der umgesetzten Gerichtslaube. Zusammen mit Gegenständen aus anderen Orten der Mark gelangten sie in die Sammlung des „Märkischen Provinzial-Museums der Stadtgemeinde Berlin“, das 1880 vorübergehend im alten Cöllner Rathaus am Fischmarkt eingerichtet wurde, bis auch dieses im Jahre 1899 das Schicksal des Abbruches ereilte. Nach einiger Zeit der provisorischen Unterbringung im Sparkassengebäude in der Zimmerstraße konnte die Sammlung schließlich endgültig in dem dafür neu errichteten und 1908 eröffneten „Märkischen Museum" untergebracht werden. In das neue Museum gelangten auch hervorragende Bauteile der in großer Zahl abgerissenen Wohnhäuser. Bereits in den 1892 erschienenen „Bau- und Kunstdenkmälern von Berlin" mußte Richard Borrmann im Kapitel „Denkmäler bürgerlicher Baukunst" einleitend feststellen: „Die Zahl von Denkmälern der Privatbaukunst in Berlin aus älterer Zeit hat sich vornehmlich in dem letzten Jahrzehnt stark verringert, seitdem die bis dahin von Veränderungen minder betroffenen inneren Stadttheile einer durch den gesteigerten Geschäftsverkehr hervorgerufenen Umgestaltung verfallen sind, deren Ende noch gar nicht abzusehen ist."

Ältere, wenig ansehnliche Gebäude paßten nicht mehr in das Zentrum der neuen Weltstadt Berlin, deren Glanz vor allem nach dem Willen ihres Herrschers, Kaiser Wilhelms II. (1888–1918), die alten Metropolen Europas möglichst überstrahlen sollte. „Was verjährt und morsch war, wurde niedergerissen und erstand glanzvoll aufs neue, das bisherige, alte, etwas enge und fadenscheinige Berlin, wie wir es noch auf einigen der Abbildungen unseres Buches sehen, verschwand mehr und mehr und machte dem neuen, glänzenden Platz, das bald mit seinen viel älteren Schwestern an der Seine, der Themse, der Donau den Wettkampf aufnahm und sie hierbei binnen kurzem in vieler Beziehung schlug" – so faßte 1896 Paul Lindenberg die vorangegangene Entwicklung Berlins in dem „Prachtalbum" zusammen, das zur Berliner Gewerbeausstellung erschienen ist, mit der sich die neue Industrie- und Handelsmetropole der Welt präsentieren wollte. Unberücksichtigt bei der vorstehenden Beschreibung blieb freilich die Tatsache, daß sich Berlin, außerhalb seines Kerns, zur „größten Mietskasernenstadt der Welt" entwickelte.

Als das alte Berlin immer mehr verschwand, entdeckten auch breitere Kreise wieder, daß die Stadt eine Geschichte hatte. Zur Präsentation der Stadt auf der genannten Gewerbeausstellung gehörte neben der Dokumentation des Fortschritts auch eine Darstellung des alten Berlin. So entstand 1896 für einige Zeit ein neues „Alt-Berlin" auf der grünen Wiese, und zwar am Karpfenteich im Treptower Park, und nahm hier einen bedeutenden Raum innerhalb der Gewerbeausstellung ein. Unter der fachlichen Beratung des Vereins für die Geschichte Berlins ließ eine eigens für diesen Zweck gegründete „Alt-Berlin-GmbH" einen Teil Berlins aus der Zeit um 1650, aus der der eingangs beschriebene älteste Stadtplan stammt, „durch geschickte Ausnutzung des zur Verfügung stehenden Terrains und mit Rücksicht auf die historische Treue" offenbar beeindruckend echt nachbauen. Zwar war der Raum etwas knapp – mit 40000 m^2 stand nur etwa 1/12 der Fläche des alten Berlin zur Verfügung –, aber dem beauftragten Architekten Karl Hoffacker gelang es dennoch, einen Teil der Stadtmauer mit dem Spandauer und dem Georgentor, die Heiliggeistkapelle, das Rathaus einschließlich der „getreuen Wiedergabe der Gerichtslaube" und – natürlich – des Ratskellers sowie etwa 120 Häuser unterzubringen, die einen Einblick in die Spandauer, Georgen- (Rathaus-) und Heiliggeiststraße bieten sollten. Durch ein Diorama blickte man von der Langen Brücke über die Spree nach Cölln.

Es ging um ein charakteristisches Gesamtbild. Die Veranstalter hatten den Ehrgeiz, ein, wenn auch reduziertes, so doch „abgerundetes Bild des ältesten Berlin" zu bieten. Mit ihm sollte, wie es im offiziellen Führer von Maximilian Rapsilber heißt, der Sehnsucht nach dem „Malerischen" der alten Zeit in einer „Stadt des unaufhaltsamen Fortschritts, wo man heute nicht mehr weiß, wie es gestern war", Rechnung getragen werden. Die Gesellschaft „Alt-Berlin" scheute keine Kosten, um das Publikum auf der Ausstellung zu unterhalten. Im nachgebauten Heiliggeistspital zeigte der Verein für die Geschichte Berlins eine Ausstellung von Berolinensien. Die meisten Häuser aber trugen ein Wirtshausschild, in den übrigen bot man Souvenirs feil. Dieses „Alt-Berlin" mit seiner erheblich veränderten Funktion fand bei den Berlinern und den übrigen Besuchern der Gewerbeausstellung großen Anklang. Es bildete einen bedeutenden Antrieb für den Fremdenverkehr.

Einige Jahre später widmete sich auch die Tagespresse in einer beträchtlichen Anzahl von Artikeln größeren oder geringeren Umfangs der Geschichte Berlins und der Mark Brandenburg. Vor allem der „Berliner Lokalanzeiger" bot zu Beginn des 20. Jahrhunderts in einer Reihe von Beiträgen unter dem Titel „Zur Neuentdeckung des alten Berlin" Stimmungsbilder „über dahingeschwundene oder dem Untergang geweihte Stätten Berlins". Das meiste Material sammelten die Mitglieder des Vereins für die Geschichte Berlins. Sie bemühten sich eifrig vor allem um die Dokumentation des Abrisses des alten Berlin und um die Sicherung wertvoller Einzelstücke, aber auch einfacher Gebrauchsgegenstände. 1902 wurde auf einer Sitzung des Vereins ausdrücklich eine Sammlung des „verschwindenden Berlins" in Bild und Wort beschlossen.

Eine Dokumentation über das Wohnhaus des vorindustriellen Berlin auf der Grundlage der noch vorhandenen bzw. der aus Zeichnungen und photographischen Aufnahmen bekannten Wohnbauten legte 1916 Albert Gut als Dissertation der Technischen Hochschule in Charlottenburg vor, die 1917 unter dem Titel „Das Berliner

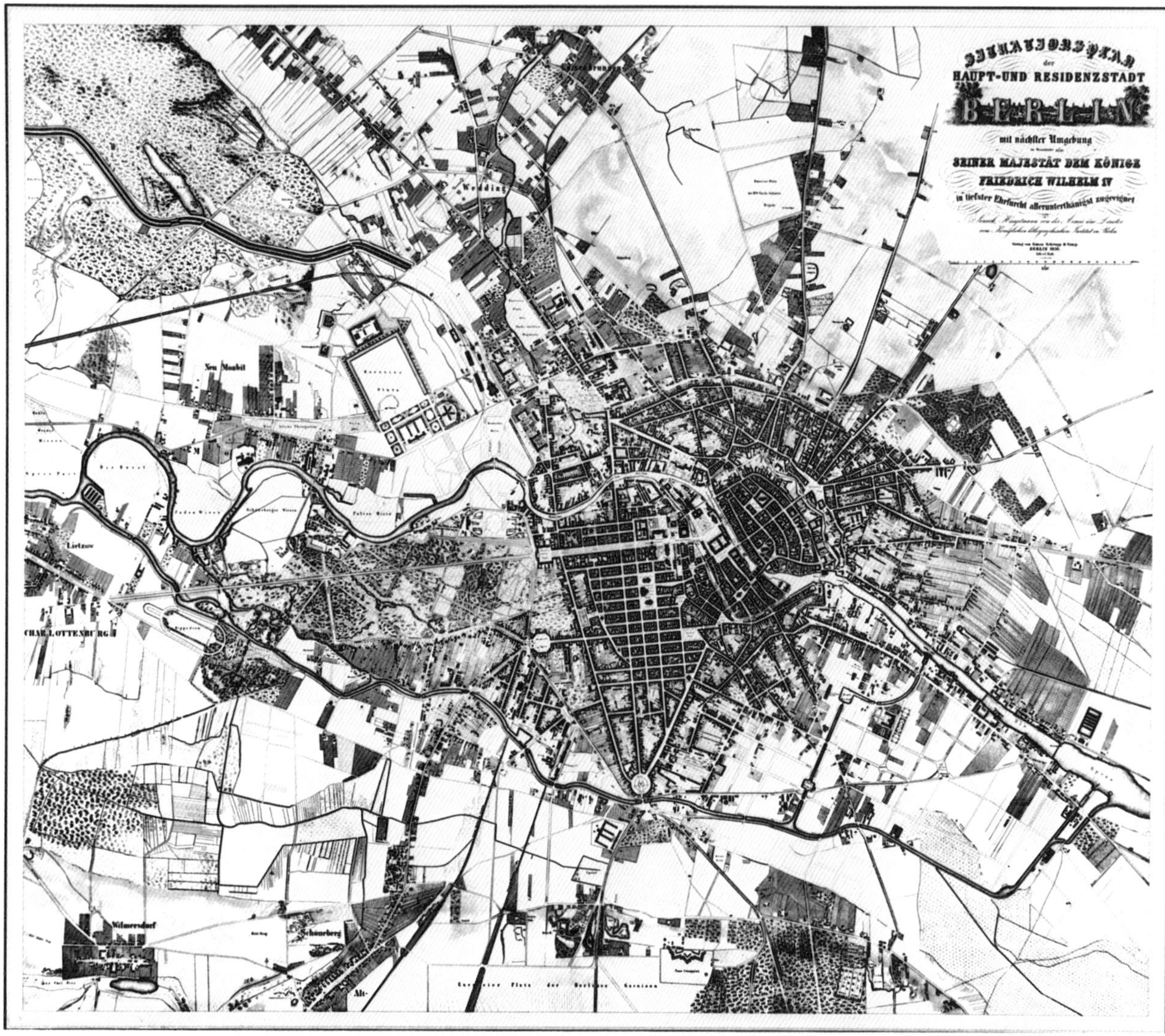

28. Berlin. Situationsplan von 1856. Sineck.

Wohnhaus des 17. und 18. Jahrhunderts" im Druck erschien. Vom „Berliner Wohnhaus im Mittelalter", das er in einem einleitenden Abschnitt behandelt, konnte er nur geringe Erkenntnisse gewinnen. Von der bürgerlichen Bebauung der mittelalterlichen Stadt war kaum noch etwas vorhanden. Schon 1905 hatte Julius Kohte in einem Aufsatz in der Zeitschrift „Die Denkmalpflege" das „letzte mittelalterliche Wohnhaus in Berlin" (im Hohen Steinweg) vorgestellt. Dieses hat dann, wenn auch beschädigt, sogar die Zerstörungen des Zweiten Weltkrieges überstanden. Im Zuge der Neugestaltung des Stadtzentrums mußte es 1955 einer Grünanlage weichen. Archäologische Untersuchungen nach dem Abriß konnten wenigstens noch die Baugeschichte des Grundstückes weitgehend klären.

Als charakteristisch für die Zeit des Abschiednehmens vom alten Berlin seit dem ausgehenden 19. Jahrhundert sei eine Schilderung vom letzten Besuch, den die Mitglieder des Vereins für die Geschichte Berlins und andere Interessierte dem zum Abriß bestimmten „Krögelmuseum" am 29. 2. 1920 abstatteten. Dabei handelte es sich um eine private Sammlung von Berolinensien, die der Tischlermeister Franz Wolf in seiner im Krögel gelegenen Werkstatt untergebracht hatte. Der Berichterstatter Franz Lederer beschreibt den „Abschied vom Krögelmuseum" mit folgenden Worten: „Nachdem alle Anwesenden noch einmal einen letzten Blick in jene mittelalterliche Gasse geworfen, die einstmals ein Arm der Spree gewesen war, wurde das Museum geschlossen und im Krögelhofe unter der alten Sonnenuhr zur Erinnerung an den geschichtlichen Moment eine photographische Aufnahme gemacht".

Ein alter Berliner übersprang 1928 in seinen in dem von Alfred Weise herausgegebenen Heimatbuch „Unser Berlin" veröffentlichten Erinnerungen die vorstehend geschilderte Epoche und versetzte sich zurück in das Berlin seiner Kindheit in den sechziger Jahren des vorigen Jahrhunderts: „Wenn ich heute durch die Straßen der Großstadt, meiner Vaterstadt, wandle und das weltstädtische Getriebe mich mit seinem Lärm, mit seinem Hasten und Jagen, mit seiner Menschen- und Wagenflut umfängt, so kommt mir immer wieder der Refrain jenes alten Liedes in den Sinn, das einst, es mögen wohl schon 20 Jahre her sein, von Josef Josephi – dem damals gefeierten Operettensänger im Metropol-Theater – gesungen wurde, und leise summe ich's vor mich hin: ‚Wo bist du geblieben, du mein altes Berlin?'

Nicht nur an deine einst so stillen Straßen denke ich dabei, mit deinen bescheidenen alten kleinen Häusern selbst in den Hauptstraßen, sie wiesen kaum mehr als ein oder zwei Stockwerke auf und nur hier und da ward ihre Reihe von modernen, nach heutigem Geschmacksbegriff entsetzlich unschönen Neubauten unterbrochen, nicht nur deine stänkrigen Rinnsteine kommen mir wieder in den Sinn, die längs der Bürgersteige dahinflossen und ein Dorado für die lieblichen Hausratten und für uns Jungens waren, in denen wir unsere Schiffchen schwimmen ließen... Ich spreche zunächst vom Berlin der 60iger Jahre des vorigen Jahrhunderts".

1930 wurde ein erneuter Versuch unternommen, das untergegangene alte Berlin der Öffentlichkeit vorzustellen. Im Rahmen der großen Berliner Sommerschau „Fundamente der Weltstadt" wurden in einer der Hallen unter dem Funkturm die Cöllner Brüderstraße und die von Handwerkern geprägte Berliner Reezengasse „naturgetreu nachgebildet".

Schon vor den Zerstörungen des Zweiten Weltkrieges zog Eberhard Faden in der anläßlich der 700-Jahrfeier der Stadt erschienenen „Geschichte der Stadt Berlin" 1937 nach der Schilderung des Bildes des mittelalterlichen Berlins folgendes Fazit: „Was ist von dieser Welt geblieben? Wenn auf dem Plan des großen Berlin der Kern an der Spreeverzweigung bald zu finden ist, beim Gang durch die Straßen sieht der Besucher nichts, woran er die mittelalterliche Stadt zu erkennen vermöchte." Der Raum des mittelalterlichen Berlin war in dieser Zeit „mit vielstöckigen Geschäftshöfen in die gleichförmige Steinmasse der Weltstadt einbezogen". Fadens Feststellung: „Immer bietet Berlin das Bild einer jungen Stadt mit einer jungen Geschichte" sollte bald eine nachdrückliche Bestätigung finden.

Nach der Kriegszerstörung und der späteren Neuplanung für den Wiederaufbau des Stadtzentrums unter weitgehender Beseitigung des überkommenen Straßenrasters erinnert auf dem Boden des alten Berlin neben den genannten vier kirchlichen Orientierungspunkten, den geringen Resten der Stadtmauer und den unlängst auf altem Grund neu errichteten Häuserblocks an der Nikolaikirche lediglich noch eine Reihe von Straßennamen (Spandauer Straße, Rosenstraße, Stralauer Straße, Klosterstraße, Jüdenstraße, Molkenmarkt, Mühlendamm, Breite Straße, Brüderstraße, Roßstraße), die schon vor Jahrhunderten geprägt wurden, an das alte Berlin.

Bei den beiden anderen (kleineren) mittelalterlichen Stadtkernen auf heute Berliner Boden, Spandau im Westen und Köpenick im Osten, hat sich der alte Grundriß in wesentlichen Zügen erhalten, obwohl auch bei ihnen vor allem zugunsten des steigenden Verkehrs nicht geringe Eingriffe vorgenommen worden sind. Dies gilt namentlich für die breite Durchgangsstraße, die in Spandau die Verbindung zwischen dem alten Siedlungsteil Behnitz und der übrigen Stadt und in Köpenick die zwischen Stadt und Kietz zerrissen hat. In Spandau forderte neben dem Verkehr vor allem das Geschäft seinen Tribut. Hier sind nach dem Zweiten Weltkrieg stellenweise gravierende Eingriffe

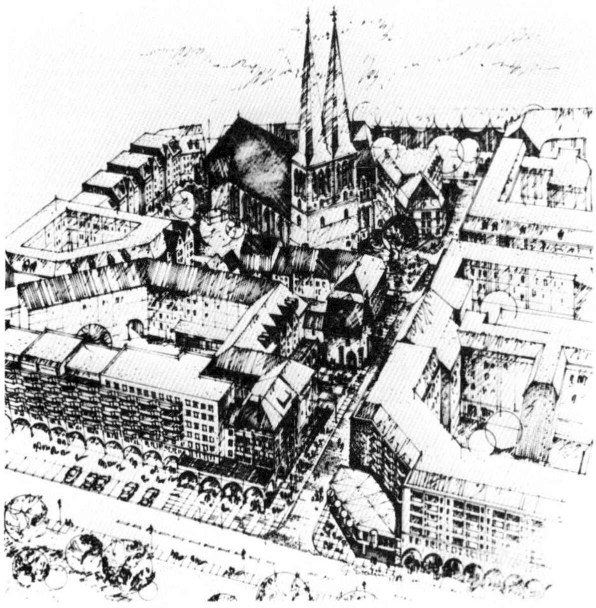

29. Das neue Nikolaiviertel in einer Modellzeichnung.

in das Baugefüge durch die Errichtung von großen Geschäfts- und Parkhäusern vorgenommen worden.

Die Bemühungen der letzten Jahre um eine behutsamere Sanierung der Kerne von Spandau und Köpenick deuten in beiden Teilen der getrennten Stadt, ungeachtet der unterschiedlichen gesellschaftlichen Verhältnisse, nach dem „Abriß für den Wiederaufbau" in der Nachkriegszeit ein Umdenken an. Das gleiche gilt für die Restaurierung der Berliner Nikolaikirche und die kleinteilige Bebauung der an sie anschließenden Baublöcke im sogenannten „Nikolaikirchenviertel". Dieses bietet einen deutlichen Kontrast zu der besonders weiträumig geplanten innerstädtischen Umgebung mit ihren groß proportionierten Bauten und Freiflächen am „Marx-Engels-Forum" und den breiten Straßen (s. Abb. 29). Dieser Beitrag der DDR zur 750-Jahrfeier der Stadt ist ein besonders augenfälliges Zeugnis für die erneut erwachte Sehnsucht nach der verlorenen kleinteiligen „alten Stadt".

Literatur:

Borrmann, Richard: Die Bau- und Kunstdenkmäler von Berlin, Berlin 1893, Nachdruck als Beiheft 8 der „Bauwerke und Kunstdenkmäler von Berlin", Berlin 1982.

Brendicke, Hans: Führer durch die Sonder-Ausstellung von Berolinensien des Vereins für die Geschichte Berlins in der Heiliggeistkirche zu Alt-Berlin auf der Gewerbe-Ausstellung zu Berlin 1896, Berlin 1896.

Gut, Albert: Das Berliner Wohnhaus des 17. und 18. Jahrhunderts, Berlin 1917, neu hrsg. u. erweitert v. Waltraud Volk, Berlin 1984.

Lange, Annemarie: Das Wilhelminische Berlin, Berlin 1980 (3. Aufl.).

Mitteilungen des Vereins für die Geschichte Berlins.

Pracht-Album photographischer Aufnahmen der Berliner Gewerbe-Ausstellung 1897 und der Sehenswürdigkeiten Berlins und des Treptower Parks, Alt-Berlin, Kolonial-Ausstellung, Kairo etc., Berlin 1896.

Rapsilber, Maximilian: Offizieller Führer durch die Spezial-Ausstellung Alt-Berlin, Berlin 1896.

Schich, Winfried: Das mittelalterliche Berlin, in: Geschichte Berlins, hrsg. v. W. Ribbe, Bd. 1, München 1987, S. 137–248.

Schinz, Alfred: Berlin. Stadtschicksal und Städtebau, Braunschweig 1964.

Stahn, Günter: Das Nikolaikirchenviertel am Marx-Engels-Forum. Ursprung, Gründungsort und Stadtkern Berlins, Berlin 1985.

Stengel, Walter: Chronik des Märkischen Museums der Stadt Berlin, in: Jahrbuch für brandenburgische Landesgeschichte 30 (1979), S. 7–51.

Thiel, Paul: Berlin präsentiert sich der Welt, in: Industriekultur in Berlin, Bd. 2. Die Metropole, hrsg. v. Jochen Boberg u. a., München 1986, S. 16–27.

Woltmann, Alfred: Berlin. Eine Kunstgeschichte seiner Bau-Denkmäler, Berlin 1872.

Allgemeine Literatur s. S. 287.

Die Verfassung der Stadt Berlin im Mittelalter

Karl-Heinz Ahrens

Die Ausbildung der inneren Verfassung in der Frühzeit

Die Stadt Berlin entstand aus zwei zunächst selbständigen Stadtgemeinden, dem 1237 erstmals erwähnten Cölln und dem erst sieben Jahre später genannten, aber dennoch wohl älteren Berlin. Berlin und Cölln bildeten Jahrhunderte hindurch eine Doppelstadt, und obwohl die beiden Gemeinden erst 1709 mit drei weiteren, im 17. Jahrhundert gegründeten Städten zum Gemeinwesen Berlin vereinigt wurden, setzte sich schon frühzeitig der Name Berlin als Bezeichnung für beide Städte durch. Cölln verfügte im Mittelalter über ein Stadtgebiet, das nur etwa halb so groß war wie das Berlins, und auch hinsichtlich der Bevölkerungszahl dürfte das Verhältnis entsprechend gewesen sein (s. Abb. 30).

Über die rechtliche Organisation des städtischen Lebens sind wir, was die Frühzeit anlangt, durch unmittelbare Zeugnisse nur sehr unzureichend informiert. Im Gegensatz zu anderen Städten der Mark Brandenburg ist im Falle Berlins eine Stadtrechtsurkunde nicht erhalten, so daß sich für den Zeitpunkt, an dem die Markgrafen Johann I. und Otto III. der Gemeinde das Stadtrecht verliehen haben, nur ein Näherungswert angeben läßt. Vermutlich erfolgte die Stadterhebung in den Jahren zwischen 1230 und 1240. Die Stadtrechtsverleihung stellte auf dem Weg der Stadtbildung den rechtlichen Abschluß dar. Die Gemeinde besaß damit das Recht der Selbstverwaltung, das heißt, das Recht, gegenüber ihren Bewohnern innerhalb bestimmter, von den askanischen Landesherren mehr oder weniger weit gesteckter Grenzen eigenständig Verordnungen und Gesetze zu erlassen.

Als erste städtische Institution begegnet 1247 das Amt des Schulzen, das derzeit ein gewisser Marsilius bekleidete. Hieraus ist zu schließen, daß damals auch das Berliner Stadtgericht bereits existiert hat, dem Marsilius als Stadtrichter vorsaß. Dem Schulzengericht stand lediglich die niedere Gerichtsbarkeit zu, Fälle der höheren Zivil- und Kriminaljustiz fielen in die Kompetenz des markgräflichen Vogtes. Der Schulze führte als vom Markgrafen belehnter Richter im Stadtgericht den Vorsitz, leitete die Verhandlung, verkündete den Urteilsspruch und sorgte für dessen Ausführung. Von den aufkommenden Gerichtsgefällen (Naturalien und Geldbußen) gehörte ein Drittel dem Schulzen, die verbleibenden zwei Drittel waren an den Markgrafen abzuliefern (s. Abb. 31).

In der Frühzeit der Stadt erscheint der Schulze als markgräfliches wie als städtisches Organ. In der Regel ist er es gewesen, den der Landesherr mit der Gründung einer Stadt beauftragt und ihm und seiner Familie dafür zu erb-

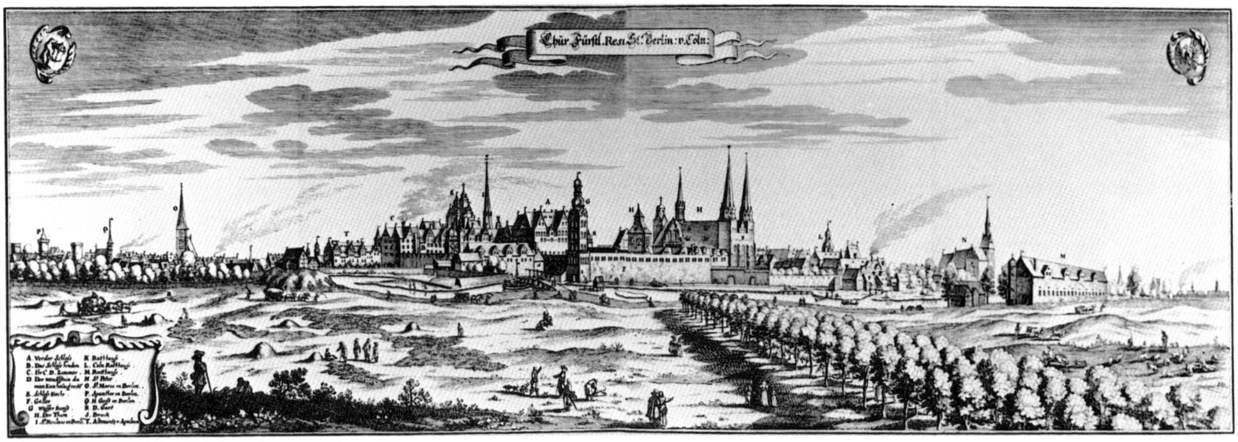

30. Die Kurfürstliche Residenzstadt Berlin im Jahre 1652. Kupferstich von Matthaeus Merian d. J.

lichem Lehnbesitz das Schulzenamt mit den entsprechenden Einkünften übergeben hat. Ob wir in dem 1247 erwähnten Marsilius den Gründer der Stadt Berlin zu sehen haben, läßt sich, wenngleich es auch kaum völlig ausgeschlossen werden kann, mit Sicherheit nicht entscheiden. Dem Schulzen oblagen neben seinen gerichtlichen und polizeilichen Aufgaben die Eintreibung der markgräflichen Abgaben und die Durchführung markgräflicher Befehle. Daneben war er als vornehmster Bürger Haupt der jungen Stadtgemeinde.

Die Ausübung der niederen Gerichtsbarkeit wird in den ersten Jahren der Existenz der Gemeinde noch dem Schulzen allein zugekommen sein. Etwas später jedoch, höchstwahrscheinlich im Zusammenhang mit der Stadtrechtsverleihung, entstand ein Kollegium von Schöffen, die fortan als eigentliche Finder der Urteile agierten, die der Schulze dann nur noch zu verkünden hatte. Ins Schöffenkollegium konnte in Berlin nur gelangen, wer sich im Vollbesitz der bürgerlichen Rechte befand und mindestens vier frei geborene und unbescholtene Ahnen aufzuweisen hatte. Die Schöffen wurden vermutlich auch an der Spree auf Lebenszeit in ihr Amt gewählt.

Berlin hatte sein Stadtrecht, das in den Grundzügen dem Magdeburger Recht entsprach, von Brandenburg erhalten. Im Jahre 1253 nun wurde Berlin seinerseits Rechtsmutterstadt, indem es der Neugründung Frankfurt/Oder die grundlegende Rechtsweisung erteilte (s. Abb. 33). Diese Urkunde erlaubt uns erstmals einen etwas tiefergehenden Einblick in die Berliner Stadtverfassung. So erfahren wir, daß sich in Berlin bereits ein Kollegium von Ratmannen herausgebildet hatte, die immer nur ein Jahr lang amtierten und am Ende dieser Periode die Ratmannen des folgenden Jahres zu wählen hatten. Durch dieses System der Selbstergänzung entstand im Laufe der Zeit eine relativ abgeschlossene Gruppe von Personen, die jeweils ein ums andere Jahr im Kollegium zu finden waren, so daß man die jährliche Wahl bald als Wechsel von altem und neuem Rat bezeichnen konnte. Der alte Rat blieb in der Regel auch über den Termin hinweg im Amt und stand dem neuen beratend zur Seite. Einer landesherrlichen Bestätigung bedurfte der jeweils neue Rat nicht, dies war nach Magdeburger Recht nur bei der Ersteinsetzung erforderlich, wobei es dem Schulzen zukam, im Auftrag des Markgrafen die Bestätigung vorzunehmen.

Die Entstehung des Ratskollegiums liegt, wie die Zahl seiner Mitglieder, im dunkeln. Wahrscheinlich ist die Institution der Ratmannen aber auch in Berlin aus dem Schöffenkollegium erwachsen. Aus der Erhöhung der Einwohnerzahl, der Vergrößerung des Gemeindeeigentums und dem ersten Aufblühen von Handel und Gewerbe, das seinen Ausdruck in der frühen Stadterweiterung fand, re-

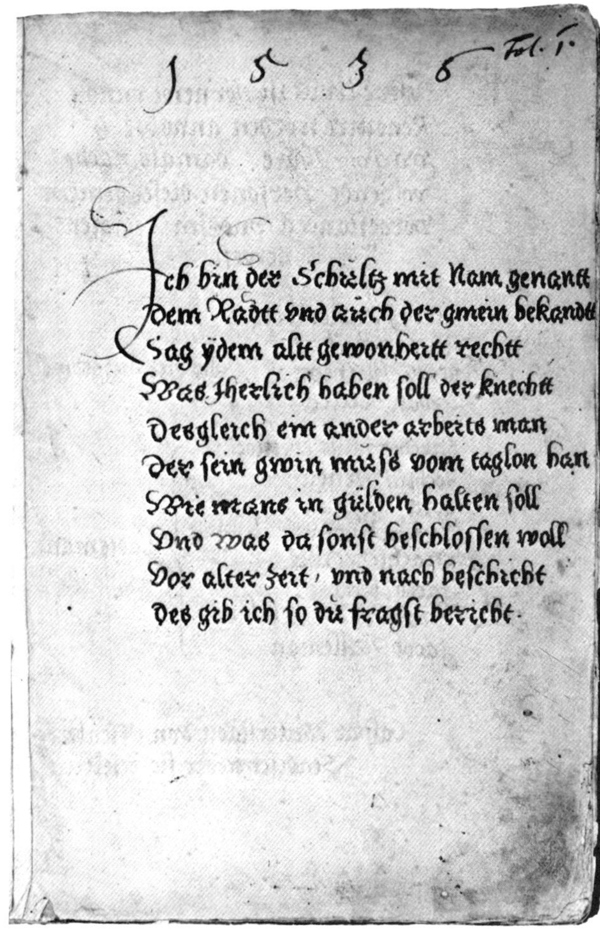
1536 Fol. 1.
Ich bin der Schultz mit Nam genant
Dem Radtt vnd auch der gmein bekandt
Sag ydem altt gewonheitt rechtt
Was Jherlich haben soll der knechtt
Desgleich ein ander arbeits man
Der sein gwin muss vom taglon han
Wie mans in gülden halten soll
Vnd was da sonst beschlossen woll
Vor alter zeit, vnd nach beschicht
Des gib ich so du fragst bericht.

31. Aus dem „Neuen Schultze“ von 1536 (Spandau).

sultierte eine Vermehrung der allgemeinen Verwaltungsangelegenheiten, so daß die Schöffen sich Ratmänner zur Seite gestellt haben werden, denen sie einzelne Aufgaben aus den Bereichen Verwaltung und Polizei übertragen konnten. Die Trennung beider Kollegien voneinander und die Übernahme der Stadtverwaltung durch das eigenständige Organ der Ratmannen werden in Berlin um das Jahr 1250 herum erfolgt sein.

Nicht jeder Bürger der Stadt konnte in den Rat gewählt werden, sondern, wie es scheint, nur solche, die sich durch Geburt, Grundbesitz und erfolgreiche Erwerbstätigkeit vor anderen auszeichneten (s. Abb. 32). So entwikkelte sich schon im Verlauf des 13. Jahrhunderts eine recht exklusive Schicht ratsfähiger Familien, die bis auf wenige Ausnahmen allein die Ratsstühle besetzten: das städtische Patriziat. Die Patrizierfamilien waren in der

Der Tod sagt:

Herr Bürgermeister von hohem Stande,
Ihr seid der oberste im Rate,
Das allgemeine Beste stand in eurer Gewalt,
Dazu das Recht der Armen wohl tausendfältig.
Habt ihr dem allen wohl vorgestanden,
So könnt ihr bei diesem Tanz unversehrt bleiben.

Der Bürgermeister sagt:

Ach guter Tod, ich kann dir nicht entweichen,
Du holst den Armen und den Reichen.
Wenn sie gelebt haben wohl tausend Jahr,
So müssen sie noch folgen deiner Schar.
Niemand ist deiner Gewalt ledig je gewesen.
O Christus Jesus, hilf mir nun, daß ich errettet werde!

32. Umzeichnung eines Details aus dem Totentanz der Berliner Marienkirche: Tod und Bürgermeister.

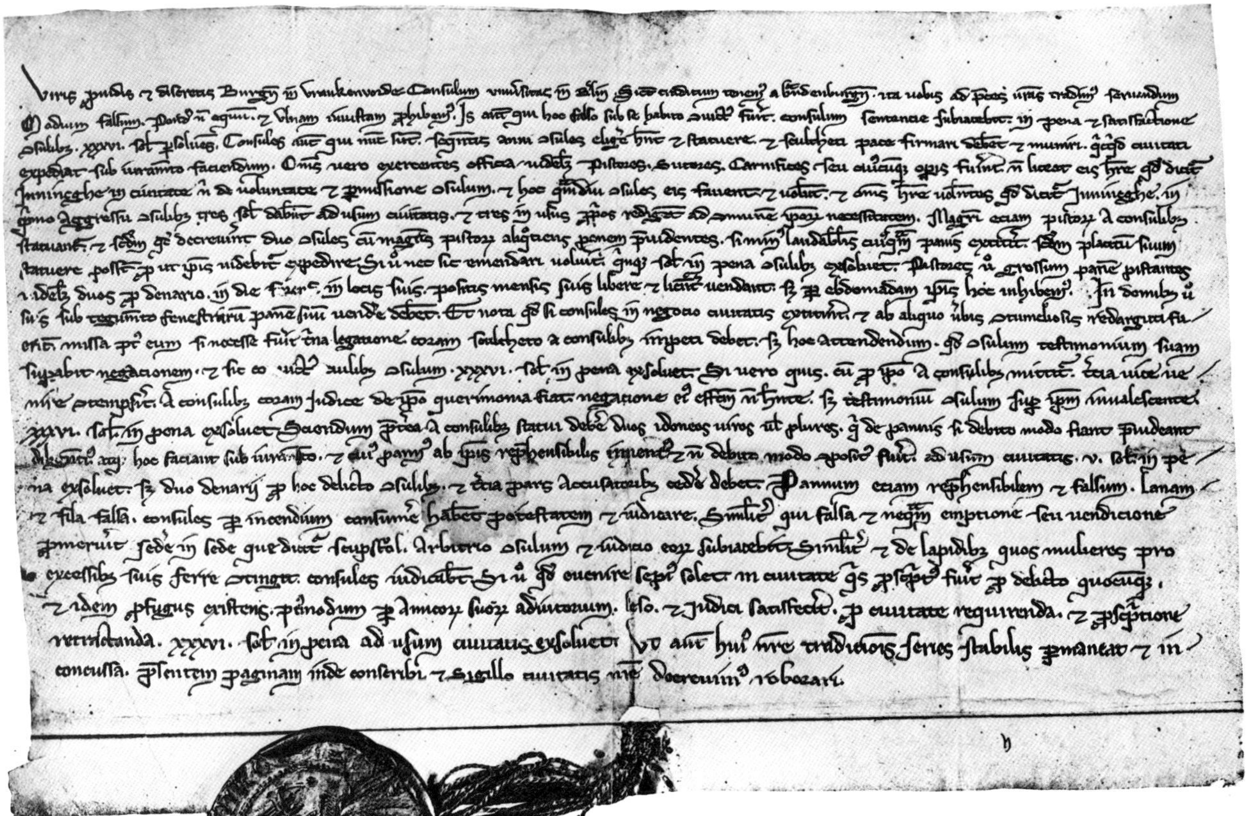

33. Rechtsmitteilung an Frankfurt/Oder etwa 1253.

Regel identisch mit den reichen Kaufmannsfamilien der Stadt, die bereits vor 1300 internationale Handelsbeziehungen unterhielten und auf diese Weise am raschen Aufstieg Berlins einen nennenswerten Anteil hatten.

Der Regierung des Rates und der Rechtsprechung des Stadtgerichtes im oben genannten Rahmen unterstanden alle Einwohner der Stadt, gleichgültig ob sie das Bürgerrecht besaßen oder nicht. Ausgenommen hiervon waren lediglich die zahlenmäßig kleine Gruppe des hohen und niederen Klerus, deren Angehörige sich in jurisdiktioneller Hinsicht dem Brandenburger Bischof gegenüber zu verantworten hatten, und die in der Stadt ansässigen Juden, die juristisch wie bezüglich der von ihnen zu leistenden Abgaben unmittelbar dem Markgrafen von Brandenburg als Landesherrn unterstellt waren. Über adlige Personen und markgräfliche Beamte, die innerhalb der Stadtmauern straffällig wurden, besaßen Rat und Stadtgericht zunächst keine Gewalt.

Die Aufgaben der Ratmannen waren vielfältiger Natur. Die Frankfurter Stadtrechtsurkunde von 1253 nennt an erster Stelle die Aufsicht über rechtes Maß und Gewicht. Wer einen falschen Scheffel, ein unrechtes Gewicht oder eine unrichtige Elle benutzte und dabei ertappt wurde, hatte dem Rat eine Strafe von 36 Schillingen zu entrichten. Ein Bäcker, der Brot minderer Qualität buk, mußte eine Strafe von fünf Schillingen zahlen. Das Brot wurde von einem der Ratmannen beschlagnahmt und zur Speisung der Armen verwandt. Eine gleichhohe Geldbuße wurde einem Tuchmacher auferlegt, wenn er minderwertiges Tuch herstellte. Das getadelte Material wurde dann vom kontrollierenden Ratmann eingezogen und öffentlich verbrannt. Neben diesem marktpolizeilichen Bereich oblagen den Ratmannen bald auch alle anderen polizeilichen Aufgaben, die Aufsicht über Bauten, Sicherungen gegen Feuergefahr, die Erhaltung der Wehrfähigkeit der

Stadt durch Anlage und Pflege von Mauern, Gräben, Wällen und Planken, die Aufrechterhaltung der öffentlichen Ordnung, die Verhütung von Exzessen in Bier- und Weinkellern und anderes mehr. Eine 1335 erlassene Polizei- und Kleiderordnung bestimmte die Höhe der Gewinnsätze bei Glücksspielen, regelte die Abhaltung von Tanzvergnügen und privaten Festen und setzte Wert und Art der Schmuck- und Kleidungsstücke fest, welche Frauen unterschiedlichen Standes tragen durften. Das Ratskollegium war spätestens seit der Mitte des 13. Jahrhunderts zum höchsten politischen Gremium der Stadt aufgestiegen. Die Ratmannen vertraten die Stadt in Verhandlungen mit dem Landesherrn, anderen Städten und dem Adel der benachbarten Landschaften nach außen, sorgten für das Einkommen und die Verwendung der vielfältigen Abgaben ihrer Bürger und beaufsichtigten sämtliche städtischen Einrichtungen, angefangen bei den Verwaltungsbeamten über die städtischen Stein- und Kalkbrüche, die Ziegelscheunen und die Heiden bis hin zu den von der Stadt vom Ende des 13. Jahrhunderts an erworbenen Dörfern, den sogenannten Ratsdörfern. Schließlich oblag es, wie wir schon 1253 erfahren, allein dem Rat, den einzelnen Handwerkszweigen der Stadt den Zusammenschluß zu Innungen, Gilden oder Zünften zu erlauben, ihnen Innungsstatuten zu verleihen und die Oberaufsicht über deren Einhaltung zu führen.

Die ältesten Gilden in der Mark waren die der Gewandschneider. Eine Gewandschneidergilde ist schon 1231 in Stendal und Ruppin und 1233 in Salzwedel nachzuweisen. Der Zusammenschluß zur Gilde ergab sich aus einem doppelten Konkurrenzproblem, verursacht zum einen durch auswärtige Tuchhändler, zum anderen durch einheimische Tuchmacher. Einmal als Gilde konstituiert, erlangten die Gewandschneider vom Landesherrn das ausschließliche Recht, daß, abgesehen von den Jahrmarktszeiten, nur derjenige in der Stadt Tuch ausschneiden und zum Verkauf stellen durfte, der in die Gewandschneidergilde eingetreten war. Die Aufnahme in die Gilde erfolgte allgemein gegen Nachweis von Bürgerrecht und ehrbarem Lebenswandel, Entrichtung von fünf Schillingen in die Gildekasse und Zahlung einiger Pfennige an den Gildemeister. Wollte jedoch ein Tuchmacher in die Gilde eintreten, so hatte er nicht nur den weitaus höheren Betrag von einer Mark in Gold und 18 Pfennige an den Meister zu entrichten, sondern mußte zudem seinem bisherigen Beruf abschwören. Die Herstellung von Tuch einerseits und dessen Ausschnitt, Engros- und Detailverkauf andererseits wurden somit deutlich voneinander getrennt.

Die Berliner Gewandschneider betrieben den Tuchhandel bereits im 13. Jahrhundert auf kapitalistischer Grundlage. Sie kauften ausländische wie einheimische Textilwaren auf und veräußerten sie entweder in großen Ballen an Zwischenhändler oder in ausgeschnittener Form nach der Elle direkt an die Verbraucher. Außer mit Textilien handelten die Gewandschneider aber auch mit anderen Kaufmannswaren, so vor allem mit Getreide, Holz und Fisch. Wann sich die maßgeblich am Fernhandel beteiligten Gewandschneider in Berlin und Cölln zu Gilden zusammengeschlossen haben, entzieht sich unserer Kenntnis. Nimmt man die frühen Vereinigungen von Stendal, Salzwedel und Ruppin als Orientierungspunkte und interpretiert man den zunftmäßigen Zusammenschluß der Berliner Tuchmacher von 1289 als Reaktion auf eine schon bestehende Gewandschneidergilde, so wäre die Konstituierung derselben etwa in die Zeit zwischen 1250 und 1288 zu legen. Die Frage, ob es jeweils eine eigenständige Gewandschneider- bzw. Kaufmannsgilde in Berlin und in Cölln gegeben hat, kann ebenfalls nicht beantwortet werden. Im Jahre 1327 jedenfalls, als die Kaufleute von Berlin und Cölln dem Katharinenaltar in der Cöllner Petrikirche eine reiche Schenkung übereigneten, waren die Gewandschneider und Kaufleute beider Städte bereits in einer gemeinsamen Gilde vereinigt. Die sämtlichst ratsfähigen Familien der Berlin-Cöllner Gewandschneider- bzw. Kaufmannsgilde achteten hinfort streng darauf, daß ein solcher Zusammenschluß über die Spree hinweg in den anderen Berufszweigen unterblieb, wodurch ihr Geschlechterregiment über die Doppelstadt eine weitere Stärkung erfuhr. Auch in sozialer Hinsicht waren die Patrizierfamilien stets auf die Wahrung ihrer Exklusivität bedacht. In Stendal ging die Gewandschneidergilde 1335 gar so weit, daß sie ihren Mitgliedern den gesellschaftlichen Umgang mit Handwerkern untersagte.

Zur Wahrung ihrer gewerblichen Interessen begannen ausgangs des 13. Jahrhunderts auch die Handwerker in Berlin und Cölln, sich zu Zünften zusammenzuschließen. Zu den ersten, die dies taten, gehörten diejenigen Gewerke, deren Arbeit der Befriedigung der elementarsten Lebensbefürfnisse diente, also Bäcker, Schuhmacher, Schuhflicker, Schlächter, Tuchmacher, Kürschner und Schneider. Zwar wird die Schlächterinnung erst im Jahre 1309 erwähnt, doch wird man davon ausgehen können, daß sie zu diesem Zeitpunkt bereits zwei oder drei Jahrzehnte lang bestanden hat. Entsprechendes gilt für die Bäckerinnung, wenngleich sich deren Gildeprivileg von 1272 als eine Fälschung des späten 14. Jahrhunderts erwiesen hat. Die Tuchmacher, Schlächter, Schuhmacher und Bäcker bildeten in Berlin wie in den meisten märkischen Städten die sogenannten Viergewerke (s. Abb. 34), die sich durch ein höheres soziales Ansehen, durch ein höheres Eintrittsgeld und zuweilen auch durch größere politische Einflußmöglichkeiten von den übrigen Zünften unterschieden. Die Mitglieder der anderen Zünfte, von den Schneidern und Kürschnern bis hin zu den Schuhflickern,

34. Siegel der Viergewerke Berlins und Cöllns: a) b) c) d) e) f) g) h).

sowie viele derjenigen Gewerbetreibenden, die sich nicht oder noch nicht in Zünften organisiert hatten wie die Schmiede, Tischler oder Zimmerleute, stellten die große Menge der „gemeinen Bürger" dar. Sie bildeten zahlenmäßig zwar die stärkste Bevölkerungsschicht, rangierten jedoch in der sozialen Hierarchie hinter den Patriziern und den Viergewerken nur an dritter Stelle.

Zur untersten sozialen Schicht der Stadt gehörten alle, die ihren Lebensunterhalt durch die Verrichtung unselbständiger Arbeit bestritten, Knechte, Mägde und Tagelöhner, Lehrlinge und Gesellen, die Kleinkrämer und die Höker, die Lebensmittel, ausgenommen Brot und Fleisch, verkauften, sowie ferner alle wirtschaftlich Schwachen, die Arbeitsunfähigen, Armen und Kranken. Im Unterschied zu den Angehörigen des Patriziates, der Viergewerke und der Zünfte, blieb ihnen die Erlangung des Bürgerrechts verwehrt. Der Erwerb des vollen Bürgerrechts war an verschiedene Voraussetzungen geknüpft, in der Hauptsache an eheliche Geburt, Ehrbarkeit des Lebenswandels und die Gewähr guten Fortkommens. Vor allem letzteres konnten abhängig arbeitende Personen natürlich nicht in Aussicht stellen. In der Frühzeit der Stadt gehörten zu den Voraussetzungen auch noch der Besitz eines Grundstückes und der Nachweis deutscher Eltern. Beide Bestimmungen sind im Verlauf des 14. und 15. Jahrhunderts dann anscheinend gelockert worden. Frauen verlieh man das Bürgerrecht nur in gewissen Ausnahmefällen, wenn beispielsweise eine Witwe das Gewerbe ihres Gatten weiterzuführen hatte, und auch hier nur unter bestimmten Auflagen.

Die Aufnahme von Neubürgern erfolgte im Rahmen einer feierlichen Zeremonie im Rathaus der Stadt. Hier entrichtete der Bewerber seine 10 Schillinge Bürgergeld und leistete vor den Ratmannen den Bürgereid, der ihn zum Gehorsam gegenüber dem Magistrat und zur Einhaltung der städtischen Verordnungen verpflichtete. Anschließend belehrten die Ratmannen den aufgenommenen Bürger über die mit dem Bürgerrecht verbundenen Vergünstigungen. So hatte der Neubürger künftig Anteil an den der Stadt verliehenen markgräflichen Privilegien – zu erwähnen wäre hier vor allem die Zollfreiheit in der ganzen Mark Brandenburg –, er durfte sein Brennholz aus der städtischen Bürgerheide beziehen, erhielt bei der jährlichen Verteilung ein Stück Land aus der Bürgerweide zur eigenen Nutzung und besaß das Braurecht. Darüber hinaus genossen die Bürger den städtischen Rechtsschutz.

Zwischen Bürgern und Nichtbürgern bestanden demnach beachtliche Unterschiede, sowohl in materieller und rechtlicher Hinsicht als auch in bezug auf eine eigenständige Berufsausübung. Nur in einer Beziehung wurden die Unterschiede etwas verwischt. Auf das Stadtregiment besaß die große Mehrzahl der Einwohner Berlins, gleich ob sie das Bürgerrecht erlangt hatten oder nicht, keinerlei Einfluß. Rats- und Schöffenkollegium beherrschten ausschließlich die Angehörigen des Patriziats. Eine Beteiligung von Viergewerken und gemeiner Bürgerschaft erfolgte nur in wenigen besonders wichtigen Fällen, und auch bei diesen Beschlußfassungen ist es sehr fraglich, ob den Vorstellungen der nicht ratsfähigen Bürger nennenswertes Gewicht zukam. Alles in allem barg die bestehende Rechts- und Machtkonstellation einen nicht zu unterschätzenden Zündstoff für soziale Konflikte in sich. Bevor wir uns jedoch mit den entsprechenden Auseinandersetzungen, vor allem denen des 14. und 15. Jahrhunderts, beschäftigen, müssen wir noch einmal in die Frühzeit der Stadt zurückkehren und einen Blick auf die Entwicklung ihres Verhältnisses zu den askanischen Landesherren werfen.

Der Aufstieg Berlins zur führenden Bürgergemeinde der Mark

Die Doppelstadt Berlin-Cölln gehört zu einer ganzen Reihe von Städten, die von den Markgrafen von Brandenburg im Zuge ihrer territorialen Expansion östlich der Elbe planmäßig angelegt wurden. Diese Stadtgründungen

dienten in der Hauptsache der Intensivierung der Besiedlung des Landes, damit eng verbunden der Sicherung der dem Territorium jeweils neu angegliederten Landschaften und schließlich der Hebung der wirtschaftlichen Verhältnisse im markgräflichen Herrschaftsbereich. Zur Förderung einer raschen Entwicklung der Städte gewährten die Markgrafen ihnen in der Anfangszeit neben der Verleihung des Marktrechtes weitere Vergünstigungen, so Zollbefreiungen unterschiedlichster Art und eine Anzahl von Freijahren, in denen die Einwohner dem Landesherrn keine Abgaben zu entrichten brauchten. Berlin erwarb darüber hinaus von den Markgrafen das Recht der Niederlage, auch Stapelrecht genannt, das den wichtigsten Grundstein für den Aufstieg der Stadt zum wirtschaftlichen Zentrum der Mittelmark darstellte. Die Niederlage und der damit einhergehende Straßenzwang waren, abgesehen von der ohnehin verkehrsgünstigen Lage der Doppelstadt, die ausschlaggebenden Ursachen für die zunehmende Konzentrierung des Handelsverkehrs zwischen Elbe und Oder in Berlin. Alle Kaufleute, die die Landschaften Havelland, Barnim und Teltow durchziehen wollten und nicht ausdrücklich von der Niederlage befreit waren, hatten ihre Waren einige Tage in Berlin zum Verkauf zu stellen, bevor sie mit dem Rest weiterfahren durften. Wann die Markgrafen der Stadt das Niederlagsrecht verliehen haben, ist nicht bekannt. Genannt wird es erstmals in einer Urkunde des ausgehenden 13. Jahrhunderts, in der Markgraf Otto V. der Stadt den Besitz dieses Rechtes neben einigen anderen bestätigte. Die Verleihung muß demnach zu einem früheren Zeitpunkt erfolgt sein, angesichts der führenden Position, die Berlin auf politischem wie wirtschaftlichem Gebiet bereits zu Beginn der achtziger Jahre einnahm, vermutlich um die Mitte des 13. Jahrhunderts.

Aus der bedeutenden ökonomischen Stellung, in die Berlin in nicht einmal vier Jahrzehnten seit seiner ersten Erwähnung gelangt war, resultierte fast zwangsläufig der Wunsch, in entsprechender Weise auch den Rechtsstatus der Stadt zu verbessern, daß heißt, das Streben nach weiterreichender Selbständigkeit und Autonomie. Diesem Ziel näherkommen konnte man allerdings nur durch die Zurückdrängung beziehungsweise den Erwerb markgräflicher Rechte und Besitztitel in der Stadt.

Den Markgrafen von Brandenburg kam als gleichzeitigen Grundherren in Berlin das Obereigentum am städtischen Grund und Boden innerhalb wie außerhalb der Stadtbefestigung zu, der den Einwohnern gegen eine jährliche Geldrente lediglich zur Nutzung überlassen war. Das Besitz- und Nutzungsrecht war zwar erblich und schloß auch die Möglichkeit des Verkaufes ein, doch blieben die an den markgräflichen Grundherrn zu zahlenden Abgaben, die stets das Obereigentum dokumentierten, hiervon unberührt. Entsprechend verhielt es sich bezüglich des Marktes, der dort befindlichen Baulichkeiten und der Kaufkammern des Kaufhauses. Die Abgaben, die der Markgraf als Grundherr bezog, bestanden aus drei Teilen: dem Hufenzins von der Feldflur – eine Hufe umfaßte je nach Lage und Vermessung zwischen 15 und 20 Hektar –, dem Arealzins von den bebauten Grundstücken in der Stadt und dem Marktzins von den städtischen Verkaufsstätten, von den Marktbaulichkeiten, vom Kaufhaus, von den Fleisch-, Brot- und Schuhbänken, von den Kürschnerkammern und von den zu Marktzeiten nur vorübergehend aufgestellten Verkaufsbuden. Wie alle finanziellen Rechte konnten auch die grundherrlichen Abgaben veräußert werden. Die Markgrafen besaßen demnach ohne weiteres die Möglichkeit, zu Zeiten akuten Bargeldbedarfes das Gesamtaufkommen oder Teile dieser Abgaben gegen bestimmte Pauschalsummen zu verkaufen oder zu verpfänden. Derartige Veräußerungen liefen den städtischen Interessen zweifellos zuwider, da sie in solchen Fällen mit einem Adligen oder markgräflichen Dienstmann als Pfandinhaber einem weiteren externen Machtfaktor innerhalb ihrer Mauern zu begegnen hatten. Ziel der Städte konnte es daher nur sein, den Markgrafen ihrerseits durch Übergabe eines gewiß nicht niedrigen Betrages das Obereigentum am städtischen Grund und Boden abzukaufen. Berlin muß dies in der zweiten Hälfte des 13. Jahrhunderts gelungen sein, denn derzeit flossen Hufen-, Areal- und Marktzins bereits in die Kasse der Stadt.

Die Bereitschaft der Markgrafen, zeitlich unbegrenzte finanzielle Rechte gegen den einmaligen Erhalt eines festen Betrages für immer zu verkaufen, mag zunächst Verwunderung erregen, doch bot sich ihnen kaum eine Alternative. Die weitgreifende territoriale Expansion des 13. Jahrhunderts, die Verwaltung des sich bis zum Jahre 1308 stetig vergrößernden Herrschaftsbereiches und vor allem die Verteidigung der märkischen Grenzen gegen zum Teil übermächtig erscheinende Koalitionen der Nachbarn vor dem Hintergrund einer verfallenden Wehrverfassung – die Unterhaltung von Söldnertruppen verschlang enorme Summen – ließen Kosten entstehen, welche die markgräfliche Finanzverwaltung in eine tiefe Krise stürzten. Spätestens von den siebziger Jahren des 13. Jahrhunderts an kann der landesherrliche Geldmangel als chronische Erscheinung betrachtet werden. So gingen denn in den folgenden Jahrzehnten der wirtschaftliche und rechtliche Aufstieg der Städte und der Niedergang der markgräflichen Macht im Innern des märkischen Herrschaftsraumes Hand in Hand.

Einen ersten Eindruck von der Schwere der landesherrlichen Finanzkrise vermitteln die in den Jahren von 1279 bis 1282 zwischen den askanischen Markgrafen beider Linien einerseits und dem Adel, der Ritterschaft und den Städten andererseits geschlossenen Bedeverträge. Die Bede besaß vordem den Charakter einer außerordentlichen, in unregelmäßigen Abständen erhobenen und in ihrer Höhe von Fall zu Fall neu bemessenen Abgabe oder Steuer. Bedingt durch die bereits erwähnten territorial- und verwaltungspolitischen Vorgänge und Notwendigkeiten hatten sich nun in den vorangegangenen Jahrzehnten die Markgrafen gezwungen gesehen, ihre Untertanen zu immer häufigeren und immer höheren Bedezahlungen zu veranlagen. Gegen diese Praxis regte sich jedoch alsbald seitens des Adels und der Städte massiver Widerstand, der letztlich die in den Bedeverträgen vereinbarten landesherrlichen Zugeständnisse zur Folge hatte. Die Markgrafen verzichteten gegen eine relativ hohe Ablösungssumme auf die bisherige außerordentliche Bede und erklärten sich mit einer jährlich zu zahlenden fixierten Abgabe einverstanden. Die Erhebung einer außerordentlichen Bede sollte künftig nur noch in bestimmten exakt gekennzeichneten Fällen zugelassen sein, zur Auslösung eines gefangenen Markgrafen, bei Kriegsgefahr und Landesnot, später noch zur Heiratsausstattung einer Prinzessin. Darüber, wann Kriegsgefahr und Landesnot bestanden, sollte eine aus Adels- und Städtevertretern zusammengesetzte Kommission entscheiden. Für Berlin wurde eine jährliche Pauschale von 150 Mark festgesetzt. Das war viel, doch hatten die Städte im Gegensatz zu den Bauern auf dem platten Land den Vorteil, die Bede als Korporation entrichten zu dürfen. Durch die Erhöhung der Einwohnerzahl verminderte sich demnach die Belastung für den einzelnen Bewohner. Des weiteren vereinbarte man ein Widerstandsrecht für Adel und Städte bei Verletzung der Verträge durch die Markgrafen und räumte ihnen sogar ein, sich bis zur Wiedergutmachung einem anderen Herrn zuzuwenden. Die Städte gingen aus diesen Verhandlungen als die eigentlichen Gewinner hervor. Zum einen hatten sie erreicht, fortan eine regelmäßige Abgabe in mit der Zeit erträglicher Höhe zu entrichten, und zum zweiten, was noch wichtiger war, erlangten sie während dieser Auseinandersetzungen erstmals die Anerkennung der Markgrafen als gleichberechtigte Vertragspartner neben dem Adel. Der grundlegende Bedevertrag mit den Markgrafen der jüngeren Linie schließlich wurde 1280 in Berlin abgeschlossen und kann als Ausdruck für die herausgehobene politische Mittelpunktfunktion gelten, in welche die Spreestadt zu diesem Zeitpunkt schon hineingewachsen war.

Die hohen Ablösungssummen und die nun regelmäßigen Bedeeinnahmen konnten jedoch auf Dauer die finanziellen Probleme der Markgrafen nicht lösen, so daß ihre Stellung im Innern der Mark Brandenburg auch weiterhin immer schwächer wurde. Die Städte nutzten diese Entwicklung für die Realisierung eines weiteren Zieles, der Befreiung ihrer Bürger vom Landgericht des markgräflichen Vogtes und den Erwerb der hohen Gerichtsbarkeit. Ob auch hierbei Geldzahlungen eine Rolle gespielt haben, ist ungewiß. Wahrscheinlich ist, daß die bedeutenderen Städte der Mark die Hochgerichtsbarkeit trotz landesherrlicher Gegenwehr in der Praxis einfach an sich gezogen haben und ihr gewohnheitsrechtliches Tun in den letzten Jahrzehnten des 13. und zu Beginn des 14. Jahrhunderts von den Markgrafen bestätigt erhielten. Die Stadtbürger durften demnach nicht mehr vor ein Gericht jenseits von Wall und Graben zitiert werden, sondern alle gegen sie geführten Klagen wurden künftig vor dem Stadtgericht verhandelt. Berlin und Cölln erlangten zudem das Recht, auch markgräfliche Vasallen, die innerhalb der Stadtmauern straffällig und bei handhafter Tat, also in flagranti ergriffen wurden, vor das städtische Gericht zu ziehen. Wie umstritten gerade dieser Bereich lange Zeit gewesen ist, zeigt der in den Jahren 1308/09 unter maßgeblicher Beteiligung Berlins zustandegekommene erste märkische Städtebund. Die großen und mittleren Städte des Landes vereinigten sich zur Abwehr von Verunrechtungen und Gewalttaten, zur gemeinsamen Verfolgung von Verbrechern, die durch eine Stadt geächtet waren, und nicht zuletzt zur Verteidigung des eigenen Gerichtsstandes. In diesen Forderungen war schon der Wunsch angelegt, über sämtliche Räuber und Missetäter selbständig richten zu können, doch erhielten die Städte dieses Recht erst im Jahre 1359.

Eine weitere Folge der landesherrlichen Finanzkrise waren umfangreiche Veräußerungen von Grundbesitz, Abgaben und sonstigen finanziellen Rechten. Zur Dekkung ihrer laufenden Kosten und zur Abzahlung ihrer Schulden verpfändeten und verkauften die Markgrafen Land, Beden, Zins- und Zehnthebungen, Gerichtsgefälle, Zölle und anderes mehr. Nutznießer dieser Veräußerungen waren nicht nur die Angehörigen des Adels, sondern in erheblichem Maße auch die finanzkräftigen Bürgerfamilien der großen märkischen Städte. Besonders die am Fernhandel beteiligten Großkaufleute begannen in der zweiten Hälfte des 13. Jahrhunderts, wesentliche Teile ihrer erwirtschafteten Überschüsse gewinnbringend in Lehnsbesitzungen auf dem Lande anzulegen. In der Altmark muß diese Entwicklung schon in den siebziger Jahren einen derartigen Umfang angenommen haben, daß die Stendaler Lehnbürger im Jahre 1279 quasi als eigenständige Bevölkerungsgruppe mit den Markgrafen einen separaten Bedevertrag schließen konnten. Angaben über den Umfang des Berliner Lehnsbesitzes finden wir leider erst für die Jahre um 1375. Das in dieser Zeit angelegte Landbuch Kaiser Karls IV., derzeit Regent der Mark, führt insgesamt 42 Familien aus Berlin und Cölln auf, die über Besitzrechte in mindestens 94 Dörfern der Landschaften Barnim, Teltow und Havelland verfügten. Verglichen mit dem Lehnsbesitz der Bürger fiel der noch erhaltene markgräfliche Besitz verschwindend gering aus.

Den Grundstock für ihre beträchtlichen Besitzungen werden die Bürger Berlins und Cöllns schon um die Jahrhundertwende gelegt haben. Zwar liegen für diese Zeit keine einschlägigen Verzeichnisse vor, doch darf man mit Hilfe des Prenzlauer Verzeichnisses von 1311 per Analogieschluß vermuten, daß die Güter und Einkünfte der Berliner Bürger derzeit schon ein Drittel, wenn nicht sogar die Hälfte des Besitzes von 1375 umfaßt haben. Innerhalb der Stadt war der Lehnsbesitz recht ungleich verteilt. Unter den 42 im Landbuch erwähnten Familien befanden sich sechs, die über großen Besitz verfügten, 21, die mittelgroßen Besitz ihr eigen nennen konnten, und 15 mit nur geringem Besitz. Die Einkünfte der ersten sechs Familien waren beinahe so hoch wie die der verbleibenden 36 zusammen. Dagegen machten die Besitzungen der zuletzt genannten 15 Familien nicht einmal 8% der gesamten Einkünfte aus. Die bedeutenderen Lehnbürgerfamilien stellten zwischen 1311 und 1442 mindestens sechzigmal einen Bürgermeister – die wirkliche, aber nicht zu belegende Zahl ist wahrscheinlich noch höher gewesen – und waren offensichtlich fast durchgängig im Rat vertreten.

In den gut 80 Jahren von der ersten Erwähnung der Stadt bis zum Aussterben der brandenburgischen Markgrafen aus askanischem Hause 1320 hatte sich die Stellung Berlins in politischer, wirtschaftlicher wie rechtlicher Hinsicht deutlich verändert. Berlin hatte das volle Eigentum am städtischen Grund und Boden erworben, damit zusammenhängend den Areal-, Hufen- und Marktzins sowie den oben übergangenen Marktzoll, hatte die Bedeerhebung in die eigene Hand bekommen und zahlte nur noch eine fixierte jährliche Pauschale an den Landesherrn. Die Stadt hatte gemeinsam mit anderen Städten ein partielles Steuerbewilligungs- und Widerstandsrecht erworben, die Befreiung vom Vogteigericht erlangt, durch Ausübung der Hochgerichtsbarkeit das Stadtgericht gestärkt und nahm zu Anfang des 14. Jahrhunderts, scheinbar unter Duldung der Markgrafen, das Bündnisrecht für sich in Anspruch. Die Ausbildung des bürgerlichen Lehnsbesitzes schließlich rundete die politische und wirtschaftliche Machtstellung Berlins nach außen ab. Sollte Berlin jemals Sitz eines markgräflichen Vogtes gewesen sein – ein entsprechender Sprengel war nachweislich vorhanden –, so dürfte es um das Jahr 1320 in der Stadt oder in deren näherer Umgebung kaum noch etwas gegeben haben, was ein Vogt hätte verwalten oder entscheiden können. Berlin hatte sich zu diesem Zeitpunkt weitgehend von landesherrlichen Eingriffen in seine inneren Verhältnissen befreit.

Der verbleibende markgräfliche Besitz in Berlin ist rasch genannt. Da gab es zum einen den landesherrlichen Hof – das Anfang des 14. Jahrhunderts errichtete „Hohe Haus" – mit seinem Zubehör zu beiden Seiten der Klosterstraße, die sehr einträglichen Wassermühlen am Mühlendamm zwischen Berlin und Cölln, deren Anteile aber wohl meistens, unter anderem auch an Berliner Bürger, verpfändet waren, und die landesherrliche Münzstätte, zum anderen die Rechte über die Berliner Judengemeinde, ein eingeschränktes militärisches Aufgebotsrecht, zwei Drittel der Gefälle aus der Hochgerichtsbarkeit und schließlich den von verschiedenen Berlin erreichenden Waren erhobenen Herrenzoll, der allerdings im ersten Viertel des 14. Jahrhunderts ebenfalls von der Stadt erworben wurde. Den Fischereizoll besaß seit 1318 das Spandauer Kloster. Ob dieser zeitweilig oder über längere Perioden an die Stadt beziehungsweise an einzelne Bürger verpfändet war, läßt sich nicht verfolgen.

Das Aussterben der askanischen Markgrafenfamilie bescherte dem Land viele Jahre politischer und militärischer Wirren. In das entstandene Machtvakuum stießen die Nachbarn von allen Seiten hinein, sei es, daß sie Nachfolgeansprüche geltend machen oder schlicht einige Landstriche erobern wollten. Eine hieb- und stichfeste Erbberechtigung besaß jedoch keiner dieser Fürsten. Am erfolgreichsten ging Herzog Rudolf von Sachsen vor, der die Niederlausitz und den größten Teil der Mittelmark besetzt hatte und mit der Markgräfin Agnes, der Witwe des letzten regierenden Markgrafen Woldemar, durch das Land zog, um die Bewohner zur Anerkennung seiner Herrschaftsansprüche zu bewegen. Rudolf und Agnes bestätigten in diesen Jahren sämtliche Privilegien, die Berlin in der Vergangenheit erworben hatte, befreiten die Bürger davon, wider Willen zu Heerzügen aufgeboten zu werden, und übertrugen den Ratmannen alle Rechte über die in der Stadt ansässigen Juden. Die Berliner standen in der Nachfolgefrage klar auf Rudolfs Seite, doch half selbst der 1321 in Berlin ins Leben gerufene mittelmärkisch-niederlausitzische Städtebund, dem immerhin 22 Gemeinden dieser Landschaften angehörten, nicht, die Ansprüche des Herzogs durchzusetzen. Die Bemühungen Rudolfs von Sachsen scheiterten endgültig, als König Ludwig der Bayer im Frühjahr 1323 die Mark Brandenburg seinem Sohn, Ludwig dem Älteren, verlieh. Hiermit begann für das Land ein wechselvolles Schicksal. Durch ihre Eingliederung zunächst in den wittelsbachischen und hernach in den luxemburgischen Hausbesitz geriet die Mark sowohl in die universale Auseinandersetzung zwischen Kaisertum und Papsttum hinein als auch in den langwierigen Konflikt der Häuser Wittelsbach und Luxemburg um die deutsche Königskrone.

Eine Minderung ihrer Rechtsstellung haben die märkischen Städte im Verlauf des 14. Jahrhunderts dennoch nicht erfahren. Nur einmal, Mitte der vierziger Jahre, unternahm Markgraf Ludwig der Ältere einen Eingriff in die Berliner Stadtverfassung. Sein Vorhaben, auf das unten noch näher einzugehen sein wird, scheiterte jedoch nach kurzer Zeit und hatte darüber hinaus zur Folge, daß die Städte der Mark 1348 von der wittelsbachischen Herrschaft abfielen. Der Luxemburger Karl IV. ließ in diesem Jahr einen Mann in der Mark auftreten, der sich als der nach dreißigjähriger Pilgerfahrt zurückkehrende Markgraf Woldemar ausgab – in Wahrheit war dieser schon 1319 verstorben. Das Hauptziel, dem diese Inszenierung des Luxemburgers dienen sollte, war eine allgemeine Schwächung der wittelsbachischen Position, um die Wittelsbacher und ihre Parteigänger auf diese Weise zu einer uneingeschränkten Anerkennung des Königtums Karls IV. zu nötigen. Kaum hatte Karl dieses Ziel erreicht, ließ er seine Marionette fallen und versöhnte sich mit den Markgrafen. Eine Erweiterung der städtischen Rechte hat sich aus der „Tätigkeit" des Falschen Woldemar nicht ergeben, doch gingen die Städte aus dieser Episode mit gestärktem Selbstbewußtsein hervor. Sie hatten es erstmals gewagt, ihrem rechtmäßigen Landesherrn den Gehorsam zu verweigern und sich einem anderen zugewandt, ohne dafür in irgendeiner Form zur Rechenschaft gezogen zu werden.

Der Rechtszustand der brandenburgischen Städte blieb in den folgenden gut 90 Jahren bis 1442 in etwa der gleiche. Für Berlin sind lediglich zwei Veränderungen zu erwähnen, von denen eine den Bereich des Gerichtswesens betrifft. Als Berlin um die Wende zum 14. Jahrhundert begonnen hatte, auch die Hochgerichtsbarkeit selbständig auszuüben, war die bestehende Regelung über die Aufteilung der Gerichtsgefälle davon unberührt geblieben, zwei Drittel der Gelder flossen weiterhin dem Landesherrn zu. Im Jahre 1345 jedoch belehnte Markgraf Ludwig der Ältere den Berliner Bürger Thilo Brügge mit den Einkünften aus dem Hochgericht und verlieh ihm zudem die Anwartschaft auf das Schulzenamt, das er dann einige Jahre später auch erhalten hat. Im Jahre 1391 schließlich verkaufte Thilo Brügges gleichnamiger Sohn das Schulzenamt mit allen Einkünften und weiterem Zubehör mit landesherrlichem Konsens dem Rat der Stadt. Zwar blieb das Obereigentum am Gericht auch weiterhin beim Markgrafen, doch war der Schulze hierdurch – und das ist der wesentliche Unterschied – städtischer Beamter geworden und dem Rat gegenüber verantwortlich.

Die zweite Veränderung vollzog sich im Münzwesen. Die mittelalterlichen Geldstücke – ausgeprägt wurden in der Mark nur Pfennige und Halbpfennige – waren im allgemeinen nicht von langer Haltbarkeit, so daß die im Umlauf befindlichen Stücke häufig gegen Neuprägungen ausgetauscht werden mußten. Dieser Münzverruf wurde im 14. Jahrhundert jährlich durchgeführt, und die Markgrafen, die schon im 12. Jahrhundert die Münzhoheit für sich in Anspruch genommen hatten, nutzten diese Umtauschaktion als zusätzliche Einnahmequelle, indem sie für 16 eingezogene alte Pfennige nur jeweils 12 neue ausgeben ließen. Veranschlagt man den durch Abnutzung verursachten Wertverlust der Münzen mit 5%, so blieb den Landesherren immerhin noch ein Ertrag von 20%. Im Jahre 1369 fand diese Praxis ein Ende. Die Städte des Berliner Münzbezirkes kauften den Markgrafen für die enorme Summe von 6500 Mark das Recht des jährlichen Umwechselns ab und erwarben so den „ewigen Pfennig". Diese Sicherung der Valuta erwies sich für die weitere Entwicklung des Handels als sehr förderlich. Den Städten Berlin und Frankfurt/Oder gestand Markgraf Otto in diesem Zusammenhang darüber hinaus das Recht zu, außerhalb der landesherrlichen Münzstätten selbständig Pfennige und Halbpfennige auszuprägen. Von diesem Privileg hat Berlin jedoch offenbar nur wenig Gebrauch gemacht. Am Ertrag der landesherrlichen Münzstätte in Berlin, das sei hier nachgetragen, war die Stadt seit 1280 mit einem namhaften Betrag beteiligt, und von den uns bekannten markgräflichen Münzmeistern waren mindestens zwei Berliner Bürger. Auf die hohe Inanspruchnahme der städtischen Finanzkraft durch die Münzablösung von 1369 reagierte der Berliner Rat schon ein Jahr später. Er belegte sämtliche Grundstücke der Stadt, auch die der Geistlichen, was einen Eingriff in deren Steuerfreiheit bedeu-

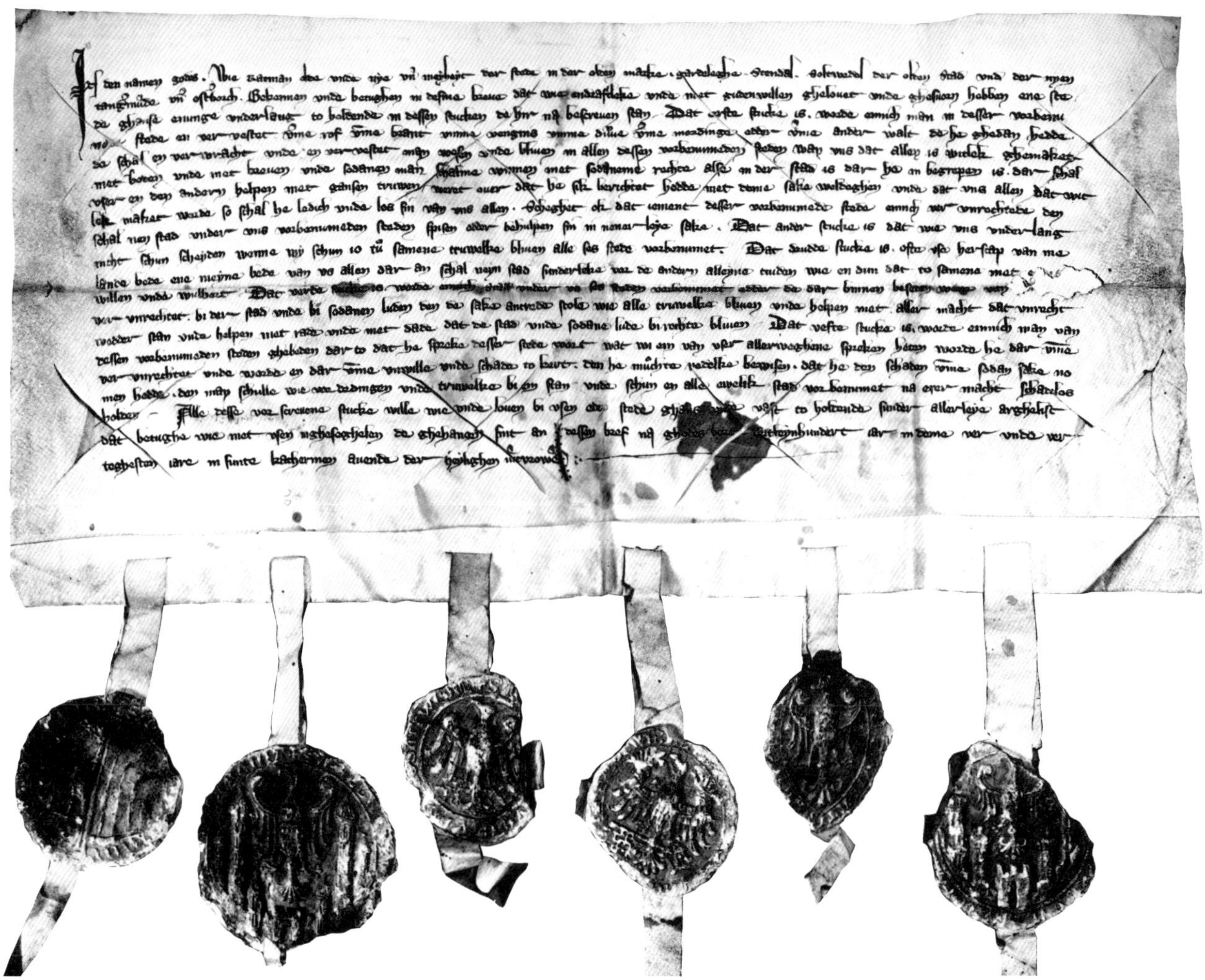

35. Altmärkische Städteeinigung von 1344.

tete, mit einer jährlichen Abgabe und schuf sich ein einträgliches Monopol durch die Bestimmung, daß fremde Biere nur noch im Stadtkeller ausgeschenkt werden durften.

Im letzten Drittel des 14. Jahrhunderts verfiel die landesherrliche Zentralgewalt in der Mark Brandenburg zusehends. Die luxemburgischen Markgrafen Sigismund und Jost waren nur höchst selten im Lande anzutreffen, und besonders Jost benutzte die Mark in erster Linie als willkommene Geldquelle. Gegen das von Jahr zu Jahr immer stärker um sich greifende adlige Raub- und Fehdewesen, das in der Hauptsache die Landbevölkerung und die reisenden Kaufleute, letztlich aber auch die Städte selbst in Mitleidenschaft zog, unternahm Markgraf Jost nur wenig. Wenn er in die Mark reiste, hielt er sich in der Regel in Berlin auf, um Verhandlungen wegen neuer Bedezahlungen und Darlehen zu führen oder Verpfändungen vorzunehmen. Berlin hatte sich seit langem schon als Landtagsort etabliert, und auch Jost berief die Vertreter der Stände nach hier beziehungsweise forderte die Ratmannen von Berlin und Cölln auf, dies zu tun. Die Stadt nahm aber nicht nur in diesem kleinen Bereich eigentlich landesherrliche Aufgaben wahr, sondern – und das ist weit bemerkenswerter – auch auf dem Gebiet der Landfriedenswahrung. Angesichts der diesbezüglichen Untätigkeit des Markgrafen organisierte Berlin im Verein mit anderen führenden Bürgergemeinden Städtebündnisse, die bestrebt waren, dem Raub- und Fehdewesen, das während seiner extremen Ausuferung vor allem mit dem Namen der Quitzows verbunden war, in irgendeiner Weise Herr zu werden. Und auch wenn den Städten dies letztlich nicht gelang und es des machtvollen Eingreifens des vom Kaiser beauftragten Nürnberger Burggrafen Friedrich, des wenig später ersten brandenburgischen Markgrafen aus dem Hause Hohenzollern, bedurfte, gilt es doch festzuhalten, daß in diesen Zeiten der fast anarchischen Zustände die märkischen Städte, allen voran Berlin und Cölln, unablässig für die Wahrung der Einheit des Territoriums und des inneren Friedens eintraten (s. Abb. 35).

Markgraf Friedrich I. übertrug, nachdem er mit städtischer Unterstützung das Land weitgehend befriedet hatte, im Jahre 1426 die Regentschaft in der Mark seinem Sohn Johann und zog sich in seine fränkische Heimat zurück. Die Phase landesherrlichen und städtischen Zusammenwirkens war damit beendet. Was nun folgte, waren Auseinandersetzungen zwischen Markgrafen und Städten, die in den vierziger Jahren des 15. Jahrhunderts mit der Vernichtung der städtischen Autonomie Berlins ihren Höhepunkt erreichten. Vor der Betrachtung dieses Schlußkapitels der mittelalterlichen Verfassungsentwicklung Berlins haben wir allerdings noch die innere Entwicklung der Stadt vom beginnenden 14. Jahrhundert an nachzutragen.

36. Ansicht des Berliner Rathauses um 1740. Stich von Johann David Schleuen.

Die innere Entwicklung Berlins bis in die erste Hälfte des 15. Jahrhunderts

Bereits im Jahre 1307 hatten sich Berlin und Cölln zu einer Art Bundesstadt zusammengeschlossen. Die entsprechende Vereinigungsurkunde, wenn es eine solche überhaupt gegeben haben sollte, hat sich leider nicht erhalten, so daß nähere Informationen über die Berlin-Cöllner Union nur einem etwa gleichzeitigen Bestätigungsbrief Markgraf Hermanns des Langen entnommen werden können. Dieser Urkunde zufolge waren die Ratmannen von Berlin und Cölln übereingekommen, ein gemeinsames Ratskollegium zu konstituieren, dessen Mitglieder stets zu einem Drittel aus Cölln und zu zwei Dritteln aus Berlin stammen sollten (s. Abb. 101 auf S. 218). Die Berliner Vertreter waren jeweils von den Cöllner Ratmannen zu wählen, die Cöllner von den Berliner Räten. Auch für den gemeinsamen Rat galt also das Prinzip des jährlichen „Ratswechsels" und nicht etwa eine demokratische Wahl durch die Bürgerschaft beider Städte. Eine gleichartige Regelung traf man für die Besetzung des siebenköpfigen Schöffenkollegiums. Die drei Cöllner Schöffen wählte der Berliner Rat, die vier Berliner Schöffen der Rat von Cölln. Die Amtszeit der Schöffen wurde auf drei Jahre begrenzt. Die Gerichtsfälle standen allein Berlin zu, die sogenannten Exzesse jedoch, die Bußen aus Delikten wie Beleidigung, Hausfriedensbruch und ähnlichem, welche nicht der Gerichtsbarkeit des Schulzen, sondern der des Rates unterstanden, sollte jede Stadt für sich behalten und für eigene Bauzwecke verwenden, dabei allerdings der jeweils anderen Stadt nach Möglichkeit helfen. Die städtischen Zinseinnahmen sollten ebenfalls gesondert für die Befestigung beider Städte Verwendung finden, wohingegen jedoch vom Landesherrn auferlegte Lasten von allen Bürgern gemeinsam aufzubringen waren.

Eine vollständige Vereinigung beider Städte war in der getroffenen Übereinkunft demnach nicht vorgesehen. Berlin und Cölln behielten ein eigenständiges Ratskollegium, einen eigenen Stadthaushalt, ihre Polizeigerichtsbarkeit und ihr jeweiliges Vermögen. Auch die Innungen der Städte blieben weiterhin getrennt und unterstanden, wie beispielsweise das Cöllner Schlächterstatut oder die Vorschriften für die Berliner Woll- und Leineweberknechte von 1331 zeigen, immer nur den Ratmannen ihrer Stadt. Die Begründung des gemeinsamen Rates scheint also in erster Linie der Behandlung äußerer und militärischer Angelegenheiten gegolten zu haben und in der Tat, auf diesem Gebiet traten Berlin und Cölln in den folgenden 135 Jahren durchweg gemeinsam auf, sei es beim Empfang landesherrlicher Bestätigungen ihrer Rechte, sei es bei Verhandlungen mit den Markgrafen oder bei den Abschlüssen der diversen Städtebünde. Separate landesherrliche Bestätigungsbriefe erhielt nur Berlin; diese betrafen jedoch vor allem das Niederlagsrecht, das Berlin allein gehörte. Der gemeinsame Rat wurde in Ausnahmen auch bei der Regelung innerer Angelegenheiten tätig, immer dann nämlich, wenn Vorschriften zu erlassen waren, die beide Städte in gleicher Weise betrafen. Als Beispiele seien die bereits zitierte Polizei- und Kleiderordnung von 1335, das Verbot der Schadekäufe (Verkauf von Darlehnsforderungen, welche die Aussicht auf den Gewinn von Verzugszinsen eröffneten) von 1367 und das im Zusammenhang mit dem Erwerb des „ewigen Pfennigs" schon erwähnte Abgaben- und Braustatut genannt.

Über die Motive für den Zusammenschluß erfahren wir aus der Bestätigungsurkunde Markgraf Hermanns nichts, doch deutet das Tätigkeitsfeld des gemeinsamen Ratskollegiums darauf hin, daß diese vornehmlich außenpolitischer Natur gewesen sind. Die Vereinigung fällt wohl kaum zufällig in die Zeit des ersten märkischen Städtebundes und kann daher mit hoher Wahrscheinlichkeit ebenfalls als Ausdruck und Instrument der städtischen Bemühungen angesehen werden, bis dato erworbene Rechte selbstbewußt zu verteidigen und diese besonders hinsichtlich der Strafverfolgung von Gewalttaten und Rechtsverletzungen wennmöglich noch auszubauen. Die Überlegung, daß in diesem Zusammenhang auch Beweggründe eine Rolle gespielt haben könnten, die sich auf die inneren Verhältnisse der Städte bezogen, läßt sich allerdings nicht völlig von der Hand weisen. Die Schaffung eines gemeinsamen Rates trug zweifelsohne wesentlich zur Stärkung der Position der ratsfähigen Familien bei, vor allem wenn man bedenkt, daß der neuen Institution vereinigte Gewerke und Zünfte nicht gegenüberstanden.

Die Union von 1307 erwies sich trotz zwischen beiden Partnern vorkommenden Konflikten in den oft schwierigen Zeiten des 14. Jahrhunderts als sehr stabil und hatte, wenngleich in der Vergangenheit immer wieder einmal gegenteilige Meinungen geäußert wurden, bis zum Jahre 1442 Bestand. Nur eine Bestimmung der Vereinbarungen von 1307 wurde anscheinend bald nicht mehr befolgt, die Zuwahl von Ratmannen durch die der jeweils anderen Stadt. Diesem Punkt kam aber ohnehin kaum noch besondere Bedeutung zu, da der Kreis der ratsfähigen Familien mit den Mitgliedern der gemeinsamen Berlin-Cöllner Kaufmannsgilde weitgehend identisch gewesen sein wird.

Die umfangreichsten Nachrichten über die inneren Verhältnisse Berlins bietet das im letzten Viertel des 14. Jahrhunderts angelegte Berliner Stadtbuch. Hier begegnet uns am Schluß des ersten Buches ein Entwurf zu einer Erweiterung und Vertiefung der Berlin-Cöllner Union, der allem Anschein nach aus den frühen neunziger Jahren stammt. Und obwohl dieser Entwurf, vermutlich ob der politischen Wirren dieser Jahre, nicht in die Praxis umgesetzt wurde, sind seine Bestimmungen doch sehr interessant. Die Ratmannen von Berlin und Cölln hatten danach eine vollkommene Vereinigung der Finanzwirtschaft beider Städte beschlossen, „alse dat eyn stad syn sal und wesen". Diese Vereinigung sollte den gesamten städtischen Besitz umgreifen vom Berliner Niederlagsrecht und dem Gericht über die Abgaben der Einwohner bis hin zu den verschiedenen Einkünften und Besitzungen der Städte innerhalb wie außerhalb der Mauern. Ferner sah die Einigung die gegenseitige Anerkennung der von beiden Städten erteilten Urkunden vor, die Aufbewahrung der städtischen Privilegien, Bücher und Einnahmeregister in einem gemeinsamen Archiv, die Unterhaltung eines gemeinsamen Marstalles, gegenseitige Unterstützung bei Kriegszügen, gemeinsame Haftung für Schäden, die Ratmannen und Bürger auf Reisen erlitten, und die Schaffung eines einheitlichen Bürgerrechtes; wer zu Berlin Bürger war, sollte dies auch zu Cölln sein und umgekehrt.

Der gemeinsame Rat, den wie zuvor in jedem Jahr zwölf Berliner und sechs Cöllner Ratmannen bildeten, sollte seine Versammlungen künftig ausschließlich im gemeinsamen Rathaus auf der Langen Brücke über der Spree abhalten. Hier sollten die Bürgermeister, die, soweit unsere Belege reichen, seit spätestens 1311 dem Rat vorstanden, die Kämmerer, Baumeister und alle sonstigen Amtsträger gewählt und entlassen werden, alle Einnahmen und Ausgaben getätigt, alle Schulden bezahlt und alle Lehen, Schulen und Dienste verliehen werden. Hier sollten die Boten ihren Lohn empfangen und Zehrung erhalten. Und auch zur Abhaltung der Gerichtssitzungen, die in zweiwöchigem Rhythmus jeweils mittwochs stattfanden, sollten sich Richter und Schöffen vermutlich im gemeinsamen Rathaus zusammenfinden. An der entscheidenden Stelle weist der Text bedauerlicherweise eine Lücke auf, doch wird man nach den Worten „up der" wohl ohne Bedenken „Langen Brücke" ergänzen dürfen. Schließlich sollten fortan auch das Bürgerrecht, die Erlaubnis zur eigenständigen Berufsausübung und die Innungsverordnungen nur noch hier vergeben werden. Eine Vereinigung der Viergewerke und Zünfte sah der Entwurf bezeichnenderweise nicht vor, diese sollten bei ihrem Recht bleiben.

Die Erweiterung des Zusammenschlusses von Berlin und Cölln, die hier, Ende des 14. Jahrhunderts, auf dem Pergament stehen blieb, wurde vier Jahrzehnte später unter veränderten äußeren Rahmenbedingungen Wirklichkeit. Die Ratmannen der Städte Brandenburg und Frankfurt/Oder beurkundeten im Jahre 1432 eine Einigung von Berlin und Cölln, durch welche die Kernpunkte des vorangehenden Entwurfes Rechtskraft erhielten. Der gemeinsame Rat beider Städte bestand danach aus drei Bürgermeistern, zweien aus Berlin und einem aus Cölln, sowie weiteren zehn Berliner und fünf Cöllner Ratmannen. Bei fehlender Einstimmigkeit galt, das war neu, in allen Dingen das Majoritätsprinzip. Die Schöffen des Stadtgerichts wählte der Rat alle drei Jahre im alten Verhältnis von vier zu drei. Die Gewerke und Zünfte blieben unvereinigt. Das gesamte Eigentum der Stadt dagegen an geistlichen und weltlichen Lehen, die Ratsdörfer, das Stadtgericht, die Gehölze, Wiesen, Weiden und Gewässer, die Almende, die Zinsen, Renten und Nutzungen sollten „eyn sin den borgeren van beyden steden". Darüber hinaus wurden Bestimmungen für die Abhaltung von Jahr- und Wochenmärkten getroffen. War in Berlin Jahrmarkt, so durften in Cölln beispielsweise nur Korn, Brennholz, Hühner und Wildbret angeboten werden. Wochenmarkt sollte in Berlin am Dienstag, in Cölln am Freitag sein. An diesen Tagen war es den Gewandschneidern, Krämern, Schuhmachern und anderen Gewerbetreibenden untersagt, etwas zu verkaufen.

Dem Vertrag von 1432 gingen Zerwürfnisse zwischen beiden Städten voraus, deren Ursachen vorwiegend finanzieller Art gewesen sind. So hatte sich Cölln, das schon für den Wiederaufbau Berlins nach dem verheerenden Stadtbrand von 1380 nichts beisteuern wollte, geweigert, bei einigen gemeinsamen Ausgaben das übliche Drittel zu zahlen. Hinzu kamen Beeinträchtigungen der Berliner Marktgerechtigkeit und Eingriffe Cöllns in das 1391 von Berlin allein erworbene Gericht. Die Beilegung der Streitigkeiten und der Vereinigungsvertrag von 1432 sind allerdings kaum nur auf die Vermittlung der Brandenburger und Frankfurter Ratmannen zurückzuführen. Die ausschlaggebenden Faktoren hierfür waren, wie weiter unten zu zeigen ist, zum einen die sozialen Spannungen innerhalb der Städte und zum anderen der Konflikt Markgraf Johanns mit den Städten der Mark.

Das Berliner Stadtbuch, das einige Jahrzehnte später angelegte Stadtbuch von Cölln und die darüber hinaus vorhandenen urkundlichen Quellen geben für das ausgehende 14. Jahrhundert und die erste Hälfte des 15. weitere Auskünfte über die Organisation der Stadtverwaltung und die in der Doppelstadt geübte Rechtspflege. Unter den nachgeordneten Organen der Verwaltung erscheint recht früh schon der Stadtschreiber, der die Korrespondenz des Rates und die Einnahmen- und Ausgabenregister zu führen hatte. Sein Jahresgehalt empfing der Stadtschreiber, der zuweilen wohl auch das Amt des Schulmeisters versah, aus der Stadtkasse, dazu erhielt er ebenfalls einmal pro Jahr seine Kleidung vom Rat. Im Jahre 1409 stellte Berlin zusätzlich einen Syndikus an, der allein für geistliche Angelegenheiten zuständig war. Für das Stadtgericht arbeiteten in Berlin ein Gerichtsschreiber und der Gerichtsbote. In Cölln, das ja kein eigenes Gericht hatte, fehlte dieses Amt. Bei der Abwicklung von Rechtsangelegenheiten, die in die Kompetenz des Rates fielen, nahm hier, wie entsprechend wohl auch in Berlin, der Stadtschreiber die Funktion eines Gerichtsschreibers wahr. Für die Exekution der Urteile gab es in Cölln einen Henker. In Berlin kamen dieselben Aufgaben dem Büttel zu, der auch die Ladung der Parteien und eventuelle Pfändungen vorzunehmen hatte. Der Büttel, dessen Haus zugleich als Gefängnis diente, bezog aus der Stadtkasse ein festes Gehalt zuzüglich besonderer Gratifikationen für jede Exekution und die Kleider derjenigen, die hingerichtet wurden.

In den städtischen Kalk- und Ziegelscheunen beschäftigten die Städte mindestens drei Kalk- und Ziegelbrenner, die nach der Zahl der hergestellten Ziegel entlohnt wurden. Die in den Scheunen benötigten Rohstoffe Kalkstein und Ziegelerde brachten auf flachkieligen Lastkähnen, den Prahmen, die ebenfalls aus der Stadtkasse besoldeten Prahmführer herbei, die ihren Lohn nach jedem Transport empfingen. Das Löschen der aus den Rüdersdorfer Kalkbergen ankommenden Kalkladungen besorgten die Wächter am Köpenicker beziehungsweise am Stralauer Tor, die sich mit jedem gelöschten Wispel (etwa 19 Zentner) Kalk drei Pfennige hinzuverdienten. Drei weitere Wächter taten an den anderen Toren der Doppelstadt Dienst, am Spandauer Tor und am Georgentor (Oderberger Tor) in Berlin sowie am Gertraudentor (Teltower Tor) in Cölln. Für die Einteilung des Wachdienstes war ein eigens bestallter Wachtsetzer verantwortlich.

Von der Stadt besoldet wurden auch die Hirten, die vor den Mauern Berlins und Cöllns das Vieh hüteten, die Totengräber, die Marktmeister, die den allgemeinen Marktverkehr beaufsichtigten, Zeidler und Heidereiter, die sich um die Honigbeuten beziehungsweise die städtischen Heiden zu kümmern hatten, ferner berittene Boten für die schnelle Übermittlung von Nachrichten, wenigstens zwei Stadtmusikanten und diverse weitere Knechte. Für beide Städte zusammen arbeiteten ein Armbrustierer, ein Arzt und ein Apotheker.

In die städtische Kasse flossen Einkünfte unterschiedlichster Art. Neben den von der Stadt erworbenen ursprünglich landesherrlichen Abgaben, dem Arealzins, dem Hufenzins, den Marktabgaben, dem Herrenzoll und den Gerichtsgefällen waren dies der Gewerkzins, der Scharrenzins für die den Bäckern und Schlächtern überlassenen Verkaufsflächen (Scharren), die Abgaben für die Nutzung der Kaufkammern im Kaufhaus, der Zins von den drei städtischen Badestuben, den beiden Wursthöfen und den zwei Garbuden (Garküchen), die Gebühr für die Einfuhr fremden Weines, das Honiggeld für das Aufstellen von Honigbeuten in der Stadtheide und weitere kleinere zum Teil unregelmäßig aufkommende Einkünfte. Zu erwähnen sind allerdings noch die aus dem Niederlagsrecht resultierenden Einnahmen, der Budenzins, den Bewohner von Häusern zahlten, die im Obereigentum der Stadt standen und nicht mit Grundstücken in der Feldmark und den im Bürgerrecht zusammengefaßten Vergünstigungen verbunden waren, das Platzgeld, das Holzhändler für den auf dem Holzmarkt von ihnen beanspruchten Raum entrichteten, das Weinsetzen, eine Gewerbesteuer für den Weinausschank, die Einkünfte aus den Ratsdörfern und natürlich die allgemeinen Steuern, die der Rat von Zeit zu Zeit für bestimmte Zwecke erhob. Die Verwaltung der Einnahmen und Ausgaben oblag jeweils dem Ratmann, der als Kämmerer dem städtischen Kämmereivermögen zur Zeit vorstand.

Schließlich erfahren wir aus dem Berliner Stadtbuch noch einiges über die in der ersten Hälfte des 15. Jahrhunderts vom Stadtgericht gefällten Urteile. Schon bei einem ersten Blick auf die Liste von Urteilen wird deutlich, daß der Freiheitsentzug dem Berliner Schöffenrecht als Strafe unbekannt war. Im Büttelhaus eingesperrt wurde jemand in der Regel nur, wenn er keinen Bürgen für sich stellen konnte, wenn Fluchtgefahr bestand oder wenn ein zum Tode Verurteilter auf seine Hinrichtung wartete. Die vom Stadtgericht in diesen Jahren ausgesprochenen Strafzumessungen lassen sich grob in zwei Gruppen einteilen, in Todesstrafen, bei denen der Rat jedoch stets das Recht besaß, sie abzumildern, und in den großen Bereich der Ehrenstrafen, zu denen auch die in der Liste sechzehnmal auftauchende Verbannung und das einmal erwähnte Ohrenabschneiden zu zählen sind. Die Arten der Hinrichtung wurden je nach Schwere der Straftat festgesetzt, sie reichten vom Rädern (wegen Kirchenraubs, vorsätzlicher Brandstiftung und Raubmordes) über Enthauptung (wegen Straßenraubs, Einbruchs, Brandstiftung, Mordversuchs und Verkaufs von Judenkindern) und Verbrennen auf dem Scheiterhaufen (wegen Kuppelei, Falschmünzerei, Zauberei, Vergiftung, Kirchendiebstahls und Falschspielerei) bis zum Erhängen (wegen Pferdediebstahls, gemeinen Diebstahls, Raubs und Hehlerei) und Lebendigbegraben (wegen Diebstahls und Gewalttätigkeit). Im Grundsatz galt, wer mehr als für drei Schillinge Wert gestohlen hatte, wurde, wenn er männlichen Geschlechts war aufgehängt, wenn es sich um eine Frau handelte, lebendig begraben. Die Berliner Hinrichtungsstätte lag vor dem Georgentor, ungefähr im Bereich des heutigen Alexanderplatzes, die Cöllner vermutlich vor dem Getraudentor.

Eine recht gebräuchliche Strafe bei kleineren Diebstählen war die Kombination von „Staupbesen“ und Verbannung (s. Abb. 37). Der Delinquent wurde hierbei mit einem Halseisen an einen Pfeiler (Pranger) des Rathauses geschlossen, der sich unter einem in Stein gehauenen Spottbild befand, und vom Büttel so lange ausgepeitscht, bis der anwesende Ratmann ihm Einhalt gebot – jeden zuviel erteilten Schlag erhielt der Büttel zurück. Der Verurteilte wurde sodann mit dem Staupbesen aus der Stadt getrieben und mußte vor dem Spandauer Tor gegenüber dem Büttel die sogenannte Urfehde leisten, das heißt, eidlich versichern, sich nicht zu rächen und die Stadt niemals wieder zu betreten. Die weiteren Ehrenstrafen umfaßten öffentlichen Widerruf, das Tragen des Lästersteines für Frauen, das Sitzen im „scupstol“ (Vorrichtung, mittels derer ein Missetäter in die Spree geschleudert wurde), und das Einbrennen einer nota infamis, eines Schandmales, in die Wangen. In Fällen von Leichenschändung und Gattenmord wurde das Vermögen des Straftäters konfisziert. Bei letzterem ging ein Mann allerdings straflos aus, wenn er seine Gattin beim Ehebruch überraschte, beide Ehebrecher totschlug und dies selbst vor Gericht brachte.

Innerstädtische Konflikte

Konflikte ganz anderer Art stellten die in Berlin und Cölln das gesamte späte Mittelalter hindurch immer wieder aufflammenden Auseinandersetzungen zwischen den ratsfähigen Familien auf der einen Seite und den Viergewerken und gemeinen Bürgern auf der anderen dar. In der Altmark sind derartige Streitigkeiten zwischen Reich und Arm, den divites ac pauperes, schon für die zweite Hälfte des 13. Jahrhunderts belegt. Die Stendaler Lehnbürger, die 1279 den erwähnten separaten Bedevertrag mit den Markgrafen geschlossen hatten, weigerten sich Anfang der achtziger Jahre, von ihrem Lehnsbesitz Steuern zu entrichten, woraus sich angesichts der fixierten Jahresbede Mehrbelastungen für die übrigen steuerpflichtigen Bürger ergaben. Erst ein unter Vermittlung der Landesherren 1285 zustandegekommener Vergleich, demzufolge die Hälfte des Lehnsbesitzes zur Besteuerung herangezogen werden sollte, konnte die streitenden Parteien eine Zeit lang beruhigen. Auseinandersetzungen zwischen divites und pauperes muß es zu Beginn des 14. Jahrhunderts auch in Berlin gegeben haben, denn Herzog Rudolf von Sachsen und Markgräfin Agnes betonten in ihrer Bestätigungsurkunde von 1319 ausdrücklich, daß es nicht nur den reichen, sondern auch den armen Bürgern Berlins und Cöllns erlaubt sein sollte, ihr Getreide per Schiff nach Hamburg oder in andere Städte zu transportieren, um es dort zu verkaufen.

Die sozialen Gegensätze in den Städten beruhten jedoch nicht in erster Linie auf Uneinigkeiten in finanzieller oder wirtschaftlicher Hinsicht. Den Kernpunkt der Auseinandersetzungen bildete die Frage der Beteiligung der Ge-

37. Titelblatt der Brandenburgischen Halsgerichtsordnung von 1516.

werke und gemeinen Bürger am Stadtregiment. Im Berliner Ratskollegium finden wir noch 1280 und 1284 Männer, die nicht den patrizischen Kaufmannsfamilien angehörten, den zweimal genannten Messerschmied Dietrich und den einmal erwähnten Krämer Heise. Später sind Angehörige der gemeinen Bürgerschaft im Rat nicht mehr nachzuweisen. Wann sich der Ausschluß der Handwerker faktisch durchgesetzt hat, läßt sich nicht ermitteln. Möglicherweise ist dies im Zusammenhang mit der Union von 1307 geschehen.

In den ersten Jahrzehnten des 14. Jahrhunderts scheint der Druck der Zünfte in den meisten größeren Städten zwischen Elbe und Oder dann stark zugenommen zu haben. In Magdeburg wurde der patrizische Rat 1330 gestürzt, in Stendal 1345. Der Perleberger Rat konnte sich 1345 zwar noch halten, mußte sich jedoch zwei Jahre später zu Konzessionen bereitfinden. Zu einem offenen Konflikt zwischen den Parteien ist es in diesen Jahren auch in Berlin gekommen, allerdings mit der nicht unwichtigen Nuance, daß an diesen Streitigkeiten der Landesherr maßgeblich beteiligt war und aus ihnen als eigentlicher Sieger hervorging.

Markgraf Ludwig der Ältere hatte im September 1345 auf einem in Berlin abgehaltenen ersten allgemeinen Landtag eine schwere Demütigung erlitten. Da er für die Auslösung diverser Pfandschaften, für Besoldung und Entschädigung seiner Beamten und seiner Streitmacht und nicht zuletzt für die Hofhaltung wiederum hohe Geldbeträge benötigte, hatte er den Vertretern von Adel, Klerus und Städten vorgeschlagen, den jährlichen Münzverruf ein für allemal abzuschaffen. Die Beseitigung des Umwechselns sollte allerdings mit einer deutlichen Verschlechterung der Münzen einhergehen, was dem Markgrafen einen enormen Gewinn eingebracht hätte. Die Stände wiesen Ludwigs Ansinnen jedoch in deutlicher Weise von sich. Verständlich, daß der Markgraf bestrebt war, diese Niederlage so rasch wie möglich wettzumachen, und kaum ein Mittel hätte der Erreichung dieses Zieles besser dienen können als ein Eingriff in die Berliner Stadtverfassung und damit eine zumindest partielle Entmachtung der gegen seine Politik opponierenden Ratsgeschlechter.

Einen geeigneten Anlaß, gegen den Berliner Rat vorzugehen, ergaben Streitigkeiten Ludwigs mit seinem Berliner Münzmeister Otto Buch, der seit 1328 mehrfach Ratmann und Bürgermeister gewesen war. Buch, der offensichtlich, wie andere Bürger auch, seit langem schon Finanzgeschäfte mit dem Markgrafen unterhielt, war 1345/46 wahrscheinlich seinen finanziellen Verpflichtungen nicht nachgekommen und von Ludwig vertrieben worden. Zur Befriedigung seiner Forderungen hielt sich der Markgraf nun an den Rat, dem Buch seine Lehngüter aufgelassen hatte und der sich anscheinend jetzt auf Buchs Seite stellte. Aus dem Konflikt zwischen dem Markgrafen und Otto Buch war so ein Konflikt zwischen dem Markgrafen und dem Berliner Rat geworden. Über die weiteren Vorgänge sind wir leider nicht informiert, doch erfahren wir durch eine Urkunde aus dem Oktober des Jahres 1346, daß sich Rat, Gewerke und Gemeinheit von Berlin und Cölln Ludwig dem Älteren unterworfen haben. So gelobten sie dem Markgrafen, künftig keine Bündnisse mehr ohne seine ausdrückliche Genehmigung einzugehen und ferner unverbrüchlichen Gehorsam. Darüber hinaus gestanden sie Ludwig zu, daß dieser vier Angehörige aus den Berliner Gewerken und zwei aus denen Cöllns in den gemeinsamen Rat ernannte. Diese sechs hatten ihre Nachfolger, deren Wahl der landesherrlichen Bestätigung unterliegen sollte, ebenfalls den Gewerken zu entnehmen. Endlich fanden sich die Bürger der Doppelstadt auch noch bereit, die markgräflichen Schulden zu stornieren.

Ludwigs Erfolg läßt sich nur hinreichend erklären, wenn man annimmt, daß Viergewerke und übrige Zünfte ihn bei seinem Vorgehen gegen den patrizischen Rat unterstützt haben. Die vom Markgrafen durchgesetzte Beteiligung der Handwerker am Stadtregiment stellt hierfür jedenfalls ein wesentliches Indiz dar. Ludwig der Ältere hatte auf diese Weise das Haupt der mittelmärkischen Städte im Herbst 1346 großenteils in seine Hand bekommen. Der Preis jedoch, den der Markgraf dafür zu zahlen hatte, sollte sich kaum zwei Jahre später als sehr hoch erweisen. Ludwig hatte sich mit seinem Eingriff in die städtische Autonomie die offene Feindschaft der Patrizierfamilien, und wie es scheint, nicht nur der Berlins zugezogen. Diese Feindschaft war dann 1348 beim Auftreten des Falschen Woldemar eine der Hauptursachen für den raschen Abfall der märkischen Städte von ihrem wittelsbachischen Landesherrn. In Berlin löste das Herannahen Woldemars blutige Unruhen zwischen den Patriziern und den Markgraf Ludwig unterstützenden Zünften aus, in deren Folge die Handwerker unterlagen und das patrizische Stadtregiment wiederhergestellt wurde. In der die Woldemar-Krise 1351 abschließenden Aussöhnung nahmen die Wittelsbacher ihre Maßnahmen von 1346 in vollem Umfang zurück. Die Beteiligung der Handwerker am Rat ist demnach nur eine kurze Episode gewesen. In den folgenden 90 Jahren wird lediglich einmal noch ein Ratsmitglied erwähnt, das nicht dem Patriziat entstammte, der Fleischer Henning Perwenitz im Jahre 1405. Auf welche Weise dieser ins Kollegium gelangt ist, entzieht sich unserer Kenntnis.

Entsprechendes gilt für die Frage, in welchem Umfang Viergewerke und Zünfte in der zweiten Hälfte des 14. Jahrhunderts Einfluß auf die Entscheidungen des Rates überhaupt geltend machen konnten. Eine Institutionalisierung der Interessen des nichtpatrizischen Bürgertums in Form eines Stadtverordnetenkollegiums wird jedenfalls nicht erfolgt sein. Ein solches Kollegium begegnet uns erst mit den sogenannten „Sechzehnmann", die vermutlich im Zusammenhang mit der Vereinigung Berlin-Cöllns im Jahre 1432 entstanden sind. Die Kompetenzen der Sechzehnmann lassen sich nur ungefähr beschreiben; nach der betreffenden Urkunde handelten sie mit dem Rat „in Radeswisse". In Brandenburg waren 1427 Sechzehnmann aus Gewerken und Gemeinheit von Kurfürst Friedrich I. eingesetzt und zu Rechnungsprüfern bestimmt worden. Die Einsetzung eines ähnlichen Kontrollorgans hatte Friedrich sieben Jahre zuvor für Frankfurt/Oder verfügt. Ob auch das Berliner Gremium, das doch allem Anschein nach vom Rat selbst als Konzession an die Bürgerschaft installiert wurde, derart weitreichende Befugnisse besessen hat, erscheint sehr zweifelhaft. Wir werden in den Berliner Sechzehnmann daher wahrscheinlich ein in erster Linie beratendes Kollegium zu sehen haben. Über seine Zusammensetzung können ebenfalls nur Vermutungen angestellt werden. Im Jahre 1442 setzten die Viergewerke durch, daß nur ihre Vertreter zur jährlichen Rechnungslegung des Rates hinzugezogen werden. Hieraus könnte man folgern, daß sie bei der Besetzung des Sechzehnerausschusses zu kurz gekommen waren und der Rat in der Mehrzahl – wohl ihm genehme – Repräsentanten der gemeinen Bürgerschaft in das Kollegium berufen hatte.

Wie dem auch sei, festzuhalten ist, daß die Beteiligung der Gewerke und Gemeinheit am Berliner Stadtregiment auch zu dieser Zeit nur äußerst schwach ausgeprägt war und daß gerade dieses Problem, der ungelöste und nur wenig abgemilderte Gegensatz von Bürgerschaft und Patriziat, dem Kurfürsten Friedrich II. schließlich Gelegenheit gab, die Berliner Stadtverfassung in den Jahren von 1442 bis 1448 grundlegend umzugestalten.

Der Verlust der städtischen Freiheit

Das Verhältnis zwischen den hohenzollernschen Landesherren und den Städten der Mark hat sich in den zwanziger und dreißiger Jahren des 15. Jahrhunderts nach und nach wesentlich verändert. Friedrich I. hatte sich während des ersten Jahrzehnts seiner Herrschaft angesichts der städtischen Unterstützung, die er in dieser Zeit bei der Zerstörung der märkischen Raubnester und der Niederringung des frondierenden Adels erhielt, in Fällen von Streitigkeiten innerhalb der Stadtgemeinden stets auf die Seite des Rates gestellt. Durch die Einsetzung des erwähnten Kontrollorgans in Frankfurt jedoch trug er 1420 erstmals dem Wunsch der Bürgerschaft nach politischer Mitbestimmung Rechnung. Innere Auseinandersetzungen, die den Landesherrn geradezu zum Eingreifen aufforderten, gab es derzeit, wenngleich deren Ursachen höchst unterschiedlich waren, auch andernorts, in Treuenbrietzen, Prenzlau und Brandenburg, in Stendal und Salzwedel. Friedrich I. und sein Sohn Markgraf Johann nutzten dies unter anderem zur Festigung ihrer landesherrlichen Autorität, die Städte, und hier vor allem die Ratsgeschlechter, fürchteten mehr und mehr um die Erhaltung ihrer relativ autonomen Stellung, auch wenn die landesherrlichen Eingriffe die alten städtischen Rechte im Kern bislang nicht beeinträchtigt hatten. In dem schwerwiegenden Konflikt Markgraf Johanns mit Frankfurt/Oder 1428/29 erreichte der sich langsam steigernde Gegensatz zwischen Landesherrn und Städten einen ersten Kulminationspunkt.

Die märkischen Städte rückten in der Folge enger zusammen, vereinigten sich in regionalen wie überregionalen Bündnissen zur Verteidigung ihrer angestammten Rechte und beteiligten sich häufiger als früher an den Tagfahrten der Hanse. Die Ratsfamilien standen derzeit zwischen zwei Feuern, sie hatten einerseits der Gefährdung der städtischen Freiheit durch den Landesherrn und andererseits der Bedrohung ihrer Herrschaft durch Gewerke und Gemeinheit zu begegnen. Diese beiden Faktoren dürften auch die ausschlaggebenden Ursachen sowohl für die engere Vereinigung von Berlin und Cölln 1432 als auch für den Abschluß des Städtebundes zwischen Berlin-Cölln, Frankfurt/Oder und Brandenburg im Jahr zuvor gebildet haben, als dessen unmittelbare Folge Markgraf Johann seine Hofhaltung in der Mittelmark von Berlin nach Spandau verlegt hatte.

Johanns Bruder Friedrich (s. Abb. 38), seit 1437 Statthalter in der Mark, schien die existierenden Spannungen nicht zur Kenntnis zu nehmen und hielt sich wieder öfter in Berlin auf. Nach dem Tod des Vaters im Jahre 1440 empfing er von den Städten Berlin und Cölln als Kurfürst Friedrich II. die Huldigung und bestätigte erst danach die Rechte der Doppelstadt und dies, wie der Berliner Stadtschreiber vorausahnend bemerkte, nur mit „schlechten Worten", das heißt nicht in Eidesform. Friedrich II. war, das wurde hier bereits deutlich, nicht gewillt, den Konflikt zwischen Städten und Landesherrschaft auf Kosten der letzteren fortdauern zu lassen. Er wartete lediglich noch auf einen Anlaß, der ihm die Möglichkeit eröffnete, gegen die städtische Selbständigkeit vorzugehen. Dieser ergab sich dann um die Wende zum Jahr 1442.

Die innerstädtischen Gegensätze und möglicherweise auch Zwistigkeiten zwischen Berlin und Cölln wegen der

38. Kurfürst Friedrich II. (1440–1470), historisierende Darstellung.

Vereinigung von 1432 haben, wie es scheint, zu schweren Ausschreitungen geführt, die beide Seiten, Rat und Bürgerschaft, veranlaßten, sich an Friedrich II. um Hilfe zu wenden. Der Rat bat den Kurfürsten, Gewerke und Gemeine zum Gehorsam zu zwingen, diese ihrerseits beklagten sich über „außergewöhnliche Beschwerungen" durch den Rat. Die sich im Februar 1442 anschließenden Verhandlungen hatten zur Folge, daß der gemeinsame Rat Berlin-Cöllns offensichtlich unter dem Druck des Kurfürsten, der eindeutig für die Bürgerschaft Partei ergriff, abdankte und dem Fürsten die Schlüssel zu allen Toren der Stadt auslieferte. Friedrich II. hob daraufhin für „ewige Zeit" den gemeinsamen Rat der Doppelstadt auf und ernannte zwei getrennte Kollegien, zwölf Ratmannen für Berlin und sechs für Cölln. In jeden Rat sollten zudem künftig Männer „sunderliken ut den vierwerken voran und ut den gemeynen borgeren" gewählt werden. Am Ende ihrer einjährigen Amtsperiode hatten die Mitglieder beider Gremien ihren Nachfolgern und den Meistern der Viergewerke Rechnung zu legen. Die Wahl von „befreundeten", das heißt verwandten Personen in den jeweils neuen Rat wurde untersagt. Die gewählten Ratmannen unterlagen darüber hinaus der landesherrlichen Bestätigung. Das Organ der Sechzehnmann wurde aufgelöst. Ferner erklärte der Kurfürst die von der Stadt eingegangenen Bündnisse für nichtig und verbot den Ratskollegien, sich künftig eigenmächtig mit anderen Städten zu verbinden. Die Schlüssel erhielten die Städte nun zurück, unter der Bedingung allerdings, daß sie dem Kurfürsten den jederzeitigen Zugang garantierten.

Im Frühsommer desselben Jahres haben sich Berlin und Cölln dann allem Anschein nach erneut vereinigt, die Vereinbarungen aus dem Februar gebrochen und dem herannahenden Kurfürsten den Zugang verweigert. Friedrich II. erzwang sich den Zutritt jedoch mit einer starken Streitmacht und hielt Ende August ein strenges Strafgericht. Der Kurfürst ließ sich nun ein Areal in Cölln zur Erbauung eines Schlosses abtreten und konfiszierte das gemeinsame Rathaus der beiden Städte auf der Langen Brücke, die Gerichtsrechte und die Niederlage. Die zuvor ebenfalls beschlagnahmten, von den Städten 1435 aus dem Besitz des Johanniterordens erworbenen Dörfer Tempelhof, Rixdorf, Mariendorf und Marienfelde gab er den Städten zurück, allerdings unter der Auflage, daß die auf diesen ruhenden Dienste und Abgaben künftig dem Landesherrn zu leisten waren.

Damit hatten Berlin und Cölln wesentliche Elemente ihrer städtischen Freiheit verloren. Der Berliner Rat behielt zwar das Recht der Schöffenwahl, doch unterlag auch diese fortan der landesherrlichen Bestätigung. Stadtrichter und Gerichtsschreiber, die im 15. Jahrhundert ob des Eindringens von Schriftlichkeit und römischem Recht in die Verfahren die wichtigsten Mitglieder des Gerichtes geworden waren, setzte künftig der Kurfürst ein. Wie schwer der Entzug des Niederlagsrechts wog, läßt sich nicht exakt bestimmen, auf jeden Fall ging der Stadt damit aber ein Instrument für eine eigenständige Handelspolitik verloren. Die Beschlagnahmung des gemeinsamen Rathauses Berlin-Cöllns über der Spree fügte den Städten einen vornehmlich ideellen Verlust zu. Friedrich II. stellte dieses Symbol der politischen Zusammengehörigkeit der Doppelstadt seinem obersten Hofgericht als Amtslokal zur Verfügung und setzte damit ein sichtbares Zeichen für den Übergang der freien Stadtgemeinde zur Fürstenstadt.

Ende Juli 1443 legte Friedrich II. eigenhändig den Grundstein zum Cöllner Schloß, dessen Bau in den folgenden Jahren zügig voranging. Durch das in dieser Zeit äußerlich gute Verhältnis zwischen Kurfürst und Stadt wurden die immer noch bestehenden Gegensätze jedoch nur verdeckt. Die Mitglieder der Hanse, die erkannt hatten, daß die Niederlage Berlins in erster Linie auf den in der Stadt existierenden inneren Zwiespalt zurückzuführen war, verbanden sich 1443 und 1447 zur Verteidigung der städtischen Freiheiten nach außen wie zur Niederhaltung der gegen die Ratskollegien revoltierenden Gewerke und Gemeine und sagten einander militärische Hilfe zu. Angesichts solcher Rückendeckung haben sich die alten Ratsgeschlechter Berlins und Cöllns offenbar 1446 ein zweites Mal über die Vereinbarungen mit dem Landesherrn hinweggesetzt und beide Städte wiederum unter einem gemeinsamen Rat vereinigt. Friedrich II., der die Beschlüsse der Hanse sehr ernst nahm und sich zudem seiner eigenen militärischen Stärke nicht vollständig sicher war, griff aus diesen Gründen jedoch noch nicht ein, sondern bemühte sich innerhalb wie außerhalb der Mark um Unterstützung. Die sich kontinuierlich steigernden Spannungen mündeten dann 1447/48 in einem offenen Aufruhr gegen den Kurfürsten, der als „Berliner Unwille" in die Geschichte einging. Die Bürger verjagten die landesherrlichen Beamten, nahmen den kurfürstlichen Richter Balthasar Hake gefangen, stürmten das Hohe Haus in der Klosterstraße, erbrachen die landesherrliche Kanzlei und vernichteten dort aufbewahrte Dokumente, verhinderten die Weiterführung des Schloßbaues, indem sie den Bauplatz unter Wasser setzten, und stellten die 1432 vereinbarte Union in aller Form wieder her.

Friedrich II. zog indes in Spandau eine Streitmacht zusammen. Die von den Städten erhoffte hansische Hilfe blieb aus. Allein gelassen auch von den meisten märkischen Städten, die Friedrich zum Stillhalten bewogen und mehr oder weniger auf seine Seite gezogen hatte, blieb Berlin und Cölln in dieser Situation nichts anderes übrig, als sich wiederum dem Kurfürsten zu unterwerfen und die von ihm 1442 geschaffene Ordnung endgültig anzuerkennen. In dieser Situation nun bewies Friedrich II. politisches Augenmaß und enthielt sich weiterer Strafaktionen. Nur die mutmaßlichen Rädelsführer des Aufstandes, in der Hauptsache Angehörige der patrizischen Lehnbürgerfamilien, zitierte er nach Spandau vor das Gericht seiner Räte, ließ ihnen ihren Lehnsbesitz entziehen und hohe Geldbußen auferlegen.

Mit der Vollendung des Cöllner Schlosses 1451 und der Etablierung der wichtigsten Institutionen der Landesverwaltung in Berlin begann ein neues Kapitel in der Geschichte der Stadt. Während der zurückliegenden zweihundert Jahre war die Bürgergemeinde zunächst durch markgräfliche Förderung, danach in Konkurrenz zur Landesherrschaft und schließlich durch das Betreiben einer weitgehend eigenständigen Politik zur bedeutendsten Stadt des Landes aufgestiegen. Durch die Ereignisse der vierziger Jahre haben Berlin und Cölln ihre relative Autonomie dann in kürzester Zeit verloren. Friedrich II. machte die Doppelstadt an der Spree zu seiner ständigen Residenz. Aus eigener Kraft war Berlin politische Hauptstadt des Landes geworden, Landeshauptstadt der Mark Brandenburg und kurfürstliche Residenz jedoch nur wider Willen.

Literatur

Holtze, Friedrich: Die Berliner Handelsbesteuerung und Handelspolitik im 13. und 14. Jahrhundert, Berlin 1881.

ders.: Das Berliner Handelsrecht im 13. und 14. Jahrhundert, Berlin 1880.

ders.: Geschichte der Stadt Berlin, Tübingen 1906.

Kaeber, Ernst: Die Beziehungen zwischen Berlin und Cölln im Mittelalter und der Konflikt der beiden Städte mit Kurfürst Friedrich II., in: Hansische Geschichtsblätter 54, 1929, S. 19–88. – Neudruck als: Der „Berliner Unwille" und seine Vorgeschichte, in: ders., Beiträge zur Berliner Geschichte. Ausgewählte Aufsätze, hg. v. W. Vogel, Berlin 1964.

ders.: Vier kritische Fragen zur mittelalterlichen Geschichte Berlins, In: Der Bär von Berlin 3, 1953, S. 143–183.

Klöden, Karl Friedrich v.: Erläuterung einiger Abschnitte des alten Berlinischen Stadtbuches. Programm zur Prüfung der Zöglinge der Gewerbeschule, Berlin 1838.

Müller-Mertens, Eckhard: Zur Städtepolitik der ersten märkischen Hohenzollern und zum Berliner Unwillen; in: Zeitschrift für Geschichtswissenschaft 4, 1956, S. 525–544.

ders.: Untersuchungen zur Geschichte der brandenburgischen Städte im Mittelalter, in: Wissenschaftliche Zeitschrift der Humboldt-Universität zu Berlin. Gesellschafts- und sprachwissenschaftliche Reihe 5, 1955/56, S. 191–221, 271–307, und 6, 1956/57, 1–28.

ders.: Die Unterwerfung Berlins 1346 und die Haltung der märkischen Städte im wittelsbachisch-luxemburgischem Thronstreit, in: Zeitschrift für Geschichtswissenschaft 8, 1960, 78–103.

Schulze, Berthold: Berlin und Cölln bis zum Dreißigjährigen Krieg, in: Heimatchronik Berlin, Köln 1962, S. 69–180.

Seeboth, Joseph: Das Privatrecht des Berliner Stadtbuches vom Ende des 14. Jahrhunderts, Berlin 1928.

Sello, Georg: Die Gerichtsverfassung und das Schöffenrecht Berlins bis zur Mitte des 15. Jahrhunderts, in: Märkische Forschungen 16, 1881, S. 1–129 und 17, 1882, S. 57–71.

ders.: Zur Geschichte Berlins im Mittelalter, in: Märkische Forschungen 17, 1882, S. 1–56.

Zimmermann, Albert: Versuch einer historischen Entwickelung der märkischen Städteverfassungen, 3 Tle., Berlin 1837–1840.

Allgemeine Literatur s. S. 287.

Das Leben in den Städten

Andrea Theissen

Das Bild der Stadt

Im Mittelalter waren auf dem Boden „Großberlins“ drei Städte von unterschiedlicher Bedeutung und Größe entstanden: Spandau, Köpenick und die Doppelstadt Berlin-Cölln (s. Abb. 39). Während Berlin-Cölln seit seiner Gründung eine rasche Entwicklung nahm, geriet das ältere Spandau schnell in seinen Schatten, Köpenick gehörte sogar eine Zeitlang (an der Wende vom 14. zum 15. Jahrhundert) zum Berliner Pfandbesitz. Die unterschiedliche Bedeutung der Städte drückt sich auch in ihrer Einwohnerzahl aus. Lebten um 1400 in Berlin-Cölln mindestens 5000 Einwohner, so daß man es zu den „größeren Mittelstädten“ dieser Zeit zählen kann, wurden für Spandau 1100 Einwohner geschätzt. Angaben für das mittelalterliche Köpenick fehlen, aufgrund späterer Daten läßt sich allerdings vermuten, daß die Einwohnerzahl Köpenicks halb so groß wie die Spandaus war. Zu einer Großstadt ist selbst Berlin-Cölln im Mittelalter nicht geworden – mit einer Stadt wie Köln, mit ungefähr 40000 Einwohnern die größte deutsche Stadt, konnte es sich nicht messen. Dies drückte sich auch im äußeren Erscheinungsbild aus. Kam ein Fremder nach Berlin und ging durch die Straßen der Stadt, wird er zunächst wenig Unterschiede in der Bauweise der einzelnen Häuser festgestellt haben. Da die Städte zum Schutz ihrer Einwohner von einer Mauer umgeben waren, war der Platz für die Bebauung begrenzt. Köpenick bildete insofern eine Ausnahme, als es nicht von

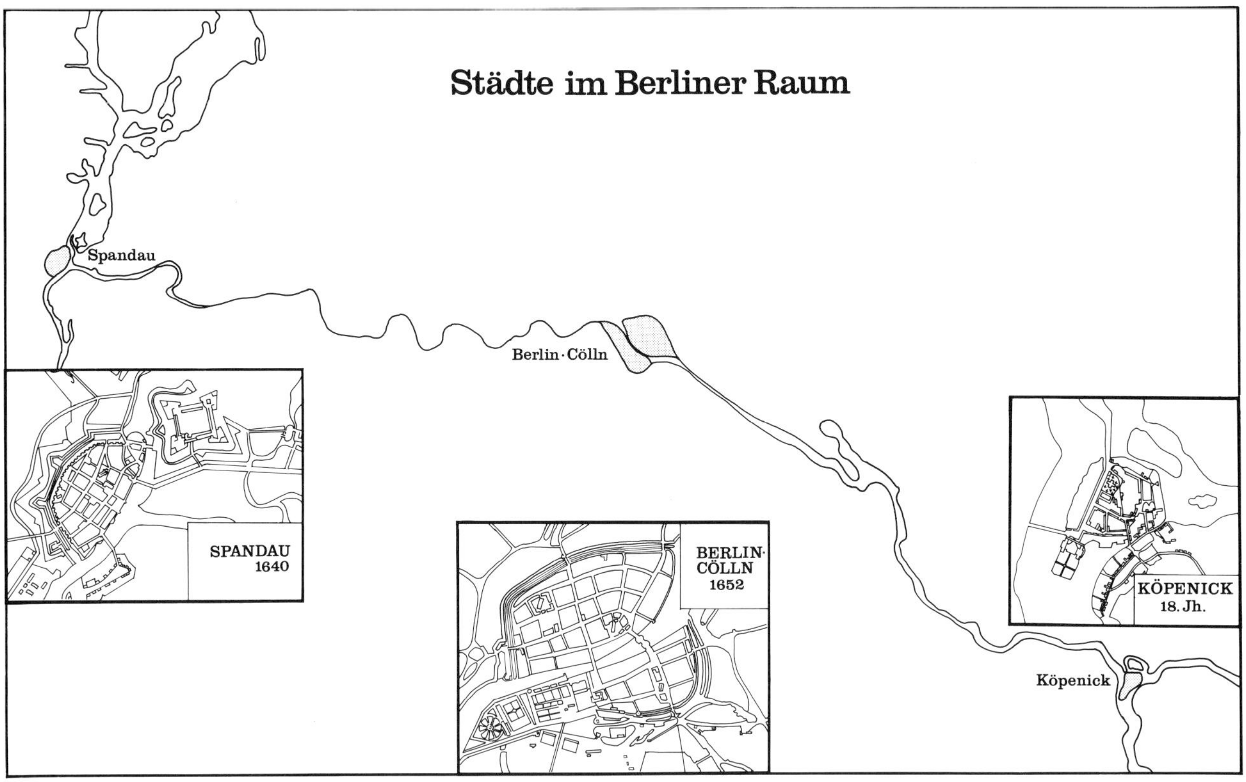

39. Kartenskizze: Städte im Berliner Raum.

der Stadtmauer, sondern von Wasser umschlossen war.

Die einzelnen Grundstücke waren schmal und die meist eingeschossigen Häuser zeigten in der Regel mit den Giebeln zur Straße. Zwischen den Häusern blieb ein schmaler Streifen frei. Dies war notwendig, um bei Feuersbrünsten ein rasches Ausbreiten des Feuers zu verhindern. Die Brandgefahr war sehr groß, denn die meisten Häuser waren aus Holz gebaut und hatten ein Dach aus Holzschindeln oder Stroh. Strohdächer hatte der Berliner Rat 1436 verboten, und es ist anzunehmen, daß die Mehrzahl der Häuser zu Ende des 15. Jahrhunderts mit Ziegeldächern versehen war. Dies wird auch durch den Absatz von Dachsteinen aus den städtischen Ziegeleien belegt. Fachwerkhäuser – mehr oder weniger reich verziert – bestimmten also das Bild der Stadt. Aus diesem Rahmen fielen nur die wenigen Steinhäuser der reichen Familien und die Buden der Armen heraus. Von beiden wird später noch ausführlicher die Rede sein. Nicht alle Flächen innerhalb der Stadtmauer waren bebaut, vor allem am Stadtrand werden sich noch lange von den Bürgern genutzte Gärten befunden haben.

Berlin war, wie die meisten mittelalterlichen Städte, alles andere als sauber. Haus- und Küchenabfälle, sogar Viehmist und anderer Unrat sammelte sich in den Gäßchen zwischen den Häusern und auf den Straßen. Die Städter hielten auch Vieh, vor allem Schweine, auf ihren Grundstücken und trieben es durch die Straßen auf die Weiden vor der Stadt oder zur Mast in die Wälder. Die Straßen waren ungepflastert und oft so schmutzig, daß man sie nicht mit einfachen Schuhen betreten konnte, sondern Holzschuhe, sog. Trippen, überstreifen mußte, um nicht im Schmutz zu versinken. Dieser Unrat auf den Straßen bot ganzen Scharen von Ratten und sonstigem Ungeziefer Nahrung. Durch sie verbreiteten sich Keime ansteckender Krankheiten rasch. Hinzu trat häufig eine Verseuchung des Grundwassers, die durch die räumliche Nähe von Kloaken und Brunnen hervorgerufen wurde. Die größten Bevölkerungsverluste verursachte die Pest, besonders die Beulenpest, die sich zuerst 1348 in Europa ausbreitete. Auch im Berliner Raum hat die Pest gewütet, wenn auch die Zahl der Opfer nicht überliefert ist.

Berlin-Cölln

In der Mitte des 13. Jahrhunderts erhielt die Stadt ihre Gestalt, die bis zum Ausbau Berlins zur Residenzstadt zu Ende des 15. Jahrhunderts prägend blieb. Näherte sich ein Besucher dem mittelalterlichen Berlin, sah er zunächst die hohen Türme der drei städtischen Pfarrkirchen. Diese waren auf flachen Sandhügeln erbaut; der sonst vorhandene feuchte Niederungsgrund hätte große Steinbauten wie diese nicht tragen können. Die Nikolaikirche in Berlin und die Petrikirche in Cölln wurden, wie neuere Ausgrabungen zeigen, um 1230/40 aus Feldsteinen errichtet, die Marienkirche vielleicht zwanzig Jahre später. Auf dem vierten Sandhügel bauten die Berliner Bürger später ihr Rathaus (s. Abb. 36). Ursprünglich mag es als Kaufhalle gedient haben, ehe hier der Rat seine Sitzungen abhielt. Gericht wurde unter dem Gewölbe der angebauten Laube gehalten. Ende des vorigen Jahrhunderts, als die Gerichtslaube im Zuge des Rathausneubaues abgerissen wurde, fand man nach langem Hin und Her im Babelsberger Park endlich einen neuen Standort für diesen wohl ältesten Teil des Berliner Rathauses. Über der Gerichtslaube befand sich der Ratssaal. Im Obergeschoß besaß das Rathaus einen großen Saal, in dem angesehene Bürger ihre Feste feierten; und auch der Ratskeller stand den Einwohnern oder Besuchern der Stadt offen. Das Cöllner Rathaus, das wahrscheinlich schon im 13. Jahrhundert existierte, stand am Cöllner Markt, dem späteren Fischmarkt.

Schutz und Sicherheit gewährte die Stadtmauer, die die Stadt umschloß. Die Bauarbeiten an einer massiven Anlage begannen wohl zu Beginn des 14. Jahrhunderts, haben sich aber noch geraume Zeit hingezogen. Für die Befestigungsgräben konnten zum großen Teil die natürlichen Wasserläufe genutzt werden. Wollte ein Besucher die Stadt betreten, mußte er eines der fünf Tore der Doppelstadt, das Spandauer Tor, das Oderberger Tor, das Stralauer Tor, das Köpenicker Tor oder das Teltower Tor, passieren und sich einer genauen Prüfung der Torwächter unterziehen. Dies war allerdings nur am Tage möglich, denn nachts waren die Tore für jedermann geschlossen. In der Nähe des Oderberger Tores befand sich der markgräfliche Sitz, das „Hohe Haus", eine Burg wie in Spandau oder Köpenick gab es in Berlin nicht. Dieses Gebäude wurde jedoch nach dem Bau des Stadtschlosses Mitte des 15. Jahrhunderts funktionslos und wurde vom Stadtherrn an einen Bürger verlehnt. 1931 beim Abriß des königlichen Lagerhauses, das an der Stelle des Hohen Hauses errichtet worden war, kamen Reste der frühgotischen Anlage zum Vorschein.

1271 überließen die Markgrafen Otto V. und Albrecht III. einen Teil des zum Hohen Haus gehörigen Geländes den Franziskanern. Diese bauten hier ihre Kirche und Klosteranlage. Die Ruine der Backsteinkirche ist heute noch zu besichtigen. Demgegenüber ist von dem Dominikanerkloster, das seit Ende des 13. Jahrhunderts in Cölln bestanden haben muß, schon lange nichts mehr zu sehen; die Klosterkirche wurde 1536 dem Domstift überlassen und im 18. Jahrhundert schließlich abgerissen.

Die besondere Bedeutung Berlins als Handelsstadt geht schon allein daraus hervor, daß die Stadt seit der Mitte des 13. Jahrhunderts zwei große Marktplätze besaß. Hier ist

40. Blick auf den Neuen Markt mit der Marienkirche. Stich von Johann Georg Rosenberg 1785.

zuerst der Alte Markt, später Molkenmarkt, zu nennen, der am Treffpunkt der beiden frühen Hauptverkehrslinien, der Spandauer Straße und der Stralauer Straße, gelegen war. Auch der Neue Markt befand sich an der Spandauer Straße, die lange Zeit, neben der Oderberger Straße, die wichtigste Verkehrsader blieb (s. Abb. 40). Über den „Hohen Steinweg“ waren Oderberger Straße und Neuer Markt miteinander verbunden. Während auf der Spandauer Straße der Verkehr von und nach Westen abrollte, führte die Oderberger Straße zur Fernstraße nach Nordosten. Am Neuen Markt standen die öffentlichen Waage und das Kramhaus.

Auch in Cölln befand sich ein Marktplatz, und zwar direkt an dem alten Spreeübergang nach Berlin, dem Mühlendamm, der später durch die „neue Brücke“, die Verbindung zur Oderberger Straße, Entlastung bekam. Vom Cöllner Markt ging die Roßstraße (Rascherstraße) ab; sie führte durch das Köpenicker Tor. Auf die bedeutenden Handelswege nach Südwesten gelangte man durch das Teltower Tor.

An den großen Ausfallstraßen, auf denen der Handel von und nach Berlin abrollte, befanden sich Spitäler, die sowohl für Fremde als auch für bedürftige Bewohner der Stadt von großer Bedeutung waren. Sie beherbergten mittellose Reisende und Pilger, dienten aber auch der Krankenpflege. In Berlin lagen – seit Ende des 13. Jahrhunderts erstmals erwähnt – am Spandauer Tor das Heiliggeistspital, vor dem Oderberger Tor das St. Georgsspital und in Cölln vor dem Teltower Tor das Gertraudenspital, das aber erst zu Beginn des 15. Jahrhunderts eingerichtet wurde.

Fernhandel

Spandau, die älteste städtische Siedlung auf Berliner Boden, war vor dem Aufstieg Berlins eine wichtige Handelsstadt, was sie sowohl ihrer geschützten Lage bei der landesherrlichen Burg als auch ihrer günstigen Verkehrslage zu verdanken hatte. So führte zum Beispiel die älteste Verbindung von der Elbe in die Mark über Brandenburg und Spandau. Wichtiger aber noch als die Landstraßen waren für den mittelalterlichen Handel die Wasserstraßen. Die große Bedeutung der Havel für den Warentransport läßt sich aus der Tatsache schließen, daß die Spandauer sich 1232 von den Markgrafen Johann I. und Otto III. von Brandenburg den Bau einer Flutrinne, also eines Schifffahrtskanals mit Schleuse, und für deren Benutzung Zollfreiheit bewilligen ließen. Das bedeutete für den Handel, der im Mittelalter durch eine Vielzahl von Zollstätten an Straßen und Flüssen behindert wurde, eine große Erleichterung.

Die für Spandau so wichtige Urkunde von 1232 enthält darüber hinaus eine Vielzahl weiterer Privilegien. Wenn auch die Echtheit einiger Teile der Urkunde, die nur in einer Abschrift des 15. Jahrhunderts überliefert ist, angezweifelt wurde, steht wohl außer Frage, daß die Landesherren den Handel Spandaus durch Gewährung der Zollfreiheit im gesamten markgräflichen Territorium und durch die Überlassung der Zollerhebung auf dem städtischen Markt und im Kaufhaus wesentlich gefördert haben. Damit wurde Spandau zu einem wichtigen Austauschzentrum im östlichen Havelland. Hatten Spandauer Kaufleute noch im 13. Jahrhundert einen beträchtlichen Anteil am Nah- und Fernhandel, prägten im späten Mittelalter vorrangig Handwerker und Ackerbürger das Gesicht der Stadt. Im Bereich des Fernhandels wurde Spandau bald von der Doppelstadt Berlin-Cölln in den Schatten gestellt.

In noch größerem Maße als in Spandau stärkten die Landesherren die wirtschaftliche Position der Stadt Berlin. Das taten sie sicher nicht nur um der Städte willen, sondern oft auch, weil sie ihren durch kostspielige Hofhaltung und Kriege erhöhten Finanzbedarf nicht mehr mit eigenen Einnahmen oder mit der regelmäßigen Steuer, der sog. Bede, decken konnten und deshalb gezwungen waren, ursprünglich landesherrliche Privilegien zu veräußern. So ist bekannt, daß Berlin noch 1375 eine beträchtliche Summe als Abfindung für die Verfügungsgewalt über den Zoll entrichten mußte und auch das Recht, einen „ewigen Pfennig" zu prägen, hat die Stadt teuer bezahlt. Daß die Markgrafen Berlin vom Zoll innerhalb der Mark befreit hatten, wissen wir zuerst aus einem 1251 ausgestellten Zollprivileg für Prenzlau, in dem ausdrücklich auf die Vorbilder Brandenburg und Berlin Bezug genommen wird. Gegenüber anderen Städten wurde Berlin durch die sog. „Niederlage" bevorzugt. Fremde waren dadurch gezwungen, Zufahrtsstraßen der Stadt zu Land und Wasser zu benutzen und die mitgeführten Waren in der Stadt anzubieten, „niederzulegen", oder eine Gebühr entsprechend der Warenart und Menge zu entrichten. Die Berliner erhielten dadurch günstige Einfuhrmöglichkeiten; die fremden Kaufleute hatten aber keinen zu großen Nachteil, denn sie waren ohnehin gezwungen, ihre Waren am Mühlendamm umzuladen, sei es auf Wagen oder auf Schiffe, die an der anderen Seite des Dammes lagen. Wann Berlin dieses Privileg erhielt, ist nicht bekannt, aber wahrscheinlich wurde der Stapelzwang schon im 13. Jahrhundert praktiziert.

Daß die Landesherren gerade Berlin in dieser Weise begünstigten, hängt neben politischen Beweggründen und der Finanzkraft der Stadt sicher mit ihrer besonders verkehrsgünstigen Lage zusammen. Die Stadt lag am Kreuzungspunkt zahlreicher Verkehrswege zu Wasser und zu Lande, die Elbe und Oder sowie Erzgebirge und Ostsee miteinander verbanden. So konnte die Stadt Berlin zu der Handelsmetropole der Mark werden und auch über die Landesgrenzen hinaus wirtschaftliche Bedeutung erringen, was durch die Mitgliedschaft Berlins in der Hanse dokumentiert wird.

Der Handel nach und über Hamburg machte einen Großteil des Berliner Fernhandels aus (s. Abb.41). Die wichtigste Quelle für diese Handelsbeziehungen ist das Hamburger Schuldbuch. In ihm sind alle in Hamburg auf Kreditbasis abgeschlossenen Geschäfte in der Zeit von 1288–1323 notiert. Über Spree, Havel und Elbe fuhren Berliner und Cöllner und in geringerem Umfang auch Spandauer Kaufleute auf den „Prahm" genannten flachen und breiten Schiffen nach Hamburg. Ihre Fracht bestand aus Holz, vor allem aus Gebieten oberhalb Köpenicks und Getreide, bekannt als „Berliner Roggen", von den Feldern der näheren und weiteren Umgebung der Stadt. Diese Produkte blieben zu einem nicht unbeträchtlichen Teil in Hamburg, denn die aufstrebende Hafenstadt benötigte für ihre Baumaßnahmen und für den Schiffbau viel Holz; die für den Export betriebene Bierbrauerei erforderte große Mengen Getreide. Ein Großteil der Waren gelangte jedoch in die blühenden Fernhandelsstädte Flanderns wie Brügge, Gent und Löwen, aus denen die Berliner Kaufleute kostbare Tuche und andere Luxusgüter für den heimischen Markt oder den Weiterverkauf bezogen. Dieses wervolle Tuch, in Berlin „schönwand" genannt, kauften die Händler in Ballen und verkauften es in Stücke geschnitten weiter. Sie wurden danach als Gewandschneider bezeichnet; ein Begriff, der im damaligen Sprachgebrauch zur Bezeichnung des Fernkaufmanns überhaupt wurde.

Das Getreide kauften Großhändler von Bauern oder dem Landadel der fruchtbaren Gebiete des Teltow und Barnim auf, konnten aber auch auf die Produktion abhängiger Bauern eigener Ländereien oder städtischer Dörfer zurückgreifen. Dieser Lehnsbesitz, den die Kaufleute von den Landesherren nach und nach erworben hatten, war nicht unbeträchtlich. Getreide blieb das wichtigste Berliner Exportgut und der Handel damit einträglich, auch als seit Mitte des 14. Jahrhunderts in Folge der Pestwellen mit ihren großen Bevölkerungsverlusten ein deutlicher Verfall der Agrarpreise zu verzeichnen war.

Neben Holz und Getreide war der Handel mit Fisch für die Berliner und Cöllner Kaufleute besonders gewinnbringend. Fisch wurde als die beliebteste Fastenspeise im Mittelalter in erheblich größeren Mengen benötigt als heute. Man kann das mittelalterliche Berlin als die „Fischhandelszentrale" der Mark bezeichnen, die Verteilerfunktion Berlins in dieser Hinsicht ist vielfach belegt. Nach Berlin wurden die Fische der Umgebung geliefert, hier wurden sie konserviert und weiterverkauft. Aber auch von der Ostsee kam Fisch, vor allem der Salzhering. Berliner Kaufleute holten ihn aus Stettin, transportierten ihn oderaufwärts bis nach Oderberg, wofür Berlin 1317 vom Landesherrn Zollbefreiung erhielt; in Oderberg wurde die Fracht umgeladen und zu Land weiter nach Berlin transportiert. Eine weitere Begünstigung der Berliner Kaufleute ist aus den Jahren 1364/65 überliefert, als ihnen der Durchgangszoll in Saarmund erlassen wurde. Saarmund liegt nahe der Grenze zu Sachsen an der Straße in die Mark Meißen (Leipzig) und nach Thüringen (Erfurt). Listen der von Berliner und Cöllner Kaufleuten mitgeführten Waren weisen auch hier den Fisch (Salzhering, Stockfisch und andere gesalzene und ungesalzene Fische) als häufigstes Handelsgut aus.

Marktleben

In allen drei Städten wurden regelmäßig Wochenmärkte abgehalten, die vorrangig der Versorgung der Einwohner mit den Gütern des täglichen Bedarfs dienten. Treffpunkt für Händler und Handwerker von nah und fern waren aber vor allem die Jahrmärkte, die in Berlin und Cölln am Walpurgistag (1. Mai), dem Heiligkreuztag (14. September) und dem Martinstag (11. November) abgehalten wurden. Je nach Stellung und Vermögen boten Händler ihre Waren im Kaufhaus, in festen Buden, auf Ständen, direkt vom Wagen oder sogar aus dem Korb an.

Das Marktleben vollzog sich nach festgefügten Regeln. Kirchenglocken läuteten den Markt ein; Symbol für den Frieden, der gehalten werden mußte, war ein in der Mitte des Marktplatzes errichtetes Kreuz. Mit dem „Marktwisch", einem Strohbüschel, wurde das Zeichen für den Beginn des Verkaufs gegeben. Der Marktmeister, ein städtischer Beamter, sorgte für die Einhaltung des Marktrechtes ebenso wie für die Überwachung von Maß und Gewicht. Es bestand eine besondere Marktgerichtsbarkeit, die Verstöße dagegen sofort ahnden konnte. Meist wurden Geldbußen verhängt, aber man hört auch von der Strafe des Untertauchens auf einem „Schupfstuhl" (scuptol) in ein Gewässer oder vom Tragen sogenannter „Schimpfsteine". Eine Strafe, die zänkischen Marktfrauen auferlegt worden sein soll.

Es war ein ausgeklügeltes System von Markt- und Handelsabgaben entwickelt worden. Die Höhe der Zölle und Gebühren richtete sich nach der Herkunft des Händlers, Art und Menge der Ware, nach Beförderungsmittel und Verkaufsstand. Bürger der Stadt wurden vor allen anderen begünstigt, und auch Händler aus der Mark hatten weniger in die Stadtkasse zu zahlen als Auswärtige. Arme Höker, die ihre Ware unter dem Arm trugen, verschonte man mit Abgaben. Die Politik des Rates zielte darauf, den eigenen Handel und das eigene Handwerk zu fördern und die Versorgung der Stadt zu gewährleisten. Deshalb war der Einfuhrzoll für Nahrungsmittel und Rohstoffe niedrig, für Fertigprodukte dagegen höher. Der Durchgangszoll lag in der Regel höher als der Einfuhrzoll. Die Zolltarife vermitteln einen Eindruck von der Fülle der verschiedenen Verkaufsgüter, die in Berlin-Cölln verhandelt wurden. So werden im Stadtbuch genannt: landwirtschaftliche Produkte wie Getreide, Vieh, tierische Produkte, Wolle, Häute, Leder, Honig, Wachs; Textilrohstoffe wie Flachs; Textilprodukte wie Leinwand; Metalle und Metallprodukte wie Geräte, Hufeisen, Kessel, aber auch Waffen; Genußmittel wie Pfeffer, Salz, Zimt, Feigen, Öl („baumöl"), Reis, Bier und Wein. Es scheint aber auch ein florierender Gebrauchtwarenhandel betrieben worden zu sein, so wird die Ausfuhr alter Kleider, Schüsseln und Sättel mit einer Abgabe belegt. An erster Stelle aber steht der Fisch, vor allem der Hering. Die besondere Rolle, die der Fisch im Handel Berlins und Cöllns spielte, kommt auch darin zum Ausdruck, daß sowohl ein Teil des Berliner Alten Marktes als auch des Cöllner Marktes den Namen „Fischmarkt" trug.

Die Städter

Große Unterschiede bestanden innerhalb der Einwohnerschaft der Städte. Schon die rechtliche Trennung zwischen Bürgern und Nichtbürgern hatte für den Einzelnen weitreichende Folgen. Aber auch hinsichtlich ihrer sozialen Lage und Geltung waren die Einwohner von einander geschieden. Die sozialen Unterschiede mit statistischer

41. Hafenbetrieb. Eingangsminiatur aus der Handschrift des Hamburger Stadtrechts. 1497.

Der Tod sagt:

Herr Kaufmann, was seid ihr, Mann, nun hastig!
Ihr vermeidet weder Regenwetter noch Wind,
Der Markt ist doch sicher hier schon beendet,
Ihr müßt unnütz mit mir tanzen gehn.
Erschreckt euch nicht, legt ab die Sporen,
Denn das Sterben ist euch auch angeboren.

Der Kaufmann sagt:

Ach guter Tod, wie kommt ihr mir so hastig an!
Wohl bin ich gewesen ein vornehmer Kaufmann,
Doch ist meine Rechenschaft noch gar unklar.
Das klage ich dir, Christus, ganz offenbar.
Willst du sie nun klar machen, dazu hast du Macht,
Ich habe sicher nicht viel an dich gedacht.

42. Umzeichnung eines Details aus dem Totentanz der Berliner Marienkirche: Tod und Kaufmann.

Genauigkeit zu erfassen, ist nicht möglich, denn dazu fehlen die erforderlichen Quellen. Einen gewissen Einblick könnten Steuerverzeichnisse vermitteln, aber weder für Berlin noch für Spandau sind sie vor Ende des 15. Jahrhunderts überliefert. Leichter ist dagegen die ständische Gliederung zu erkennen. Die Ständegliederung ist ein häufig wiederkehrendes Thema in der Literatur und Kunst des Mittelalters. Auch der Berliner Totentanz, der in der zweiten Hälfte des 15. Jahrhunderts in der Marienkirche entstand, stellt dieses Motiv dar. Er zeigt die einzelnen Stände in Auseinandersetzung mit dem Tod; nach vierzehn Vertretern des geistlichen Standes folgen vierzehn aus dem weltlichen Bereich: Kaiser, Kaiserin, König, Herzog, Ritter, Bürgermeister, Wucherer, Junker, Kaufmann, Handwerker, Bauer, Krügerin und Narr. Die letzte Figur, eine Mutter mit Kind, ist frühzeitig verblichen. Anhaltspunkte für die Gliederung der städtischen Gesellschaft geben auch die Prozessionsordnungen anläßlich kirchlicher Feste; diese Ordnungen hatten sich im Mittelalter herausgebildet und sind im 16. Jahrhundert festgeschrieben worden, in Berlin 1580, in Spandau um 1590. Danach sind die Einwohner – abgesehen vom geistlichen Stand – in vier große Gruppen untergliedert. An der Spitze standen Bürgermeister, Rats- und Gerichtspersonen sowie die alten Geschlechter. In gebührendem Abstand folgten die vier angesehendsten Handwerke und andere reiche Bürger. An dritter Stelle sind die übrigen Bürger und Handwerker genannt. Hausleute, Tagelöhner und Gesinde bilden den Schluß des Prozessionszuges.

Das Patriziat, die alten Geschlechter

Den ersten Stand der städtischen Gesellschaft bildeten die alten Geschlechter, das Patriziat (s. Abb.42). Sie hatten als Rats- und Gerichtspersonen oder gar als Bürgermeister die politische Macht in den Händen. Ihren Reichtum, den sie vornehmlich im Fernhandel erworben hatten, legten sie in Landbesitz an. Nach den Bürgern von Stendal verfügten die Berliner und Cöllner über den umfangreichsten Grundbesitz in der Mark. 42 Familien hatten Einnahmen aus 94 Dörfern. Hervorzuheben sind hier die Reiche, Hönow, Ronnebom, Trebitz, Brügge, Rode, Wiperti, Beelitz, Blankenfelde, Krähenfuß, Rathenow und Wardenberg.

So ist es auch nicht verwunderlich, daß sich Patrizier dieser Städte in ihrer Lebensweise in vieler Hinsicht am Adel orientierten. Sie hielten Turniere ab, übten sich im Kampf zu Pferd und mit ritterlichen Waffen. Einige Familien führten sogar eigene Siegel und Wappen; z.B die Wiperti, Reiche, Sone, Brügge, Wins, Stroband, Rathenow und Blankenfelde.

Beispielhaft für andere Patrizierfamilien soll hier die Geschichte der Blankenfeldes dargestellt werden (s. Abb. 43). Das Geschlecht Blankenfelde gehört zu den ältesten und wohlhabendsten Berlins. Erstmals urkundlich erwähnt ist der Ratsherr Johann Blankenfelde 1284. Wie aus dem Gildebrief der Schneider hervorgeht, bekleidete er 1288 dasselbe Amt. Lange Zeit fehlen weitere Nachrichten über die Familie. Erst 1365 taucht in den Quellen wieder ein Blankenfelde auf, nämlich Peter, der zwischen 1365 und 1395 insgesamt sechsmal das Amt des Bürgermeisters innehatte. Umfangreich war der Landbesitz der Familie zu dieser Zeit, wie das Landbuch Karls IV. von 1375 belegt. Peter Blankenfelde besaß in Rodensee von fünf Hufen Land Pacht und Zins an Hafer und Gerste, in Groß-Ziethen ebenfalls Abgaben von fünf Hufen, in Birkholz Geldzins, in Wartenberg Pacht von 23 Hufen und zusammen mit dem Vasallen Mildenhaupt die Bede, Ober- und Niedergericht, sowie Wagendienst, in Malchow einen großen Pachtbetrag. Jakob, wahrscheinlich Peters Bruder, hatte zusammen mit Kuno Britzke das Dorf Bredereiche zu Lehen, außerdem standen ihm Einnahmen aus zwei Hufen Landes in Kaulsdorf zu.

In Berlin besaßen die Blankenfeldes zwei Häuser, eins an der Marienkirche in der Klosterstraße, das sie 1381 weiterverkauften und eins in der Spandauer Straße. Paul Blankenfelde war zwischen 1401 und 1429 zehnmal Bürgermeister in Berlin, und glaubt man der Inschrift am einstigen Blankenfelde-Haus, muß er auch 1390 schon einmal in dieses Amt berufen worden sein. 1429/30 erscheint er als Richter bei einer Klage Markgraf Johanns gegen die Stadt Frankfurt/Oder. Seine Söhne Wilcke und Hans folgten ihrem Vater in seinem Amt nach. Wilcke war erstmals 1436 Bürgermeister in Berlin.

Er stand beim Landesherrn offensichtlich in hohem Ansehen, denn 1446 war er von Kurfürst Friedrich II. mit dem Dorf Seefeld und mit Rechten und Renten in Groß-Ziethen, Herzfelde, Rüdersdorf, Altena, Heinickendorf und Pankow belehnt worden. Auch 1448, zur Zeit der schweren Unruhen, war er Berliner Bürgermeister und hat sich, wie viele andere Patrizier der Stadt, auch an dem Aufstand gegen den Kurfürsten, am „Berliner Unwillen“, beteiligt, denn aus den Aufzeichnungen über das anschließende Strafgericht ist zu erfahren, daß die Blankenfeldes ihrer Lehen verlustig gehen und 3000 Böhmische Groschen Strafe zahlen sollten; diese höchste, an den Landesherrn zu entrichtende Strafsumme ist sonst nur den Reiches auferlegt worden. 1453 aber schon erfolgte die Begnadigung.

Wilcke Blankenfelde und sein Bruder Hans werden in den folgenden Jahren wieder als Bürgermeister genannt, und auch einen Großteil ihres Landbesitzes konnten sie zurückerwerben.

43. Epitaphgemälde der Familie Blankenfelde, um 1440, ursprünglich in der Berliner Klosterkirche, jetzt in der Marienkirche.

Ein Zweig der Familie hatte sich in Spandau niedergelassen, wo ein Johann Blankenfelde 1317 als Ratmann und 1330 als Bürgermeister genannt ist.

Zeugnis von dem Ansehen und dem Reichtum der Blankenfeldes wie anderer Patrizierfamilien legen auch die von ihnen gestifteten Altäre in den Stadtkirchen und die heute noch vorhandenen Epitaphe, Gedenktafeln für Verstorbene, ab.

Man wollte repräsentieren – und das nicht nur im kirchlichen, sondern auch im weltlichen Bereich. Kleiderluxus und Wohlleben hatten auch Bevölkerungskreise ergriffen, denen die nötigen finanziellen Mittel dafür fehlten und die sich nicht selten damit ruinierten. Um dem entgegenzuwirken, hatte der Rat von Berlin-Cölln in der ältesten überlieferten Polizeiordnung der Stadt von 1335 klare Grenzen gezogen. Danach durfte keine Frau Mövenspangen, mit denen sie die weiten Ärmel ihres Kleides zusammenhielt, oder Geschmeide tragen, das mehr als eine halbe Mark Gewicht hatte; ebenso durften Perlenketten dieses Gewicht nicht überschreiten. Die mittelalterliche Mark wog zwischen 186 und 281 Gramm; die gebräuchlichste Gewichtseinheit war in Deutschland die Kölner Mark mit einem Gewicht von 234 Gramm. Untersagt war den Frauen die Verwendung goldgestreifter Stoffe für ihre Kleidung oder das Tragen goldener Schleier. Ihre Kränze durften nicht mehr als eine Mark wiegen. Kränze, die ursprünglich aus Blumen, später auch aus Gold-, Silber- und Perlenschnüren geflochten wurden, erfreuten sich besonderer Beliebtheit. Auf Zobel, schon damals ein besonders kostspieliger Pelz, oder Borten auf Kleidern und Mänteln sollten sie gänzlich verzichten. Neben diesen Kleidervorschriften waren hier auch genaue Vorgaben für Feste gemacht. Zu einer Hochzeitsfeier durften die Bürger nicht mehr als 80 Gäste einladen, 20 Aufwärter und sechs Spielleute waren zugelassen. Insgesamt scheinen die Maßstäbe in Berlin strenger gewesen zu sein als in anderen deutschen Städten. Einer auswärtigen Braut war nur vier Wochen lang erlaubt, ihr Geschmeide zu tragen, dann mußte sie sich den Berliner Vorschriften unterwerfen. Auch scheinen die Festgelage hier nicht so umfangreich gewesen zu sein wie anderswo; in Göttingen zum Beispiel waren im 14. Jahrhundert bei einem Hochzeitsmahl bis zu zwölf Gänge erlaubt, in Berlin dagegen nur fünf.

Die Tafel in einem Patrizierhaushalt unterschied sich, abgesehen von Art und Menge der Speisen, auch dadurch von der eines einfachen Handwerkers, daß sie mit einem weißen Tuch gedeckt war und Gefäße aus Zinn und Glas das sonst übliche Ton- und Holzgeschirr ergänzten (s. Abb. 44). Überhaupt hob sich das Innere eines Patrizierhauses doch stark von dem anderer Häuser in der Stadt ab. Ausgestattet mit Glasfenstern und Kachelöfen ließen sich die kalten Winter hier sicher leichter überstehen als in Räumen, die womöglich nur mit einer offenen Feuerstelle beheizt waren und deren Fenster durch Läden geschlossen waren, die trotz kleiner Öffnungen kaum Licht in den Raum fallen ließen.

Daß nur wenige reiche Familien in aufwendig gebauten und kunstvoll verzierten Steinhäusern wohnten, wurde bereits erwähnt. Erhalten hat sich von der damaligen Pracht wenig; nur eines dieser Steinhäuser ist im Berliner Raum noch heute zu besichtigen, nämlich in der Breite

44. Tisch mit spätmittelalterlichem Hausrat einer Patrizierfamilie, Göttingen um 1400.

Straße in Spandau. Von den Berliner Patrizierhäusern sind nur noch einige Bauelemente gerettet worden. Die Familie Blankenfelde errichtete 1390, zehn Jahre nach dem großen Stadtbrand, der weite Teile Berlins zerstört hatte, ihren Stammsitz in der Spandauer Straße. In lateinischer Sprache befand sich über dem Eingang des Hauses folgende Inschrift: „Die von Blankenfelde, Patrizier dieser Stadt, haben ums Jahr 1390, als Paul von Blankenfelde und Hennig Stroband Bürgermeister waren, dieses Haus mit starken Mauern und Pfeilern wieder hergestellt und zwar in Backsteinbau: sie haben seine Last einem Kellergewölbe von sieben Jochen auferlegt." Das Haus blieb bis 1889, bis zu dem Zeitpunkt, als es dem Berliner Elektrizitätswerk weichen mußte, erhalten. Einige Kapitelle, die früher die Säulen im Prunkgemach des Erdgeschosses geziert hatten, geben aber noch heute einen Eindruck von der reichen Ausstattung des Hauses. Die Häuser in mittelalterlichen Städten waren nicht nur Wohnhäuser, sondern in mindestens ebenso großem Maße auch Arbeitsplätze. Im Erdgeschoß befanden sich meist Werkstätten und Geschäftsräume, im Obergeschoß die Aufenthaltsräume der Familie. Selbst das Bier wurde in diesen Häusern gebraut. Zunächst war die Bierbrauerei ein städtisches Vorrecht. Dies bestätigten Markgräfin Agnes, die Witwe Woldemars, und deren Vormund Herzog Rudolf den Berlinern und Spandauern noch einmal ausdrücklich, als sie 1319 das Brauen auf dem Lande über den eigenen Bedarf hinaus untersagten. Bier war im Mittelalter ein Grundnahrungsmittel, weshalb der Verbrauch besonders hoch war. Bekannt sind viele Rezepte für Biersuppen. 1370 bestimmte der Berliner Rat, daß nur derjenige Gerste zu Bier verarbeiten durfte, der das Bürgerrecht besaß. Doch konnte nicht einmal jeder Bürger in seinem Haus brauen, denn es waren zum Darren, also Trocknen der Gerste, zum Aufstellen des Maischbottichs und der Braupfanne entsprechende Räumlichkeiten nötig; außerdem kamen aus feuerpolizeilichen Gründen auch nur bestimmte Häuser in Frage. Deshalb waren nur gutsituierte Bürger in der Lage zu brauen. Das Brauen war eine lukrative Nebenbeschäftigung, denn es diente nicht nur dem eigenen Bedarf, sondern das Bier wurde auch an die Krüge in den Dörfern der Umgebung geliefert oder in den Städten selbst ausgeschenkt. Das fremde Bier dagegen, das zum Beispiel aus Braunschweig, Bernau oder Einbeck kam, mußte man aus den Ratskellern beziehen.

Handwerker

Die einzelnen Handwerke innerhalb Berlins hatten eine sehr unterschiedliche Stellung. So gab es Handwerke, die nie zu Ansehen und Reichtum gelangen konnten, obwohl sie schon früh Innungsrecht erlangt hatten, wie die Schuhflicker 1280 oder die Schneider 1288. Besonders geringschätzig blickten die Bürger auf die Leineweber herab, die erst 1452 ihre Ordnung erhielten. Die Leineweberei zählte vielerorts zu den unehrenhaften Berufen, und oft war ihren Kindern der Eintritt in eine andere Zunft verwehrt. Wie das Gewerbe der Leineweber werden auch die der holzverarbeitenden Handwerke nicht gering besetzt gewesen sein. Denn Zimmerleute, Tischler, Drechsler, Stellmacher, Schiffbauer und Böttcher wurden in einer aufstrebenden Handelsstadt wie Berlin bestimmt benötigt. Demgegenüber waren die Metallhandwerker, also Grobschmiede, Messerschmiede und Kannengießer, die nicht für den Fernhandel produzierten, zu wenige, um eine eigene Zunft zu bilden; an Ansehen hat es ihnen wohl nicht gefehlt. Eine Vorrangstellung innerhalb der Handwerke nahmen die Viergewerke ein, denn sie waren zumindest in begrenztem Umfang an wichtigen Entscheidungen des Rates beteiligt. Zu den Viergewerken, in denen die meisten Handwerker der Städte in der Mark Brandenburg organisiert waren, zählten die Fleischer, Bäcker, Schuhmacher und Tuchmacher. Diese Handwerker produzierten Lebensmittel und Bekleidungsstücke für die Einwohner der Städte und zum Teil auch für die bäuerliche Bevölkerung des Umlandes, für den Fernhandel jedoch nur in geringem Maße. Sie hatten sich früh in Gewerken – Innungen, Gilden, Zünften, Ämtern – zusammengeschlossen. Das Städtchen Köpenick bildete hier eine Ausnahme, denn eine Handwerksinnung der Schuster und Bäcker ist erst im 16. Jahrhundert bekannt. In Berlin-Cölln und Spandau haben die Zunftmeister vom Rat das Vorrecht erhalten, ihr Handwerk selbständig innerhalb der Stadt und der näheren Umgebung ausüben zu dürfen. Dadurch hatte die Zunft die Möglichkeit, unliebsame Konkurrenz auszuschalten. Zunftmeister konnte nur werden, wer die erforderlichen handwerklichen Fähigkeiten nachweisen konnte, unbescholten war und genügend Geld besaß, um die oft steigenden Aufnahmegebühren zu bezahlen. Die wichtigsten Aufgaben der Innungen bestanden in der Überwachung der Qualität der Handwerksprodukte und in der Ausbildung des Nachwuchses, der Lehrlinge und Gesellen. Zu diesem Zweck war den Gewerken vom Rat eine eigene genossenschaftliche Gerichtsbarkeit zugesprochen worden. Zunftgericht wurde auf der Mitgliederversammlung, der „Morgensprache", gehalten, die unter Vorsitz der zwei geschworenen Innungsmeister und im Beisein von zwei Ratsherren stattfand.

Darüber hinaus hatten die Gewerke eine wichtige soziale Funktion zu erfüllen; zum Beispiel unterstützten sie alte und kranke Meister oder halfen verarmten Meisterwitwen. Auch am kirchlichen Leben nahm die Zunft als Ganzes teil. Sie stiftete eigene Altäre in den Berliner Pfarrkirchen und reihte sich in die Prozessionen durch die Stadt ein. Daß man als Zunftmeister stattdessen lieber „im Krug lärmte", wie der Handwerker im Totentanz selbstanklägerisch gesteht, war sicher nicht die Regel, denn bei den Kirchenfesten dabeizusein, hatte auch eine gesellschaftliche, d. h. standespolitische Bedeutung. Nur so ist der Streit, der im Jahre 1475 zwischen Bäckern und Schuhmachern um den vorderen Platz in der Fronleichnamsprozession ausbrach, zu verstehen. Eine wichtige Rolle spielte das gesellige Leben innerhalb der Zunft, es gab viele Anlässe zum Feiern, zum Beispiel wurde gern die Wahl des neuen Zunftvorstandes dazu genutzt.

Neben Tuchmachern, Fleischern und Schuhmachern sind die *Bäcker* erstmals 1253 in der Rechtsmitteilung des Berliner Rates an die Stadt Frankfurt/Oder erwähnt. Der Rat verlieh ihnen 1272 das Zunftrecht. Der Innungsbrief, die älteste überlieferte, wenn auch später verfälschte Zunfturkunde, wurde mit folgenden Worten eingeleitet: „Da der gesunde Mensch nicht lange Zeit ohne Brot sein kann, es käme denn von Gottes Gnaden, darum haben wir Ratmannen, alte und neue zu Berlin mit Vollmacht unserer Gemeinde gegeben und geben Gewerk und Gilde den Bäckern, unseren lieben Mitbürgern..." ((s. Abb. 46)

Die Zahl der Zunftmeister wurde dadurch begrenzt, daß nur eine bestimmte Zahl von „Scharren", Verkaufsständen, auf den Märkten zugelassen wurde. Der Besitz dieser

Der Tod sagt:

Herr Handwerker gut, ehelich wohl geboren,
Ihr seid gewesen ein Werkmann wohl erfahren,
Dafür könnt ihr behende gehen.
Ihr müßt weiter im Totentanz gleiten.
Springt auf, ich will euch vorsingen!
Seid ihr gut gewesen, so mag es euch glücken.

Der Handwerker sagt:

Ach mächtiger Gott, was ist meine Kunst,
Nachdem ich erworben habe Gottes Ungunst?
Den heiligen Tag habe ich nicht gefeiert,
Sondern im Kruge gelärmt.
Ach Christus, würdest Du mir das vergeben,
So dürfte ich mit dir nun ewig leben!

45. Umzeichnung eines Details aus dem Totentanz der Berliner Marienkirche: Tod und Handwerker.

46. Zunftzeichen der Bäcker mit Löwen und Brezel, Schmiedeeisen um 1600.

„Scharren" aber war Voraussetzung für die Aufnahme in die Zunft. Die Berliner Kämmereirechnung von 1505 weist eine Anzahl von 13 Meistern aus. Diese sehr niedrige Zahl ist wohl damit zu begründen, daß noch viel Brot im Haus gebacken wurde. Streng überprüfte der Rat Qualität und Gewicht der Brote. Aus der Rechtsmitteilung an Frankfurt im Jahre 1253 ist bekannt, daß in Berlin eine „Brotschau" durch zwei Ratsherren und zwei vom Rat bestellte Bäckermeister durchgeführt wurde.

Eine Ordnung für das Gewerbe *der Knochenhauer (Fleischer)* ist erst aus dem Jahre 1311 bekannt. Dies darf jedoch nicht als Zeichen für die Bedeutungslosigkeit dieses Handwerks im mittelalterlichen Berlin angesehen werden. Im Gegenteil war der Fleischverbrauch in den Städten enorm und der Wohlstand der Meister nicht unbeträchtlich. Wie bei den Bäckern war die Ausübung des Handwerks an das Nutzungsrecht eines „Scharrens" gebunden. Seit 1311 besaßen die Fleischer die „Scharren" zu Erbzinsrecht, so daß deren Besitz vererbbar war. In Berlin gab es zu Ende des 14. Jahrhunderts 46 Knochenhauer, in Cölln waren es 17. Jährlich bestimmte das Los drei Zunftmeister zu Wurstmachern, die im städtischen Wursthof ihrer Aufgabe nachgingen.

In Spandau wurde Anfang des 14. Jahrhunderts die Zahl der Fleischscharren von 24 auf 20 reduziert, was als Zeichen für den wirtschaftlichen Rückgang der Stadt gedeutet werden kann. Die Fleischscharren vergab der Rat wie in Berlin gegen Zins und Erbpacht. Seit spätestens

1466 war hier eine Voraussetzung für die Aufnahme in die Zunft, daß der Fleischer „von ehrlichen Eltern und Deutscher, nicht Wende" war.

Die Berliner *Schuhmacher* erhielten ihre Zunftordnung 1284. Der Schuhmacher war nicht nur mit der Herstellung der Schuhe beschäftigt, er kaufte auch das dazu nötige Leder ein und verkaufte die Schuhe selbst, wenn er sie nicht auf Bestellung angefertigt hatte. Offensichtlich setzten die Schuhmacher ihre Produkte nicht nur in Berlin ab, sondern auch in anderen Städten der Mark.

1444 beschwerten sich die Frankfurter Schuhmacher darüber, daß die Berliner Schuhmacher ihnen Konkurrenz machten. Auf dem heimischen Markt versuchten sie in ähnlicher Weise ihre priviligierte Stellung zu behaupten und führten einen entschiedenen Kampf gegen nichtzünftige Schuster aus Stadt und Land, gegen „Pfuscher, Störer und Bönhasen", wie diese seit Ende des 15. Jahrhunderts genannt wurden. Nur auf Jahrmärkten mußten sie deren Anwesenheit dulden.

Daß Berliner Schuhmacher auch am Lederhandel beteiligt waren, läßt sich daraus schließen, daß der Rat 1448 dieser Zunft ein Vorkaufsrecht auf alle in der Stadt feilgebotenen Rinder-, Kalbs-, Bocks- und Ziegenhäute erteilte.

Den Verkauf betrieben die Schuster außerhalb der Markttage direkt aus der Werkstatt heraus durch die Fensterlade – die im Laufe der Zeit zum Synonym für den Verkaufsraum wurde. Auf dem Markt breiteten sie ihre Waren auf Bänken aus, den Cöllner Schustern stand ein besonderes Schuhhaus zur Verfügung. Die Zahl der Berliner und Cöllner Schuhmacher im Mittelalter kennen wir nicht, in Spandau geben die Kämmereirechnungen einen Anhaltspunkt: 1430 hatten 22 Schuster für ihre „leden" eine Gebühr zu entrichten. 1505 lassen sich in Berlin 28 Schuhmacher nachweisen.

Aus dem Jahr 1384 ist ein Schuhmachergesellenbrief, das heißt ein Statut des Gesellenverbandes, überliefert. Was die Zunft für die Handwerksmeister war, bedeutete der Gesellenverband für Gesellen und Lehrlinge. An der Spitze standen die „Meisterknechte", die jährlich gewählt wurden. Sie führten die Kasse des Verbands. Bei Verstößen gegen die Bestimmungen wurden Strafgelder verhängt. Besondere Bedeutung hatten in diesem Zusammenhang Beschränkungen des Spielens, die nötig waren, um zu verhindern, daß die Gesellen ihren Besitz verspielten. Neben dem religiösen und geselligen Leben wurde in dieser Ordnung die gegenseitige soziale Unterstützung geregelt. Verschiedene Bestimmungen deuten darauf hin, daß für viele das Gesellendasein zu einem Dauerzustand geworden war. Wesentliche Aufgabe für die Gesellenverbände war die Betreuung der wandernden Gesellen, und aus diesem Grund bestanden auch Kontakte zu Gesellenverbänden anderer Städte.

Die Tuchmacher erhielten im Jahre 1289 ihre Ordnung vom Rat der Stadt Berlin. Gerade in diesem Handwerk ist ein nicht unbeträchtlicher Anteil Bürger niederländischer bzw. flandrischer Herkunft zu vermuten, die das nötige Wissen aus den blühenden Tuchstädten ihrer Heimat mitbrachten. Mit ihren Produkten hatten sie wahrscheinlich noch größere Absatzmöglichkeiten, über den Berliner Raum hinaus, als die Schuhmacher. In Berlin wie in anderen märkischen Städten wurden leichte, billige Tuche – auch unter der Bezeichnung „Rasch" bekannt – hergestellt. Sie waren meist grau oder braun eingefärbt, zum Teil auch farbig gestreift. Die Bedeutung dieses Gewebes geht schon daraus hervor, daß eine Straße nach ihm benannt worden war, nämlich die Raschgasse (später Roßgasse) in Cölln.

Während die Tuchmacher hinsichtlich des Verkaufs ihrer Produkte durch das Gewandschnittmonopol der Kaufleute sehr eingeschränkt waren, stand die Beschaffung des Rohmaterials, der Wolle, die zum größten Teil aus dem Berliner Umland stammte, den Tuchmachern selbst zu. Damit war ihnen die Möglichkeit gegeben, andere Handwerker und ihre Gesellen in einer Art „Verlagssystem" zu beschäftigen. So die Wollschläger, die die Wolle vorbereiteten und die Wollweber, die sie dann zu ganzen Tuchstücken weiterverarbeiteten, ehe die Tuchmacher sie durch Walken, Trocknen, Spannen, Färben, Rauhen und Scheren fertigstellten. Die Gesellen der Wollschläger und Wollweber sind als frühe Form von Lohnarbeitern anzusehen, sie schlossen sich 1331 zu einem besonderem Verband zusammen. Aus den vom Rat erlassenen Statuten geht hervor, daß ihre Meister in ähnlicher Abhängigkeit zu den Tuchmachern standen.

Lohnarbeiter, Dienstboten, Notleidende

Ist es ein Zufall, daß in der Totentanzdarstellung als letzte Person vor dem Narren eine Frau steht? (s. Abb. 47) Viel ist über die Frauen im mittelalterlichen Berlin nicht zu berichten, denn nur wenige Quellen geben über ihre Stellung Auskunft. Frauen konnten zwar das Bürgerrecht erwerben. Aber weder in Handel noch Handwerk scheinen sie selbständig tätig gewesen zu sein. Als Meisterwitwe konnte die Frau den Betrieb ihres verstorbenen Mannes eine gewisse Zeit fortführen, sie war hier jedoch – besonders bei den vornehmen Handwerken – großen Beschränkungen unterlegen. Unverheiratete Frauen hatten in der mittelalterlichen Gesellschaft einen besonders schweren Stand. Der Eintritt in ein Kloster war in der Regel den Töchtern aus wohlhabenden Familien vorbehalten, deshalb ist es in vielen Städten, so auch in Berlin, zu einem Zusammenschluß alleinstehender Frauen auf religiöser

Der Tod sagt:

Krügerin, ihr müßt auch schon mit!
Falsch zapfen, abrechnen ist immer eure Sitte.
Legt das falsche Maß aus eurer Hand!
Eure betrügerische Falschheit ist gewiß bekannt.
Ihr legt ungern ab wohl das blaue Barett.
Folgt nach! Ihr seid wohl zum Tanze bereit.

Die Krügerin sagt:

Ach grauenhafter Tod, bist du schon hier?
Nimm den Toren! Ich geh und zapfe Bier.
Warte doch, Tod! Zu kurz währt mir die Zeit.
Ach wäre ich dieses falschen Maßes ledig!
Dafür muß ich immer leiden große Pein.
Hilf mir, Christus, aus dieser Not, wenn das mag sein.

47. Umzeichnung eines Details aus dem Totentanz der Berliner Marienkirche: Tod mit Krügerin.

Grundlage gekommen. Sie nannten sich Beginen, lebten in klosterähnlicher Gemeinschaft zusammen und arbeiteten selbst für ihren Lebensunterhalt. Deshalb wurde ihr Zusammenschluß, besonders von den Handwerkern der Städte, mit Argwohn betrachtet. Die Tuchmacherzunft untersagte zum Beispiel ihren Meistern, eine Begine auf einem ihrer zwei Webstühle arbeiten zu lassen.

Auch Prostituierte lebten in Berlin. Das Bordell, das der Rat 1420 neu bauen ließ, befand sich in der damaligen „Rosenstraße", abseits vom Zentrum nahe der Stadtmauer. Die größte Zahl unversorgter Frauen aber war als Dienstmagd in Handel, Handwerk oder im Haus tätig.

Gerade eine Stadt wie Berlin benötigte sicher zahlreiche Hilfskräfte, vor allem Transportarbeiter, die das Umladen und Stapeln riesiger Warenmengen, die in die Stadt gebracht wurden, übernahmen. Lohnarbeiter gab es aber auch in anderen Gewerbezweigen, man findet sie in städtischen Einrichtungen wie Schlachthöfen, Walkhäusern und Ziegeleien. Zur Erntezeit wurden auch in den landwirtschaftlichen Betrieben der Ackerbürger und in der Zeidlerei, der Bienenzucht, Tagelöhner beschäftigt. Dieser unteren sozialen Schicht sind – betrachtet man ihre Vermögenssituation – auch Gesellen zuzurechnen, selbst wenn sie immer noch in die Handwerksorganisation einbezogen waren und sogar noch im Meisterhaushalt lebten. Lohnarbeiter, die einen eigenen Haushalt führten, wohnten oft in den „Buden" zur Miete und wurden deshalb Budenleute genannt. Diese Buden wurden teilweise von der Stadt vermietet, aber auch von Privatpersonen. So finden sich in Berlin wie in anderen Städten Bürgerhäuser, die mit kleinen Buden über den Kellerluken versehen waren. Die Budenleute waren in vielfacher Hinsicht gegenüber den Bürgern der Stadt benachteiligt. Vor allem hatten sie keinen Anteil am Bürgerland, und es war ihnen verboten zu brauen. Mittellose Kranke und Alte, die sich nicht selbst versorgen konnten, waren in den städtischen Spitälern untergebracht; diese wurden von den Bürgern durch Stiftungen gefördert.

Fischer

Eine große Bedeutung für alle drei Städte im heutigen Großraum Berlin hatte die Fischerei. Der Fischreichtum in märkischen Gewässern war groß, die Liste der verschiedenen Arten lang: Aal, Barbe, Barsch, Bitterling, Blei (Brachse), Döbel oder Aitel, Forelle, Giebel (Silberkarausche), Gründling, Güster oder Blicke, Hecht, Karpfen, Lachs, Lamprete oder Neunauge, Maräne, Plötze oder Rotauge, Schlei, Schmerle und Schlammpeitzger, Stichling, Stint, Stör, Wels, Zander und Ukelei. Die Ukelei diente im 14. Jahrhundert – als der Hering knapp wurde – als billiger Ersatz für den Hering.

Zwei Betriebsarten der Fischerei waren gebräuchlich: die Garnfischerei und die Klein- oder Zeugfischerei (s. Abb. 48) Bei der Garnfischerei wurden große Netze entweder durch zwei in spitzem Winkel zueinander stehende Kähne gezogen, oder sie wurden von Steinen beschwert von einem Boot geschleppt. Die Klein- oder Zeugfischerei betrieben die Fischer vorrangig mit Angeln oder Reusen. Bei Ausgrabungen zutage geförderte Netzschwimmer, Netzsenker, Reste von Netzen und Kähnen vermitteln einen Eindruck von der damaligen Arbeitsweise der Fischer. Zum Transport der Lebendware waren noch lange sogenannte Drebel, Kähne mit durchlöchertem Fischkasten, gebräuchlich.

Zu einem nicht geringen Teil waren es die Bewohner der Kietze in Spandau und in Köpenick, die sich vom Fischfang ernährten. Der Kietz war ursprünglich die bei einer Burg gelegene Dienstsiedlung, die Bewohner des Kietzes waren Slawen. Mit dem Aufstieg der Städte waren die Kietze zu einer Art von Vorstädten geworden, die zwar in enger Beziehung zu ihnen standen, aber weiterhin der landesherrlichen Gerichtbarkeit unterlagen.

Nur für den Eigenbedarf war den Städtern die Fischerei gestattet; wohl wenige Bürger werden dieses Recht wahrgenommen haben, da die Fischhöken ihre Waren so billig anbieten konnten, daß es nicht lohnte, die Fische selber zu fangen. Die Vergabe der Fischereirechte lag in der Hand des Landesherrn; auch nachdem er sie weiterverliehen hatte, mußten seine Hoheitsrechte geachtet werden. Er setzte einen Wasservogt ein, der die Aufsicht führte. 1407 sehen wir den Wasservogt in Spandau in Aktion: Auf eine Klage der Kietzer hin untersagte er den Fischern von Berlin und Cölln ihre Tätigkeit auf der Unterspree. Gegen Ende des 15. Jahrhunderts gingen die Fischereirechte in den Besitz der Doppelstadt Berlin-Cölln über, die sie gegen Zins an ihre Bürger weiterverpachtete.

Juden

Die Juden waren Teil der städtischen Bevölkerung, standen aber doch außerhalb ihrer Gemeinde. Sie besaßen zunächst vom Markgrafen ein Sonderbürgerrecht und waren unter seinen Schutz gestellt, wofür sie hohe Abgaben zu entrichten hatten. Nachdem Markgraf Woldemar 1317 die Juden Berlins und Cöllns der städtischen Gerichtsbarkeit unterstellt hatte, überließen seine Nachfolger der Stadt 1320 auch die von den Juden zu zahlenden Abgaben.

Früh muß in Spandau im Schutz der landesherrlichen Burg eine Judengemeinde entstanden sein, denn hier befand sich ein großer jüdischer Friedhof. Seine Grabsteine stammen aus den Jahren von 1244 bis 1347. Die erste Nachricht über die Anwesenheit von Juden in Berlin ist

48. Fischereigerät.

aus dem Jahre 1295 überliefert, als den Wollwebern ihr Zunftrecht verliehen und gleichzeitig verboten wurde, bei Juden Garn einzukaufen. Mehr noch als Handel betrieben Juden Geldgeschäfte. Diese Tätigkeit war der christlichen Bevölkerung von der Kirche verboten worden, gleichzeitig bestand aber mit zunehmendem Geldverkehr ein größerer Bedarf an Krediten. Obwohl die Zinssätze nicht frei festgelegt werden konnten, sondern vom Rat der Städte beschränkt wurden, ist es einzelnen Juden wie zum Beispiel den Berliner Juden Meyer und Mache gelungen, ein bedeutendes Vermögen zu erwerben. Jedoch trifft dies durchaus nicht auf die Juden insgesamt zu; viele waren arm und lebten wie andere arme Einwohner der Städte in Buden. Im Stadtbuch werden 9 Judenbuden mit zwei kleinen Buden dahinter genannt, aber darüber hinaus hatten auch reichere Juden an ihren Häusern Buden für die armen Glaubensgenossen errichtet.

Der jüdische Bevölkerungsteil war auf verschiedenen Ebenen diskriminiert, obwohl die Juden formalrechtlich den anderen Einwohnern gleichgestellt waren. Dies wird besonders durch das Zeremoniell des Judeneides vor Gericht verdeutlicht, bei dem der Jude mit nackten Füßen auf einer Sauhaut stehen mußte. Später ersetzte der Rat Berlins dieses erniedrigende Zeremoniell durch den Eid auf das Buch Moses. Als Wucherer verschrieen, als Konkurrent der zünftigen Handwerker, zum Beispiel der Knochenhauer, unbeliebt, waren sie ständig Angriffen aus der Bevölkerung ausgesetzt. Die Abneigung steigerte sich im Zusammenhang mit den großen Pestepedemien in Haß. Die Juden wurden für das Aufkommen der Seuche verantwortlich gemacht, als Brunnenvergifter gebrandmarkt. Dabei wird auch die Tatsache eine Rolle gespielt haben, daß sie aufgrund ihrer Isolation, ihrer strengen Essens- und Reinlichkeitsvorschriften vermutlich selbst seltener erkrankten als andere Städter. 1349 kam es in Berlin zu dem ersten furchtbaren Pogrom, bei dem viele Juden den Tod fanden, auch der bereits erwähnte Jude Meyer war unter ihnen, wahrscheinlich wurde in diesem Jahr auch der jüdische Friedhof in Spandau geschändet.

Das Zusammenleben der Einwohner der Städte war also durchaus nicht so idyllisch, wie man meinen könnte. Nicht nur die Juden waren den Angriffen der Mitbürger ausgesetzt. Vielmehr taten sich Interessengegensätze zwischen fast allen gesellschaftlichen Gruppen auf: zwischen Dienstherr und Knecht, zünftigem und nichtzünftigem Handwerker, zwischen Kaufmann und Gewerbetreibendem. Von besonderer politischer Bedeutung war der Protest der Viergewerke gegen die Allmacht des Patriziats. Und wenn diese Auseinandersetzungen auch nicht blutig verliefen wie in anderen Städten, so bestimmten sie doch rund hundert Jahre die innenpolitische Situation. Weitreichende Folgen hatte die Tatsache, daß sich die Viergewerke und die Gemeinde auf dem Höhepunkt des Konflikts 1442 hilfesuchend an den Landesherrn, Kurfürst Friedrich II., genannt Eisenzahn, wandten. Dieser nutzte die Gelegenheit, um die politische Selbständigkeit der Stadt einzuschränken. Ausdruck dieser veränderten Situation war der gleichzeitig entstandene Plan, Berlin-Cölln zur Residenzstadt seines Hauses zu machen. Der Grundstein des Schlosses wurde 1443 gelegt. Seine Fertigstellung konnte auch der „Berliner Unwille" von 1448 nicht verhindern; bereits im Frühjahr 1451 konnte Friedrich II. sein neues Schloß – auf der nördlichen Hälfte des cöllnischen Werders gelegen – beziehen. Wie man diese Entwicklung auch bewerten mag, muß man doch feststellen, daß die Stadt sowohl am Verlust ihrer politischen Selbständigkeit, als auch an den finanziellen Einbußen, die vor allem durch den Entzug des Niederlagsrechts und der Gerichtsbefugnisse entstanden waren, erst einmal schwer zu tragen hatte.

Literatur

Goerlitzer, Max: Das tägliche Leben in Berlin während des Mittelalters; in: Mitteilungen des Vereins für die Geschichte Belrins, Jg. 13, 1896, S. 39–44.

Helbig, Herbert: Gesellschaft und Wirtschaft der Mark Brandenburg im Mittelalter, Berlin 1973.

Die ältesten Kämmereirechnungen 1504–08, hrsg. v. Joseph Girgensohn, Berlin 1929.

Kaeber, Ernst: Die Stadt Berlin zu Beginn des 16. Jahrhunderts. Zugleich eine Besprechung der Ausgabe der ältesten Kämmerei-Rechnungen Berlins durch Joseph Girgensohn; in: Mitteilungen des Vereins für die Geschichte Berlins, Jg. 48, 1931, S. 1–11.

Krogmann, Willy: Der Berliner Totentanz, Berlin 1937.

Schich, Winfried: Das mittelalterliche Berlin; in: Geschichte Berlins, hrsg. v. W. Ribbe, Bd. 1, München 1987, S. 137–248.

Schulz, Knut: Vom Herrschaftsantritt der Hohenzollern bis zum Ausbruch des Dreißigjährigen Krieges (1411/12–1618); in: Geschichte Berlins, hrsg. v. W. Ribbe, Bd. 1, München 1987.

Allgemeine Literatur s. S. 287.

Berlin und seine Münzen vom Mittelalter bis zur Renaissance

Gunther Hahn / Alfred Kernd'l

Der Berliner Bär konnte erst wegen der Geldnot eines Bayern die Rückseite einer Münze zieren. Der aus dem Hause Wittelsbach stammende Markgraf Otto VIII. verkaufte nämlich 1369 der Stadt das Recht der Pfennigprägung. Schon in demselben Jahr begann die Prägung einer Silbermünze, die auf der Vorderseite den Markgrafen und auf der Rückseite den nach links schreitenden Bären zeigt (s. Abb. 49). Dazu später mehr. Auch vor 1369 wurde in Berlin Geld geprägt. Die ersten Münzen, die auf dem Gebiet des heutigen Groß-Berlin geschlagen wurden, entstanden etwa 80 Jahre vor der ältesten urkundlichen Erwähnung der Stadt. Um 1157 hatte der Wendenfürst Jaxa, der in Köpenick residierte, einseitige Hohlpfennige (Brakteaten) mit seinem Bild prägen lassen (s. Abb. 50). Interessant an diesen Münzen ist die Verwendung des slawischen Wortes Cnaes für „Fürst" in der sonst lateinischen Umschrift, ein Zeichen des Stolzes auf die slawische Abstammung. Jaxas Stempelschneider hat zudem ausnahmsweise versucht, ein individuelles Porträt zu schaffen, denn im Gegensatz zu den gleichzeitigen Münzbildern deutscher Fürsten trägt Jaxa auf seinen Brakteaten einen Bart (auf der hier vorgelegten Variante nur angedeutet). Viele seiner Hohlpfennige werden nicht in Umlauf gekommen sein, denn in der Mitte des 12. Jahrhunderts spielte in der Mark Brandenburg, wie auch in den übrigen Gebieten Deutschlands das geprägte Geld gegenüber dem Tauschhandel eine untergeordnete Rolle.

Etwa 350 Jahre vorher hatte Karl der Große bereits versucht, Münzen in die Reihe der Tauschgegenstände, die die Umsätze vermitteln, einzuordnen. Im Wirtschaftsgeschehen wurde das von ihm geschaffene Karolingische Pfund jedoch lediglich als Recheneinheit verwendet. Das Pfund galt 20 Schillinge, ein Schilling 12 Pfennige, so daß ein Pfund die Summe von 240 Pfennigen ergab. Diese Einteilung wurde in England erst in unserem Jahrhundert abgeschafft. Der Pfennig war die einzige Einheit, die ausgeprägt wurde. Bei größeren Zahlungen bediente man sich meistens byzantinischer oder islamischer Goldmünzen. Ebenso behalf man sich mit Bruchsilber (z.B. beschädigten Münzen und Schmuck) oder rohen Silberbarren.

49. Ewiger Pfennig, Berlin (nach 1369).

50. Hohlpfennig um 1157, Jaxa von Köpenick.

Anfänglich wog der karolingische Pfennig etwa 1,25 g und war ungefähr 900 Tausendstel fein. Bis ins Hochmittelalter verschlechterte er sich auf ein Gewicht von etwa 0,3 g. bei vermindertem Feingehalt.

Während des 11. Jahrhunderts trat ein neues Metallgewicht neben das Pfund, das im Münzwesen seine Bedeutung als Gewichtsmaß verloren hatte: die Mark. Sie wog um 240 g, wobei ihr Gewicht in den verschiedenen europäischen Wirtschaftszentren variierte. So wog die Mark von Köln am Rhein im Spätmittelalter 233,856 g. Diese Kölnische Mark wurde das in Deutschland am häufigsten verwendete Münzgrundgewicht.

Das ausgeprägte Geld, nämlich Pfennige und ihre Halbstücke, zweiseitig geprägt Obole und seit dem 13. Jahrhundert einseitig geprägt Scherfe genannt, wurde nach Gewicht gerechnet, d. h. eine bestimmte Anzahl von Pfennigen ergab dem Gewicht nach eine Kölnische Mark, ohne daß dabei der Feinsilbergehalt der Münzen berücksichtigt wurde. Im Zug der Münzverschlechterung verdoppelte sich bis zum 14. Jahrhundert in der Mark Brandenburg die Zahl der Pfennige auf die Mark (von 240 auf 480 Stück, bzw. von 20 auf 40 Schillinge). Weder Gewicht noch Anzahl der Münzen konnte ohne komplizierte Prüfung des Silbergehalts eine Wertgarantie darstellen. Das Münzrecht ließ sich folglich als lukrative und bequeme Einnahmequelle der Fürsten nutzen, indem man den Pfennig einfach teurer ausgab, als dies seine Herstellungs- und Materialkosten gerechtfertigt hätten. Dem Münzherren wurde die fiskalische Ausbeutung seiner Prägestätten erleichtert, weil der Pfennig im Hoch- und Spätmittelalter nur in seinem Machtbereich Geltung besaß. Das Vorgehen der Münzherren widersprach den Interessen von Untertanen und Wirtschaft. Besonders nachteilig war die seit Anfang des 14. Jahrhunderts belegte alljährliche Verrufung des Pfennigs. Sie bedeutete, daß der bis dahin gültige Pfennig für ungültig erklärt wurde, verbunden mit dem Zwang, ihn gegen einen neuen, in der Regel schlechteren Pfennig einzutauschen. Dies erklärt, warum es so viele, mit immer abgewandelten und neuen Motiven versehene, mittelalterliche Pfennige gibt.

Das Interesse der Städte dagegen lag vor allem im Hinblick auf den Handel darin, eine allgemein gültige und wertstabile Münze zu haben. Die erwähnte Geldnot Ottos VIII., genannt Der Faule, ermöglichte es den Ratsherren von Berlin und Cölln mit anderen brandenburgischen Städten zusammen, am 24. Juni 1369 für 5000 Mark Silber das Prägerecht eines sogenannten ewigen Pfennigs zu erwerben (s. Abb. 49). Eine Münzstätte, die markgräfliche, befand sich in der Stadt allerdings schon vor diesem Zeitpunkt, denn nach einer verschollenen Urkunde vom 4. April 1280 überließen die drei Markgrafen Otto V., Albrecht III. und Otto VI. der Stadt Berlin 10 Pfund brandenburgische Münze aus den jährlichen Einkünften der landesherrlichen Prägestätte zu Berlin. Aufzeichnungen über das Aussehen der in dieser Zeit in Berlin geprägten Pfennige sind nicht überliefert, so daß diese Gepräge aus der Vielzahl mittelalterlicher brandenburgischer Münzen heute nicht herauszufinden sind.

Das von der Stadt 1369 erworbene Privileg der Münzprägung ist nicht besonders fleißig ausgeübt worden, denn neben dem erwähnten ewigen Pfennig sind bis zum Anfang des 16. Jahrhunderts keine städtischen Gepräge bekannt geworden. Berlin hatte nun zwei Münzstätten, denn die markgräfliche blieb auch nach dem Erwerb des Münzprägerechts durch die Stadt und der Einrichtung einer eigenen Münze weiterhin in Betrieb. Die landesherrliche Münze befand sich damals wahrscheinlich in der fürstlichen Residenz, dem Hohen Haus, nahe dem Grauen Kloster, die städtische westlich der Marienkirche.

Als Friedrich VI. Burggraf von Nürnberg 1415 die Mark Brandenburg als Lehen übernahm und sich Friedrich I., Kurfürst von Brandenburg, nannte, hatte das Land ein wechselvolles Schicksal hinter sich, und das Geldwesen war auf einem Tiefpunkt angekommen. Erst Friedrich II. (1440–1470) gelang es, das Münzwesen neu zu ordnen. In seine Zeit fällt die Prägung der Adler- und Helmhohlpfennige (letztere wahrscheinlich in Berlin geprägt (s. Abb.51), die die zweiseitig geprägten Pfennige (Denare) ablösten. Das Gewicht dieser Hohlpfennige war auf etwa 0,26 g, ihr Silberfeingehalt auf ungefähr 375/1000 abgesunken.

Die wirtschaftliche Entwicklung der Städte brachte es mit sich, daß diese im Münzgeldverkehr nicht mehr nur mit Pfennigen auskamen. In Italien und Frankreich wurden höherwertige Münzen in Gold (Gulden) und Silber (Groschen) geprägt, die den Rechnungsbegriffen 1 Pfund Pfennige (240 Stück) und 1 Schilling (12 Pfennige) entsprachen.

Lange Zeit mußten sich die brandenburgischen Kaufleute mit fremden Großmünzen behelfen, denn erst im Jahr 1435 werden brandenburgische Groschen erwähnt. Nachweisbar sind als früheste Stücke (und damit erste Großsilbermünzen der Mark Brandenburg) Groschen, die Friedrich II. um 1460 in der Münzstätte Brandenburg prägen ließ. Sie zeigen auf der Vorderseite ein Kreuz mit vier Wappenschildern und in lateinischer Umschrift den Namen des Kurfürsten, auf der Rückseite den brandenburgischen Adler und die lateinische Bezeichnung für „neuer brandenburgischer Groschen." In Berlin begann die kurfürstliche Münzstätte, sie lag jetzt in der Nähe der Nikolai-Kirche, nachweislich erst ab 1507 unter dem Kurfürsten Joachim I. und seinem Bruder Albrecht Groschenmünzen zu prägen. Der brandenburgische Adler mit dem Kurschild vor der Brust ziert diese Groschen auf der Vorderseite. Die Umschrift trägt die abgekürzten lateinischen Namen der beiden Fürsten. Auf der Rückseite finden sich ein Kreuz mit vier Wappen und ein sechszackiger Stern sowie die Umschrift MOTA · NO · BERLINENSIS · 1507 (= Moneta Nova Berlinensis 1507, d.h. Neue Berliner Münze 1507). Damit wird Berlin erstmals auf einer Münze erwähnt. Die Goldmünzenprägung war in Deutschland zunächst alleiniges Recht des Kaisers. Erst 1356 bekamen die Kurfürsten durch die Goldene Bulle das Recht, selbst Gold zu vermünzen. Die Kurfürsten von Brandenburg machten aber bis zum Anfang des 16. Jahrhunderts davon keinen Gebrauch. Erst gegen 1513 wird die Münze in Berlin angewiesen, Goldgulden zu schlagen. Die Goldgulden waren eine Nachahmung einer seit 1252 in Florenz geprägten 24 karätigen Goldmünze von 3,5 g Gewicht, die auf der Vorderseite den Stadtheiligen Johannes und auf der Rückseite eine Lilie zeigt. Diese Münzen fanden in großen Mengen Eingang in Deutschland und wurden vielerorts nachgeahmt. Gewicht und Feingehalt des Goldguldens sanken im Laufe des 15. Jahrhunderts, seine Beliebtheit als Hauptgoldmünze in Deutschland litt aber nicht darunter.

Die erwähnten, um 1513 entstandenen Berliner Gepräge wogen etwa 3,2 g und waren aus 18 karätigem Gold. Sie zeigen auf der Vorderseite den stehenden Apostel Paulus, der ein Schwert und ein Buch hält. Zwischen den Beinen befindet sich ein Hundekopf, Kennzeichen der Burggrafen von Nürnberg. Die Umschrift lautet: IOA · EL · Z · ALB · MAR · BRAN · (= Joachimus Elector et Albertus Marchiones Brandenburgici, d.h. Joachim Kurfürst und Albrecht, Markgrafen von Brandenburg). Die Rückseite zeigt ein Blumenkreuz mit Zepterschild belegt, in den Winkeln vier Wappenschilder. Die Umschrift lautet: MONE · NO · AUR · BERLINENSIS (= Moneta Nova Aurea Berlinensis d.h. Neue Berliner Goldmünze). Die Berliner Goldgulden dieser Zeit sind nicht datiert.

51. Münzfund. Bei archäologischen Ausgrabungen auf dem Grundstück Breite Straße 32, Spandau. 1440–1480.

Die städtische Münzstätte hatte nach langer Pause etwa um 1510 einseitige, nicht datierte Pfennige geprägt, die links ein Schild mit dem Berliner Bären und rechts ein Schild mit dem Cöllner Adler, beide verbunden durch eine Schleife, zeigen. Diese Prägung der Stadt ist als eine Bekundung ihres Rechts, Pfennige prägen zu dürfen, anzusehen, denn die kurfürstliche Münzstätte in Berlin prägte gleichzeitig Pfennige, die in Gewicht und Feingehalt den städtischen glichen (s. Abb. 104 auf S. 224). Der Aufschwung des Wirtschaftsverkehrs und der allmähliche Übergang von der Natural- zur Geldwirtschaft nebst Abkehr vom Pfennig als einziger Münzeinheit, führte wie geschildert auch in Brandenburg zur Prägung von Münzen, die ein Vielfaches des Pfennigs galten, nämlich Groschen (damals = 8 Pfennige) und Goldgulden (damals = 32 Groschen). Diese höheren Nominale eigneten sich besonders für den Fernhandel. Da in Deutschland nicht genug Gold vorhanden war, wurde es notwendig, anstelle der Goldmünze eine Silbermünze zu schaffen, die als Silberäquivalent eines Goldguldens gelten konnte. Nachdem die ersten Großsilbermünzen, Guldiner oder Guldengroschen, später Taler genannt, 1486 in der Münzstätte Hall in Tirol geschlagen wurden, entschloß sich Joachim I. 1521, solche Münzen in der Mark Brandenburg prägen zu lassen. Diese Guldengroschen zählen heute zu den besonderen Seltenheiten in der brandenburgischen Münzgeschichte. Sie zeigen auf der Vorderseite das wuchtige Renaissanceporträt des bärtigen Kurfürsten im Hermelinmantel mit Kurhut und geschultertem Zepter, und auf der Rückseite ein fünffeldiges Wappenschild, darüber die Jahreszahl 1521 (s. Abb. 105 auf S. 224). Ob diese Münzen in Berlin geprägt wurden, ist nicht sicher, da in der Berliner kurfürstlichen Münzstätte zumindest die Groschen- und Pfennigprägung seit 1518 ruhte. Gesicherte Angaben über ihre Tätigkeit finden sich erst wieder 1538, als Joachim II. dem neuernannten Berliner Münzmeister Paul Mühlrath außer der Groschenprägung auch die Herstellung von Goldgulden, Talern und Halbtalern befahl. So entstanden, außer einer abweichenden Probeprägung von 1539, im Jahr 1541 die ersten Taler, für die Berlin als Prägestätte verbürgt ist (s. Abb. 107 auf S. 226).

Da die Verfügung Joachims II. von 1538 die Prägung von Pfennigen nicht vorsah, muß wohl bald ein empfindlicher Mangel an Kleingeld eingetreten sein, denn die Stadt Berlin entschloß sich 1539 ihre Pfennigprägung wieder aufleben zu lassen. Die zwischen 1539 und 1546 entstandenen Stücke sind einseitig geprägt und zeigen zwei Wappenschilder, links mit dem Berliner Bären und rechts mit dem Cöllner Adler, die Jahreszahl und, mit Ausnahme des Pfennigs von 1546, als Münzmeisterzeichen des Mühlrath ein Mühlrad (s. Abb. 106 auf S. 224). Die Tatsache, daß der in kurfürstlichen Diensten stehende Mühlrath die Prägung für die Stadt ausführte, läßt sich wohl nur so erklären, daß die geringe Prägetätigkeit Berlins einen eigenen Münzmeister nicht erlaubte und der Kurfürst seinem Münzmeister eine Nebentätigkeit gestattete. Urkundliches ist über die Pfennigprägung Berlins in dieser Zeit nicht bekannt, die Ausprägung muß kärglich gewesen sein, denn diese Münzen sind heute recht selten.

Nach 1546 trat in der städtischen Prägetätigkeit mit Ausnahme einer ungeklärten Prägung zwischen 1594–1597 eine Pause von fast 80 Jahren ein. Erst in der berüchtigten Kipper- und Wipperperiode zur Zeit des Dreißigjährigen Krieges entstand wieder ein spürbarer Mangel an Kleingeld, der – neben der Aussicht auf schnellen Münzgewinn – die Stadt Berlin veranlaßte, erneut ihr Pfennigprägerecht auszuüben.

Ebenso wie die städtische ruhte auch die kurfürstliche Prägetätigkeit in Berlin nach 1541 für längere Zeit. Erst die von Karl V. auf dem Reichstag zu Augsburg verkündete Reichsmünzordnung von 1551 ließ den Betrieb der Münzstätte wieder aufleben. Neben äußerst seltenen Goldgulden und einigen Talern wurden ab 1553 vor allem große Mengen einer bis dahin in der Mark Brandenburg nicht üblichen Geldsorte, den Dreiern (= Dreipfennigstücke), geprägt. Diese Münzen entsprachen nicht der Reichsmünzordnung, ihre Herstellung lag im Ermessen des Kurfürsten.

Der Niedergang des Münzwesens, der in den fünfziger Jahren des 16. Jahrhunderts im Deutschen Reich eintrat, bewirkte den Abfluß des im Edelmetallgehalt wertvolleren brandenburgischen Geldes und das Eindringen minderwertiger Münzen aus den Nachbarländern. 1556 brach daraufhin Joachim II. mit dem bestehenden Münzfuß, der Gewicht und Feingehalt der Münzen regelte. Nach dem alten Münzfuß gingen 8 Pfennige auf einen Groschen und 32 Groschen auf einen Goldgulden. Ab 1556 galten in Brandenburg 12 Pfennige oder 4 Dreier einen Groschen und 24 Groschen einen Taler.

1559 wurde im Deutschen Reich der Dukat zur Reichsmünze erhoben. Diese Goldmünze, die ihren Ursprung wie der Goldgulden in der Mitte des 13. Jahrhunderts in Italien hatte, verdrängte gegen Mitte des 16. Jahrhunderts allmählich den sich immer mehr im Goldfeingehalt verschlechternden Gulden. 1560 begann die kurfürstliche Münzstätte in Berlin mit der Dukatenprägung. Sie muß gering gewesen sein, denn bis zum Ende des 2. Weltkriegs war nur ein einziges Exemplar eines Doppeldukaten von 1560 bekannt, und zwar in der seit dem Krieg verschollenen Sammlung der ehemaligen Königlichen Münze. 1956 kam aus privatem Besitz ein bis dahin nicht bekannter Dukat zum Vorschein, der anscheinend von dem Stempelpaar des Doppeldukaten geprägt war. Dieser kostbare Dukat, bisher ein Unikum, ist das erste Dukatenstück der Mark Brandenburg und gleichzeitig ihre erste Goldmünze, die ein Herrscherporträt zeigt (s. Abb. 109 auf S. 226). Auf der Vorderseite sieht man das barhäuptige Brustbild Joachims II., welches den Perlkreis und die Schrift oben durchstößt. Die Umschrift lautet: JOACH + D + G + MARC + BRAN + ELEC (d.h. Joachim von Gottes Gnaden Markgraf von Brandenburg und Kurfürst). Die Rückseite zeigt ein fünffeldiges Wappenschild, rechts und links daneben einen sechsstrahligen Stern. Die Umschrift lautet: NOVA + AURE + BRAN + 1560 (d.h. Neue Brandenburgische Goldmünze 1560).

Außer den wenigen Goldmünzen hat die Berliner kurfürstliche Münzstätte ab 1560 hauptsächlich kleine Nominale geprägt. Die heute seltenen Pfennige waren bis auf eine Ausnahme im Jahr 1562 einseitig. Das Bild war das der früheren Jahre, Zepter und Adlerschild nebeneinandergestellt, darüber die Jahreszahl. Die zweiseitige Ausgabe von 1562 zeigt auf der Vorderseite einen gekrönten Adlerkopf und auf der Rückseite die Jahreszahl (s. Abb. 110 auf S. 225).

Der Münztyp mit der größten Ausprägung jedoch waren die Dreier. Wie schon erwähnt, war diese in Brandenburg vorher nicht übliche Geldsorte auf Betreiben des Kurfürsten seit 1553 ausgeprägt worden. In der entsprechenden Urkunde von 1553 heißt es: „Zum letzten als wir auch lassen newe drey pfennigck gröschlein schlagen, sollen derselbigen eins drey unserer neuen pfennige oder drey meissnische pfennigs geldten, wie sie auch in irem werdt darauff geschlagen werden sollen."

Die Vorderseite dieser neuen Münzsorte zeigt ein Adler-, die Rückseite ein Zepterschild sowie auf beiden Seiten bis 1561 die Jahreszahl, danach nur auf der Vorderseite. Die Ausprägung der Dreier, die in den Münzstätten Berlin und Stendal erfolgte, muß gewaltig gewesen sein, denn diese Münzen sind in allen Funden aus dieser Zeit reichlich vertreten. Das Interesse des Kurfürsten an der Dreierprägung lag darin begründet, daß diese, abweichend von der Reichsmünzordnung einen größeren Münzgewinn als die der anderen Sorten abwarfen. Das läßt auch eine etwa um 1560 entstandene Urkunde erkennen, in welcher es heißt: „Die neue berlinische 3 pfennig-groschen mit dem scepter gelten 4 Stück für 14 straubspfennig (= Hohlpfennige), werth 2 3/4 pfennig, ist verlust an jedem Groschen 4 gutte pfenning".

Nach 1560 wurde die Ausprägung der Dreier noch verstärkt. Am 24. Januar 1556 hatte Joachim II. seinen Günstling Lippold als Aufseher über die Münzstätte eingesetzt. 1565 wurde Lippold Berliner Münzmeister. Er war Jude und verwandte als Münzmeisterzeichen den Davidstern. Lippold begann jetzt eine umfangreiche Prägetätigkeit. Nach dem Tod seines Gönners am 3. Januar 1571 ließ ihn der neue Kurfürst Johann Georg unter der Anklage des Mordes – Lippold wurde verdächtigt, Joachim II. vergiftet zu haben –, „der Unzucht mit christlichen Weibern", der Zauberei und des Münzbetrugs verhaften. Vor allem das letztere Vergehen erzürnte den sparsamen Johann Georg und führte zu Lippolds Verurteilung und Hinrichtung am 28. Januar 1573 auf dem Neuen Markt in Berlin. Nach den überlieferten Münzabrechnungen, die während des Prozesses als Beweismittel vorgelegt wurden, hatte Lippold in den 5 Jahren seiner Tätigkeit als Berliner Münzmeister 3156846 Stück Dreier mit etwa 6% persönlichem Gewinn geschlagen. Verglichen mit dieser Zahl ist die Ausprägung der anderen Münzsorten spärlich.

Unter Joachim I. waren in der Mark Brandenburg mehrere Münzstätten in Betrieb: Berlin, Frankfurt/Oder, Angermünde, Brandenburg, Stendal, Krossen und Salzwedel. Während der Regierung Joachims II. verringerte sich die Zahl auf zwei – Berlin und Stendal. Ab 1568 wurde nur noch in Berlin geprägt. Unter Kurfürst Johann Georg (1571–1598) blieb Berlin die einzige Münzstätte. Die kurfürstliche Münze wurde jetzt in den Spreeflügel des Berliner Schlosses verlegt. Ausgeprägt wurden Doppeltaler, Taler, Halbtaler, Vierteltaler, Groschen, Dreier, Pfennige und wenige Goldmünzen. Statt der Dreier, die sein Vater mit verringertem Feingehalt hatte prägen lassen, wurden die neuen Dreierstücke Johann Georgs nach der Reichsmünzordnung ausgebracht. Die Ausprägung aller Sorten war sehr gering, denn die Münzen Johann Georgs sind alle selten, besonders die Pfennige, von denen nur 2 Stück bekannt sind. 1572 geprägt, zeigen die kleinen einseitigen Münzen ein Schild mit dem Zepter, darüber das Münzmeisterzeichen des Berliner Münzmeisters Konrad Schreck , und an den Seiten des Schildes die abgekürzte Jahreszahl.

Auch die Goldausprägung war außerordentlich spärlich. Neben wenigen Dukaten und Mehrfachdukaten war bis 1902 nur der bei Bahrfeldt unter der Nr. 510 beschriebene Goldgulden von 1573 in zwei Exemplaren des Münzkabinetts Berlin bekannt. 1902 tauchte dann als Unikum ein Goldgulden von 1587 auf (s. Abb. 111 auf S. 226). Die Vorderseite dieses kostbaren Stücks zeigt den nach links blickenden Adler im Perlkreis mit dem Zepterschild auf der Brust. Die Umschrift lautet: IOHAN · GEOR · D · G · MARC · BRAN · ELEC (d. h. Johann Georg von Gottes Gnaden Markgraf von Brandenburg und Kurfürst). Die Rückseite zieren fünf Wappenschilder ins Kreuz gestellt in einem Vierpaß, der die Umschrift durchstößt, dazwischen die Jahreszahl 1587. Die Umschrift lautet: MONET · NOVA · AVRE · BRAND: (d.h. Neue Brandenburgische Goldmünze). Merkwürdigerweise zeigt diese Münze das Münzmeisterzeichen des Konrad Schreck, obwohl dieser bereits 1580 verstarb und 1587 in Berlin der Münzmeister Michael Aschenbrenner tätig war, der als Zeichen eine Rosette führte. Wahrscheinlich hat man aus Sparsamkeitsgründen den noch vorhandenen Vorderseitenstempel des Gulden von 1573 mit dem Zeichen Schrecks verwandt. Auszuschließen ist auch nicht, daß bei der Herstellung des Rückseitenstempels die beiden Endzahlen des Prägejahrs irrtümlich vertauscht wurden, so daß die Prägung in Wirklichkeit 1578 erfolgte.

In einem Schreiben vom 17. August 1594 gestattete Kurfürst Johann Georg den Städten Berlin, Brandenburg, Stendal und Frankfurt, wegen des herrschenden Kleingeldmangels die städtische Pfennigprägung wieder aufzunehmen. Die Erlaubnis wurde drei Jahre später zurückgezogen, nachdem sich herausgestellt hatte, daß die städtischen Pfennige nicht der Reichsmünzordnung entsprachen. Diese städtischen Pfenniggepräge lassen sich heute nicht mehr ermitteln.

Unter den Nachfolgern Johann Georgs verliert Berlin seine kurzzeitige Bedeutung als einzige landesherrliche Münzstätte Brandenburgs und wird erst wieder unter dem Großen Kurfürsten Hauptmünzstätte des Landes.

Während der ganzen hier behandelten Zeit wurde in der Mark Brandenburg noch die seit der Antike bekannte Hammerprägung von Hand bei der Münzherstellung angewandt. Auf dem eisernen in einem Holzblock eingelassenen Unterstempel mit dem eingravierten oder eingepunzten Negativ des Münzbildes lag das ausgeschnittene Münzblech, der sogenannte Schrötling. Darauf wurde der Oberstempel, ebenfalls mit dem negativen Münzbild, gesetzt, auf den dann mit einem Hammer geschlagen wurde. Je größer und dicker der Schrötling, desto schwerer mußte der Hammer sein. Für die Hohlpfennige war zur Prägung statt des Oberstempels eine eiserne Hülse mit einem Hartholzfutter üblich, auf die mit dem Hammer geschlagen wurde, nachdem sie über den Unterstempel gestülpt worden war.

Im Unterschied zu den weicheren Goldmünzen und den kleineren Silbermünzen kam man für die größeren und stärkeren Silbermünzen auch bei Anwendung eines schweren Hammers oft mit einem Schlag nicht aus. So zeigen viele brandenburgische Talergepräge die Spuren mindestens eines weiteren Schlages.

Aussagen zur damaligen Kaufkraft des Geldes sind nur stark eingeschränkt möglich. Zu spärlich fließen die Quellen, lokale Unterschiede, etwa in der Folge von Mißernten und Kriegsnot, wirkten sich auf viel engerem Raum und zugleich gravierender als heute aus. Zudem erlauben die geschilderten Änderungen des Feingehalts der Münzen keine über längere Zeiträume geltenden Aussagen. Um wenigstens eine ungefähre Vorstellung vom Wert der hier besprochenen Münzen für den damaligen Menschen zu haben, mögen einige Angaben folgen, die sich auf die Mark Brandenburg beziehen. Um 1375 kostete 1 Huhn 2 Pfennige, 1 Aal 5–6 Pfennige, 1 Scheffel (etwa 40 kg) Roggenkorn 12–16 Pfennige. Ungefähr 100 Jahre später galten folgende Preise: 1 Huhn 6–8 Pfennige, 1 Scheffel Roggen etwa 30 Pfennige, 1 Gans 1 1/2 Groschen, 60 Eier 24 Pfennige, 1 Schwein 17 Schillinge, 1 Bauernpferd etwa 6 Mark, 1 Kuh 1 Mark 12 Schillinge bis 3 Mark. 1238 mußten für den gefangenen Markgraf Otto III. 1600 Mark Silber, 1278 für Otto IV. gar 4000 oder 7000 Mark Lösegeld gezahlt werden (diese stolzen „Preise" sind sicher direkt in Silberbarren entrichtet worden).

Literatur

Bahrfeldt, Emil: Das Münzwesen der Mark Brandenburg von den ältesten Zeiten bis zum Anfang der Regierung der Hohenzollern, Berlin 1889.

Bahrfeldt, Emil: Das Münzwesen der Mark Brandenburg unter den Hohenzollern bis zum Großen Kurfürsten von 1415 bis 1640, Berlin 1895.

Fengler, Heinz: 700 Jahre Münzprägung in Berlin, Berlin 1975.

Gebhart, Hans: Die deutschen Münzen des Mittelalters und der Neuzeit, Berlin 1929.

Helbig, Herbert: Gesellschaft und Wirtschaft der Mark Brandenburg im Mittelalter, Berlin 1973.

Schnuhr, Eberhard: Zur Technik der Hohlpfennigprägung des 15. und 16. Jahrhunderts; in: Hamburger Beiträge zur Numismatik 4 (1950), S. 88ff.

Schultze, Johannes: Die Mark Brandenburg, Band 1, Berlin 1961.

Suhle, Arthur: Die Münzverhältnisse in der Mark Brandenburg im 14. Jahrhundert; in: Johannes Schultze, Das Landbuch der Mark Brandenburg von 1375. Berlin 1940, S. 462ff.

ders.: Geld, Münze und Medaille, Berlin 1957.

ders.: Deutsche Münz- und Geldgeschichte von den Anfängen bis zum 15. Jahrhundert. Berlin 1973.

Allgemeine Literatur s. S. 287.

Das Bürgerhaus im Berliner Raum

Thomas Biller

Die Spandauer Altstadt ist die einzige Altstadt auf Westberliner Boden und einziger Ort in ganz Berlin, wo sich vorindustrielle Bürgerhäuser in größerer Zahl erhalten haben; seit 1978 ist sie Sanierungsgebiet. Die 1980 begonnene Untersuchung ihrer Bausubstanz durch die Denkmalpflege hat, unter Berliner Bedingungen unerwartet, zur Entdeckung eines mittelalterlichen, um 1500 entstandenen Bürgerhauses geführt. Dieses Haus, Breite Straße 32, wurde 1985/86 wissenschaftlich untersucht und soll in einer Weise genutzt werden, die seinem besonderen Rang entspricht.

Um die Bedeutung dieses Hauses genauer einzuschätzen, waren umfassende Forschungen nötig, die sich nicht nur auf die Geschichte von Spandau bezogen, sondern vor allem auch zu klären hatten, wo in der Mark Brandenburg ähnliche Bauten stehen oder gestanden haben. Die Ergebnisse dieser Untersuchungen waren zugleich überraschend und betrüblich: es hat in einigen, zumeist wichtigeren Städten der Mark, vor allem Brandenburg, Spandau, Berlin-Cölln und Frankfurt/Oder, noch zu Anfang des 20. Jahrhunderts eine Anzahl ähnlicher Bürgerhäuser gegeben (s. Abb. 52). Nachdem in der Folgezeit gerade die Besterhaltenen zerstört wurden, sind heute meist nur noch Reste vorhanden, die selten genauer untersucht worden sind. Die Anschauung eines vollständigen Hauses dieser Art kann man heute nur noch an dem „Ordonnanzhaus" in der Altstadt von Brandenburg gewinnen oder eben in Spandau, wo die spätgotische Entstehungszeit auf den ersten Blick zwar nicht mehr leicht erkennbar ist, aber durch die Untersuchung bis in Einzelheiten geklärt wurde.

Vom Holzhaus zum Steinhaus

Die frühesten städtischen Häuser der Mark, die in der Kolonisationszeit des 12. Jahrhunderts entstanden, dürften reine Holzhäuser gewesen sein, wie sie schon lange von den hier siedelnden Slawen gebaut worden waren. Von ihnen blieben nur im Boden Reste erhalten, wie man sie in der Altstadt Spandau angeblich gefunden, aber bisher nicht veröffentlicht hat. Schon im 13. Jahrhundert darf man auch mit der Übernahme der Fachwerkbauweise aus westlicheren Regionen Deutschlands rechnen. Aus Fachwerk waren bis zum späten 19. Jahrhundert die meisten Stadthäuser der Mark, aber das witterungs- und brandanfällige Material hat dafür gesorgt, daß die ältesten noch erhaltenen Beispiele nicht vor dem Dreißigjährigen Krieg (1618–48) entstanden sind.

Eine langsame Entwicklung zum Bauen in (Back-) Stein setzte ebenfalls schon im 13. Jahrhundert ein. Träger dieser Entwicklung waren die reicheren Gruppen der Gesellschaft, also neben dem Adel vor allem die Kaufleute in den Städten: sie konnten sich die wesentlich teureren, dafür aber „haltbaren" und brandsicheren Steinhäuser leisten.

Das älteste Steinhaus, das der Forschung bekannt geworden ist, stand bis zur Zerstörung 1945 in der Brandenburger Neustadt. Es war ein ursprünglich zwei- oder dreigeschossiges Gebäude mit je einem großen Raum (6,5 × 9 m) pro Geschoß, wobei das Obergeschoß nur über eine Außentreppe erreicht werden konnte: im Inneren gab es Ritzzeichnungen feudalen Inhalts (z. B. Jagdszenen), deren Stil noch romanisch war und auf eine Errichtung im 13. Jahrhundert hinwies. Sicherlich war dieses Haus nur der solideste und besonders repräsentative Teil einer größeren, sonst aus Holz- und Fachwerkbauten bestehenden Hofanlage – im nordwestdeutschen Raum wird diese Bauart als „Kemenate" („caminata" (lat.) = kaminbeheizter Bauteil) bezeichnet, und von dort wird er während der Phase der Kolonisation auch „mitgebracht" worden sein. Er drückt sehr anschaulich aus, daß die einfacher zu errichtenden und billigeren Holzhäuser noch sehr lange üblich blieben und daß auch die Reichsten jener Zeit, die im Brennpunkt des wirtschaftlichen Geschehens in den Städten lebten, sich das Bauen in Stein nur für kleine Teile ihrer Wohnsitze leisteten. Wenn die Forschung, die im späten 19. Jahrhundert und in der 1. Hälfte des 20. Jahrhunderts die Kunstdenkmäler der damaligen Provinz Brandenburg großenteils inventarisierte, keine nennenswerten Bauteile von steinernen Bürgerhäusern vor dem 15. Jahrhundert erfaßte, so kann man dies nicht einfach auf die Zerstörungen späterer Jahrhunderte zurückführen. Den Bränden boten gerade die Steinhäuser Widerstand, und jene wirtschaftliche Dynamik, die in Berlin nach 1871 das Alte nahezu völlig tilgte, ist den meisten Städten der Mark Brandenburg bis heute fremd geblieben.

Auch aus den Schriftquellen kann man schließen, daß Steinhäuser im ganzen 14. Jahrhundert noch etwas Seltenes waren: in Berlin nennt sich 1310 eine Familie stolz nach ihrem Steinhaus („de domo lapidea"), in der Altstadt Brandenburg will „Ghiso ut dem Steenhuse" (1342) dem nicht nachstehen und um 1390 bringt die reiche Familie der Blankenfelde an ihrem Berliner Neubau eine Tafel an, die betont, das Haus sei „mit Mauern und Säulen aus festesten Backsteinen" errichtet worden.

Die Patrizierhäuser des 15. Jahrhunderts

Erst in der 2. Hälfte des 15. Jahrhunderts ändert sich das Bild in geradezu auffallender Weise. In Berlin-Cölln können aus dieser Zeit die Reste von wenigstens 9 Steinhäusern nachgewiesen werden, in Brandenburg und Spandau je 4 und in Frankfurt/Oder sogar 12, wobei sich das Phänomen auf diese Städte in bedeutender Verkehrslage zwar konzentriert, aber nicht beschränkt: je ein Haus ist

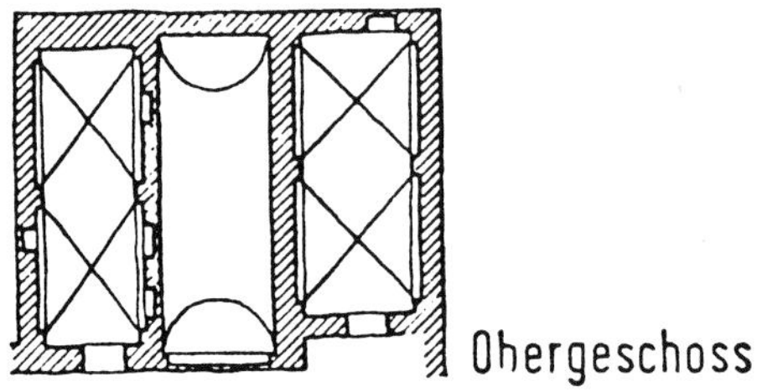

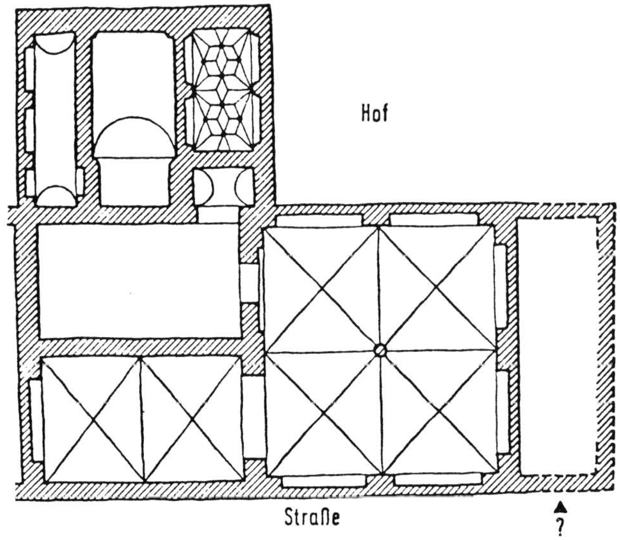

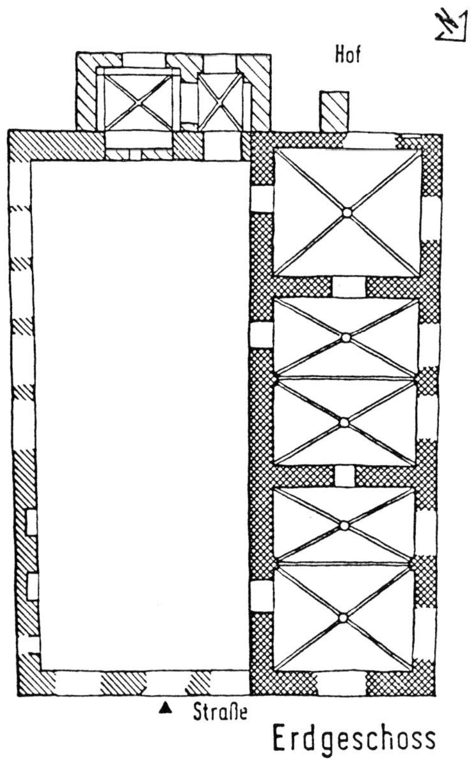

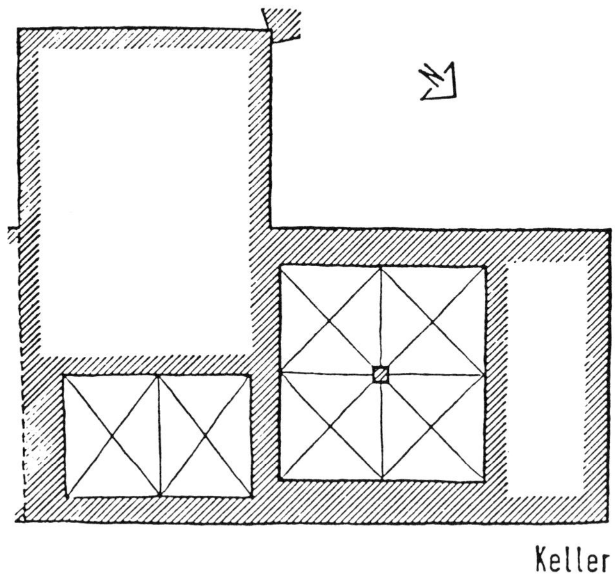

52. Grundrisse der vier genauer bekannten spätgotischen Häuser in der Mark Brandenburg: Brandenburg-Altstadt, „Ordonnanzhaus" (S. 122, links); Berlin, Hoher Steinweg 15 (S. 122, rechts); Gransee (S. 123, links) und Spandau, Breite Straße 32 (S. 123, rechts).

auch in Gransee, Rathenow und vielleicht Bernau bekannt. Freilich ist nur von den wenigsten dieser Häuser ein umfassendes Bild zu gewinnen: was wir von ihnen kennen, sind zumeist nur die besonders auffälligen Teile, die alle späteren Veränderungen sichtbar überstanden haben.

Nur wenige Häuser sind in ihrer Gesamtstruktur noch bekannt, weil sie ausnahmsweise gut erhalten sind und weil sie relativ genau untersucht und dokumentiert wurden.

Das „Ordonnanzhaus" in Brandenburg/Altstadt ist das am wenigsten veränderte Beispiel eines spätgotischen Bürgerhauses in der Mark Brandenburg. Als erster Abschnitt dieses Gebäudes entstand ein schmaler, weit in die Tiefe des Grundstückes reichender Bauteil mit drei kreuzrippengewölbten Räumen im Erdgeschoß, der zur Straße hin über einem Rosettenfries wohl schon einen kleinen Giebel besaß. In einem zweiten Abschnitt erhielt das Haus seine heutige Breite, wobei der angefügte Teil wahrscheinlich einen einzigen großen Raum bildete, in den auch das große Portal führte. Ein monumentaler Backsteingiebel – der einzige erhaltene in der Mark Brandenburg – setzt direkt über dem Erdgeschoß an und erreicht dessen dreifache Höhe, allerdings nur durch den optischen Kniff, daß das Obergeschoß in die Giebelgliederung miteinbezogen ist. In einem letzten spätgotischen Bauabschnitt entstand schließlich eine Art Erker zum Hof (Abb. 53).

Im Detail wohl ähnlich gut untersucht wie das Spandauer Beispiel wurde das Haus Königstraße 48/Hoher

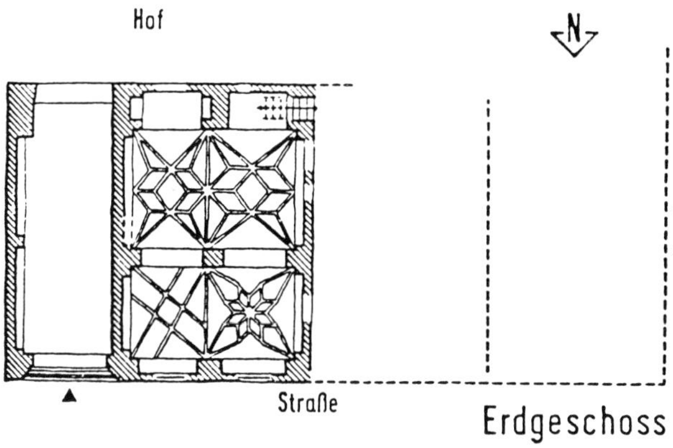

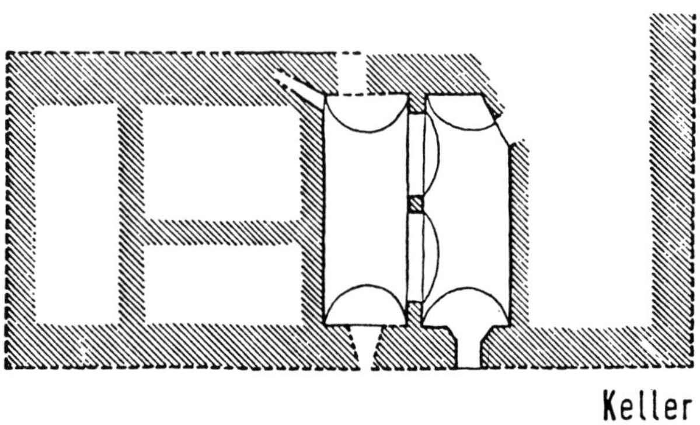

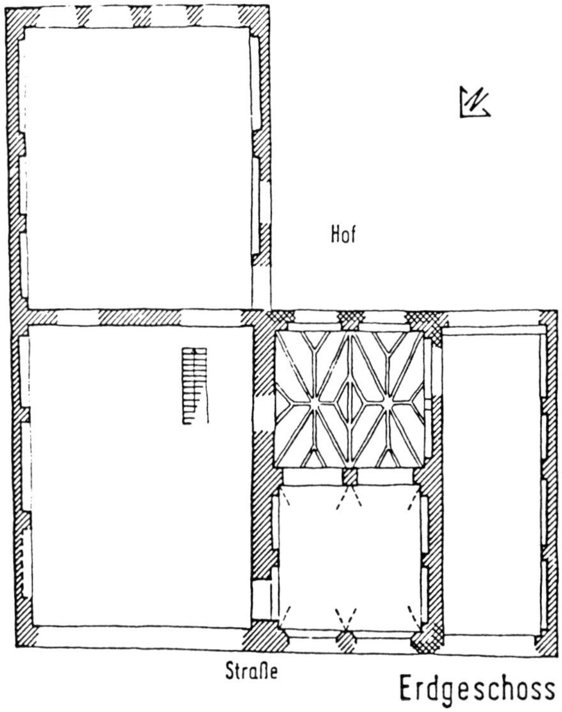

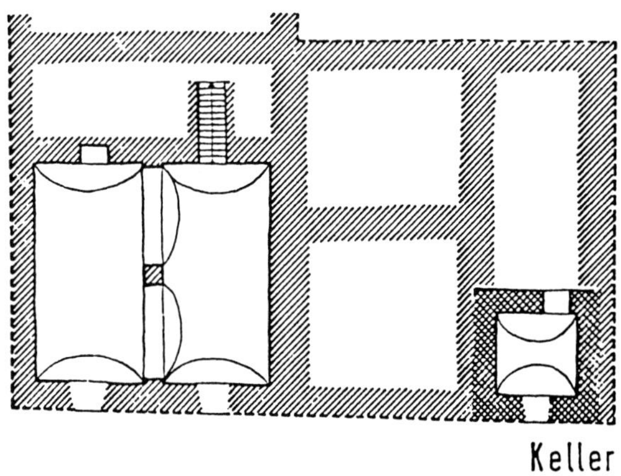

53. Brandenburg-Altstadt, „Ordonnanzhaus“, Giebel im Zustand um 1900.

Steinweg 15 in Berlin (Ost) – wenn auch bei einer bedauerlichen Gelegenheit, nämlich bei seinem Abriß 1955/56. Nach Hans-Werner Klünner war das bekanntere Haus am Hohen Steinweg „nur“ der um 1480 entstandene Anbau an das hundert Jahre ältere Eckhaus. Das angebaute, wesentlich größere Haus zeigte im Erdgeschoß mehrere gewölbte Räume, vor allem einen mit Mittelsäule, der die gesamte Haustiefe einnahm und zwei hintereinanderliegende daneben. In einem breiten, in den Hof vorspringenden „Seitenflügel“ lag die große Küche mit hohem Rauchabzug – ähnlich wie in Spandau – daneben ein kleiner Raum mit besonders reichem Kreuzrippengewölbe, der oft fälschlich als Kapelle verstanden wurde. Die um 1480 entstandene Fassade des Hauses zeigte nur einfache Stichbogenfenster sowie eine Rosettenreihe – der auch hier sicher vorhandene Giebel war längst verschwunden, und das Haus hatte zuletzt eine Stuckfassade aus der 2. Hälfte des 19. Jahrhunderts.

In Gransee, im Mittelalter Mitglied der Hanse, heute eine ruhige kleine Stadt in der Mark, steht jenes Haus, das dem etwa 70 km entfernten Spandauer Haus am ähnlichsten ist. Wohl unter dem Hauptraum des Erdgeschosses, der später völlig umgestaltet wurde, lag ein guterhaltener Keller, das genaue Ebenbild dessen, der in Spandau 1959 teilzerstört wurde. Im Erdgeschoß lagen zwei kleinere Räume mit reich variierten Netzrippengewölben hintereinander, durch zwei spitzbogige Durchgänge verbunden – eine ganz entsprechende Raumgruppe ist in Spandau bis heute erhalten. In Gransee wurde sie leider um 1960 einem Ladenumbau geopfert – der achtlose Umgang mit historischer Bausubstanz war damals von politischen Grenzen unabhängig.

In Frankfurt/Oder blieb nach schwerer Kriegszerstörung leider kein einziges der Häuser in seiner Gesamtheit erhalten. Die noch sichtbaren Teile, meist Gewölbe, können trotzdem eine klare Aussage über ihre Bauherren machen: von 12 nachweisbaren Häusern stehen 10 dicht gedrängt in jenen Blöcken der Altstadt, die zwischen dem Markt und den Anlegestellen des Flußufers liegen – ideal aus der Sicht von Kaufleuten, die so zu beiden Brennpunkten des Handels direkten Zugang hatten.

Das Spätgotische Haus in Spandau

Das spätgotische Haus Breite Straße 32 in der Altstadt von Spandau, im späten 18., 19. und 20. Jahrhundert äußerlich sehr verändert, war bis 1980 kaum als solches zu erkennen: nur das spätgotische Gewölbe in einem Erdgeschoßraum war unübersehbar. Die Untersuchungen, die nach seiner „Entdeckung“ durch die engagierten Spandauer Denkmalschützer Barbara Nowak und Andreas Kalesse einsetzten und von Vertretern der verschiedensten Fachdisziplinen durchgeführt wurden, ließen aber bald die Baugeschichte des Hauses in allen wünschenswerten Einzelheiten hervortreten. Beim heutigen Untersuchungsstand sagt uns dieses eine Haus mehr über Aussehen, Funktion und Veränderungen der mittelalterlichen Bürgerhäuser in Brandenburg als fast alle anderen Objekte zusammen.

Auch hier begann die Entwicklung mit einem Gebäude, das nur zum kleineren Teil aus Stein bestand: Grabungen des „Archäologischen Landesamtes“ legten Reste eines schmalen Holzgebäudes parallel zur Breiten Straße frei, in dessen Erdgeschoß ein ofenbeheizter Raum und eine Küche mit Herd lagen. Das Südende bildete ein gemauerter Bauteil – eine typische „Kemenate“, deren tonnengewölbter Keller bis heute erhalten blieb. In dieser (nur unvollständig bekannten) Form hat das Gebäude im 15. Jahrhundert bestanden, denn in ihm wurden Münzen aus der Zeit um 1440–70 gefunden.

Um 1500 aber genügte diese Form des Wohnens der namentlich nicht bekannten Spandauer Kaufmannsfamilie nicht mehr. Man wollte ein repräsentativ gestaltetes Steinhaus – wie sie zu dieser Zeit auch von anderen Familien errichtet wurden. Wie schon bei den beiden besprochenen Häusern in Brandenburg und Berlin ging man auch in Spandau abschnittsweise vor: zuerst errichtete man einen zweigeschossigen, relativ kleinen „Kernbau", der in beiden Geschossen je zwei Räume enthält. Im Erdgeschoß wurden der vordere und der hintere Raum durch eine doppelte Spitzbogenarkade verbunden. Während diese und das Netzrippengewölbe des hinteren Raumes gut erhalten sind (s. Abb. 54), ist das Gewölbe im vorderen Raum später beseitigt worden; beide dienten wohl dem Verkauf von Waren mit einem gewissen Luxuscharakter. Auch die beiden Räume des Obergeschosses waren ursprünglich gewölbt und bildeten gewiß den Repräsentationsbereich des Hausherren.

In einer zweiten Ausbauphase, die zweifellos von vornherein mitgeplant war, entstand der fast dreimal so große, nördliche Hausteil, der sich als breiter Seitenflügel in den Hof fortsetzte. Er war nie mit Gewölben versehen; von den hier ehemals vorhandenen Räumen läßt sich nur der außergewöhnlich große Küchenschlot durch kräftige Versottung (Durchdringen des Mauerwerks mit Ruß) einer Wandnische noch lokalisieren.

Weiteres Schicksal des Spandauer Hauses

Seit dem 16. Jahrhundert erfuhr dieses spätgotische Haus noch eine Fülle von Veränderungen und Erweiterungen, die zwar einiges von der ursprünglichen Struktur zerstörten, dabei aber den Wandel der Lebensbedingungen sehr detailliert widerspiegeln. Hierzu gehört der Anbau einer Durchfahrt mit darüberliegenden Speichergeschossen; auf die Nutzung als Speicher weisen Haferreste in Mauerfugen hin.

Als entscheidender Einschnitt muß ein Brand des Hauses im Jahre 1788 gelten, der von dem Chronisten Daniel Friedrich Schultze detalliert überliefert worden ist. Der mit königlichen Geldern geförderte Wiederaufbau, unter anderem mit einer klassizistischen Fassade der Gilly-Schule, zog sich bis um 1800 hin und prägte die Innenstruktur des Hauses bis 1959. Erst damals – in der konsumorientierten Wiederaufbauphase – wurden entscheidende Teile des Innenausbaues, darunter die klassizistische Treppe, und die Fassade zerstört, um das Gebäude im Rahmen der entstehenden „City" renditeträchtig zu machen. Auf dem hinteren Grundstücksteil hatte ein Wandel

54. Innenansicht des gotischen Hauses Breite Straße 32 in Spandau, Zustand 1986.

allerdings schon viel früher eingesetzt, als für die Arbeiter der Rüstungsindustrie vermietbarer Wohnraum geschaffen wurde – von der dichten Überbauung in der 2. Hälfte des 19. Jahrhunderts blieb als einziges Zeugnis das Seitengebäude von 1866 erhalten.

Der hohe Rang des „Gotischen Hauses" in Spandau als ein in Berlin und seinem Umland einzigartiges Baudenkmal wurde schon vor Abschluß der Forschungen erkannt – die Konsequenz war, das Gebäude für die Stadt Berlin anzukaufen (1985). In der Frage der zukünftigen Nutzung besteht inzwischen wohl Einigkeit in dem Punkte, die wertvolle und sensible Bausubstanz für die Öffentlichkeit zugänglich und durch geeignete Mittel auch verständlich zu machen. Die konkrete Form wird zur Zeit (Anfang 1987) noch gesucht.

Literatur

Biller, Thomas: Die Entwicklung des Bürgerhauses in Berlin und in der Mark Brandenburg vor dem Dreißigjährigen Krieg (12.–16. Jh.); in: Berlin-Forschungen I, hrsg. v. Wolfgang Ribbe, Berlin 1986.

Klünner, Hans-Werner: Das Haus Königstr. 48/Hoher Steinweg 15, um 1935. In: Berlin-Archiv, B 01008, Braunschweig 1981.

(Eine umfassende Veröffentlichung über das Haus Breite Straße 32 ist geplant.)

Allgemeine Literatur s. S. 287.

Archäologischer Beitrag zur Geschichte des spätgotischen Hauses Breite Straße 32 in Spandau

Raimund Maczijewski

Anfang Dezember 1980 meldete der damalige Hausbewohner des Hauses Breite Straße 32, Andreas Deckwer dem Archäologischen Landesamt Berlin den Beginn von Umbauarbeiten im Erdgeschoß, sowie von Erdarbeiten im Hof. Herr Deckwer hatte bereits aus dem Aushub Keramik und Ofenkachelbruchstücke des 16. und 18. Jahrhunderts sichergestellt.

Bei der Baustellenbegehung wurden in einer Schuttschicht unterhalb des ausgebrochenen Fußbodens im Raum 1 (s. Abb. 57) mehrere Gewölberippensteine entdeckt und zusammen mit weiteren Ofenkachelbruchstükken geborgen. Gleichzeitig wurde festgestellt, daß im Gegensatz zu den vom Landeskonversator gestatteten Eingriffen in die alte Bausubstanz ganze Wandpartien entfernt worden waren. In Abstimmung zwischen dem Archäologischen Landesamt, dem Landeskonservator und dem Bürger-Betroffenenrat wurde daraufhin ein sofortiger Baustop angeordnet.

Im Zuge der archäologischen Untersuchung durch das Archäologische Landesamt (der Verfasser war örtlicher Grabungsleiter) wurde zunächst am 13. Dezember 1980 entlang der Trennwand zwischen Raum 1 und Raum 3 ein Sondageschnitt angelegt.

Aus Sicherheitsgründen mußten zunächst die über den Arbeitsbereich lose hängenden Putzflächen entfernt werden. Im freigelegten Mauerwerk kamen dabei in der Mittelwand zwei Konsolsteine („K" auf Abb. 55) zum Vorschein. An den Rändern der zugemauerten, jetzt im Zuge des Umbaus mit neuen Türdurchbrüchen versehenen Spitzbögen der Trennwand zwischen Raum 1 und Raum 3, fanden sich Gewölberippensteine (G), die bei einem früheren Umbau des Hauses als normale Ziegelsteine wiederverwendet worden waren (Abb. 55). Da in der nordwestlichen Wand (Straßenfront) des Raumes 1 ein weiterer Konsolstein dicht über dem Boden „kopfstehend" sekundär verbaut wurde („K" auf Abb. 56) kann man daraus schließen, daß auch Raum 1 ursprünglich wie heute noch Raum 3, mit einem Netzrippengewölbe versehen war.

Im Sondageschnitt konnten zwei „Vorläufer" des spätgotischen Ziegelbaus angeschnitten werden. Der unmittelbare Vorgängerbau war ein Fachwerkhaus, dessen recht gut erhaltener Grundriß durch die Grabung nachgewiesen werden konnte (Abb. 58), mit einem noch existierenden gemauerten Kellergewölbe (Abb. 57). Schwellbalken der Wände und Unterzüge des Fußbodens des Fachwerkhauses waren z. T. noch als Holzmull erkennbar.

Das Haus war in drei Räume unterteilt. Über dem Tonnengewölbe des Kellers befand sich sicherlich ein gemauerter Bereich, an den die zwei Fachwerkräume, ein Küchenraum mit Herdstelle und ein Wohnraum mit Kachel-

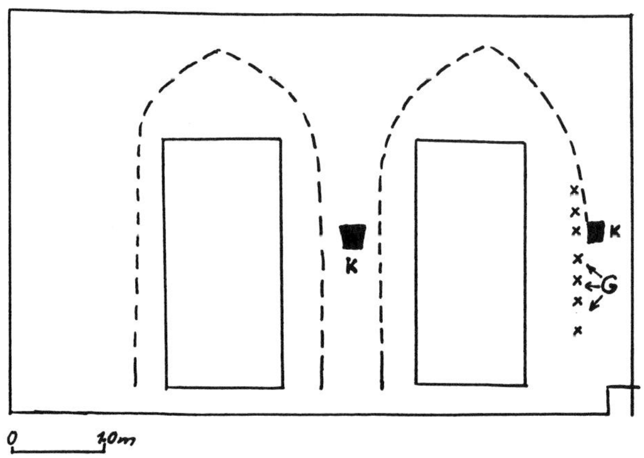

55. Trennwand zwischen Raum 1 und 3 mit Spolien von Gewölberippensteinen (G) und Konsolsteinen (K).

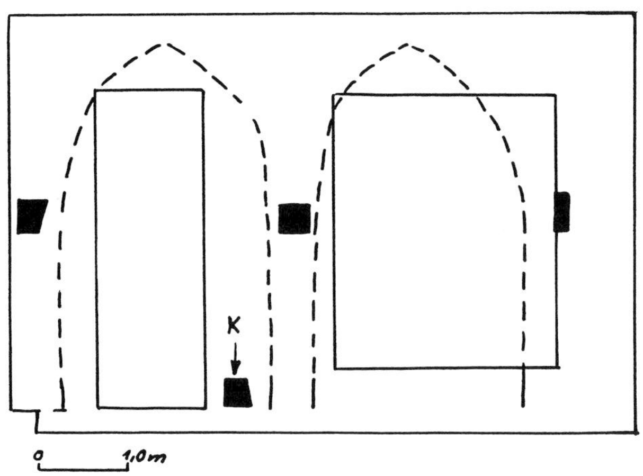

56. Wand zur Straße von Raum 1 mit wiederverwandtem Konsolstein (K).

ofen, angrenzten. Der Herd heizte auch den im Nebenraum stehenden, aus Topfkacheln aufgebauten Ofen. Das Fundament dieser Doppelanlage wurde freigelegt (Abb. 58) und Bruchstücke von starkwandigen Topfkacheln geborgen.

Diese Kacheln lassen sich in die erste Hälfte des 15. Jahrhunderts datieren und erlauben damit eine untere zeitliche Eingrenzung des Fachwerkhauses. Ein oberer chronologischer Anhaltspunkt ergibt sich durch den Fund von acht Silbermünzen unter Fußbodenresten in der Nähe des Ofens („M" auf Abb. 58). Die Prägezeit dieser Münzen liegt zwischen 1440 und 1470. Nach dieser Zeit, wohl zu Beginn des 16. Jahrhunderts, wurde das Fachwerkhaus durch den spätgotischen Ziegelbau abgelöst.

Reste eines zweiten („H" auf Abb. 57), älteren Hausgrundrisses wurden in einer verfüllten Baugrube festgestellt und mit der daraus geborgenen Keramik in die 1. Hälfte des 14. Jahrhunderts datiert. Über die Konstruktion dieses Hauses lassen sich keine Aussagen machen.

Die genannten mittelalterlichen Spuren überlagern eine bronzezeitliche Siedlungsschicht mit darunter liegenden, kreuzweise verlaufenden Pflugspuren. Siedlungsspuren der Bronzezeit wurden schon früher in der Spandauer Altstadt, vom Behnitz bis zum Stadtgraben an der Mauerstraße, festgestellt. Im Raum 2 werden die bronzezeitlichen Pflugspuren von einer slawischen Fisch-Räuchergrube gestört. Auf dem Grund der ca. 2 Meter tiefen und mit einer Stufe versehenen Grube befanden sich Schuppen und Gräten von Hecht, Flußbarsch und Plötze sowie einige verzierte slawische Scherben, die den Befund in die mittelslawische Zeit um 1000 n. Chr. datieren. Slawische Keramik ist in kleinen Mengen im Bereich der Altstadt, besonders in Flußnähe, schon bei früheren Notbergungen und Grabungen gefunden worden.

Parallel zu den archäologischen Untersuchungen wurden im Auftrag des Landeskonservators der Bauhistoriker Thomas Biller und der Architekt Burkhardt Fischer tätig. Unter ihrer Aufsicht wurden die von Mitarbeitern des Archäologischen Landesamtes abschnittsweise freigelegten Fundamente des jetzt noch stehenden Hauses für eine bauhistorische Untersuchung zeichnerisch und fotografisch dokumentiert.

Beim Freilegen dieser Fundamente wurde aus dem, besonders in der Nähe der Wände liegenden, alten Bauschutt, weißgetünchter Putz mit schwarzer Bemalung geborgen. Es ist der ursprüngliche Putz von den Gewölben der Räume 1 und 3 und die älteste Schicht ihrer Bemalung. Zusammen mit den Putzresten lagen Bruchstücke grün glasierter Ofenkacheln des 16. Jahrhunderts, die als Spandauer Bodenfunde bereits gut bekannt sind. Obwohl weitere Gewölberippensteine („G" auf Abb. 57) in einer ersten Kellererweiterung verbaut wurden, läßt sich ar-

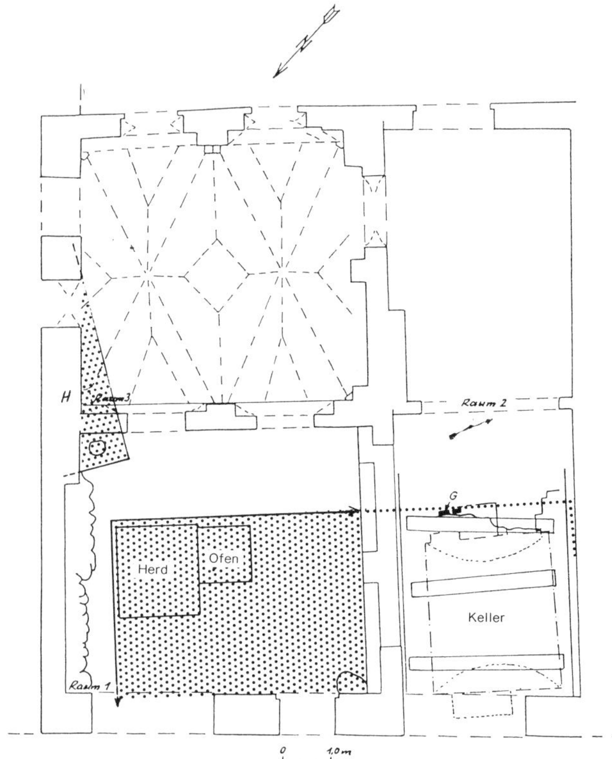

57. Grundriß des Hauses Breite Straße 32. (Punktierte Flächen = Vorgängerbauten, H = 14. Jahrhundert, G = Gewölberippenstein).

chäologisch nicht näher feststellen, wann im Raum 1 das Netzrippengewölbe entfernt wurde.

Für einen Umbau des Hauses in der 2. Hälfte des 16. Jahrhunderts sprechen, neben den geborgenen Bruchstücken grünglasierter Bildkacheln, mehrere im Hofbereich gefundene aus Sandstein angefertigte Spolien von Fenstern oder Türgewänden. Diese wurden aus einem späten, schlecht ausgeführten Fundament geborgen, wo sie als Füllmaterial gedient hatten.

Besonders reichhaltig ist die im Hof geborgene schwarzglasierte Ofenkeramik des 18. Jahrhunderts, die zusammen mit großen Mengen an Bauschutt sicherlich auf einen weiteren Umbau hinweist. Die zuletzt genannten Funde wurden im Zusammenhang mit einer im Hof ausgehobenen Baugrube für einen Versorgungskeller gemacht. Wegen der vielen Störungen im Erdreich konnte die Baugrube nur im südöstlichen Bereich näher untersucht werden.

Im Dezember 1984 wurde das bereits seit 1981 unter Denkmalschutz gestellte letzte in Berlin erhaltene spätgotische Bürgerhaus vom Land Berlin erworben. In dem

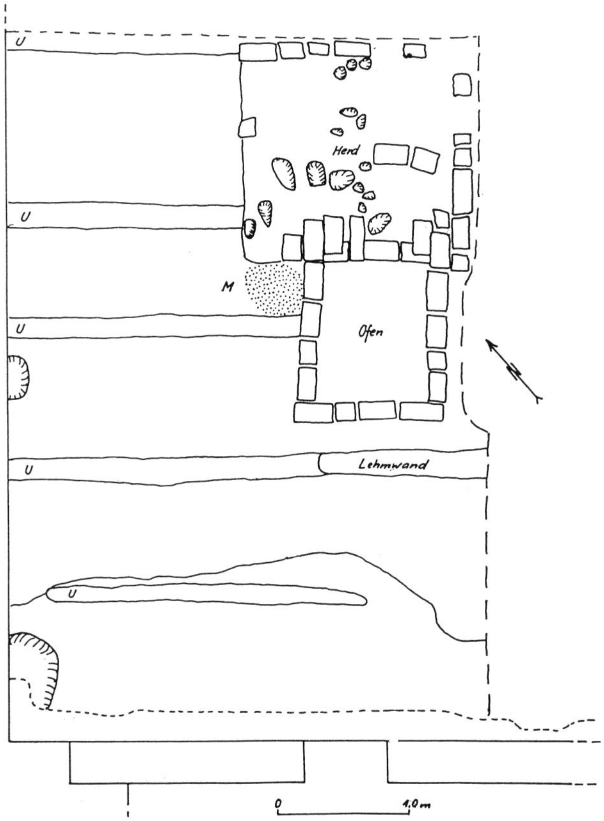

58. Grundriß des Fachwerkhauses (U = Unterzüge, M = Münzfund).

darauffolgenden Jahr konnten die Bauhistoriker den östlichen Teil des Hauses untersuchen. Der archäologische Befund beschränkt sich in diesem Bereich auf einen Kellerraum unmittelbar an der Breiten Straße und ist recht karg. Unterhalb dieses Kellerfußbodens konnten Spuren eines kleineren, älteren Kellers festgestellt werden. Die Wände dieses in Sand eingegrabenen Kellerraumes waren mit waagerechten Holzplanken ausgekleidet. Das daraus geborgene Keramikmaterial gehört in das Ende des 14. und an den Anfang des 15. Jahrhunderts.

Nachdem inzwischen der Putz von den Außenwänden auch des östlichen Gebäudeteiles entfernt wurde, werden seit Anfang Mai 1986 archäologische Untersuchungen im Hofbereich vorgenommen. Möglicherweise wird man dort Aufschluß über die Wirtschaftsbauten auf diesem großen, ehemals bis zum Flußufer hinunterreichenden Grundstück, erhalten.

Literatur

Maczijewski, Raimund: Die archäologischen Quellen zur Frühgeschichte auf dem Gebiet von Berlin (West); in: Corpus archäologischer Quellen zur Frühgeschichte. Hrsg. v. J. Herrmann/P. Donat 3. Lieferung Berlin 1979, S. 326 ff.

Biller, Thomas/Fischer, Burkhardt: Gotisches Haus Breite Str. 32 Berlin Spandau. 2. Zwischenbericht zur zeichnerischen und wissenschaftlichen Bestandsaufnahme, Berlin 1981 (unveröffentlichtes Manuskript).

Kernd'l Alfred/Maczinjewski, Raimund: Ofenkeramik der Renaissance aus der Spandauer Altstadt; in: Ausgrabungen in Berlin 5, 1978, S. 141 ff.

Ein ausführlicher Bericht zum Gesamtbefund mit Vorlage der wichtigsten Funde wird vom Verfasser in Heft 8 der Ausgrabungen in Berlin vorgelegt.

Allgemeine Literatur s. S. 287.

DIE KIRCHE IV

Die Kirche

Dietrich Kurze

Zum 28. Oktober 1237 wird in einer Urkunde Pfarrer Simeon von Cölln (Symeon plebanus de Colonia) als Zeuge aufgeführt (s. Abb. 59). Wenige Jahre später, im Januar 1244, begegnet er als Propst von Berlin (dominus Symeon de Berlin prepositus). Kein datierter Gründungsakt, keine „Geburtsbescheinigung“ berechtigt und veranlaßt uns, 1987 auf 750 Jahre Berliner Geschichte zurückzublicken, sondern die eher beiläufige Erwähnung des Pfarrers und Propstes, der der erste namentlich bekannte Cöllner und Berliner ist. Allgemeine politische und stadtgeschichtliche Erwägungen legen es nahe, und die Funde der Archäologen im Boden Berlins und Cöllns machen es zur Gewißheit, daß die Anfänge der beiden Schwesterstädte vor 1237 liegen müssen. Doch dem, der für historische Besinnung bestimmter Daten bedarf, mag es lieber sein, das Alter seiner Stadt mit genau 750, statt mit ungefähr 800 Jahren anzugeben.

Immerhin ist die Laune der Überlieferung so freundlich gewesen, mit den ersten, an den Namen Simeon geknüpften Erwähnungen von Cölln und Berlin auf zwei stadt- und kirchengeschichtlich wichtige Zusammenhänge hinzuweisen. Die Bezeichnung Simeons 1237 als Pfarrer von Cölln und 1244 als Propst von Berlin symbolisiert die politische Zuordnung und die kirchlich-institutionelle Zusammenbindung (Einheit) beider Städte. Die Urkunden, die Simeon als einen unter mehreren Anwesenden nennen, gehören zu den bekanntesten Gliedern einer langen Kette von Zeugnissen für die ebenso fruchtbare wie spannungsreiche und problematische Verquickung oder Überlappung kirchlicher und weltlicher Interessen in der mittelalterlichen Mark Brandenburg. 1237 ging es um die Beilegung eines jahrelangen Streites zwischen den Bischöfen von Brandenburg und den askanischen Markgrafen um die kirchliche Zugehörigkeit, die geistlichen Einkünfte (Zehnte) und den Einfluß auf die Besetzung kirchlicher Ämter in den sogenannten Neuen Landen. Und 1244 galt es, die Markgrafen zum Verzicht auf den Nachlaß verstorbener Kleriker zu bewegen.

Was sich auf der bischöflichen und markgräflichen Ebene abspielte, betraf mittelbar auch Berlin, denn diese Stadt gehörte zu den Neuen Landen; und es wiederholte sich analog unmittelbar in Berlin und seinem Umland. Kirche und Frömmigkeit ließen nämlich auch hier keinen Lebensbereich aus, prägten die Menschen durch ihre Institutionen, Rechte, Riten und Bräuche, banden sie ein in den weitgespannten katholischen Rahmen und wurden ihrerseits von den Erwartungen, Hoffnungen und Ansprüchen der Einheimischen sowie von den jeweiligen regionalen und lokalen Rahmenbedingungen bestimmt.

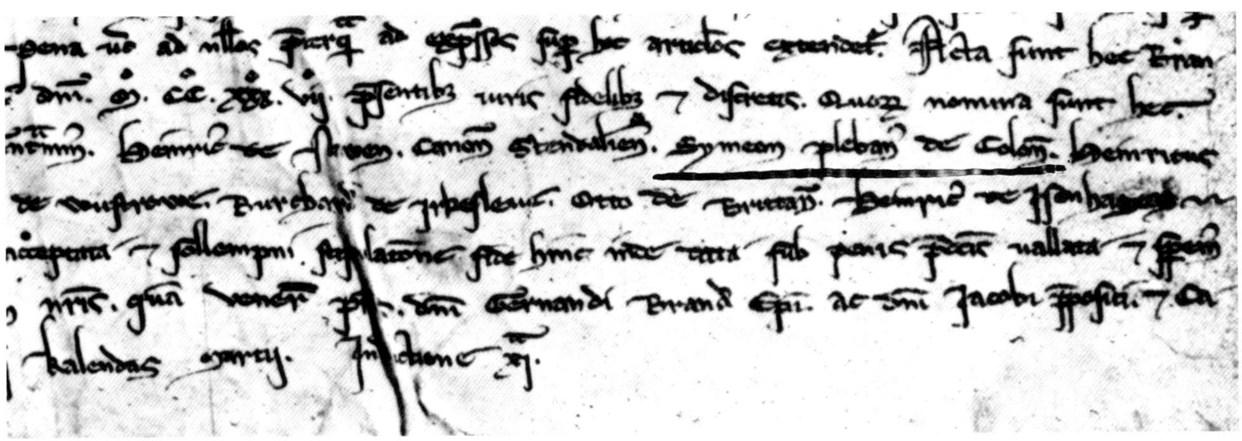

59. Ausschnitt aus der Urkunde von 1237, in der Simeon als „plebanus de Colonia“ erwähnt ist (3. Zeile von oben).

Christianisierung und kirchliche Organisation im Berlin-Brandenburger Raum bis ca. 1150

Wann die Gegend des heutigen Berlin zum ersten Mal mit dem Christentum in Berührung kam, ist nicht feststellbar. Ein tragfähiges Fundament versuchte erst Kaiser Otto I. in der Mitte des 10. Jahrhunderts zu schaffen. An militärische Aktionen seines Vaters, Heinrichs I., anknüpfend, wollte er den Raum zwischen Elbe, Saale und Oder in den Reichsverband eingliedern, dort zugleich das Christentum einpflanzen und es kirchenorganisatorisch verankern. Im Zuge der Errichtung einer ganzen Bistumskette gründete er 948 außer Havelberg auch das Bistum Brandenburg, stattete es mit den notwendigsten Gütern und Einkünften aus und legte die Grenzen seines Aufgabenbereichs fest. Durch die vorgesehene West-Osterstreckung – von der Elbe bis zur Oder – wurde die Spreemündung zur geographischen Mitte der neuen Diözese, während der Bischofssitz seine verhältnismäßig exzentrische Lage im Westen erhielt. In der damaligen Situation war diese Lösung die einzig vernünftige. Brandenburg hatte bereits als Fürstensitz Leitfunktionen bei den Slawen zwischen mittlerer Elbe und Oder erfüllt, und die Nähe zum politisch und kirchlich gefestigteren Reichsgebiet mochte größere Sicherheit versprechen als irgendein Ort inmitten von Heiden, die mit Waffengewalt zur Anerkennung der neuen Herren gezwungen werden und die den neuen Glauben nicht als Erlösungs-, sondern als Besatzungsreligion empfinden mußten. 968 wurde Magdeburg zum Erzbistum erhoben. Nach dem Willen des Kaisers sollte es für alle Slawen jenseits von Elbe und Saale zuständig sein, und deshalb wurden ihm auch die Diözesen Brandenburg und Havelberg sowie Meißen, Zeitz und Merseburg unterstellt. Der große Slawenaufstand des Jahres 983 suchte nach Havelberg auch Brandenburg heim. Bischof Folkmar konnte in letzter Minute entfliehen, sein Klerus geriet jedoch in Gefangenschaft, und das Grab seines Vorgängers Dodilo wurde aufgebrochen. Damit war, wie man wenig später notierte, „das Joch des Christentums abgeschüttelt", und „anstelle Christi und seines Fischers, des hochwürdigsten Petrus, wurden fortan verschiedene Kulte teuflischen Aberglaubens gefeiert, und nicht nur Heiden, sondern auch Christen (d.h. getaufte Slawen) lobten diese traurige Wendung". Keine schriftliche Nachricht gibt uns Auskunft darüber, ob die ottonischen Christianisierungsbemühungen und der Slawenaufstand auch das Spree-Havel-Gebiet betroffen haben. Um so mehr lassen jüngste Grabungsergebnisse in Spandau aufhorchen. Man fand hier in der Nähe der Burg zunächst 1983 eine 6,2 × 5,3 cm große Gußform aus Ton für einen den gekreuzigten Christus abbildenden Anhänger, deren

60. Gekreuzigter Christus: Ausguß einer auf dem Burgwall Spandau gefundenen Gußform, 10. Jahrhundert.

Gestalt auf die Mitte des 9. Jahrhunderts zu deuten schien (s. Abb. 60). Weitere Nachforschungen legten jedoch eine Zuweisung in das 10. Jahrhundert nahe. Man entdeckte nämlich die Reste einer hölzernen Saalkirche, in deren Fußboden die Gußform gelangt war, und dieser Holzbau war offenbar im Zusammenhang mit den Unruhen von 983 niedergebrannt worden. Das paßte nun gut in den Erwartungshorizont von einem Gotteshaus, das in einem wichtigen slawischen Burgort unter christlicher Herrschaft errichtet und beim Sturz dieser Herrschaft vernichtet wurde. Auch daß man unter der Saalkirche einen kleinen heidnischen Tempel entdeckte, fügte sich ins gewohnte Bild, demzufolge Christianisierung oft Ersetzung heidnischer durch christliche Kultstätten bedeutete. Was aber den üblichen Rahmen sprengte, war die Datierung des Tempels auf die Zeit nach 970 und – wegen der darüber erbauten und beim großen Aufstand niedergebrannten Kirche – vor 983. Wenn der archäologische Befund richtig gedeutet ist, dann muß es in Spandau vor dem Schlag von 983 bereits eine kurzfristige erfolgreiche heidnische Reaktion gegen die deutsche Herrschaft und gegen die Kirche gegeben haben.

Unter Kaiser Otto III. versuchte man zunächst, die deutsche Herrschaft wieder zu festigen. Zwischenerfolge schienen im Jahr 993 die Schenkung der Orte Potsdam und Geltow an die Äbtissin von Quedlinburg zu rechtfertigen, jedoch mußte in den letzten Jahren Ottos III. auf eine gewaltsame Wiedereroberung der verlorenen Gebiete verzichtet werden, und Heinrich II. ging sogar (1003) einen Waffenbund mit den heidnischen Lutizen gegen Polen ein. Danach begegneten sich Christentum und Heidentum auf dem Boden der Mark fast ausschließlich bei Kriegs- und Rachezügen. Eine Eroberung und Zerstörung Alt-Spandaus um das Jahr 1100 könnte von daher ihre Erklärung finden.

Hatte man sich kirchlicherseits nach dem Verlust der ostelbischen Gebiete im wesentlichen damit begnügt, die Rechtsansprüche auf die von Otto I. eingerichteten Diözesen durch eine möglichst lückenlose Kette von bischöflichen Titelträgern zu wahren, so setzte mit dem 12. Jahrhundert mit neuer politischer und religiöser Kraft die Christianisierung der Markengebiete wieder ein. Ein stark propagandistisch gefärbter und den slawischen Glauben in schwärzsten Farben malender Kreuzzugsaufruf vom Jahr 1108 zeigt, wie die Idee des gerade im Orient so erfolgreich abgeschlossenen Heidenkrieges und die damit verbundene Vorstellung von der Gewinnung fruchtbaren Siedlungsbodens auf das Land zwischen Elbe und Oder übertragen wurde. Durchgeführt wird ein Kreuzzug zwar erst 40 Jahre später, aber schon 1114 rühmte sich der Brandenburger Bischof Hartbert, in Leitzkau, also im äußersten Südwesten seiner Diözese, in der schützenden Nachbarschaft Magdeburgs und des Sachsenlandes, eine steinerne Basilika errichtet und Götzenbilder zerstört zu haben. Barfüßig und in schäbigem Gewand, im Herzen aber herrschsüchtig und von strenger Frömmigkeit, zog 1126 Norbert von Xanten, der Gründer des Prämonstratenserordens, als neuer Erzbischof in Magdeburg ein. Sein schroffes Wesen hat die heidnischen Slawen vor der Annahme des Christentums zurückschrecken lassen, und anderen Missionaren hat er in seinem Verantwortungsbereich Steine in den Weg gelegt. Er prägte jedoch die künftige Kirchengeschichte östlich der Elbe dadurch, daß er die ottonischen Organisationshülsen gegen die von Polen ausgehende, auf Eigenständigkeit und Westexpansion zielende Christianisierung zu verteidigen suchte, sowie dadurch, daß er seinen Orden auch mit den an Elbe und Havel anstehenden Aufgaben betraute. Bis zum Vorabend der Reformation sollten die Domkapitel in Havelberg und Brandenburg Prämonstratenserstifte sein. Einen ersten Schritt machte Norberts Ordensbruder Wigger bald nach seiner Wahl zum Bischof von Brandenburg, indem er 1139 in Leitzkau einen Prämonstratenserkonvent mit den Funktionen eines provisorischen Domkapitels einrichtete. Obwohl man bis 1166 auf die Grundsteinlegung der neuen Petrus-Kathedrale auf der Brandenburger Burginsel und die Installierung eines dortigen Domkapitels zu warten hatte, war der Schritt Wiggers im Jahre 1139 keineswegs voreilig, denn es mehrten sich die Anzeichen dafür, daß die lange Exilzeit sich ihrem Ende zuneige. Gewiß war erst vor kurzem (1127) der christliche Wende Meinfried in Brandenburg erschlagen worden, und nach wie vor überschattete unangefochten ein dreiköpfiges Götzenbild (Triglav) Burg und Stadt. Aber das Fürstenpaar der Heveller – Pribislaw-Heinrich und Petrissa – bekannte sich zum Christentum, ließ Münzen mit christlichen Symbolen prägen und hielt sich einen Hausgeistlichen. Pribislaw-Heinrich stand mit der Reichsgewalt in gutem Einvernehmen und unterhielt besonders mit Albrecht dem Bären die besten Beziehungen. Albrechts Sohn Otto gab er als Patengeschenk die Zauche (1127/30), und um 1142 setzte das kinderlose slawische Herrscherpaar Albrecht zum Erben ein. Der von den Archäologen auf ca. 1140 datierte Bau einer kleinen Kirche am Spandauer Havelufer scheint zu belegen, daß auch in unserem Raum voraskanisches Christentum möglich war.

Der Wendenkreuzzug des Jahres 1147 zielte auf Mecklenburg und Pommern und berührte deshalb das Bistum Brandenburg nur mittelbar. Der von Intoleranz und christlicher Ungeduld geprägte Geist, in dem er nach dem Willen Bernhards von Clairvaux und Papst Eugens III. geführt werden sollte – „Vernichtung entweder des heidnischen Kultes oder des Volkes“, bzw. „Unterwerfung unter den christlichen Glauben“ – muß auch für unseren Zusammenhang in Erinnerung gebracht werden, weil er über Zeit und Raum des Wendenkreuzzuges hinaus wirksam blieb.

ca. 1150–ca. 1250

Der im Jahr 1150 eingetretene Tod des christlichen Hevellerfürsten Pribislaw-Heinrich, der Albrecht den Bären zu seinem Erben eingesetzt hatte, bedeutete keinesfalls, daß dem Askanier das Gebiet zwischen mittlerer Elbe und Oder in den Schoß fiel oder daß der Raum, den heute Berlin bedeckt, gleichsam automatisch kirchlich zum Bistum Brandenburg gehören würde. Letzteres war erst nach hundert Jahren gesichert und nicht in erster Linie das Verdienst Brandenburger Bischöfe, die sich nur auf das Pergament des Jahres 948 und ähnliche Zusicherungen Kaiser Friedrichs I. stützen konnten, sondern das Ergebnis langwieriger und wechselvoller machtpolitischer Auseinandersetzungen. Da ist zunächst der legendenumwobene Fürst der Spreeslawen, der christliche (!) Jaxa von Kopenick (s. Abb. 50), der offenbar im polnischen Auftrag oder doch mit polnischer Rückendeckung 1153 die Brandenburg eroberte, sie vier Jahre lang halten konnte und somit einer Einflußnahme des polnischen Bistums Lebus auf die untere Spree vorarbeitete. Wesentlich länger mußten sich die Askanier im herrschaftsschwachen Raum zwischen Nuthe, Havel und mittlerer Oder mit den konkurrierenden Ansprüchen der pommerschen Herzöge, der Piasten, der Erzbischöfe von Magdeburg und vor allem mit den aus der Lausitz vordringenden Wettinern auseinandersetzen. Kirchenorganisatorisch bedeutet dies, daß Meißener Bischöfe im Sog der Wettiner ihren Amtsbereich über den Sprewanengau hinaus bis in den Barnim ausdehnten. Noch 1238 gehörte Köpenick zur Diözese Meißen. Nachdem jedoch die Wettiner den Askaniern gewichen waren, konnten auch die Meißener Bischöfe ihre vorgeschobene Stellung nicht mehr lange halten. Seit der Mitte des 13. Jahrhunderts galt der Brandenburger Dompropst als Archidiakon für das Gebiet Mittenwalde-Köpenick, und es half den Meißenern nichts, daß sie sich noch 1274 bei Papst Gregor X. darüber beklagten, daß fremde Hände ihr Feld aberntеten. Brandenburgs Triumph über Meißen scheint ein Sieg alter, auf Otto I. zurückgehender Rechtsansprüche über Leistungen und Verdienste des ausgehenden 12. und beginnenden 13. Jahrhunderts gewesen zu sein, errungen im Windschattten askanischer Durchsetzungskraft gegenüber den Wettinern. Der Unterlegene aber erinnert für den Großraum Berlin und beispielhaft für die ganze Mark Brandenburg daran, daß die Christianisierung hier nicht ausschließlich von Westen, sondern auch von Süden, Osten und Norden betrieben wurde. Ein gewichtiger oder gar ausschlaggebender Anteil der Prämonstratenser von Leitzkau, Brandenburg und Havelberg ist kaum zu erkennen. Wie es scheint, haben sich die Askanier im Interesse ihrer Herrschaftssicherung lieber des wirtschaftstüchtigen Reformordens der Zisterzienser bedient. Markgraf Otto I. rief ihn 1180 in die Zauche nach Lehnin. Ob die etwas später auf Betreiben Albrechts II. und Ottos II. im Süden Berlins eingerichtete Templerkommende (Tempelhof!) auf ähnliche Motive verweist oder nicht doch vorwiegend eine dankbare Erinnerung der beiden Markgrafen an ihre Pilgerfahrt ins Heilige Land war, ist umstritten. Sicher dürfte hingegen sein, daß weder missionarische Anstrengungen noch diözesaner Kompetenzenstreit noch die Hilfe der Orden die stärksten Kräfte bei der Christianisierung der Mark gewesen sind, sondern die einströmenden Siedler, die ihren Glauben und ihre Sprache mitbrachten. Die Frage, ob man sich über die äußerliche Verhinderung des „Götzendienstes“ hinaus bemühte, auch die Herzen der slawischen Bevölkerung zu gewinnen, wie es der Zeitgenosse Norberts von Xanten, Bischof Otto von Bamberg, bei den Pommern getan hatte, wird von der kümmerlichen Überlieferung nicht beantwortet. Bezeugt sind bis über die Schwelle zum 13. Jahrhundert nur Angst und Mißtrauen der Christen. Und die Furcht vor gewaltsamen heidnischen Reaktionen war begründet, wie die in der Spandauer Altstadt gefundenen Überreste von erschlagenen Christen aller Altersstufen aus dem Ende des 12. Jahrhunderts nur zu drastisch beweisen. Je gefährdeter die vordringenden Christen waren, desto größeres Gewicht mußte auch in kirchlichen Belangen das weltliche Schwert haben. Die Askanier, die an einem starken und eigenständigen Bistum Brandenburg, welches seit Otto I. und seit den neuerlichen Privilegien Barbarossas reichsunmittelbar war, kein Interesse haben konnten, wollten aus dieser für sie günstigen Lage machtpolitisches Kapital schlagen. Ihre von Papst Innozenz III. 1210 unterstützte Absicht war es, die im wesentlichen von ihnen gewonnenen Neuen Lande zu einer von Brandenburg unabhängigen Kirchenprovinz zu machen. Da aber der Brandenburger Bischof in Papst Gregor IX. (1234) einen energischen Parteigänger fand, kam es nur zu einem Teilerfolg im sogenannten Merseburger Zehntvertrag vom 28. Oktober 1237, bei dem auch Simeon, der Pleban von Cölln, anwesend war. Die Zugehörigkeit zu Brandenburg wurde beibehalten, jedoch erhielten die Markgrafen gegen einen Anerkennungszins den Nießbrauch der kirchlichen Zehnten und das Vorschlagsrecht auf die Propststellen (Archidiakonate) in den Neuen Landen; die Pfarreien sollten sie in ihrem Gebiet jeweils mit 4 Hufen Land ausstatten. Ausgangspunkt bei der Grenzbeschreibung war Spandau: von dort die Havel aufwärts bis zur „Massowe“ (gemeint war die Dosse/Dossow, die als heutiger Moorgraben gegenüber von Borgsdorf in die Havel mündet), die „Massowe“ entlang bis zum Rhin und diesen abwärts wieder bis zur Havel; von Spandau in östliche Richtung die Spree aufwärts. Gemäß dieser Linienführung waren Berlin und sein Umland keine kirchenorganisatorische Einheit. Das Gebiet östlich der Havel und nördlich der Spree zählte zu den markgräflichen, den „neuen“ und das jenseitige Ufer zu den bischöflichen, den „alten“ Landen. Das damalige Berlin mußte unstrittig den neuen Landen zugerechnet werden, wie andererseits Spandau der bischöflichen Zuordnung nicht zu entziehen war. Cölln hingegen mußte wohl zum Zankapfel werden. Als Siedlung südlich des Hauptarms der Spree konnten die Brandenburger Bischöfe sie zu ihrem Zehntbereich zählen; als Schwesterstadt von Berlin, die immerhin auf einer Spreeinsel lag, mag sie für die Askanier unverzichtbar gewesen sein. Es mutet deshalb wie ein Schachzug im Spiel zwischen Bischöfen und Markgrafen an, wenn Simeon, 1237 noch Pfarrer von Cölln, 1244 Propst von Berlin geworden ist.

Der Tod sagt:

Herr Prediger, ihr sollt euch nicht erschrecken
Und euch nicht allzu sehr gegen mich wehren.
Ich bin der Tod, euer allerhöchster Rat,
Tanzt nun mit mir und seid nicht zornig!
Viele Sermone habt ihr über mich gemacht,
Ihr müßt auch mit mir im Tanz gehn.

Der Prediger sagt:

Ach guter Tod, gib mir doch noch länger Frist,
Denn du mein allerliebster Gefährte bist!
Ach, mich dünkt, ich kann bei dir nicht gewinnen.
Ach, was soll ich armer Mensch nun beginnen?
Schnell sterben ist eine große Widerwärtigkeit.
Hilf mir, Jesus, und den Geistlichen all!

61. Umzeichnung eines Details aus dem Totentanz der Berliner Marienkirche: Tod und Prediger.

Der Merseburger Vertrag hatte den beiden Markgrafen das Recht gegeben, künftig Archidiakone der Neuen Lande vorzuschlagen. Bis dahin hatte es in der Diözese Brandenburg nur drei Archidiakone gegeben (s. Abb. 61). Der eine war der Propst des Prämonstratenserstifts Leitzkau, dessen Sprengel (Archidiakonat) sich auf den Südwesten des Bistums von der Elbe bis zur Ihle beschränkte. Der andere war der Brandenburger Dompropst. Ihm stand die Vertretung des Bischofs, besonders in Angelegenheiten der geistlichen Gerichtsbarkeit, in der übrigen Diözese zu. Der dritte war der Propst des Prämonstratenserstiftes Gottesgnade für das Land Jüterbog, das aber nur ganz kurzfristig (1174ff.) als Archidiakonat angesehen wurde. Wenn nun in der schon erwähnten Urkunde vom 26. Januar 1244 Peter von Brandenburg, Heinrich von Liebenwalde und Simeon von Berlin gemeinsam als Pröpste bezeichnet werden, dann war eine Gleichstellung angezeigt, die sich nur auf ihr Amt als Archidiakone beziehen konnte. Es scheint also, als sei die Bezeichnung Propst den Amtsinhabern der Neuen Lande deshalb gegeben, weil ihre älteren Kollegen tatsächlich Pröpste waren. Überdies mochte sich dieser Titel um so eher durchsetzen, weil er nicht an Dom- oder Kanonikerstifte gebunden war, sondern auch den in einem Nonnenkloster für die Verwaltung der Sakramente und der Güter tätigen Geistlichen zukam (z.B. in Spandau) oder gar im allgemeinen Sinne von „Vorstand" gebraucht wurde. Im Zusammenhang mit dem Propsttitel für die Archidiakone der Neuen Lande dürfen zwei Irritationen nicht unterschlagen werden. Die eine ist die Bezeichnung eines Heinrich als Propst von Nauen in den Jahren 1241, 1242 und 1244, mithin gerade in der Zeitspanne, in der die Propsteien Liebenwalde für den nördlichen und Berlin für den südlichen Teil der Neuen Lande eingerichtet wurden. Wenig wahrscheinlich ist es, daß Nauen der Mittelpunkt eines weiteren Archidiakonats werden sollte, denn das wäre nur zu Lasten des Brandenburger Dompropstes möglich gewesen. Sollte die Nauener Pfarrkirche in ein Stift umgewandelt werden? Mußte nur der persönliche Ehrgeiz des Heinrich, dessen Verwandtschaft mit dem Bischof von Riga betont wird, befriedigt werden? Es gibt keine näheren Hinweise, die Antworten zulassen. Die zweite Verwirrung stiftet eine Urkunde Bischof Rutgers von Brandenburg vom Jahr 1247, in der er unseren Simeon „Propst von Cölln bei Berlin" nennt. Wollte der Bischof mehr, als dem Simeon den ihm zustehenden Titel belassen und gleichzeitig daran erinnern, daß jener als Pfarrer von Cölln den Alten Landen angehörte? Wohl kaum, denn eine Propstei, ein Archidiakonat Cölln links der Spree hätte als klarer Verstoß gegen die Abmachung von 1237 sowohl den Dompropst als auch die Markgrafen herausgefordert.

Den beiden 1244 erstmals greifbaren „neuländischen" Pröpsten von Liebenwalde und Berlin wurden für den nördlichen Raum an der Oder ein Propst in Stolpe (vor 1260) und – teilweise auf Kosten des Berliner Archidiakonats – ein weiterer in Bernau (zwischen 1244 und 1292) hinzugesellt. Berlin und sein Umland hatten damit ihre, im wesentlichen bis in das 16. Jahrhundert geltenden archidiakonalen Zuordnungen. Demnach gehörte zur Propstei Bernau das Gebiet östlich der Havel und nördlich der Spree mit Tegel, Reinickendorf und Pankow; östlich anschließend folgte die Propstei Berlin mit Hohen-Schönhausen, Weißensee, Lichtenberg, Marzahn, Malsdorf usw. sowie, die Spree überschreitend, mit Cölln und Köpenick. Alles, was sonst südlich der Spree und westlich der Havel lag und heute zum Westteil unserer Stadt zählt, rechnete zum Archidiakonat Mittenwalde, der seit 1255 ebenfalls dem Dompropst unterstellt war und (wann?) das Gebiet um Köpenick an die Berliner Propstei verloren hatte. Der gesamte Zuständigkeitsraum des Brandenburger Propstes war in 8 Teilbereiche (Sedes) untergliedert, die nach dem jeweilgen Hauptort benannt wurden. Aus dem heutigen Berliner Stadtgebiet gehörten zur Sedes Spandau im Havelland außer Spandau selbst noch Staaken, Gatow, Gr. Glienicke und Kladow sowie im nördlichen Teltow Lietzow (Charlottenburg), Wilmersdorf, Schmargendorf, Dahlem, Steglitz, Giesensdorf, Schöneberg, Lankwitz, Tempelhof, Rixdorf (Neukölln), Mariendorf, Marienfelde, Buckow und Lichtenrade. Die Sedes Mittenwalde war zuständig für Zehlendorf, Lichterfelde, Britz, Rudow, Bohnsdorf und Schmöckwitz.

Überlagert wurde die archidiakonale Organisation von einem Netz bischöflicher Sedes. Diese, 18 an der Zahl, waren Steuereinzugsgebiete für die an den Bischof zu leistenden ordentlichen und außerordentlichen Abgaben (Prokuration und Subsidium charitativum) sowie für das Hufengeld der Neuen Lande. Umfangreiche, wenn auch nicht erschöpfende Steuerlisten sind erst für die Jahre 1527–1529 überliefert. Trotzdem haben sie hohen Erkenntniswert nicht nur für die kirchliche Verwaltungsstruktur, sondern auch für das spätmittelalterliche Pfründenwesen. Bezogen auf Groß-Berlin waren die bischöflichen Sedes Bernau und Berlin mit den gleichnamigen Propsteien deckungsgleich, während es eine bischöfliche Sedes Mittenwalde nicht gab, und statt dessen die Sedes Spandau für das Havelland und den ganzen Teltow die Aufgaben wahrnahm. Noch komplizierter und verschachtelter würden die kirchliche Organisation und die in sie hineinwirkenden Kräfte erscheinen, wenn in diese Skizze auch noch die Beziehung älterer Mutterkirchen zu

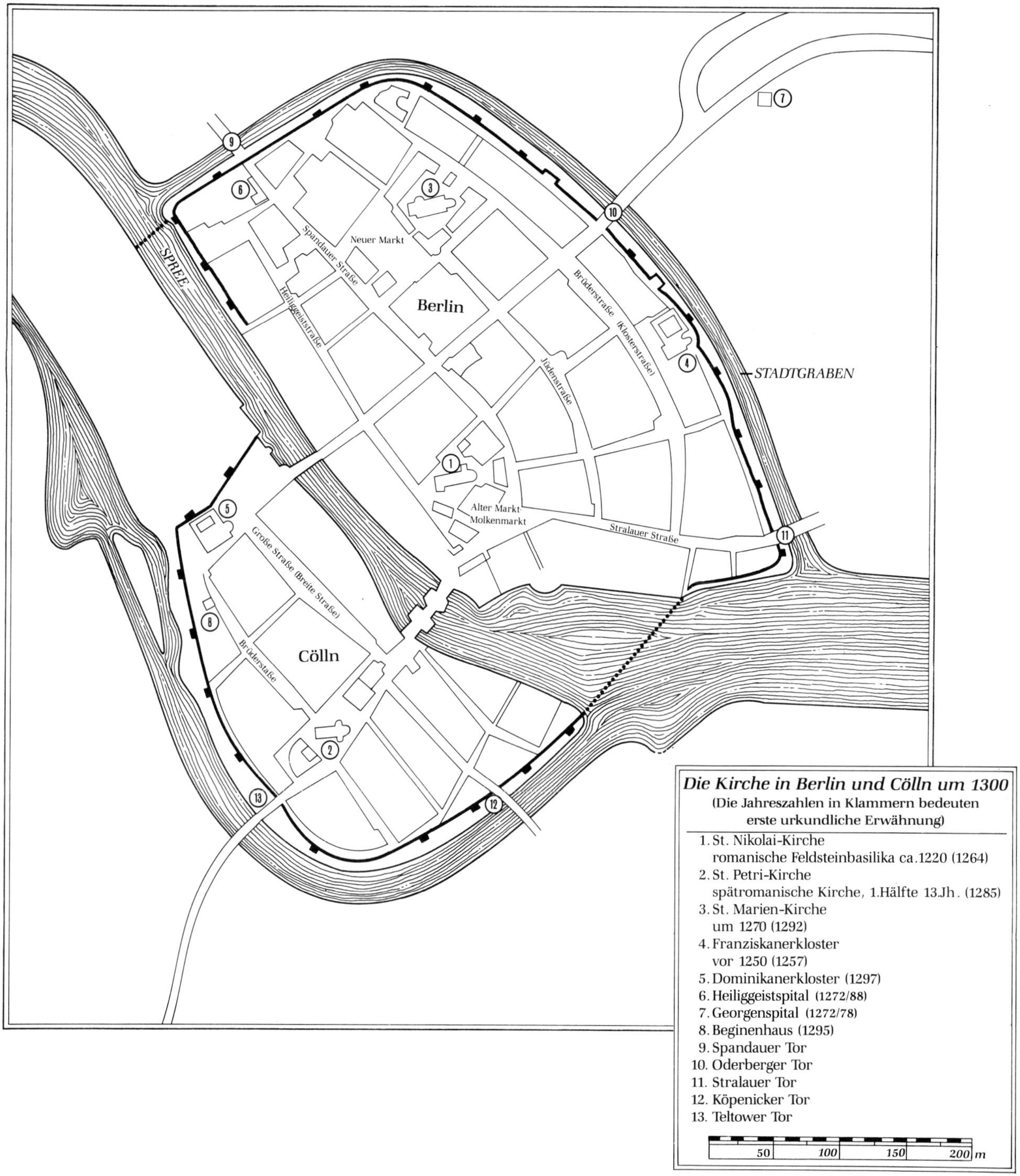

62. Die Kirche in Berlin und Cölln um 1300.

jüngeren Tochterpfarreien, die sedes- und propsteiübergreifenden Patronatsverhältnisse oder gar die Orden mit ihren bistumsunabhängigen Bindungen aufgenommen würden. Wir verzichten an dieser Stelle darauf und wenden uns der Kirchengeschichte der Doppelstadt Berlin-Cölln zu.

Kirchengeschichte Berlins und Cöllns

Einleitung

Wie alle mittelalterlichen Städte waren auch Berlin und Cölln schon vom äußeren Anschein her stark kirchlich geprägt (s. Abb. 62). In Cölln überragte die Petrikirche alle anderen Gebäude, und ganz ähnlich bezeugten in Berlin St. Nikolai und St. Marien Gottesfurcht und Bürgerstolz (s. Abb. 30). Am Stadtrand Cöllns hatten sich die Dominikaner niedergelassen, und schon vor ihnen hatten an der Berliner Nordmauer die Franziskaner ein Kloster errichtet. Spitäler, dem Heiligen Geist, dem hl. Georg und der hl. Gertrud geweiht, verwiesen auf den christlichen Ursprung der Armen-, Kranken- und Altenfürsorge. Die Schulen standen neben den Pfarrkirchen und trugen deren Namen. Nikolai-, Heilig-Geist-, Marien- und Klosterviertel hießen bis in das 19. Jahrhundert die Stadtviertel. Und wenn die Doppelstadt schon nicht Kathedralort war, so sollte nach dem Willen der Hohenzollern in der Mitte des 15. Jahrhunderts der Bau eines Schlosses mit der Errichtung eines Domstiftes Hand in Hand gehen. Stadthöfe der Zisterzienserklöster Zinna und Lehnin sowie der Bischöfe von Lebus, Brandenburg und Havelberg hoben und bestätigten die wachsende Bedeutung Berlins. In allen scheinbaren Äußerlichkeiten – bis hin zu den Abbildungen des richtenden Christus und der blonden Gottesmutter (s. Abb. 63) im Berliner Stadtbuch – spiegelten sich an der Spree wie wohl immer und überall, wo das Christentum die Religion mit anerkanntem Ausschließlichkeitsanspruch war, drei Kennzeichen der Kirchengeschichte: 1. Der Versuch, auf mannigfachen, sich ergänzenden, aber nicht widersprechenden Wegen Gott zu ehren und die christliche Botschaft, so wie man sie verstand, bei besonderer Verantwortung der Geistlichen zur Lebensform und Lebensnorm des Einzelnen und der Gemeinschaft zu machen. 2. Die Versuchung der geistlichen Institutionen und Organisationen, ihren Dienst- und Vermittlungscharakter zu vergessen, zum Selbstzweck oder gar zum Subjekt nichtkirchlicher Ambitionen zu werden. 3. Die Gefahr, daß weltliche Machtträger kirchliche Personen und Einrichtungen zu Werkzeugen ihrer Interessen machten. Daß im kirchlichen Alltag Überschneidung und Vermischung dieser Elemente die Regel war, bedarf keiner Hervorhebung. Wohl aber mag im Rahmen einer stadthistorischen Besinnung der Hinweis nützlich sein, daß – gleich den Kaufleuten, die Berlin und Cölln durch den Handel an den regionalen und überregionalen Warenaustausch anschlossen – die kirchengeschichtlichen Probleme der Doppelstadt sie teilhaben ließen an den übergreifenden religiösen Bewegungen sowie an den Leistungen und Ansprüchen der hierarchisch verfaßten Gesamtkirche.

Die ältesten Kirchen und die Anfänge Berlins und Cöllns

Cöllns Petrikirche wird erst 1285 genannt, und die frühesten schriftlichen Belege für Berlins Nikolai- bzw. Marienkirche gehören in die Jahre 1264 und 1292. Die Erwähnung Simeons 1237 als Pfarrer von Cölln und 1244 als Propst von Berlin zwingt aber zu der Annahme, daß spätestens zu seiner Zeit in beiden Städten mindestens je ein Gotteshaus vorhanden war. Um den Anfängen der Kirchen und des Christentums in der Doppelstadt noch näher zu kommen, muß man sich den Bauhistorikern und Archäologen anvertrauen, und diese können in der Tat mit sehr interessanten Hinweisen aufwarten. Grabungen im Bereich von St. Nikolai haben die Grundmauern einer mit 56 m Länge beachtlich großen, dreischiffigen romanischen Feldsteinbasilika freigelegt. Sie muß Simeons Berliner Kirche gewesen sein. Ihr Baubeginn wird unter politischen Gesichtspunkten (Erhebung Berlins zur Stadt) um 1230/35 vermutet, in der Annahme, daß man schon vorher auf die Stadtwerdung hinarbeitete, auf ca. 1220 angesetzt. In der Zeit des Soldatenkönigs las man im Innern des Kirchturms unter der Überschrift „renovatum" (erneuert) als erste von mehreren Jahreszahlen: 1223. Die Skepsis über den Aussagewert dieser im 19. Jahrhundert nicht mehr vorhandenen, vielleicht falsch geschriebenen oder irrig gelesenen Inschrift war und ist groß. Trotzdem ist nicht auszuschließen, daß hier eine im Kern zutreffende Erinnerung wiedergegeben wurde. Erneuert kann freilich die romanische Basilika 1223 nicht sein, allenfalls errichtet oder begründet. Einen Vorgängerbau hat man bislang nicht entdeckt. Aber – und das ist viel wichtiger als das Rätseln um die Jahresangabe 1223 – man fand unter und neben der Nikolai-Basilika einen christlichen Friedhof mit annähernd 100 von ursprünglich 120–150 Gräbern. Damit wird eine frühstädtische Siedlung greifbar, die die Anfänge Berlins in das letzte Viertel des 12. Jahrhunderts rückt. Daß man die Toten christlich bestattete, den Lebenden aber keine Kirche baute, ist mehr als unwahrscheinlich. Vielleicht war dieses erste Gotteshaus auf Berliner Boden aus Holz hergestellt und wieder abgetragen, als die

63. Aus dem Berliner Stadtbuch: Maria mit dem Kind (Ende 14. Jh.).

romanische Basilika ihre Aufgaben übernehmen konnte. Das würde erklären, warum, abgesehen von einem Pfostenloch an der Turmseite von St. Nikolai, dessen gesicherte Deutung noch aussteht, bis heute von ihr keine Spuren entdeckt wurden.

Die archäologischen Funde im Bereich der Cöllner Petrikirche sind zwar nicht so reich wie die in Berlin, doch lassen sie ganz ähnliche Erkenntnisse und Schlüsse zu. Es kamen Fundamentteile einer spätromanischen Kirche aus der ersten Hälfte des 13. Jahrhunderts zum Vorschein, und es konnten 15 Gräber freigelegt werden, die noch älter als die Mauerreste waren. Mithin war auch Cölln keine Gründungsstadt aus „wilder Wurzel“, sondern zunächst eine frühstädtische Siedlung mit Friedhof und – wie man annehmen muß – mit eigener Kirche, in der Anfangsphase also ein echter Zwilling Berlins. Daß Berlin seine gleichaltrige Schwester schon im 13. Jahrhundert in den Schatten stellen konnte, hatte zunächst geologische Gründe. Während Cölln auf eine Talsandinsel beschränkt war, deren höchste Stelle von der Petrikirche und der dazugehörigen Siedlung genutzt wurde, bot die Berliner Seite mit drei ellipsenähnlichen Sanderhebungen größere Ausdehnungsmöglichkeiten. Auf der Cölln unmittelbar gegenüberliegenden Insel ließen sich die ersten Bewohner nieder und legten dort ihren Friedhof und ihr Gotteshaus an; auf der zweiten fand das Rathaus Platz, und die dritte diente dem Neuen Markt und der Marienkirche. Der Ausbau ist planmäßig erfolgt, wie schon ein Blick auf das regelmäßige Straßensystem lehrt. Die Planung mag in die 30er und frühen 40er Jahre zurückreichen, könnte aber auch durch den 1247 erstmals bezeugten Berliner Schultheiß Marsilius mitgestaltet sein. Ob mit der Errichtung der Marienkirche sogleich in der Mitte des 13. Jahrhunderts begonnen wurde oder ob man den Bauplatz frei ließ und sich erst um 1270 ans Werk machte, ist eine offene Frage. Die Granitquader, die heute noch das Fundament von Turm und Kirche bilden und zum ältesten Bau gehört haben können, sind bislang nicht exakt datiert, auch fehlt es an Grabungsergebnissen, die vielleicht eine Antwort erlaubten. – Dauerhafter als das Holz und die Steine, aus denen die Kirchen gebaut wurden, sind oft die Namen, die man ihnen bei ihrer ersten Weihe gegeben hatte. Deshalb ist gerade für überlieferungsarme Zeiten die Patrozinienforschung, d. h. die Erkundung der Schutzheiligen und ihrer Verehrung, ein Erkenntnisweg, der zusätzlich zur Archäologie erprobt werden muß. Der Bekenner Nikolaus, Patron der ältesten Berliner Kirche, stand im 12. und 13. Jahrhundert in besonders hohem Ansehen. Er war so etwas wie ein Modeheiliger des frühen Bürgertums. In der mittelalterlichen Mark konnte man annähernd 30 Nikolaikirchen zählen. Insofern ist es zwar typisch, aber nicht aufschlußreich, daß wir ihm an der Spree begegnen. Dasselbe gilt auch für Maria, der sogar mehr als 60 Gotteshäuser in der Mark Brandenburg gewidmet waren. Schließlich ist auch das Nacheinander von Nikolai- und Marienkirchen oft in deutschrechtlichen Städten festzustellen. Die Wahl des Petruspatroziniums ist in unserem Raum im späten 12. und frühen 13. Jahrhundert seltener vorgekommen. Vermutungen, warum die Cöllner für ihre Kirche den Apostelfürsten erkoren haben, bewegen sich in zwei Richtungen: Sie könnten sich dem Schutzheiligen ihrer Brandenburger Diözese anvertraut oder daran gedacht haben, daß auch in Köln am Rhein Petrus in hoher Verehrung stand. Diese Motivationen schließen sich gegenseitig nicht aus und mögen sogar gebündelt wirksam gewesen sein. Derselbe Ortsname (Colonia) und derselbe Patron (Petrus) dort am Rhein und hier an der Spree – das sind Tatbestände, die zwar nicht für sich selbst sprechen, sondern gedeutet und im Zusammenhang mit vorliegenden Erkenntnissen der Siedlungsgeschichte ausgewertet werden müssen, die jedoch für die Frage nach den Anfän gen Cöllns ebenso ernst zu nehmen sind wie Ausgrabungen und Funde.

Der kirchliche Aufbau Berlins und Cöllns bis ca. 1300

Am Übergang vom 13. zum 14. Jahrhundert waren Berlin und Cölln im wesentlichen mit allen kirchlichen Einrichtungen versehen, die die mittelalterliche Doppelstadt benötigte und die ihrem Rang entsprachen. Noch nicht bezeugt sind in dieser Zeit die Pfarrschulen, die wohl erst im Verlauf des 14. Jahrhunderts entstanden. Daß es weder jetzt noch später für Bürgertöchter ein den Bettelorden unterstelltes Frauenkloster gab, war für eine märkische Stadt keine Besonderheit. Sie zählten hier offenbar im Gegensatz zu älteren deutschen Städtelandschaften nicht zur geistlichen Grundausstattung.

Die drei Pfarrkirchen scheinen um 1300 voll funktionsfähig gewesen zu sein. (S. Abb. 64) Wahrscheinlich war der erste Umbau der romanischen Nikolai-Basilika zur Hallenkirche schon abgeschlossen. Architektur- und stilgeschichtliche Untersuchungen unserer Tage vermitteln etwa folgendes Bild: Die in den 20er oder spätestens 30er Jahren angefangene romanische Kirche war eine dreischiffige, ungewölbte Basilika aus Granitquadern mit Chor, Querhaus und breitem Westturm. Dieser ungegliederte, festungsartig wirkende, viergeschossige Westbau erhob sich über einem ca. 20,95 × 9,80 m großen querliegenden Rechteck. Seine ursprüngliche Gestalt ist (unter den aufgesetzten Türmen) noch heute gut zu erkennen. Mittelschiff, Querschiff und Apsis sind nur durch Fundamentteile zu erschließen. Abgerissen und durch einen etwas breiteren frühgotischen Hallenbau ersetzt wurde zunächst nur das Mittelschiff, dessen Steine man nun für das neue Fundament nutzte. Das romanische Querhaus wurde in die Halle einbezogen. Die Choranlage blieb unberührt. Weitere große Baumaßnahmen, die die Halle und den Chorbereich neu gestalteten, fielen in das letzte Drittel des 14. und in die Mitte des 15. Jahrhunderts. Sie haben so wenig Spuren von dem Vorgängerbau hinterlassen, daß dessen Datierung auf beträchtliche Schwierigkeiten stößt und ein weiter Spielraum der Zeit um 1275 genannt wird. Der naheliegende und bequeme Weg, einen dem Ausbau der Nikolaikirche dienenden Ablaßbrief des Brandenburger Bischofs vom 18. April 1264 zur zeitlichen Fixierung zu nutzen, wird nur von wenigen beschritten, weil damit ein vergleichsweise sehr früher Termin bestimmt würde, der Bischof sich aber auch auf Arbeiten am Turm bezogen haben könnte. Trotz dieser Ungewißheit bleibt die Ablaßurkunde ein wichtiges Dokument für die Berliner Kirchengeschichte. Sie ist die erste schriftliche Bezeugung der Nikolaikirche; sie setzt ihre Benutzbarkeit voraus, und sie macht deutlich, daß man beim Kirchenbau auf die freiwilligen Gaben sowie auf die hilfreiche Hand der Gläubigen angewiesen war.

Die Marienkirche beim Neuen Markt wird zuerst am 4. Januar 1292 mit Namen genannt. Damals erteilten 11 Kardinäle je einen vierzigtägigen Bußablaß allen denen, welche die Nikolai- und Marienkirche am Weihetag und an bestimmten Heiligenfesten aufsuchen und zum Bau, zur Verzierung oder zu anderem Nutzen beitragen würden. Leider wird nicht mitgeteilt, wer diesen Ablaß vermittelt hat. Vielleicht war es Markgraf Albrecht III., der um die Jahreswende 1291/92 wegen eines Ehedispenses mit Papst Nikolaus IV. in Verbindung stand und bei dieser Gelegenheit seine römischen Beziehungen auch für die Berliner Pfarrkirchen fruchtbar gemacht haben könnte. Die äußere Gestalt der Marienkirche im Jahr 1292 oder bei ihrer zweiten Erwähnung 1294 wurde durch Brände und spätere Bauarbeiten stark verändert, doch sollen wesentliche Teile des heutigen Chores und Langhauses aus der ersten Bauperiode stammen.

Die Baugeschichte der anläßlich einer markgräflichen Frühmeßstiftung zum 2. Januar 1285 erstmals genannten Cöllner Pfarrkirche glich im 13. Jahrhundert derjenigen der Nikolaikirche, d.h. St. Peter wurde aus einer romanischen Basilika zu einer frühgotischen Hallenkirche.

Den neuen religiösen Bedürfnissen der städtischen Welt des 13. Jahrhunderts kamen, sie befriedigend und zugleich vertiefend, die Bettelorden, voran die Franziskaner und die Dominikaner, entgegen. Kaum ein wichtiger Ort Europas blieb im Mittelalter ohne eine Niederlassung der Mendikanten, so daß zu einer richtigen Stadt wie die

64. Nikolaikirche um 1740 in Johann David Schleuens Plan von Berlin mit Prospekten von Kirchen.

Mauer und das Rathaus auch ein Bettelordenskloster zu gehören schien. Und es entspricht dem Gespür der Franziskaner für bedeutungsträchtige junge Städte, daß sie schon vor 1250 nach Berlin kamen. Urkundlich belegt ist 1257 ein Bruder Hermann, Lektor der Minderbrüder zu Berlin. Das verleiht einer Notiz aus dem 16. Jahrhundert Glaubwürdigkeit, derzufolge Bruder Hermann von Langele, Lektor „im Grawen Closter zum Berlin", 1250 Beichtvater der Markgrafen Johann I. und Otto III. gewesen sein soll. Auch wird überliefert, daß 1252 ein Kapitel der Ordensprovinz Sachsen in Berlin abgehalten worden sei. Allerdings wird den Franziskanern erst 1271 das Grundstück, auf dem das Kloster errichtet wurde, und 1290 eine Ziegelei für die Herstellung der Baumaterialien geschenkt. Das Areal für eine Saalkirche aus Feldsteinen wird den Ordensbrüdern schon zur Zeit Hermann Langeles zur Verfügung gestanden haben, und die Ersetzung durch einen gotischen Backsteinbau wird aus stilgeschichtlichen Gründen in den 60er Jahren des 13. Jahrhunderts vermutet, so daß die Übereig nung der zwischen Berlin und Tempelhof gelegenen Ziegelei besonders zur Vollendung des Chorabschlusses und der übrigen Klosteranlagen förderlich gewesen sein kann.

In Cölln richteten sich die Dominikaner ein, so daß nun jede der beiden Schwesterstädte ein Bettelordenskloster beherbergte, wie man es auch in anderen Doppelgemeinden der Mark – etwa in Alt- und Neustadt Brandenburg – beobachten kann. Der Cöllner Konvent wurde 1297 durch das Generalkapitel des Predigerordens bestätigt; sein erster Prior wird in Urkunden des Jahres 1300 erwähnt. Durch Ausgrabungen in Spandau meint man jüngst nachgewiesen zu haben, daß die Dominikaner sich zunächst dort niedergelassen hatten, bis sie an die Spree umsiedelten. Ihre dem Apostel Paulus geweihte Kirche lag am nordwestlichen Stadtrand Cöllns, dort, wo die nach ihnen benannte Brüderstraße und die Große- (bzw. Breite-) Straße auf den späteren Schloßplatz mündeten.

Zum kirchlichen Dreiklang einer mittelalterlichen Stadt bedurfte es außer der Pfarrkirche und dem Mendikantenkloster noch des Spitals, der unmittelbarsten Verkörperung christlicher Nächstenliebe, doppelt unverzichtbar für eine Gemeinde, die nicht nur an die eigenen Bürger, sondern auch an die Handel treibenden Reisenden und an bedürftige Zuwanderer zu denken hatte.

1272 werden zwei Armenhöfe erwähnt. Sie sind wahrscheinlich identisch mit dem 1278 als Krankenhaus bezeichneten Georgsspital und dem 1288 genannten Heiliggeistspital. Das Georgsspital, das auch für Aussätzige diente, wurde vor den Toren Berlins an der Oderberger Straße errichtet. Das Heiliggeistspital mit einer frühgotischen Backsteinkapelle auf Feldsteinsockel lag ebenfalls an einem wichtigen Handelsweg, an der Spandauer Straße, aber noch innerhalb der Stadtmauern (s. Abb. 65). Cölln, das schon bei der Aufnahme eines Bettelordens ein halbes Jahrhundert Berlin hinterhergehinkt war, ließ sich für die Errichtung eines Spitals noch länger Zeit: Das Gertraudenspital vor dem Teltower Tor wurde erst 1405–1411 gebaut. Wie bereits erwähnt, hat es weder in Berlin noch in Cölln ein Frauenkloster gegeben. Es muß aber schon im ausgehenden 13. Jahrhundert eine Gemeinschaft frommer und sich durch eigene Arbeit selbst ernährender Frauen, die sich keiner festen Ordensregel unterwarfen, existiert haben, denn 1295 wird vom Rat den Berliner Wollwebern verboten, Beginen (in der lateinischen Fassung „monialibus") Webstühle zur Verfügung zu stellen. Ob der Hinweis von 1295 Berliner Beginen meint, deren Bleibe der am Ende des 14. Jahrhunderts erwähnte „Rutgers convend" in der Brüderstraße(= Klosterstraße)bei den Franziskanern gewesen sein mag, oder jene Frauengemeinschaft, der um 1320 ein Haus in der Cöllner Brüderstraße bei den Dominikanern geschenkt worden sein soll, ist eine offene Frage. Immerhin kann festgehalten werden, daß die religiöse Frauenbewegung des 13. Jahrhunderts, die am Niederrhein in hoher Blüte stand, auch bis zur Spree vorgedrungen ist. Schließlich fällt noch in die erste Phase kirchlichen Aufbaus das Erscheinen von Klerikervereinigungen, sogenannten Kalanden, die das geistige und wirtschaftliche Leben der Doppelstadt noch nachhaltiger als die Beginen prägen sollten.

Von ca. 1300 bis zur Einführung der Reformation

Die im 13. Jahrhundert in Berlin und Cölln gelegte kirchlich-institutionelle Basis erwies sich in der Folgezeit im großen und ganzen als tragfähig für den weiteren Auf- und Ausbau. Gleichwohl wandelte sich das kirchliche Antlitz der Doppelstadt. Zwei ganz verschiedenartige Gründe sind als besonders wirkungsmächtig hervorzuheben: Zum einen der Großbrand des Jahres 1380, der durch seine Verheerungen Neubauten nötig und möglich machte; und zum anderen die mit der Einschränkung der städtischen Selbständigkeit gekoppelte Grundsteinlegung für ein landesherrliches Schloß in Cölln, wodurch in den 40er Jahren des 15. Jahrhunderts die Weichen für die Entwicklung zur kurfürstlichen Residenzstadt gestellt wurden. Über der Hervorhebung der beiden spektakulären und berlinspezifischen Ursachen soll der für das spätmittelalterliche Europa insgesamt typische frömmigkeitsgeschichtliche Wandel nicht vergessen werden. Vertiefung, Individualisierung und Differenzierung des Glaubens, zunehmende Vergeistigung bei gleichzeitig handfester Verdinglichung haben das Erscheinungsbild Berlins und Cöllns, den Bau und die Ausstattung ihrer Gotteshäuser letztlich entscheidender bestimmt als Naturkatastrophen und politische Entschlüsse.

Ebenso wie anderenorts im späten Mittelalter bildete jede der Berliner und Cöllner Hauptkirchen im Kleinen eine konkrete Wiederholung jener grundsätzlichen Spannung, die für die Kirchengeschichte insgesamt charakteristisch ist: der Spannung zwischen universalem Anspruch und partikularer Verwirklichung; zwischen Einheit und Mannigfaltigkeit, die zum Gegensatz werden, aber auch eine sinnvolle Ergänzung sein konnten. Die Gotteshäuser standen als Pfarr-, Kloster- und Spitalkirchen für sich selbst, und sie boten das Dach, unter dem sich Altäre einnisten durften, oder die schützende Mauer, an die sich Kapellen anlehnen konnten.

An den Ablaßbriefen für die Nikolaikirche wie an den Überlieferungen zu den Altären und Kapellen lassen sich diese Wesenszüge und ihre gestaltende Kraft im zeitlichen Ablauf beobachten. Die Ablässe dienen immer der ganzen Nikolaikirche und verbinden sie über ihre Aussteller mit dem Sitz der Kurie in Avignon oder in Rom, mit dem Erzbischof von Magdeburg, dem Bischof von Brandenburg oder demjenigen von Lebus und versuchen, den Gnadenschatz der Gesamtkirche umzumünzen in tätige Bauhilfe und intensivere Teilnahme am religiösen Leben. So gewähren

1334 aus Avignon, der damaligen Papstresidenz, 12 Bischöfe vierzigtägigen Bußablaß allen, die ihre Sünden aufrichtig bereuen, die Nikolaikirche an bestimmten Feiertagen „zur Andacht, zum Gebet oder anläßlich einer Wallfahrt besuchen, oder die den Messen, Predigten, Morgen- und Abendgebeten oder sonst anderen heiligen Handlungen daselbst beiwohnen, oder die dem Leibe des Herren oder dem heiligen Öle, wenn es zu Kranken getragen wird, nachfolgen, oder die Pfarrkirche und ihren Kirchhof umwandern und für die Seelen der dort Ruhenden beten, oder beim Abendgeläute dreimal auf den Knien das Ave Maria sprechen, sowie zum Ausbau, zur Beleuchtung, zum Schmuck oder anderen Bedürfnissen der Pfarrkirche Hand anlegen oder von ihrem Vermögen etwas schenken". Ein ähnlicher Ablaß wird 1341 von 8 Bischöfen verliehen und vom Brandenburger Diözesan bestätigt. Bei dieser Gelegenheit werden erstmals die Nebenpatrone, Martin und Katharina, der Nikolaikirche genannt; auch wird eine Kapelle erwähnt, deren Fundamente identisch sein können mit Grabungsfunden an der nördlichen Chorwand. Ein dritter, 1348 in Avignon ausgefertigter, aber erst 1352 in Berlin durch den Brandenburger Bischof bestätigter Indulgenzbrief, erhöhte die Ablaßerwartungen auf insgesamt über 1300 Tage. Vielleicht sollte mit den erhofften Einnahmen die Einwölbung oder die Fertigstellung des Turmes von St. Nikolai bezahlt werden. – Ein neuer Bauabschnitt, jäh, aber nur kurzfristig unterbrochen durch den Brand von 1380, setzte Ende der 70er Jahre ein. Man hört 1379 von Mängeln, die abgestellt werden sollen, und von einem neuen Chor, den die Gemeinde begonnen hatte, jedoch aus eigenen Mitteln nicht vollenden konnte. Nach der Feuersbrunst erteilte Kardinal Mileus im päpstlichen Auftrag für die Mitwirkung an der Wiederherstellung der Nikolaikirche einen hunderttägigen Ablaß (Okt. 1380). Sein Brief war in Prag geschrieben worden, und das könnte auf die Fürsprache der dort residierenden Luxemburger, die als brandenburgische Kurfürsten auch Stadtherren von Berlin waren, hindeuten. Um die Mitte des 15. Jahrhunderts errichtete der markgräfliche Küchenmeister Ulrich Zeuschel an der Südseite der Kirche eine Kapelle für die von ihm gestiftete und von seinem hohenzollerischen Herrn bestätigte Marien-Bruderschaft. 1460 war nach Meinung des Magistrats und der Kirchenvorsteher das Gotteshaus so einsturzgefährdet, daß man sich zum Abriß und zum Neubau einer dreischiffigen Halle entschloß. Bischof Dietrich III. von Brandenburg unterstützte mit einem Ablaßbrief dieses Vorhaben. Frommes Werk wurde immer berechenbarer. Wer einen ganzen Tag mit anpackte, konnte einen 40tägigen Bußablaß erhoffen; wer vier Stunden lang Steine, Holz oder Zement trug, dem wurden 10 Tage Indulgenz in Aussicht gestellt. Selbst Sonntags- und Feiertagsarbeit

65. Gotische Kapelle des Heiliggeistspitals (Foto 1986).

war erlaubt, weil es dem Bischof besser dünkte, auf diese Weise Gott zu dienen als gemeinsam in Tavernen zu trinken. Ein letzter, 1487 aus Rom beschaffter Indulgenzbrief sollte die laufenden Reperaturkosten finanzieren und die Anschaffungskosten für liturgische Bücher, Kelche, Beleuchtung und Kirchenschmuck decken. Bis in das 19. Jahrhundert ist der spätmittelalterliche Baukörper der Nikolaikirche kaum verändert worden. Erst 1877–79 wurde die charaktervolle Asymmetrie des einen Kirchenturms durch eine phantasielose Doppelturmanlage ersetzt, die auch beim gegenwärtigen Wiederaufbau beibehalten wurde.

Wie die doppelgeschossige Marienkapelle mit ihrem Staffelgiebel im Südwesten und die ebenfalls zweistöckige Heiligkreuzkapelle (später Sakristei) im Nordosten dem von außen kommenden Besucher vor Augen führten, daß spezielle religiöse Interessen den Rahmen der Nikolaikirche als Pfarrgotteshaus für die ganze Gemeinde sprengten, so zeigte dem Eintretenden eine Vielzahl von Nebenaltären noch vermehrt den spätmittelalterlichen Hang, die geistliche Einheit der Pfarrei durch zusätzliche, von Einzelnen oder Gruppen getragene fromme Leistungen eher auszuhöhlen als zu ergänzen. Die Reihe der überlieferten Altarstifter beginnt 1326 mit dem Bürger Jordan von Heckelwerk und seiner Ehefrau, wird von anderen Patriziern fortgesetzt und zieht sich über die Schiffergilde (1344), die Gilden der Schuhmacher (1451), der Bäcker (1461) und der Schmiede (1467) bis hin zur Wolfgangsbruderschaft (ca. 1476). Für die Heiligkreuzkapelle und zehn Altäre war nach einer Aufstellung von 1459 der Berliner und Cöllner Kaland verantwortlich. Nach einem der Bau- und Ausstattungsgeschichte der Nikolaikirche ähnlichen Muster vollzog sich auch diejenige der anderen Pfarrkirchen.

Die Marienkirche scheint allerdings in ihrer aus dem 13. Jahrhundert überkommenen Grundstruktur – abgesehen vom Turm – weniger verändert worden zu sein; auch ist die Zahl der für sie überlieferten Ablaßurkunden geringer. 1340 leiht sich der Rat 50 Silber-Mark von dem Münzmeister und Mitbürger Otto von Buch zum Bau der Kirche. Leider wird nicht angegeben, welche konkreten Vorhaben mit dieser Summe gefördert werden sollten. Manche Fachleute denken an die alte Sakristei. Nach dem Brand von 1380, der die Kirche zerstörte und keine Mittel zum Wiederaufbau zurückließ, stellte Kardinal Mileus wie für St. Nikolai ein Ablaßschreiben aus. Man war dringend auf auswärtige Hilfe angewiesen und schickte deshalb, wie in solchen Fällen üblich, Almosensammler durch die Lande. In recht kurzer Zeit muß die Marienkirche repariert worden sein, denn ein Ablaßbrief des Bischofs von Lebus vom Jahr 1405 bezieht sich lediglich auf eine große Reliquiensammlung, nicht aber auf irgendwelche Bauvorhaben, und 1418 kümmern sich Rat und „Gotteshausleute“ (Vorsteher) um die Finanzierung des Glockenturms, also um ein ganz neues und zusätzliches Glied des Baukörpers. Dieser stattliche Westturm hat den Berlinern mancherlei Sorge bereitet. Zunächst dauerte es annähernd 100 Jahre bis zu seiner Vollendung. In diesen Zeitraum fallen 1460 die Erwähnung eines Maurermeisters, 1480 die Aufnahme eines Darlehens der Kalandsbruderschaft durch den Kirchenvorstand und 1490 ein Indulgenzschreiben des Brandenburger Bischofs zum Abschluß der Bauarbeiten und zur Anschaffung einer Glocke. Und als dann endlich das Werk vollendet war, brannte durch die Ungeschicklichkeit des Küsters der Turm im Oktober 1514 total aus. Nur eine kleine Buchillustration aus dem Jahr 1511 vom Neuen Markt mit der Marienkirche im Hintergrund zeigt, daß ein stumpfwinkliges Dach damals den Glockenturm abschloß (s. Abb. 68). Kurz vor Einführung der Reformation war der Turm wieder hergerichtet und nun mit einem spitzen Holzhelm versehen (1538). Er brannte 1661 ab, wurde durch eine Spätrenaissancefassung ersetzt, bis schließlich 1789/90 Carl Gotthard Langhans den noch heute bestehenden klassizistisch-gotischen Aufsatz schuf.

Im Inneren der Marienkirche, der sich als weitere Patrone Anna und Mauricius hinzugesellt hatten, erhielten, ähnlich wie in der Nikolaikirche, mehr als ein Dutzend gut ausgestattete Altäre Gastrecht. Unter den genannten Stiftern und Verfügungsberechtigten stehen zeitlich an erster Stelle der Teltower Kaland und das Brandenburger Domkapitel (1300). Die Gilden sind mit den Tuchmachern nur einmal vertreten (1326). Der Berliner Kaland bestimmte über mindestens acht Altäre; zwei waren markgräflich. Der Rest kam unter das Patronat des Rates, der gleichsam als Auftakt zur Einführung der Reformation 1538 die Einkünfte des Marien-Magdalenen-Altars zur Besoldung eines Schulmeisters oder Organisten umwidmete.

Der Cöllner Petrikirche stellten 1335 drei Bischöfe in Rom einen auch für den Kirchenbau nützlichen Ablaß aus, der 1341 und 1368 von den Brandenburger Bischöfen bestätigt und vermehrt wurde. Schließlich erhielt St. Peter durch den Magdeburger Metropolitan 1379 am selben Tag wie die Nikolaikirche einen gleichlautenden Ablaß für Bauarbeiten besonders am Chor der Kirche. Cölln blieb vom Brand des nächsten Jahres verschont, so daß weitere Hilfe durch Indulgenzbriefe nicht notwendig waren, jedenfalls nicht überliefert sind. An die Südseite der mit breitem Westturm versehenen hochgotischen Hallenkirche wurde zu Beginn des 16. Jahrhunderts eine von Bürgermeister Fritze gestiftete Marienkapelle angefügt. Nach dem Zweiten Weltkrieg wurde die stark beschädigte Kirche abgerissen, doch vermitteln schon die Abbildungen des 18., 19. und 20. Jahrhunderts wegen der inzwischen erlittenen Brände und durchgeführten baulichen Veränderungen keinen Eindruck mehr von dem mittelalterlichen Aussehen. Im Inneren sollen 24 Altäre gestanden haben. Die Berliner und Cöllner Gewandschneider besaßen 1345 das Patronat über den Katharinenaltar. Wenn die ziemlich spärliche Überlieferung nicht täuscht, verfügten sonst auch hier die Markgrafen, der Rat und die Kalande über das Vermögen und die Altaristenstellen. Reformatorischer Einfluß wird spürbar, wenn 1537 und 1538 Bestimmungen über das Predigtlehen oder den Predigtstuhl aufgezeichnet werden.

Baugeschichtliche Nachrichten über die drei jeweils in unmittelbarer Nähe der Pfarrkirchen errichteten Schulen sind aus dem Mittelalter nicht überliefert. Im Berlinischen Stadtbuch vom Ende des 14. Jahrhunderts wird zur Lagebezeichnung steuerpflichtiger Häuser und Buden die Nikolaischule (sunte Nicols schole) erwähnt. Schüler aller drei Pfarrkirchen werden erst in einer Prozessionsordnung von 1476 genannt. Da jedoch bereits 1330 das

Schulgebäude auf dem Spandauer Nikolaifriedhof als ausbesserungsbedürftig bezeugt ist und die Doppelstadt an der Spree auch in schulischer Hinsicht der Spandauer Gemeinde nicht nachgestanden haben dürfte, ist mit der Existenz der Berliner und Cöllner Schulen ebenfalls in der ersten Hälfte des 14. Jahrhunderts zu rechnen.

Die bis in den Anfang des 16. Jahrhunderts ungebrochene Kraft der Bettelorden und ihre feste Verankerung im religiösen Leben der Stadt spiegelt sich besonders klar in der Bau- und Ausstattungsgeschichte des Franziskanerklosters wieder. Die Arbeiten an der Backsteinkirche mit ihrem dreischiffigen Langhaus und der gestreckten Choranlage, die eine Ausbuchtung in der Führung der alten Stadtmauer erforderte, zogen sich bis in das 14. Jahrhundert hin. Wie es die Ordensregel vorsah, hatte die Kirche statt eines Turmes nur einen Dachreiter. Auch sonst war das Äußere von fast demonstrativer Bescheidenheit. Dennoch galt sie wegen ihrer glücklichen Proportionen und vor allem wegen ihres polygonalen Chorschlusses zusammen mit der Nikolaikirche als Berlins schönster gotischer Bau. Das von einem mächtigen Triumphkreuz beherrschte Innere wurde rasch zu einer bevorzugten Grabstätte für die markgräfliche Familie, den Adel und das Patriziat. Bis zu einer Tiefe von 2 Metern unter dem heutigen Fußboden wurden immer wieder Tote beerdigt, um sie mögichst unmittelbar an der schützenden und heilsvermittelnden Frömmigkeit der Mönche teilhaben zu lassen. Über dem um 1500 gefertigten Chorgestühl mit seinen 38 Plätzen befand sich ein Inschriftenfries auf Kiefernholz. Hier verwiesen die Berliner Franziskaner auf ihre Einordnung in den weitverzweiten Gesamtorden, und hier erinnerten sie an die ersten Förderer ihrer Gemeinschaft und an den großen Stadtbrand von 1380. An der Nordseite des Chores befanden sich ein Treppengehäuse sowie eine Kapelle. Beide wurden im 17. Jahrhundert abgerissen. Kirche und Kirchhof beanspruchten nur das südliche Drittel des gesamten Klosterareals. Der übrige Teil wurde weitgehend für die Schlaf-, Speise- und Versammlungsräume genutzt, die sich um zwei Binnenhöfe lagerten. Nach den ersten großen Anstrengungen im 13. und frühen 14. Jahrhundert regte sich der Bauwille noch einmal machtvoll im ausgehenden Spätmittelalter. Unter der Leitung des Ordensbruders Bernhard wurde 1471–1474 ein zweigeschossiges Kapitelhaus errichtet, um 1500 renovierten die Mönche ihre Kirche, und in den Jahren 1516–1519 entstand als nördlicher Abschluß des Klostergeländes ein neues, ansehnliches Langhaus.

Den Berliner Franziskanern standen die Cöllner Dominikaner in ihrer Bedeutung für das religiöse Profil der Stadt und in ihrer Stellung im Gesamtgefüge des Predigerordens mindestens gleichgewichtig zur Seite. Sichtbare Überreste der mittelalterlichen Anlage gibt es seit dem Abriß der ehemaligen Klosterkirche im Jahr 1747 nicht mehr, und selbst eine Radierung aus der Mitte des 17. Jahrhunderts ist für die vorreformatorische Zeit nur eine sehr bedingte Vorstellungshilfe. Schließlich sind baugeschichtliche Notizen noch dürftiger als beim Grauen Kloster. Immerhin läßt sich auf Grund von Ausgrabungen, einiger Akten des 16. Jahrhunderts und durch einen Blick auf die ursprünglich ähnliche, aber in der Substanz erhalten gebliebenen Dominikanerkirche in Prenzlau die Cöllner Anlage im wesentlichen rekonstruieren: Eine dreischiffige Hallenkirche mit einschiffigem Chor und – wie bei den Franziskanern – mit einem Dachreiter statt eines Turmes; ein Hof mit Kreuzgang und umgebenden Konventsgebäuden; dazu eine Kapelle, zwei kleine sog. Stiftshäuser, das „lange Haus“ und noch ein Gebäude. Alles in allem ein Komplex, der sich mit der Anlage der Berliner Franziskaner durchaus messen konnte. Durch den 1442 begonnenen Schloßbau zu Cölln unmittelbar nördlich vom Dominikanerkloster verlor dieses nicht nur seine Randlage direkt an der Stadtmauer, sondern wurde auf die Dauer ein Opfer der mit der Errichtung des markgräflichen Schlosses verbundenen Pläne. Die Schloßkapelle wurde zur Pfarrkirche und dort 1465 ein Kollegiatstift eingerichtet, das man seit 1466 auch als Domstift bezeichnete. Um ihm eine eigene und ausreichend große Heimstatt zu geben, erwirkten Kurfürst Joachim I. und definitiv Joachim II. (1535/36) die päpstliche Genehmigung zur Versetzung der Predigermönche und Übereignung ihrer Klosterkirche, die, entsprechend hergerichtet und ausgestattet, nun zum Cöllner Dom wurde. Drei Jahre vor Einführung der Reformation endete mithin die Geschichte der Cöllner Dominikaner – aber nicht aus vorreformatorischen oder lutherisch beeinflußten Gründen, sondern im Zuge einer landesherrlichen Kirchenpolitik, die den traditionellen religiösen Werten und Institutionen keineswegs kritisch gegenüberstand.

Enger als die Pfarrkirchen und Klöster waren die Spitäler in die Verantwortung des städtischen Rats eingebunden, weil dieser ein unmittelbares Interesse an der leiblichen Versorgung Armer und Siecher hatte und die Spitalkapellen weder die kirchliche Struktur der Diözese oder der Propstei noch den überregionalen Zusammenhalt eines Ordens berührten. Der Rat sah in den Kapellen „seine“ Gotteshäuser, setzte die Leiter und Verwalter der Spitäler ein, führte eine Oberaufsicht und bemühte sich auch um die finanzielle und wirtschaftliche Absicherung. Vermögensrechtlich waren die Spitäler selbständig, und besonders Heilig-Geist zeichnete sich durch einen ansehnlichen Grundbesitz aus. So schenkte 1313 der Ritter Burchard Gruelhut diesem Haus vier Hufen im Dorf Weißensee, und 1319 konnte das Spital das ganze Dorf Heinersdorf von Markgraf Waldemar für die beträchtliche Summe von

150 Mark brandenburgischen Silbers kaufen. Das Georgen-Spital war weniger reich ausgestattet, und deshalb lag es wohl nahe, sich aus Avignon einen von 10 Bischöfen erteilten Ablaß zu besorgen, deren Bedingungen fast gleichlautend mit den Ablässen für die Pfarrkirchen waren. Zu den Spitalanlagen gehörten außer der Kapelle und dem kleinen Friedhof das Haus für die Armen, Alten und Pflegebedürftigen, dazu die Wohnung für den Vorsteher und vermutlich auch Unterbringungsmöglichkeiten für Personen, die sich wie in ein Altersheim einkauften. Zur mittelalterlichen Baugeschichte ist schriftlich nur überliefert, daß die Heiliggeistkapelle 1476 ein neues Dach mit kleinem Turm erhielt. In dieser Zeit könnte der auf Felssteinsockel errichtete Backsteinbau sein spätgotisches Sterngewölbe bekommen haben, das bis zum heutigen Tage alle Stürme überstanden hat. Die Georgenkapelle wurde am Ende des 18. Jahrhunderts abgerissen, um einem großen Neubau Platz zu machen. Vor dem Abbruch angefertigte Zeichnungen sind wegen mannigfacher nachreformatorischer Umbauten leider keine Hilfe, um eine Vorstellung von dem mittelalterlichen Aussehen der Kapelle zu gewinnen. Etwas besser steht es mit der Kirche des Gertrauden-Spitals. Die im Dreißigjährigen Krieg zerstörte Anlage wurde 1646 wieder aufgebaut, und eine Vorlage aus dem Jahr 1690 bietet ein Bild, das der mittelalterlichen Wirklichkeit sehr nahe kommt: Eine gotische Kapelle mit schmalem Turm und polygonalem Chor, etwa 16 m lang und 9 m breit. 1881 wurde das inzwischen barockisierte und wiederholt umgestaltete Gotteshaus abgerissen, und nur die Namen Spittelmarkt und Gertraudenstraße erinnerten noch an das ehemalige Spital. Eingeweiht wurde die erste Kapelle nach sechsjähriger Bauzeit 1411. Warum dieses Cöllner Spital so spät gestiftet wurde, bleibt ebenso rätselhaft wie die aus dem 18. Jahrhundert überlieferte Meinung, es sei zunächst für „adeliche Jungfern" gedacht gewesen. Sollte Berlins Schwesterstadt wirklich eineinhalb Jahrhunderte ohne eine eigene spitalähnliche Einrichtung ausgekommen sein?

Auf ähnlich schwankendem Boden steht unser Wissen über die Anfänge der Jerusalemkapelle. Die Sage bringt sie mit Albrecht dem Bären in Verbindung ud macht sie damit zum ältesten Gotteshaus der Berliner Gegend. Wahrscheinlich ist sie jedoch die jüngste vorreformatorische Kirche. Eine im 18. Jahrhundert aufgezeichnete Überlieferung will wissen, ein Berliner Patrizier namens Müller habe nach einer Wallfahrt in das heilige Land die Kapelle gestiftet und deshalb sei ihr die Bezeichnung Jerusalem gegeben worden. Der Wahrheitsgehalt dieser Geschichte ist kaum zu ermitteln. Sie könnte auch erfunden sein, um eine Erklärung für die im Weihetitel nicht enthaltene Nennung von Jerusalem anzubieten. Die frühesten handfesten Angaben enthält ein am 18. Oktober 1484 in Frankfurt/Oder von fünf Bischöfen, an ihrer Spitze der Brandenburger Arnold von Burgsdorff, ausgestellter Ablaßbrief. Hier wird berichtet, daß Idelfriedrich, Graf von Zollern (also der damals im Dienst Albrecht Achilles stehende und seit zwei Jahren mit einer Tochter Markgraf Friedrichs des Fetten verheiratete Eitel Friedrich II.), zu Ehren Gottes, der Jungfrau Maria, des heiligen Kreuzes sowie der Seligen Fabian und Sebastian eine Kapelle bei und außerhalb Cöllns von Grund auf neu errichtet und Gott geweiht habe. Wer sie an bestimmten Feiertagen besucht oder zu ihrem Bau und ihrer Ausschmückung beiträgt, kann mit einem insgesamt 200tägigen Ablaß rechnen. In einer nach Einführung der Reformation aufgezeichneten Bestandsaufnahme (Visitationsprotokoll) erfährt man von einem „Hospital der Capelle zu Hierusalem", deren Patron der Kurfürst sei. Weiter ist ist zu erfahren, daß die Vorsteher einen Priester nach ihrem Gefallen „gemietet" hätten, daß dort Meßfeiern stattfanden und ein Klausner bei der Kapelle wohnte. Ob das Hospital von Anfang an geplant und mehr als eine bescheidene Herberge für Pilger und Reisende war, wissen wir nicht, wie wir auch das Aussehen der Kapelle vor den Erweiterungsbauten des 17. Jahrhunderts nicht kennen. Sie soll anfänglich sehr klein gewesen sein und eine Nachbildung des heiligen Grabes sowie einige hölzerne Heiligenfiguren enthalten haben. Unter allen mittelalterlichen Berliner und Cöllner Kirchen war die Jerusalemkapelle gewiß die unbedeutendste. Gleichwohl sollte sie nicht nur als einziger mittelalterlicher Vorgängerbau im heutigen West-Berlin unvergessen bleiben, sondern auch als Zeugnis privaten Stiftungseifers sowie als Hinweis auf die auch in Berlin gepflegte Grab-Christi-Verehrung und Jerusalem-Orientierung.

Ein neues, nicht in die bisherigen kirchlichen Strukturen der Doppelstadt passendes und gerade deshalb auch den stadtgeschichtlichen Umbruch in der Mitte des 15. Jahrhunderts anzeigendes Element war die Erasmuskapelle (s. Abb. 66), die als Keimzelle des Domstiftes zu Cölln angesehen werden kann. Das in den Jahren 1442–1451 durch Markgraf Friedrich II. erbaute und als landesherrliche Zwingburg empfundene Cöllner Schloß war von vornherein mit einer Kapelle ausgestattet. Schon 1450 hatte der stets auf den Ausbau seiner Kirchenherrschaft bedachte Kurfürst bei Papst Nikolaus V., Bischof Stephan Bodecker (s. Abb. 67) und dem Berliner Propst Franz Steger die Erhebung zur Pfarrkirche mit Tauf- und Beerdigungsrecht durchgesetzt. Einkünfte aus einem dem Kaland in der Berliner Marienkirche gehörenden Altar und einem Kalandsaltar der Teltower Pfarrkirche wurden überwiesen. 1465 konnte Friedrich II. in seiner, dem legendenhaften Märtyrerbischof Erasmus geweihten Schloßkirche mit Genehmigung Papst Pauls II. ein Kollegiatstift einrichten, dessen Mitglieder – ein Dekan, der

66. Das Innere der Erasmuskapelle in der Gestaltung des Caspar Theiß (1. Hälfte des 16. Jhs.).

Schatzmeister, der Pfarrer und fünf weitere Kanoniker – von ihm verbindlich vorgeschlagen und vom Brandenburger Bischof investiert wurden. Ein Jahr später taucht in einer Urkunde die Bezeichnung „Domstift" auf. Damit sollte zwar die Stellung des Bischofs und des Brandenburger Kapitels nicht angetastet, aber doch der besondere Rang unterstrichen werden. Unter allen Berliner und Cöllner kirchlichen Institutionen war das Domstift die vornehmste. Veranschaulicht und bekräftigt wurde dies durch die Ordnung für die Fronleichnamsprozession, die den Stiftsherren eine größere Nähe beim Sakrament als den anderen Klerikern zuwies (1467). Abgeschlossen wurde die Gründungs- und Organisationsphase des Cöllner Domstifts mit einer umfangreichen, alle juristischen, liturgischen und finanziellen Aspekte berücksichtigende Urkunde Friedrichs II. vom 20. Januar 1469. Berlin übergreifende Herrschaftsfrömmigkeit wird deutlich im Dank an Gott für die Ausbreitung und Festigung des Kurfürstentums. Gleichzeitig wird die Stellung des „Neuen Stiftes und Collegiums" im kirchlichen Gefüge der Doppelstadt dadurch geregelt, daß der Berliner Propst auch dem Stift als Propst an die Spitze gestellt wird. Nicht zuletzt erfährt die ehemalige Erasmuskapelle eine Erhöhung mittels der Ausweitung der Patrozinien auf Maria, das heilige Kreuz, Petrus, Paulus und Nikolaus.

Mit neuer und bis zu seinem Tod nicht verebbender Tat-

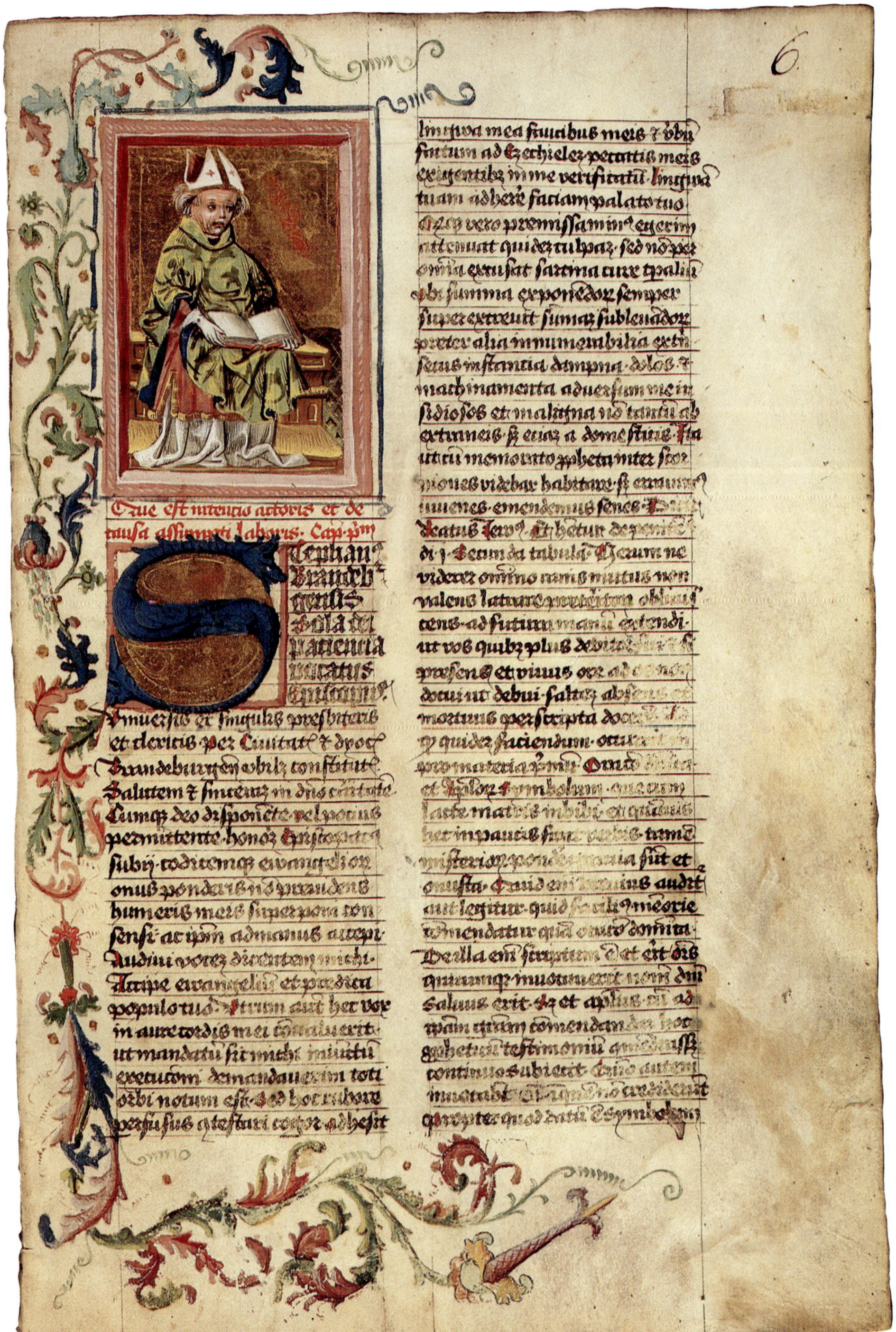

67. Stephan Bodecker, Bischof von Brandenburg (1421–1459), Tractatus de oratione dominica, Bl. 6r mit Bild des Bischofs als Initiale.

kraft widmete sich Kurfürst Joachim I. (1499–1535) der Kirche und dem Stift. Bestätigungsurkunden ließ er sich 1502 vom Kardinallegaten Raimund von Gurk und 1513 von Papst Leo X. ausstellen. Ablässe erwirkte er von seinen drei geistlichen Kurkollegen, vom Magdeburger Erzbischof und von den Bischöfen von Bamberg, Brandenburg, Havelberg, Lebus und Reval sowie in Prunkausfertigung von 23 Kardinälen. Durch eigene Stiftungen vermehrte er die Einkünfte und die gottesdienstlichen Feiern. Vor allem aber wetteiferte er mit dem sächsischen Kurfürst und mit seinem Bruder Albrecht, dem Erzbischof von Magdeburg, im Erwerb von Reliquien. Joachim II. setzte diesen Handlungsstrang nahtlos fort und verwirklichte schon im ersten Regierungsjahr mit päpstlicher Zustimmung die Pläne seines Vaters: 1536, am Freitag vor Pfingsten, ließ er die Kanoniker in das zu diesem Zweck aufgehobene Dominikanerkloster einweisen und am Pfingsttag in der zum Dom umgerüsteten Kirche der schwarzen Mönche seine Reliquiensammlung ausstellen. So demonstrierte er, daß die Verdrängung der Dominikaner alles andere als ein Akt reformatorischer Gesinnung war. Auch die Neufassung der Stiftsstatuten, die zusammen mit dem Umzug der Kanoniker einer zweiten Gründung des Cöllner Domstifts nahe kam, und der Erlaß einer neuen Gottesdienstordnung wiesen nicht auf eine reformierte Frömmigkeit, vor der sich das Stift noch lange verschloß, sondern auf den fürstlichen Stil traditionell katholischer Religiosität, denn Joachim II. lehnte sich in den Statuten wie im Brevier aufs engste an das Vorbild des von seinem Onkel, dem Kardinal Albrecht von Magdeburg und Mainz, 1520 in Halle gegründeten Kollegiatstifts an (s. Abb. 122 auf S. 255). Die mittelalterliche brandenburgische und berlinisch-cöllnische Kirchenordnung wurde 1536 nur insofern aufgebrochen, als die Stiftsmitglieder der geistlichen Gerichtsbarkeit des Bischofs und des Archidiakons entzogen wurden und allem Anschein nach der Berliner Propst nicht mehr zugleich Stiftspropst war. Nach dem Umzug in die Kirche der Dominikaner wurde die Erasmuskapelle wieder zur reinen Schloßkirche. Caspar Theiß gab ihr ab 1538 mit einem spätgotischen Schlingrippengewölbe und der Renaissance verpflichteten Vorhangböden und Kandelabersäulen ihre eindrucksvolle Gestalt (s. Abb. 66). Wie sie vorher aussah, ist nicht ausreichend belegt. Jedenfalls hatte sie denselben Grundriß, war mit Emporen versehen und bot genug Raum für mehrere Altäre und einen von Lukas Cranach dem Älteren und seiner Schule um 1537–38 für das Domstift gschaffenen und dort auch zunächst aufgestellten Passionszyklus (heute zum großen Teil im Jagdschloß Grunewald). Sie hat auch einen großen Teil der 1536 ausgestellten und inventarisierten Kreuze, Monstranzen, Kelche und Reliquien beherbergt.

Die Zahl der genannten kirchlichen Einrichtungen und Gebäude im Berlin und Cölln des 14. bis frühen 16. Jahrhunderts scheint beträchtlich, sie überstieg jedoch keineswegs das in vergleichbaren märkischen Städten wie Brandenburg, Salzwedel, Stendal, Tangermünde oder Frankfurt/Oder anzutreffende Maß und wirkt im Blick auf ältere deutsche Städtelandschaften fast kärglich. Etwas günstiger fällt der Vergleich aus, wenn auch die Wohnungen, Häuser und Besitzungen derer berücksichtigt werden, die wie der Propst allgemeinere kirchliche Rechte und Pflichten wahrnahmen oder wie der Kaland und die Beginen die religiösen Bruder- und Schwesterschaften repräsentierten oder gar wie Bischöfe und Äbte mit ihrer Präsenz den zentralörtlichen Charakter der Doppelstadt anerkannten.

Die mittelalterliche Propstei wird man höchstwahrscheinlich in der engsten Nähe der Nikolaikirche zu suchen haben, vielleicht auf dem Kirchhof an der Propstgasse, wo sie im 18. Jahrhundert als altes, mit Backsteinen ausgemauertes Fachwerkgebäude bezeugt war. Im ausgehenden Mittelalter soll der Berliner Propst außerdem ein Haus in der Klosterstraße bewohnt und dort seine Amtsgeschäfte für die Markgrafen wahrgenommen haben. Der Kaland besaß einen, seinem Vermögen entsprechenden, großen Hof, der sich zwischen der Kalandsgasse und der Klosterstraße bis zur nordöstlichen Stadtmauer erstreckte. Zur mittelalterlichen Erwerbs- und Baugeschichte ist nichts überliefert. Daß die Beginen in Cölln unweit der Dominikaner und in Berlin nahe bei den Franziskanern je einen Konvent hatten, wurde schon ewähnt. Ihre Anwesen waren nicht so weiträumig wie die in den Niederlanden, sondern ähnlich wie in den nordwestdeutschen Städten von durchschnittlichen Bürgerhäusern kaum zu unterscheiden. Als das Gebäude in der Cöllner Brüderstraße 1589 abbrannte, wurde auf dem Grundstück das Pfarrhaus für den Cöllner Propst errichtet. Eher der Wirtschafts- als der Kirchengeschichte zuzuordnen sind die Häuser bzw. Stadthöfe der Zisterzienser. Sie waren im deutschen Bereich früh und weit verbreitet und dienten den produktionseifrigen Mönchen als Umschlagsplätze für ihre Waren, als Verwaltungsstellen und Unterkunftsmöglichkeiten für den Abt oder andere Konventsmitglieder. Die Zisterze Lehnin, die bis 1343 über Einkünfte aus der Berliner Mühle verfügte, hatte ihr Haus in der Nordost-Ecke Cöllns nahe beim Dominikanerkloster, bei der Mauer an der Spree. 1443 trat es der Abt zum Schloßbau an den Kurfürsten ab und erwarb dafür ein anderes in Berlin (Heilig-Geist – Ecke Kleine Bürgerstraße). Die Äbte von Zinna hatten ihr steuer- und abgabenfreies Haus bis zur Reformation in der Stralauer Straße. Auch das Kloster Chorin soll ein „Freihaus" in Berlin besessen haben. Näheres ist jedoch nicht bekannt. Verweist die Anwesenheit der Zisterzienser auf die wirtschaftliche Bedeutung der Doppelstadt an der Spree, so unterstreichen die

68. Aus dem „Sumarius“ von 1511 über den Berliner Judenprozeß. Im Hintergrund die Marienkirche.

Häuser der Bischöfe von Brandenburg, Havelberg und Lebus die seit dem ausgehenden 14. Jahrhundert immer wichtiger werdende Rolle Berlins als zentralem Ort landesherrlicher Politik. Von ihrer geistlichen Funktion her hatten die Bischöfe von Havelberg und Lebus keinen Anlaß, sich in einer fremden Diözese ein Standquartier zu halten; und dem Brandenburger, der in Ziesar seine bischöfliche Residenz aufgebaut hatte, konnte wenig daran gelegen sein, den durch Distanz zum Domkapitel gewonnenen Freiheitsraum aufzugeben zugunsten einer noch gefährlicheren Nähe zur markgräflichen Verwaltung, noch dazu in den Neuen Landen. So mag jenseits aller religiösen Bedürfnisse der bischöfliche Hauserwerb in Berlin zurückzuführen sein auf die sich verstärkende Tendenz der Markgrafen, den Episkopat zu politischen und regentschaftlichen Aufgaben heranzuziehen, sowie auf die Einsicht der Bischöfe in die Zweckmäßigkeit, eine Art zweiten Wohnsitz in markgräflicher Nachbarschaft ständig zur Verfügung zu haben. 1381 erwarben der Brandenburger Bischof und sein Domstift ein Haus, das vom Berliner Rat 1383 von den städtischen Lasten befreit wird. In der Mitte des 15. Jahrhunderts nennt es Stephan Bodecker seinen bischöflichen Hof (Aula nostra episcopalis) und stellt dort eine Urkunde aus. Es lag in der Klosterstraße, zwischen der Marienkirche und der Stadtmauer. An der Seite des Brandenburgers ließ sich der Bischof von Lebus auf einem später drei Häuser bedeckenden Areal nieder. Die Gasse, die auf seinen Hof mündete, erhielt den Namen Bischofsstraße. Kurzfristig gehörte dem Lebuser um 1450 ein weiteres Haus in der Klosterstraße. Als letzter scheint der Havelberger Bischof an der Nordecke des Neuen Marktes in Berlin Haus und Hof gefunden zu haben. Zuvor hatte es um 1440 Streit mit dem Propst um die Nutzung eines Gebäudes beim alten markgräflichen Hof gegeben, und 1491 wurde ein ehemaliges Haus des Bischofs in Cölln bei der Harnischkammer erwähnt. Ein seltener Druck aus dem Jahr 1511 enthält einen Holzschnitt mit der Marienkirche im Hintergrund; sie wird teilweise verdeckt durch ein stattliches, zweistöckiges Haus mit Dachspeicher (s. Abb. 68). Mit dieser ältesten Abbildung eines Berliner Hauses ist wahrscheinlich das damalige Anwesen des Havelberger Bischofs gemeint.

Der Propst und die übrige Berliner Geistlichkeit (Weltklerus).

Der ranghöchste und wichtigste Berliner Geistliche war seit der zwischen 1238 und 1244 erfolgten Einrichtung des neuländischen Archidiakonats der Propst. In welchem Umfang er über Berlin und Cölln hinaus in den ihm zugeordneten Landpfarreien seine Aufsichtspflichten und seine Aufgaben in der geistlichen Gerichtsbarkeit wahrnahm, ist noch nicht geklärt und läßt sich wegen fehlender Berichte wohl auch nicht klären. Bezeugt sind immerhin die in römischen Registern um 1400 benutzte amtliche Bezeichnung als „Landpropstei“ (prepositura ruralis) und ein bescheidenes Hufengeld aus Dörfern des Barnim (1471). Ob die Pröpste darüber hinaus sich den in anderen Brandenburger Archidiakonaten erhobenen Anspruch auf den Nachlaß verstorbener Pfarrer zu eigen gemacht und durchgesetzt haben, ist ungewiß. Die Markgrafen, denen 1237 im Merseburger Zehntvertrag das Vorschlagsrecht für die Besetzung der Propststellen in den Neuen Landen verbrieft worden war, nutzten diese Möglichkeit vorrangig aus, um geeignete Kräfte für den Kanzleidienst, für die Verwaltung und für diplomatische Aufgaben zu finden oder zu binden. In zweiter Linie sahen sie in ihren Pröpsten verhältnismäßig loyale Inhaber der geistlichen Gerichtsbarkeit, die als Puffer gegenüber der unmittelbaren geistlichen Jurisdiktion des Bischofs und als Bremse gegen die Tendenzen zur Ausweitung der Zuständigkeit der kirchlichen Gerichte gebraucht werden konnten. Priesterliche und seelsorgerische Qualitäten scheinen sie weniger gewichtet zu haben. Die dienstbare Nähe der Pröpste zu den Markgrafen wird bereits 1285 angedeutet, als die Askanier Otto V. und Otto VI. den damaligen Propst Johannes als „unseren lieben Kaplan" bezeichnen. Sein Nachfolger Eberhard (ca. 1319–1335) wird ebenfalls als Kaplan bezeichnet, außerdem als Notar und Rat (consiliarius). Der Bischof von Brandenburg und der wittelbachische Markgraf Ludwig bestellen ihn zu einem der beiden Schiedsmänner im Streit um das Städtchen Teltow (1334). Ortwin (ca. 1385–1408) amtiert vor und während seiner Berliner Propstzeit als Landschreiber. Er verpfändet in dieser Eigenschaft das Gericht der Neustadt Brandenburg, muß Kriegssteuern und Landesrenten eintreiben. Über Abbruch und Wiederaufbau des Köpenicker Schlosses spricht er im Auftrag des Berliner Rates bei Markgraf Jobst vor. Zuverlässige Stütze beim Übergang der Landesherrschaft von einem Markgrafen zum nächsten und von einem Herrscherhaus zum anderen war Johann von Waldow (ca. 1410/11–1415/20). Auch hat er, schon vor seiner Propstzeit als Kanzleibeamter und Landschreiber unter Jobst von Mähren tätig, 1411 in Berlin den märkischen Ständen den Amtsantritt König Siegmunds verkündet und 1415 daselbst die Eidesformel bei der Huldigung des Hohenzollern Friedrichs I. vorgesprochen. Da mußte es keinen Protest geben, als Papst Johannes XXIII., der ihn für den Brandenburger Bischofsstuhl vorsah, ihm erlaubte, die Berliner Propstei noch für sieben Jahre beizubehalten. Unter den folgenden Pröpsten wurden Siegfried Sack (ca. 1424–1436) und Johannes Sommer (1436/37–1439) zahlreiche Verwaltungsaufgaben übertragen, während Albert von Klitzing (1472–75) und Erasmus Brandburg (1475–1486) von Albrecht Achilles mit verantwortungsvollen diplomatischen Aufgaben betraut und belastet wurden. Propst Erasmus mußte das auf dem Wege nach Ungarn mit einer vielmonatigen Gefangenschaft in Böhmen bezahlen.

Auf ihrem eigentlichen Feld haben die Pröpste ihre Gerichtsbarkeit besonders herausgestellt und gegen bischöfliche Eingriffe verteidigt. Propst Siegfried benutzte beispielsweise 1337 ein eigenes Gerichtssiegel (Sigillum iudicii prepositi de Berlin), und Apetzko von Thymen wurde 1376 anläßlich einer in seinem Hause vorgenommenen Urkundenbestätigung als „ordentlicher Richter" (iudex ordinarius) Berlins bezeichnet. 1401 wandten sich die Pröpste von Berlin und Liebenwalde sogar an die römische Kurie, um der Aushöhlung ihrer Rechte und den finanziellen Forderungen durch Bischof Heinrich II. von Brandenburg Einhalt zu gebieten. Die Spannungen dieser und der folgenden Zeit waren den Markgrafen um so lästiger, weil sie danach trachteten, auch die Bischöfe als Räte für sich arbeiten zu lassen. Schließlich hat Albrecht Achilles 1476 deutlich gemacht, daß der Berliner Propst der zweite Ordinarius nach dem Bischof sei, und in Berlin sei er der erste nach dem Bischof und bei dessen Abwesenheit der Inhaber der vollen geistlichen Gerichtsbarkeit.

Als Helfer und Stellvertreter werden im 13. und 14. Jahrhundert Vizepröpste erwähnt, nämlich ein Ludwig (1273–1277), Heyso (1347) und Johann von Rodensleben (1385). Ob das eine Dauereinrichtung war, ist nicht auszumachen. Im zeitlichen und gewiß auch sachlichen Zusammenhang mit den Auseinandersetzungen zwischen Propst Ortwin und Bischof Heinrich II. von Bodendieck wird Nikolaus Klitzing Koadjutor und präsumptiver Nachfolger des altersschwachen Ortwin (1401). Da er auch als Offizial bezeichnet wird, sollte er sich vor allem wohl um Rechtsangelegenheiten kümmern. Nach ihm trägt diesen Titel noch ein Peter Hassendorp (1421/25). In der Mitte des 15. Jahrhunderts (1446) hat Propst Franz Steger zwei „Diener". In seiner Abwesenheit bürgen sie an seiner Stelle. Sie sind also nicht zum gewöhnlichen Hauspersonal zu zählen, sondern gehören zum Kreis jener Personen, die nur sporadisch aus dem hinteren Glied hervortreten, ohne deren Mitwirkung jedoch die Pröpste ihre mannigfachen weltlichen und kirchlichen Pflichten nicht hätten bewältigen können.

Das für fast alle kirchengeschichtlichen Probleme Berlins typische Halbdunkel der Überlieferung läßt auch auf die wichtige Frage nach den Anfängen der dem Propst speziell für die Doppelstadt Berlin-Cölln gegebenen Zuständigkeit, und das heißt nach den Anfängen des Verbundes der mit der Nikolai- und Petrikirche zunächst zwei, seit Errichtung der Marienkirche dann drei Pfarreien zu einer höheren Einheit, keine voll befriedigende Antwort zu. Eine am 19. April 1319 zu Tangermünde ausgestellte Urkunde erweckt den Anschein, als sei erst damals in einem besonders aufwendig gestalteten Verfahren die Entscheidung gefallen und juristisch fixiert worden. In Gegenwart der Bischöfe von Meißen und Havelberg, des Grafen von Kevernburg, der Pröpste von Berlin, Stendal, Pasewalk und Bernau und anderer Zeugen verkündete Markgraf Waldemar, auf seine Bitten hin habe der Bischof von Brandenburg mit Zustimmung des Domkapitels die Propstei Berlin mit den Pfarrkirchen zu Berlin und Cölln so vereinigt, daß sie in Zukunft als ein ungeteiltes Lehen angesehen werden müssen, auch werde die Stadt Cölln auf Dauer in geistlichen Angelegenheiten der Propstei untergeben sein. In derselben Urkunde gibt anschließend Bischof Johann von Brandenburg seine Entscheidung zur Kenntnis und bekunden Propst sowie Domkapitel von

Brandenburg ihre Zustimmung. Markgraf, Bischof, Propst und Kapitel haben ihre Siegel nebeneinander an das Pergament gehängt. Formell wurde mit der Urkunde neues Recht gesetzt. Neu war nicht die Existenz der Berliner Propstei, sondern ihre Vereinigung mit den Berliner und Cöllner Pfarrkirchen. Der Propst war gleichsam in Personalunion auch Pfarrer von St. Petri, St. Nikolai und St. Marien. Bis 1319 scheint eine solche Bindung weder umfassend noch zwingend, sondern nur partiell und praktisch naheliegend gewesen zu sein. So war nach Propst Simeon auch Propst Johann Inhaber der Cöllner Pfarrstelle (1285), während ein Bruno (1299/1300) und ein Rudolf von Nembeck (1303) Berliner Pfarrer ohne Propstwürde waren. Solche Konstellationen hat es ab 1319 nicht mehr gegeben. Als neu und zukunftsweisend gibt sich auch die Bestimmung von der Unterstellung Cöllns unter die geistliche Gerichtsbarkeit des Berliner Propstes aus. Aber war diese Angelegenheit nicht seit dem Merseburger Zehntvertrag und der Errichtung der Propstei entschieden? Die Quellenarmut erlaubt nur Vermutungen. So könnte die im Merseburger Zehntabkommen beschriebene Grenze zwischen den Alten und den Neuen Landen zumindest in der Auslegung durch den Brandenburger Bischof und durch den dortigen Propst Cölln von Berlin getrennt und den Alten Landen, damit auch dem Archidiakonat des Brandenburger Propstes, zugewiesen haben. Im Gegenzug hätten dann die Markgrafen als Patronatsherren der Petrikirche und als Vorschlagsberechtigte für die Propststelle eine faktische Koppelung beider Ämter angestrebt, um auf diese Weise die behauptete rechtliche Trennung zu unterlaufen. Hinter der mehrfach so auffällig betonten Zustimmung von Propst und Domkapitel von Brandenburg zur Unterstellung Cöllns unter den Berliner Propst könnte eine Art Verzichtserklärung auf bislang aufrechterhaltene Rechtspositionen stecken. Wer nach Gründen dafür sucht, warum ausgerechnet der letzte askanische Markgraf sich so nachdrücklich für die kirchliche Einheit Berlins und Cöllns einsetzte, wird daran denken müssen, daß erst 1307 die politische Vereinigung der beiden Städte unter einem gemeinsamen Rat durchgeführt worden war und daß der Wechsel des Propstes Eberhard von Stolpe nach Berlin unmittelbar vor Ausstellung der Tangermünder Urkunde erfolgte.

Die Kombination der Propststelle mit der Cöllner Parochie und den beiden Berliner Pfarrkirchen machte die Doppelstadt zu einer Art Kernpropstei innerhalb des Archidiakonats. Rechtlich und finanziell war das gewiß, jedenfalls für den Markgrafen und den jeweiligen Propst, vorteilhaft. Für die geistliche Versorgung mußten sich jedoch Probleme ergeben, zumal die Pröpste ohnehin durch ihre weltlichen Verpflichtungen vom Dienst an Gott und an der Gemeinde abgehalten wurden. Einer von den Bürgermeistern und Ratmannen Berlins und Cöllns um 1435 aufgesetzten Beschwerdeschrift ist zu entnehmen, daß Propst Siegfried Sack zur Erledigung von Pfarreraufgaben wie Taufe, Beerdigung, Reichung der Sakramente, Messelesen usw. Kapläne anstellte. Nach Meinung der Beschwerdeführer waren diese ungeeignet und entfremdeten deshalb das Volk den Pfarrkirchen. Zu lasch sei auch die Aufsicht des Propstes über die Altaristen, die als Inhaber von drei oder vier Altären oder als Pfarrer in Dorfkirchen sich übernommen hätten, während die einem Mitbürger auferlegte Buße – er sollte wegen Versäumens eines Gerichtstermins sich sonntags öffentlich nackt geißeln – als zu hart und als Verhöhnung empfunden wurde. Noch befremdlicher war das Amtsverständnis des Propstes Franz Steger (1442–1458). Für jährlich 100 rheinische Gulden wollte er 1449 die Nutzung der Propstei einem Merseburger Domherren abtreten. Aus diesem Geschäft scheint freilich nichts geworden zu sein, denn in den beiden folgenden Jahren ist er als Propst in außerordentlich peinliche Affären verstrickt. Den Ratsherren von Berlin und Cölln mußte befohlen werden, ihn anzuerkennen und dementsprechend auch die Küster und Schulmeister anzuhalten. Bischof Stephan Bodecker exkommunizierte ihn, weil er einem offenkundigen Wucherer kirchliches Begräbnis gewährt und für Geld die Umbettung der Leiche erlaubt hatte. Selbst Papst Nikolaus V. betrieb seine Absetzung. Der sonst so fromme Kurfürst Friedrich II. hat jedoch mit Erfolg an ihm festgehalten. Er mochte auf ihn als Rat nicht verzichten und den Propst wohl auch als verhältnismäßig willfährigen Partner für alle sich aus dem Schloßbau ergebenden Fragen geschätzt haben. Ob nun Franz Steger lediglich als „schwarzes Schaf" aus der Reihe der mittelalterlichen Pröpste Berlins hervorsticht oder eher mit der Spitze eines Eisberges verglichen werden müßte, ist nach den bekannten Quellen nicht zu entscheiden.

Kann bei den Pröpsten wenigstens eine annähernd geschlossene Reihenfolge rekonstruiert werden, so ist für den Niederklerus, d.h. für die Kapläne, Altaristen, Meßpriester, Spitalgeistlichen und Schulmeister, hinzunehmen, daß selbst über seine Zahl nur sehr vage Angaben möglich sind. Die gleichzeitige Nennung von zehn Klerikern (1385) ist eine große Ausnahme. Wenn man unterstellt, daß in Berlin und Cölln – ähnlich wie in Frankfurt/Oder und anders als etwa in Breslau – an jedem Altar in der Regel nur ein Geistlicher diente und daß zusätzliche Kommenden durch Pfründenkumulation aufgehoben wurden, dann dürften gegen Ende des 15. Jahrhunderts etwa 70–80 Weltgeistliche in der Doppelstadt gleichzeitig gewirkt haben. Wie überall wurde der einheimische Klerikernachwuchs bevorzugt: Namen von Altaristen wie Aken, Bading, Blankenfelde, Moskow, Rathenow, Schulle und Schum verweisen auf Zugehörigkeit zu ratsfähigen Familien, und als die Berliner Schuhmacher- und Lohgerbergilde 1451 in der Nikolaikirche einen Altar stiftete, bestimmte sie, daß möglichst ein „in unserem Werk" geborener Priester mit der Stelle belehnt werden solle.

Wie sehr häufig in den Erzdiözesen Magdeburg und Hamburg-Bremen sowie in Teilen der Mainzer und der Kölner Kirchenprovinzen schlossen sich auch an Havel und Spree Geistliche zu Bruderschaften zusammen. Man nannte sie Kalande von der wahrscheinlich in die Karolingerzeit zurückreichenden Gewohnheit, an Calenden, also an Monatsanfängen, sich zu gemeinsamem Gebet zu treffen. Als lokale oder regionale Klerikervereinigungen, in der Regel mit einem Dekan an der Spitze und einem für das eigene Vermögen zuständigen Kämmerer, waren sie im Niederkirchenwesen ein wichtiger Faktor, ohne daß – wenigstens für Berlin und Cölln – deutlich würde, wie sie eigentlich in die diözesane Struktur eingebaut waren oder in welchem Verhältnis sie zum Propst standen. Nachdenklich im Blick auf die kirchliche Trennung der Alten und Neuen Lande stimmt auch die früheste Bezeugung von Kalandsbesitz in Berlin: Im Jahr 1300 trat nämlich die Kalandsbrüderschaft in Teltow ihr Patronatsrecht und die Einkünfte des Nikolausaltars in der Berliner Marienkirche an das Brandenburger Domkapitel ab, doch sollte die Altaristenstelle auch weiterhin mit einem Teltower Kalandsbruder besetzt werden. Der Berlin-Cöllner Kaland wird zuerst 1344 erwähnt. Im Februar dieses Jahres erhielten die „Kalandsbrüder der vertriebenen Priester" (fratres kalendarum exulum sacerdotum) der Berliner Propstei einen Altar in der Nikolaikirche. Fünf Wochen später bestätigte der Brandenburger Bischof diese Bruderschaft. Sie sei entstanden, weil Priester der Städte Berlin und Cölln vertriebenen und völlig mittellosen Geistlichen im Leben wie im Tod Beistand leisten und insbesondere für ein würdiges Begräbnis und für Gedächtnisgottesdienste sorgen wollten. Offenbar wurde hier der Kalandsgedanke mit den zeitgenössischen Anliegen der Elendsgilden verschmolzen. 1362 und 1375 haben die Bischöfe Dietrich I. und Dietrich II. die Bruderschaft erneut bestätigt und ihr noch weitergehende Rechte für Totenämter und Gedächtnisfeiern in der Diözese eingeräumt. Bald war der Berliner Kaland reich genug, um mit dem Rat der Stadt ins Pfandgeschäft zu kommen, und am Ende des Mittelalters verfügte er über mehr als ein Dutzend Altäre in den drei Pfarrkirchen und besaß einen ansehnlichen, mit einer Kapelle ausgestatteten Hof in unmittelbarer Nachbarschaft zu den Stadthäusern der Bischöfe von Brandenburg und Lebus. Um die Mitte des 15. Jahrhunderts griff Kurfürst Friedrich II. den weit verbreiteten Vorwurf auf, die Kalande würden ihr Vermögen und ihre Zusammenkünfte zu Gelagen mißbrauchen, und erhielt von Papst Eugen IV. die Erlaubnis, diesen Skandal zu beenden und die entsprechenden Kalandseinkünfte anderen frommen Zwecken zuzuführen. Friedrich II. hat diese Erlaubnis für die Errichtung des Cöllner Domstifts genutzt. Möglicherweise ist auch der Berliner Kaland nicht ungeschoren geblieben, denn er beklagte die Schmälerung seines Vermögens und ließ sich deshalb im Dezember 1456 durch Bischof Stephan Bodecker neue Statuten genehmigen. Ziel war es, die Mitgliederzahl auf 30 in Berlin oder Cölln ansässige Priester zu beschränken, den Gebetsverpflichtungen vollständig nachzukommen und darüber nicht die alltäglichen geistlichen Aufgaben an Kranken und Gesunden zu vernachlässigen.

Erneute bischöfliche Bestätigungen (1473 und 1508), vom Kurfürst genehmigte Pfandnahmen und Schenkungen (1483 und 1518) sowie Altarübertragungen (1519) bezeugen die Lebensfähigkeit und Anerkennung der Kalandsbruderschaft bis in das Reformationsjahrhundert. 1545 wurde der Kalandshof auf Antrag der Bürgermeister und Ratmannen dem „gemeinen Kasten" übereignet. Später dienten Teile des Gebäudekomplexes als Stadtgericht und als Gefängnis. Neben dieser großen Berliner, Cöllner und zeitweilig auch auswärtige Priester vereinigenden Bruderschaft gab es auch noch einen kleineren Kaland in Cölln. Er besaß 1375 Einkünfte aus der Rudower Mühle und taucht noch einmal in den Jahren 1515, 1518 und 1520 im Zusammenhang mit Grundstücks- und Rentenangelegenheiten auf. Auch an seiner Spitze standen Dekan (Dechant) und Kämmerer. Näheres ist über ihn sonst nicht bekannt. Vermutungen gehen dahin, daß sich in ihm Vikare zusammengeschlossen hatten, da der große Kaland nicht allen Geistlichen offenstand. Gerade weil das spätmittelalterliche Bruderschaftswesen sehr speziellen religiösen und sozialen Erfordernissen genügen mußte, waren jeweils Vereinigung nach Innen und Abschluß nach Außen korrespondierende Bedingungen und eine Vielzahl von Fraternitäten die Konsequenz. Deshalb sei schon hier darauf hingewiesen, daß es außer dem großen und kleinen Kaland in Berlin auch noch eine Elendengilde gab, die wegen ihres Namens oft mit dem Berlin-Cöllner Kaland verwechselt wird, jedoch eine vorwiegend von Laien geleitete und getragene Bruderschaft war.

Die Bettelorden in Berlin und Cölln

Zu den Berliner Franziskanern und den Cöllner Dominikanern ist schon einiges anhand der Baugeschichte der beiden Klöster mitgeteilt worden. Über das hinaus, was Steine und Inschriften zu berichten erlaubten, gibt die kümmerliche sonstige schriftliche Überlieferung nur ungenügend Auskunft auf unsere Fragen nach dem klösterlichen Leben und nach dem Verhältnis der Bettelorden zum Stadtherren und zu den Einwohnern. Aber einige Ergänzungen sind doch möglich. Beide Klöster waren ja eng in ihre jeweilige Ordensgliederung eingebunden und müssen wie lokale Verteiler gewirkt haben, durch die Probleme und Entwicklungen der Gesamtorden und damit der ganzen katholischen Kirche auch an der Spree bekannt wurden und das religiöse Leben mitprägten.

Die Franziskaner

Franz von Assisi, nicht nur in den Augen seiner Nachfolger „Diener und Freund des Höchsten, Gründer und Führer des Ordens der geringeren Brüder, Bekenner der Armut, Modell der Buße, Herold der Wahrheit, Spiegel der Heiligkeit und Vorbild der ganzen evangelischen Vollkommenheit" (gestorben 1226, heiliggesprochen 1228) hatte seinen Anhängern u.a. empfohlen, nur im Notfall Schuhe zu tragen. Bei den Berlinern hießen sie deshalb „Barfüßer" (fratres barvoti). Wegen der ungefärbten grau-braunen Kutte der Mönche wurde ihr Haus als „Graues Kloster" bezeichnet.

Am Ende des 13. Jahrhunderts gab es rund eineinhalb tausend von einem Guardian geleitete Ordensniederlassungen, zusammengefaßt in etwa 200 Kustodien, die wiederum 34 Provinzen zugeordnet waren. Berlin gehörte mit Brandenburg, Frankfurt/Oder, Gransee und Kyritz zur Kustodie Brandenburg, die gemeinsam mit 11 anderen Kustodien die Provinz Sachsen (Saxoniae) bildete. Die Zahl der zur Provinz Saxoniae gerechneten Klöster schwankte im Mittelalter zwischen 75 und 100. Jährlich sollte ein Provinzialkapitel abgehalten werden, zu dem der Minister der Provinz, die Kustoden und besonders ausgesuchte Vertreter der Konvente erscheinen mußten, aber auch Guardiane zugelassen waren. Mindestens 10 solcher Kapitel, auf denen die Provinzialminister gewählt oder auch abgesetzt werden konnten und verbindliche Beschlüsse als Statuten herausgegeben wurden, fanden in Berlin statt – drei im 13. Jahrhundert, sechs im 14. Jahrhundert und je eines im 15. und 16. Jahrhundert. Daß zwischen 1429 und 1515 eine Lücke klafft, hängt mit einer, sich bis zur Spaltung verschärfenden Krise des Ordens zusammen. Es ging dabei um die Frage der strengen Regelbeachtung, d.h. vornehmlich um das dem Orden schon in die Wiege gelegte Problem, ob und in welchem Maße nicht nur der einzelne Mönch, sondern auch der Orden als ganzer zur Armut und Besitzlosigkeit verpflichtet sei. Entgegen der Maxime, die der heilige Franz von Assisi in den Worten Christi an den reichen Jüngling gefunden hatte, waren nämlich die Klöster durch mancherlei Schenkungen zu einigem Besitz und zu regelmäßigen Einkünften gelangt. Gegen diese Entwicklung machten die Observanten Front, während die Konventualen ihr Abweichen von den alten Normen durch päpstliche Dispense für erlaubt oder gar geboten erachteten. In der Mark schloß sich das Kloster der Brandenburger Altstadt als erstes der Observantenbewegung an (1427). Dort wurden nicht nur Kreuze, Bilder und Gefäße – ausgenommen Kelche und Monstranzen – aus Gold und Silber verboten, sondern es wurde schließlich (1460) auch die Orgel verkauft. Nach der retardierenden Tätigkeit des aus Kyritz stammenden Provinzials, Matthias Döring (1427–1461), gewannen die Reformer wieder an Boden. Organisatorisch wirkte sich das so aus, daß um 1500 drei Franziskanergruppen nebeneinander bestanden: 1. die Konventualen (z.B. in Prenzlau und Kyritz), 2. die gemäßigten Observanten unter dem konventualen Provinzial, aber mit eigenem Visitator (sog. martianische Richtung, z.B. in Berlin, Frankfurt und Gransee) und 3. die Observanten mit eigenem Provinzvikar (z.B. in Brandenburg, Angermünde und Jüterbog). Die Richtungskämpfe fanden ein Ende, als sich – nach Vorverhandlungen in Berlin unter Mitwirkung des Johannes von Staupitz (1511) – im Jahr 1518 die gesamte sächsische Provinz der Observantenfamilie anschloß.

Die zunächst zögerliche, dann aber entschlossene Hinwendung der Berliner Franziskaner zur Reform bescherte ihrem Kloster so starke Impulse, daß der Neubau des Kapitelsaals und die Errichtung des nördlichen Langhauses nötig und möglich waren. Daß die Berliner Barfüßer ihren Reformwillen u.a. damit beweisen mußten, daß sie auf den Besitz ihrer Spandauer Außenstation (sog. Terminei) zu verzichten hatten, war ein erträglicher Preis, zumal ein Nutzungsrecht an dem Haus bestehen blieb (1490). Das Verhältnis zu den markgräflichen Landes- und Stadtherren scheint durchgehend gut gewesen zu sein. Zuwendung und Förderung von der einen Seite fanden in Dank und Loyalität der anderen ihr Echo. Der erste in Berlin tätige namentlich bekannte Franziskaner, Hermann von Langele, als Lektor für die geistliche und theologische Unterweisung seiner Mitbrüder verantwortlich, soll auch Beichtvater der askanischen Markgrafen Johann I. und Otto III. gewesen sein (um 1250). Deren Nachfolger – Otto V. und Albrecht III. – schenkten das ihrem Berliner Hof unmittelbar benachbarte Grundstück zum Bau des Klosters. Unter den Wittelsbachern wurden die Gebeine der Frauen Ludwigs des Älteren und Ludwigs des Römers in die gebetsstarke Obhut der Franziskaner gegeben. Auch Ludwig der Römer selbst soll in der Klosterkirche begraben worden sein. Die Hohenzollern vertrauten den Barfüßern wichtige Urkunden zur Bewahrung an, nutzten ihre Kirche für Taufen und ihren Speiseraum für die Abhaltung eines Land- oder Hoftages. Auch die Erbhuldigung der neumärkischen Stände beim Herrschaftsantritt Fried-

69. Franziskaner (links) und Küster aus dem Totentanz der Berliner Marienkirche vom Ende des 15. Jhs. (Foto 1986).

richs II. (1440) fand im Grauen Kloster statt. Nicht weniger Vertrauen und Hoffnung setzten der Adel und das Patriziat auf den Orden, der ihrer eigenen Lebenswirklichkeit so entgegengesetzte Normen zu erfüllen trachtete. Im nördlichen Seitenschiff der Klosterkirche wurde der Denkstein des Konrad von Belitz (gest. 1308) aufgestellt (heute im Märkischen Museum), und viele andere sollten diesem ältesten Berliner Grabmonument folgen. In der Kirche aufgehängte Bilder unterstrichten werbend die Bedeutung des Ordens. Da war auf einem der heilige Franz von Assisi in die Schar der Apostel aufgenommen; auf einem anderen war der gekreuzigte Christus mit dem stigmatisierten Ordensgründer zu sehen, umgeben von 24 heiligen oder seligen Ordensangehörigen (s. Abb. 121 auf S. 251); auf einem dritten trägt schon Joseph die Kutte der Franziskaner usw. Bemerkenswert ist in diesem Zusammenhang auch, daß die berühmte Totentanzdarstellung in der Marienkirche einem Barfüßer die verkündigende Hauptrolle zuweist, die ins Bild gebrachte Einschätzung dieser Mönche also auch außerhalb ihres Klosters in Berlin anzutreffen war (s. Abb. 69). Ihrem guten Ruf hatten sie es schließlich wohl mit zu verdanken, daß bei Einführung der Reformation ihr Kloster zwar aufgehoben wurde und Monstranzen, Kelche und Kreuze der kurfürstlichen Silberkammer ausgeliefert werden mußten, sie selbst aber bis zum Tode ihres letzten Bruders im Kloster bleiben durften (1571).

Im Laufe der 300jährigen Geschichte des Grauen Klosters müssen schätzungsweise 500–800 „fratres barvoti" in Berlin gewohnt, gebetet, gebettelt, gepredigt, Beichten abgenommen und beerdigt haben, doch sind insgesamt lediglich zwei Dutzend Namen überliefert, und einen wirklichen Namen gemacht hat sich nach Hermann von Langele nur Johannes Kannemann. Dieser bedeutende Prediger hatte 1446–1449 das Ordensstudium in Magdeburg geleitet und damals gemeinsam mit Matthias Döring im Interesse des Markgrafen das Wilsnacker Wunderblut verteidigt. In den 50er und 60er Jahren wirkte er u. a. als Lektor in Berlin, nahm verantwortlich an Inquisitionsprozessen teil und schlug Brücken zu den reformerischen Flügeln seines Ordens. Außer breit angelegten theologischen Studien über das Vaterunser, das Glaubensbekenntnis, die zehn Gebote und das Leiden Christi verfaßte er auch eine Abhandlung über die Frage, wie der Weltklerus für entgangene Beerdigungseinnahmen zu entschädigen sei, über ein Problem also, das auch in Berlin von ständiger Aktualität war.

Die Dominikaner

„Wir unterweisen die Völker, wir unterweisen die kirchlichen Vorsteher, wir unterweisen die Gelehrten und die einfachen Menschen, die Ordens- und Weltleute, die Geistlichen und die Laien, die Adeligen und die Nichtadeligen, die Kleinen und die Großen; wir unterweisen in den Geboten, in den Räten, in den hohen Fragen, in allen sicheren Lehrstücken; wir unterweisen in jeder Art von Ehrbarkeit der Tugenden". So beschrieb nicht ohne Stolz, aber doch im ganzen zutreffend Humbert von Romans, der vierte Generalmeister nach dem 1221 gestorbenen und 1234 heiliggesprochenen Ordensgründer Dominikus, das Grundanliegen seiner Gemeinschaft. Sie wurde deshalb auch Predigerorden (Ordo fratrum Praedicatorum) genannt. Zur Unterscheidung von den (grauen) Franziskanern hieß, wegen des dunklen Habits der Dominikaner, ihr Cöllner Haus auch das „schwarze" Kloster. Als es 1297 vom Generalkapitel des Ordens in die Reihe der damals knapp 600 Konvente aufgenommen wude, gehörte es zur Provinz Teutonia. Von dieser wurde 1303 die Provinz Saxonia, die wiederum in neun „Nationen" untergliedert war, abgetrennt. Cölln bildete zusammen mit den vor ihm gegründeten Konventen Brandenburg, Ruppin, Seehausen, Straußberg, Soldin und Prenzlau die märkische Nation (Natio Marchiae Brandenburgensis); später (1442) kam noch Tangermünde hinzu. Da die Predigermönche keine lebenslange Bindung an einen bestimmten Konvent kannten, sondern nicht selten versetzt wurden, ist es auch im Blick auf die Cöllner Dominikaner nützlich, das engsowie das weitmaschige Netz ihrer Beziehungen, durch die die Doppelstadt an der Spree Anschluß fand an die regionalen und überregionalen Strömungen, im Auge zu behalten. Einen bemerkenswerten Platz innerhalb der märkischen Nation oder gar der sächsischen Provinz nahm Cölln lange Zeit nicht ein. Nur einmal (1364) tagte hier das Provinzialkapitel. Erst seit der Mitte des 15. Jahrhunderts, vielleicht in Folge des Schloßbaus und der Verlegung der landesherrlichen Residenz, wendete sich das Blatt. Für 1471 ist ein theologisches Studium bezeugt, und 1477 wurde sogar das Generalstudium der ganzen Ordensprovinz von Magdeburg an die Spree verlegt. Ebenso viel mochte es in jener reliquiengläubigen Zeit bedeuten, daß man 1483 in der Lage war, dem Dominikanerkloster zu Groningen ein kleines Stück Holz vom Kreuze Christi – durch Feuer- und Wasserprobe in seiner Echtheit bestätigt – zu überlassen.

Ein kontinuierlich gutes Verhältnis zu den Markgrafen wie bei den Franziskanern ist nicht bezeugt und zumindest für die Zeit der mit dem Papsttum in Spannung lebenden Wittelsbacher auch nicht zu erwarten. Hatte der Prior Wilhelm im Jahr 1300 noch einige Urkunden des Askaniers Albrecht III. mitbezeugt, so setzte ein beständiges und enges Zusammenwirken mit den Landes- und Stadtherren doch erst in der zweiten Hälfte des 15. Jahrhunderts ein. Beispielsweise wurde der Hausvertrag der Hohenzollern, die sog. Dispositio Achillea, von 1473 bei den

Predigern hinterlegt, vielleicht auch ein Exemplar der Goldenen Bulle. Albrecht Achilles und sein Sohn Johann bevorzugten bei der Ordnung der Fronleichnamsprozession 1476 die Dominikaner gegenüber den Franziskanern. Fast bruchlos ging die Nutzung der Konventsgebäude und der Kirche in die keineswegs reformatorisch motivierte Umwidmung zum Domstift (1536) über: Joachim I. erhielt 1519 in der Klosterkirche den apostolischen Segen und ließ hier 1525 seinen Enkel Johann Georg taufen. Noch 1535 feierte sein Sohn hier einen Sieg über die Türken mit einem Dankgottesdienst; schließlich übernahm er vier Dominikaner in das Stiftskapitel.

Im kirchlichen Leben Cöllns standen die schwarzen Mönche den grauen Brüdern Berlins nicht nach, wenngleich sich auch auf diesem Sektor die Nachrichten erst seit dem 15. Jahrhundert verdichten. Stiftungen für das Seelenheil Verstorbener aus Handwerker- und Patrizierkreisen sind bis in die Anfänge der lutherischen Reform bezeugt (1518 die Schneidergesellen; 1520 die Familie Reich). Noch 1529 war der sonntägliche Kirchenbesuch so stark, daß auch zahlreiche Bettler angelockt wurden, an denen der Scharfrichter Hans seine legendär gewordenen Heilmethoden vorführte.

Gelehrsamkeit, Bücher- und Traktateschreiben pflegen der Nachwelt greifbarere Spuren zu hinterlassen als Gebete und persönliche Zuwendung. Deshalb ist auch die Reihe der heute noch bekannten Cöllner Dominikaner etwas länger als die der Berliner Franziskaner.

Hier seien von denen, die nur kurzfristig in Cölln studierten, um sodann anderswo Karriere zu machen, wie Andreas Fabri (1477) und Andreas Breckenveld (ca. 1480), oder von denen, die an der jungen Universität Frankfurt/Oder sich weiterbildeten und sich in der Auseinandersetzung mit Luther profilierten wie Rupert Elgersma, lediglich die Lektoren Johannes Gotstich und Clemens Lossow abgehoben. Gotstich wirkte unter Kannemann als Beisitzer am Berliner Inquisitionsverfahren (1458) mit und gab, ganz seiner Ordenszugehörigkeit entsprechend, gesammelte Predigten heraus. Clemens Lossow, vielleicht mit der Berliner Familie gleichen Namens verwandt, Vikar und Inquisitor für die ganze sächsische Provinz, leitete 1477/78 das Cöllner Generalstudium. Er war ein eifriger Förderer des Reliquienkultes, schrieb über die jungfräuliche Empfängnis (De conceptu virginali), stiftete eine Rosenkranzbruderschaft und verfaßte in diesem Sinne (in Halberstadt) einen „Rosarius". In diesem kleinen, sogar im Druck vervielfältigten Werk erinnerte er sich an Berlin mit der erbaulichen Geschichte von einem Goldschmiedegesellen: Dieser war 6 Jahre der Beichte ferngeblieben und hatte Diebstähle und andere Verbrechen begangen. In einer Predigt hatte er aber das Rosenkranzgebet kennengelernt und sich, wenn auch nur äußerlich, angeeignet. Dank einer schrecklichen Vision und der Ermahnung der Gottesmutter bekehrt er sich, beichtet und wird Mönch. Es ist gut vorstellbar, daß Lossow und andere Predigermönche mit diesen und ähnlichen Erzählungen auch an der Spree für die Annahme neuer oder zusätzlicher Frömmigkeitsformen geworben haben. Wem es schwerfällt, solchen Inhalten und Wegen zur spätmittelalterlichen Religiosität beizupflichten, wird ebenfalls nicht übersehen können, daß sich Johannes Tetzel 1517 bei seinen Cöllner Ordensbrüdern aufhielt und in Berlin am 5. Oktober, wenige Tage vor Luthers Thesenveröffentlichung, einen Ablaßbrief für einen Köpenicker Bürger ausstellte, der ein Schwein treffen wollte und dabei aus Versehen seinen Jungen erschlagen hatte.

Stadtherr, Stadt und Kirche – Probleme und Konflikte.

„Pfaffen und Laien (Papen und leigen) stehen unter verschiedenem Gesetz" und „Priester und Laien werden leider selten gute Freunde" war im Nachtrag zum Berliner Schöffenrecht zu lesen. Das klingt nach juristischer Trennung von geistlichen und weltlichen Personen und nach grundsätzlichen sozialen Spannungen zwischen dem Klerus und der Bevölkerung, und das war auch so gemeint. Gleichwohl kann erneut nicht kräftig genug unterstrichen werden, daß es im europäischen Mittelalter keine „Trennung von Kirche und Staat" gab. Man bemühte sich zwar, zwischen Geistlichem und Weltlichem (Spiritualia und Temporalia) theoretisch zu unterscheiden, dem Geistlichen den höheren Rang zuzuschreiben und daraus auch die rechtlichen Konsequenzen abzuleiten, hielt aber an der Zusammengehörigkeit beider Bereiche und an der gegenseitigen Hilfsverpflichtung fest. Dabei konnte die Kirche in vielen ihrer Institutionen und Personen, trotz wiederholter Reformbemühungen, drei diesem Grundkonzept und Grundkonsens eigene Gefährdungen nicht vermeiden: 1. Sich zu sehr um die materiellen Voraussetzungen ihrer geistlichen Aufgaben zu kümmern und damit selbst zu verweltlichen; 2. zu unterschätzen, wie rasch sich weltlicher Schutz und weltliche Hilfe als Mitsprache und Herrschaft entpuppen können, und 3. mit der Anerkennung von Bruderschaften, Patronaten, Kirchenpflegschaften usw. die Grenzen zwischen Spiritualien und Temporalien wieder zu verflüssigen und damit neben herrschaftlichen auch gesellschaftlichen und kommunalen Kräften Einwirkungsmöglichkeiten und Verantwortungsübernahme auf dem kirchlich-klerikalen Felde einzuräumen.

Wie sich auf die mittelalterliche Geschichte Berlins und Cöllns die Teilhabe am Selbstverständnis und an der Problematik der christlichen Gesellschaft mit ihren Spannungen zwischen Aufgabenteilung und Funktionsüberschneidung ausgewirkt hat und wie sich in ihr diese Teilhabe wiederspiegelte und ihre individuelle Ausprägung erfuhr, ist im Vorangegangenen schon verschiedentlich angesprochen worden. Hier sei zusammenfassend und partiell ergänzend noch einmal das Verhältnis des Stadtherrn, des Stadtrates und laikaler Gemeinschaften zu den kirchlichen Einrichtungen und religiösen Fragen der Doppelstadt skizziert, um abschließend an drei Beispielen – der Ermordung des Propstes von Bernau vor der Berliner Marienkirche im Jahre 1324, dem Inquisitionsprozeß von 1458 und der Judenverbrennung von 1510 – Konflikte und Probleme zu veranschaulichen. Die Markgrafen haben Einfluß auf die kirchlichen Angelegenheiten Berlins und Cöllns gewiß nur in dem Maße ausüben können, in dem sie auch ihre stadtherrlichen Befugnisse wahrzunehmen in der Lage waren, also unter den Wittelsbachern und Luxemburgern weniger intensiv als vermutlich unter den Askaniern und gewiß unter den Hohenzollern. Die entscheidende Weiche wurde an dem Tag gestellt, der die Berliner 1987 auf 750 Jahre ihrer Geschichte zurückblicken läßt, denn das Vorschlagsrecht für den Berliner Propst gründet ja auf dem Merseburger Zehntvertrag vom 28. Oktober 1237. Mit der Propstei verfügten die markgräflichen Stadtherren über die wichtigste kirchliche Schlüsselposition, auch wenn die Pröpste ihre Aufgaben als Pfarrer von St. Nikolai, St. Petri und St. Marien durch Kapläne wahrnehmen ließen und ihren weltlichen Herren in mannigfachen irdischen Geschäften dienten. Als Patrone der drei Pfarrkirchen müßten die Markgrafen auch für den Bau und die Ausstattung aufgekommen sein, doch gibt es dafür keine schriftlichen Belege. Immerhin haben sie eine Reihe von Altären und Meßpfründen gestiftet und auffallend oft ähnliche Stiftungen anderer erlaubt oder bestätigt. Zur Not wurde wohl auch die Kehrseite des Patronatsrechts genutzt. Jedenfalls hat Markgraf Friedrich I. – gleichsam vor die Alternative „Glocken oder Kanonen“ gestellt – das Erz der Glocken der Marienkirche verwendet, um Büchsen gießen zu lassen, und sich erst in seinem Testament (1440) an die Begleichung seiner Schulden erinnert. Auf das im Geben und Nehmen im ganzen ausgeglichene Verhältnis zu den Bettelorden ist im vorigen Abschnitt das Notwendigste gesagt worden. Ebenfalls wurde schon darauf hingewiesen, daß der Ausbau Berlins und Cöllns zur landesherrlichen Residenz auch kirchlich mit den 40er Jahren des 15. Jahrhunderts ein neues Kapitel der Stadtgeschichte beginnen läßt, dessen Merkmale der Bau der Erasmuskapelle, die Einrichtung einer vierten Pfarrei sowie die Gründung des Domstiftes auf Kosten der Dominikaner waren. Hier ist nun hinzuzufügen, daß derselbe Wille zur Herrschaftsverdichtung, der das Cöllner Schloß bauen ließ und die kirchlichen Strukturen der Doppelstadt ergänzte und wandelte, anregend, befehlend und verbietend auch andere Bereiche kollektiver oder individueller religiöser Lebensgestaltung zu beeinflußen trachtete. Der Befehl, Franz Steger als Propst anzuerkennen (1450), die Bestätigung und Förderung der Wolfgangsbruderschaft (1452 u.ö.), der Erlaß zur Sonntagsheiligung (1457) und der Prozessionsordnung (1465), die Anweisung, nicht-zusammenlebende Eheleute kirchlich zu bannen (1468), der Befehl, die Fronleichnamsprozession nach alter Ordnung durchzuführen (1522), und das Verbot, Luthers Bibelübersetzung und seine Schriften zu lesen oder zu verbreiten (1523, 1524 und 1526), sind Glieder einer Kette, die mit der Einführung der Reformation nur noch fester und schwerer werden sollte.

In einer Welt, die bewußt die Jahre nach der Fleischwerdung Gottes zählte, deren Kalender Tag für Tag an Heilige erinnerte, deren Arbeitsrhythmus nicht von Ferien oder Urlaub unterbrochen, sondern von Gottesdiensten und kirchlichen Festen geprägt wurde, in der ein erfolgreicher italienischer Kaufmann „im Namen Gottes und des Geschäfts“ handelte, war es selbstverständlich, daß kommunaler Sinn nicht vor Kirchenmauern haltmachte, Betroffenheit soweit wie möglich in Hilfe, Mahnung und Aufsicht ummünzte. Die Räte, Gilden und Genossenschaften haben sich im Grundsatz in Berlin und Cölln ebenso verhalten wie in anderen großen oder kleinen Gemeinwesen. Spätestens mit der Aufnahme eines hohen Darlehens für den Bau der Marienkirche (1340) kümmerten sich die Stadträte intensiver als die patronatsberechtigten Markgrafen um die Pfarrkirchen. Die Ratsherren oder eigens dafür eingesetzte Provisoren (Kirchpfleger) sorgten für die Spitäler und die dort tätigen Geistlichen, sie gaben Anweisungen für die Pfarrschulen, versorgten ihren Stadtschreiber und Schulmeister mit Altaristenstellen, holten sich gelehrten Rat für geistliche Rechtsfragen, beschwerten sich über unzureichende Amtsausübung des Propstes, beschränkten das Weben der Beginen und verboten ihnen das Bierbrauen usw. Wie weit im Mittelalter der weltliche Rechtsschutz für kirchliche Personen und kirchliches Eigentum ging, zeigt das zur Unterrichtung des Rates geschriebene „Buch der Übertretungen“, eine auch sozial- und mentalitätsgeschichtliche Quelle hohen Ranges: Während eine Frau, die, auf die auch sonst gerügte Unkeuschheit vieler Geistlicher anspielend, gerufen hatte „Mädchen für die Priester“ (meyde den pristern) mit einer Prügelstrafe davonkam, wurde Kirchendiebstahl grundsätzlich mit der Todesstrafe geahndet; und es war schon ein Akt besonderer Gnade, wenn der Räuber eines Kelches der Petrikirche geköpft statt gerädert wurde. Zauberer und Hexen wurden selbstverständlich verbrannt.

Die Ermorderung des Bernauer Propstes

Wie problematisch und gefährlich die ebenso strukturell unvermeidliche wie in ihren kulturellen, sozialen und religiösen Ergebnissen insgesamt fruchtbare Vermischung von Geistlichem und Weltlichem für die Berliner werden konnte, wird durch die Ermordung des Bernauer Propstes grell beleuchtet. Am genauesten berichten einige Schriftstücke aus der päpstlichen Kanzlei über die Untat. Danach hatte eine von Patriziern aufgehetzte Meute den Bernauer Propst Nikolaus aus dem Haus seines Berliner Amtsbruders Eberhard gezerrt, schwer mißhandelt und verbrannt. Selbst die von mitleidigen Händen gesammelten Gebeine wurden im wiederentfachten Feuer zu Asche vewandelt. Als Motiv wird angegeben, der Propst, von dem wir wissen, daß er dem am askanischen Erbe interessierten sächsischen Herzog Rudolf nahestand, habe versucht, Rat und Bürgerschaft von der Anerkennung und Huldigung des wittelsbachischen Königssohnes Ludwig abzuhalten. Die Informanten des Papstes waren Angehörige des ermordeten Propstes und haben offensichtlich ihren Bericht auf die Spannungen der Kurie mit den Wittelsbachern ausgerichtet. So bleiben die wahren Ursachen, die in der Person des Nikolaus oder in seinem und seiner Familie Besitz sowie in allgemeiner Mißstimmung gegenüber Kirche und Klerus gelegen haben mögen, verborgen, und es schrumpft das angegebene Motiv zum vermutlichen Anlaß. Immerhin hat der Hinweis auf die Huldigungsproblematik, kombiniert mit dem Datum des ersten päpstlichen Briefes (21. Okt. 1325) und mit seiner Aussage, daß der Mord vor mehr als einem Jahr geschehen sei, erlaubt, den Zeitpunkt des Verbrechens näher einzugrenzen: zwischen Ende Januar und August 1324. Bis zur Aufhebung der alsbald verfügten Exkommunikation mußten die betroffenen Berliner und Cöllner mehr als zwei Jahrzehnte warten und für sie einen hohen Preis entrichten. Die Bußleistung bestand u.a. aus der Zahlung der damals enorm hohen Summe von 750 Mark brandenburgischen Silbers, aus der Stiftung eines Altares in der Marienkirche und aus der Errichtung eines „zwei Faden" hohen Steinkreuzes mit einer ewigen Lampe an der Stelle, wo der Propst umgebracht wurde. Altar und Kreuz mußten gemäß einer Vereinbarung aus dem Jahr 1335 „am Tage nach unserer Frauen Tag Würzmesse" fertig sein, weil dann in ganz Berlin und Cölln das Andenken des Ermordeten mit Vigilien und Seelenmessen begangen werden sollte. Dieser Tag fiel auf den 16. August, und es liegt nahe, nunmehr die grausame Tat der Berliner genau auf dem 16. August 1324 zu datieren. Das Sühnekreuz hat seinen Standort (mehrfach) gewechselt. Anfangs wohl auf dem Neuen Markt errichtet, wurde es in die Spandauer Straße Ecke Papen Straße und 1727 vor den Turmeingang der Marienkirche versetzt (s. Abb. 70). Das heute neben der Kirchentür befindliche Kreuz hat eine wesentlich geringere Höhe als „zwei Faden", ist also entweder stark verändert worden oder gar nicht das ursprüngliche Sühnezeichen, sondern eines der in Mittel- und Norddeutschland recht zahlreich zu findenden Steinkreuze. Gleichwohl erinnert es an die mittelalterliche Verpflichtung und Bereitschaft, Reue über eine schwere Untat öffentlich zu bekunden.

Das Inquisitionsverfahren von 1458

Im April 1458 wurden Berlin und Cölln zum Schauplatz jener das Mittelalter und noch weithin die frühe Neuzeit prägende Überzeugungen, daß hartnäckiges Leugnen der einen, für alle Christen verbindlichen Wahrheit Ketzerei sei, daß Ketzerei wie eine ansteckende Krankheit die Seelen vergiften könne und es deshalb falsches Mitleid wäre, einen zu schonen und alle anderen der Gefahr auszuset-

70. Sühnekreuz vor der Marienkirche.

zen, und daß der geistliche und der weltliche Arm bei der Bekämpfung der Häresie zusammenarbeiten müßten. Unter den Angeklagten, die sich die „treuen Brüder" nannten und hussitisch überformte Waldenser waren, befand sich kein Berliner; sie stammten entweder aus der Neumark oder aus der Uckermark, wo das Waldensertum seit mehr als 100 Jahren Wurzeln geschlagen hatte. Die Doppelstadt an der Spree wurde zum Prozeßort, weil der Kurfürst es so gewollt hatte. Früh zeichnete sich also ab, was es auch bedeuten konnte, Residenzort, Hauptstadt zu sein. Die aktiven oder passiven Teilnehmer am Prozeß und an der Urteilsverkündung vertraten fast die gesamte geistliche und weltliche Hierarchie der Mark und Berlins und endlich auch das Volk. Von Seiten der kirchlichen Institutionen wirkten mit: Der Brandenburger Bischof Stephan Bodecker, der Berliner Franziskanerlektor Johannes Kannemann, der Cöllner Dominikanerlektor Johannes Gotstich, Arnold, der Abt des Zisterzienserklosters Lehnin, der Theologieprofessor Paul Wulff und Heinrich Bawerungk, ein Notar und Schreiber, dessen Aufzeichnungen uns über den ganzen Prozeßverlauf unterrichten. Der Weltklerus und die weiteren Angehörigen der beiden Bettelorden waren nur in der Schlußphase anwesend. Die irdische Gewalt repräsentierten Markgraf Friedrich II., die Grafen Ludwig von Öttingen und Gottfried von Hohenlohe, der markgräfliche Hofrichter und Landvogt Paul von Kunersdorf sowie die beiden Berliner Bürgermeister Wilke Blankenfelde und Peter Garnkoper. Die Stadtbevölkerung wurde zur Urteilsverkündung zusammengerufen. Formell verlief das Verfahren nach den damals üblichen Normen. Unnötige Härte wurde vermieden. Stephan Bodecker ordnete ausdrücklich an, daß den Eingekerkerten kein körperlicher Schaden zugefügt werde, und konnte auch auf die Folter um so eher verzichten, als kein hartnäckiges Leugnen oder Schweigen zu brechen war. Vom 22. bis 26. April wurden die Angeklagten im Cöllner Schloß verhört und eindringlich beschworen, von ihren Irrtümern abzulassen und zur katholischen Kirche zurückzukehren. Am Freitag, dem 28. April 1458, vormittags, wurde auf dem Neuen Markt vor der Marienkirche nach einer Predigt Johannes Kannemanns das Urteil verlesen. Der Hauptangeklagte, Matthäus Hagen, ein ehemaliger Schneider aus Dürren-Selchow, wurde als hartnäckiger Ketzer dem weltlichen Arm übergeben und hingerichtet. Seine Mitangeklagten, ein Johannes Grentz aus Zellin, ein Georg Bomherr und der Schulze von Klein-Ziethen, Johannes Goreß, hatten Reue gezeigt und kamen mit der auffallend milden Bußverpflichtung davon, Kreuze auf ihren Kleidern (vestes crucesignatas) zu tragen, wodurch sie als ehemalige Ketzer gekennzeichnet waren. Die Nachricht von dem Berliner Prozeß verbreitete sich bis nach Böhmen und wurde dort phantasievoll aufgebauscht mit der Behauptung, es habe an der Spree libertinistische Begarden gegeben, die nachts pseudoreligiöse Orgien feierten. Die Berliner mittelalterliche Überlieferung weiß nichts von einheimischen Häretikern, wenn man davon absieht, daß ein Mann und eine Frau, die außerehelich zusammenlebten, bereits mit richtigen Ketzern (rechte ketter) gleichgesetzt wurden.

Die Judenverbrennung von 1510

Ein knapper Bericht über die Verbrennung von rund 40 Juden am 19. Juli 1510 wird nur mit Zögern an den Schluß unserer Skizze der mittelalterlichen Kirchengeschichte Berlins gestellt. Obwohl der Prozeß gegen die Juden auf dem Platz vor der Marienkirche stattfand, also eben dort, wo man 1324 den Bernauer Propst ermordet und 1458 die „treuen Brüder" verurteilt hatte, könnte die Judenverfolgung ebenso gut auch im Abschnitt über die Wirtschaftsgeschichte oder in dem über die Rechts- und Verfassungsgeschichte Aufnahme finden. Wir stellen ihn hierher, weil trotz des wirtschaftlichen Hintergrundes und trotz des formell rein weltlichen Verfahrens die Anklagepunkte – Hostienfrevel und Tötung christlicher Kinder – der christlichen Frömmigkeitsgeschichte angehören und weil die verantwortlichen Repräsentanten der Amtskirche entweder unfähig, wenn nicht gar unwillens waren, die Haltlosigkeit derartiger Beschuldigungen selber zu begreifen, oder aber unvermögend, ihre besseren und tieferen Einsichten der allgemeinen Öffentlichkeit wirkungsvoll zu vermitteln.

Obwohl Juden von Anfang an am Auf- und Ausbau der Mark beteiligt waren, hat sich der Brandenburger Episkopat in der Regel kaum um sie bemüht. Bischöfe wie Dietrich II. von Schulenburg (1365–1393) und sein Nachfolger Heinrich II. (1393–1406) begnügten sich mit einschränkenden Erlassen, mit der Verfügung, daß kein Jude sich bei Fronleichnamsprozessionen blicken lassen durfte, oder mit dem strengen Verbot, mit Juden vertrauten Umgang zu pflegen oder sie als Ärzte zu konsultieren. Eine Ausnahme war nur Stephan Bodecker (1421–1459). Über seine Absicht, dem Baseler Konzilsbeschluß zur Judenbekehrung zu dienen, wurde er zu einem der ersten deutschen „Hebraisten", bemühte sich um die Sprache und das Glaubensgut der Juden, legte sich eine kleine Spezialbibliothek zu, holte u. a. Auskünfte bei einem Berliner Juden Isaak ein und scheute sich nicht, den fürstlichen Judenvertreibern Habsucht nachzusagen oder den sorgfältigen Umgang der Juden mit heiligen Schriften seinen Klerikern als vorbildlich hinzustellen. Letztlich war aber auch er bei allem guten Willen, vor das Bekehren das Verstehen zu setzen, den Schranken grundsätzlicher Intoleranz noch nicht entwachsen.

In Berlin, wo in der Mitte des 14. Jahrhunderts im Zusammenhang mit der großen Pest die Juden vertrieben, dann aber wieder zurückgekehrt waren, antwortete das Schöffenrecht auf die Frage, warum es ihnen, die doch den Tod Christi verursacht haben, gestattet sei, unter Christen zu leben (bi der cristenheit tu wesene), mit der Aufzählung von vier Gründen: Von den Juden haben wir das Alte Testament, Christus selbst stammte aus dem (jüdischen) Geschlecht Jesse, die Juden sollen noch vor Gottes Endgericht bekehrt werden, sie erinnern uns an das Leiden Christi. Bemerkenswert ist, daß bei allem in Wirklichkeit wirtschaftlichen Übergewicht der Judenfrage hier das weltliche Rechtsbuch theologisch argumentiert, daß die heilsgeschichtlich motivierte Duldung der Juden durch die Erwartung ihres Übertritts zum Christentum den Stempel der Vorläufigkeit und Bedingtheit trug und daß schließlich in dem vierten Grund die stete Möglichkeit der Emotionalisierung und damit zum Judenhaß gegeben war. Ein böses Beispiel bewußter oder unbewußter Kränkung und Verletzung von Juden bot das Schöffenrecht selbst mit der aus einem Sachsenspiegelzusatz übernommenen, aber schon 1325 durch den Altmärker Johann v. Buch als „unrecht" bezeichneten Behauptung, sie pflegten seit Vorzeiten (plegen in vortyden) ihren Eid barfuß auf einer Sauhaut zu schwören. Und noch Schlimmeres läßt vorausahnen, wenn bereits 1405 zwei Männer hingerichtet wurden, weil sie Kinder an Juden verkaufen wollten.

Das Verfahren gegen die Juden in Berlin vom Jahre 1510 war kein einmaliges oder isoliertes Ereignis. Es hatte seine unmittelbare Vorgeschichte in der Mark, und es war nur ein Glied in einer ganzen Kette ähnlicher Fälle außerhalb Brandenburgs. Im Herrschaftsbereich der Hohenzollern hatten seit der Mitte des 15. Jahrhunderts die Landstände immer häufiger die Ausweisung der Juden verlangt, da sie sich durch deren wucherische Geldgeschäfte bedrängt und geschädigt wähnten. Die Markgrafen hingegen, über die Besteuerung der Juden gleichsam deren stille Teilhaber und in der berechtigten Annahme, bei Ausschaltung der Juden würden Christen das unentbehrliche Kreditgeschäft übernehmen, gaben nur dann vorübergehend nach, wenn der Druck der Landstände zu stark wurde und die geschwächte Finanzkraft der Juden ihren Schutz nicht mehr rentabel genug machte. Zusätzlich mag auch die Reichspolitik auf die Entscheidungen Einfluß genommen haben. Nach einer Gefangennahme und Ausplünderung der märkischen Juden im Jahr 1446, auf die Stephan Bodecker so vorwurfsvoll reagierte, waren weitere hervorstechende Daten in der wechselreichen Behandlung der Juden ein Wucherverbot von ca. 1467 und die 1480 eindeutig gestellte, aber ausweichend beantwortete Forderung der Prälaten, Ritterschaft und Städte, die Juden aus dem Lande ziehen zu lassen. Eine gefährliche neue Dimension wurde 1503 erkennbar, als Joachim I. die Ausweisung nicht allein mit dem landschädigenden Wucher begründet, sondern im selben Atemzug „die Judischheit als verachter und verfolger des christlichen Name(n)s" bezeichnete und somit religiöse Motive den wirtschaftlichen hinzufügte. Mittlerweile waren im deutschen und angrenzenden Sprachraum Judenverbrennungen oder Judenvertreibungen oder auch die Kombination beider Methoden keine Seltenheit mehr: 1453 in Breslau, 1478 in Passau, 1492 in Sternberg, 1494 in Tyrnau und 1499 in Nürnberg. Besonders aufreizend wirkte der schnell verbreitete Bericht über die angebliche Ermordung des Knaben Simon in Trient (1475). Im mecklenburgischen Sternberg hingegen war es der Vorwurf des Hostienfrevels, der 27 Juden auf den Scheiterhaufen gebracht hatte. Da derselbe Vorwurf auch den Berliner Prozeß ins Rollen brachte, muß daran erinnert werden, daß in der Unterstellung der Hostienschändung allgemeinerer Judenhaß und dumpfe Judenfurcht mit einem Herzstück spätmittelalterlicher christlicher Frömmigkeit, nämlich mit dem 1215 zum Dogma erhobenen Glauben, im Altarsakrament seien Brot und Wein ihrem Wesen nach in das Fleisch und Blut Christi verwandelt, eine perverse Verbindung eingegangen waren. Die Fronleichnams- bzw. Corpus Christi-Verehrung, die in Prozessionen, Altarstiftungen, Bruderschaften und Wunderstätten (z. B. Wilsnack) sich vielfältige Ausdrucksformen schuf, hat zugleich die Furcht erzeugt, die Juden könnten mit einer geweihten Hostie erneut den fleischgewordenen Gottessohn martern.

Bei solchen Rahmenbedingungen mußte zwangsläufig über die märkischen Juden, deren Verjagung bislang immer nur unvollständig oder lediglich vorübergehend gelungen war, die Katastrophe hereinbrechen, als 1510 auch sie beschuldigt wurden und unter der Folter gestanden, Hostienschändung begangen zu haben. Paul Fromm, ein Bernauer Kesselschmied mit dunkler Vergangenheit, hatte nach einem Einbruch in die Dorfkirche zu Knobloch im Havelland zugegeben, eine der mitsamt der Monstranz entwendeten geweihten Hostien an einen Spandauer Juden verkauft zu haben. Seine Aussage löste eine Lawine aus, die umso mehr erschrecken muß, als hier die Vorurteile der Zeit mittels korrekt gehandhabter Rechtsformen ihren zerstörerischen Triumph feierten. Der Spandauer Jude gestand seinerseits, die erworbene Hostie unter Fluchen mit Messerstichen traktiert und Teile von ihr an Glaubensgenossen anderer Städte geschickt zu haben. So schwoll die Zahl der Angeklagten rasch an und wurde noch größer, als das Geständnis der Hostienschändung ergänzt wurde um das, Christenkinder gekauft und zu kultischen Zwecken ermordet zu haben. Wegen Mord an einem drei- oder vierjährigen Christenjungen wurden nun auch Berliner Juden in das Verfahren einbezogen, insgesamt sieben, darunter der Rabbi Mosch und der Schlächter Jakob.

Daß nach Vorermittlungen in Bernau, Brandenburg und Stendal das Hauptverfahren und die Urteilsverkündung in Berlin stattfanden, geht, ähnlich wie beim Ketzerprozeß des Jahres 1456, auf den Willen des Landesherrn zurück. Joachim I. hatte in seiner Cöllner Residenz bereits eine Woche nach dem am 6. Februar 1510 verübten Kirchenraub von dem Diebstahl Kenntnis erhalten, sich ständig weiter informieren lassen und schließlich das Berliner Schöffengericht unter Bürgermeister Hans Brackow mit der Urteilsfindung betraut. Nach nur zwei Verhandlungstagen wurde am 19. Juli 1510 auf dem Neuen Markt über alle, nach Foltern „freiwillig" geständige Juden die Todesstrafe verhängt. Zwei Angeklagte hatten sich mit der Taufe die Hinrichtung durch das Schwert erkauft, die übrigen 39 Juden wurden verbrannt. Es wird von Zeitgenossen berichtet, daß viele Berliner beim Aufbau des Scheiterhaufens geholfen hätten. Und es wird überliefert, die Juden hätten mit Lobgesang und mit großer Beständigkeit den Tod erlitten – zum großen Erschrecken für die schwankenden (wörtlich: baufälligen) Christen.

30 Jahre später wurden die Juden in der Mark durch Joachim II. wieder zugelassen. Nach der glaubwürdigen Aufzeichnung des Josel von Rosheim hatte der Kurfürst damals erfahren, Paul Fromm habe gebeichtet, daß er an den Spandauer Juden gar keine Hostie verkauft habe, aber es sei dem Priester verboten worden, diese Mitteilung, die dem ganzen Verfahren den Grund entzogen hätte, weiterzugeben. Ein Sühnestein, wie für den erschlagenen Propst von Bernau, ist für die im Jahre 1510 verbrannten Juden in Berlin nicht aufgestellt worden.

Nachwort

Zeit- und Raumgründe haben ein näheres Eingehen auf die Frömmigkeits-, Spital- und Schulgeschichte Berlins sowie eine ebenfalls geplante kirchengeschichtliche Skizze Spandaus (vgl. aber S. 255 f.), Köpenicks und der in Groß-Berlin aufgegangenen Dörfer (vgl. aber S. 257–263) an dieser Stelle nicht erlaubt. Schon in seiner Unvollständigkeit ist dieser Betrag aber länger geraten, als es vorgesehen war und als es im Verhältnis zu den anderen Themen dieses Bandes angemessen wäre. Der Verfasser entschuldigt sich und erbittet das Verständnis der Leser und Mitautoren.

Literatur

Abb, Gustav u. Wentz, Gottfried: Das Bistum Brandenburg (= Germania Sacra I, 1 u. 2), Berlin 1929 u. 1941.
Boeckh, Jürgen: Alt-Berliner Kirchen, Berlin 1975.
Bünger, Fritz: Zur Mystik u. Geschichte der märkischen Dominikaner, Berlin 1926.
Creutz, Ursula: Bibliographie der ehemaligen Klöster u. Stifte im Bereich des Bistums Berlin, des Bischöflichen Amtes Schwerin u. angrenzender Gebiete, Leipzig 1983.
Curschmann, Fritz: Die Diözese Brandenburg, Leipzig 1906.
Gottschalk, Wolfgang: Altberliner Kirchen in historischen Ansichten, Leipzig 1985.
Hach, Arno: Alt-Berlin im Spiegel seiner Kirchen, Berlin 1933.
Holtze, Friedrich: Das Strafverfahren gegen die märkischen Juden im Jahre 1510, Berlin 1884.
Kurth, Julius: Die Altertümer der St. Nikolai-, St. Marien- und Klosterkirche zu Berlin, Berlin 1911.
Leh, Gustav: Die St. Marienkirche zu Berlin, Berlin 1957.
Leh, Gustav: Die St.-Nikolai-Kirche zu Berlin, Berlin 1961.
Mörsdorf, Josef: Kirchliches Leben im alten Berlin, Berlin 1962.
Müller, Nikolaus: Der Dom zu Berlin, Berlin 1906.
Pomplun, Kurt: Berlins alte Dorfkirchen, Berlin 1984, 6. Aufl.
Reinbacher, Erwin: Die älteste Baugeschichte der Nikolai-Kirche in Alt-Berlin, Berlin 1963.
Stasiewski, Bernhard: Die katholische Kirche im Bereich des Bistums Berlin, Berlin 1938.
Thiel, Burchard: Die Franziskaner im Bereich des Bistums Berlin, Leipzig 1962.
Wendland, Walter: Siebenhundert Jahre Kirchengeschichte Berlins, Berlin u. Leipzig 1930.

Allgemeine Literatur: s. S. 287.

DER ADEL V

Adel und Landesherr

Felix Escher

Im August des Jahres 1280 trafen die drei gemeinschaftlich regierenden Markgrafen Otto V., Albrecht III. und Otto IV. und der märkische Adel in Berlin zu einer Beratung zusammen (s. Abb. 73). Verhandlungsgegenstand waren Steuerfragen. Es ging um die von den Markgrafen erhobene Sonderabgabe „Bede" (von niederdeutsch „Bitte"), die die hier als Vertragspartner des Landesherrn – also als geschlossene Gruppe – auftretenden „Ministerialen und Untertanen" nicht mehr hinnehmen wollten. Die Verhandlungen wurden durch einen Kompromiß abgeschlossen: Sollten die Markgrafen auf Rat ihrer adligen Untertanen, der „Vasallen", die den Markgrafen zu „Rat und Hilfe" verpflichtet waren, Befestigungen bauen, so mußten die Vasallen persönlich mitarbeiten. Dafür wurde die Steuer „Bede" aufgehoben. Sollte der nun geschlossene feierliche Vertrag von den Markgrafen und ihren Nachfolgern gebrochen werden, so wären die Vasallen und ihre Städte, um ihre Rechte zu wahren, zum Widerstand berechtigt.

Der am 18. August 1280 unter Vermittlung des Bischofs von Brandenburg zustandegekommene Vertrag wurde mit den Unterschriften von 62 adligen Zeugen bekräftigt.

Das Schriftstück gibt uns nicht nur einen Einblick in das zu dieser Zeit nicht mehr spannungsfreie Verhältnis zwischen den Landesherren und ihren adligen Untertanen, die in der noch jungen Mark Brandenburg bereits einen bemerkenswert hohen Stand an innerer Organisation erreicht hatten, sondern ist zugleich ein wesentliches Zeugnis zur Frühgeschichte Berlins. Die Verhandlungen hatten in der Stadt an der Spree stattgefunden. Es ist das früheste Zeugnis über einen landesherrlichen Aufenthalt in der Doppelstadt Berlin-Cölln.

Der Adel, der in den Verhandlungen von 1280 als geschlossene Gruppe auftrat, setzte sich aus den, der unfreien Dienstmannschaft entstammenden, Ministerialen sowie den ursprünglich edelfreien Herren zusammen. Noch im Vertragstext von 1280 finden sich Spuren, die auf die geburtsständischen Unterschiede hinweisen. Gemeinsam sind sie die Vasallen, die „Lehnsleute" der Markgrafen. Ihre Stellung war mittlerweile so stark geworden, daß sie dem Landesherrn das Recht, eine Steuer (hier die „Bede") auszuschreiben, durch einen Vertrag verbieten konnten. Andere, ursprünglich königliche Rechte („Regalien") verblieben bei den Markgrafen, dazu gehört das Recht, Befestigungen anzulegen ("Burgregal"). Ein weiteres wichtiges Regal, das der Herrschaft über Städte, stand 1280 sowohl dem Landsherrn wie auch seinen Vasallen zu; in ähnlicher Weise hatte sowohl der Landesherr wie auch der Adel Anteil an der Herrschaft über die ländlichen Siedlungen. Herrschaftsrechte teilten sich Landesherr und Adel, zu dem auch die Hohe Geistlichkeit, die Domstifte, Ritterorden und Klöster zu rechnen sind. Im späten 13. Jahrhundert vermochten es auch die größeren Städte aufgrund ihrer Finanzkraft, Anteil an Herrschaftsrechten zu erhalten.

Die Urkunde von 1280 mit der Betonung der Rechte des Adels gehört bereits einer späten Phase der askanischen Herrschaft an. Teilungen des Landes um 1258 in zwei, den gesamten Machtbereich jeweils in sich trennende Herrschaften, die johanneische und die ottonische Linie, sowie der ungünstige Ausgang militärischer Operationen, hatten zuvor die Stellung der Landesherrschaft erschüttert und den Geldbedarf erhöht. Der Berliner Raum war der älteren ottonischen Linie zugefallen, zu der in der Altmark das Stendaler Gebiet, in der Mittelmark die Altstadt Brandenburg, das Havelland, Teltow und Barnim

71. Rekonstruktionsversuch der Burg und Siedlung Spandau in der ersten Hälfte des 12. Jahrhunderts.

mit Berlin und Spandau sowie Teile der Neumark gehörten. Im Oberbarnim wurde das neue Zisterzienser-Hauskloster Mariensee-Chorin für die johanneische Linie angelegt, nachdem das Hauskloster Lehnin in der Zauche der Linie des Markgrafen Otto zugefallen war. So galt auch der hier besprochene Bedevertrag nur für die ottonische Linie, in der 1280 als Nachfahren des Markgrafen Johann I. drei Markgrafen gemeinsam regierten. Nahezu zur gleichen Zeit schloß allerdings auch der Adel des Machtbereichs der johanneischen Linie mit dem dortigen Markgrafen einen entsprechenden Vertrag.

72. Achteckiger Goldring mit der Inschrift THEBAL GUT GUTANI, 1. Drittel des 11. Jahrhunderts.

Von der spätslawischen Zeit bis zur Herrschaft der Askanier

Zum Verständnis des Verhältnisses zwischen Landesherrn und Adel ist ein Rückgriff in die spätslawische Zeit notwendig. Wie in anderen slawischen Herrschaftsgebieten, etwa dem Abodritenverband mit dem Kern in Ostholstein, lassen sich im Hevellerreich im 11. Jahrhundert neue Herrschaftsstrukturen erkennen: Die Vielzahl kleinerer Burgen verschwindet zugunsten weniger, stark ausgebauter Großanlagen. Man kann diese Enwicklung, die dazu führte, daß im Hevellerreich nur noch zwei große Befestigungen, Brandenburg und Spandau, bestanden, sicher als Stärkung der zentralen Herrschergewalt bezeichnen, und sowohl die Herrscher des Abodritenraumes wie auch die der Heveller erreichten als sichtbares Zeugnis äußerer Macht zeitweise eine vom Deutschen Reich geduldete und anerkannte königliche Gewalt. Die archäologischen Untersuchungen auf dem Burgwall Spandau, vornehmlich in der Burg 7 (s. Abb. 71), die nach einer Zerstörung um das Jahr 1100 n. Chr. datiert wird, zeigen, daß in der von der befestigten Vorburg durch eine Wallanlage noch einmal getrennten Hauptburg eine Persönlichkeit mit bedeutender Machtfülle und Reichtum als Vertreter des Herrschers des Hevellerreiches – von den Slawen selbst als „Reich Stodor" bezeichnet – ihren Sitz hatte. Hinweis darauf sind Funde, die auf einen herrschaftlichen Haushalt deuten, besonders verzierte Geräte des täglichen Lebens wie auch Luxusgegenstände, etwa ein Spielstein aus Hirschgeweih, die in ähnlicher Form auch in süddeutschen Burgen gefunden wurden, insbesondere aber ein Goldring mit der Aufschrift „Thebal gut Gutani" (s. Abb. 72), der bisher nur aus Gräbern hochadliger Persönlichkeiten in England, Dänemark und Norddeutschland, hier ist das Grab des deutschen Königs Lothar III. (1137) in Königslutter zu nennen, gefunden wurde. Nach dem Tod des letzten Herrschers des Hevellerreiches, Pribislav-Heinrich im Jahre 1150, mißlang die von der Witwe des Slawenfürsten, Petrissa, eingeleitete friedliche Übertragung der Landesherrschaft auf den Markgrafen der Nordmark, Albrecht den Bären, aus dem Geschlecht der Askanier. Die unter Geheimhaltung des Todes von Pribislav eilig herbeigerufene deutsche Burgmannschaft mußte die Brandenburg wieder verlassen. Ein anderer Prätendent auf das hevellische Erbe, Jaxa oder Jaczo (s. Abb. 50), in einer Quelle „Fürst in Polen" (*in Polonia tunc principans*) genannt, machte Albrecht das Erbe streitig. Es ist nicht unwahrscheinlich, daß jener Fürst mit dem aus Münzprägungen bekannten Jaxa von Köpenick, dem Hauptort des Sprewanenlandes, identisch war. Das polnische Herrschaftsgebiet war in jener Zeit bis in das Lebuser Land westlich der Oder ausgedehnt gewesen. In der Hauptburg jenes Gebietes, der Burg Lebus, war um das Jahr 1100 ein Missionsbistum durch die polnischen Fürsten eingerichtet worden. Wie von Westen die Askanier, so versuchten die Fürsten aus dem Raum östlich der Oder, Einfluß in den zerfallenden Herrschaftsbereichen zwischen Elbe und Oder zu erlangen. Jaxa wurde bald aus der Mittelmark verdrängt, doch sein Herrschaftsgebiet um Köpenick übernahmen nicht die Askanier, sondern die Markgrafen von Meißen aus dem Hause Wettin. Es sollte noch ein halbes Jahrhundert dauern, bis sich auch dort die brandenburgischen Markgrafen durchsetzen konnten.

Der Tod sagt:

Herr Herzog mächtig, tüchtig im Felde,
Den Armen unterdrücktet ihr immer mit Gewalt
Und den Reichen ließt ihr in Ruhe.
Ich will euch auch beim Leibe nehmen,
Ich lade euch schnell in den Totentanz,
An den ihr euch noch sollt gewöhnen ganz.

Der Tod sagt:

Herr Ritter mit eurem Harnisch stolz,
Hier habt ihr getragen das rote Gold.
Habt ihr eurer Ehre hier genüge getan,
So könnt ihr jetzt fröhlich mit mir gehn.
Legt das scharfe Schwert von eurer Seite,
Ihr müßt mit mir im Totentanz gleiten!

73. Umzeichnung eines Details aus dem Totentanz der Berliner Marienkirche: Tod und Herzog und Ritter.

Unter den Askaniern

Der Landesherr

So blieb der Herrschaftsbereich der Askanier zunächst bis in das 13. Jahrhundert hinein auf den Westteil der Mittelmark beschränkt. Ein erstes Herrschaftszentrum im Berliner Raum war die noch aus vordeutscher Zeit stammende Burg- und Stadtsiedlung auf dem Spandauer Burgwall, die wie die Burg Brandenburg als Teil des ehemaligen Hevellerreiches in den markgräflichen Besitz gekommen war. Die askanische Herrschaft hatte zunächst unmittelbar an die aus spätslawischer Zeit bestehenden Zentren angeknüpft, und auch am Spandauer Burgwall sind Umbauten der Burg aus der Zeit um 1160 archäologisch festzustellen. Kurze Zeit darauf wurde aber die Burg – wie auch die frühstädtische Siedlung – von dem südlichsten Mündungsarm der Spree in die Havel zum nördlichsten Mündungsarm verlegt. Die Gründe dafür können nur vermutet werden: die Enge der Burgwallsiedlung oder die Verlagerung der Handelswege, in einer Zeit, als der Nordosten, der Raum der Odermündung, wirtschaftlich interessant wurde. Die Ostseeküste wurde bald zu einem – freilich nicht auf Dauer – zu behauptenden Expansionsraum der brandenburgischen Markgrafen. Auch die Spreemündung war in slawischer Zeit nicht unbefestigt, wie Ausgrabungen in jüngerer Zeit gezeigt haben. Wie bei anderen befestigten Plätzen im brandenburgischen Raum gehörte zur Burg in unmittelbarer Nachbarschaft eine Siedlung, deren zunächst slawische Bewohner der Burg zu Diensten verpflichtet waren. Die Einwohner der insgesamt 25 Häuser werden in der ersten Erwähnung der Siedlung aus dem Jahr 1319 „Die Wende(n) uff dem Kietze" genannt. Noch bis in das 15. Jahrhundert ist das „wendische" (slawische) Ethnikum im Spandauer Kietz, der südlich der Burg am Einfahrtsweg zur heutigen Zitadelle lag, nachzuweisen.

Die große Bedeutung der Burg Spandau für die mittelalterliche Landesherrschaft zeigt sich in den zahlreichen Aufenthalten der Markgrafen. In der Mark Brandenburg fehlte – wie allgemein in mittelalterlichen Herrschaften – ein Landesmittelpunkt, eine Hauptstadt. Die Landesherren zogen während ihrer gesamten Regierungszeit durch das Land. An der Häufigkeit wie auch an der Dauer der Aufenthalte ist die Bedeutung der einzelnen Plätze, die auf der lebenslangen Reise der Herrschaft besucht wurden, abzulesen. Hierbei kam Spandau in der Mittelmark eine besondere Bedeutung zu: Die gemeinsam regierenden Markgrafen Otto III. und Johann I. hielten sich zwischen 1232 und 1266 insgesamt siebzehnmal in Spandau auf. Spandau löste zu dieser Zeit die Burg Brandenburg als wichtigsten Aufenthaltsort in der Mittelmark ab. Schon als Kinder hatten die markgräflichen Brüder sich zumindest zeitweise im Schutz der Spandauer Burg aufgehalten.

Nach der Landesteilung zwischen Otto III. und Johann I. behielt Spandau für den ottonischen Landesteil diese Bedeutung bei. Ab 1280 begann Berlin als Ort für landesherrliche Aufenthalte und Hoftage der johanneischen Linie an Bedeutung zuzunehmen.

Anders als in Spandau fehlte in Berlin-Cölln ein befestigter landesherrlicher Wohnplatz, eine Burg. Doch gab es wohl bereits gegen Mitte des 13. Jahrhunderts einen markgräflichen Besitzkomplex, werden doch gerade die gemeinsam regierenden Markgrafen Otto III. und Johann I. als „Gründer" der Doppelstadt genannt. Der landesherrliche Hof, der 1261 *aula*, d.h. „Halle", genannt wird, lag am Rand des bereits um das Marienviertel erweiterten Stadtgebietes im Bereich der ehemaligen Neuen Friedrich-(heute Litten-) und Klosterstraße. Teile des Komplexes wurden 1271 an den Franziskanerorden abgetreten, der dort das „Graue Kloster" errichtete. Die Halle selbst blieb bis in das 20. Jahrhundert hinein landesherrlicher Besitz. Hier residierten die Markgrafen bis zum Bau des Schlosses im 16. Jahrhundert im „Hohen Haus", das als „königliches Lagerhaus" (Klosterstr. 75/76) fortbestand und 1931 abgerissen wurde (s. Abb. 74). Damals traten die gotischen Bauformen des einstmals repräsentativen Hauses wieder zum Vorschein.

Aus der Lage des landesherrlichen Besitzkomplexes am Rande des Stadterweiterungsgebietes um die Marienkirche innerhalb der Stadtumwallung, durch die der Komplex geschützt wurde, kann geschlossen werden, daß die Anlage erst mit jener Stadterweiterung entstanden ist. Deshalb wurde jener Komplex nicht durch eigene Befestigungen gesichert, sondern durch die Stadtumwallung. Es wird angenommen, daß sich die Passage in der Markgrafenchronik über die „Gründung" Berlins durch die beiden Markgrafen Otto III. und Johann I. auf die Stadterweiterung bezieht. Somit dürfte auch die Entstehung eines markgräflichen Hofes in der Stadt auf die Brüder zurückgehen.

Die ebenfalls im Berliner Raum gelegene Burg Köpenick war wohl aus slawischer Hand in den Besitz der Markgrafen von Meißen gelangt, die den festen Platz erst um 1245 endgültig verloren. In der schon um 1240 zerstörten Wallanlage entstand nach 1245 eine wesentlich kleinere askanische Burg. Als Aufenthaltsort der Landesherren hat Köpenick keine besondere Rolle gehabt. Otto III. und Johann I. hielten sich 1264 und die Erben Johannes I., Otto V. und Albrecht III., 1271 je einmal nachweislich in der Spreefeste auf.

Obwohl die Besuche der askanischen Markgrafen in der Spätzeit des Markgrafenhauses in Berlin zunahmen, blieb doch Spandau der wichtigere Platz. Hier starb Markgraf

74. Hauptportal des Hohen Hauses bei der Freilegung während des Abrisses.

Ludwig 1317. Auch der letzte regierende Askanier, Markgraf Waldemar (1308–1319), besuchte vorzugsweise die Havelstadt.

Der Adel

1197 wird zum ersten Mal ein Vogt in Spandau als Vertreter der landesherrlichen Gewalt genannt. Anders als die Mehrheit der landesherrlichen Lehnsleute ist er Angehöriger eines edelfreien Geschlechtes, mithin kein Dienstmann (Ministeriale) und verfügt neben dem Lehnsbesitz auch über Eigengüter (Allode) im Havelland in der Gegend der Stadt Brandenburg (Albrechtswerder b. Zachow) sowie im Gebiet um Vehlefanz, in Wustermark am Rande der Stadt Spandau (Behnitz) und um Fiddichow in Pommern. Wie die Askanier selbst stammten auch die Spandauer Vögte aus dem Gebiet um Aschersleben und nannten sich nach ihrem Herkunftsort von Schneidlingen (s. Abb. 75). In der Vorrede des „Sachsenspiegels", des von Eike von Repkow im 13. Jahrhundert im Magdeburger Raum verfaßten Rechtsbuches, erscheinen die Spandauer Vögte als „Schöffen des Reiches", mithin in einer von der brandenburgischen Landesherrschaft unabhängigen Stellung.

Trotz der herausgehobenen Stellung und der Größe ihres Besitzes zeigt das Schicksal der Spandauer Vögte typische Entwicklungszüge des Adels in Brandenburg: Die slawische Oberschicht in der Mittelmark war – anders als in Mecklenburg und Pommern – in den innerslawischen Auseinandersetzungen im 12. Jahrhundert sowie den Kämpfen während der askanischen Herrschaftsübernahme verschwunden. Die neue Oberschicht kam – wie die Herren von Schneidlingen – vornehmlich aus dem Mittelelbraum.

Nicht wenige unter ihnen waren aus der magdeburgischen Ministerialität in brandenburgische Dienste übergetreten. Dies ist bei dem als Burgmann von Brandenburg nachgewiesenen Bartholomeus de Chare der Fall. 1194 erschienen unter den weltlichen Zeugen einer Schenkung des Bischofs von Brandenburg Rudolphus de Wedinge, Heinricus, Bartholomeus und Alvericus de Stegeliz sowie Conradus de Stoltenhagen. Die Herkunftsnamen deuten auf den altmärkischen Raum und das Mittelelbgebiet, tauchen aber dann als Ortsnamen auf dem Teltow (Steglitz) und dem Barnim (Wedding, Stolzenhagen) wieder auf. Das havelländische Dorf, Inhalt der Schenkung von 1194, hieß Marzahne, ein Name, der auf dem Barnim wiederkehrt (Marzahn). Früher noch gehörten zum Umkreis Albrechts des Bären die Herren *de Wilmarstorp, de Gersthorp, de Burnenstede* und *de Bornem*, deren Namen später mehrfach z.B. im Havelland (Bornim, Bornstedt) und Teltow (Wilmersdorf, zweimal: Deutsch-Wilmersdorf und Wendisch-Wilmersdorf, Gersdorf [Wüstung bei Tempelhof]) belegt sind. Aus dem Mittelelbraum könnten auch die Herren von Britzke (Wüstungsname in der Nähe von Loburg) zugewandert sein, die bis in das späte 17. Jahrhundert ihre Herrschaftsrechte in Britz behauptet haben.

Nicht nur die Herkunftsnamen, auch Personennamen selbst weisen auf Adlige als Träger der Aufsiedlung der Mittelmark hin: Die aus der Altmark stammenden Herren von Mahlsdorf trugen den verhältnismäßig seltenen Personennamen Hellwich, aus dem der Name des neben Mahlsdorf angelegten und im Spätmittelalter zeitweise wüstgefallenen Ortes Hellersdorf gebildet wurde. Der in der Familie von Schneidlingen übliche Personenname Albrecht wurde Namensbestandteil des Ortes Albrechtswerder bei Zachow.

Die bewußte Namenwahl bei Neugründungen läßt sich vor allem an dem bereits früh, gegen Ende des 12. Jahr-

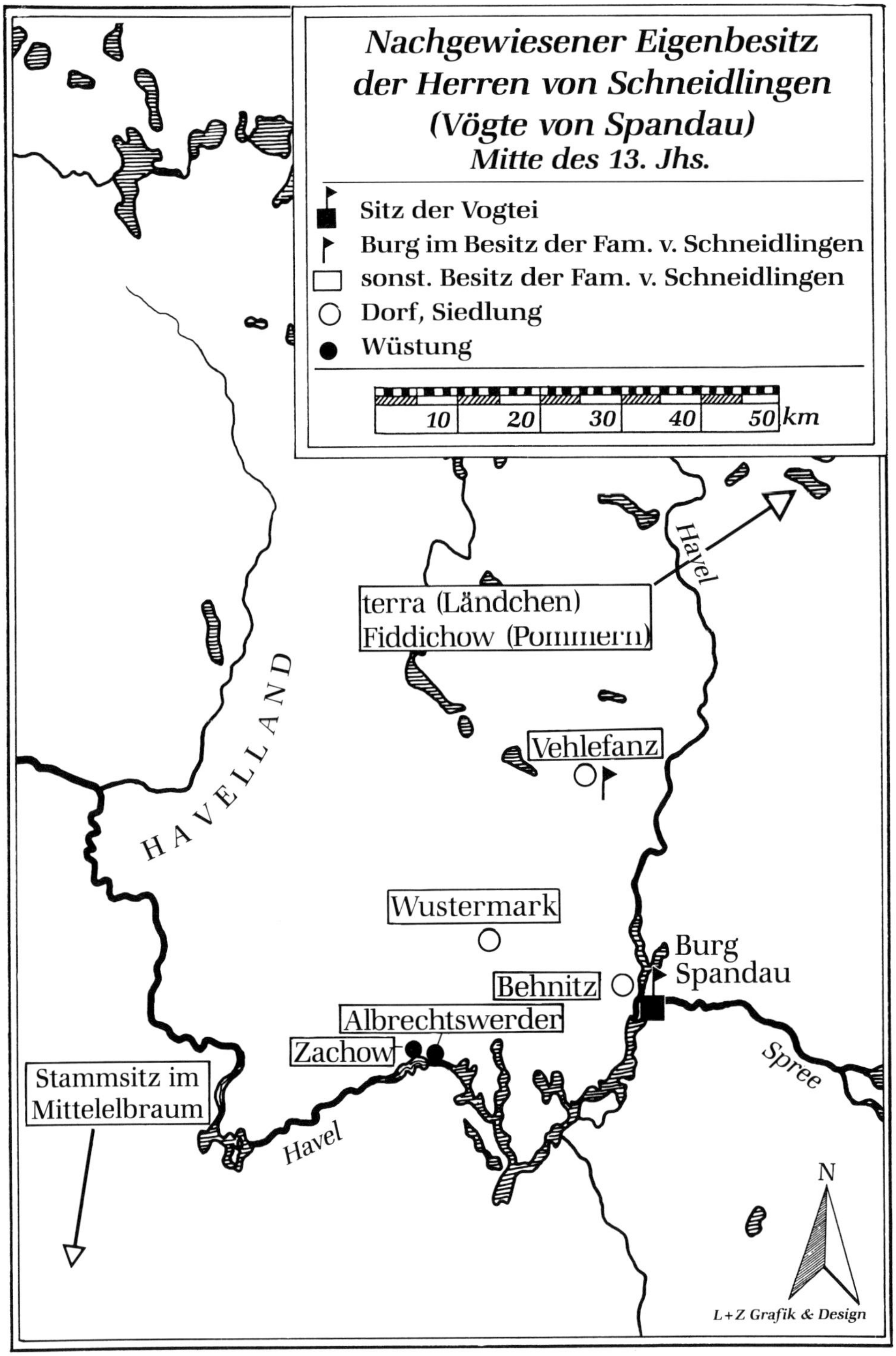

75. Landbesitz der Familie Schneidlingen.

hunderts durch den Templerorden aufgesiedelten Bereich auf dem hohen Teltow erkennen. Nicht nur der selbst offenbar befestigte Komturhof (Tempelhof), sondern auch die in dem geistlichen Ritterorden gepflegte Verehrung der Muttergottes wurde zum Ortsnamen (Mariendorf, Marienfelde).

In der Mehrzahl der Fälle blieben die Gründungstätigkeit und damit auch die grundherrlichen Rechte der einzelnen Adelsfamilien auf nur ein Dorf beschränkt. Auch die Besitzverhältnisse waren nicht stabil. Im Spätmittelalter behaupteten sich nur noch die Herren von Britzke und von Wilmersdorf im engeren Berliner Raum. Andere Adelsherren rückten nach. Die Gründe für die Besitzverschiebungen sind wohl vor allem darin zu sehen, daß es noch im 13. Jahrhundert für den Adel möglich war, größere Besitzungen jenseits der Oder und in Pommern zu erwerben: Die Herren von Schneidlingen verfügten über Besitzungen bei Fiddichow in Pommern und auch die Wanderung der Herren von Stolzenhagen in das pommerschneumärkische Grenzgebiet ist nachzuweisen. Hingegen waren die Herrschaftsrechte des Adels im Gebiet des östlichen Havellandes, von Barnim und Teltow, eher bescheiden: Die landesherrliche Gewalt, durch die der Ansiedlungsvorgang auch der adligen Herren gelenkt wurde, war überall spürbar.

Die Aufsiedlung der zuvor nicht oder nur schwach besiedelten Geschiebelehmplatte von Teltow und Barnim geschah wesentlich durch adlige Herren, die in den neuen Dörfern auch die grundherrlichen Rechte erhielten. In den zuvor bereits slawisch besiedelten Räumen war zumeist der Landesherr zugleich Grundherr. Nicht wenige der landesherrlichen Besitzkomplexe – außer den Burgen und Forsten – wurden an geistliche Institutionen, z. B. der Raum von Stolpe und Zehlendorf an das Kloster Lehnin vergeben. Auch der erhebliche Grundbesitz des von den Landesherren gegründeten Benediktiner-Nonnenklosters vor den Toren Spandaus ist wesentlich auf die askanischen Schenkungen zurückzuführen.

Die militärische Bedeutung des Adels für die Behauptung der askanischen Landesherrschaft wird für die frühe Periode der Siedlung um die Wende vom 12. zum 13. Jahrhundert durch die Anlage von Befestigungen unterstrichen. Auch in späterer Zeit blieb – wie die Vorgänge von 1280 zeigen – die militärische Rolle des Adels bestehen. Eine kleinere Befestigungsanlage entstand in Stralau, das als Spreeübergang strategische Bedeutung hatte, wie neueste Forschungen feststellten. Die Herren von Stralau haben so für die frühe Entwicklung Berlins eine nicht unwichtige Rolle gespielt. Daneben bestanden im heutigen Stadtgebiet in Lietzow (Charlottenburg), Pankow, Britz und Wilmersdorf kleinere Befestigungsanlagen. In Vehlefanz, nordwestlich von Berlin, geboten die Herren von Schneidlingen über eine neben einer slawischen Niederungsburg auf einem künstlich aufgeschütteten Hügel gebaute Burganlage.

Die Mehrzahl der Ritterhöfe blieb, wie der markgräfliche Hof in Berlin, ohne eigene Befestigung. Sie unterschieden sich kaum von den üblichen Bauernhöfen. Dies trifft auch für den zu den Höfen gehörenden Grundbesitz zu. Statt der üblichen zwei Hufen (ca. 15 ha) verfügten die adligen Herren über vier bis sechs, selten mehr Hufen Ackerlandes, die wie das Bauernland in den streifenartig parzellierten großen Feldern lagen. Herr wie Bauer waren dem Flurzwang, d.h. der gemeinschaftlichen Regelung der Aussaat und Ernte, unterworfen. Nicht in jedem unter der Grundherrschaft des Adels stehenden Dorf gab es einen Herrenhof. In manchen Fällen konnte es durch Erbteilung zur Bildung mehrerer Adelshöfe in einem Dorf kommen. So bestanden 1375 in Britz vier Adelshöfe.

Eine Sonderstellung besaß der adlige Herr in seiner Grundherrschaft. Ihm standen die Abgaben der bäuerlichen Untertanen, der von den bäuerlichen Hufen (Zinshufen) zu zahlende Zins und die Pacht als Ertragsabgabe zu, ferner ein Fleischzehnt. Den Landesherren stand neben der 1280 besonders behandelten Bede vor allem der Wagendienst, eine ursprünglich militärische Pflicht zu Fuhren, und die Hohe Gerichtsbarkeit zu. Dienst hatten die persönlich freien Untertanen, Bauern wie Kossäten, den Grundherren zu leisten, freilich in bescheidenem Umfang, während weniger Wochen in der Erntezeit.

Spätmittelalterliche Krisen und Übergang zur festen Residenz

Das Spätmittelalter (14.–16. Jahrhundert) bedeutete für die märkischen Städte zunächst eine Zeit des Aufblühens und Wohlstandes, für die Landesherrschaft und den Adel aber eine Kette krisenhafter Entwicklungen. In Brandenburg markiert das Aussterben des Herrscherhauses der Askanier (1321) ihren Beginn. Der deutsche König Ludwig aus dem Hause Wittelsbach setzte durch, daß die Mark Brandenburg als erledigtes Lehen an seine Familie, das bayerische Herzoghaus, ausgetan wurde (1323). Für mehr als ein Jahrhundert sollten nun Fremde, die das Land nur sporadisch aufsuchten, über die Mark herrschen. Sie hielten sich dabei meist in Berlin, nicht im festen Spandau auf. Berlin war auch der Erfüllungsort einer Sondersteuer, die 1342 von den Städten Berlin-Cölln, Spandau, Mittenwalde und Alt-Landsberg sowie dem eingesessenen Adel eingetrieben werden sollte. Freilich beteiligte sich eine größere Gruppe des Adels, „Räuber und Mordbrenner“ genannt, nicht an der Steuer. Verwalter der gemeinsam verwalteten Vogteien Berlin und Spandau war zu dieser Zeit der mit den bayerischen Landesherren nach Brandenburg gekommene Marquard von Lauterbach.

Hatte Berlin auch Spandau als landesherrlichen Aufenthaltsort überflügelt, so blieb die mit einem festen Turm (Juliusturm) und repräsentativen Wohngebäuden versehene Burg Spandau der Ort der Rechnungslegung über Einnahmen und Ausgaben des Hofes. Dort trafen sich 1340 der dänische Prinz Waldemar und der brandenburgische Margraf Ludwig.

Die landfremden Markgrafen besaßen keinen starken Rückhalt in der Mark Brandenburg. In einer Zeit längerer Abwesenheit Markgraf Ludwigs des Älteren behauptete ein Mann, der askanische Markgraf Woldemar zu sein, der nun nach fast 30 Jahren von einer Pilgerreise zurückkehre. Ein großer Teil des brandenburgischen Adels und fast alle Städte schlossen sich dem „Falschen Woldemar" an, hatten doch die Wittelsbacher 1346 versucht, städtische Rechte, etwa von Berlin, einzuschränken. Gestützt wurde der vorgebliche Markgraf von dem neuen deutschen König Karl IV. aus dem Hause Luxemburg, der so Druck auf die Wittelsbacher zur Anerkennung seiner Königswürde ausüben wollte. Markgraf Ludwig eilte nach Brandenburg und vermochte schrittweise, die Städte wieder auf seine Seite zu ziehen. Spandau konnte schon 1348 wieder gewonnen werden, während Berlin-Cölln sich erst 1351 nach dem Beginn einer Belagerung zur Anerkennung der wittelsbachischen Landesherrschaft bequemte. Zu dieser Zeit hatte König Karl IV. sich mit den Wittelsbachern arrangiert und seinen betrügerischen Verbündeten fallengelassen.

Die Landesherren aus dem Hause Wittelsbach vermochten auch in der Zukunft nicht, den Frieden im Lande aufrechtzuerhalten. Die Gründe dafür waren mannigfach: Zum einen sah man zu dieser Zeit Herrschaftsrechte vornehmlich unter dem Gesichtspunkt ihres Geldwertes, d. h. Zollrechte, Burgen, Städte, Steuern, ganze Landesteile wurden verkauft und verpfändet. Zum anderen war die wirtschaftliche Basis des Adels, des wichtigsten Trägers mittelalterlicher Staatsgewalt, stark gemindert. Die Agrarkrise des 14. Jahrhunderts, eine Folge des Bevölkerungsrückganges in Europa, hatte die Grundlage adligen Einkommens, den Grundzins und die Ertragsabgaben, entwertet. Zahlreiche adlige Herren mußten ihre herrschaftlichen Rechte an ihre Gläubiger in den Städten verkaufen, die nun als „Lehnbürger" die unsicheren Handelsgewinne in geringere, aber regelmäßige ländliche Renten anlegten. Die Folge war eine Unruhe im Adel, der jede Gelegenheit zum organisierten Waffengang (Fehden), aber auch zu einfachen Raubzügen wahrnahm. Im Gegenzug versuchten die Städte, zur Wahrung des Landfriedens ihre militärische Macht durch Städtebünde zu stärken. Ein Neubeginn unter Kaiser Karl IV., der 1373 die Mark für sein Haus von den Wittelsbachern erwarb, scheiterte. Karl IV. hatte als Handelswege die Elbe und die Oder mit den Städten Tangermünde und Frankfurt besonders ausbauen wollen, auch Um- und Ausbauten in Spandau im Bereich des Palas könnten durch ihn veranlaßt worden sein. Wichtigstes Denkmal seiner Regierung in der Mark ist das Landbuch von 1375. Ziel der Landbuchaufnahme war es, die in den vorangegangenen Wirren der Landesherrschaft entfremdeten Rechte festzustellen und so eine Basis für die Wiederherstellung der markgräflichen Finanzen zu finden. In den Dörfern unseres Bereiches hatte der Landesherr nur noch in wenigen Orten Gerichtsrechte und Abgabe. Wertvoller war der Mühlenbesitz, der – Spandau und Berlin zusammengenommen – jährlich 400 Schock Groschen einbrachte. In Berlin sollten die Mühlen am „Mühlendamm" der Ausgangspunkt des wichtigsten landesherrlichen Amtsbesitzes, des „Amtes Mühlenhof", werden.

Nach dem Tode Kaiser Karls IV. (1378) kehrten unter dessen Erben die Verhältnisse der Wittelsbacher Zeit zurück. Die luxemburgischen Markgrafen blieben dem Land ebenso fremd wie ihre bayerischen Vorgänger. Verpfändungen markgräflicher Einkünfte waren üblich. In der Zeit wachsender Rechtlosigkeit versuchten einzelne Adelsfamilien, ihre Macht und ihren Besitz durch militärische Operationen – sei es im legalen Gewand der Fehde mit vorgeblichen Rechtstiteln oder auch einfach durch Raubzüge – zu vermehren. Die in der Prignitz ansässige Familie von Quitzow tat sich dabei besonders hervor (s. Abb. 76). Opfer dieser Aktionen sollten die – im Vergleich zum Adel – reichen Städte sein. So schlossen 1393 und 1399 brandenburgische Städte mit Berlin-Cölln an der Spitze Bündnisse zur Landfriedenswahrung. Nachdem 1401 Bürger der Neustadt Brandenburg vor den Toren der Stadt in die nahegelegene Quitzowburg Plaue ver-

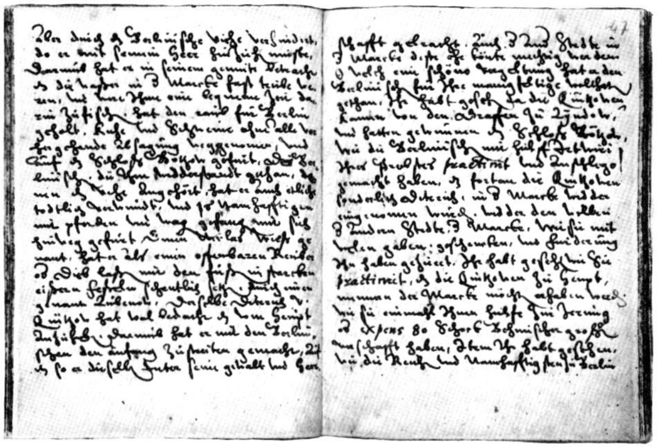

76. Bericht über die Konflikte mit den Quitzows in der „Hafftiz-Chronik" (1595).

77. Die Belehnung des Burggrafen Friedrich von Nürnberg auf dem Konzil zu Konstanz 1417. Älteste Darstellung aus Ulrich von Richentals handschriftlicher Chronik.

schleppt worden waren, gelang es den Städten im folgenden Jahr, Dietrich von Quitzow festzunehmen und in der Burg Spandau *„in Bestrickung"* zu halten. Wieder in Freiheit gelang es ihm und seinem Bruder Johann, große Teile der Mittelmark in Besitz zu nehmen. Markgraf Jobst von Mähren verpfändete ihnen viele Burgen und Städte, so auch Bötzow (Oranienburg), Friesack, Saarmund und Köpenick. Alle wichtigen, von Berlin ausgehenden Straßen wurden nun durch die Quitzows kontrolliert. Sie wagten im September 1410, ohne zuvor Fehde angesagt zu haben, einen Überfall auf Berlin und trieben das städtische Vieh nach Bötzow. Vergeblich versuchten die Berliner, den Raubzug zu verhindern.

Markgraf Jobst konnte der Doppelstadt an der Spree nicht helfen. Er starb im Januar 1411, ein Vierteljahr nach dem Überfall, in seinem Stammland Mähren. Das Haus Luxemburg hatte wenig Lust, sich in die verworrenen märkischen Verhältnisse einzuschalten, war doch die Herrschaft zudem durch zahlreiche Schulden belastet. Die „Hauptmannschaft" der Mark wurde vielmehr einem getreuen Parteigänger der Luxemburger, dem Burggrafen Friedrich von Nürnberg aus dem Hause Hohenzollern, übertragen. Bis 1414 gelang es ihm, die Macht der von den Quitzows geführten Ritterschaft wesentlich einzuengen. Burggraf Friedrich erhielt 1415 die Regentschaft der Mark und nahm im gleichen Jahr in Berlin, der Hauptstadt der Mark, die „Erbhuldigung" der Stände entgegen. 1417 erhielt er in Konstanz, wo König Sigismund anläßlich des allgemeinen Konzils weilte, die feierliche Belehnung mit der Markgrafschaft, Reichskämmeramt und Kurwürde (s. Abb. 77).

Nachdem es in der Zeit der ersten Hohenzollern mitunter so schien, als seien die Zeiten der Wittelsbacher und Luxemburger zurückgekehrt und das Land werde aus der Ferne, diesmal aus Franken, regiert, begann mit Kurfürst Friedrich II. (1440–1470) ein neuer Abschnitt in der Geschichte. Nicht nur gegen den Adel, auch gegenüber den Städten versuchte er – wie sein Bruder Albrecht Achilles in Franken – die Macht der wieder erstarkenden Landesherrschaft durchzusetzen. Hatte Friedrich II. 1440 nach der Huldigung noch die Privilegien der seit 1432 vereinten Städte Berlin und Cölln ohne Einschränkung bestätigt, so boten Vorgänge im folgenden Jahr Möglichkeiten zu Eingriffen in städtische Rechte. Es waren innerstädtische Zwistigkeiten zwischen dem die Geschicke der Stadt ausschließlich bestimmenden patrizischen Rat und der von der politischen Willensbildung weitgehend ausgeschlossenen „meynheit" (Gemeinde). Friedrich nahm gegen den Rat Partei, dessen politische Verbindungen nun zerschlagen wurden. Nicht nur die Einheit der beiden Städte wurde rückgängig gemacht, sondern auch das Bündnisrecht und damit die Mitgliedschaft in der Hanse aufgehoben. Als die Städte im Jahre 1442 Friedrich das Zugangsrecht in die Doppelstadt verwehrten, hielt der Kurfürst, der offenbar nur mit einiger Mühe diese Unbotmäßigkeit niederwerfen konnte, ein strenges Gericht: Mit der Aufhebung des gemeinsamen Rathauses der beiden Städte auf der langen Brücke fielen die alten Privilegien der Stadt, Gerichtsrechte und das Recht der Niederlage, an den Landesherren zurück, ebenso wie die kurze Zeit zuvor (1435) erst erworbenen ehemaligen Templergüter um Tempelhof.

Schwer wog freilich das dem Kurfürsten im August 1442 ebenfalls zugestandene Recht, einen Platz an der Stadtmauer zu Cölln, neben dem Dominikanerkloster, zum Bau eines Schlosses zu erhalten. Während des Baues kam es noch einmal, im Jahre 1448, zu einem Aufruhr, dem „Berliner Unwillen". 1449 konnte der neue Schloßkomplex bezogen werden.

Berlin war die erste Stadt im norddeutschen Raum, die nach Selbständigkeitsbestrebungen wieder in die volle Botmäßigkeit der Landesherrschaft zurückkehren mußte. Der Fall der in der Mark wirtschaftlich und politisch führenden Doppelstadt an der Spree hatte Signalwirkung, nicht nur in Brandenburg, auch in anderen Territorien. Der Niedergang der Hanse, die ihrem Mitglied nicht helfen konnte, begann sich abzuzeichnen.

Kleinere Städte wie Spandau waren stets auf der landesherrlichen Seite verblieben. Die Einrichtung des Schlosses zu Berlin, das nun zum Mittelpunkt einer modernen Territorialherrschaft wurde, brachte für die übrigen landesherrlichen Wohnstätten einen erheblichen Bedeutungsverlust. In der Regierungszeit Joachims I. (1499–1535) wurde die Spandauer Burg Wohnsitz der kurfürstlichen Gemahlin und schließlich Witwensitz. Erst der Bau einer Festung nach italienischer Manier, der heutigen Zitadelle (ab 1540), unter Kurfürst Joachim II. (1535–1571), der in Berlin das Schloß grundlegend umbauen ließ, sollte auch Spandau eine neue Rolle zuweisen.

Einen Einblick in den Zustand der Hofverwaltung gibt die kurbrandenburgische Hofordnung, die 1470 durch den fränkischen Ritter Ludwig von Eyb verfaßt wurde: Hausrat, Küche und Keller stehen hier im Mittelpunkt.

Der Rückschlag für die Städte und das Erstarken der Landesherrschaft blieb auf die Situation des Adels nicht ohne Wirkung. Der bürgerliche Besitz auf dem Lande ging stark zurück und als geschlossener „Stand" konnte der Adel nun manches Privileg gegenüber dem Landsherrn erkämpfen. Dazu gehörte die Freiheit von städtischen Stapel- und Handelsrechten sowie den Getreidezöllen. Der Getreideanbau auf eigenem Boden wurde wirtschaftlich wieder interessant. Die notwendigen Arbeitskräfte wurden durch die Erhöhung der Diensttage der ländlichen Untertanen besorgt. Insbesondere unter dem chronisch an

Geldmangel leidenden und deshalb dem Druck der steuerausschreibenden Ritterschaften besonders zugänglichen Kurfürsten Joachim II. konnten die Diensttage auf drei bis vier Tage in der Woche, in der Erntezeit entsprechend mehr, erhöht werden. Nicht selten wurde vormaliger bäuerlicher Besitz zum Herrenland gezogen. Die verbesserte wirtschaftliche Situation des Adels zeigte sich auch durch den repräsentativen Ausbau der zuvor eher bescheidenen Herrenhäuser, wie er archäologisch in Dahlem nachzuweisen ist.

Das neue Verhältnis zwischen adligem Herrn und Untertan zeigt der anläßlich eines Verkaufes im Jahre 1614 geschlossene „Maltzdorffische Vertrag mit den Unterthanen daselbst", der nicht nur die Übernahme der Dienste für einen zum Herrenland gezogenen Hof auf die übrigen Untertanen beinhaltet, sondern auch jede bäuerliche Organisation verbietet.

Literatur

Bohm, Eberhard: Teltow und Barnim. Untersuchungen zur Verfassungsgeschichte und Landesgliederung brandenburgischer Landschaften im Mittelalter, Köln-Wien 1978.

Escher, Felix: Berlin und sein Umland. Zur Genese der Berliner Stadtlandschaft bis zum Beginn des 20. Jahrhunderts, Berlin 1985.

ders.: Askanier und Magdeburg in der Mittelmark im 12. und frühen 13. Jahrhundert. Zugleich ein Beitrag zur Entstehung Berlins; in: Festschrift der landesgeschichtlichen Vereinigung der Mark Brandenburg zu ihrem hundertjährigen Bestehen 1884–1984, S. 56–77.

Fritze, Wolfgang H.: Frühzeit zwischen Ostsee und Donau. Ausgewählte Aufsätze zum geschichtlichen Werden im östlichen Mitteleuropa vom 6. bis zum 13. Jahrhundert. Berlin 1982.

Fey, Hans-Joachim: Reise und Herrschaft der Markgrafen von Brandenburg 1134–1319, Köln-Wien 1981.

Podehl, Wolfgang: Burg und Herrschaft in der Mark Brandenburg. Untersuchungen zur mittelalterlichen Verfassungsgeschichte unter besonderer Berücksichtigung von Altmark, Neumark und Havelland, Köln-Wien 1975.

Ribbe, Wolfgang: Die Aufzeichnungen des Engelbert Wusterwitz. Überlieferung, Edition und Interpretation einer spätmittelalterlichen Quelle zur Geschichte der Mark Brandenburg, Berlin 1973.

Riedel, Adolph Friedrich: Die Mark Brandenburg im Jahre 1250, 2 Teile, Berlin 1832.

Schmidt, Eberhard: Die Mark Brandenburg unter den Askaniern (1134–1320), Köln-Wien 1973.

Schulze, Hans K.: Adelsherrschaft und Landesherrschaft. Studien zur Verfassungs- und Besitzgeschichte der Altmark, des ostsächsischen Raumes und des hannoverschen Wendlandes im hohen Mittelalter, Köln-Graz 1963.

ders.: Die Besiedlung der Mark Brandenburg im hohen und späten Mittelalter; in: Jb. f. d. Geschichte Mittel- und Ostdeutschlands 28, 1979, S. 42–178.

Allgemeine Literatur: s. S. 287.

Von den Ursprüngen der Spandauer Zitadelle zu Andreas Schlüter

Wolfgang Gehrke

Das Gelände, auf dem das Baudenkmal „Festung Spandau" steht, hat eine weit zurückreichende Geschichte. Die Restaurierung und der Ausbau der Zitadelle zu einem kulturellen Zentrum erfordern seit etlichen Jahren größere Baumaßnahmen. In den durch Erdbewegungen bedrohten Bereichen finden seit 1970 Ausgrabungen durch das Archäologische Landesamt statt, die zwischen 1980 und 1986 verstärkte Tätigkeit erforderten. So sind inzwischen fast 60% des Innenraumes in ihrer topographischen Bedeutung erfaßt und in einzelnen Bereichen auch archäologisch untersucht worden. Etwa diagonal durch die Mitte des großen Innenbereiches zog sich in alter Zeit ein beim Festungsbau verschütteter Havelarm als östliche Begrenzung eines Talsandhorstes, der teilweise von Wasser- und Sumpfflächen umschlossen war. Diese natürlichen Vorteile zogen frühzeitig Siedler herbei. In Uferbereichen fanden sich neolithische Siedlungsabfälle der Kugelamphorenkultur. Im Nordwestbereich weisen Pfostengruben auf Häuser einer jungbronzezeitlichen Siedlung hin. Engere Beziehung zur Stadtentwicklung Spandaus haben jedoch erst die Reste der slawischen Ansiedlungen, die ca. 2000 Jahre später folgten.

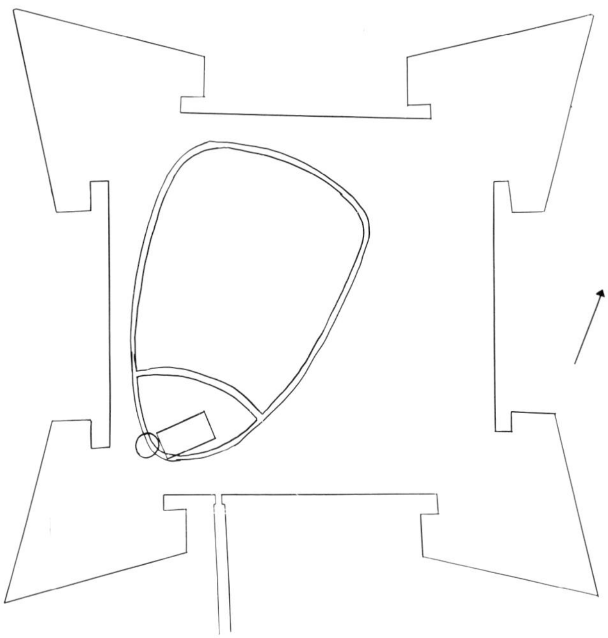

78. Lage der Slawischen Burg des 11./12. Jahrhundert im Grundriß der Spandauer Zitadelle.

Im 8. Jahrhundert entstand eine erste slawische Siedlung auf dem Gelände, die im 9. Jahrhundert zugrunde ging. Sie hinterließ zahlreiche Gruben mit Fundmaterial, welches Beziehungen zum südöstlichen slawischen Bereich (Tornower Typ) erkennen läßt. Reste kleinerer Gußtiegel zeigen schon spezielle Fertigkeiten der Bewohner. Ein Spitzgraben von etwa 100 m Länge, der, in ostwestlicher Richtung verlaufend, den südlichen Teil des besiedelten Geländes abtrennte, läßt an eine Abschnittsbefestigung denken. Bisher fehlt jedoch charakteristisches datierbares Material aus seinem Inneren. Er ist anschließend versandet, wohl auch zugeschüttet worden; die nächste Siedlung überbaute seine Füllschichten.

Dieser Graben steht, wenn auch die genauere Datierung vorläufig offen bleiben muß, am Beginn der künftigen Befestigungstradition. Das Ende bildet die Zitadelle als fünfte Verteidigungsanlage, die über einen Zeitraum von fast 400 Jahren bis in die Gegenwart führt.

Die zugrundegegangene erste slawische Ansiedlung erfuhr für lange Zeit keine Erneuerung. Möglicherweise schon in der ersten Hälfte des 11. Jahrhunderts entstand dann jedoch eine große, mit einer Holzerdemauer bewehrte Ansiedlung (Abb. 78).

An mehreren Stellen wurde die dazugehörige Fortifikation in der Zitadelle erfaßt, wobei die erste Beobachtung schon in das Jahr 1942 zurückreicht. Ausschachtungsarbeiten in der Nähe der Bastion Kronprinz waren auf Pfahlwerk und Mistschichten gestoßen. Die Befunde, damals schon richtig als slawisch interpretiert, mußten mangels aufgehobener, datierbarer Keramik zunächst ohne eigentliche Beweiskraft bleiben. Seit 1980 ist auch im Mittelraum der Zitadelle unter den Rasenflächen die slawische Befestigung in Form von Holzresten erfaßt worden. Schon vorher waren die Ausgräber vor der Südfront des gotischen Wohngebäudes (Palas) auf geordnete Holzlagen gestoßen, deren zeitliche Zugehörigkeit zunächst unsicher bleiben mußte. Nunmehr ist gesichert, daß hier die in frühdeutscher Zeit gestörte slawische Bermenpackung vorlag.

Sind diese Fundstellen jedoch durch tiefe frühneuzeitliche Störungen in ihrer Aussagekraft beeinträchtigt gewesen, so änderte sich dies, als unter den geräumten Schüttungen der Westkurtine gegraben werden konnte. Seit 300 Jahren unberührter Boden stand auf einer Fläche von zunächst 1000 m^2 zur Verfügung. Auf eine Länge von 40 m konnte hier die slawische Befestigung ausgegraben werden. Sie war in Holzkastenbauweise errichtet worden, wie die zeitgleiche auf dem Spandauer Burgwall. Dort standen allerdings zwei hintereinander gestaffelte Kastenreihen.

Jeder einzelne der bisher freigelegten sechs Kästen, die nebeneinander in der Front der Holzerdemauer angeordnet waren, zeigte die von Hausbauten her bekannte Blockbauweise. Die Kiefernstämme mit Waldkante hatten eine Länge von 4,5 m. Durch die saubere Eckverschränkung ergab sich ein Innenraum von rund 12 m^3. Bei diesen vorgefunden Konstruktionselementen, handelte es sich selbstverständlich nur noch um die Unterteile der ehemaligen Anlage. Immerhin war noch eine Höhe von 80–90 cm vorhanden. Das Innere der einzelnen Sektionen hatte man mit Siedlungsabfällen und schließlich auch mit Erdreich aufgefüllt. Eine ursprüngliche Höhe von 3–4 m ist durchaus vorstellbar. Oben aufsitzend wird ein Wehrgang mit vorgestellter Palisade den Abschluß gebildet haben. Bei der Untersuchung ergab sich, daß einer der Kästen im Innern eine ordentlich eingebrachte Dielung wie ein Wohnhaus besaß, die mit einer festgetretenen Mistschicht bedeckt war. Der Raum war also ehemals begehbar und stand hohl in der Front der Holzerdemauer in der Art einer Kasematte. Im Innern gefundene hölzerne Gegenstände lassen keine Schlüsse auf die ehemalige Funktion dieses Hohlraumes zu.

Vor dieser Verteidigungsfront bestand der Vorgrund aus einer Berme, die aus zahlreichen flachliegenden Baumstämmen gebildet wurde. Gegen Wellenschlag der damals davor liegenden Wasserfläche hatte man eine Halterung mit senkrechten Pfosten und Querriegeln angebracht. Bei der Ausräumung der Holzteile während der Schachtarbeiten sind ca. 95% der Bauhölzer als von Kiefern herrührend bestimmt worden, nur die senkrechten Pfosten der Berme bestanden aus dünnen Eichenstämmen (15 cm ∅). Der Schluß scheint gerechtfertigt, daß zur Zeit des Aufbaues der Burgbefestigung in der näheren Umgebung kein anderes Eichenholz zum Einschlag zur Verfügung stand als dünne, höchstens 10–20 jährige Stämme. Man mußte also auf die schnellwachsenden Kiefern zurückgreifen, da offensichtlich das widerstandsfähige, daher beliebtere Eichenholz im größeren Umkreis längst ausgeholzt und so schnell noch nicht nachgewachsen war; ein Zeichen für dichte Besiedlung in jener Zeit. Am inneren Fuß der Befestigung bestanden auch Möglichkeiten zur Beurteilung der Innenbebauung, da dort nebeneinander stehende Blockhäuser zum Teil mit etwa 6 m langen Wänden erkannt werden konnten. Zwischen den Hausbauten verliefen mit Holzbohlen befestigte Wege. Es sind auch einige besondere Funde geborgen worden: z. B. eine Klappwaage, Sporen und eine Halskette aus Glasperlen, Fundstücke, die belegen, daß die befestigte Ansiedlung ähnlich dem Spandauer Burgwall von begüterten, handeltreibenden Menschen bewohnt wurde. Die Anlage hat wohl vom 11. bis zum 12. Jahrhundert bestanden.

Die Ausgrabungen haben bisher nicht klären können, ob die befestigte Ansiedlung aus zwei Teilen bestand wie in der zeitgleichen Phase des Spandauer Burgwalls. Eine separate Burg war dort nämlich neben einer umwehrten städtischen Anlage vorhanden. Durch einen späteren Befestigungsgraben, der an der Stelle eines möglichen Aufeinandertreffens angelegt wurde, sind die Untersuchungsmöglichkeiten im Fall der Zitadelle eingeschränkt.

Bisher gibt es keine Anhaltspunkte dafür, daß die Besiedlung in slawischer Zeit gewaltsam beendet worden wäre. Es fand sich kein Zerstörungshorizont, der eventuell eine kriegerische Übernahme durch die Askanier signalisieren würde. Die Besiedlung des Burgwalls südlich der Altstadt Spandau endet nach den Feststellungen der Ausgräber um 1180. Ein zeitlich ähnlicher Abschluß ergibt sich durch den Befund für die „Zitadellen-Slawen". Über das Gelände zog sich anschließend ein Graben, ohne Rücksicht auf die ehemalige Holzerdebefestigung der Slawen zu nehmen. Der künstlich angelegte, Ost-West-Richtung haltende, Sohlgraben bezeugt die nächste Befestigung an dieser Stelle. Die künstliche Geländekorrektur trennt einen kleineren, südlichen Teil des ehemaligen Siedlungsareals ab und steigert als Halsgraben die Unzugänglichkeit des Geländes. Der entstandene Graben von 120 m Länge war ursprünglich wenigstens 3 m breit und sicherlich 2 m tief. Ein derartiger Arbeitsaufwand kann wohl nur der Schaffung einer Befestigung gegolten haben. Der auf der Südseite des Grabens abgelagerte Aushub dürfte entweder einem Erdwall mit darauf gesetzter Palisade oder der Füllung eines Kastenwerkes, ähnlich dem vorhergehenden slawischen, gedient haben. Gefunden wurde von dieser wichtigen Befestigungseinzelheit bisher nichts; die Baggerarbeiten gingen zu schnell vor sich.

Die Möglichkeit eines erdgefüllten Kastenwerkes läßt sich jedoch ins Auge fassen; in der Spandauer Altstadt liegt eine Parallele für eine solche Befestigung vor, die vor einigen Jahren als Vorläufer der Spandauer Stadtmauern erkannt werden konnte. Für die Datierung des Grabenzuges war es äußerst nützlich, daß er später zur Beseitigung von Abfällen diente, die ihn fast zur Hälfte auffüllten. Unbrauchbar gewordenes Metallgerät, Knochen, Steine, vor allem aber Keramiktrümmer von Kugeltöpfen und -kannen, gelegentlich auch geringfügig beschädigte Gefäße bildeten den Abfall. Die Scherben lassen sich etwa in die Mitte des 13. Jahrhunderts einordnen. Den Hinweis auf die Entstehungszeit liefern jedoch die Gefäßreste, die zur Zeit des Bestehens in den sandigen Grund des teilweise mit Wasser gefüllten Grabens gerieten. Diese Keramik gehört in die 2. Hälfte des 12. Jahrhunderts. Eine genauere zeitliche Eingrenzung kann sicher zukünftig noch gewonnen werden, wenn einmal die noch im Untergrund der Bergung liegenden Scherbenmassen gehoben werden können. Bisher sind nur Stichproben an einigen Punkten des Grabenlaufes untersucht. Der wichtige Befund erlaubt ein zeitliches Anknüpfen an eine Befestigungstradition, das Erkennen eines Neubeginns in askanischer Zeit, nachdem die Besiedlung des Spandauer Burgwalls ausgeklungen war. (Abb. 79).

Weitere Aussagen über die vom Graben eingeschlossene Befestigung (innere Bebauung, Tore, Brücken etc.) sind vermutlich kaum möglich, da spätere Bodeneingriffe tiefgründige Veränderungen schufen. Sicher ist jedoch, daß die langgestreckte Abschnittsbefestigung an ihrem Westende den Juliusturm eingeschlossen haben würde. Daher ist es eine berechtigte Überlegung, ob dieser Turm als Bergfried (Wohnturm) schon damals entstanden sein kann. Grundsätzliche stilistische Erwägungen lassen Thomas Biller den Juliusturm in Zusammenhang mit Turmformen sehen, die in der ersten Hälfte des 13. Jahrhunderts als möglich betrachtet werden. Kriterien sind die Rundform, die Kuppelwölbung in vermutlich zwei Niveaus, das bewohnbare Geschoß mit dem einstigen Zugang und dem Kamin sowie Fenstern und einer möglichen Wendeltreppe in der Turmwandung. Frühere Datierungsversuche rechneten mit einer sehr weit zurückliegenden Entstehung, nämlich dem letzten Viertel des 12. Jahrhunderts, wobei auch das Baumaterial in Betracht gezogen wurde. Seit einigen Jahren kann man den Turm in seinem Unterteil wieder betrachten. Der Fuß des Bauwerks steckte mehrere Meter tief in den Schüttungen einer Rampe und der Südkurtine der Festung. Der nunmehr freiliegende Fuß besteht aus sauber behauenen Feldsteinquadern. Die Fugen dazwischen sind mit Splittern gleichen Materials sauber ausgezwickt, sind aber klar als Zwischenräume kenntlich. Auf der Nordostseite ist ein schmaler Bereich neuzeitlich verputzt, der als einziges Stück der Außenseite auch früher zugänglich war. Auf der Südseite, die sich heute unter Dach im Foyerteil befindet, ist glücklicherweise das einstige Aussehen erhalten geblieben. Die ursprüngliche Ansicht blieb unter einer wohl dem 16. Jahrhundert zu verdankenden hellen Rauhputzschicht erhalten. Die Fugen- und Kantenpartien der in ihrer Oberfläche bossenartig unregelmäßigen Quader sind mit Mörtel sauber geglättet worden, so daß vom Quader selbst meist nur das Mittelteil steinsichtig erscheint. Die verputzten Zwischenräume sind als dann durch vertiefte Fugenritzung gegliedert worden, um das Aussehen einer exakten Quaderung zu erreichen. Dieses Verfahren ist auch an dem in Granitquadern aufgeführten Westbau der Berliner Nikolaikirche beobachtet worden. In größerer Höhe ist hier an der Turmostwand eine solcherart gestaltete kleine Restfläche aus der Entstehungszeit vorhanden. Am geschützten Ort, innerhalb des ehemaligen Dachraumes, blieb auch zusätzlich noch der Kalkweißanstrich der Zierfugen erhalten. Für das Gebiet des Teltow ist im Dorfkirchenbau die Verwendung sorgfältig behauener Quader, auch mit der glättenden Nachbehandlung der Quaderfläche sowie der Fugenritzung zu Anfang des 13. Jahrhunderts nachgewiesen. Das kunstgeschichtliche Urteil läßt eine Erbauung der Berliner Nikolaikirche nach dem Anfang des 13. Jahrhunderts zu. In der relativen Chronologie innerhalb einzelner Gebäudeabschnitte ist der Vergleich von Ziegelformaten miteinander üblich, um zu beurteilen, welche Teile an einem Bauwerk jünger oder älter sind. Eine Methode, die sich der Veränderung des Ziegelformates im Laufe der Zeit bedient, bedarf natürlich einer Grundlage. Mit Hilfe datierbarer Bauwerke gelang es in Niedersachsen, eine solche Unterlage zu erstellen. Nach dem Untersuchungsergebnis liegt

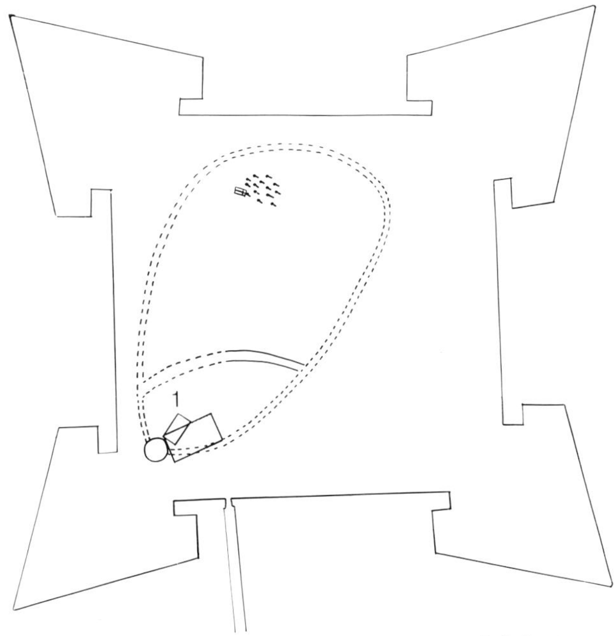

79. Lage der askanischen Burg des 12./13. Jh. im Grundriß der Spandauer Zitadelle (gestrichelte Linie = vermutet, durchgezogene Linie = nachgewiesen). 1 = Vorgänger des Palas. Eingezeichnet ist auch das Gräberfeld mit eventueller Kapelle.

das Charakteristikum der Ziegelformate in den Höhen (Stärken) der Steine.

Zunächst ist bei Übertragung der in einem entfernt liegenden Gebiet gewonnen Erkenntnisse Zurückhaltung geboten; die Entwicklung könnte in unserem Gebiet eine andere gewesen sein. Nun setzt auf den Quadern des Juliusturmunterteils das Ziegelmauerwerk im sogenannten wendischen Verband an, d.h. auf zwei Läufer folgt ein Binder (Kopfstein). Diese Ziegelsteine sind nicht sehr hart gebrannt, daher ist das Material, das die Außenseite bildet in den Umrissen sehr verwittert. Der einzelne Stein ist zudem unsauber geformt, daher sind die Ziegel bemerkenswert unregelmäßig bemessen, das schwankende Format in Länge mal Breite mal Höhe in cm: 25–27 × 12–13,5 × 8–8,5. Dieses Ziegelmaß bleibt im Größenvergleich an anderen mittelalterlichen Bauteilen mit Ziegeln, die in Spandau noch vorhanden sind, wie z.B. Stadtmauer und Nikolaikirche mit 30 × 14 × 10 durchaus zurück. Auf Grund verschiedener Erwägungen sind diese Bauwerke in das 14. Jahrhundert einzuordnen.

Als älteste, annähernd genau datierbare Backsteinkirche Norddeutschlands, damit auch unseres Brandenburger Gebietes, wird der Dom zu Brandenburg bezeichnet. In seinem, im Jahre 1165 schon als bestehend geltendem Fundament haben die Ziegel schwankende Formate: 25–27 × 12,5–14 × 6–7.

Die Ziegel aus dem Fundament der nördlichen Kryptawand, die danach entstanden sein muß, sind in ihren Formaten einheitlicher: nämlich 28 × 12,5 × 8. Den Bau der Krypta stellt man neuerdings an den Anfang des 13. Jahrhunderts. Die Hauptbauzeit einer weiteren sehr alten Ziegelsteinkirche, der Klosterkirche von Jerichow in der Altmark, sieht man in den letzten Jahrzehnten des 12. Jahrhunderts. Dort kämen die Ziegel der Ostteile und des Langhauses als zuerst verbaut in Betracht: 28 × 14 × 8. Die Langhausverlängerung und der Westbau könnten gegen 1220 durchgeführt worden sein. Die Ziegel dieser Bauteile haben die Abmessungen 29,5 × 14 × 9,5. Ordnet man die Abfolge der Bauzeiten, so passen die steigenden Höhen (Stärken) in eine Reihe. Die Ziegelmaße des Juliusturmes könnten hier ihre Eingliederung finden und damit bedeuten, seinen Bau an den Anfang des 13. Jahrhunderts zu setzen. Die deutlich schlechtere Ziegelqualität, gemessen an eindeutig jüngerem Material, unterstützt ein derartig frühes Entstehungsdatum. Auch das Unterteil mit seiner besonderen Behandlung der die Außenwand bildenden Quader fügt sich da ein. Neben dem Turmbau sind die Mauerzüge eines rechteckigen Gebäudes angetroffen worden, dessen Ausgrabung bisher wegen der beständig ablaufenden Bauarbeiten nicht möglich gewesen ist. Die Ziegelsteine entsprechen denen des Juliusturmes.

Durch einen beobachteten Eckverband läßt sich die Länge in der Ost-Westrichtung mit ca. 16 m annehmen. Vielleicht ist dies der erste Palas der Askanier auf dem Gebiet der Zitadelle (s. Abb. 79).

Die hier begründete Entstehungszeit der Steinbauten läge im Bereich historischer Konflikte. Der Ausbau einer Grenzburg in Spandau als Rückensicherung für die Eroberung des Barnim und die Feldzüge gegen Pommern und Dänen sprechen für den Markgrafen Albrecht (1205–1220), der auch sonst als Burgenbauer bekannt ist, als Bauherrn.

Auch zu den späteren Schicksalen dieses alten Befestigungsplatzes erlaubten die großflächigen Ausschachtungen neue Erkenntnisse. So läßt sich nunmehr in mehr oder weniger großen Zügen die nächste Phase in ihrer äußeren Gestalt umreißen. Ältere Ausgrabungen hatten bereits Gewißheit gebracht, daß im 14. Jahrhundert ein umfassender Umbau der älteren Befestigungsstufe unter weitgehender Änderung der sich ausbreitenden Backsteintechnik vorgenommen worden war.

Es zeigte sich, daß im Randbereich des Burgareals die Schichten der verfallenen Holzerdemauern der vorhergehenden Befestigungen einplaniert und durch eine daraufgesetzte Ringmauer ersetzt worden waren. Sie umschloß den gleichen Flächeninhalt.

Diese randliche Wehrmauer wurde über Entlastungsbögen auf Fundamentpfeilern gegründet, eine Bauweise, die seit dem 12. Jahrhundert bekannt ist. In der Südwestecke des Bauplatzes entstand ein neues mehrgeschossiges Wohngebäude, welches sich dem schon bestehenden Juliusturm angliederte. In die östliche Schmalseite band die Ringmauer ein, wie heute noch zu sehen ist. Im Oberstock der westlichen Gebäudeseite befand sich ein nach außen vorkragender Aborterker, ein sogenanntes Windklosett. Das Untergeschoß des heute in annähernd alter Gestalt erscheinenden Gebäudes enthielt einen großen Saal mit Holzdecke. Im Obergeschoß lagen damals vermutlich die Wohngemächer. An die Rundung des Juliusturmes anschließend verlief die Ringmauer dann fast gerade nach Norden. Unter den späteren Aufschüttungen der Westkurtine der Festung, deren für Neubauzwecke abgeräumtes Gebiet schon für die Erkenntnisse über die slawische Burg so vorteilhaft gewesen war, konnten Einzelheiten über den Aufbau der Ringmauer gewonnen werden. Es ergaben sich dabei Hinweise auf jüngere Umbauten, die große Schuttmengen hinterlassen hatten. Parallel zur Außenseite der Ringmauer belegten Unmengen von Dachziegelbruch im Schlamm die Existenz eines später beseitigten Wehrganges, der damit eingedeckt gewesen sein muß. Der Wehrgang muß für den gesamten Ablauf dieser äußeren Wehrmauer angenommen werden, da bisher keinerlei Anzeichen für eine Verstärkung der Verteidigungskraft durch Türme vorliegen. Auf eine Strecke von ca. 50 m konnte der Verlauf der Mauer untersucht werden. Dabei wurden Anzeichen für einen westlich anschließenden vorgelagerten Wassergürtel bemerkt, in dem die Außenmauer der heutigen Westkurtine steht. Unter dem von Bauarbeiten bisher unberührten Verlauf der Westkurtine verbirgt sich der anschließende Teil der Ringmauer.

Als Neuerung hatte man in dieser Phase die Wehrhaftigkeit verstärkt, indem man eine sehr ausgeprägte Trennung in Vorburg und Kernburg vornahm. Durch Ausschachtung eines 22 m breiten Grabens schuf man als Kernburg einen nahezu quadratischen inneren Verteidigungsbereich von ca. 4000 qm Grundfläche. Damit lagen der gotische Wohnbau (Palas) und der Juliusturm in einem künstlich gestalteten inselartigen Bereich, der auf den Innenseiten zusätzlich im Norden und Osten mit einer Mauer geschützt wurde. Im Süden und Westen übernahmen das Palasgebäude und die westliche Ringmauer diese Funktion. Auf der Nordseite dieser Kernburg gab es vermutlich ein Tor. Die äußere Ringmauer überspannte an zwei Punkten den Graben; möglicherweise hatte dieser durch hölzerne Uferbollwerke gefaßte innere Verteidigungsgraben einen Zufluß im westlichen Abschnitt, wobei der Mühlenstau östlich der Stadt Spandau für einen Wasserstand in konstanter Höhe sorgte. Der größte Teil der Kernburg ist zum gegenwärtigen Zeitpunkt noch nicht archäologisch untersucht. Bei Ausschachtungen konnte immerhin erkannt werden, daß anscheinend im 15. Jahrhundert ein zusätzliches großes Wohngebäude auf der Westseite geschaffen wurde, welches die dortige Ringmauer als Rückwand benutzte.

Die östliche Eingrenzung der Burg durch die Ringmauer ist im südöstlichen Bereich auf etwa 100 m durch Grabung beobachtet, weiterhin der restliche Verlauf durch einzelne Beobachtungen bis an das Gebäude, welches den Nordabschluß des Festungsinneren bildet (Haus 6), belegt. Dort im Ostteil der Hauptfassade befindliche Risse lassen den Querschnitt des einstigen Burggrabens, einen durch Uferbollwerke eingeengten, ehemaligen Havelarm erkennen, der im Osten die Burg schützte. Heute verschüttet, führte er die Wasser der Havel nach Süden (diagonal durch den Innenraum der Zitadelle) an Ringmauer, Wohnbau und Juliusturm vorbei, in das Mündungsgebiet der Spree. Im Zusammenhang mit dem U-Bahnbau wurde dort ein ausgedehntes, früher unwegsames, tiefgründiges Morastgebiet erkennbar. Darüber liegen teilweise Gründungen der Südfront der Zitadelle mit dem Torhaus.

Wenden wir uns nun dem Verlauf der Ringmauer im Norden zu, so kann nur vermutet werden, daß sie nach Westen abbiegend, unter dem Haus 6 weiterläuft. Sie würde dann die Bereiche des Hofes der Bastion Kronprinz auf die von Süden heranziehende (aus Richtung Juliusturm) Westmauer treffen. An dieser Stelle nun sind bereits im Jahre 1936 bei Ausschachtungen Mauerreste aus Feldsteinen und Ziegeln vorgefunden worden, die sich abweichend vom Ringmauerzug in südöstlich – nordwestliche Richtung bis unter die Bastionsbebauung erstreckten. Die Fundamente dieses langgestreckten Baurestes wurden als Haupttor im Zuge (der damals noch nicht aufgefundenen) Ringmauer mit nach außen vorspringendem Zwinger und dortigem Außentor gedeutet, die Entstehung zeitlich an das Ende des 12. Jahrhunderts gestellt. Wie wir noch sehen werden, kann daran im wesentlichen festgehalten werden, wenn auch das damals angenommene Alter zu hoch ist. Es gab also hier einen Torbau in Richtung Stadt Spandau. Im übrigen liegt auch die Bastion Kronprinz im Morast, wie es alte Berichte aus der Erbauungszeit festgehalten haben.

Auf der östlichen Seite muß nun ebenfalls ein Tor die Mauer durchbrochen haben. Bei Baggerarbeiten wurden zwischen den Häusern 11 und 13 unter der Straße zwei parallel laufende Mauern aus großen Findlingen und Ziegelsteinen angetroffen. Sie ziehen sich auf eine längere Strecke durch morastigen Untergrund und liegen zudem außerhalb der mittelalterlichen Befestigung.

Es dürfte sich dabei um die Seitenmauern einer Brückentrasse handeln, deren Fahrbahn aus aufliegenden Bohlen bestand. Der Verlauf ist ähnlich gerichtet wie bei dem zuvor geschilderten Tor. Nordwestlich der Brückenmauern wurden schon im Jahre 1935 beim Bau des inzwischen wieder verschwundenen Heizwerkes die Fundamente eines Treppenturmes mit anschließender Mauer gefunden. Das auf Pfahlrost gegründete Mauerwerk bestand aus Findlingen und jüdischen Grabsteinen. Nach der Aufmessung liegt dieser Befund in der Flucht der östlichen Ringmauer. Die Brückentrasse zielt etwa aus südöstlicher Richtung darauf und dürfte hier den alten Havellauf bzw. den Burggraben gekreuzt haben. Wie sich bei der Auswertung der alten Vermessungen herausstellte, muß die Brückentrasse mit einer Biegung auf das Tor zugelaufen sein. Eine solche Situation ist analog bei einigen märkischen Stadttoren feststellbar, wie z. B. Neubrandenburg (Friedländer Tor) und Jüterbog (Zinnaer Tor). Spätere Grabungen werden die genaue Lage noch zu klären haben.

Dieses Tor hatte einen seitlichen Treppenturm. Über ihn ließ sich wohl der Wehrgang an der zinnengekrönten Mauer ersteigen. Die Höhe der Ringmauer verrät uns die erhaltene Einbindung der Ostseite des Palas, wo sie sich mit neun Metern aus dem Graben erhob. Zusammengefaßt ergibt sich für das innere Südosttor ein quadratischer Turm neben der Durchfahrt. Zur Verstärkung der Verteidigungskraft ist dann aber ein Wehrgang über der Tordurchfahrt notwendig, der die sich sonst ergebenden toten Winkel im Brückenzwinger bestreichbar macht.

Am östlichen Ende der Brückentrasse, die zwingerartig ausgebildet zu denken ist, wird ein Vortor als erste Verteidigungsstellung gestanden haben; dazu gibt der feste Boden unter der heutigen Bastion Königin, wohin das Ostende der Brücke zielt, einen ausreichenden Baugrund. Der Vergleich mit dem zuvor behandelten Westtor macht es wahrscheinlich, daß mit dessen langgestreckter Gestalt wohl ebenfalls eine Brückensituation vorgelegen hat. Die Zweitorigkeit unserer Burganlage zeigt auch, wo die Straße von Berlin nach Spandau verlaufen sein muß. Die unpassierbaren Wasser- und Morastflächen im Norden und Süden zwangen die Straße durch die auf der Vorburg gelegenen Tore und ermöglichten gleichzeitig die Kontrolle. Erst mit dem Bau der Zitadelle im 16. Jahrhundert änderte sich die Situation, auf einer Dammschüttung wurde jetzt die Straßentrasse südlich der Eingangsseite vorbeigeführt.

Über die Innenbebauung der großen Vorburg läßt sich wenig sagen, da der Untergrund, wie stets wieder anzumerken, später tiefgründig gestört wurde.

An zwei Punkten wurden mehrere Brunnen gefunden, die anscheinend aufeinander folgend errichtet worden sind und zwar immer dann, wenn der Vorgänger unbrauchbar geworden war.

Einige Reste von rechteckigen Hausgruben lassen an unterkellerte Holzbauten denken, wie sie zum Beispiel in der Spandauer Altstadt gefunden worden sind. Es besteht daher die Möglichkeit einer Bebauungseinteilung, bei der sich Hauskomplexe jeweils um einen Brunnen gruppierten. Bei dem vorhandenen Platz wäre an vier Häuserviertel zu denken, zwischen denen sich die Überlandstraße hindurchzog. Im allgemeinen diente eine Vorburg zur Aufnahme von Wirtschaftsgebäuden, Stallungen und Lagergebäuden. Auch an die Innenseite der Ringmauer lehnten sich gewöhnlich einzelne Gebäude an. So sind zwei Fundamente quadratischer Steinbauten gefunden worden, die möglicherweise turmartig waren, wobei eine Entscheidung für einen fortifikatorischen Zweck vorläufig schwerfällt. Von besonderem Rang, dazu völlig unerwartet, war die Auffindung eines Körpergräberfriedhofes im nördlichen Bereich vor dem Haus 6 (Abb. 79). Längs des Gebäudes wurden zunächst etwa 8 Bestattungen, z.T. stark gestört, geborgen, die in West-Ost-Richtung lagen. Aus der Streuung über ein gewisses Areal muß vor dem Gebäude schon mit ca. 40–50 Gräbern gerechnet werden. Es ist nicht auszuschließen, daß der Friedhof sich im Untergrund des nicht unterkellerten Hauses 6 fortsetzt, in dem schließlich auch die Ringmauer zu suchen ist. In diesem Falle wäre der Bestattungsplatz einstens längs der Mauer angelegt worden. Leider sind über den zeitlichen Ursprung nur ungenaue Angaben möglich. Er muß jünger sein als die slawische Besiedlung des 11./12. Jahrhunderts, da eines der Gräber über einer slawischen Hausgrube angelegt wurde. Andererseits muß er älter als die Fundamentmauer unter der Südfassade von Haus 6 sein. Die Ausrichtung der Gräber – Kopf im Westen, nach Osten blickend – spricht ferner deutlich für eine Entstehung zur Burgzeit. Fundamentreste in der Nähe der Grabstellen könnten auf eine Kapelle hinweisen. Bisher ist die kirchliche Komponente nur urkundlich für die Jahre 1317 und 1335, wobei eine Kapelle auf der Burg erwähnt wird, faßbar. Somit werden auch an dieser Stelle künftige Ausgrabungen nötig sein.

Über die Zeitstellung der vorstehend behandelten Befestigungsphase mit ihren steinernen Ausbauten geben uns in den Mauern aufgefundene jüdische Grabsteine Auskunft. Ihre Inschriften enthalten zeitliche Angaben, die Rückschlüsse erlauben. Diese in mehrfacher Hinsicht äußerst wertvollen Urkunden verdienen eine nähere Betrachtung.

Schon im Jahre 1956 sind aus den Mauern des gotischen Wohnbaues (Palas) neunzehn jüdische Grabsteine geborgen worden, von denen zehn nach der Entzifferung die Daten ihrer einstigen Aufstellung preisgeben. Die Reihe beginnt mit dem Jahre 1244 und endet 1347.

Für das Gebäude ergibt sich damit eine ungefähre Erbauungszeit um die Mitte des 14. Jahrhunderts. Ausgrabungen, die im Jahre 1970 begannen, haben aus den Kellermauern des Palas, aus den Sondagen im Zitadellenareal und neuerdings aus einem ausgedehnten Fundament im Bereich der Kernburg weitere Steine ans Tageslicht gebracht. Die Anzahl hat sich auf 52 Stück erhöht; doch steht die Bearbeitung und Entzifferung noch aus. Die Art der Vermauerungstechnik ist noch heute an der Nord-Ostseite bei einem in situ belassenen Befund des Palas ersichtlich. Nur das Unterteil des Bauwerks mit vorspringendem Sockel, der bis auf die Ostseite das Haus umgab, war anteilig mit diesem verschleppten Kulturgut errichtet. Die auf der Zitadelle bis jetzt zu Tage gekommenen 52 Grabsteine stellen eine Denkmälergruppe überregionaler Bedeutung dar.

In einer zeitlichen Auflistung von Fundorten jüdischer Grabsteine in Mitteleuropa steht Spandau an dreizehnter Stelle. Die zeitliche Folge von dreiundvierzig über Europa verstreuten Fundplätzen erstreckt sich vom 11. bis zum 15. Jahrhundert. Das 13. Jahrhundert ist in 20 Städten vertreten, hier liegt Spandau an achter Stelle. Landschaftlich enger betrachtet schrumpft die Anzahl weiter. Im ehemals slawischen Gebiet Deutschlands bleiben nur drei Orte, die in Thüringen, der Mark Brandenburg und Mecklenburg liegen. Aus Erfurt ist das Jahr 1252 überliefert. Parchim in Mecklenburg bewahrt sechsunddreißig bekannt gewordene Exemplare, aus dem Jahr 1258 den ältesten und aus dem Jahr 1346 den jüngsten Stein. Sie waren dort bei der Errichtung der Marienkirche und des Kreuztores verwendet worden. Den reichsten Bestand hat Spandau aufzuweisen, der zeitlich fast den gleichen Bereich wie die Beispiele aus Parchim umspannt. Damit läßt sich für beide Orte auch der gleiche Anlaß für die Profanierung der Grabsteine als Baumaterial erkennen: nämlich in ganz Europa verbreitete Judenpogrome im Gefolge der großen Pest. Neben der physischen Vernichtung der Juden gehörte damals die für ewige Zeiten geplante Landesverweisung dazu. Zur persönlichen Verfolgung gehörte auch die Beseitigung religiös geweihter Stätten, der Synagogen und Friedhöfe. Die Grabsteine wurden abtransportiert und dienten als Baumaterial.

Diese tragischen Umstände haben uns die ältesten steinernen Denkmäler des Judentums in der Mark Brandenburg überliefert. Sie sollten dem Vergessen anheimfallen und haben im Verborgenen länger überdauert als die christlichen Grabmäler jener Zeiten. So ist der älteste berlinische Grabstein der eines Juden mit der Jahreszahl 1244. Der älteste christliche Grabstein, vormals in der Berliner Klosterkirche aufbewahrt, ist ca. 70 Jahre jünger: im Jahre 1308 starb der auf dem Stein figürlich abgebildete Konrad von Beelitz.

Es ist anzunehmen, daß auch in anderen Städten noch heute in den aufgetürmten Steinmassen sakraler oder profaner Bauten ähnliche Dokumente christlicher mittelalterlicher Verfolgungswut Andersgläubiger verborgen sind. Zweifellos hat es außer in den oben aufgeführten Städten noch weitere jüdische Gemeinden und daher auch Begräbnisstätten gegeben; doch hat man von ihnen nur durch relativ späte urkundliche Erwähnung Kenntnis bekommen. So wird der Spandauer Friedhof erst 1324 erwähnt. Immerhin sind jüdische Fleischer in Spandau schon im Jahre 1307 Gegenstand einer schriftlich belegten Streitigkeit mit christlicher Konkurrenz. Die Berliner Juden setzten noch bis ins 15. Jahrhundert ihre Toten auf dem Spandauer Begräbnisplatz bei, wofür entsprechende Zahlungen an das christliche städtische Gemeinwesen zu leisten waren. Dieses war allgemein geübte Praxis: mehrere Gemeinden bestatteten stets auf einem Friedhof, nämlich dem der älteren, bedeutenderen Ansiedlung.

Einige Anzeichen deuten in Spandau auch auf einen Synagogenbau, der in einer großen Gemeinde sicher nicht fehlte.

Eine sehr frühe Ansässigkeit märkischer Juden wird in der legendenhaften Beschreibung des Wunderblutes zu Beelitz für das zweite Viertel den 13. Jahrhunderts kundgetan. Die sachliche Bestätigung verdanken wir den Grabsteinfunden von Spandau.

Die real bezeugten Daten von Erfurt, Spandau und Parchim bezeichnen mit Sicherheit nicht erst den Beginn der Niederlassungen in jenen Gebieten, sondern bereits die volle Etablierung der Juden im Gefüge der damaligen Wirtschaft bzw. Gesellschaft. Letztlich bieten die Gedenksteine selbst einen Hinweis darauf. Die unterschiedlichen Größen verdeutlichen den einstigen finanziellen Aufwand. Steine im Gewicht von 8–15 Zentnern und mehr erfordern schon vom Transport her gewisse Aufwendungen. Das Findlingsmaterial selbst mußte beschafft werden. Die verschiedenen Abmessungen der Steinblöcke spiegeln wohl auch die wirtschaftliche Situation der Angehörigen wider. Große und kleine Blöcke lassen unterschiedlich verteilte Finanzkraft der Juden erkennen. Ein wichtiges Erfordernis sind die steinverarbeitenden Spezialisten gewesen. Steinmetze waren in den ersten Jahrzehnten des 13. Jahrhunderts schon dabei, an den Quadern für Kirchenbauten zu arbeiten, und sie waren z.B. tätig am Bau des Juliusturmes. Auf der Grundlage dieser Voraussetzungen ist die Möglichkeit einzuräumen, daß Juden im Gefolge der Ostsiedlung an den städtischen Niederlassungen im ehemaligen Slawengebiet beteiligt waren. Seit dem 8./9. Jahrhundert durchzogen jüdische Händler das christliche und heidnische Europa bis weit in die östlichen Lande. Die mit den Kreuzzügen einsetzenden Verfolgungen und Beschränkungen, auch die Zusammenschlüsse christlicher Kaufleute, um die andersgläubige Konkurrenz auszuschalten, ließen sie diese traditionelle Stellung als internationale Fernhändler verlieren. Das dritte Laterankonzil unter Papst Alexander III. im Jahre 1179, auf dem der Zinswucher unter Christen untersagt wurde, öffnete ein Schlupfloch. Die Juden wurden vom Zinsverbot ausgenommen. Dieser Ausweg, zwar Quelle künftigen Wohlstandes, wurde zugleich der Hauptgrund und Vorwand für die blutigen Verfolgungen in den kommenden Jahrhunderten, denn der Geldhandel und die Pfandleihgeschäfte verstärkten Haß und Abneigung.

Die Burg Spandau des 14. und frühen 15. Jahrhunderts diente in der Folge den Markgrafen zunächst als Hofhaltungsstätte, bis die Hohenzollern in Berlin-Cölln ihren ständigen Wohnsitz nahmen. Die Spandauer Burg war künftig der Wohnort der verwitweten Kurfürstinnen. Einige Anzeichen berechtigen zu der Annahme eines Um- und Aufbaus im 1. Viertel des 16. Jahrhunderts. Längst hatten sich mit der Entwicklung der Feuerwaffen die geforderten Ansprüche an die Befestigungstechnik gewandelt.

Das Ende der alten Burg zeichnete sich ab, als Kurfürst Joachim II. es seinem Bruder Hans von Küstrin gleichtun wollte und sich eine Landesfestung im neuesten, zeitgemäßen Fortifikationsstil wünschte. Seit 1560 etwa nahm der Bau seinen Fortgang. Das zu befestigende Areal fand eine Ausweitung, die einer Verdoppelung der Fläche entspricht. Mit der Beseitigung der alten Burgmauer und -gebäude sowie der Zuschüttung der inneren Gräben und des ehemaligen Havellaufs, der einst den Schutz nach Osten übernommen hatte, wurde anscheinend erst nach weitgehender Errichtung der neuen Fortifikationen begonnen, wie entsprechende Gefäßreste dieser Zeit in den Schüttungen nahelegen. Dem hellen, sandigen Verfüllungsboden sind an allen Stellen seines Vorkommens Totengebeine untergemischt. Man hat den Boden also einem alten Friedhof entnommen. Sicherlich hat die Sandgewinnung nicht etwa einen christlichen Friedhof betroffen; der Verdacht liegt nahe, daß der ehemalige jüdische Begräbnisplatz abgeräumt wurde. Er müßte demnach auf einer Anhöhe gelegen haben.

Übrig blieben von der gotischen Burg als Rudimente: der Juliusturm und der ehemalige Wohnbau, der zu den Neubauten nicht recht passend, schräg in den Innenraum ragt. Man beließ ihn wohl erst als Provisorium, bis zum Aufbau eines neuen, repräsentativen Wohngebäudes. Dabei ist es dann geblieben, denn die im sogenannten Lynarplan vorgesehenen Gebäude im Westen und Norden sind nicht zur Ausführung gekommen, wie Thomas Biller nachgewiesen hat.

Als im 17. Jahrhundert Spandau außerhalb seines mittelalterlichen Mauerrings ebenfalls bastionär befestigt wurde, entstand als Ganzheit die Festung Spandau. Die fürstliche Landesfestung stellt nunmehr als Kernbauwerk Zitadelle die Hauptverteidigungsanlage der Festung dar, eine gleichsam größere Dimension der mittelalterlichen Burggepflogenheiten: Kernburg und Vorburg. Auch im Innenbereich der Zitadelle wird gebaut. Fast 100 Jahre nach der Planung durch Lynar entstanden, wie Thomas Biller nach dem Studium verschiedener Pläne erkannt hat, der Nord- und der Westbau, die sich entlang der Kurtinen lagern. Das Torhaus wurde über dem Eingang mit dem plastischen Staatswappen geziert.

Einen Anstoß für erneut einsetzende Bautätigkeit gab eine starke Beschädigung der Befestigungswerke. Ein noch vorhandener Gedenkstein erinnert an die Explosion des Pulvermagazins auf der Johannisbastei (später Bastion Kronprinz) am 31. 8. 1691, „alle Gewölbe wurden bis auf den Grund zerschlagen." Der Chronist Daniel Friedrich Schultze drückt sich etwas anders aus. Er nennt als Gegenstand der Explosion einen Pulverturm. Unter Umständen ist dies als Anhaltspunkt zu werten für einen Turm, der aus der frühen Burg hier erhalten geblieben sein könnte. Man ließ ihn stehen, um ihm eine Aufgabe als Pulverlagerstätte zu geben, wie es häufig mit mittelalterlichen Mauertürmen geschah.

Belegt auch für Berlin, wo es 1720 zu einer gleichartigen Katastrophe kam, als der Pulverturm neben dem ehemaligen Spandauer Tor in die Luft flog. Der von Matthäus Merian gestochenen Ansicht von Spandau ist als Einzelheit zu entnehmen, daß auf einer Bastion ein einzelner viereckiger Turm steht, der einen altertümlichen Eindruck macht. Aufgrund seiner geringen Höhe wäre anzunehmen, daß sein Unterteil in den Bastionaufschüttungen ruht. Der Turm könnte dem Nordwesttor des 14. Jahrhunderts, das weiter oben erwähnt wurde, angehört haben. Dieser Stich ist sicherlich keine einwandfreie Quelle. Er stellt ein Mixtum compositum verschiedener Skizzen mehrerer ausgesandter Unterlagensammler dar. Diese wurden möglichst wirkungsvoll zum endgültigen Bild zusammengestellt. Ein vorhandener Quellenwert zeigt sich z.B. darin, daß zwei dort abgebildete hochragende Gebäude im Stadtbereich dort bis 1806 nachweislich wirklich gestanden haben.

Die durch die Explosion verursachten Zerstörungen wie auch der Einsturz mehrerer Gebäude in der Nähe der Unglücksstelle mußten natürlich behoben werden. Die Sprengkraft von fast 1000 Zentnern, also 50 Tonnen, Pulver muß enorme Schäden verursacht haben. Der folgende Wiederaufbau scheint bis gegen 1700 angedauert zu haben. Dabei wurde der Bastionshof mit den noch vorhandenen barocken Arkadenreihen auf Ost- und Westseite geschmückt. Die Fassaden zeigten im Erdgeschoß gemauerte und geputzte Rustika, während die Bogen oben durch Schlußsteine betont wurden. Der Palas erfuhr eine Modernisierung, die Arbeiten waren gegen 1703 beendet. Umbauten wurden auch auf dem „Ravelin Schweinekopf" auf dem westlichen Glacis vorgenommen, so meldet eine Inschrifttafel aus dem Jahre 1704 an der linken Face des Vorwerks.

Es sind dies Baumaßnahmen, die in die Regierungszeit Kurfürst Friedrichs III. fallen, eines Herrschers, der schon vor Regierungsantritt Ansätze einer gesteigerten Baulust zeigte. Als er im Jahre 1688 an die Spitze Brandenburg-Preußens trat, war sein eigentliches Regierungsprogramm die Erwerbung der Königskrone, um seiner Machtstellung auch äußerliche Würde und Geltung zu verleihen. Für diese persönliche und dynastische Landeserhöhung wurde seit 1690 mit dem Kaiser in Wien verhandelt, schließlich fand die Krönung am 18. 1. 1701 in Königsberg statt. Zu Königswürde und Herrschaft gehört die Unterstützung durch zeremonielle und künstlerische Gestaltung, insbesondere durch Bauten. Vom Regierungsantritt des Kurfürsten bis zu seinem Tode als König Friedrich I. im Jahre 1713 wurden Künstler und kunstgewerbliche Handwerker aus ganz Europa zusammengezogen. Zu diesem Kreis gehörte Andreas Schlüter, der dem künftigen Zentrum der Repräsentation, dem Hohenzollernschloß in Berlin, die Fassade gab, im Innern die riesigen Räume schuf und ihre Ausstattung entwarf. Innerhalb der Fluchten von Staatszimmern entstand der Rittersaal als Standort des Herrscherthrons. Als Höhepunkt der Dekoration trug die Decke ein farbenprächtiges Fresko unter dem Motto: „Die Verherrlichung der Taten Friedrichs I.“, an dessen Rändern Malerei und Skulptur nahtlos ineinander überzugehen schienen. Die illusionistische Malerei zeigte eine barocke Synthese allegorischer Gestalten und Gottheiten. Den unteren Abschluß der Malerei begleitete eine Balustrade, in deren Bereich sich an den Schmalseiten Figuren befanden. In der Gruppierung der Südwestseite über dem Thron meint Ekhart Berckenhagen die drei Figuren als den Festigungsbaumeister und Architekten Graf Rochus Guerini zu Lynar, den Architekten Paul Decker d. Ä. und den Schloßbaumeister Andreas Schlüter mit seinem Zirkel in der Rechten, identifizieren zu können. Interessanterweise wenden die Gestalten sich einem entrollten Plan mit der Darstellung der Spandauer Zitadelle zu, der sich von der rechten Figur gehalten, vor einer Frauengestalt ausbreitet (Abb. 80). Eine weitere Zeichnung erweist sich als Riß der Zeughausfassade. Militärische Macht wird hier in Verbindung gebracht mit der Allegorie der Stärke (Dynamis). Diese Frauengestalt, die sich auf ihre Attribute, einen Löwen und eine Keule stützt, hat es auch als Skulptur einer Lünette an der Lustgartenseite des Schlosses gegeben.

Im Gegensatz zu Ekhart Berckenhagen erkennt Goerd Peschken Andreas Schlüter in einer Person, die mit einer Muse auf einem Kapitell sitzt, und anscheinend mit ihr das vor ihnen befindliche Residenzschloß diskutiert. Der wichtigste Bezug der Deckendarstellungen zu Spandau liegt in dem bisher für die Spandauforschung ohne Beachtung gebliebene Zitadellenplan. Es handelt sich dabei nicht um den bekannten, ursprünglichen Entwurf, den Lynarplan. Die Malerei gibt den Zustand jener Zeit wieder, wie vor allem der Bereich des Glacisgeländes darlegt. Kurios ist die Einbeziehung der als Rochus Guernini zu Lynar gedeuteten Figur in die mit dem Plan beschäftigte Dreiergruppe. Schließlich war dieser Architekt schon einhundert Jahre zuvor verstorben, außerdem handelt es sich bei der Bekleidung, nach einer Kostümanalyse von Anne Christine Menz, um die modische Aufmachung aus dem Frühbarock und nicht aus der Spätrenaissance. Nicht stimmig sind Barttracht, Haarfrisur, Kopfbedeckung und Halskrause, die beim ungefähren Alter des Dargestellten etwa eine Differenz von 50 Jahren ausmachen würden.

Für die Aufnahme in die Gruppe um den Zitadellenplan muß der vermutliche Lynar recht wichtig gewesen sein. Möglicherweise sah man sich in der Nachfolge eines noch 100 Jahre nach seinem Tode gerühmten Baumeisters und wollte damit einen Hinweis auf die den Plan „erfassende“ Gestalt, die rechte Figur mit dem Zirkel geben. Die Darstellung des Zirkels, seit mittelalterlicher Zeit Symbol des

80. Detail aus dem Plafond des Rittersaales im Berliner Schloß.

Baumeisters, weist mit Bestimmtheit auf einen Architekten, wenn nicht sogar auf Andreas Schlüter selbst, wie es Ekhart Berckenhagen formuliert hat.

Auf Schlüter deutet auch der vorgewiesene Aufriß des Zeughauses, an dessen Skulpturenschmuck er beteiligt war. Darüber hinaus war er dort von 1698 bis 1699 Bauleiter, nachdem er anscheinend den vorherigen Bauleiter Martin Grünberg beiseite gedrängt hatte. Wegen technischer Fehler mußte er sein Amt dann Jean de Bodt überlassen. Trotzdem schaffte er es, nunmehr seine Bestallung als Schloßbaumeister zu erhalten, wobei ihm Entwurf und Ausführung unterstanden. Auch die malerischen Fassungen und Deckengemälde wurden, wie Heinz Ladendorf aus Schlüters Schriftverkehr nachweisen konnte, nur ausgeführt, wenn er solche veranlaßt oder wenigstens gebilligt hatte. 1702 war Johann Friedrich Wentzel mit der Ausmalung der Decke des Rittersaals beschäftigt.

Die Ernennung Schlüters zum Schloßbaudirektor geschah nicht ohne Widerspruch. Die Konkurrenz, die sieben Jahre später über seinen Sturz frohlocken konnte, hatte auf seine unvollständige Ausbildung als Architekt hingewiesen. Sicher war ihm die Haltung seiner Kollegen bekannt. Er hatte also keinen Grund, innerhalb seines Schaffens irgendeinem seiner künstlerischen Gegenspieler ein Denkmal zu setzen. Im Gegenteil wird er alles darangesetzt haben, sich dort selbst mit berechtigtem Stolz als Baumeister zu verewigen, zumal derartiges üblich war. Weiterhin könnte ihn künstlerische Eitelkeit gedrängt haben, zusätzlich ein weiteres Abbild auf der dem Thron gegenüberliegenden Seite in den Bezug des Bildhauers zu stellen.

Der Plan der Zitadelle aus dem Rittersaal ergänzt die nicht so reichhaltige Folge der erhaltenen Stücke. Er zeigt weiterhin die Verbindung zu den Repräsentationsbauten Friedrichs I., dessen „Baubüros" offensichtlich auch hier ein Tätigkeitsfeld hatten. Die große Wahrscheinlichkeit, in dem Baumeisterbild tatsächlich Andreas Schlüter erblicken zu können, würde ihn dann als Architekten im Festungsbereich zeigen. Die Aufgabe war vielleicht, dem rastlosen und ständig außerhalb Berlins befindlichen König ein weiteres Quartier mit Lustschloßcharakter zu schaffen. Für einen militärisch-fortifikatorischen Ausbau wäre wohl eher Jean de Bodt gewählt worden, der als Kriegsingenieur und Festigungsbaumeister schon Erfahrungen gesammelt hatte. Die oben aufgezählten Baumaßnahmen auf der Zitadelle fallen etwa in die Zeit, in der Schlüter schon in Berlin für den Hof arbeitete.

Der quasi „genordet" vorgestellte Zitadellengrundriß zeigt immerhin das Innere der Zitadelle mit Randbebauung, Nord- und Westbau, den Juliusturm und den Palas. Der Innenraum ist frei. Die meisten Pläne jener Zeit, die die Zitadelle vorstellen, verzichten auf die Darstellung der Einzelheiten des Innenraums. Für eine Unterstreichung der repräsentativen Bedeutung des Militärobjektes Zitadelle Spandau im Sinne barocker Fürstenmacht, sorgte zudem ein realer direkter Blickkontakt Schloß/Rittersaal – Festung, der durch eine, möglicherweise sogar künstlich angelegte, Schneise durch die Spandauer Heide geschaffen wurde.

Literatur

Mühlbächer, Eva: Andreas Schlüter und die Plastik seiner Zeit, Berlin 1964.
Biller, Thomas: Der „Lynarplan" und die Entstehung der Zitadelle Spandau im 16. Jahrhundert, Berlin 1981.
Jahn, Gunther: Die Bauwerke und Kunstdenkmäler von Berlin. Stadt und Bezirk Spandau, Berlin 1971.
Herz, Rudolf: Berliner Barock, Berlin 1928.
Berckenhagen, Ekhart: Baumeisterbildnisse im Rittersaal des Berliner Schlosses, in: Zeitschrift des deutschen Vereins für Kunstwissenschaft XVII, 1963, S. 215ff.
Reuther, Hans: Barock in Berlin, Berlin 1969.
Peschken, Goerd/Klünner, Hans-Werner: Das Berliner Schloß, Berlin 1982.
Ladendorf, Heinz: Der Bildhauer und Baumeister Andreas Schlüter, Berlin 1935.
Prösel, Susan/Kemin, Michael: Berlin um 1700. Die Idealstadt Charlottenburg, Berlin 1984.

Allgemeine Literatur: s. S. 287.

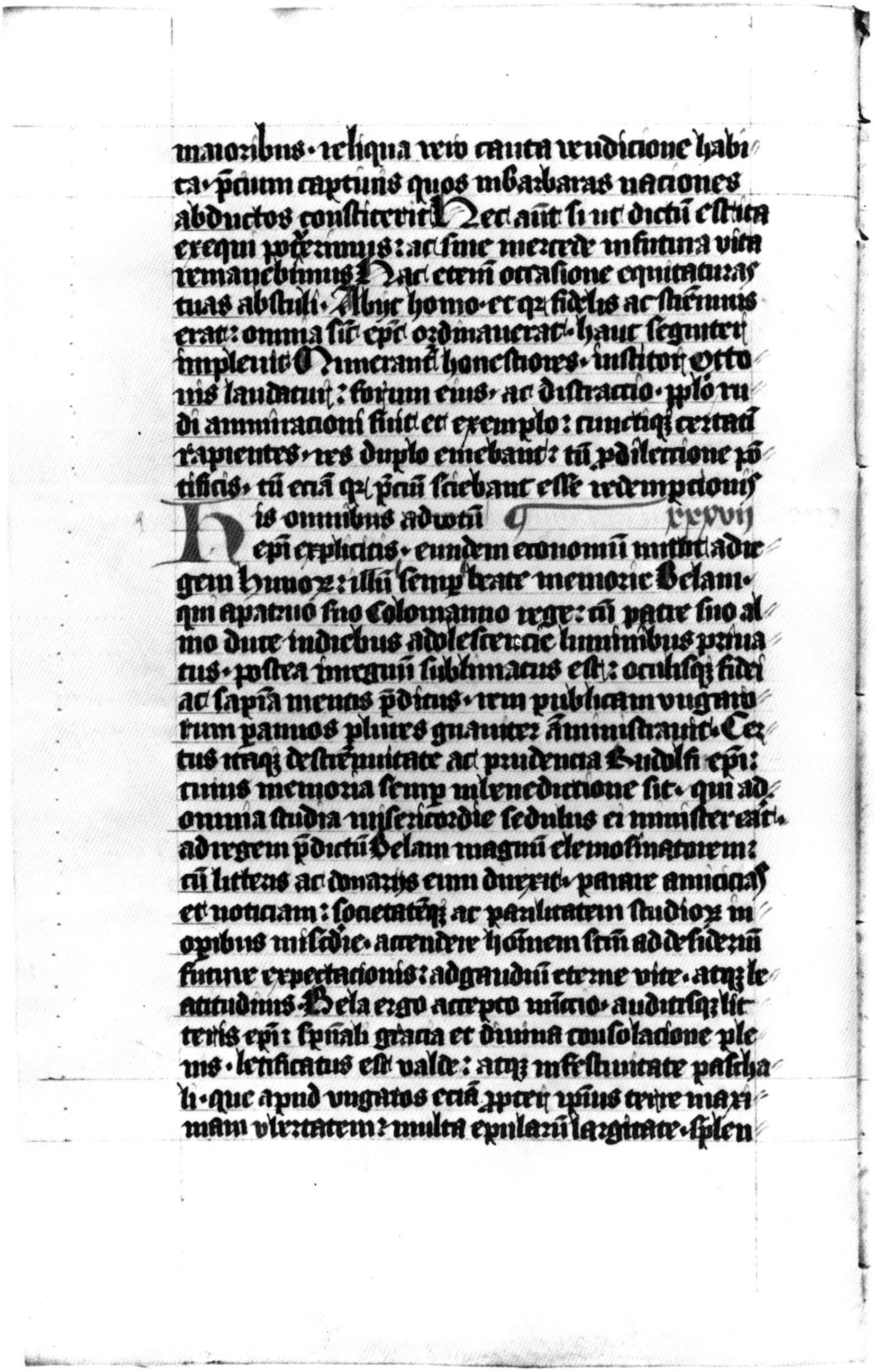

81. Herbords Vita des Bischofs Otto von Bamberg, 1150/60, 23v.

I. DIE ANFÄNGE

1.
Die politische Entwicklung von 1170–1250 (Karte)
Bearbeitet von G. Weiduschat und W. H. Fritze
Gezeichnet von L+Z Grafik Design, 1986

Vitrine 1

2.
Urkunde König Konrads III. Oktober 1144
Pergament mit durchgedrücktem Wachssiegel
45 × 59 cm
Lateinisch
Goslar, Stadtarchiv (Urk. Domstift 17)
Druck: MGH DK III 118
Abb. 82

3.
„Märkische Fürstenchronik"
Pergament, 13,5 × 10,5 cm
Lateinisch
Ende 13. Jh.
Trier, Stadtarchiv (Hs. 1999/129 8°)
Abb. 1 auf S. 11

4.
Territoriale Entwicklung der Mark Brandenburg (Karte)
Bearbeitet von G. Weiduschat und W. H. Fritze
Gezeichnet von L+Z Grafik Design, 1987
Abb. 5 auf S. 17

5.
Münzverbreitung um 1200 (Karte)
Bearbeitet von G. Weiduschat und W. H. Fritze
Gezeichnet von L+Z Grafik Design, 1987

Vitrine 2

6.
Herbords Vita des Bischofs Otto von Bamberg
Pergament, 20 × 28,7 cm
Lateinisch
Der Text entstand 1150/60; er ist überliefert in einer Kopie des 14. Jhs.
München, Bayerische Staatsbibliothek (Clm 23 582)
Druck: MGH SS XX, 1968
Abb. 81

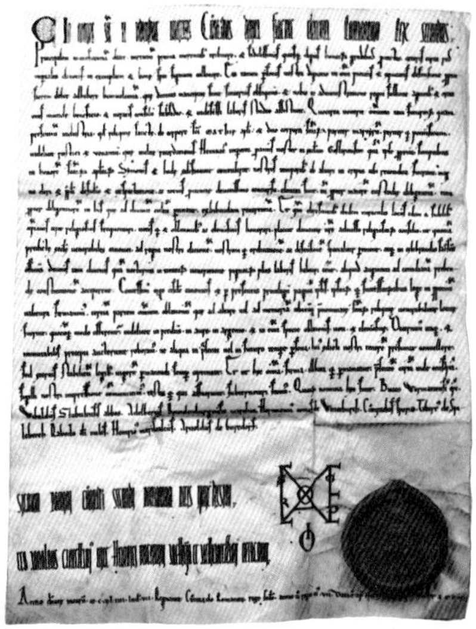

82. Urkunde König Konrads III., 1144

7.
Urkunde Kaiser Lothars III. für das Bistum Bamberg
16. August 1136
Pergament, 40 × 46 cm, mit aufgedrücktem Wachssiegel
Lateinisch
München, Bayerisches Hauptstaatsarchiv (Kaiserselekt 463)
Druck: MGH DL 91

Vitrine 3

8.
Münze des Jaxa von Köpenick, nach 1150
Umschrift: IA = KZA.COPTNI IK.C = NEI:
Jaxa von Köpenick, Knes (slawische Bezeichnung für Fürst).
Brustbild des Fürsten mit Schwert und Helm in einem Torbogen.
Prägestätte wahrscheinlich Köpenick
Silber, 0,5 g; Dm 2,8 cm
Bahrfeldt 5
MVF VIIIa 428
Abb. 50 auf S. 116

9.
Wahrscheinlich in Brandenburg geprägte Münzen
a) Heinrich Pribyslaw von Brandenburg (1127–1150)
Umschrift: nicht lesbar
Der nach rechts reitende Fürst ist behelmt und hält in seiner rechten Hand eine Fahne; hinter ihm ein Kreuz. Die Rückseite trägt die Darstellung eines Gebäudes mit vier Türmen.
Silber, 0,79 g
Bahrfeldt 1b
München, Bayerisches Münzkabinett

b) Heinrich Pribyslaw von Brandenburg (1127–1150)
Umschrift: + HEIN BRAND;
Rückseite: PETRISSM
Bärtiges Brustbild des Heinrich Pribyslaw mit Panzer und Helm, Schwert und Fahne haltend; die Rückseite trägt ein Brustbild der Fürstin Petrissa; links von ihr ein Stern, rechts vier Punkte in Form eines Kreuzes.
Silber, 0,67 g
Bahrfeldt 3c
München, Bayerisches Münzkabinett

c) Albrecht der Bär, Markgraf von Brandenburg (1150/57–1170)
Der nach links reitende Markgraf ist in voller Bewaffnung mit Fahne und Schild dargestellt.
Silber, 8,3 g; Dm 2,5 cm
Bahrfeldt 13a
MVF VIIIa 429

83. Münze Albrechts des Bären, 1150/57–1170.

84. Münze Ottos I., 1170–1184.

d) Albrecht der Bär (1150/57–1170)
Umschrift: + BRANDENBURG
Dargestellt ist der Markgraf in voller Bewaffnung zwischen zwei Türmen stehend.
Silber, 1 g; Dm 2,8 cm
Bahrfeldt 14a
MVF VIIIa 430
Abb. 83

e) Otto I. von Brandenburg (1170–1184)
Umschrift: BRANDE = BURGENSIS = OT = TO
Der mit Helm, Panzer und Mantel bekleidete Markgraf ist in sitzender Haltung dargestellt. In seiner rechten Hand hält er das erhobene Schwert und in seiner linken eine Fahne.
Silber, 1 g; Dm 2,9 cm
Bahrfeldt 39
MVF VIIIa 432

f) Otto I. von Brandenburg (1170–1184)
Umschrift: BRAN
Der Markgraf behelmt und gepanzert steht mit Schwert, Fahne und Schild haltend zwischen zwei Gebäuden mit Kuppeltürmen.
Silber, 1 g; Dm 2,8 cm
Bahrfeldt 38
MVF VIIIa 431
Abb. 84

g) Otto II. von Brandenburg (1184–1205)
Über drei Bögen ein Zinnenturm zwischen zwei Kuppeltürmen; im Mittelbogen ein Schlüssel.
Silber, 0,5 g; Dm 2,2 cm
Bahrfeldt 104
MVF VIIIa 433

10.
Sechs sog. Sachsenpfennige (Denare)
(Denare – zweiseitig geprägte Münzen)
Die Vorderseite zeigt ein Kreuz, die Rückseite Kreuz mit Bischofsstab.
Bischöfliche Prägung, Prägestätte unbekannt
2. H. 11. Jh.
Silber
a) 0,2 g; Dm 1,3 cm
b) 0,2 g; Dm 1,4 cm
c) 0,4 g; Dm 1,8 cm
d) 0,4 g; Dm 1,7 cm
e) 0,6 g; Dm 1,6 cm
f) 0,2 g; Dm 1,6 cm
Burgwall Berlin Spandau
MVF If 16217b.1–4, 18352, 18702

11.
Sachsenpfennig (Denar)
Die Vorderseite zeigt einen Kopf, die Rückseite ein Kreuz ohne Inschrift.
Prägestätte wahrscheinlich Halle
Ende 11. Jh./Anfang 12. Jh.
Silber, 0,8 g; Dm 1,2 cm
Burgwall Berlin Spandau
MVF If 18702
Abb. 85

12.
Zwölf Bardowicker-Münzen (Denare)
sog. Agrippine Typ I
Münzstätte: Bardowick
2. H. 11. Jh.
Silber
a) 0,1 g; Dm 1,6 cm
b) 0,4 g; Dm 1,7 cm
c) 0,3 g; Dm 1,6 cm
d) 0,4 g; Dm 1,6 cm
e) 0,4 g; Dm 1,6 cm
f) 0,3 g; Dm 1,6 cm
g) 0,5 g; Dm 1,6 cm
h) 0,3 g; Dm 1,6 cm
i) 0,1 g; Dm 1,3 cm
j) 0,4 g; Dm 1,6 cm
k) 0,2 g; Dm 1,6 cm
l) 0,4 g; Dm 1,6 cm
Burgwall Berlin Spandau
MVF If 17634.1–13

13.
Sechs sog. Moritzpfennige (Denare)
Bischöfliche Münzstätte: wohl Magdeburg
Die Vorderseite trägt ein Brustbild des Heiligen Mauritius mit Helm und Fahne; die Rückseite zeigt ein Gebäude.
3. Viertel 11. Jh.
Silber
a) 0,4 g; Dm 1,8 cm
b) 0,7 g; Dm 1,7 cm
c) 0,5 g; Dm 1,9 cm
d) 0,8 g; Dm 1,9 cm
e) 0,6 g; Dm 1,9 cm

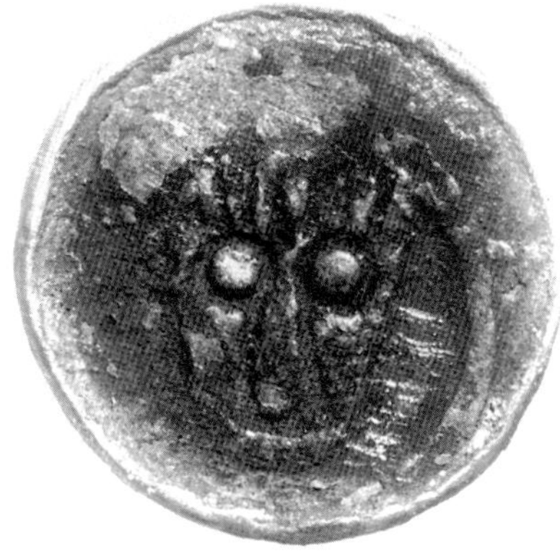

85. Sachsenpfennig, Ende 11./Anfang 12. Jh.

f) 0,7 g; Dm 1,8 cm
Burgwall Berlin Spandau
MVF If 19061–19066

14.
Bronzene Klappwaage
Dm 8,2 cm
11. Jh.
Burgwall Rugard auf Rügen
MVF II 5135

15.
Drei Gewichte
a) rund
Eisen mit Messingmantel,
H 1,2 cm; 17 g
1. H. 12. Jh.
Burgwall Berlin Spandau
MVF If 17604

b) rund
Eisen mit Messingmantel,
H 1,2 cm; 12 g
1. Drittel 11. Jh.
Burwall Berlin Spandau
MVF If 17605

c) Polyederförmiges Gewicht
Eisen mit Messingmantel,
Dm 2,5 cm; 38 g
1. H. 12. Jh.
Burgwall Berlin Spandau
MVF If 17603

Vitrine 4

16.
Modell eines Lastbootes des 12. Jhs. nach einem Fund in Danzig-Ohra (Gdansk-Orunia), 1933/34
Maßstab: 1:15,7
Holz, L 72,5 cm, B 18 cm
MVF VIIb 208
Das in Klinkertechnik auf Kiel gebaute Lastboot war 11 m lang, 2,27 m breit und mittschiffs 87 cm hoch. Der Kiel war flach, die Steven aus drei Teilen über Laschen zusammengefügt hatten einfach gestufte Plankenansätze.
Die Beplankung hatte sieben Gänge; die fünf Sitzbänke lagen auf den in Höhe des fünften Ganges endenden Spanten auf; die drei oder vier Paar Ruder wurden nicht in Kneipen, sondern in Rojepforten des oberen Plankenganges geführt. Von den fünf Sitzbänken war eine mittschiffs und je zwei hintereinander an den Schiffsenden eingebaut. Auf diese Weise entstand mittschiffs ein 4,70 m langer Laderaum. Eine Besegelung bestand nicht.

17.
Kleines, gelblich glasiertes Tongefäß
H 4,9 cm
1. H. 12. Jh.
Import aus Südrußland
Burgwall Berlin Spandau
MVF If 17629

18.
Teil einer tönernen Rassel mit Hasenkopf
gelblich glasiert
H 3,1 cm
2. H. 12. Jh.
Import aus Südrußland
Burgwall Berlin Spandau
MVF If 17630.1 + 2

19.
Fragment einer Rassel mit Hasenkopf
Ton, braun-schwarz glasiert
H 4 cm
2. H. 12. Jh.
Import aus Südrußland
Burgwall Berlin Spandau
MVF If 18050.1

20.
Rassel
Ton mit brauner Glasur
H 6 cm
1. H. 12. Jh.
Import aus Südrußland
Burgwall Berlin Spandau
MVF If 19584

Handel und Handwerk auf dem Burgwall Spandau in slawischer Zeit

Die nunmehr seit 25 Jahren andauernden Ausgrabungen auf dem sogenannten Burgwall von Spandau nahe der Pichelsdorfer Straße gelegen, haben bedeutende Ergebnisse gebracht. Sie zeigen, daß der Berliner Raum nicht erst mit der Gründung der Doppelstadt Berlin-Cölln eine wichtige Rolle übernahm. Diese war bereits mindestens 5 Jahrhunderte früher vorgegeben, denn Burg und Burgstadt Spandau, eben an besagtem Burgwall nachgewiesen, stellten schon um 800 n. Chr. einen politischen und wirtschaftlichen Mittelpunkt des Havellandes dar und bildeten wohl einen der bedeutendsten Verkehrsknotenpunkte im Fernhandelsnetz zwischen Elbe und Oder. Hier kreuzten sich die Land- und Wasserstraßen von Süden nach Norden und von Osten nach Westen. So kam es nicht überraschend, daß in den oft mehr als 4 Meter mächtigen Kulturschichten, die während der Ausgrabungen auf dem Burgwall von den Archäologen abgetragen wurden, neben der Produktion des einheimischen Handwerks (Schuhe, Kämme, Eisenwaren, Keramik, Glas und Schmuck) zahlreiche Gegenstände auftraten, die in oft weit abgelegenen Gegenden produziert worden waren. Sie sind Zeugnisse eines Fernhandels, der sich im Westen bis in das Rheinland, im Süden nach Böhmen, Mähren und Ungarn, im Norden bis in die Gegend von Oslo, im Nordosten bis nach Finnland und im Osten bis in den Bereich von Kiew erstreckte. Die Entdekkung eines Teiles von einem Hochseeschiff im Hafen vor der Burgstadt macht deutlich, daß solche Schiffe offenbar auf direktem Wege nach Spandau tief ins Binnenland gelangen konnten. Man darf annehmen, daß dies durch das Anstauen der Gewässer in den Bereichen der Wasserscheiden und durch weitläufige Kanalisationsarbeiten möglich wurde. Was später im 19. Jahrhundert zur Voraussetzung für die Industriestadt Berlin geworden ist, die Nutzung der natürlichen und künstlichen Wasserwege, war offenbar bereits vom 9. Jahrhundert an gang und gäbe. Damals lief der Fernhandel allerdings noch über Spandau, das man aus diesem Grunde als den Vorläufer der vielleicht aus politischen Erwägungen heraus erfolgten deutschen Neugründung von Berlin-Cölln bezeichnen muß. Dies sind Erkenntnisse, die erst durch die von Archäologen und Historikern während der Zeit nach dem Zweiten Weltkrieg intensivierten Berlin-Forschung gewonnen werden konnten.
A. v. Müller (Berlin)

21.
Teil einer sog. Warzenrassel
Ton mit Graphitüberzug
Dm 2,2 cm
1. Drittel 11. Jh.
Import aus Südrußland oder Polen
Burgwall Berlin Spandau
MVF If 16575

22.
Reich ornamentierter Anhänger
Blei/Zinn Legierung
L 4,8 cm l Dm 3,8 cm
1. H. 12. Jh.
Import aus Polen
Burgwall Berlin Spandau
MVF If 17627
Abb. 86

86. Reich ornamentierter Anhänger, 1.H.12.Jh.

23.
Reich ornamentierter Ohrring
Blei/Zinn Legierung
Dm 1,6 cm
1. H. 12. Jh.
Import aus Polen
Burgwall Berlin Spandau
MVF If 17626

24.
Hellgrüner Glasring
Dm 2,3 cm
1. H. 12. Jh.
Möglicherweise am Ort aus importiertem Rohglas oder dessen Rohstoffen hergestellt.
Burgwall Berlin Spandau
MVF If 16344

25.
Fingerring (?) aus grünlichem Glas
Dm 2,4 cm
2. H. 12. Jh.
Möglicherweise am Ort aus importiertem Rohglas oder dessen Rohstoffen hergestellt.
Burgwall Berlin Spandau
MVF If 16362

26.
Kette aus 60 bunten Glasperlen
48 g
11./12. Jh.
teilweise Import
Berlin Spandau, Zitadelle
MVF If 16618

27.
Schläfenring
Bronze, Dm 7,7 cm
2. H. 12. Jh.
Import aus Pommern
Burgwall Berlin Spandau
MVF If 17625

28.
Schläfenring
Bronze, Dm 6,5 cm
2. H. 12. Jh.
Import aus Pommern
Berlin Spandau, Krowelstr. 54
MVF If 18851

29.
Spinnwirtel
Schiefer, Dm 2,8 cm
1. H. 12. Jh.
Import aus Wollhynien
Burgwall Berlin Spandau
MVF If 19582

30.
Kamm
Geweih, L 8,8 cm
1. H. 12. Jh.
Import vom Oder-Mündungsgebiet
Burgwall Berlin Spandau
MVF If 17122

31.
Kamm
Geweih, L 20,4 cm
2. H. 12. Jh.
Import aus Danzig
Burgwall Berlin Spandau
MVF If 17118

32.
Zierbeschlag
Eisen, L 4,7 cm
Ende 11. Jh.
Import aus dem Oder-Weichselgebiet
Burgwall Berlin Spandau
MVF If 18342

33.
Zierbeschlag
Eisen/Silber, L 5,8 cm
1. H. 12. Jh.
Import aus dem Oder-Weichselgebiet
Burgwall Berlin Spandau
MVF If 18340

34.
Handgemachter Kugeltopf
schwarzgrauer Ton, H 20 cm
teilweise ergänzt
11. Jh.
Import aus dem Magdeburger Raum
Burgwall Berlin Spandau
MVF If 17286

35.
Mittelalterliche Handelswege östlich der Elbe (Karte)
Bearbeitet von G. Weiduschat und W. H. Fritze
Gezeichnet von L + Z Grafik Design, 1986
Abb. 4 auf S. 15

Vitrine 5

36.
Spätslawisches Tongefäß mit umlaufenden Gurtfurchen
H 25 cm
12. Jh.
Burgwall Berlin Spandau
MVF If 16364

37.
Slawisches Tongefäß mit Bodenmarke (Töpfer- oder Besitzermarke)
H 23,6 cm
11. Jh.
Burgwall Berlin Spandau
MVF If 16885

38.
Gefäßboden mit Töpfer- oder Besitzermarke
Dm 6,5 cm
11. Jh.
Burgwall Berlin Spandau
MVF If 17258

39.
Gefäßboden mit Töpfer- oder Besitzermarke
Dm 14,2 cm
11. Jh.
Burgwall Berlin Spandau
MVF If 17260

40.
Schere
Eisen, L 16,6 cm
1. H. 12. Jh.
Burgwall Berlin Spandau
MVF If 17614

41.
Großer Schläfenring
Bronze, Dm 7,1 cm
1. H. 12. Jh.
Burgwall Berlin Spandau
MVF If 17606

42.
Großer Schläfenring
Bronze, Dm 7,8 cm
1. H. 12. Jh.
Burgwall Berlin Spandau
MVF If 17625

43.
Verzierter Gürtelhaken
Bronze, L 5,9 cm
1. H. 12. Jh.
Burgwall Berlin Spandau
MVF If 17628

44.
Hufeisen
L 11,5 cm; B 12 cm
11. Jh.
Burgwall Berlin Spandau
MVF If 17241.1

45.
Bartaxt
Eisen, L 16,8 cm
11./12. Jh.
Burgwall Berlin Spandau
MVF If 17278

46.
Messer in Scheide
Leder, Bronze; erh. L 20,2 cm
2. H. 12. Jh.
Burgwall Berlin Spandau
MVF If 16359

46a.
Nachbildung von 46

47.
Messer mit Scheide und Beschlag
Leder, Eisen, Holz
2. H. 12. Jh.
Berlin Spandau, Krowelstr.
MVF If 16560

47a.
Nachbildung von 47

48.
Doppelkamm
Geweih, L 7,5 cm, B 5,7 cm
1. H. 12. Jh.
Burgwall Berlin Spandau
MVF If 17117
Abb. 87

49.
Kamm mit Futteral
Geweih, L-Kamm 9,8 cm
3. Drittel 11. Jh.
Burgwall Berlin Spandau
MVF If 17478.1 + 2
Abb. 87

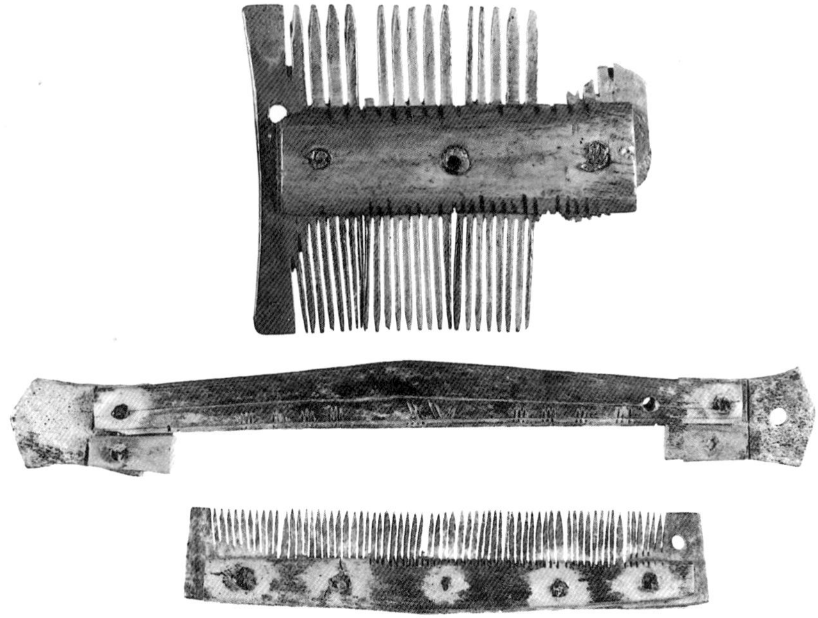

87. Kamm mit Futteral und Doppelkamm, 11. bzw. 12. Jh.

50.
Salzbehälter
Geweih, L 15,1 cm
2. H. 11. Jh.
Burgwall Berlin Spandau
MVF If 17616

51.
Halbfabrikat eines Salzbehälters
Geweih, L 18,1 cm
2. H. 11. Jh.
Burgwall Berlin Spandau
MVF If 17622

52.
Holzteller
erh. Dm 18,8 cm
1. H. 12. Jh.
Burgwall Berlin Spandau
MVF If 17591

53.
Holzschüssel
erh. L 18,2 cm
2. H. 12. Jh.
Burgwall Berlin Spandau
MVF If 16358

54.
Daubenschüssel
Holz, Dm 16,5 cm, H 6 cm
12. Jh.
Burgwall Berlin Spandau
MVF If 19073

55.
Drei Spinnwirtel
Ton, Dm 2,7–3,2 cm
12. Jh.
Burgwall Berlin Spandau
MVF If 17654–17656

56.
Spindelstab
Holz, L 19,2 cm
2. Drittel 11. Jh.
Burgwall Berlin Spandau
MVF If 16479

57.
Webschiffchen
Holz, L 18,5 cm
2. H. 11. Jh.
Burgwall Berlin Spandau
MVF If 17090

58.
Wollbüschel
13. Jh.
Berlin Spandau, Altstadt
MVF o. Nr.

59.
Vier Gewebereste
12. Jh.
Berlin Spandau, Altstadt/Zitadelle
MVF If 16448–16450, 16640

Vitrine 6

60.
Niederdeutsche Übersetzung (um 1400) einer angeblichen Originalurkunde der Markgrafen Johann I. und Otto III. von Brandenburg vom 7. März 1232 (verfälscht).
Pergament, 21 × 22 cm; Rückseite ebenfalls beschrieben
Berlin Spandau, Stadtgeschichtliches Museum, Archiv (IV U/13)
Druck: CDB I, 11, S. 1f Nr. 1;
Krabbo Nr. 607

61.
Besiedlung von Teltow und Barnim
(Karte)
Bearbeitet von G. Weiduschat und W. H. Fritze
Gezeichnet von L + Z Grafik Design, 1987

II. DAS LAND

Geländemodell

Das Geländemodell Berlin und weitere Umgebung wurde nach einem neuartigen rechnergestützten Verfahren in Zusammenarbeit zwischen der Technischen Fachhochschule, Fachbereich Vermessungs- und Kartenwesen und der Firma Siemens, Schaltwerk Berlin, im Rahmen eines Forschungs- und Entwicklungsprojektes für das Museum für Vor- und Frühgeschichte, Berlin, hergestellt.
Das Geländemodell zeigt die Landschaft zur Zeit des Mittelalters als dreidimensionales Relief.
Das dargestellte Gebiet hat eine Ausdehnung von 77 km von Westen nach Osten und von 55 km von Norden nach Süden.
Es reicht damit von Nauen bis Strausberg und von Oranienburg bis Königs-Wusterhausen. Die Stadtmitte Berlins liegt im Zentrum des Geländemodells.
Es umfaßt die Landschaften des Barnim im Nordosten, Teltow im Süden, Havellandes im Westen sowie die Täler der Spree und Havel und Teile des Havelländischen Luchs und Rhin Luchs.
Als Abbildung wurde die Universale Transversale Mercator Abbildung (UTM) gewählt. Die Maße des Geländemodells sind 308 cm × 220 cm.
Um die relativ flachen Geländeformen der Landschaft von Berlin und Umgebung mit Höhen zwischen 29 m und 151 m über Normal Null für alle Betrachter deutlich erkennbar darzustellen, wurde das Geländemodell achtfach überhöht (10 m Höhendifferenz in der Natur = 3,2 mm im Modell). Die Seeufer, Flüsse und Gräben wurden einheitlich 2,5 m bis 5,0 m (0,8 mm bis 1,6 mm im Modell) vertieft, um sie hervorzuheben.
Die Grundlage des dreidimensionalen, aus Kunststoff gefrästen Geländemodells bildet ein mittels des kartographischen Vektor/Rasterdatenverarbeitungs-Systems der TFH Berlin erzeugtes und gespeichertes digitales Höhenmodell Berlin 1 : 25000.
Die Höhendaten wurden durch Digitalisierung von Höhenlinien und Höhenpunkten mit einem Vektordisitizer Aristorid 108 aus topographischen Karten erfaßt.
Aus diesen Daten wurde das digitale Höhenmodell Berlin in 35 Teilblöcken berechnet und als Reliefschummerung zur Kontrolle auf einem graphischen Farb-Rasterbildschirm Tektronix 4115B angezeigt sowie als Papierkopie ausgegeben. Für die Berechnung des digitalen Höhenmodells und der Reliefschummerung wurde die an der TFH Berlin implementierte Software des Institutes für Angewandte Geodaesie, Frankfurt/Berlin, Autor: H.-J. Gottschalk, eingesetzt.
Das digitale Höhenmodell kann als ein Raster, geteilt in Zeilen und Spalten durch die Gitterlinien des UTM-Koordinatensystems, verstanden werden.
Die quadratischen Rasterflecke werden als Pixel bezeichnet. In jedem Pixel ist der mittlere Höhenwert des Geländes eingetragen, welches es in der Natur bedeckt.
Die Größe des Pixels des digitalen Höhenmodells Berlin beträgt 25 m × 25 m (1 mm × 1 mm im Modell). Die Richtigkeit der als Unterlagen verwendeten topographischen Karten vorausgesetzt, beträgt die mittlere Höhengenauigkeit des digitalen Höhenmodells + − 2,5 m.
Nach redaktionellen Angaben des Museums für Vor- und Frühgeschichte wurde das digitale Höhenmodell der gegenwärtigen Landschaft auf den Stand des Mittelalters zurückverändert.

1.
Geländemodell von Berlin und Umgebung.
Maßstab 1: 25000 (1 km in der Natur entspricht 4 cm im Modell), mit der Ausdehnung 77 km × 55 km in der Natur (= 4235 km^2), Maße: 308 cm × 220 cm. 35 Teilblöcke. Das Modell zeigt die Geländeformen des Raumes Berlin und Umgebung 12 Grad 50 Minuten östlicher Länge bis 14 Grad östlicher Länge und 52 Grad 18 Minuten nördlicher Breite bis 52 Grad 48 Minuten nördlicher Breite.
Erarbeitet vom Fachbereich Vermessungs- und Kartenwesen der TFH in Zusammenarbeit mit dem Museum für Vor- und Frühgeschichte SMPK und dem Friedrich-Meinecke-Institut der FU Berlin.
Bearbeitung: G. Weiduschat
Graphische Bearbeitung: L + Z Grafik Design
Technische Herstellung: Schaltwerk der Fa. Siemens und Fa. Heimann.

Die Daten des digitalen Höhenmodells, Stand Mittelalter, wurden dann mittels des Digital Equipment Computers VAX 11/750 der TFH Berlin in digitale Steuerdaten für eine rechnergesteuerte Fräsmaschine der Firma Siemens gewandelt und über einen Siemens-Personalcomputer in die Sinumerik-Steuerung der Fräsmaschine übertragen. Die hierzu erforderliche Software wurde in enger Zusammenarbeit mit der Firma Siemens, Schaltwerk Berlin entwickelt.
Wegen der für das Fräsen des Geländemodells erforderlichen sehr großen Datenmenge wurde die Dateneingabe der Fräsmaschine durch die TFH Berlin von einem Lochstreifenleser auf einen Personalcomputer und Disketteneingabe umgestellt.
Die Datenmenge des digitalen Höhenmodells umfaßt ca. 6,8 Megabyte, die Datenmenge der Steuerdaten für die Fräsmaschine ca. 40 Megabyte.
Das Fräsen des Geländemodells wurde von der Firma Siemens in 35 Teilblöcken von 44 cm × 44 cm, entsprechend den Teilblöcken des digitalen Höhenmodells ausgeführt. Die Auflösung des Fräsens betrug 1 mm in den ebenen Koordinaten X und Y der Fräsmaschine und 0,2 mm in der Höhenkoordinate Z.
F. Christ (Berlin)

Die geomorphologischen Grundlagen

Das Relief Berlins läßt sich in folgende geologisch-geomorphologische Hauptelemente gliedern: die Grundmoränenplatten (Barnim, Teltow, Nauener Platte), das von Ost nach West das Stadtgebiet querende Warschau-Berliner Urstromtal und zahlreiche kleinere, meist in NO-SW-Richtung verlaufende Rinnen. Diese kleinen Tiefenlinien werden heute nur teilweise von Wasserläufen durchzogen, wie z. B. der Panke, dem Tegeler Fließ und früher auch der Bäke, häufig enthalten sie aber auch lediglich durch natürliche Schwellen voneinander getrennte Seen und Moore. Eine Besonderheit stellt die von Norden nach Süden verlaufende, breite Havelseerinne dar, die nördlich des Urstromtales in Talsande eingebettet ist, südlich davon zwischen den Platten bis auf 0 m NN eingetieft ist.
Das Berliner Urstromtal läßt sich weiter untergliedern; die obere Urstromtalterrasse liegt durchschnittlich über 35 m NN und ist an mehreren Stellen von Dünen besetzt; die untere Terrasse ist um 32,5 m NN ausgebildet. Ferner existieren tiefe, ursprünglich bis zu 12 m eingetiefte Rinnen (z. B. Spektezug und Bullengraben westlich der Havel), die heute von keinem natürlichen Gewässer durchflossen werden und in denen bereits für das Spätglazial Stillwasserabsätze und Vermoorung nachgewiesen sind.
Im Bereich der unteren Urstromtalterrasse gibt es darüber hinaus größere flache Senken, in denen die geologischen Karten organische Ablagerungen ausweisen. Diese Gebiete liegen heute meist unterhalb 32,5 m NN, jedoch ist im Stadtgebiet mit mindestens 1 m Aufschüttung zu rechnen, ferner beträgt die Mächtigkeit der entwässerten und komprimierten Mudden und Torfe im Durchschnitt 1 m. Die Oberkante der Talsande wäre damit bei 29,5 – 30 m NN anzusetzen, genauere Nivellements fehlen allerdings. Diese flachen Senken waren, sofern sie durch flache Rinnen mit der Spreeaue verbunden sind, überflutungsgefährdete Bereiche, wenn man von einem Spreewasserstand, der dem heutigen vergleichbar ist, ausgeht (das Spreehochwasser von 1975 betrug trotz regulierender Maßnahmen 30,8 m). Außerdem lagen sie im Grundwasserbereich, so daß sich Feuchtstandorte ausbilden konnten. Diese Feuchtstandorte hatten gegenüber den grundwasserfernen, nährstoffarmen Sandböden der Urstromtalterrassen den Vorteil, daß sie durch das kalkhaltige Grundwasser – heute noch nachweisbar durch Wiesenkalke – eine natürliche Verbesserung erfuhren. Dies ist möglicherweise in sehr früher Zeit, als die Bearbeitung von lehmigen, kalkhaltigen Böden auf den Platten mangels

geeigneter Werkzeuge nicht möglich war, landwirtschaftlich ausgenutzt worden, wobei jedoch Schutz gegen zeitweilige Überflutung geschaffen werden mußte. Bei zu hohem Grundwasserstand war andererseits Entwässerung zur Melioration dieser Bereiche notwendig. Je nach dem Grundwasserstand, der von den Wasserständen der Spree und Havel abhängig ist, konnten so Be- und Entwässerung von Interesse sein.
An den Havelseen lassen sich Veränderungen der Wasserstände vor allem im relativ schmalen Uferbereich und den daran anschließenden Senken nachvollziehen; länger anhaltende Wasserspiegelveränderungen von Havel und Spree dürften auch auf den Platten den Grundwasserspiegel beeinflußt haben, so daß es sich auch auf das Moorwachstum weiter entfernt gelegener Feuchtstandorte (z. B. im Grunewaldgraben, in der Grunewaldseenrinne und im Spandauer Forst) auswirkte.
K. Goldmann (Berlin)

Archäologische Beobachtungen zu wasserstandsabhängigen Siedlungsverlagerungen und Siedlungsniveauveränderungen

Vergleicht man die besiedelten Flächen der Mark Brandenburg in der Zeit vom 7. bis zum 12. Jahrhundert mit den Siedlungsräumen des 13. bis 18. Jahrhunderts, so fällt auf, daß die Siedlungen vor dem 12. Jahrhundert in den Niederungen auf Talsandinseln oder direkt am Niederungsrand liegen, in der Zeit nach dem 12. Jahrhundert aber höher gelegene Plätze bevorzugt werden. Dieses Phänomen ist seit langem bekannt. Forschungen der letzten Jahrzehnte zur Siedlungsarchäologie der Zeit vor dem 12. Jahrhundert haben jedoch ergeben, daß auch in slawischer Zeit tiefer gelegene Siedlungen zugunsten höher gelegener aufgegeben wurden. Diese Tendenz läßt sich besonders um die Wende von der mittelslawischen zur spätslawischen Zeit erkennen. Zahlreiche Belege von mittelslawischen Schichten im heutigen, schon wieder stark abgesunkenen Grundwasserbereich und Überschwemmungshorizonte von z. T. beachtlicher Höhe machen die bedrohte Lage der Siedlungen im Grundwasserschwankungsbereich der Niederungen deutlich. In Spandau konnte im 10. Jahrhundert ein Anstieg des Wasserspiegels um 70 cm nachgewiesen werden, der offenbar plötzlich erfolgte. Hier und an anderen bedeutenderen Siedlungsplätzen begegnete man dem Problem durch eine künstliche Erhöhung des Siedlungsareals, während man einfache Siedlungen offenbar verlegte. Auch da, wo man keinen gänzlich neuen Siedlungsplatz anlegen mußte, baute man im 11. Jahrhundert seine Häuser oberhalb der Siedlung des 10. Jahrhunderts. In diesen Fällen können auch keine wirtschaftlichen Veränderungen für die Wahl eines anderen Siedlungsraumes ausschlaggebend gewesen sein. Der angestiegene Wasserspiegel bzw. Grundwasserspiegel muß somit als Hauptursache für die Veränderung des Siedlungsniveaus angesehen werden.
Als Ergebnis der bisherigen Forschungen sind somit für das Mittelalter im Berliner Raum zwei Phasen eines plötzlichen Wasserspiegelanstiegs belegt. Die erste Phase ist in das 10. Jahrhundert zu datieren, die zweite Phase in das ausgehende 12. und 13. Jahrhundert.
Fraglich sind die Ursachen für diese ökologischen Veränderungen. Unseres Erachtens erlauben Klimaveränderungen allein nicht, diese zwei plötzlichen Anstiegsphasen zu erklären. Da ein Zusammenhang mit Wasserbauten, insbesondere den Mühlendämmen, für die zweite Phase vielfach ersichtlich ist, liegt auch für die erste Phase eine solche Erklärung nahe. Für einen Zusammenhang zwischen dem Stau der Flüsse und dem Anstieg des Wasserspiegels in weiten Teilen der Niederungen spricht auch, daß der hohe Wasserstand offenbar das ganze späte Mittelalter und die frühe Neuzeit bis ins 18. Jahrhundert anhielt und erst durch den Abbau der Wassermühlen und der Wehre in den Flüssen und anderen Meliorationsarbeiten im 18. Jahrhundert gesenkt

werden konnte. Eine weitere, ebenfalls anthropogene Senkung brachte die Bevölkerungszunahme und Industrialisierung des 19. Jahrhunderts.
K. Goldmann (Berlin)

Siedlungen im Geländemodell

Das Reliefmodell „Berlin und sein Umland im Mittelalter" soll die Lage des hoch- und spätmittelalterlichen Berlin in ihrem Bezug zur Geländestruktur und zu den umliegenden Dörfern und Städten zeigen. Einschließlich der Ortswüstungen des 12.–15. Jahrhunderts sind insgesamt 395 mittelalterliche Siedlungen, darunter 21 Städte („civitates") oder „Städtchen" („oppida") eingetragen. Mit Hilfe der Topographischen Karte 1 : 25000 (Meßtischblatt) wurden die Lokalisierungen der Dörfer, Städte und Ortswüstungen sowie der Fundorte archäologischer Quellen vorgenommen. die unsichere Lage mancher Ortswüstung ist mit der lückenhaften urkundlichen, kartographischen oder archäologischen Überlieferung zu erklären.
Bodenfunde mit spätslawischem oder deutsch-mittelalterlichem Material – nur solche wurden für das Modell berücksichtigt – deuten meist auf die Existenz entsprechender Siedlungen hin, deren Name jedoch nicht bekannt ist. Bei der Bestimmung der Fundarten und -stellen leistete der 1979 erschienene Band 3 des „Corpus archäologischer Quellen zur Frühgeschichte auf dem Gebiet der Deutschen Demokratischen Republik (7.–12. Jh.)" wertvolle, wenn auch nicht immer ganz zuverlässige Hilfe.
Zur siedlungsgeographischen Ausgestaltung des Modells wurde im wesentlichen das „Historische Ortslexikon für Brandenburg", Teil III Havelland, Teil IV Teltow, Teil VI Barnim (Bearbeiterin: Lieselott Enders) und Teil V Zauch-Belzig (Bearbeiter: Peter P. Rohrlach) ausgewertet. Die Bestimmung der Ortsnamen wurde nach den entsprechenden Brandenburgischen Namenbüchern (Bearbeiter für Barnim und Teltow: Gerhard Schlimpert, für Havelland und Zauche: Reinhard E. Fischer) vorgenommen. Einzig für den Südostabschnitt des Modells, der einen Teil des Landes Beeskow–Storkow zeigt, mußten das mittelalterliche Siedlungsbild und die Herkunft der Ortsnamen selbst und sehr kurzfristig ermittelt werden. Deshalb könnte die Darstellung an dieser Stelle lückenhaft sein. Dagegen sind Havelland, Teltow und Zauche bereits in bezug auf das Verhältnis von vorkolonialer zu hochmittelalterlicher Besiedlung – zum Teil mehrfach – untersucht worden. Hier müssen die Arbeiten von Wolfgang H. Fritze, Johannes Gehrmann und Winfried Schich genannt werden, deren Ergebnisse – mit geringfügigen Ergänzungen – nur auf das Modell übertragen werden mußten. Der Barnim ist in dieser Form zum ersten Mal bearbeitet worden. Allerdings konnte dabei auf das entsprechende Ortslexikon und Namenbuch zurückgegriffen werden. Eine andere Karte innerhalb der Ausstellung zeigt die mittelalterliche Besiedlung des gesamten Barnim und Teltow.
In der Kombination der naturlandschaftlichen Bedingungen, die durch Farbgebung und Dreidimensionalität des Modells besonders hervorgehoben werden, mit den Ergebnissen der Archäologie, Siedlungs- und Ortsnamenforschung erhalten wir einen neuartigen Eindruck vom räumlichen und quantitativen Verhältnis zwischen deutscher und slawischer ländlicher wie auch städtischer Siedlung im Gebiet um die obere Havel und untere Spree.
G. Weiduschat (Berlin)

Wüstungen in Berlin

Was sind „Wüstungen"? Ganz grob gesagt, Dörfer, bessser: Siedlungen, die untergegangen sind. Aber auch die Felder, die „wüst fallen", schließt der Begriff ein. Die Wissenschaft hat sich intensiv mit dieser Erscheinung auseinandergesetzt und verschiedene Stufen des „Wüstwerdens" oder „Wüstseins" festgestellt. Man spricht von Ortswüstungen, wenn ein Dorf untergegangen ist, von Flurwüstungen, wenn die Felder von Wald bedeckt sind und nicht mehr bestellt werden, von einer Totalwüstung, wenn Dorf und Flur nicht mehr bestehen. Aber man kennt auch Teilwüstungen und temporäre Wüstungen, d.h. solche Siedlungen, die nur zeitweilig wüst waren.
Was aber veranlaßt uns überhaupt, uns mit diesen Dingen zu befassen, welches Interesse hat die historische und geographische Forschung daran, welche Erkenntnisse kann sie gewinnen?
Wenn man die Geschichte menschlicher Siedlung in einzelnen Landschaften verfolgt, wird man zu überraschenden Einblicken in die Wirtschafts- und Sozialgeschichte bestimmter Zeiten gelangen, die unter anderen Gesichtspunkten verschlossen bleiben. Das trifft vor allem dann zu, wenn Urkunden und erzählende Quellen, wie Chroniken und zeitgenössische Aufzeichnungen, fehlen und wir auf bestimmte Beobachtungen an ganz unterschiedlichem Quellenmaterial angewiesen sind, um Vorgänge zu klären, die bis in die politische Geschichte hineinreichen.
So sind z.B. die große mittelalterliche Pestepidemie, der Schwarze Tod der Jahre um 1348, und die im 14. und 15. Jahrhundert folgenden Pestwellen in ihrem ganzen Ausmaß erst durch eine sehr eifrig betriebene Wüstungsforschung in vielen Landschaften deutlich geworden, denn diese Epidemien führten zu einem beträchtlichen Bevölkerungsrückgang, der ganze Dörfer veröden, d.h. „wüst" werden ließ. Aber es gibt auch völlig andere Gründe, die für das Entstehen von Wüstungen verantwortlich sind. So verwendet man in der Siedlungsgeschichte Ostdeutschlands ein Schema (nach A. Krenzlin), das 4 Wüstungsperioden in verschiedenen Zeiten erkennen läßt. Hinter solchen periodischen Wüstungsvorgängen müssen offensichtlich ganz bestimmte Ursachen gesucht werden.
Wir wollen die 4 Phasen betrachten und versuchen, ob und wie wir sie in Berlin erkennen können.
1. Die spätslawisch-frühdeutsche Übergangszeit, d.h. im wesentlichen die Zeit der deutschen Ostsiedlung. Das Problem ist oben im Artikel „Siedlung und Agrarwesen" ausführlich behandelt worden. Während dieser Zeit sind ältere slawische Dörfer ebenso wüst geworden wie solche, die erst im ausgehenden 12. Jahrhundert schon unter deutschem Einfluß und dann auch mit Beteiligung deutscher Bauern entstanden sind. Im übrigen werden Siedlungsplätze der vor- und frühgeschichtlichen Perioden, die zu ihrer Zeit aufgegeben wurden, nicht zu den Wüstungen gerechnet, obwohl sie es streng genommen sind. Der Begriff „Wüstung" wird also allein auf die historische Zeit angewandt, die in unserer Landschaft sehr spät, erst im 12. Jahrhundert, beginnt. Die Ursachen für das Wüstwerden vieler kleiner Siedlungen während des 13. Jahrhunderts sind, wie schon oben betont, in einer Änderung der Wirtschaftsweise zu suchen: leichtere, weniger ertragreiche Böden wurden zugunsten schwererer und besserer Böden nicht mehr bebaut, weil auf diesen der nun vorherrschende Getreideanbau intensiver betrieben werden konnte. Die auf jenen Böden gelegenen Dörfer gerieten ins Hintertreffen: jedenfalls müssen wir das annehmen, weil ein großer Teil von ihnen im Verlauf des 13. und noch zu Beginn des 14. Jahrhunderts aufgegeben worden ist. In den Gebieten Berlins, in die noch während des 12. Jahrhunderts deutsche Siedler eindrangen und sich zusammen mit slawischen Bauern in neu entstehenden Orten niederließen, die in den traditionellen slawischen Siedlungsräumen an Gewässern lagen, lief ein Prozeß der Siedlungskonzentration ab, der den auf besseren Böden der Hochflächen entstehenden großen Dörfern zugute kam.

88. Kugelkanne, um oder bald nach 1200

Vitrine 1

2.
Kugelkanne mit Bandhenkel und Fußknubben
schwarzgrauer Ton, H 18,5 cm;
gr. Dm 17,5 cm
um oder bald nach 1200
Berlin Zehlendorf
Machnower Krummes Fenn (Düppel)
MVF If 16663
Abb. 88

3.
Feuerstahl
Eisen, L 10,2 cm
um oder bald nach 1200
Berlin Zehlendorf
Machnower Krummes Fenn (Düppel)
MVF If 16703

4.
Wetzstein
durchbohrt, L 3,6 cm
um oder bald nach 1200
Berlin Zehlendorf
Machnower Krummes Fenn (Düppel)
MVF If 20220

5.
Messer
Eisen L 18,4 cm
13. Jh.
Berlin Zehlendorf, Krummensee
(Südostufer der Krummen Lanke)
MVF If 20237

6.
Teil einer Axt
Eisen, L 6,1 cm
13. Jh.
Berlin Zehlendorf, Krummensee
(Südostufer der Krummen Lanke)
MVF If 20240

7.
Ring
Eisen, Dm 6,5 cm
13. Jh.
Berlin Zehlendorf, Krummensee
(Südostufer der Krummen Lanke)
MVF If 20239

8.
Eimerbügel
Eisen, Dm 24,5 cm
13. Jh.
Berlin Zehlendorf, Krummensee
(Südostufer der Krummen Lanke)
MVF If 20235

9.
Nagel
Eisen, L 6,1 cm
13. Jh.
Berlin Zehlendorf, Krummensee
(Südostufer der Krummen Lanke)
MVF If 20238

10.
Nagel
Eisen, L 10,5 cm
13. Jh.
Berlin Zehlendorf, Krummensee
(Südostufer der Krummen Lanke)
MVF If 20241

11.
Nagel
Eisen, L 11,5 cm
13. Jh.
Berlin Zehlendorf, Krummensee
(Südostufer der Krummen Lanke)
MVF If 20242

12.
Gürtelschnalle
Bronze, L 3,7 cm
13. Jh.
Berlin Zehlendorf, Krummensee
(Südostufer der Krummen Lanke)
MVF If 17300
Abb. 89

89. Gürtelschnallen, 13. Jh.

Die älteren, kleinen Orte gingen in ihnen auf. Betroffen sind die Ufer von Havel und unterer Spree in Moabit und Charlottenburg, das Tegeler Fließ, das Bäketal, die Grunewald-Rinne mit ihren eingebetteten Seen, schließlich im Osten die Ränder des Urstromtals (z. B Rixdorf, Britz) und natürlich die Köpenicker Gegend.
Wie erkennt man Wüstungen, besonders diejenigen der hier behandelten Phase? Woher wissen wir mitunter gar ihre Namen? Vereinzelt sind zeitgenössische Urkunden erhalten, in denen es meist um Besitz und Verkauf der fraglichen Orte geht, so z. B. Slatdorp am Schlachtensee und Krummensee an der Krummen Lanke oder Casow/Kasemirswisch in Charlottenburg an der Schloßbrücke. Wegen der Überbauung läßt sich der Platz Casow nicht mehr auffinden; seine Reste dürften beim Häuser- und Straßenbau zerstört worden sein. In den beiden anderen Fällen konnten Stellen, an denen Oberflächenfunde gemacht wurden, mit den überlieferten Namen identifiziert werden; Krummensee ist sogar ergraben worden. Häufiger aber ist es so, daß eine Reihe von Fundstellen bekannt ist, deren Namen verloren gegangen sind. Der Beitrag der Archäologie zur Wüstungsforschung besteht also im Erkunden von Fundplätzen und im gezielten Nachgraben. Ein solches Beispiel bietet die Wüstung, auf der das Museumsdorf Düppel entstanden ist. Ihr Name ist mit dem Dorf selbst untergegangen. Ohne eine zufällige Beobachtung und glückliche Funde, die Anlaß zu Grabungen gaben, wüßten wir nichts von diesem früheren Dorf. Andere Wüstungen sind nur durch „Ersatznamen" bekannt, wie z. B. die Wüstung „Dorfstättengrund" an der Havelchaussee/Am Postfenn, „Die Dorfstelle" in den Britzer Wiesen, „Die alten Dorfstellen" bei Rixdorf. Hierher gehören auch Namen vom Typ „Wenddorf" und „Wendfeld", die an Plätzen haften, welche von der slawischen Bevölkerung aufgegebene Siedlungen bezeichnen. Es ist anzunehmen, daß ihre Bewohner in die von den Deutschen neu angelegten Dörfer zogen (Lichterfelde, Giesensdorf, Friedrichsfelde, Buch). In solchen Fällen ist also die Kenntnis von einer alten Siedlung bei der Bevölkerung benachbarter, mitunter aber auch entfernter Orte lebendig geblieben – bis sie schließlich Eingang in die schriftliche Überlieferung fand und für die interessierte Nachwelt erhalten blieb. Es sind vor allem kartographische Quellen, denen wir seit dem 17. Jahrhundert die Überlieferung von Wüstungen verdanken, wie z. B. die eben angeführten Ersatznamen. Von besonderer Bedeutung ist das Kartenwerk des Samuel de Suchodoletz vom kurfürstlichen Amt Potsdam (1679–1683), das auch den westlichen Teil des Bezirks Zehlendorf einschließt, wodurch wir überhaupt erst die Wüstungen Damsdorf an der Einmündung des Teltowkanals in den Griebnitzsee und Newedorf (= Neuendorf) am Großen Wannsee kennenlernen. Der „Dorfpfuhl" in der Siedlung Lindenhof (Bez. Schöneberg) ist uns nur aus Karten bekannt, ebenso wie eine „Glienicker Lake" an der Fasanenstraße/Kurfürstendamm, der Name „Gersdorf" für zwei Teiche in Mariendorf und schließlich ein Pechüler Pfuhl in Dahlem, eine Bezeichnung, die von einem slawischen Personennamen abgeleitet ist. Sie alle sind Wüstungsnamen und haften an den Stellen untergegangener Dörfer. Könnten wir heute nicht auf die kartographische Überlieferung zurückgreifen, so wüßten wir nicht, daß an bestimmten Stellen des Stadtgebietes einmal Dörfer gestanden haben, die, so müssen wir zwingend annehmen, im Verlauf der schon erwähnten Siedlungskonzentration von ihren Bewohnern zugunsten der neu entstehenden großen Straßen- und Angerdörfer aufgegeben worden sind. Im Landbuch Kaiser Karls IV. aus dem Jahre 1375, das von bestimmten Ausnahmen abgesehen alle bestehenden Siedlungen aufzählt, sind diese Orte, die während der ersten historischen Wüstungsperiode der Mark Brandenburg untergingen, nicht mehr genannt. Sie waren also schon wüst und allein noch der umwohnenden Bevölkerung sind Platz und Name bekannt gewesen, häufig blieb auch in ihrer Erinnerung keine Spur zurück. Als die großstädtische Bebauung die Stellen jener wüsten Dörfer erreichte, kannte bald keiner der jetzt hier lebenden Menschen die Orte noch ihre Namen, da sie zu den alten Dörfern und ihrem Land in der Regel gar

keine Beziehung hatten. Häufig sind die Plätze überbaut und die archäologische Hinterlassenschaft ist wissentlich oder unwissentlich zerstört worden.
2. Ehemals bäuerliche Siedlungen gehen in benachbarten Städten auf.
Das geschah, als die aus älteren slawischen Wurzeln entstandenen oder neu gegründeten Städte im 13. und zu Beginn des 14. Jahrhunderts aufblühten und Dörfer vor den Toren wüst legten, die ihren Ausdehnungsabsichten im Wege lagen.
Mitunter, recht häufig, war es in der Mark auch so, daß Dörfer zu Städten geschlagen wurden, um ihnen erst Lebenskraft zu verleihen, was aber nichts daran änderte, daß diese Ackerbürgerstädte blieben und sich kaum von Dörfern unterschieden. Allein die alten Ackerkommunen, die Genossenschaft der Bauern aus den eingemeindeten Orten, lebten als getrennte Einrichtungen in den Städten weiter (Wrühe, Wröhe, ihre Mitglieder hießen Wröhmänner, der gleichnamige Park in Spandau erinnert noch an die Gemeinschaft der havel-„städtischen“ Ackerbürger).
In Berlin, Spandau und Köpenick ist von dieser Art der Eingemeindung nicht die Rede. Die Wüstungen auf der mittelalterlichen Gemarkung Berlins gehören der Phase 1 an, in Spandau und Köpenick gab es keine Eingemeindungen. Als die Stadt Berlin 1289 den Hof Wedding erhielt, war er anscheinend der letzte Rest eines schon 1251 wüsten Dorfes, dessen Mühle (an der Panke) damals erwähnt worden ist. Der Platz des alten Ortes ist an der Weddingstraße am Nettelbeckplatz zu suchen. Im Bezirk Friedrichshain hat eine mittelalterliche Siedlung Boxhagen gelegen, dessen genaue Lage unbekannt ist. Soweit wir wissen, lag die Flur innerhalb der Grenzen des mittelalterlichen Berlin. Von einer Ackerkommune noch einen an Boxhagen erinnernden Teil der Berliner Flur und seiner Höfe haben wir keine Kenntnis, so daß das Dorf schon wüst war, als sein letzter Rest, wohl ein Dorf wie der Wedding (oder spreeabwärts Casow bei Charlottenburg) an Berlin kam. So muß es auch mit dem Neuenhagen (Neuendorf) gewesen sein, der am Schäfersee in Reinickendorf lag und seit dem 14. Jahrhundert häufiger genannt worden ist. 1384 gelangte er an Berlin, die Feldmark wurde der von Reinickendorf zugeschlagen, das zwischen jenem Jahr und 1375 ebenfalls von Berlin erworben worden ist. Noch im 17. und 18. Jahrhundert sind Ackerfurchen unter Wald sichtbar gewesen (Holländerstraße, an den Friedhöfen). Das wäre das einzige Mal, daß in Berlin Flurwüstungen im Gelände sichtbar gewesen wären – und zwar unter Wald. Viele der großen Wälder Deutschlands sind im späten Mittelalter und in der frühen Neuzeit (15./16. Jahrhundert) auf wüsten Fluren entstanden. An der Weser bietet der Reinhardswald ein gutes Beispiel. Dort sind noch heute alte Felder und Flurgrenzen unter dichtem Wald gut zu erkennen. In der Umgebung Berlins sind es die Wälder im mittleren Barnim – der Forst „Blumenthal“ erinnert an ein untergegangenes Dorf –, dann die Wälder der südlichen Uckermark und die ausgedehnten Forste im Norden der Grafschaft Ruppin, die auf wüsten Dörfern und Fluren gewachsen sind. Während in Neuenhagen/Reinickendorf nur ein kleiner Teil der Ackerfläche endgültig aufgegeben wurde, sind die genannten Gebiete von einem umfangreichen Wüstungsprozeß erfaßt worden, der die von den Rodungen der Ortssiedlung geprägten Landschaften völlig veränderte und wieder Wälder entstehen ließ, Wälder, die dort schon in slawischer Zeit gestanden hatten. Wir leiten damit über zu:
3. Die Hauptwüstungsperiode des 14. und 15. Jahrhunderts im Gefolge der Pestepidemien. Auf die Ursachen waren wir schon im Beitrag „Siedlung und Agrarwesen“ eingegangen. Im Berliner Stadtgebiet ist nur ein einziges Dorf wüst geworden, Hellersdorf, im äußersten Osten, auf dem Barnim gelegen. Ausgrabungen haben ergeben, daß 800 m vom heutigen Dorfkern entfernt im 13. und 14. Jahrhundert ein Dorf bestand. Das neuzeitliche Dorf hat sich aus einem 1655 genannten Vorwerk, d.h. einem Gut, entwickelt, das seinerseits aus einer 1624 auf der wüsten Feldmark gelegenen Schäferei hervorgegangen war.

13.
Gürtelschnalle
Bronze, L 3,7 cm
13. Jh.
Berlin Zehlendorf, Krummensee
(Südostufer der Krummen Lanke)
MVF If 17301

14.
Wüstungen im Raum Groß-Berlin
(Karte)
Bearbeitet von G. Weiduschat und
E. Bohm
Gezeichnet von L+Z Grafik Design, 1986
Abb. 19 auf S. 46

Vitrine 2

15.
Kleines Tongefäß vom sog. Prager Typ
Ton mit schwarzem Überzug
H 16 cm, Dm 15,5 cm
7. Jh.
Berlin Spandau Tiefwerder
MVF If 17039
Abb. 15 auf S. 39

16.
Spätslawisches Tongefäß
H 21,5 cm
12. Jh.
Burgwall Berlin Spandau
MVF If 16646

17.
Krug mit Dornrand
Hals und Schultern mit umlaufenden Rillen verziert, handgemacht
grau-schwarzer Ton, H 17 cm,
gr. Dm 18 cm
13. Jh.
Fundort unbekannt
MVF VIIIa 480

18.
Kugeltopf
grau-schwarzer Ton, H 26,5 cm,
gr. Dm 27,8 cm
13. Jh.
Berlin Spandau, Fischerstr. 43–44
MVF If 16517

19.
Großer Kugeltopf
Hals mit umlaufenden Rillen, handgemacht
grau-schwarzer Ton, H 26,5 cm,
gr. Dm 27,2 cm
13. Jh.
Berlin Spandau, Mönchstr.
MVF If 17226

20.
Daubenschüsseln (Fragmente)
Holz
13./14. Jh.
Berlin Spandau, Markt
MVF If 20145.1–7

21.
Rechen (?)
Holz, L 47,3 cm
13./14. Jh.
Berlin Spandau, Zitadelle
MVF If 20217

22.
Sensenblatt
Eisen, L ca. 39 cm
2. H. 12. Jh.
Burgwall Berlin Spandau
MVF If 17277

23.
Sensenblatt
Eisen, L ca. 36 cm
2. H. 12. Jh.
Burgwall Berlin Spandau
MVF If 18003.1–3

24.
Sichel
Eisen, L 38,5 cm
1. H. 12. Jh.
Burgwall Berlin Spandau
MVF If 17637

25.
Sichel
Eisen, L 26,2 cm
13./14. Jh.
Berlin Spandau, Breitestr. 2
MVF If 16788

26.
Sichel
Eisen, L 16,5 cm
13./14. Jh.
Berlin Spandau, Fischerstr. 19
MVF If 17101

27.
Rest eines Spatenbeschlages mit Holzstiel (Nachbildung)
Eisen/Holz, gr. B des erh. Beschlages 9 cm
13./14. Jh.
Berlin Spandau, Fischerstr. 43–44
MVF If 16512
Im Mittelalter fertigte man nur die wichtigsten Teile des Spatens, die Schneiden, aus Eisen. Diese Beschläge wurden auf einen sog. Holzschuh gezogen, der mit dem Spatenstiel aus einem Stück geschnitten war.

Darüber hinaus waren viele Dörfer von der Agrarkrise des 14./15. Jahrhunderts betroffen, so daß Hofstellen verödeten, Krüge unbesetzt blieben, Mühlen verfielen und sich Wald auf Teilen der Flur ausbreitete. Die Bewohner waren von der Pest dahingerafft oder, wie man annehmen muß, in die Städte gezogen, wo ihnen das Leben leichter erschien, besonders dann, wenn sie die geforderten Abgaben nicht mehr aufbringen konnten. Das Landbuch (1375) und die Schoßregister (Steuerverzeichnisse) des 15. Jahrhunderts informieren uns über die vielfältigen Wüstungsvorgänge im Berliner Umland. Die Bevölkerungsverluste in den einzelnen Dörfern sind anscheinend immer wieder durch Zuwanderung aus härter betroffenen Gegenden ausgeglichen worden.
4. Bauerndörfer wurden seit dem 16. Jahrhundert infolge der Entstehung von Gütern wüst.
Güter entstanden, als die Bevölkerung der Städte zunahm und der Getreidebau wieder lohnend wurde, aber die bäuerliche Bevölkerung noch fehlte, um die wüsten Gemarkungen zu besiedeln. Eine wesentliche Voraussetzung war die Einführung bzw. Erhöhung von Zwangsdiensten, während die Abgaben gesenkt wurden. Die Rittergüter vergrößerten sich im Berliner Umland durch Aufkauf von Bauernhufen (Bauernlegen), aber auch durch Erwerb wüster Hufen. Eine solche Übernahme scheint nur als Notlösung betrachtet worden zu sein, weil die Gutswirtschaft in Heiligensee, Buchholz, Karow, Marzahn, seit dem Spätmittelalter wieder aufgegeben wurde.
Insgesamt läßt sich feststellen, daß im Berliner Stadtgebiet keine Dörfer der Gutsbildung zum Opfer fielen, wohl aber sich in sehr vielen Orten große Güter entwickelten.
E. Bohm (Berlin)

28.
Querschneidige Axt
Eisen, L 16,5 cm
11./12. Jh.
Burgwall Berlin Spandau
MVF If 17086

29.
Schlittknochen
Knochen, L 22,5 cm
10. Jh.
Burgwall Berlin Spandau
MVF If 16218
Diese Schlittschuhe fertigte man aus dem Laufknochen des Rindes oder eines Oberschenkelstückes des Schweins. Die auf dem Eis laufende Fläche des Knochens ist immer glatt geschliffen. Schlittknochen waren mit Lederriemen unter dem Schuh befestigt.

30.
Schneeschuhrahmen
Weidenholz, 57 × 29 cm
14./15. Jh.
Berlin Spandau, Fischerstr. 19
MVF If 16465
Abb. 90

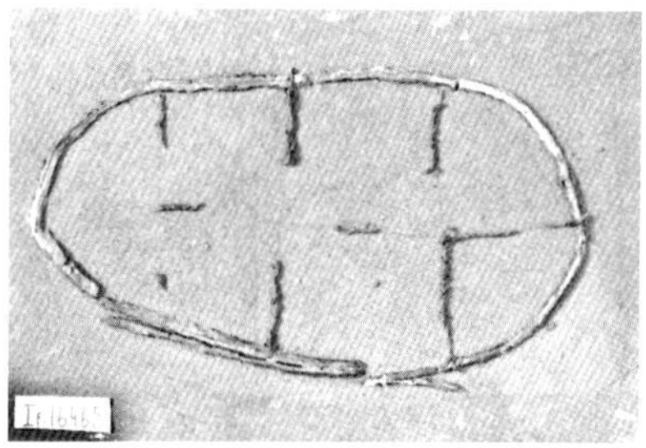

90. Schneeschuhrahmen, 14./15. Jh.

31.
Schafschere
Eisen, L 35 cm
14. Jh.
Berlin Spandau, Breite Str. 2
MVF If 16544

32.
Pflock
Eisen, L 20,3 cm
14. Jh.
Berlin Spandau, Fischerstr. 43–44
MVF If 20009.1–3

91. Blick auf das Gelände des Museumsdorfs Düppel.

33.
Gedrehter Eisenring
Dm 9,9 cm
14. Jh.
Berlin Spandau, Fischerstr. 19
MVF If 20070

34.
Fleischhaken mit Stiel
Eisen/Holz, L 20 cm, L 7,9 cm
13. Jh.
Berlin Spandau, Fischerstr. 43–44
MVF If 16440.1–2
Im Mittelalter wurden solche Haken für das Herausnehmen des Fleisches aus einem Kessel benutzt.

35.
Krummholz
Holz, L 66 cm
13./14. Jh.
Berlin Spandau, Fischerstr. 19
MVF If 20035
Krummhölzer fanden beim Schlachten – Ausnehmen – Verwendung.

36.
Feuerstahl
Eisen, L 9,4 cm
11./12. Jh.
Burgwall Berlin Spandau
MVF If 18754

37.
Feuerstahl
Eisen, L 6,6 cm
1. H. 12. Jh.
Burgwall Berlin Spandau
MVF If 17610

38.
Reste von Seilen
13./14. Jh.
a) Bast,
Berlin Spandau, Zitadelle
MVF If 17147

b) Lindenbast
Berlin Spandau, Fischerstr. 43–44
MVF If 16576

c) Lindenbast
gr. L 16,5 cm
Berlin Spandau, Fischerstr. 43–44
MVF If 16442 a–c

39.
Haustierknochen
a) vom Rind
b) vom Schwein
c) vom Haushund
d) vom Schaf
e) von der Ziege
f) vom Pferd

40.
Wildtierknochen
a) vom Reh
b) vom Rothirsch
c) vom Wildschwein
d) vom Biber
e) vom Wolf
f) vom Fuchs
g) vom Hasen
h) vom Dachs

41.
Mittelalterliche Nutzpflanzen im Berliner Raum

42.
Sohl- oder Hakenpflug
Holz, erh. L 1,29 m
13. Jh.
Berlin, Waidmannslust
MVF If 16695
Abb. 17 auf S. 42
Der aus einer Astgabel der Eiche herausgeschlagene Pflug wurde von Rindern gezogen. Die durch einen Keil festgehaltene Pflugschar riß den Boden auf, vermochte diesen aber nicht zu wenden. Der Bauer führte den Pflug am nahezu senkrecht gestellten Sterz. Dieser Pflug war nur geeignet, leichte Böden zu bearbeiten.

43.
Lackprofil mit Spuren eines Hakenpfluges
Technische Ausführung: Archäologisches Landesamt Berlin
151,5 × 99,5 cm
13. Jh.
Berlin, Domäne Dahlem
MVF If 20268

44.
Pflugsech
Eisen, gr. L 38,3 cm
10. Jh.
Burgwall Berlin Spandau
MVF If 16774

Vitrine 3

45.
Funde von Nahrungsmittelresten
Getreide,
verschiedene Fundorte innerhalb Berlins:
a) Gerste
b) Hafer
c) Roggen

b) Haselnüsse
Berlin Spandau, Fischerstr. 19
MVF If 20050; 20055

Mittelalterliche Nutzpflanzen im Berliner Raum

Die hier gezeigten Pflanzen stellen nur einen kleinen Ausschnitt der im Mittelalter im Berliner Raum angebauten Nutzpflanzen dar. Sie werden im Museumsdorf Düppel (Zehlendorf) angebaut. Dort wird seit etwa 20 Jahren ein mittelalterliches Dorf der Zeit zwischen 1170 und 1230 originalgetreu rekonstruiert; miteingeschlossen in diese Arbeit ist auch der Versuch, die Umwelt zu renaturieren. Dabei helfen botanische Untersuchungen auf dem Gelände des Dorfes, aber auch an anderen Fundstellen innerhalb des heutigen Berliner Stadtgebietes.
Gezeigt werden verschiedene durch Ausgrabungen belegte Getreidearten, Gemüse- und Gewürzpflanzen.

Getreidearten
Die große Bedeutung des Getreides können wir zeitgenössischen Schriftzeugnissen, archäologischen Funden und botanischen Untersuchungsergebnissen entnehmen.
Roggen (Secale cereale, Poaceae) ist nach archäobotanischen Befunden im Umkreis des Dorfes am Krummen Fenn um 1200 die dominierende Kulturart gewesen. Das mag daran liegen, daß der anspruchslose Roggen auf leichten und nährstoffarmen Böden bessere und sichere Erträge brachte als z. B. der Weizen.
Im Vergleich zu heutigen Zuchtsorten sind die Körner kleiner und verschiedenfarbig, die Ähren schmaler und die Halme länger.
Gerste (Hordeum vulgare, Poaceae), ein wichtiger Grundstoff bei der Bierherstellung (Malz) oder als Graupen gegessen, und Hafer (Avena sativa, Poaceae), als Hafergrütze oder Pferdefutter verwandt, werden im Museumsdorf Düppel als Sommerung angebaut. Man kann davon ausgehen, daß die Entwicklung der Landsorten noch im Mittelalter einen gewissen Abschluß in Mitteleuropa erfahren haben und daß bis Mitte des 19. Jahrhunderts keine wesentlichen genetischen Veränderungen eingetreten sind. Wir sehen somit zwischen der Originalpopulation aus der 1. Hälfte des 19. Jahrhunderts und dem mittelalterlichen Getreide keine wesentlichen Unterschiede. Das Museumsdorf hat Anfang der 60er Jahre Originalsaatgut einer fränkischen Gerste und eines Hafers aus dem Jahre 1830 erhalten.
Die Vermehrung dieser Population wird nach den Prinzipien der Erhaltungszucht mit den Originallinien durchgeführt.
Hirsen, Kolbenhirse (Setaria italica) und Rispenhirse (Panicum miliaceum, Poaceae), lassen sich im Feldbau im Museumsdorf Düppel bisher nicht kultivieren, obwohl beide Arten in Mitteldeutschland früher feldmäßig angebaut wurden und als einfache Kost in Form von Hirsegrütze oder Hirsebrei einen wesentlichen Anteil an der Ernährung des Menschen im Mittelalter ausmachten.
Der Weizen (Triticum spec., Poaceae) spielte damals in der Mark Brandenburg und in Norddeutschland nicht die Rolle in der Ernährung des Menschen wie heute. Es handelt sich um ein durch kleine rundliche Körner charakterisierten Zwergweizen. Das daraus gewonnene Weizenmehl diente vor allem zur Herstellung von Gebäck.
Die kleinen, dreikantigen Früchte des Buchweizens (Fagopyrum esculentum, Polygonaceae) ergeben gemahlen die Buchweizengrütze. Buchweizen war wesentlicher Bestandteil der Ernährung ärmerer Bevölkerungsschichten, denn er gibt auch auf nährstoffarmen Böden einen relativ guten Ertrag.

Öl- und Faserpflanzen
Vom „Schlafmohn" (Papaver somniferum, Papaveraceae), dessen Anbau seit dem Altertum in Kleinasien und in Mitteleuropa seit 250 Jahren bekannt und sehr verbreitet war, gibt es noch alte Landsorten z. B. im Alpengebiet.

Eine ursprünglich im Lein auftretende Unkrautpflanze, der Leindotter (Camelina microcarpa), ist bereits um 1000 v. Chr. als Kulturpflanze in den Leinfeldern ausgelesen und später im Reinanbau feldmäßig kultiviert worden.
Der Hanf (Cannabis sativa, Cannabaceae) hat wie kaum eine andere Kulturpflanze eine sehr wechselvolle Geschichte. Ursprünglich als Wild- und Kulturform in feucht temperierten Gebieten weit verbreitet, sind durch deren Trokkenlegung viele Anbaugebiete verlorengegangen. In Deutschland mußte Hanf während der Autarkiebestrebungen in den 30er Jahren in den ihm zusagenden ökologischen Nischen zwangsweise angebaut werden, um die Faserimporte einzuschränken. Im Nachkriegsdeutschland ist der Anbau in der Bundesrepublik seit 1982 nach dem Betäubungsmittelgesetz praktisch verboten und kann hier trotz seiner Bedeutung für das Mittelalter nicht gezeigt werden. Hanf war neben seiner Rolle als Faserlieferant für die Herstellung von Seilen, auch als Ölpflanze in Gebrauch. Charakteristisch für das Hanföl ist ein strenger Geruch und Geschmack. Es fand Verwendung als Fastenöl.

Färberpflanzen
Eine Reihe von farbstoffliefernden Kulturpflanzen könnten in der Mark Brandenburg bereits um 1200 angebaut worden sein; zumindest waren sie gut bekannt, z. B. Färberwaid (Isatis tinctoria) für die Gewinnung von Indigoblau, Saflor (Carthamus tinctorius) für das Färben von Seide. Einen gelben Farbstoff gewann man aus Färbewau (Reseda luteola) und den roten Farbstoff z. B. aus Krapp (Rubia tinctorum).

Gemüse- und Heilpflanzen
Von den vielen seit dem Altertum bekannten Arten wird eine große Anzahl auch heute noch erwerbsmäßig angebaut. In Düppel werden einige wichtige für Demonstrationszwecke im Garten vorgestellt. Seltenheitswert ist den wenigsten beizumessen. Besondere Varianten sind nicht vorhanden. Angebaut werden derzeit rund 50 Arten einschließlich der verschiedenen Unterarten und Formen.
Als typische „Berliner Pflanzen" können die Pastinake (Pastinaca sativa subsp. sativa var. sativa) und das Teltower Rübchen (Brassica campestris subsp. rapifera) angesehen werden. Von der Kulturform der Pastinake findet sich noch überall die Stammform (P.s. subsp. stiva var. pratensis), gekennzeichnet durch eine dünne Pfahlwurzel, als Wildpflanze an Wegrändern am Berliner Stadtrand. Vom Teltower Rübchen gibt es einen sichern Nachweis über den Großanbau auf dem Teltow seit Beginn des 15. Jahrhunderts. Als Stärke- und Vitaminquelle spielten diese in der mittelalterlichen Ernährung eine große Rolle.

Obst- einschließlich Beerengewächse
Vorhanden sind im Museumsdorf Düppel zur Zeit einige alte Sorten vom Apfel, von denen die älteste, der *„Borsendorfer"*, um 1275 in einem mitteldeutschen Zisterzienser-Kloster entstanden ist. Es dürfte wohl kaum eine nachweislich ältere Sorte geben. Von Pflaumen konnten einige ursprüngliche Kulturformen halb verwildert in Berlin-Gatow ausfindig gemacht und vegetativ in Düppel vermehrt werden. Sie sind zu den Haferpflaumen oder Spillingen (Prunus domestika ssp. instititia) zu rechnen. An weiteren *Obstarten* sind Quitten, Vogelkirschen, Schlehen, *Hasel-* und *Walnuß* angepflanzt.
Durch Ausgrabungen nachgewiesen sind Haselnuß, durch zahlreiche Schalenfunde, Pflaume, Kirsche und Pfirsich durch ihre Kerne, wobei der Pfirsich wohl als Import anzusehen ist, sowie die Birne.

Gewürzpflanzen
Viele der im Mittelalter verwendeten Würzpflanzen werden auch heute noch zum Würzen der Speisen verwandt.
Hierzu zählen z. B. die Küchenzwiebel (Allium cepa, Alliaceae) und Knob-

c) Pfirsichkerne
Berlin Spandau, Fischerstr. 19
MVF If 20052; 20054

d) Obstkerne
Berlin Spandau, Fischerstr. 19
MVF If 20053

e) Birne
Burgwall Berlin Spandau
MVF o. Inv. Nr.

f) verschiedene Holzproben

g) Mistproben

46.
Ausdehnung und Ertrag von Weinbergen in der Mark Brandenburg 1782
(Karte)
Bearbeitet von G. Weiduschat
Gezeichnet von L + Z-Grafik Design, 1987

47.
Lage der ehemaligen Weinberge südwestlich von Berlin (Karte)
Bearbeitet von G. Weiduschat
Gezeichnet von L + Z Grafik Design, 1986
Abb. 92

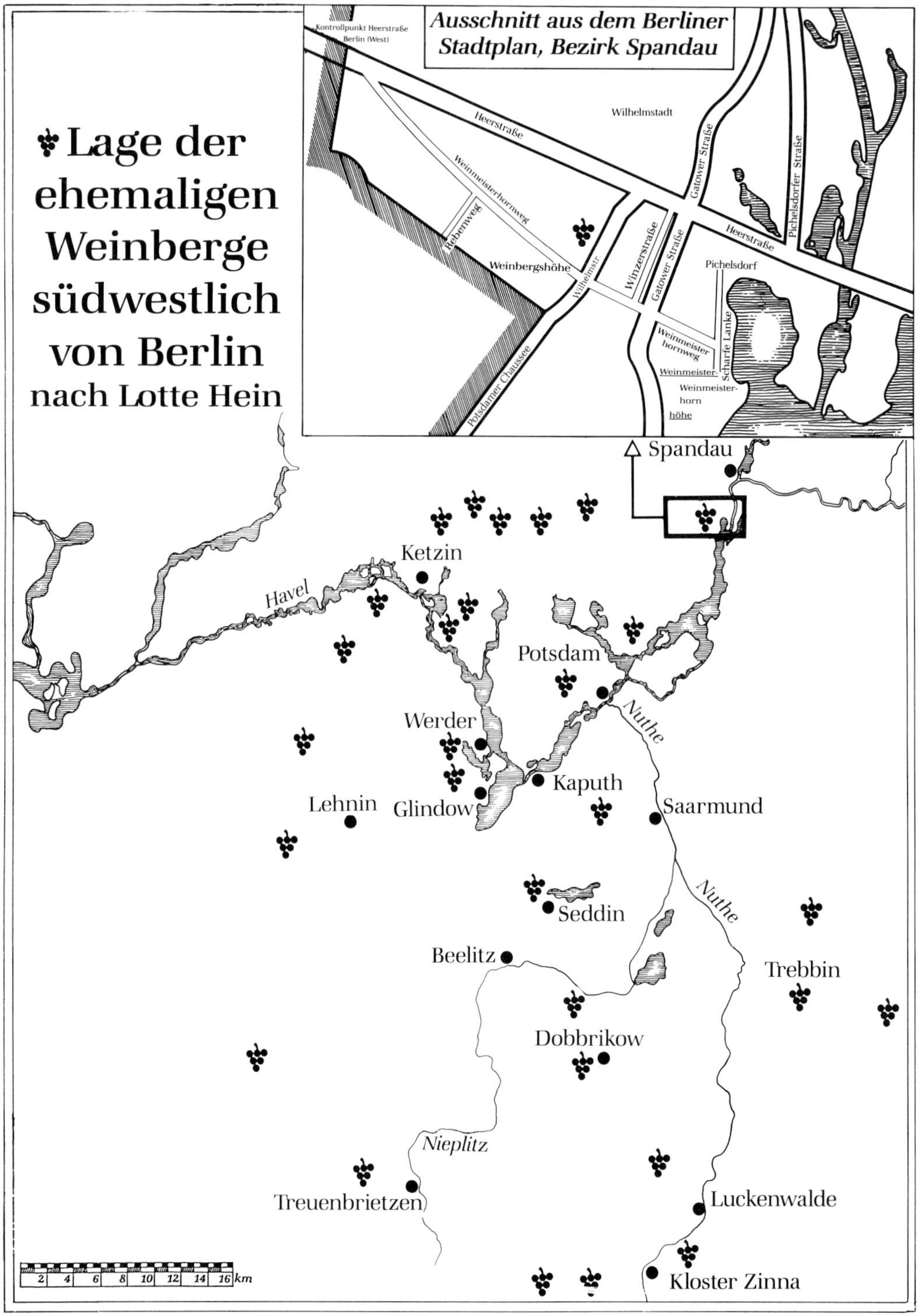

92. Lage der ehemaligen Weinberge südwestlich von Berlin.

lauch (Allium sativum), aber auch eine Wildform, der Bärlauch (Allium ursinum). Weitere schon im Mittelalter verwendete und möglicherweise auch im Berliner Raum angebaute Gewürzkräuter sind z. B. Basilikum (Ocimum basilicum), die Melisse (Melissa officinalis), Rosmarin (Rosmarinus officinalis), Salbei (Salberia officinalis), der auch als Heilpflanze Verwendung fand, sowie Thymian (Thymus vulgaris) und Dill (Anethum graveolens) und andere wie Petersilie (Petroselinum crispum) und Senf.
Die Gewürzpflanzen spielten eine wichtige Rolle in der mittelalterlichen Küche. Sie gaben den meist breiartigen Gerichten, die durch langes Kochen nicht nur unansehnlich geworden waren, sondern auch aller wichtigen Aufbaustoffe beraubt waren, Farbe und Geschmack und einige von ihnen wirkten verdauungsfördernd.
W. Plarre (Berlin)

Die deutsche Ostsiedlung

„Die deutsche Besiedlung der Länder östlich von Elbe und Saale, im donau- und alpenländischen Südosten wie auch in Teilen Böhmens, Polens und des weiteren Ostens ist ein nach Verlauf und Ergebnissen sehr verschiedenartiger Vorgang gewesen. Er erstreckte sich über mehrere Jahrhunderte, während der in jene Gebiete deutsche Rechts-, Wirtschafts- und Kulturformen übertragen wurden und weite Bereiche festen Anschluß an das Deutsche Reich fanden, so daß dieses um mehr als ein Drittel seines damaligen Umfanges vergrößert worden ist" (H. Helbig). Auch Berlin und seine Umgebung gehören zu diesen Bereichen. Das Land um Berlin ist freilich systematisch erst um 1230 von deutschen Bauern besiedelt worden. Einzelunternehmen, die schon seit Ende des 12. Jahrhunderts frühe Dörfer und auch die Vorgängersiedlung der Doppelstadt an der Spree entstehen ließen, sind vorausgegangen. Zu Beginn des 12. Jahrhnderts waren die Landschaften östlich einer Linie Kiel – Lüneburg – Magdeburg, östlich der Saale und des Böhmerwaldes und nördlich der Donau von Slawen bewohnt. Seit dem 8. Jahrhundert waren die Baiern donauabwärts vorgedrungen und hatten ihr Siedelwerk im 10. Jahrhundert intensiviert. Seit damals ist auch eine politisch-militärische Expansion des Fränkisch-Deutschen Reiches über Elbe und Saale hinweg nach Osten zu beobachten. Im 10.Jahrhundert haben deutsche Könige weite Gebiete bis zur Oder unterworfen, aber noch nicht mit Deutschen besiedelt, jedoch zu missionieren versucht. 983 gelang es den slawischen Stämmen in der späteren Mark, in Mecklenburg und Ostholstein, die Fremdherrschaft abzuschütteln. Allein die Sorben im späteren Sachsen verblieben unter deutscher Herrschaft, während die nördlichen Stämme und Verbände noch an die 150 Jahre in einer höchst altertümlich-heidnischen Welt verharrten. In der Auseinandersetzung mit dem Deutschen Reich ging zunächst nach dem siegreichen Aufstand von ihnen die Initiative aus – allen voran der damals entstandene, religiös geprägte Lutizenbund mit seinem Zentrum im östlichen Mecklenburg, dem aber auch der Hevellerstaat um Brandenburg lose verbunden war. Aber Ende des 11. Jahrhunderts hatte die politische Kraft der Elb- und Ostseeslawen deutlich nachgelassen. Bei einzelnen Stämmen und Staaten geboten schon christliche Herrscher über heidnische Untertanen. Umgeben von den christlichen Reichen Deutschlands, Polens und Dänemarks, hatte dieses heidnische Restgebiet keine politische Zukunft mehr, zumal sich hier kein einheitlicher oder führender Staat wie Polen oder Böhmen herausgebildet hatte, der seinen Nachbarn die Eroberung durch einen Akt des Glaubenswechsels unmöglich gemacht hätte. Das bewußte Heidentum stellte eine ständige Provokation der Kirche dar, die gestärkt aus dem Investiturstreit hervorgegangen war und sich geistig erneuert hatte. In ihren Augen mußte die Eroberung heidnischer Länder, wie die gleichzeitigen Kreuzzüge lehren, als eine gerechte Tat erscheinen. Vor allem seit den Tagen Kaiser Lothars III. († 1137, 1111 Herzog von

48.
Die deutsche Ostkolonisation
(Karte)
Bearbeitet von G. Weiduschat
Gezeichnet von L + Z Grafik Design, 1987

49.
Die Wanderung des Ortsnamens Lichterfelde
(„Das siebenfache Lichterfelde")
Bearbeitet von G. Weiduschat und E. Bohm nach M. Bathe
Gezeichnet von L + Z Grafik Design, 1986
Abb. 22 auf S. 51

Die Wanderung des Ortsnamens Lichterfelde

An der Wanderung dieses Ortsnamens von Westflandern in Belgien bis in die Mark Brandenburg, wo er in verschiedenen Landschaften vorkommt, kann man den Zug der bäuerlichen Siedler erkennen. Der zunächst erreichte Punkt war L. in der Wische (d.i. Wiese), ein Landschaftsname ebenfalls niederländischer Herkunft in der Altmark am Elbknie. Von dort ist der Name von weiterziehenden Siedlern in den Fläming übertragen worden. Aus dieser Landschaft und der Gegend um Jüterbog stammt eine Reihe von Namen der Teltow- und Barnimdörfer, die Glieder einer Kette sind, die bis in die Uckermark reicht, in der L. dreimal vertreten ist. Ein „Schattenname" ist Schönau(-ow), das im Gefolge des Lichterfelde-Namens mitzieht: in Berlin liegen beide Orte nur wenig voneinander entfernt. Der gesamte Vorgang der Wanderung, der sich über mehrere Generationen des 12. und 13. Jhs. erstreckte, zeigt zugleich das etappenweise Vorrücken der Siedler und beweist, daß auch die Neusiedlungsgebiete schon nach kurzer Zeit dank ihrer günstigen Altersstruktur einen Bevölkerungsüberschuß aufwiesen, den sie in noch unerschlossene Räume abgaben.

50.
Ichnographia oder Eigentlicher Grundris der Churfürstl. Herrschaft Potsdamb Undt Darzu Gelegenen Ambt Saarmund und Wittbrützen Wie auch der Herrschafft Capput...
Samuel von Suchodoletz
1683 o.O.
Bll. 5 u. 10
ca. 1:12000; 68 × 55,5 cm
Norden links
kolorierte Handzeichnung
Berlin, Staatsbibliothek PK, Kartenabteilung (Kart N 5858)

Der polnische Ritter Suchodoletz erhielt 1679 vom Großen Kurfürsten den Auftrag, das Amt Potsdam, d.h. den dort gelegenen landesherrlichen Besitz, zu vermessen. Das Werk war 1683 abgeschlossen. Es bezeichnet den Beginn der planmäßigen kartographischen Abbildung in Brandenburg-Preußen. Für die Berliner Siedlungsgeschichte hat es unschätzbaren Wert, da es den westlichen Teil des Bezirks Zehlendorf (Stolpe, Wannsee) einschließt und uns Namen und Lage von abgegangenen Dörfern, d.h. Wüstungen, überliefert, von denen wir sonst nichts wüßten, z.B. Newedorf (= Neuendorf) am Krankenhaus Wannsee und Damsdorf am Südufer des Teltowkanals bei seiner Einmündung in den Griebnitzsee. Dazu treten eine Reihe von Flurnamen, die uns einen hervorragenden Einblick in ältere Siedlungsverhältnisse bis hin in die Zeit der Ostsiedlung gestatten. Die beiden genannten Orte müssen vor 1375 wüst geworden sein, als das Landbuch entstand, in dem sie nicht mehr erscheinen. Hätten sie noch bestanden, wären sie angeführt worden. Damsdorf muß ein vollentwickeltes großes Dorf gewesen sein: die verzeichneten Flurnamen verweisen auf die Dreifelderwirtschaft und auf das Bestehen der üblichen Schläge, Stücken oder Gewanne, hier Felder genannt, die den großen Dörfern der Ostsiedlung eigentümlich waren, nämlich Bergstücken, Lange Stücken und das bekannte Steinstücken. Auf ihnen wuchs nach Aufgabe des Dorfes, das inzwischen auch archäologisch nachgewiesen werden konnte, Wald. Unbewaldet blieb ein kleiner Teil, wenn hier nicht wieder gerodet worden ist: die heutige Exklave „Wüste Mark" an der Autobahnauffahrt Drewitz. Die Feldmark von Stolpe schließt bei Suchodoletz die von Damsdorf ein. Laut den Schoßregistern von 1450/51 werden 9 der Damsdorfer Hufen von Stolpe aus genutzt. Das Dorf muß aber ursprünglich größer gewesen sein, was aus der Einteilung des Ackers in 3 Stücke hervorgeht. Das nicht mehr genutzte Ackerland war also wüst geworden und hatte sich mit Wald bedeckt.

Sachsen, 1125 König) begannen deutsche Fürsten ihre Züge und Eroberungen, auf denen aber nur die grenznahen Gebiete in häufig blutigen Kämpfen unterworfen wurden, während aus einem Rest des Abodritenstaates Mecklenburg hervorging, das Fürstentum Rügen, Pommern und Schlesien ihre alte Staatlichkeit bewahrten und ihre Herrscher deutschen Bauern, Bürgern, Rittern und Ordensleuten das Land zur Besiedlung weit öffneten. Albrecht der Bär erbte 1150 den Hevellerstaat – er und seine Nachfolger eroberten oder erwarben, z.B. unter Druck auf Pommern, ein Landgebiet bis über die Oder, die Mark Brandenburg. Ganz auf Eroberung gründete sich seit 1231 der Staat des Deutschen Ordens in (Ost-)Preußen, der bald zu den modernsten seiner Art zählte.

Es besteht kein Zweifel, daß erst das Bevölkerungswachstum im deutschen Altsiedelland die Besiedlung der von den Slawen weniger dicht bewohnten Gebiete ermöglichte. Einen Bevölkerungsüberschuß hat es sicher u.a. in Flandern und Brabant gegeben, wo deshalb die vorhandene Ackerfläche intensiv und mit fortgeschrittenen Kenntnissen bebaut worden ist. So ist es kein Wunder, wenn wir überall im Osten Flamen und Holländer antreffen, wobei diese als Fachleute beim Trockenlegen von Sümpfen galten. Der Name des Fläming, eines Höhenzuges südlich von Berlin, erinnert noch an niederländische Siedlung. Die Wanderung des in der Mark mehrfach vertretenen Namens Lichterfelde aus Flandern spricht für sich. Es zeigt aber auch, daß Menschen der nächsten Generation aus den neuen Dörfern weiterzogen, je weiter die Siedlung nach Osten fortschritt. Drückende Lasten, die Bauern in Altdeutschland zu tragen hatten, mögen viele zum Abzug nach Osten bewogen haben. In Einzelfällen konnte der Beweis geliefert werden. Schließlich haben die in Aussicht gestellten günstigen Verhältnisse der neuen Lande viele Menschen zur Wanderung bewogen: volle persönliche Freiheit, mäßige Abgaben und das Fehlen von Fronarbeit sicherten trotz harter Anfangsjahre nach dem Urbarmachen des Landes den Erfolg. Bald kamen auch Slawen in den Genuß des günstigen deutschen Siedelrechtes, womit ihre Beteiligung am Landesausbau gesichert war. Die Menschen kamen aus dem ganzen Reich. Schon 1105 ist die Ansiedlung von Franken in der Leipziger Gegend urkundlich bezeugt. In der Mark Brandenburg beginnt die Besiedlung um 1160; bereits vor 1200 war der westliche Stadtrand Berlins erreicht. Leider kennen wir keine Siedlungsurkunden aus der Mark. Aus späteren Nachrichten (Landbuch Karls IV. 1375) wissen wir, daß sich die Verhältnisse nicht grundsätzlich von anderen Landschaften unterschieden. Wenn deutsche und slawische Grund- und Landesherren ein so günstiges Siedelrecht verliehen – gelegentlich ius teutonicum bezeichnet –, entsprang das „wirtschaftlichen Bedürfnissen und politischer Einsicht, um durch Landesausbau die eigenen Herrschaftsbereiche zu festigen" und die Vorteile der vielfach fortgeschritteneren Kultur Westeuropas zu nutzen, die die Neuankömmlinge mitbrachten. So wurden riesige Wälder gerodet, auf denen Dörfer, Klöster und Städte entstanden, von denen, wie hier in Spandau, wiederum eine ganze Reihe an slawische Burgstädte anknüpften. Die Zitadelle, der Ort, an dem wir stehen, ist letzten Endes aus einer slawischen Burg hervorgegangen.
E. Bohm (Berlin)

Helmold von Bosau, Chronica Slavorum
Buch 1, Kapitel 89
De Alberto Urso (Albrecht der Bär)

Vitrine 5

51.
Chronica Slavorum (Buch 1, Kap. 89)
Helmold von Bosau
Anfang 14. Jh.
Pergament, 31,5 × 23 cm
Lateinisch
Kopenhagen, Königliche Bibliothek
(Additamente 50 fol.)

In tempore illo orientalem Slaviam tenebat Adalbertus marchio, cui cognomen Ursus, qui etiam propicio sibi Deo amplissime prosperatus est in funiculo sortis suae. Omnem enim terram Brizanorum, Stoderanorum multarumque gentium habitantium iuxta Habelam et Albiam misit sub iugum et infrenavit rebelles eorum. Ad ultimum deficientibus sensim Slavis misit Traiectum et ad loca Reno contigua, insuper ad eos qui habitant iuxta occeanum et patiebantur vim maris, videlicet Hollandros, Selandros, Flandros, et adduxit ex eis populum multum nimis et habitare eos fecit in urbibus et oppidis Slavorum. Et confortatus est vehementer ad introitum advenarum episcopatus Brandenburgensis necnon Havelbergensis, eo quod multiplicarentur ecclesiae, et decimarum succresceret ingens possessio. Sed et australe litus Albiae ipso tempore ceperunt incolere Hollandrenses advenae; ab urbe Saltvedele omnem terram palustrem atque campestrem, terram quae dicitur Balsemerlande et Marscinerlande, civitates et oppida multa valde usque ad saltum Boemicum possederunt Hollandri. Siquidem has terras Saxones olim inhabitasse feruntur, tempore scilicet Ottonum, ut videri potest in antiquis aggeribus, qui congesti fuerant super ripas Albiae in terra palustri Balsamorum, sed prevalentibus postmodum Slavis Saxones occisi, et terra a Slavis usque ad nostra tempora possessa. Nunc vero, quia Deus duci nostro et ceteris principibus salutem et victoriam large contribuit, Slavi usquequaque protriti atque propulsi sunt, et venerunt adducti de finibus occeani populi fortes et innumerabiles et obtinuerunt terminos Slavorum et edificaverunt civitates et ecclesias et increverunt diviciis super omnem estimacionem.

Zu jener Zeit hielt Markgraf Albrecht, zubenannt „der Bär", das östliche Slawenland (in Händen); auch er spann den Faden seines Schicksals mit Gottes Hilfe höchst erfolgreich fort. Das ganze Land der Brizanen, der Stoderanen und der vielen zwischen Havel und Elbe sitzenden Stämme unterjochte er und zügelte die Aufsässigen unter ihnen. Schließlich schickte er, als die Macht der Slawen allmählich abnahm, nach Utrecht und den Rheingegenden, ferner zu denen, die am Ozean wohnen und unter der Gewalt des Meeres zu leiden hatten, den Holländern, Seeländern und Flamen, zog von dort viel Volk herbei und ließ sie in den Burgen und Dörfern der Slawen wohnen. Durch die eintreffenden Zuwanderer wurden auch die Bistümer Brandenburg und Havelberg sehr gekräftigt, denn die Kirchen mehrten sich und der Zehnt wuchs zu ungeheurem Ertrage an. Zugleich begannen die holländischen Abkömmlinge aber auch das südliche Elbufer zu besiedeln; von der Burg Salzwedel an besetzten Holländer das ganze Sumpf- und Ackerland, nämlich das Land Belze und das Marschnerland, mit vielen Städten und Dörfern bis hin zum böhmischen Waldgebirge. Einst sollen zwar Sachsen diese Landschaften bewohnt haben, zur Zeit der Ottonen, wie man es an alten Dämmen sehen kann, die im Sumpflande der Belzer an den Elbufern aufgeführt worden waren, aber später setzten die Slawen sich durch, die Sachsen wurden erschlagen und das Land besaßen bis in unsere Zeit hinein Slawen. Jetzt aber sind, weil Gott unserem Herzog und den anderen Fürsten Heil und Sieg reichlich gespendet hat, die Slawen weit und breit gänzlich verjagt; unübersehbare, mächtige Scharen sind vom Meeresstrande herbeigeführt worden, haben das Gebiet der Slawen eingenommen, Städte und Kirchen aufgebaut und sind über alle Erwartung hinaus wohlhabend geworden. (nach H. Stoob)

Albrecht der Bär, Markgraf der Nordmark, wird seit 1144 in Urkunden der Reichskanzlei hin und wieder Markgraf von Brandenburg genannt, obwohl er erst seit 1150, endgültig nach Ausschaltung eines Rivalen, Jaxa von Köpenick, 1157 Herr der Brandenburg war. Brandenburg, dessen slawischer Name uns unbekannt bleibt, war Mittelpunkt des Reiches der slawischen

Heveller, ein altsächsischer Name, der in verschiedenen lateinischen Varianten überliefert ist. Die Eigenbezeichnung des Volkes war die hier von Helmold überlieferte, nämlich Stodorani. Der letzte Herrscher Pribyslaw war Christ, hieß mit Taufnamen Heinrich und führte den Königstitel (lat. rex), dessen Herkunft bisher nicht völlig zu klären war. Offensichtlich gebot er noch über eine größere Zahl heidnischer Untertanen. Er vererbte Albrecht, zu dem er gute Beziehungen unterhielt, sein Reich, das sich beiderseits der mittleren und unteren Havel erstreckte, Spandau ohne Zweifel mit einschloß, ganz sicher aber den nördlichen Teil der Zauche, den Heinrich Albrechts Sohn zum Patengeschenk gemacht hatte. Gemeint ist das Land südlich der Havel bei Brandenburg. Die anstehende Erbschaft war der Grund, weshalb Albrecht schon vor Anfall des Hevellerstaates an ihn (nach Heinrich-Pribyslaws Tod 1150) Markgraf von Brandenburg genannt werden konnte. Albrechts politische Karriere war bisher nicht besonders erfolgreich: im Kampf um die sächsische Herzogswürde war er gegen Heinrich den Löwen gescheitert. Seit 1134 war er aber Markgraf der Nordmark, die im 10. Jh. begründet worden war, doch jetzt einer eigentlich territorialen Basis entbehrte. Für Albrecht war sie der reichsrechtlich abgesicherte, willkommene Ausgangspunkt seiner Politik östlich der Elbe. Aus altem Eigenbesitz seines Hauses (der sog. Askanier), aus Eroberungen, Schenkung und Erbschaft fügte er ein Territorium zusammen, dessen Kern der alte Hevellerstaat war und das seine Nachfolger nach 1170 zur Mark Brandenburg erweitern sollten.

Der Erwerbung folgte der Ausbau des Landes: dafür warb Albrecht Menschen aus dem Altsiedelland an, vor allem Holländer und Seeländer, deren Kenntnisse bei Wasserbauten und Trockenlegen geschätzt waren und sich z. B. im Bruchland an der Unterweser zu Beginn des Jahrhunderts bewährt hatten. Helmold nennt Salzwedel in der Altmark. In der nahen Elbniederung, in der Landschaft Wische (d. i. Wiese) zwischen Seehausen und Werben saßen nachweislich Niederländer; der aus Westflandern hierher gewanderte Ortsname Lichterfelde spricht für sich. Das Balsamerland lag um Stendal, das Marschnerland kann die Wische sein; Lichterfelde ist ein Marschhufendorf. Jedenfalls ist Helmolds „Südufer der Elbe“ auf die Wische zu beziehen. Flämisch-holländische Siedlungen sind im ganzen mitteldeutschen Osten und in Ostdeutschland nachzuweisen: wenn er das böhmische Waldgebirge erwähnt, zeigt Helmold, daß zu seiner Zeit, um 1170, die bäuerliche deutsche Ostsiedlung in vollem Gange war. Die Menschen kamen aus allen Teilen Alt-Deutschlands, vor allem aber aus Niederdeutschland.

Helmolds Nachricht, die Slawen seien vertrieben worden, ist nur sehr bedingt richtig: er schreibt sicher unter dem Eindruck der Erfolge, die sein Herzog, Heinrich der Löwe, nach blutigen Kämpfen in Mecklenburg gegen slawische Fürsten errungen hatte, wo es schwere Verwüstungen gegeben hatte, wie auch unter dem Eindruck der Tatsache, daß ein großer Teil der heidnischen Slawen Ostholsteins in ein isoliertes Restgebiet um Oldenburg in Wagrien und in Fehrman abgedrängt war. Wie dort, so hat es in der Mark Brandenburg beim Vordringen der Deutschen nicht nur Blutvergießen und Unterdrückung einer noch im Heidentum verharrenden Bevölkerung gegeben, im Gegenteil. Aus vielfältigen Zeugnissen wissen wir, daß die Slawen am Landesausbau teilgenommen haben, ja sogar im Havelland noch einige Zeit in beträchtlicher Zahl ihrem angestammten Glauben anhängen konnten, weil es 1187 zu einer heidnischen Reaktion gekommen war, die doch eine größere Menschenzahl voraussetzte. In diese Zeit zu datierende Funde aus dem Umkreis der Spandauer Nikolaikirche könnten solche Vorgänge bestätigen. Letztlich ist das Ausmaß von Verdrängung und Unterdrückung aus Mangel an Quellen nur schwer zu beurteilen: wir hören in der Mark ganz vereinzelt von Umsiedlung und Vertreibung. Auch die neuen Herren waren auf Tribute und Abgaben angewiesen, wobei es ihnen nicht auf die Nationalität, sondern auf die Wirtschaftskraft der Bewohner des Landes ankam, was bedeutet, daß es keine systematische Verdrängung oder Ausrottung der Slawen gegeben haben

kann. Ehe es zu einem friedlichen Miteinander in einer Landschaft oder in einem Dorf kam, werden beide Bevölkerungsteile einen spannungsreichen Zeitabschnitt durchlebt haben, wobei schließlich die gemeinsame christliche Religion segensreich gewirkt haben mag. Am Ende ging in einem gewiß komplizierten Prozeß die slawische Bevölkerung in der deutschen auf, wovon die Übernahme, die Art, wie es geschah, und das Weiterleben zahlreicher Flur-, Gewässer- und Ortsnamen, nicht zuletzt auch Personen- und besonders Familiennamen („Wendt") zeugen. So entstanden im späteren Mittelalter allmählich die deutschen Neustämme östlich der Elbe mit ihrer eigenen Kultur und ihren eigenen Dialekten.
E. Bohm (Berlin)

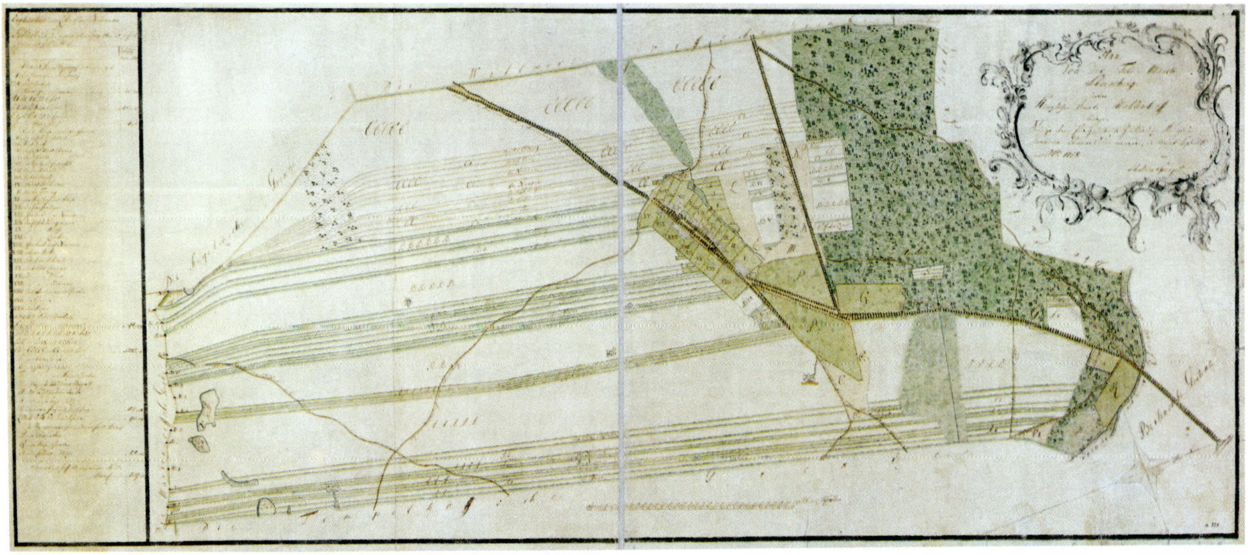

93. Feldmark Schöneberg, 1758.

Feldmark Schöneberg

Die Karte scheint, wie viele andere jener Zeit, anläßlich einer Neuvermessung der Flur entstanden zu sein. An der schon 500 Jahre alten Flurverfassung und der Flurform hatte sich nichts geändert. Schöneberg wurde 1264 erstmals erwähnt. Eine damals angefertigte Flurkarte hätte sich nur wenig von der vorliegenden unterschieden: die regelmäßigen, z. T. schnurgerade verlaufenden Grenzen, die 3 mit A, B, C bezeichneten Gewanne der Dreifelderwirtschaft und die im Typ von anderen Angerdörfern nicht verschiedene Dorfform sind mittelalterlichen Ursprungs. Im Dorf selbst sind aber schon Züge einer jüngeren Entwicklung zu erkennen, wie das im 16. Jh. entstandene Vorwerk (landesherrliches Gut) und die 1750/51 erbauten Kolonistenhäuser im Nordosten. Die Flur ist auch nicht mehr in Hufenstreifen, sondern in Morgen bzw. Quadratruten vermessen, die aber auf die Hufen zurückgehen dürften. Entgegen der mittelalterlichen Ordnung haben jetzt auch Kossäten, die auf Bauernstellen sitzen, Anteil an der Flur. Vorwerks- und Bauernanteile liegen ganz in mittelalterlicher Weise im Gemenge. Auf dem Anger stehen als Einrichtungen der Dorf- bzw. Kirchengemeinde die Hirtenhäuser, die Schmiede und die Küsterei – die Agrarstruktur des Mittelalters reicht mit ihnen, der Kirche und den „Untertanen" des Vorwerks als Nachfolger des mittelalterlichen Grundherrn bis an die Schwelle der Industrialisierung.
E. Bohm (Berlin)

Vitrine 6

52.
Feldmark Schöneberg Kreis Teltow
Johann H. Sprengell, 1758
Kolorierter Holzschnitt, 146 × 63 cm
1:5000
Berlin, Geheimes Staatsarchiv PK
(XI. HA Karten A 868)
Abb. 93

Vitrine 7

53.
Landbuch der Mark Brandenburg
aus dem Jahre 1375
Abschrift 1376/77
Pergament, H 59 cm
Lateinisch
Berlin, Geheimes Staatsarchiv PK (Rep. 78 Nr. 1)
Abb. 21 auf S. 49

Landbuch der Mark Brandenburg

Ohne Zweifel der fähigste der deutschen Herrscher des späten Mittelalters war Karl IV. aus dem Hause Luxemburg, Römischer Kaiser und deutscher König (1346–1378), König und Kurfürst von Böhmen. Seinem Hause hatte er im Osten des Reiches einen weiträumigen Landbesitz – mit dem Mittelpunkt in Prag – erworben, dem er 1373 auch die Mark Brandenburg einfügte.
Schon 1375 ist das Landbuch der Mark Brandenburg vollendet worden, das einer geordneten Landesverwaltung als Unterlage dienen sollte. Für uns ist es eine einzigartige Quelle, vor allem wegen der Beschreibungen der Dörfer in den Landschaften Teltow, Havelland, Zauche, Barnim, Uckermark und eines Teiles der Altmark. Diesen Dorfregistern vorangestellt ist eine Übersicht über die allgemeinen aus dem Besitz der Landesherrschaft stammenden Einkünfte wie Burgen, Zölle, Wälder, Abgaben von Städten. Der Hauptzweck bei der Anlage des lateinisch abgefaßten Landbuches war, an Hand einer Übersicht der gesamten Besitzverhältnisse die Rechtmäßigkeit der Erwerbstitel einzelner Personen und Institutionen zu überprüfen. Auf diese Weise erfahren wir die Verteilung des Grundbesitzes in den Dörfern, hören etwas über die Grundlasten, die auf den Höfen ruhten, und welche Abgaben die Bauern an wen zu zahlen hatten, wobei wir sogar die Getreidearten als Naturabgaben kennenlernen. Kurzum, das Landbuch bietet uns einen Einblick in die Dorfstruktur seiner Zeit und läßt bei vergleichender Betrachtung der einzelnen Dörfer Rückschlüsse auf die Zeit der Ostsiedlung und der Dorfgründung (im Berliner Gebiet die 1. Hälfte des 13. Jhs.) zu. Wir können auf Grund bestimmter Angaben, d. h. vor allem der Abgaben, auf den Verbleib slawischer Bevölkerung schließen, wenn die slawische Restbevölkerung nicht noch direkt erwähnt wird, wie z. B. die Bewohner des Potsdamer Kietzes, was wir aus dem Register der landesherrlichen Burgen erfahren, das uns auch zwei Wälder auf dem Barnim und Teltow nennt, die zur Burg Spandau, der späteren Zitadelle, gehören: der Wald auf dem Teltow war der Grunewald. Schließlich findet im Landbuch auch die große Wirtschaftskrise des 14. Jahrhunderts ihren Ausdruck, wenn wir von wüsten Dörfern, Hufen, Mühlen und Krügen hören.
Unsere Kenntnis von der ländlichen Wirtschafts- und Sozialgeschichte der Mark Brandenburg beruht also vor allem auf dem Landbuch Kaiser Karls IV.
Das Landbuch war bis zum Ende des Krieges in 3 Handschriften erhalten, von denen hier die älteste (A, nach der maßgeblichen Ausgabe von Joh. Schultze) zu sehen ist. Sie ist wohl 1376 oder 1377 in der Kanzlei Karls IV. in Prag entstanden und befindet sich im Geheimen Staatsarchiv, wo sich früher auch die beiden anderen befanden, von denen C (Mitte 15. Jh.) heute im Zentralen Staatsarchiv der DDR in Merseburg ist, während B (etwa 1388) als verschollen gilt.

Beschreibung des Dorfes Schöneberg

„*Schonenberge* sunt 50 mansi, quorum plebanus habet 2, ecclesia unum liberum. Johannes Rike, civis in Colne, cum fratre suo habent sub aratro 10 liberos a domino marchione annis multis. Parys ibidem habet 12 liberos sub aratro suo et e patre suo. Quilibet mansus dat in pactum 9 modios siliginis et 9 modios avene. Quilibet mansus dat in censum 2 solidos et 7 1/2 solidos in precariam, 3 quartalia siliginis et 3 quartalia ordei et 1 1/2 modium avene pro annona precarie.
Sanctimoniales in Spandow habent pactum de 5 mansis et censum annis plurimis. Fratres Kalendarum in Berlin habent pactum et censum de 7 mansis novem vel decem annis. Jacob Gortzik, civis in Berlin, habet 10 mans [orum] pactum et censum a Ruthenik. Albertus Rathenow in Berlin habet pactum, censum et precariam 2 mans [orum] cum omni iure, qui eciam habet precariam de aliis mansis cum iudicio supremo et infimo et cum iure patronatus a parentibus suis.

Dominus marchio habet servicium curruum cum servicio vasallionatus. Sed Parys dicit se habere servicium curruum iure hereditario et annis irrecordabilibus.
Curie Cossatorum sunt 13, quelibet dat 1 solidum Paryse et 1 pullum. Taberna dat 30 solidos Paryse." Übersetzung (nach W. Spatz von H. Winz) „Schonenberge hat 50 Hufen, wovon der Pfarrer zwei, die Kirche eine hat. Johannes Rike, Bürger in Colne, hat mit seinem Bruder zehn freie Hufen unter dem Pfluge, die er vom Markgrafen seit vielen Jahren hat, Parys ebendort hat zwölf freie Hufen unter seinem Pflug von seinem Vater. Jede Hufe gibt zur Pacht neun Scheffel Weizen und neun Scheffel Hafer, jede Hufe gibt zum Zins zwei Schillinge und $7^1/_2$ Schillinge zur Bede, 3 Viertel Roggen und 3 Viertel Gerste und $1^1/_2$ Scheffel Hafer zur Getreide-Bede.
Die Nonnen in Spandau haben seit sehr vielen Jahren Pacht und Zins von fünf Hufen. Die Kalandsbrüder in Berlin haben Pacht und Zins von sieben Hufen seit neun oder zehn Jahren. Jacob Gortzik, Bürger in Berlin, hat Pacht und Zins von zehn Hufen von Ruthenik. Albert Rathenow in Berlin hat Pacht, Zins und Bede von zwei Hufen mit allem Recht von Parys. Parys hat vier Hufen mit allen Rechten, er hat außerdem die Bede von den anderen Hufen mit dem obersten und niedersten Gericht und mit dem Patronatsrecht von seinen Eltern her. Der Markgraf hat den Wagendienst mit dem Vasallendienst. Doch behauptet Parys, er hätte den Wagendienst nach erblichem Recht seit unvordenklichen Zeiten.
Kossätenhöfe sind 13, jeder gibt einen Schilling an Parys und ein Huhn. Der Krug gibt 30 Schilling an Parys."
E. Bohm (Berlin)

Erste Erwähnung des Dorfes Schöneberg

Vitrine 8

54.
Erste Erwähnung des Dorfes Schöneberg in einer Urkunde vom 3. Nov. 1264
Pergament, 23,8 × 25,2 cm, Siegel fehlt
Lateinisch
Berlin, Geheimes Staatsarchiv PK (VII. HA Nr. 391)
Regest: Krabbo Nr. 904

Markgraf Otto schenkt dem Kloster zu Spandau mit Zustimmung seiner Söhne Johann, Otto und Albert fünf Hufen Landes im Dorfe Schöneberg.
In nomine sancte et Indiuidue trinitatis. Nos Otto, Dei gracia Brandeburgensis Marchio, Omnibus in perpetuum. Sicut dies et tempora indefinenter fluunt et transeunt vices singulas alternando, sic ea, que sub ipsis fiunt temporibus, decorem memorie facillime perderent et vigorem, nisi voce testium et scripti memoria reciperent munimentum. Ea propter notum facimus tam presentibus quam posteris vniuersis cristi fidelibus, quod ob spem eternorum premiorum, bona et sincera deliberatione, filiorum nostrorum Johannis, Ottonis et Alberti adhibito consensu vnanimi, ecclesie sanctimonialium apud Zpandowe, quam nos piis amplectimur visceribus karitatis, sperantes in domino ihesu christo, quod ibidem domino deo famulantes nostrum apud altissimum supplere debeant inperfectum, Quinque mansos in villa *Sconenberch* sitos omni iuris integritate, sicut nos possedimus, exactione eciam et peticione seu aduocaticio seruicio et aliis quibuscumque seruiciis depositis et semotis, proprietatis titulo contulimus perpetuo possidendos. Et ut nostra donacio, ex perfecta nostra filiorum nostrorum liberalitate peracta, absque omni ambiguitate et contradictione seu inpulsu friuolo vel maligno rata et grata plene ac plane futuris temporibus perseueret, presentes nostras litteras, sigilli nostri munimine solidatas, supradicte ecclesie in euidens testimonium et robur validum duximus erogandas. Testes huius sunt: Dominus Johannes de Rossowe, Cunradus de Osterburch, Gheuehardus de Aluensleue, Olricus de Croghe, Henricus de Thene, Albertus de Grobe Aduocatus in Zpandowe, Henricus de Grobene, Arnoldus de Bredowe, Theodoricus de Bornem et alii quam plures. Datum Zpandowe per manum Johannis nostre Curie Notarii, Anno domini Millesimo CC°. LXIIII°. Tercio Non. Nouembr. Indict. VII^{a}. Übersetzung (nach W. Spatz)
„Im Namen der heiligen unteilbaren Dreieinigkeit. Wir, Otto, von Gottes Gnaden Markgraf von Brandenburg, an alle für ewige Zeiten. Wie Tage und

Zeiten in unaufhörlichem Wandel dahinfließen und vergehen, so würde auch, was in diesen Zeiten geschieht, sehr leicht aus der Erinnerung verschwinden, wenn es nicht durch die Stimme von Zeugen und schriftliche Aufzeichnungen Festigung erhielte. Deshalb machen wir allen gegenwärtigen als auch nachkommenden Christen bekannt, daß wir in der Hoffnung auf ewigen Lohn, nach guter und ehrlicher Überlegung, unter einmütiger Zustimmung unserer Söhne Johann, Otto und Albrecht, der Nonnenkirche bei Spandau, welche wir mit frommer Liebe verehren – zu dem Herrn Jesus Christus hoffend, die dort Gott dem Herrn Dienenden möchte unsere Unvollkommenheit bei dem Höchsten ausgleichen, – fünf im Dorfe Schöneberg gelegene Hufen zum ewigen Besitz als Eigentum übertragen haben, mit allen Rechten, so wie wir sie besaßen, nach völliger Befreiung von Steuer, Bede, Vogteidienst und jeglichen anderen Diensten. Und damit unsere Schenkung, die durchaus unserer und unserer Söhne Freigiebigkeit entsprungen ist, frei von jeder Zweideutigkeit und jedem Widerspruch, jenem frivolen oder gar böswilligen Bestreben als zu recht bestehend voll und ganz bis in spätere Zeiten daure, glaubten wir, unsere vorliegende Urkunde, mit unserem Siegel bewehrt und befestigt, obgenannter Kirche zum offenkundigen Zeugnis und Bekräftigung aushändigen zu müssen. Zeugen hierfür sind: Johann von Rossowe (oder Possowe), Konrad von Osterburch, Gebhard von Alvenslewe, Ulrich von Croghe, Heinrich von Thene, Albert von Grobe, Vogt in Spandau, Heinrich von Grobene, Arnold von Bredowe, Dietrich von Bornem und andere mehr. Gegeben zu Spandau durch die Hand unseres Hofnotars Johannes am 3. November im Jahre des Herrn 1264."

Die 5 hier erwähnten Hufen gehören zur Grundherrschaft des Benediktinernonnenklosters Spandau. Abgesehen von den Klöstern der Bettelorden war jedes Kloster auf Landbesitz und wirtschaftlich zu nutzende Gerechtsame angewiesen, um seinen geistlichen, kulturellen und karitativen Aufgaben nachzukommen: auf Kirchensteuer im modernen Sinn konnte man sich noch nicht stützen. Die Spandauer Nonnen hatten eine umfangreiche Grundherrschaft mittels Geschenk und Kauf aufgebaut: im Berliner Stadtgebiet gehörten ihnen die Dörfer Lankwitz, Lietzow (Charlottenburg), ein in dessen Nähe gelegener, später wüster Hof Casow (am Landgericht-Schloßbrücke), Tegel, Lübars, Dalldorf (Wittenau), die Jungfernheide, Kladow und Gatow sowie verschiedene Gerechtsame. Mit Ausnahme des Klosterhofes und Casows bewirtschafteten die Nonnen ihre Güter nicht selbst, sondern zogen es vor, wie die meisten anderen Klöster auch, den Besitz in einer Rentengrundherrschaft zu organisieren. Vom Kloster abhängige, aber persönlich freie Bauern bebauten das Land und hatten dem Kloster bestimmte Abgaben in Geld oder/und Naturalien zu leisten, mitunter auch gewisse Dienste zu übernehmen. Die 5 Schöneberger Hufen wurden 1264 von allen Abgaben an den Landesherrn befreit. 1375, im Landbuch, erscheinen sie wieder, und wir erfahren jetzt, welche Abgaben auf ihnen lasteten. Einmal war es die Pacht (pactus), der alte Kirchenzehnt, dann der Zins (census), eine zunächst außerordentliche, später jährlich dem Landesherrn zu entrichtende Steuer. 1264 hatte der Markgraf noch über alle diese Abgaben verfügt (im einzelnen vgl. dazu die Beschreibung „Das Landbuch Kaiser Karls IV." mit dem Beispiel Schöneberg). 1375 hat aber schon ein gewisser Parys, der über umfangreichen Grundbesitz im Dorf verfügte, die Bede an sich gebracht. Er war auch Inhaber der Gerichtsherrschaft im Dorf, so daß den Spandauer Nonnen nur eine eingeschränkte Grundherrschaft über ihre Schöneberger Hufen verblieb. Der Landesherr, der Markgraf von Brandenburg, hatte also mit den Bauern, die auf den Hufen saßen, nichts mehr zu tun: er erhielt von ihnen keine Abgaben und übte keine Rechte über sie aus. Inhaber feudaler Rechte, d. h. auch die Nonnen, hatten sich zwischen ihn und seine ursprünglichen Untertanen geschoben. Bis zur Aufhebung des Klosters 1558 waren die 5 Hufen in Schöneberg Teil des Spandauer Klostergutes, beinahe 300 Jahre.

E. Bohm (Berlin)

Vitrine 9

55.
Gewebereste
13./14. Jh.
Berlin Tempelhof, Dorfkirche
MVF If 20256

56.
Münzen
Silber
Berlin, Dorfkirche Tempelhof
a) Friedrich I. (1415–1440)
1,3 g, Dm 1,9 cm
MVF If 20231

b) Friedrich II. (1440–1470)
Münzstätte: wohl Frankfurt/Oder
0,24 g, Dm 1,65 cm
MVF If 20226

c) Friedrich II. (1440–1470)
kurfürstliche Münzstätte, wohl Stendal
0,30 g, Dm 1,75 cm
MVF If 20227

d) Friedrich II., (1440–1470)
Münzstätte unbekannt
0,33 g, Dm 1,7 cm
MVF If 20228

e) Joachim I. (1499–1535)
kurfürstliche Münzstätte, vielleicht Brandenburg oder Salzwedel
0,26 g, Dm 1,68 cm
MVF If 20225

57.
Steilrandkrug
Steinzeug, H 23,5 cm,
gr. Dm 11,2 cm
14. Jh.
Berlin Wilmersdorf
MVF If 20246

58.
Pferd
Ton, H 5 cm
13./14. Jh.
Berlin Britz (Schulenburgbrücke)
MVF If 26563

59.
Scheidenbeschlag
Eisen, L 14,3 cm
13./14. Jh.
Berlin Mariendorf
MVF If 15464

60.
Gertel (?)
Eisen, H 32,1 cm
13./14. Jh.
Berlin Mariendorf
MVF If 15450

94. J. F Hennig, Das Dorf Schöneberg, um 1800.

61.
Steilkämme (Fragmente)
Geweih, L 9,8; 8 cm
13. Jh.
Berlin Mariendorf
MVF If 15448

62.
Zwei Messer
Eisen, L 13,8; 12 cm
13./14. Jh.
Berlin Mariendorf
MVF If 15455

63.
Gefäß
Heller Ton, gelblich glasiert
gr. Dm 13,3 cm, H 11,8 cm
14. Jh.
Berlin Mariendorf
MVF If 15469

64.
Großer Kugeltopf
schwarzgrauer Ton
H 33,5 cm, gr. Dm 35 cm
2. H. 13. Jh.
Berlin Mariendorf
MVF If 17343

65.
Ofenkachel (Topfkachel)
Ton, H 15 cm
13./14. Jh.
Berlin Mariendorf
MVF If 16205

66.
Messer
Eisen, L 19,3 cm
13./14. Jh.
Berlin Schöneberg
MVF If 16555

67.
Krug
schwarzgrauer Ton; H 15 cm,
Dm 16,7 cm
14. Jh.
Berlin Schöneberg, Hauptstr. 40
MVF If 20267

Vitrine 10

68.
Johann Friedrich Hennig
Dorfansichten um 1800
a) Le village de Schoeneberg
– das Dorf Schöneberg...
Kolorierte Radierung, 55 × 40 cm
Berlin, Kupferstichkabinett SMPK
Abb. 94

b) Le village de Britz
– das Dorf Britz...
Kolorierte Radierung, 55 × 40 cm
Berlin, Kupferstichkabinett SMPK

c) Le village de Rixdorf
– das Dorf Rixdorf...
Kolorierte Radierung, 55 × 40 cm
Berlin, Kupferstichkabinett SMPK
Abb. 20 auf S. 48

d) Le village de Tempelhof
– das Dorf Tempelhof...
Kolorierte Radierung, 55 × 40 cm
Berlin, Kupferstichkabinett SMPK
Abb. 95

Vitrine 11

69.
Kabinettskarte preußischer Provinzen
östlich der Weser und angrenzender Gebiete
Friedrich Wilhelm Karl Graf von Schmettau
1767–86 Kt. in 121 Sekt.
[ca. 1:50000] 90,5 × 55,3 cm
Kolorierte Handzeichnung
Blatt 78 [Berlin-Köpenick-Strausberg]
Berlin, Staatsbibliothek PK, Kartenabteilung (Kart. L. 5420)

Das Schmettausche Kartenwerk besteht aus mehreren Kartengruppen, die im Maßstab und in der Darstellungsart übereinstimmen. Minister F. W. Graf v.d. Schulenburg-Kehnert (1742–1815) veranlaßte die Herstellung des Kartenwerks, Friedrich Wilhelm Karl Graf v. Schmettau (1743–1806) war für die Zusammenstellung und Vereinheitlichung des Kartenmaterials verantwortlich.
Das Kartenwerk wird als der wichtigste Vorläufer der im 19. Jahrhundert beginnenden Preußischen Landesaufnahme angesehen. Es zeigt uns erstmals in brauchbarer kartographischer Darstellung das mittelalterlich-frühneuzeitliche Siedlungsbild im Überblick. Schon der erste Augenschein läßt die Gleichartigkeit vieler Ortsformen im Grundriß hervortreten, so daß sich hinter diesem Bild ganz offensichtlich ein einmaliger Vorgang, ein planmäßiger Akt bei der Ansiedlung verbirgt.

Vitrine 12

70.
Grundriß von Berlin und zentraler Bereich der Provinz Brandenburg
Kolorierter Zusammendruck mehrerer Sektionen der Generalstabskarte, aufgenommen 1867, Nachträge 1874.
67 × 55 cm
1:100000
Berlin, Geheimes Staatsarchiv PK
(XI. HA Karten A 50016)

71.
Berliner Kapital in den Dörfern
(Karte)
Bearbeitet von G. Weiduschat
Gezeichnet von L + Z Grafik Design, 1986

95. J. F. Hennig, Das Dorf Tempelhof, um 1800.

Vitrine 13

72.
Urkunde von 1380 Mai 25
Pergament mit angehängtem runden Wachssiegel, 28 × 15 cm, Umbug 4,5 cm
Deutsch
Berlin, Landesarchiv (Rep. 238, Nr. 1380/1 [1])
Dem Berliner Bürger Hans Dannewitz wird von den Herren Hans und Ulrich von Biberstein die jährliche Rente von drei Höfen und neun Hufen im Dorf Weesow verliehen.

III. DIE STADT

1.
Der mittelalterliche Stadtgrundriß. Seine Entwicklung vom 17.–20. Jh.
Kartographische Bearbeitung und Herstellung Carola Zielke und Sigrid Reuschel
Wissenschaftliche Beratung:
W. Schich, A. Theissen
a) Berlin um 1652
Abb. 97

b) Berlin um 1856
Abb. 98

c) Berlin-Mitte 1986
Abb. 99

d) Spandau um 1640

e) Spandau um 1867

f) Spandau 1986

Vitrine 1

2.
Grundriß der beiden Churfürstlichen Residenzstädte Berlin und Cölln an der Spree
J. G. Memhardt
(um 1652)
Kupferstich, 33,5 × 26 cm
Berlin, Geheimes Staatsarchiv PK
(XI. HA Karten G 50311)
Abb. 96

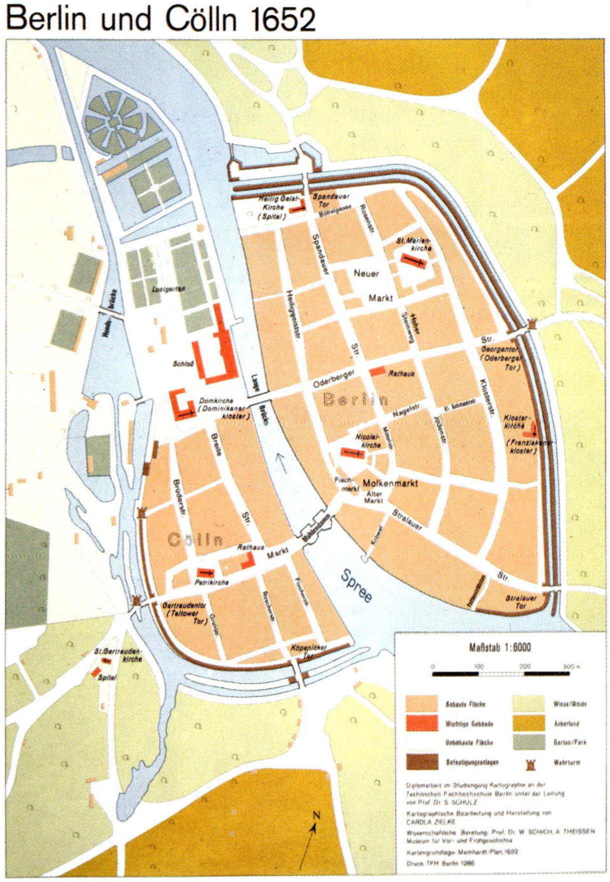

97. Berlin um 1652.

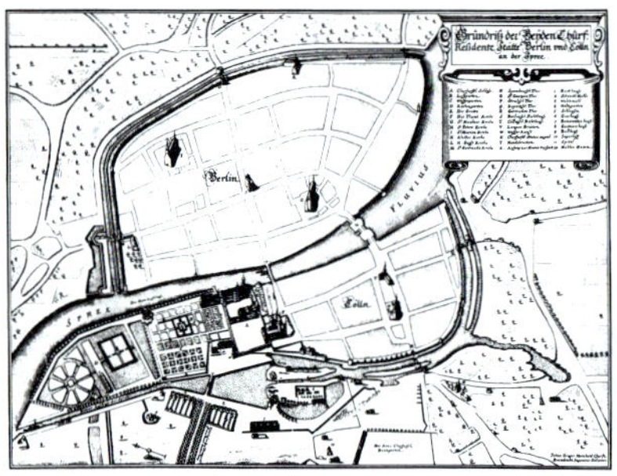

96. J. G. Memhardt, Grundriß der beiden Churfürstlichen Residenzstädte Berlin und Cölln an der Spree, 1652.

Berlin 1856

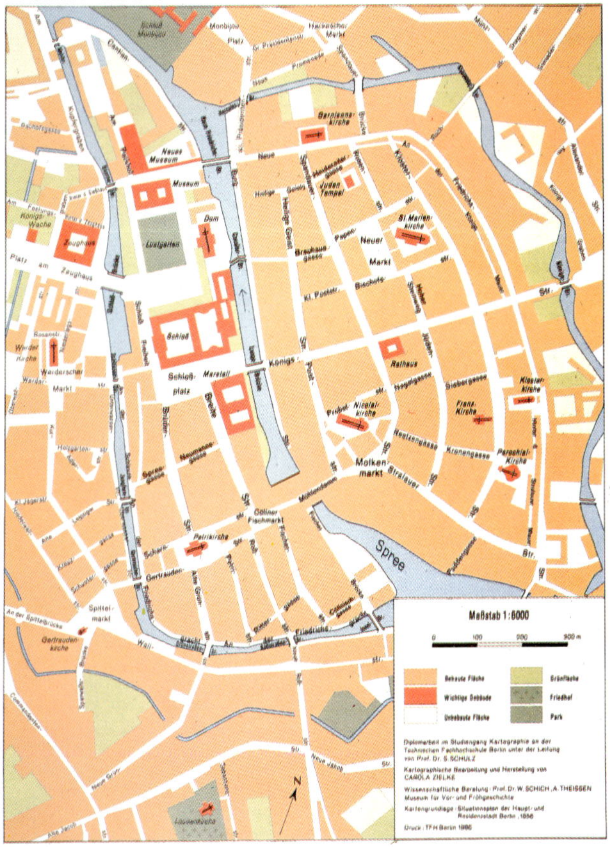

98. Berlin um 1865.

Berlin-Mitte 1986

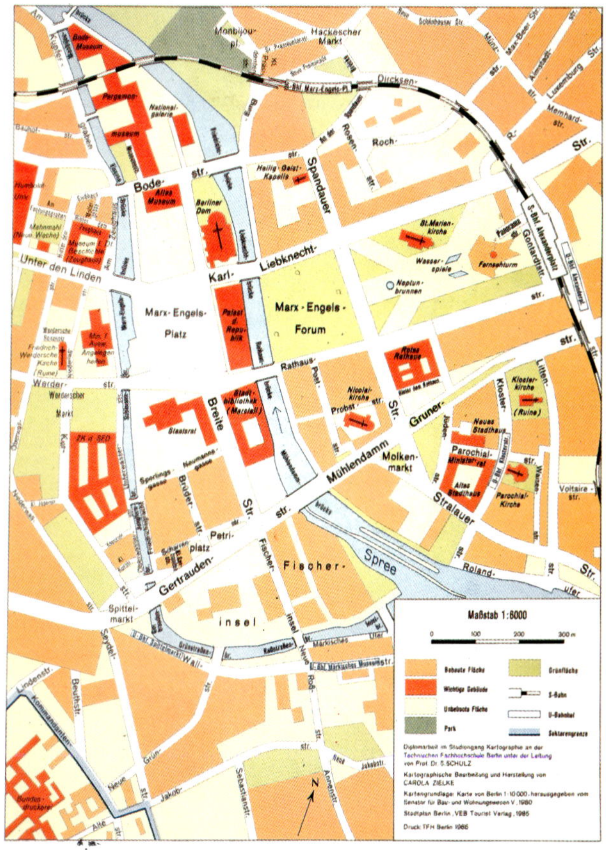

99. Berin-Mitte 1986

3.
Plan der Stadt Spandau „Intra moenia“
G. Haestskau, 1728
Handzeichnung, kol, 95 × 71 cm
[1:1000]
Berlin, Geheimes Staatsarchiv PK, Kartenabteilung (XI. HA Karten E 1238)

4.
Plan von der Stadt Coepenick und umligenden Gegend
o.J.
(2. H. 18. Jh.)
ca. [1:7500], N rechts oben
Handzeichnung, koloriert, 46 × 31,5 cm
Berlin, Staatsbibliothek PK. Kartenabteilung (Kart. N 4366)

Vitrine 2

5.
Ansicht von Berlin-Cölln
nach Merian
um 1655
Kupferstich, 34,7 × 27 cm
Berlin, Landesarchiv (Rep. 250 Acc. 1361 Nr. 1)

6.
Ansicht von Köpenick
Matthaeus Merian um 1650
Kupferstich, 48 × 32 cm
Berlin, Kupferstichkabinett SMPK (1. Top. Berlin)

7.
Die Statt und Vestung Spandow
Matthaeus Merian um 1650
Kupferstich, 38 × 16,5 cm
Berlin, Sammlung Manfred Paul Schulze, Spandau

8.
Martin Zeiller
Topographia...
Das ist die Beschreibung der vornembsten und bekantisten Stätte und Plätz in dem hochlöblichsten Churfürstenthum und March Brandenburg; und dem Herzogtum Pommeren, zusampt einem doppelten Anhang, vom Lande Preußen unnd Pomerellen, von Lifflande unnd selbigen beruffenisten orten.
Ins Kupfer gegeben durch Matthaeum Merian, Bd. 14, Topographia electoratus Brandenburgici et ducatus Pomeraniae...
Frankfurt a.M. 1652
Berlin, Staatsbibliothek PK, Kartenabteilung (4° Kart. 10 167–13)

Vitrine 3

9.
Armbrust
Holz mit Einlagen aus glattem Bein und dunklem Horn
L 80 cm, gr. B 75 cm
ca. 1420–1450
Deutschland
Privatbesitz

10.
Armbrustbolzen
Eisen mit moderner Schäftung, zwischen 30–40 g
15./16. Jh.
Mark Brandenburg
MVF If VIIIa 546

Vitrine 4

11.
Urkunde von 1329 Juli 1
Pergament mit angehängtem Siegel, 32,5 × 16,5 cm
Lateinisch
Berlin Spandau, Stadtgeschichtliches Museum, Archiv (IV U/28)
Druck: CDB, I, 11, S. 31, Nr. 45
Markgraf Ludwig schenkt den Bürgern Spandaus die Anwartschaft auf den Hof (curia), der auf dem innerhalb der „Planken“ der Stadt befindlichen Behnitz liegt, nebst allen zugehörigen Buden, Wiesen, Äckern, der hohen und niederen Gerichtsbarkeit.

12.
Urkunde von 1320 Aug. 13
Pergament mit angehängtem Siegel, 23 × 25 cm
Lateinisch
Berlin Spandau, Stadtgeschichtliches Museum, Archiv (IV U/24)
Druck: CDB I, 11, S. 27, Nr. 37
Regest: Schulze, II, S. 5; Krabbo, Nr. 2822
Herzog Rudolph von Sachsen bestätigt den Bürgern Spandaus u.a. den alleinigen Gerichtsstand vor dem Stadtrichter sowie die Geltung des Stadtrechts und die Pflicht zur Übernahme städtischer Lasten für alle Bürger innerhalb der „Mauer und Planken“ der Stadt.

Vitrine 5

13.
Älteste Teile der Schützengildekette Spandau (ab 1349)
Gold
Berlin, Schützengilde Spandau

Vitrine 6

14.
Faksimile der Rechtsmitteilung an Frankfurt/Oder o.J. (etwa 1253)
43 × 33 cm
Lateinisch
Berlin, Landesarchiv (Rep. 238 Acc. 1457, Nr. 1)
Druck: CDB I, 23, S. 3f., Nr. 3
Abb. 33 auf S. 76

Vitrine 7

15.
Das Stadtrechtsprivileg Markgraf Johanns I. für Prenzlau von 1251 Jan. 18
Pergament, 19 × 29 cm
Lateinisch
Berlin, Geheimes Staatsarchiv PK (Pr. Br. Rep. 8 Prenzlau Nr. 3)
Druck: Pommersches Urkundenbuch Bd. I, neu bearbeitet von K. Conrad, 1970, Nr. 531
Abb. 100

Das Stadtrechtsprivileg Markgraf Johanns I. für Prenzlau von 1251

Am 18. Januar 1251 stellte Markgraf Johann I. von Brandenburg ein Privileg für Prenzlau, den Hauptort des Uckerlandes, aus, nachdem er kurz zuvor die Stadt zusammen mit dem Land von Herzog Barnim von Pommern erworben hatte. Er wies der Stadt u.a. eine Gemarkung von 250 Ackerhufen zu, bestätigte ihr das bereits geltende Magdeburger Recht, das 1234/35 der pommersche Herzog verliehen hatte, und gestand ihr schließlich in seinem ganzen Lande Zollfreiheit in dem Umfange zu, wie sie Brandenburg an der Havel, Berlin und andere Städte bereits besaßen. Brandenburg hatte ein Zollprivileg schon 1170 von Markgraf Otto I., dem Sohn Albrechts des Bären, erhalten. Von der Zollfreiheit ausgenommen blieb hier ein Großteil des Fischhandels. Die Spandauer kamen 1240 – zusammen mit der Verleihung des Brandenburger Rechtes – in den Genuß der entsprechenden Zollvergünstigung. Etwa in derselben Zeit muß auch Berlin, das ja ebenfalls das Brandenburger Recht übernahm, die weitgehende Befreiung von Zollzahlungen in der Mark garantiert erhalten haben.
In der vorliegenden Urkunde wird Berlin überhaupt zum erstenmal als „Stadt“ (civitas) bezeichnet. Bei den älteren schriftlichen Zeugnissen für die Existenz

von Berlin (seit 1244) und Cölln (seit 1237) handelt es sich lediglich um die Erwähnung ihres Pfarrers, des Propstes oder des Schultheißen als Urkundenzeugen. Die Nennung der Orte, die für die Rechtsstellung der Prenzlauer Bürger als Vorbild dienten, weist zugleich auf die wichtige Fernhandelsstraße hin, die von Magdeburg über Brandenburg und Berlin nach Prenzlau und dann weiter zur Ostseeküste führte. Die Erwähnung von Berlin neben Brandenburg deutet schließlich darauf hin, daß der noch sehr junge Handelsplatz an der Spree dem weit älteren an der Havel in seiner Bedeutung schon nicht mehr allzuweit nachstand. Den ebenfalls alten Handelsplatz Spandau an der Mündung der Spree in die Havel hatte Berlin offenbar bereits überflügelt.
W. Schich (Kassel)

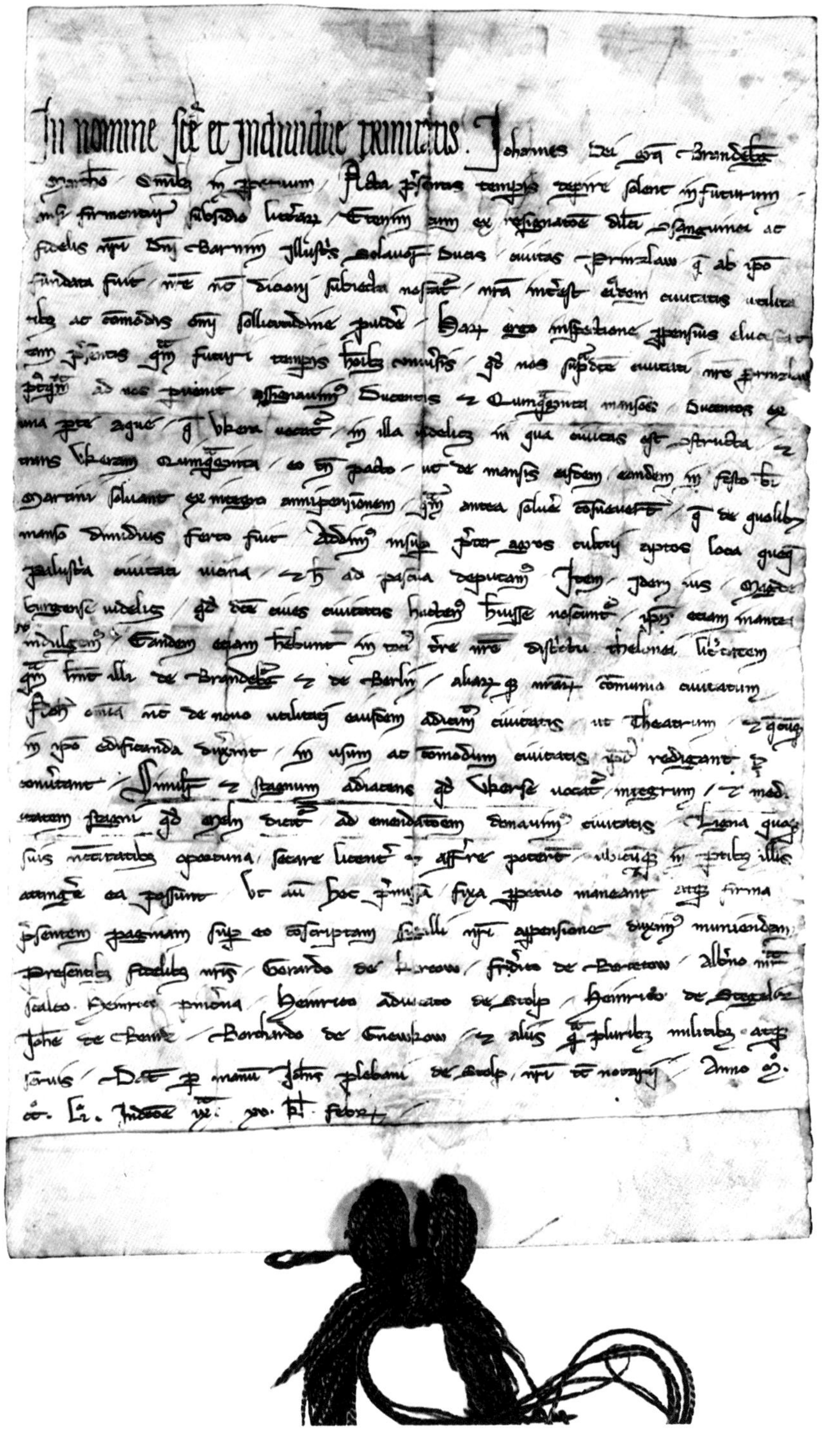

100. Stadtrechtsprivileg Markgraf Johanns I. für Prenzlau, 1251

16.
Das Stadtrecht von Berlin und die Stadtrechtsfamilien zwischen Elbe und Oder
(Karte)
Bearbeitet von U. Riechert, W. Schich und K. Schulz in Anlehnung an H. K. Schulze

Gezeichnet von L + Z Grafik Design 1986

17.
Die Stadtverfassung von Berlin-Cölln im Spätmittelalter
(Grafik)
Erarbeitet von K.-H. Ahrens
Gezeichnet von H. Fleck
Abb. 101
Der Markgraf als oberster Gerichtsherr, ernannte den Vogt (Hochgerichtsbarkeit) und etwa bis ins 14. Jh. hinein auch den Schultheißen (Schulzen) als Vorsitzenden des Schöffengerichts von Berlin-Cölln. *Die Stadträte* bestanden aus 24 (Berlin) und 12 (Cölln) Ratsherren, von denen 12 bzw. wechselweise 6 jeweils ein Jahr lang amtierten. Die Ergänzung des Regierungs- und Verwaltungsgremiums der Bürgergemeinde erfolgte auf dem Wege der Zuwahl durch die Ratsherren. *Der Gemeinsame Rat* der Doppelstadt wurde erstmals 1307 gebildet und setzte sich aus 12 Berliner und 6 Cöllner Ratsherren zusammen. An seiner Spitze standen 2 Berliner und 1 Cöllner Bürgermeister. Der Versammlungsort war das gemeinsame Rathaus auf der Langen Brücke (1342). Eine kontinuierliche Existenz oder Wirksamkeit ist jedoch nicht (besonders für die Wende vom 14. zum 15. Jh.) nachweisbar. *Das Stadtgericht* mit dem Schulzen aus Berlin an der Spitze wurde aus 4 Berliner und 3 Cöllner Schöffen gebildet, die der jeweilige Stadtrat bestellte. *Die Viergewerke*, die die vier wichtigsten Zünfte der Fleischer (Knochenhauer) und Bäcker sowie der Schuhmacher und Tuchmacher bildeten, nahmen gegenüber den anderen Gewerben eine Vorrangstellung ein und erstrebten und erlangten zeitweilig (seit 1432) auch eine gewisse politische Mitbestimmung. *Die Sechzehnmann/Sechzehner*, die im Zusammenhang mit den innerstädtischen Konflikten der ersten Hälfte des 15. Jhs. in Erscheinung traten, waren ein Ausschuß der Zünfte und der Stadtgemeinde, dem vermutlich eine Mitwirkung an wichtigsten Ratsentscheidungen zugebilligt wurde.

Die Stadtverfassung von Berlin-Cölln im Spätmittelalter

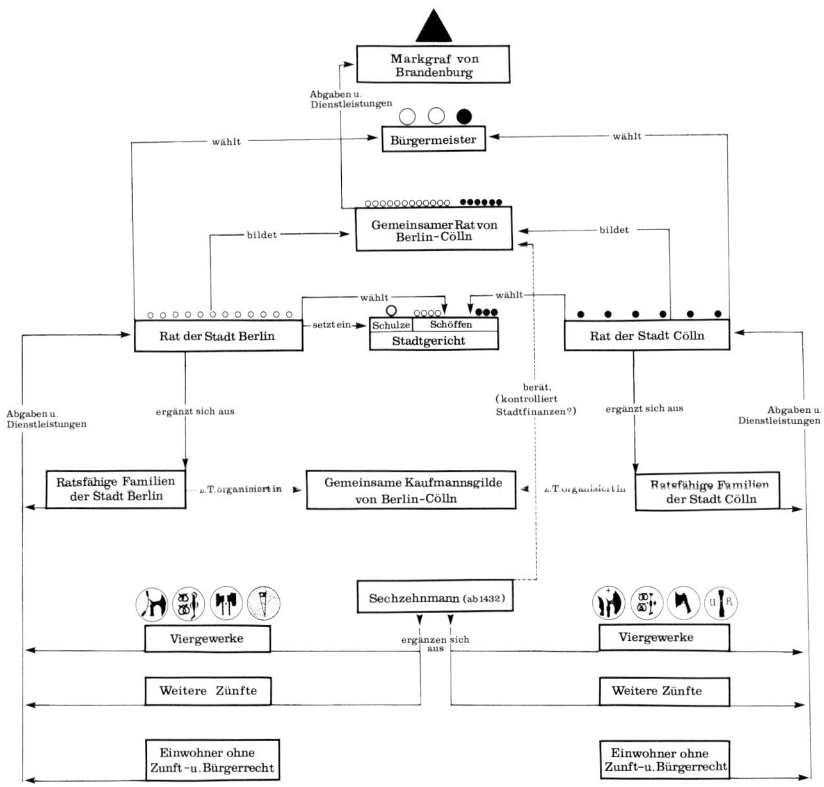

101. Die Stadtverfassung von Berlin-Cölln im Spätmittelalter.

Die Siegel von Berlin, Cölln und Spandau

Das älteste Berliner Siegel hängt an der Rechtsmitteilung des Berliner Rates an den Rat von Frankfurt/Oder, die bald nach 1253 niedergeschrieben wurde. Es gelangte so in das Stadtarchiv Frankfurt.

Das Siegel trägt die Umschrift „Sigillum de Berlin burg(en)s(ium)“ (Siegel der Bürger von Berlin) und ein auf Städtesiegeln der Zeit weit verbreitetes Bild, nämlich die stark idealisierte Stadtmauer (mit drei Türmen) als Symbol für den neuen Typ der „Stadt“ mit Befestigung und besonderem Recht und das Kennzeichen des Stadtherrn, hier den Adlerschild der Markgrafen von Brandenburg. Die Umschrift zeigt die Bürger von Berlin als einen rechtsfähigen Verband, als eine städtische Gemeinde, deren Repräsentanten selbständig Rechtsgeschäfte abschließen konnten – freilich nur soweit die im Adler symbolisierte Stadtherrschaft davon nicht betroffen wurde.

Das älteste erhaltene Siegel der Schwesterstadt Cölln, die eine eigene kommunale Selbstregierung mit einem eigenen Rat hatte, befindet sich – neben dem Berliner – an der Bündnisurkunde der märkischen Städte von 1321. Das sehr wahrscheinlich ebenfalls schon im 13. Jahrhundert geschaffene Cöllner Siegel symbolisiert mit dem Bild des Adlers und der Umschrift „S'civium Colonie Marchionis Brandeburgensis“ (Siegel der Bürger von Cölln des Markgrafen von Brandenburg) stärker das stadtherrliche Element in der Stadtverfassung.

Das älteste erhaltene Spandauer Siegel hängt an einer Urkunde des Rates für das dortige Heiliggeistspital aus dem Jahre 1289 und trägt die Umschrift „S' burgensium de Zpandov“. (s. Nr. 18) Ein älteres Exemplar, von 1282, ist verlorengegangen. Das Bild ähnelt dem des ältesten Siegels von Berlin. Es hat sich bis zum Ende der Selbständigkeit der Stadt (1920), und auch noch bis heute im Spandauer Bezirkswappen, im wesentlichen in der gleichen Form erhalten. Neben dem Spandauer Siegel ist an der Urkunde von 1289 das Siegel der Stadt Teltow angebracht. Es trägt das gleiche Bild, nämlich den brandenburgischen Adler, wie Cölln und andere märkische Städte geringerer Bedeutung, wie z. B. auch Potsdam.

Die Berliner hatten in dieser Zeit das Bild ihres Siegels bereits verändert. Das neue Siegel erscheint zuerst 1280 an einer (inzwischen wohl verlorenen) Ratsurkunde für die Berliner Kürschnerinnung. Zwei aufgerichtete Bären begleiten den im Zentrum stehenden markgräflichen Adlerschild; darüber befindet sich ebenso wie auf dem gleichzeitigen Spandauer Siegel als zusätzliches stadtherrliches Attribut der markgräfliche Helm mit Zier, der seit 1264 auf markgräflichen Siegeln begegnet. Das neue Berliner Siegelbild wurde vermutlich zum Zwecke der Unterscheidung von anderen brandenburgischen Städten (wie Spandau), die ebenfalls das Stadtmauersiegel mit Adler im Tor führten, gewählt. Die Berliner Bürgerschaft gab sich ein „redendes“ Siegel, das sie (fälschlich) aus dem Stadtnamen (Berlin = Bärlein) ableitete und betonte damit ihre Individualität. Die Umschrift lautet jetzt: „Sigillum · burgensium · de · Berlin sum“, was mit „Ich bin das Siegel der Bürger von Berlin“ zu übersetzen wäre und als Zeugnis für das Selbstbewußtsein der Berliner dienen könnte. Es kann sich aber auch um eine mißglückte Bildung einer lateinischen Namenform handeln. Dafür spricht die Tatsache, daß die Buchstaben „sum“ (ohne Punkt) unmittelbar an das Wort Berlin anschließen.

Nach der Bildung der „Union“ von Berlin und Cölln von 1307 behielten beide Städte ihr Siegel. An gemeinsame Urkunden wurden die beiden Siegel gehängt (s. Nr. 50). Neben den großen Stadtsiegeln kam ein kleineres, sogenanntes Sekretsiegel (Sigillum secretum = Geheimsiegel) in Gebrauch, auf dem das Bild des „großen Siegels“ in vereinfachter Form wiedergegeben wurde und das zunehmend an die Stelle des letzteren trat. Der früheste Abdruck des Berliner Sekretsiegels („S' secretum civitatis Berlin“) stammt von einer Urkunde von 1338, das Cöllner Siegel („S' burgensium Colne“) findet sich zuerst an einer Urkunde von 1383.

Auf dem Berliner Sekretsiegel ist der (jetzt laufende) Bär erstmals in die Mitte des Siegelbildes gerückt. Mit einem Band verknüpft, schwebt über ihm der herrschaftliche Adler. Berlin blieb trotz einer weitgehenden Autonomie weiterhin mit der Mark Brandenburg und ihrem Landesherrn „verbunden". Das Sekretsiegel hängt z. B. an einem Zollvertrag der Doppelstadt mit der Stadt Spandau von 1439, der im Stadtarchiv Spandau aufbewahrt wird (s. Nr. 20). Der Rat von Spandau benutzte seit dem 14. Jahrhundert, spätestens seit 1352, ebenfalls ein kleineres Sekretsiegel („Secretum civitatis Spandow"). Das Siegel von Berlin wurde um die Mitte des 15. Jahrhunderts, nach der Unterwerfung der Stadt durch Kurfürst Friedrich II. aus dem Hause der Hohenzollern, erneut geändert. Auf dem neuen Siegel steht der Adler auf dem Rücken des Bären. Damit wird den zu Ungunsten der Bürgerschaft veränderten Machtverhältnissen Rechnung getragen. Der Gesichtspunkt der „Unterwerfung" darf hier aber wohl nicht zu stark hervorgehoben werden, denn die Verbindung von Bär und Adler auf dem Berliner Siegel hatte schon eine lange Tradition. Die Umschrift lautet jetzt „Sigillum civitatis antique Berlin" (Siegel der Stadt Alt-Berlin), wobei „Alt-Berlin" im Gegensatz zu „Neu-Berlin", der 1278 gegründeten und nach Berlin benannten neumärkischen Stadt Berlinchen, steht (s. Nr. 19).
Die Entwicklung des Berliner Siegels mit seinen häufigen Veränderungen spiegelt die im Vergleich mit einer Stadt wie Spandau bei weitem stürmischere Entwicklung der bedeutenderen Stadt an der Spree im Laufe des Mittelalters wider.
W. Schich (Kassel)

Literatur:

Paul Clauswitz, Die Siegel, Wappen und Farben von Berlin, in: Alt-Berlin. Mitt. d. Ver. f. d. Gesch. Bln. 27 (1910), S. 33–36, 49–52;
Ernst Fidicin, Historisch-diplomatische Beiträge zur Geschichte der Stadt Berlin, Bd. 2, Berlin 1837, Anhang;
Wilhelm Plöse, Das Spandauer Wappen, Berlin 1957;
Hans J. Reichhardt, Der Berliner Bär. Kleine Geschichte eines Stadtsymbols in Siegel, Wappen und Flagge (Berliner Forum 1979/2), Berlin 1979;
Johannes Schultze, Brandenburgische Städtesiegel, in: Schultze, Forschungen zur brandenburgischen und preußischen Geschichte. Ausgewählte Aufsätze (Veröff. d. Hist. Komm. zu Berlin 13), Berlin 1964, S. 177–195;
Die Siegel der Mark Brandenburg, Lief. 2, hrsg. v. Verein Herold zu Berlin, Berlin 1887.

Vitrine 8

18.
Urkunde von 1289 Dez. 5
Pergament mit zwei angehängten Siegeln (Teltow und Spandau),
29 × 24,5 cm
Lateinisch
Berlin Spandau, Stadtgeschichtliches Museum, Archiv (IV U/15)
Druck: CDB I, 11, S. 13 Nr. 17
Regest: Schulze, II S. 3 f.
Der Rat zu Spandau erklärt und der Rat und die Bürger zu Teltow bestätigen eine Schenkung für die Kirche des Heiliggeistspitals.

19.
Urkunde von 1561 Juli 25
Pergament mit angehängtem Siegel,
36 × 27 cm,
Lateinisch; Text ist diagonal durchkreuzt
Berlin, Landesarchiv (Rep 238 1561/1 (1))
Der Bürgermeister und der Rat der Stadt Berlin bekunden, daß ihnen von Bleich Schragen, Vorsteher des Heiliggeistspitals, und Anstadt Klingener, Vorsteher des St. Georgsspitals, 100 Gulden zu 17 alten Pfennigen oder neuen Dreierlingen geliehen worden sind. Sie verpflichten sich zu jährlicher Zinszahlung.

Vitrine 9

20.
Urkunde von 1439 Mai 30
Pergament mit angehängtem Siegel,
24 × 20 cm
Deutsch
Berlin-Spandau, Stadtgeschichtliches Museum, Archiv (IV U/59)
Regest: Carz Hummel: Kirchen und Altäre im vorreformatorischen Spandau; in: Jb. f. Bln.-Br. Kirchengesch. 48, Nr. 173, S. 93
Die Räte von Berlin und Cölln einigen sich mit dem Rat von Spandau über Fragen des Fischfangs und Fischzolls.

21.
Siegelstempel der Stadt Spandau
Messing/Holz, Dm 25 mm
o. J.
Umschrift: Spandowisch-Stadt-Secretäriat

Vitrine 10

22.
Johann David Schleuen
Das Berlinische Rathaus, um 1750
Kupferstich, 37 × 25,9 cm
Berlin, Berlin Museum
Abb. 36 auf S. 84

Vitrine 11

23.
Berliner Annalen
Papier, 14 × 9 cm
Lateinisch
Göttingen, Niedersächsische Staats- und Universtitätsbibliothek (8, Hist. 517)
Literatur: Wilhelm Meyer, Der Berliner Annalist von 1434, in: Nachrichten von der Königlichen Gesellschaft der Wissenschaften zu Göttingen, Phil.-hist. Kl., 1895, S. 256–271; Hermann Knaus, Berliner Handschriften, in: Jahrbuch der Stiftung Preußischer Kulturbesitz 7 (1969), S. 236–253

Der Berliner Annalist von 1434

Die recht knappen Aufzeichnungen des sogenannten „Berliner Annalisten von 1434" beginnen – nach einem Hinweis auf die Entstehung der wichtigen religiösen Orden – mit dem Jahre 1369, in dem nach dem Kauf der bisher landesherrlichen Münze die städtischen Münzprägung in Berlin einsetzte, und schließen mit dem Jahre 1434. In dieser Zeit, 1434/35, müssen die „Berliner Annalen" auch niedergeschrieben worden sein, da der anonyme Verfasser die Ereignisse des Jahres 1434 und die der unmittelbar vorangehenden Jahre ausführlicher geschildert hat.

Der Annalist bietet bei weitem nicht für jedes Jahr in dem genannten Zeitraum eine Nachricht, sondern teilt nur ausgewählte, wichtige Ereignisse mit. Andererseits beschränkt er sich durchaus nicht auf die Mitteilung von Berliner Vorgängen, doch mit ihnen kennt er sich besonders gut aus. Es besteht kein Zweifel daran, daß es sich bei dem Verfasser um einen Berliner handelte, doch seine nähere Stellung bleibt bisher unbekannt. Auf einen Mönch könnten die einleitenden Ausführungen über die Entstehung der Orden der Benediktiner, Zisterzienser, Dominikaner und Franziskaner hinweisen. Die Franziskaner und die Dominikaner verfügten in Berlin bzw. in Cölln über eine Ordensniederlassung. Die landsässigen Zisterzienserklöster Zinna und Lehnin besaßen einen Stadthof in Berlin bzw. in Cölln, über den sie ihre wirtschaftlichen und sonstigen Interessen in der Doppelstadt vertraten. Doch die Verfasserfrage muß für die „Berliner Annalen" vorläufig ungeklärt bleiben.

Die erhaltene Handschrift ist nicht die ursprüngliche, sondern eine Abschrift aus der Zeit um 1500. Sie wurde auf einige unbedruckte Blätter eingetragen, die am Ende eines frühen Druckes eines beliebten Gebetbuches, des „Hortulus animae" (Seelengärtlein) von 1498 aus Straßburg, eingebunden worden waren. Bei der Abschrift ist dem Schreiber ganz offenkundig ein Fehler unterlaufen, denn zum Schluß meldet er unter der (falschen) Jahreszahl 1435 zum Vorabend des Festtages Peter und Paul, also zum 28. Juni, die Vereinigung (unio) von Berlin und Cölln. Dieses Ereignis fand – unter Vermittlung der Städte Brandenburg und Frankfurt an der Oder – tatsächlich am 28. Juni 1432 statt. Es wird sicher zu Recht vermutet, daß der Annalist von 1434 die Vereinigung von Berlin und Cölln, die er mit freudigen Worten begrüßt, als das bedeutendste Ereignis seiner Zeit – richtig unter der Jahreszahl 1432 – an den Schluß seiner Annalen gesetzt hat, um es besonders hervorzuheben – also richtig (nach dem Jahre 1434): „Anno domini M° CCCC° XXXII in vigilia beatorum Petri et Pauli apostolorum conclusa fuit unio civitatum Berlin et Coelen pro quo deo laus. In secula seculorum amen". (Im Jahre 1432, am Vorabend des Festes der heiligen Apostel Petrus und Paulus, wurde die Vereinigung Berlins und Cöllns vollzogen, wofür Gott gelobt sei. In alle Ewigkeit Amen.) Der Abscheiber hätte dann die auf 1434 folgende Jahreszahl 1432 (M CCCC XXXII) in „1435" (M CCCC XXX V) korrigiert bzw. die II für eine V gelesen. Die Freude des Annalisten von 1434 über die Vereinigung der beiden Städte läßt erkennen, daß der Verfasser an den Geschicken der Doppelstadt sehr interessiert war.

Das Büchlein, in dessen Anhang sich die handschriftlich eingetragenen „Berliner Annalen" befinden, war später im Besitz eines Spandauers, denn auf dem Vorderdeckel sind die Worte eingetragen: „Sum Johannis Waltheri Spandoviensis anno 85" (1585?). Angehörige der Familie Walther erscheinen im 16. und 17. Jahrhundert verschiedentlich als Ratsherren, Bürgermeister und Stadtschreiber zu Spandau. Ob das Büchlein (bzw. seine Vorlage) über verwandtschaftliche Beziehungen, die zwischen Berliner und Spandauer Ratsfamilien in anderen Fällen nachzuweisen sind, nach Spandau gekommen ist, bleibt unbekannt – ebenso der Weg, auf dem es an seinen heutigen Standort, die Universtitätsbibliothek Göttingen, gelangt ist.
W. Schich (Kassel)

Vitrine 12

24.
Wachstafel mit Rechnungen des Rates der Altstadt Brandenburg
Holz/Wachs, 18,5 × 34 cm
1458
Brandenburg
Berlin, Staatsbibliothek PK, Handschriftenabteilung (Ms. lat. fol. 65 Taf. 2)

Vitrine 13

25.
Der „alte Schultze"
Stadtbuch der Stadt Spandau (15. Jh.)
Papier, 17 × 23 cm
Niederdeutsch
Berlin Spandau, Stadtgeschichtliches Museum, Archiv (IV B/2/1)

Vitrine 14

26.
Kämmereirechnungen
Pergament, 12 × 33 cm
Deutsch
Berlin Spandau, Stadtgeschichtliches Museum, Archiv (o. Inv. Nr.)
Spandauer Steuerregister der Jahre 1463–1478

27.
Rechentisch
15./16. Jh.
Göttingen
Eiche mit hellen Einlagen
Restaurierungen und Ergänzungen des 19. Jhs.
Plattenlänge 184 cm
Plattenbreite 73 cm
Tischhöhe 89,5 cm
Göttingen, Städtischen Museum

Das Stück diente ursprünglich als Rechentisch und besitzt auf der Platte in Längsrichtung eingelegte, etwa 0,5 cm breite, parallele Streifen aus hellem Holz als Hilfslinien. Die einfassende Leiste der Platte wurde im 19. Jahrhundert ergänzt. Dies trifft ebenso auf das Fußbrett und die Verkeilung des Mittelholms zu.
Die Wangen des Tisches sind symmetrisch geschweift und entsprechen üblichen Formen der deutschen Spätgotik. Eine Funktion in einem Kontor oder einem ähnlichen Zusammenhang kann als gesichert angenommen werden.
Sven Schütte (Göttingen)

Vitrine 15

28.
Urkunde von 1317 Juni 20
Pergament, 22 × 11,5 cm
Lateinisch
Berlin Spandau, Stadtgeschichtliches Museum, Archiv (IV U/21)
Druck: CDB I,11 S. 23 Nr. 32
Regest: Schulze II, S. 4, Krabbo Nr. 2596
Markgraf Waldemar sichert den Bürgern Spandaus zu, daß sie vor kein Landgericht gezogen werden dürfen und ihren ausschließlichen Gerichtsstand vor dem Stadtrichter haben.

Vitrine 16

29.
Ziegel der Berliner Gerichtslaube
L 27 cm, gr. B 12,5, D 8 cm
Nürnberg, Germanisches Nationalmuseum (A 930)

Vitrine 17

30.
Leibfessel mit Handfessel und Kette
Eisen, Dm 35 cm, Kettenlänge 159 cm
16./17. Jh.
Rothenburg o. d. T., Kriminalmuseum (02248m 07j 13 * 11064 c)
Eisenring mit vier Scharnieren, der in der Weite verstellbar ist.
An den Seiten zwischen zwei Scharnieren sitzen zwei Ösen, in denen je eine Handfessel an einem großen Kettenglied befestigt ist. Zwischen den anderen beiden Scharnieren ist eine Öse angebracht, die eine lange Eisenkette mit Maurerhaken aufnimmt.

Vitrine 18

31.
Beinschraube
Eisen/Holz
Ende 16. Jh.
Rothenburg o. d. T., Kriminalmuseum (– alt –* 3886)
Foltergerät zur Erzwingung eines Geständnisses.

32.
Finger-, Daumenschraube
Eisen
Ende 16. Jh.
Rothenburg o. d. T., Kriminalmuseum (– alt – * 3513)
Foltergerät zur Erzwingung eines Geständnisses.

33.
Brandenburgische Halsgerichtsordnung
Druck durch Jobst Gutknecht (?) 1516 in Nürnberg
Papier, 22 × 30 cm
Berlin, Staatsbibliothek PK, Handschriftenabteilung (4° Fu 3300)
Abb. 37 auf S. 88
Gedruckt auf Befehl der Markgrafen Casimir und Georg.
Unter dem Titel ein fast blattgrosser Holzschnitt mit der Darstellung verschiedener Marterwerkzeuge.
Die Exemplare des 1. Drucks sind ohne Angabe des Ortes und des Druckers. So auch das hier gezeigte Exemplar.

Vitrine 19

34.
Sachsenspiegelhandschrift
1369
Pergament, 151 Bl., 65 × 40 cm
Niederdeutsch
Berlin, Staatsbibliothek PK, Handschriftenabteilung (Ms. germ. fol. 10)

Vitrine 20

35.
Richtschwert
1334
Eisen, L 1,20 m
Berlin Spandau, Stadtgeschichtliches Museum, Archiv
Das Richtschwert trägt folgende Inschrift:
(Wen[n] du in Tugend Dienste übest wohl dies Schwert Dir Nicht treffen Soll Spandovia MCCCXXXIV)
Abb. 102

102. Richtschwert, 1334 (Detail).

Vitrine 21

36.
Halsgeige
Holz
17. Jh.
Kriminalmuseum Rothenburg o. d. T.
(02232 m 06j 13 * 10003 m)
Die Halsgeige fand Anwendung bei Frauen und Mädchen mit unsolidem Lebenswandel. Sie ist seitlich zu öffnen, die große Öffnung ist für den Hals, die beiden kleinen für die Handgelenke bestimmt. So mußten Frau oder Mädchen eine Zeit lang neben dem Pranger stehen und waren dem Gespött der Vorübergehenden preisgegeben.

37.
Schandmaske
Kopie; Eisen, H ca. 51 cm
rot-weiß bemalt
17. Jh.
Kriminalmuseum Rothenburg o. d. T.
(02228 m 07j 13 * 10008 m)
Die Schandmaske wurde zu „Straff der Ehrloßen und Bösen Zungen" angewandt.

38.
Brunnen
Eichenholz
13./14. Jh.
Berlin Spandau
Berlin Spandau, Stadtgeschichtliches Museum, Archiv
Der Brunnenschacht bestand aus vier Eckpfosten, die durch eingelassene Querriegel miteinander verbunden waren. Eichenbohlen, die an den Eckpfosten angelegt und übereinander hochkant gelegt waren, bildeten die Seitenwände.

Vitrine 22

39.
Sitzbrett einer Latrine
Holz, gr. L. 1,26 m
14. Jh.
Berlin Spandau, Fischerstr. 43–44
MVF If 20023

Vitrine 23

40.
Zwei Trippen
Holz/Leder, Befestigung mit Eisennägeln
15. Jh.
Lübeck
Lübeck, Amt für Vor- und Frühgeschichte (Bodendenkmalpflege) Inv. Nr. 0211/EH 191; 078/EH 110
Abb. 103

103. Trippe, 15. Jh.

Trippen wurden als Überschuhe getragen. Die schlechten Straßenverhältnisse erforderten einen wirksamen Schutz gegen Schmutz und Nässe. Dieser wurde offenbar nicht durch Verstärkung der Schuhe oder durch besondere Erfindungen zur höheren Dichte derselben zu erreichen versucht. Der einfachere Weg war der, den Abstand zwischen Fuß und Straßenoberfläche zu vergrößern. Er muß wirksam gewesen sein, denn Trippen treten in mittelalterlichen Fundzusammenhängen immer wieder auf und werden auch in bildlichen Darstellungen nicht vernachlässigt. Nach Bildern aus dem späten Mittelalter zu urteilen, hat man sie sogar in den Häusern an den Füßen behalten.
A. Falk (Lübeck)

41.
Kämme
a) Doppelkamm
Geweih, L 6,3 cm
13./14. Jh.
Berlin Spandau, Fischerstr. 43–44
MVF If 16444

b) Doppelkamm
Geweih, L 6,9 cm
13./14. Jh.
Berlin Spandau, Fischerstr. 19
MVF If 16443

c) Dreilagenkamm
Geweih, L 7,3 cm
12./13. Jh.
Berlin Spandau, Mönchstr.
MVF If 20147

42.
Pinzetten
a) Bronze, L 3,6 cm
13./14. Jh.
Berlin Spandau, Fischerstr. 19
MVF If 20067

b) Bronze vergoldet, L 3,9 cm
13./14. Jh.
Berlin Spandau, Breite Str. 2
MVF If 16775

Vitrine 24

43.
Münzen
a–b) **Otto VIII.,**
Pfennig (Denar), nach 1369
Berlin, Städtische Münzstätte
Silber, Feingehalt ca. 800/1000
Gewicht, ca. 0,7 g; Dm 15 mm
Bahrfeldt 626
Berliner Privatbesitz
Abb. 49 auf S. 115
Vorderseite: Der Markgraf mit Lanze und gesenktem Schwert
Rückseite: Der nach links schreitende Bär

c–e) **Friedrich I. und Friedrich II.,**
Adlerpfennig (Hohlpfennig) zwischen 1415–1470 geschlagen, unbestimmte kurfürstliche Münzstätte (Berlin, Frankfurt/Oder, Brandenburg oder Stendal)
Silber, Feingehalt ca. 375/1000,
Gewicht, 0,25 g, Dm 16 mm
Bahrfeld 2
Berliner Privatbesitz
Brandenburgischer Adler schwebend mit Kopf nach links.

f–k) Friedrich II.
Helmpfennig (Hohlpfennig), 1440–1470
Münzstätte: wohl Berlin, vielleicht Frankfurt/Oder
Kurfürstliche Münzstätte
Silber, Feingehalt zwischen 312,5/1000 und 437,5/1000,
Gewicht ca. 0,3 g, Dm 16 mm
Bahrfeldt 16 var.
Berliner Privatbesitz
Im Strahlenrand Helm mit Federn

l–s) Friedrich II.
Während der archäologischen Ausgrabung auf dem Grundstück Breite Str. 32 in Spandau geborgener Münzfund unter dem ehemaligen Fussboden eines um 1470 abgebrannten Fachwerkhauses.
Abb. 51 auf S. 117

l–n Helmpfennige, 1440–1470
Münzstätte wohl Berlin, vielleicht Frankfurt/Oder
Kurfürstliche Münzstätte
Silber, Feingehalt zwischen 312,5/1000 und 437,5/1000,
Gewicht ca. 0,3 g, Dm 16 mm
Bahrfeld 16 a–e
MVF If 20273.1–3
Im Strahlenrand Helm mit sechs Federn oben

o–q) drei Helmpfennige
vgl. l–n
Bahrfeldt 16 f–i
MVF If 20273.4–6
Im Strahlenrand Helm mit sechs Federn oben und zusätzlich mit dreiteiliger Feder hinten

r) Adlerhohlpfennig, wohl 1440–1470
Unbestimmte Kurfürstliche Münzstätte (Berlin, Frankfurt/Oder, Brandenburg, Stendal)
Silber, Feingehalt ca. 375/1000, Gewicht ca. 0,26 g,
Dm 16 mm
Bahrfeld 2
MVF If 20273.7
Brandenburgischer Adler schwebend mit Kopf nach links, angedeuteter Strahlenkranz

s) Stendaler Hohlpfennig 1449–1480
Städtische Münze Stendal
Silber, Feingehalt zwischen 437,5/1000 und 562,5/1000,
Gewicht 0,295 g, Dm 16 mm
Bahrfeldt 19
MVF If 20273.8
Stadtwappen im Strahlenrand: halber Adler und vier Steine (= Steintal = niederdt. Stendal)

t) Friedrich II.
Groschen um 1460
Kurfürstliche Münzstätte Brandenburg
Silber, Feingehalt 336/1000, Gewicht 2,45 g
Dm 28 mm
Bahrfeldt 28 b
Berliner Privatbesitz
Vorderseite: Kurzes Kreuz mit vier Wappenschildern
+FREDERICVS · DEI · GRA* · MARC*
Rückseite: Brandenburgischer Adler
GROSSVS · NOVVS · BRA* D* BVRG

u) Joachim I.
Hohlpfennig um 1509
Städtische Münzstätte Krossen an der Oder
Silber/Kupfer, Feingehalt 261/1000,
Gewicht 0,29 g
Dm 15 mm
Bahrfeld 81 d
Berliner Privatbesitz
In einem Wulstrand Adler und Lilienschild nebeneinander an einer Schleife hängend,
unten C

v) Joachim I.
Einseitiger Pfennig, um 1513
Kurfürstliche Münzstätte Berlin
Silber/Kupfer, Feingehalt 281/1000,
Gewicht 0,34 g, Dm 15 mm
Bahrfeldt 74
Berliner Privatbesitz
Abb. 104
Zepter- und Adlerschild nebeneinander an einer Schleife hängend, unten eine sechsteilige Rosette, daneben rechts und links je ein Ring

104. Pfennig um 1513. Kurfürstliche Münzstätte Berlin unter Joachim I.

105. Guldengroschen von 1521 mit dem Porträt Joachim I. auf der Vorderseite.

106. Städtischer Berliner Pfennig von 1540.

Vitrine 25

44.
a) Joachim I.
Guldengroschen 1521
unbestimmte kurfürstliche Münzstätte, vielleicht Berlin
Silber, Feingehalt ca. 938/1000,
Gewicht 28,7 g, Dm 42 mm
Bahrfeld 294
Berliner Privatbesitz
Abb. 105
Vorderseite: IOACHIM:MARCHIO:
BRAN:PRIN:ELECT:
Bärtiges Brustbild des Kurfürsten im Hermelinmantel, mit Kurhut und geschultertem Zepter
Rückseite: MONE:NO:ARGEN:PRIN:
ELECT:BRAND:
Fünffeldiges Wappenschild, darüber die Jahreszahl 1521

b) Joachim I.
1/4 Guldengroschen 1524
Kurfürstliche Münzstätte Stendal
Silber, Feingehalt 688/1000,
Gewicht 8,2 g,
Dm 38 mm
Bahrfeldt 303 c
Berliner Privatbesitz
Vorderseite: IOAC ▽ PRIN ▽ ELEC ▽ MAR ▽ BRA
Bärtiges Brustbild im Hermelinmantel und Kurhut, mit geschultertem Zepter
Rückseite: MON ▽ NOA ▽ ARC ▽ PRIN ELEC ▽ BR
Fünffeldiges Wappenschild, darüber die Jahreszahl 15Zl (1524)

c) Joachim II.
Einseitiger Pfennig 1540
Städtische Münzstätte Berlin
Silber/Kupfer, Feingehalt 250/1000,
Gewicht 0,3 g, Dm 14 mm
Bahrfeld 321 a
Berliner Privatbesitz
Abb. 106
Bären- und Adlerschild (Berlin/Cölln) aneinander gestellt, oben ein angedeutetes Mühlrad (Münzmeisterzeichen des Berliner Münzmeisters Mühlrath), daneben 15 unten 40

d) Joachim II.
Taler 1541
Kurfürstliche Münzstätte Berlin
Silber, Feingehalt ca. 882/1000,
Gewicht 28,9 g, Dm 40 mm
Bahrfeldt 346 d
Berliner Privatbesitz
Abb. 107
Vorderseite: IOACH + II + D + G + MAR + BRA' + S + R + IMP + P + EL
Brustbild des Kurfürsten mit unbedecktem Haupt und geschultertem Zepter
Rückseite: MON × NOVA × PRIN × ELECT × BRA
Fünffeldiges Wappenschild, darüber die Jahreszahl 1541

e) Johann von Küstrin
Dreigröscher 1544
Markgräfliche Münzstätte Krossen an der Oder
Silber, Feingehalt 879/1000, Gewicht 2,62 g, Dm 21 mm
Bahrfeldt 461 d
Berliner Privatbesitz
Vorderseite: IOHAN• D: G¯ MAR¯ BRANDE¯ ET △ STE–
Brustbild des bärtigen Markgrafen nach rechts
Rückseite: + III + GROSS" AR' IOHAN– MAR – BRANDENBURG 1544
Wertangabe und Wiederholung des Titels in sechs Zeilen, sowie die Jahreszahl.
Der hier vorliegende Dreigröscher von 1544 hatte einmal einen Henkel, sichtbar an der noch vorhandenen Henkelspur und war darüberhinaus vergoldet. Reste der Vergoldung sind noch sichtbar. Ungewöhnlich ist, daß so ein kleines Nominal vergoldet und als Anhänger getragen wurde. Diesen Dreigröschern von 1544 wurde vom Volk jedoch eine geheime Kraft zugeschrieben, da sie angeblich vom Markgrafen Johann aus den geweihten, silbernen Gefäßen der Marienkirche zu Krossen geschlagen worden waren.

f) Johann von Küstrin
Groschen 1545
Markgräfliche Münzstätte Krossen an der Oder
Silber, Feingehalt 375/1000,
Gewicht 1,90 g
Dm 23 mm
Bahrfeldt 459 d
Berliner Privatbesitz
Vorderseite: IOHAN' D : G¯ MAR– BRANDEN – ET– ST
Bärtiges Brustbild nach rechts
Rückseite: GROSS – AR– IOHAN – MAR– BRAN : 1545 :
Adler mit Zollernschild auf der Brust

108. Pfennig von 1552. Kurfürstliche Münzstätte Berlin unter Joachim II.

g) Joachim II.
einseitiger Pfennig 1552
Kurfürstliche Münzstätte Berlin
Silber/Kupfer, Feingehalt 250/1000,
Gewicht 0,32 g, Dm 13 mm
Bahrfeldt 357 c
Berliner Privatbesitz
Abb. 108
Zepterschild und Adlerschild nebeneinander gestellt, darüber die Jahreszahl 1552, unten ein Stern

h) Joachim II.
Dreier 1556
Kurfürstliche Münzstätte Berlin
Silber/Kupfer, Feingehalt 231/1000,
Gewicht 1,02 g, Dm 17 mm
Bahrfeld 365
Berliner Privatbesitz
Vorderseite: Die Jahreszahl 1556 und darunter das Adlerschild zwischen Rosetten.
Rückseite: die Jahreszahl 1556 und das Zepterschild, ebenfalls zwischen Rosetten.

i) Joachim II.
Dukat 1560
Kurfürstliche Münzstätte Berlin
Gold, Gewicht 3,41 g, Feingehalt 986/1000
DM 23 mm
Berliner Privatbesitz
Abb. 109
Vorderseite: IOACH + D + G + MARC + BRAN + ELEC
Barhäuptiges Brustbild des Kurfürsten nach rechts, welches den inneren Perlkreis und die Umschrift oben durchstößt.
Rückseite: MONETA + NOVA + AVRE + BRAN + 1560
Im inneren Perlkreis fünffeldiges Wappenschild, darüber und an den Seiten je ein sechsstrahliger Stern

j) Joachim II.
Dreier 1562
Kurfürstliche Münzstätte Stendal
Silber/Kupfer, Feingehalt 313/100
Gewicht 1,03 g, Dm 18 mm
Bahrfeld 440
Berliner Privatbesitz
Vorderseite: Zepter und Adlerschild nebeneinander,
darüber die Jahreszahl, darunter ein Hirschkopf als Münzmeisterzeichen des Stendaler Münzmeisters Martin Huxer.
Rückseite: Grosser Helm mit Adlerflug und Zepter

k) Joachim II.
Pfennig 1562
Kurfürstliche Münzstätte Berlin
Kupfer versilbert, Gewicht 0,25 g
Dm 11 mm
Bahrfeld 397
Berliner Privatbesitz
Abb. 110
Vorderseite: Gekrönter Adlerkopf nach links zwischen Rosetten.
Rückseite: Dreiteiliges Flämmchen, darunter die Jahreszahl 1562 und ein sechsstrahliger Stern

110. Pfennig von 1562. Kurfürstliche Münzstätte zu Berlin unter Joachim II. (Vorder- und Rückseite).

107. Taler von 1541 mit dem Porträt Joachim II. auf der Vorderseite.

109. Dukat von 1560 mit dem Porträt Joachim II. auf der Vorderseite.

111. Goldgulden von 1587. Kurfürstliche Münzstätte Berlin unter Johann Georg.

l) Joachim II.
Dreier 1563
Kurfürstliche Münzstätte Berlin
Silber/Kupfer, Feingehalt 313/1000,
Gewicht 1,01 g, Dm 18 mm
Bahrfeldt 407
Berliner Privatbesitz
Vorderseite: Adlerschild, darüber die Jahreszahl 1563
Rückseite: Zepterschild, darüber ein dreifaches Flämmchen (Münzmeisterzeichen eines unbekannten Münzmeisters)

m) Johann Georg
Groschen 1572
Kurfürstliche Münzstätte Berlin
Silber, Feingehalt 500/1000,
Gewicht 2,11 g, Dm 23 mm
Bahrfeld 474
Berliner Privatbesitz
Vorderseite: IOHAN + GEOR + D + G +
MARC + BRAN +
fünffeldiges Wappenschild
Rückseite: SAC + RO + IMP + CAM +
ET + ELEC
Schild mit Reichsapfel, darin ZI, darüber das Münzmeisterzeichen ♁ (Berliner Münzmeister Conrad Schreck), an den Seiten geteilt die Jahreszahl

n) Johann Georg
Groschen 1573
Kurfürstliche Münzstätte Berlin
Silber, Feingehalt 500/1000,
Gewicht 2,09 g, Dm 23 mm
Bahrfeld 475
Berliner Privatbesitz
Vorderseite: IOHAN · GEOR · D · G
MARC · BRAN
fünffeldiges Wappenschild
Rückseite: SAC · RO · IMP · ARC · CAM ·
ET · ELEC
Schild mit Reichsapfel, darin ZI, darüber das Münzmeisterzeichen an den Seiten geteilt die Jahreszahl

o) Johann Georg
Goldgulden 1587
Kurfürstliche Münzstätte Berlin
Gold, Gewicht 3,21 g, Feingehalt
771/1000
Dm 24 mm
Berliner Privatbesitz
Abb. 111
Vorderseite: ♁ IOHAN · GEOR · D · G ·
MARC · BRAN · ELEC
Der nach links blickende Adler im Perlkreis mit dem Zepterschild belegt
Rückseite: MONET · NOVA · AVRE ·
BRAND:
Im Vierpass, der die Randschrift durchstößt, fünf Wappenschilder ins Kreuz gestellt, dazwischen 1587

p) Johann Georg
Dukat 1590
Kurfürstliche Münzstätte Berlin
Gold, Gewicht 3,47 g, Feingehalt
986/1000
Dm 23 mm
Bahrfeldt 511
Berliner Privatbesitz
Vorderseite: IOHAN × GEOR × D × G ×
MAR × BRAN × ELECT.
In Arabeskeneinfassung ein geharnischtes Brustbild mit geschultertem Zepter, die linke Hand am Schwertgriff.
Rückseite: MONETA × NOVA ×
AVREA × BRANDENBV ×
Fünffeldiges, mit Kurhut bedecktes Wappenschild, an den Seiten die verkürzte Jahreszahl 9–0

Vitrine 26

45.
Urkunde von 1329 Dez. 30
Pergament mit angehängtem Siegel
26 × 14 cm (4 cm Umschlag)
Lateinisch
Berlin-Spandau, Stadtgeschichtliches Museum, Archiv (IV U/27)
Druck: CDB I, 11, S. 305, Nr. 8
Markgraf Ludwig bestätigt dem Nonnenkloster zu Spandau aus der Münze zu Berlin eine Schenkung von 4 Pfund.

46.
Urkunde von 1369 Juni 24
Pergament mit angehängtem Siegel
54,5 × 36 × cm
Deutsch
Berlin-Spandau, Stadtgeschichtliches Museum, Archiv (IV U/38)
Regest: Schulze II, S. 9
Münzrezeß zwischen Markgraf Otto sowie den Städten und der Landschaft über das Schlagen von Pfennigen und Scherfen (halben Pfennigen) für den Berliner Münzbezirk in Berlin und Frankfurt. Ausfertigung für Spandau.

47.
Städte des Berliner Münzbezirks 1369
(Karte)
Bearbeitet von U. Riechert, W. Schich und K. Schulz
Gezeichnet von L + Z Grafik Design, 1986

48.
Altmärkische Städteeinung
1344 Nov. 24
Pergament mit sechs angehängten Siegeln
49 × 23
Deutsch
Berlin, Geheimes Staatsarchiv PK (VII. HA, Nr. 51)
Druck: CDB I, 11, 14, S. 88, Nr. 124
Abb. 35 auf S. 83
Die Ratmannen der altmärkischen Städte Salzwedel (die alte und die neue Stadt), Stendal, Gardelegen, Tangermünde und Osterburg beschließen eine Einung gegen jede Art von Verletzung ihrer Rechte und zu gemeinschaftlichen Maßnahmen.

49.
Bewilligung der Biersteuer zugunsten des Landesherrn, 1513
Pergament mit 43 an zehn geflochtenen, farbigen Seidenschnüren hängenden Stadtsiegeln in Wachsschale
72 × 42 cm
Lateinisch
Rothenburg o. d. T., Kriminalmuseum
(04145 m 02j 04* 26023 c)
Abb. 112
Die Städte der Mark beurkunden, daß sie nach bereits geleisteter steuerlicher Hilfe für den Markgrafen von Brandenburg ihm nun auch noch ein Biergeld in Höhe von 12 Pfennigen je Tonne auf Lebzeit bewilligen, wovon allerdings vier Pfennige von den Städten für eigene Zwecke einbehalten werden.

112. Bewilligung der Biersteuer zugunsten des Landesherrn, 1513.

50.
Urkunde von 1346 Okt. 27
Pergament mit angehängten Siegeln
22 × 42 cm
Lateinisch
München, Bayerisches Hauptstaatsarchiv (Urk. 6539)
Unterwerfung von Berlin und Cölln unter den Willen des Landesherrn.

51.
Märkische Städtebünde I und II
(Karten)
Bearbeitet von U. Riechert, W. Schich und K. Schulz
Gezeichnet von L + Z Grafik Design, 1986

52.
Raumensemble eines bürgerlichen Hauses
Rekonstruktion nach dem Göttinger Haus Johannisstr. 27; die Objekte kommen aus verschiedenen Bauten
Zustand 20er Jahre 15. Jh.
Göttingen, Städtisches Museum
Das Ensemble wurde nach dem Befund der oberen Stube der Johannisstr. 27 in Göttingen zusammengestellt. Der heizbare Raum war mit einer Balkendecke mit einfacher geometrisch-floraler Bemalung in Schwarz und Rot versehen und diente Wohnzwecken im weitesten Sinn. Über die mobile Ausstattung sind wir ansatzweise informiert, da bei den Untersuchungen am und unter dem Haus auch Reste der Ausstattung zutage traten. Nute in verschiedenen Baubefunden legen eine Rekonstruktion einer hölzernen Wandverkleidung nahe, auch wenn keine Befunde in situ direkt erhalten sind und eine indirekte Rekonstruktion erfolgte. Je nach Lage des Raumes im Erdgeschoß oder im 1. Obergeschoß ist eine Bodenbedeckung mit Dielen oder Sandsteinplatten zu ergänzen. Im Falle des Hauses Johannisstr. 27 war ein Dielenboden vorhanden. Aus den Inventaren läßt sich eine Möblierung erschließen, die aus Tisch, Stühlen und eventuell einigen Kastenmöbeln bestand.
Funde von rechteckigen Glasscheiben des 15. Jhs. legen für die Stuben Wohlhabenderer Bauten-Fenster nahe, die dem gezeigten jüngeren (vermutlich frühneuzeitlichen) Beispiel sehr nahe stehen.
S. Schütte (Göttingen)

53.
Kuppelofen
Rekonstruktion mit Originalkacheln
15. Jh.
Göttingen, verschiedene Fundstellen
Kacheln, graue Irdenware, verbindende Teile modern, Dm ca. 1 m, Dm Ofenkacheln durchschnittlich 22 cm
Kacheln teilweise ergänzt
Göttingen, Städtisches Museum, Archäologische Stadtkernforschung
Auf eine frühere Entwicklung des Kachelofens im 13. Jh., bei der spitzbodige Irdenwarekacheln benutzt wurden, folgte um 1300 die Einführung rundbogiger Stücke mit gerieftem Rand. Diese Norm blieb bis in das 15. Jh. erhalten und wurde erst um 1500 von glasierten Kacheln abgelöst. Neben diesen einfachen Öfen kamen seit der 2. H. des 14. Jh. auch Turmöfen mit farbig glasierten und verzierten gotischen Nischenkacheln vor.
Der übliche Ofen – man kann in Anbetracht der zahlreichen Funde in Göttingen davon sprechen – war vermutlich leicht kuppelförmig gewölbt und auf einen Lehmsockel aufgesetzt. Speziell geformte Teile aus Keramik waren für den Abzug der Rauchgase bestimmt. Der Ofen wurde von der Außenseite des Raumes beheizt, wobei ein einfaches Brett als Verschluß diente (schriftliche Belege hierfür in Göttinger Inventaren des 15. Jh.). Kalkablagerungen auf der Oberfläche der Kacheln zeigen, daß zumindest einige Stücke auf der Oberseite des Ofens ständig mit Wasser gefüllt waren. Zu welchem Zweck dies geschah, ist jedoch unbekannt.
S. Schütte (Göttingen)

54.
Tisch mit spätmittelalterlichem Hausrat Rekonstruktion anhand von Funden aus Göttingen und Berlin-Spandau
13./14. Jh.
Abb. 44 auf S. 104
a) Zinnkanne
H 19,2 cm
Göttingen, Barfüßerkloster
Göttingen, Städtisches Museum Archäologische Stadtkernforschung (AA 202/203 – 1320 – und –1320 a–)
Unter dem umfangreichen Fundmaterial des Barfüßerklosters aus Göttingen, das aus einer Kloake stammt, die Ende des 19. Jh. geborgen wurde, befinden sich auch die Reste von Zinnkannen sowie ein vollständiges Stück. Der balusterförmige Körper steht auf einem kegelstumpfförmigen Standring mit flachem Boden. Der Hals ist durch einen schwach konvexen Deckel verschlossen, auf dem ein Knauf mit blütenförmigem Ende sitzt. Der Deckelrast ist mit einem bandförmigen Henkel, der auf dem größten Durchmesser des Gefäßkörpers leicht S-förmig geschwungen endet, versehen. Die Aufschrift des Henkels lautet: AMOR. VINCIT. OMN (IA). Der Deckel ist mit einer Numerierung versehen (FVI).
S. Schütte (Göttingen)

b) Jacobskanne/Siegburg
Orangerotes Steinzeug, 24,9 cm
Göttingen, Städtisches Museum

c) Stangenglas
Grünes Waldglas, optisch gemusterte Wandung, Teile ergänzt, H 42 cm
Göttingen, Städtisches Museum

d) Glasbecher
optisch gemusterte Wandung, Randstück ergänzt, H 13,2 cm
Göttingen, Städtisches Museum

e) Pokal
weisser Ton, grün glasiert, H 12,9 cm
teilweise ergänzt
unterhalb des Randes mit zwei horizontalen Gurtfurchen verziert; auf der Schulter Stempeldekor
14. Jh.
MVF If 16523

f) Steinzeugkrug
rot, H 11,8 cm
wohl Import (?) aus Niedersachsen
13. Jh.
MVF If 16524

g) Pokalgefäss
Ton mit schwarzem Überzug, H 12,4 cm
verziert mit umlaufenden Gurtfurchen
14. Jh.
MVF If 17036

h) Kanne
schwarzgrauer Ton,
mit umlaufender Riefelung, drei Standknuppen und breitem, durch Schrägschraffur verzierten Henkel.
H 26,5 cm
14. Jh.
Berlin Spandau, Stabholzgarten
MVF If 16516

i) Pferdekopf
Teil einer Aquamanile
roter Ton, hellbraun glasiert, L 7,6 cm
14. Jh.
MVF If 16427

j) drei Daubenschüsseln
Holz, erh. H. ca. 7 cm,
14. Jh.
MVF If 16510; 17295–17296

k) Teller
Holz, gedrechselt Dm 16,6 (?)
14. Jh.
MVF If 20105

l) Holzlöffel
L 19, 9, 7, 2 cm
13./14. Jh.
MVF If 20136

m) Messer
Eisen/Holz, L 12,6 cm
14. Jh.
MVF If 16462

n) Messer
Eisen, L 23,4 cm
14. Jh.
MVF If 16575

o) Klappmesser
Eisen/Holz
erh. L. 11 cm
14. Jh.
Berlin Spandau, Breite Str. 2
MVF If 20087

Vitrine 27

55.
Kleine Kugelkanne
schwarz grauer Ton, H 11,5 cm, Dm 13 cm
13. Jh.
Berlin Spandau, Breitestr. 2
MVF If 16792

56.
Trinkbecher
Ton, blau-grau, Dm 11,2 cm, H 12,9 cm
14. Jh.
Berlin Spandau, Breite Str. 2
MVF If 20093

57.
Kleiner Kugeltopf
Ton, Dm 12 cm, H 9,6 cm
13. Jh.
Berlin Spandau, Markt
MVF If 16520

58.
Große Kanne
Ton, schwarzgrau, Dm 28,2 cm, H 36 cm
14. Jh.
Berlin Spandau, Fischerstr. 43–44
MVF If 16514

59.
Steinzeugkrug
H 28,5 cm
2. H. 13. Jh.
Berlin Spandau, Breitestr. 32
MVF If 20272

60.
Gefäß
hellbrauner Ton.
14. Jh.
Berlin Spandau, Klosterstr./Stabholzgarten
MVF If 16521
Der Körper des Gefäßes ist gestreckt und mit flachen Gurtfurchen verziert. Der Rand ist glockenförmig gestaltet. Auf der Schulter sitzen zwei umlaufende Schmuckleisten aus dreieckigen Einstichen.

61.
Kugeltopf
Ton
14. Jh.
Berlin Spandau, Markt
MVF If 17286

62.
Krug
rotbraunes Steinzeug, H 14,5 cm
14. Jh.
Berlin Spandau, Markt
MVF If 17299

63.
Kanne
schwarzgrauer Ton, gr. Dm 13,7 cm, H 14,9 cm
13. Jh.
Berlin Spandau, Mönchstr./Markt
MVF If 16522
Mit breiten umlaufenden Rillen an Hals und Schulter verziert. Am Boden drei Standknubben.

64.
Kleiner Kugeltopf
schwarzgrauer Ton, gr. Dm 10,6 cm, H 9,7 cm
2. H. 13. Jh.
Berlin Spandau, Kammer-Ecke
Breite Str. 2
MVF If 16517
Am Hals mit breiten umlaufenden Rillen verziert.

65.
Grapen
schwarzgrauer Ton, 12 cm
13./14. Jh.
Berlin Spandau, Klosterstr.
MVF If 20164
Der durch Feuer stark beschädigte Grapen ist mit einem Bandhenkel versehen.

66.
Grapen
Bronze, H 24 cm
14./15. Jh.
Berlin Spandau, Juliusturmbrücke
MVF If 19068

67.
Schale
Bronze, Dm 26,4 cm
14. Jh.
Berlin Spandau, Charlotten- Ecke Breitestr.
MVF If 20104

68.
Becher mit Kleeblattmündung und Kugelboden
hartgebrannter, dunkelgrau-hellgrauer Ton, teilweise ergänzt, H 13 cm
14. Jh.
Berlin Spandau
MVF If 16519
Der gedrückte kugelbauchige Gefäßkörper steht auf Standleisten. Drehrillen auf dem kurzen kegelförmigen Hals. Gefalteter, gleichmäßig viermal ein- und ausschwingender Lippenrand.

69.
Becher mit Kleebattmündung und Standboden
hartgebrannter Ton, Dm 11,3 cm, H 12,1 cm
14. Jh.
Berlin Spandau, Breite Str. 8
MVF If 20249

70.
Pokal
schwarzgrauer Ton, Dm 15,7, H 11,6
14. Jh.
Berlin Spandau, Breite Str. 2
MVF If 16518

71.
Becher
schwarzgrauer Ton, Dm 11,2 cm, H 12,9 cm
14. Jh.
Berlin Spandau, Breite Str. 2
MVF If 20093

72.
Deckel mit Knauf
bräunlicher Ton, Dm 12 cm, H 4,3 cm
13./14. Jh.
Berlin Spandau, Fischerstr. 8
MVF If 20031

73.
Daubenschüssel
Holz, H 5,5 cm, Dm 18 cm
13./14. Jh.
Berlin Spandau, Markt
MVF If 17038/2

74.
Daubenschüssel
Holz, H 6,8 cm, Dm 18,8 cm
13./14. Jh.
Berlin Spandau, Markt
MVF If 17038/1

75.
Lichtstock
mit Kerbschnitt verziert
Ton, erh. Dm. 35 cm
16. Jh.
Berlin Spandau, Stadtgeschichtliches Museum

76.
Zwei Zinnlöffel
L 11 cm
16. Jh.
Berlin Spandau
MVF If 20075

77.
Verzierter Messergriff
Holz/Messing, L 10,6 cm
16. Jh.
Berlin Spandau, Mönchstr.
MVF If 20121

78.
Zwei „Gnidelsteine"
Glas; Dm zwischen 7,4 und 8 cm
14. Jh.
Berlin Spandau, Breite Str. 2
MVF If 20089
Diese Steine wurden erhitzt und zum Glätten von Stoffen benutzt.

Vitrine 28

79.
Fußbodendiele mit eingritzten Spielbrettern um 1370
Holz, 65 × 58 cm
vier Spielsteine
Holz, gedrechselt, Dm 2,3–2,9 cm
14./15. Jh.
Göttingen, Städtisches Museum, Archäologische Stadtkernforschung, o. Nr. A Rathaus Göttingen; AA 432 a, b, c, d
Barfüsserkloster
Aus der ehemaligen Diele des 1371/72 erweiterten Göttinger Rathauses stammen die Dielenreste mit eingeritzten Mühlespielbrettern. Sie sind grob und ohne besondere Sorgfalt in den Holzboden eingeschnitten nebst zwei geometrischen Göttinger (Familien ?)Marken. Letztere legen nahe, daß die Entstehung der Ritzungen nicht allzulange Zeit nach Anlage der Dielung erfolgte.
Zu diesen Alltagszeugen gehörten sicher einfachere Steine als die Gezeigten, möglicherweise aus Scherben hergestellte. Die gedrechselten tesserae gehören sicher zu einem sorgfältiger gearbeiteten Brett und waren in ihrer Herstellung ungleich aufwendiger.
S. Schütte (Göttingen)

113. Spielbrett und Spielsteine für das Tric-Trac-Spiel.

Vitrine 29

80.
Spielbrett für das Tric-Trac-Spiel (Backgammon) mit zugehörigen Spielsteinen
Hartholz (Buche?)
Kantenlänge jeder Spielhälfte ca. 38,5 × 40 cm
Die sieben Brettsteine sind aus Hartholz gedrechselt, Dm 3,2–3,8 cm, Dicke 8 mm
Eine genaue Datierung für die Entstehung des Spielbretts ist nicht möglich. Die Abortgrube wurde wohl bald nach Gründung des Klosters 1278 mit den ersten Klosterbauten angelegt und war bis in die Zeit des Dreißigjährigen Krieges in Benutzung.
Freiburg, Abortgrube des Klosters der Augustinereremiten
Freiburg, Landesdenkmalamt Baden-Württemberg
Abb. 113
Literatur: P. Schmidt-Thomé, Hölzernes Alltagsgeschirr und Spiele aus einer mittelalterlichen Abfallgrube in Freiburg, in: Der Keltenfürst von Hochdorf (1985), 463 ff. u. 490 f.
Die Spielpläne vertieft. Der Rahmen Hartholz (Buche?) ist gezapft, die dünneren Spielpläne aus demselben Holz in Nuten eingeschoben und mit je drei Holznägeln mit dem Rahmen verbunden. Die 24 Spitzen sind als Intarsien teils aus dunklem Hartholz, teils aus Nadelholz eingelegt. Die zwei Gelenke zwischen den Bretthälften sind völlig aufgelöst. Es waren Streifen aus Stoff oder Leder, die in Nuten eingesteckt und mit Eisennägeln gesichert waren.
Das Spielbrett lag zusammengeklappt im Grubeninhalt der Abortgrube des Augustiner-Eremitenklosters von Freiburg und wurde bei deren Entdeckung durch den Bagger zerstört. Die Spielsteine lagen unmittelbar dabei.
P. Schmidt-Thomé (Freiburg)

81.
Kugeln für ein Spiel in der Art des Boccia-Spiels
Holz, gedrechselt (Holzarten nicht bestimmt)
Dm ca. 6 und 11–13,5 cm
Datierung wie Nr. 80
Freiburg, Abortgrube des Klosters der Augustinereremiten
Freiburg, Landesdenkmalamt Baden-Württemberg
Literatur: wie Nr. 80
Alle Kugeln weisen deutlich hervorgehobene, umlaufende Rillen auf, die möglicherweise zur Markierung dienten. Eine Abbildung aus der Manessischen Liederhandschrift verdeutlicht, daß bereits zu Beginn des 14. Jh. ein derartiges Spiel gebräuchlich war. Die kleine Kugel könnte möglicherweise die Zielkugel sein. Insgesamt wurden 21 Kugeln gefunden. Auch die Deutung als Kegelkugeln wäre denkbar, doch wurden keine Gegenstände gefunden, die als Kegel gedeutet werden können.
P. Schmidt-Thomé (Freiburg)

82.
Zwölf Murmeln
Ton und Stein, Dm zwischen 1,7 und 3 cm
13./14. Jh.

Berlin Spandau, verschiedene Fundplätze
MVF If 20062, 20064, 20066, 20132, 20157, 20169–20171, 20175–20176, 20178

83.
Sechs verschieden gestaltete Spielsteine für Brettspiele
Sandstein und Ton, Dm zwischen 4–7 cm
14. Jh.
Berlin Spandau, verschiedene Fundplätze
MVF If 16590, 16593–16594, 20155–29156, 20166

84.
Schachfigur
Holz gedrechselt, H 6,8 cm
14. Jh.
Berlin Spandau, Fischerstr. 43–44
MVF If 16598

85.
Vier Würfel
Knochen, 0,8–1,2 × 8–1,2 cm
um 1300
Göttingen, Städtisches Museum, Archäologische Stadtkernforschung (10/1–I–77–II)

Im Zusammenhang mit einem großen Werkstattkomplex an der Göttinger Johannisstr. 21–25 wurde eine große Anzahl von Spielwürfeln aus Knochen und Geweih geborgen. Aus technologischer Sicht sind hier zwei Grundtypen zu unterscheiden: erstens massive Würfel, die aus Stangen mit quadratischem Querschnitt gefertigt wurden und zweitens gedübelte Würfel aus Röhrenknochen. Das Numerierungssystem der meisten mittelalterlichen Würfel ist dergestalt aufgebaut, daß aufeinanderfolgende Zahlen sich gegenüberstehen. Das bedeutet, daß 1–2, 3–4 und 5–6 gegenüberliegen. Gleichzeitig war aber durchaus das heutige System, bei dem die Summe der Augen gegenüberliegender Flächen jeweils 7 ergibt, bekannt. Ein geringer Prozentsatz der Würfel aus der Werkstatt an der Johannisstr. vertritt diesen Typ.
S. Schütte (Göttingen)

86.
Würfel
Knochen, 11 × 11 cm
14. Jh.
Berlin Spandau, Breite Str. 2
MVF If 16604

87.
Zwei Rasseln
a) Ton, rotglasiert, H 6 cm, gr. Dm 4 cm
13. Jh.
Berlin Spandau, Zitadelle
MVF If 16615

b) Ton, grauschwarz, H 6,5 cm, gr. Dm 6 cm
14. Jh.
Berlin Spandau, Fischerstr. 43–44
MVF If 20022

88.
Kreisel
Holz, H 2,7; 7,8 cm; Dm 4,7
12./13. Jh.
Berlin Spandau, Zitadelle
MVF If 17110.2

89.
Zwei „Spielgefäße"
a) Ton, glasiert, H 15 cm, gr. Dm 14,7 cm
12. Jh.
Berlin Spandau, Zitadelle
MVF If 17056

b) Ton, braunglasiert, H 5,1 cm
12./13. Jh.
Berlin Spandau, Fischerstr. 19
MVF If 16601

90.
Drei Spielgeräte
a) Rad eines Spielzeugwagens (?)
Holz, Dm 11,3 cm
13./14. Jh.
Berlin Spandau, Fischerstr. 19
MVF If 20044

b) Vorderer Teil eines Pferdes
Ton, glasiert, erh. L 5,4 cm
14. Jh.
Berlin Spandau, Markt
MVF If 16447

c) Menschliches Figürchen
weißer Pfeifenton, erh. H 6,6 cm
Kopf ist abgebrochen
14. Jh.
Berlin Spandau, Zitadelle
MVF If 16631

Vitrine 30

91.
Schelle
Dm 2,4 cm
13./14. Jh.
Berlin Spandau, Breite Str. 2
MVF If 20097

92.
Anhänger
verziert
Dm 4,5 cm
13./14. Jh.
Berlin Spandau, Mönchstr.
MVF If 20124

93.
Zwei Gürtelhaken
a)Bronze, L 3,6 cm
13./14. Jh.
Berlin Spandau, Fischerstr. 43–44
MVF If 20010

b)Bronze, L 7 cm
13./14. Jh.
Berlin Spandau, Fischerstr. 19
MVF If 20083

94.
18 Gürtelschnallen
a) viereckig
Bronze, L 3,9 cm
13./14. Jh.
Berlin Spandau, Mönchstr.
MVF If 20127

b)oval
Bronze, L 4,2 cm
13./14. Jh.
Berlin Spandau, Breite Str. 2
MVF If 16603

c) viereckig
Eisen, L 5,5 cm
13./14. Jh.
Berlin Spandau, Fischerstr. 43–44
MVF If 16553

d) viereckig
Eisen, L 9,3 cm
13./14. Jh.
Berlin Spandau, Fischerstr. 43–44
MVF If 20011

e) viereckig
Bronze, L mit Dorn 5 cm
13./14. Jh.
Berlin Spandau, Zitadelle
MVF If 16630

f) rund
Bronze, Dm 3,5 cm
mit Inschrift
13./14. Jh.
Berlin Spandau, Mönchstr.
MVF If 16455

g) rund
Eisen, Dm 5,3 cm
13./14. Jh.
Berlin Spandau, Behnitz
MVF If 20199

h) viereckig
Eisen, L 3,9
13./14. Jh.
Berlin Spandau, Zitadelle
MVF If 20208

i) viereckig mit Kettchen
Bronze, L 3,1 cm
13./14. Jh.
Berlin Spandau, Zitadelle
MVF If 16630

j) oval
Bronze, L 2,6 cm
13./14. Jh.
Berlin Spandau, Breite Str. 2
MVF If 20086

k) oval
Bronze, L 1,9 cm
13./14. Jh.
Berlin Spandau Fischerstr. 43–44
MVF If 16463

l) dreieckig
Bronze, L 3,9 cm
13./14. Jh.
Berlin Spandau, Fischerstr. 19
MVF If 20084

m) oval
Eisen/Silber, Dm 4 cm
13. Jh.
Berlin Spandau, Reformationsplatz
MVF If 20162

n) oval
Bronze, L 4,3 cm
13. Jh.
Berlin Spandau, Mönchstr.
MVF If 16458

o) ohne Dorn
Bronze, L 2,6 cm
13./14. Jh.
Berlin Spandau, Mönchstr.
MVF If 20110

p) rund mit zwei Knubben
Bronze, Dm 2,5 cm
13./14. Jh.
Berlin Spandau, Fischerstr. 43–44
MVF If 20007

q) rund, verziert
Eisen verzinnt, Dm 3,1 cm
13./14. Jh.
Berlin Spandau, Fischerstr. 8
MVF If 20026

r) Riemenschnalle
Bronze
13./14. Jh.
Berlin Spandau, Mönchstr.
MVF If 20153

95.
Sieben Nadeln
a)klein, mit Kopf
Bronze, L 2,3 cm
16. Jh.
Berlin Spandau, Fischerstr. 19
MVF If 20059

b) lang mit Kopf
Bronze, L 6,1 cm
14. Jh.
Berlin Spandau, Fischerstr. 8
MVF If 20027

c) zwei Nadeln mit runden Köpfen
Messing, L 4,1, 4,8 cm
15./16. Jh.
Berlin Spandau, Fischerstr. 43–44
MVF If 20017.1–2

d) drei Stecknadeln
Bronze, L zwischen 3,7 und 5,7 cm
15./16. Jh.
Berlin Spandau, Mönchstr.
MVF If 20131.1–3

96.
Lederriemen mit Schnalle
Leder/Bronze, erh. L 74,5 cm
14. Jh.
Berlin Spandau, Mönchstr.
MVF If 20140, dazugehörig MVF If 20119

96.a
Dreieckige Brosche
Bronze/Glas, L 3,4 cm
13./14. Jh.
Berlin Spandau, Fischerstr. 43–44
MVF If 16459

97.
Besitz der Familien Blankenfelde, Ryke und Wins vom 14. bis zum 16. Jahrhundert (Karte)
Bearbeitet von U. Riechert, W. Schich, und K. Schulz
Gezeichnet von L + Z Grafik Design, 1986

98.
Epitaph des Martin Wins
um 1495
Öl auf Holz, 186,5 × 85 cm
Berlin, Dorfkirche Gatow
ehemals Berlin Marienkirche
Recht qualitätvolle Arbeit eines mittelfränkischen Meisters aus der Wolgemut-Werkstatt.
Dargestellt ist die Beweinung Christi. Beiderseits der Mittelgruppe, Christus und Maria, die Hl. Barbara (links) und die Hl. Dorothea (rechts). Unten die Stifter: Links der 1491 verstorbene Berliner Patrizier Martin Wins nebst acht Angehörigen, rechts seine Ehefrau nebst neun Angehörigen. Die Familienwappen vor den Eheleuten.
Abb. 114.

114. Epitaph des Martin Wins, um 1495.

Vitrine 31

99.
Zwei Ofenkacheln
Glasur grün, gelb, weiß, blaugrau, blau und braun; Scherben gelblich-grau
2. Viertel 16. Jh
Berlin, Hoher Steinweg

a)18,7 × 18,4 cm
Berlin, Berlin Museum (Inv.: KGK 63,1)
Die quadratische Blattkachel trägt einen großen sechszackigen Stern. Die Zacken sind radial getrennt und geteilt und sind von kleineren Sternchen und Blattzweigen umgeben.

b)18,2 × 17,1 cm
Mehrfach gebrochen, geklebt und retouchiert; größeres Stück links unten ergänzt.
Berlin, Berlin Museum (Inv.: KGK 63,2)
Im viereckigen Bildteil befindet sich unter

einer reich gegliederten Arkade das Brustbild einer modisch gekleideten Dame nach links, der Kopf im Profil; auf der niederen Brüstung vor ihr die Beischrift: CIRKE (Circe).

Vitrine 32

100.
Fünf Ofenkacheln
grünlasiert, zwischen 15,5 × 15,5 cm und 16,5 × 16,5 cm
Tiefe des Bildes 1–2 cm
16. Jh.
Berlin Spandau, Reformationsplatz
MVF If 17114,1; 3; 10; 4; 8
Lit.:
Alfred Kernd'l/Raimund Maczijewski Ofenkeramik der Renaissance aus der Spandauer Altstadt, in: Ausgrabungen in Berlin 5 (1978), S. 140ff.
Abb. 115

115. Zwei Ofenkacheln, 16. Jh.

Ein geschlossener Fund von Ofenkacheln der Renaissance aus Spandau

Im Verlauf einer Mittelaltergrabung 1972/73 südlich des heute dort befindlichen „Archäologischen Kellers" am Reformations-Platz in Spandau wurde auch eine Grube des 16. Jahrhunderts untersucht.
Von der Grubenfüllung sind eine Silbermünze (Hamburger Sechsling von 1553) und zum Teil sehr gut erhaltene Ofenkacheln bemerkenswert. Letztere lassen sich in fünf Typen gliedern:
1) Kacheln mit einer medaillonartig im Brustbild porträtähnlich dargestellten Person.
2) Kacheln mit zwei zur Gänze dargestellten Personen mehr allegorischen Charakters.
3) Napfkacheln.
4) Nischenkacheln.
5) Flache Kacheln mit Dekor.
Aussagefähig sind besonders die beiden ersten Typen, von denen fünf Vertreter hier vorgestellt werden.

1. Die vier Kachelecken sind mit Wappenschildern verziert. Das Wappen ist durch ein Kreuz in vier Felder unterteilt. Hiermit dürfte das Stammwappen der Hohenzollern gemeint sein (Schild mit Gevierten von Schwarz und Silber). Im Bildrund blickt eine Frau in reicher Tracht nach links. Auf einem bogenförmigen Schriftband steht SVS ANNA. Zwischen dem Band und dem Kopf finden sich zwei Buchstaben: links ein V, rechts ein T. Mit an Sicherheit grenzender Wahrscheinlichkeit handelt es sich um ein Porträt der Susanna, Markgräfin von Brandenburg-Ansbach, geb. 1502, gest. 1543, 1518 mit Markgraf Kasimir von Brandenburg-Ansbach, 1528 mit Kurfürst Ottoheinrich von der Pfalz in zweiter Ehe verheiratet. Für die Identität sprechen Name, Wappen und die etwas groben, fast männlichen Gesichtszüge, die auf zeitgenössischen Schaumünzen und einem Ölgemälde überliefert sind.

2. Die rechte obere und die linke untere Kachelecke ziert das kursächsische Wappen mit den fünf waagerechten, von einem Balken diagonal durchzogenen Feldern. Die linke obere und die rechte untere Kachelecke schmücken achtblättrige Rosetten, womit vielleicht die Altenburger Rose, eigentlich fünfblättrig, des kursächsischen Wappens gemeint ist. Im Bildrund eine Darstellung der Salome in Renaissance-Tracht, die in den Händen die Schüssel mit dem Haupte Johannes des Täufers hält. Salome in zeitgenössischer Tracht war im Schaffen von Lucas Cranach ein beliebtes Motiv. Kurfürst Johann Friedrich von Sachsen nutzte die „story" für eine Schaumünze (vgl. Beschreibung der folgenden Kachel), wahrscheinlich um eigene politische Unbill zu überspielen bzw. zu erklären, indem er sich, wie sein biblischer Namensvetter, als zu Unrecht leidender Mahner und Ankläger empfand.

3. Die jeweils gegenüberliegenden Zwickel sind mit je einem der beiden kursächsischen Wappen verziert. Im Bildrund ist das nach links blickende Profil eines bärtigen Mannes mit einer Feder an der kappenähnlichen Kopfbedekkung dargestellt. Von der Tracht sind das gefältelte Hemd mit Halskrause sowie Pelzkragen und die Bordüre des Untergewandes betont herausgearbeitet. Bei dem Dargestellten handelt es sich, nicht zuletzt wegen der beiden kursächsischen Wappen, mit großer Wahrscheinlichkeit um Kurfürst Johann Friedrich von Sachsen. Ähnlichkeit der Gesichtszüge zeigt auch ein Vergleich mit zwei Schaumünzen, eine von 1530 zusammen mit seinem Vater, Kurfürst Johann, auf dem Revers mit der Szene der Enthauptung des Johannes und des Banketts des Herodes (vgl. die Beschreibung der vorigen Kachel) und eine von 1534 zusammen mit seiner Frau Sibylle. Auf der letztgenannten Medaille entspricht auch die Darstellung der Kleidung sehr gut der auf dem Kachelbild.

4. In dem viereckigen, allseitig mit einem Steg begrenzten Bild sind links die Lucretia und rechts die Figur eines Landsknechts mit Hellebarde und Schwert abgebildet. In der zeitgenössischen Renaissance-Kleidung ist Lucretia an dem Dolch in der rechten Hand, der entblößten Brust und an dem Öffnen des Kleides mit der linken Hand zu identifizieren. Lucretia ist als Freiheits- und Tugendheldin, deren Selbstmord nach der Überlieferung des Livius den Sturz des Römischen Königtums auslöste, eine der Lieblingsfiguren der Renaissance, die auch mehrfach im Werk von Lucas Cranach vertreten ist. Die Kombination Landsknecht-Lucretia erinnert stark an Cranachs berühmten Holzschnitt „Ungleiches Liebespaar". Wegen der Popularität und dem Bekanntheitsgrad Cranachs bei seinen Zeitgenossen kann man mit einer gewollten Assoziation rechnen. Die verhaltene Komik in Cranachs Holzschnitt ist auf der Kachel übersteigert, das „Paar" ist sich völlig entfremdet; der Landsknecht blickt starr vor sich hin, während die Dame statt der Stiefmütterchen einen Dolch bietet.

5. Im viereckigen Bildteil, dessen linke und rechte Seite mit je zwei Stegen und die untere mit einem Steg begrenzt sind, befinden sich zwei Figuren, voneinander durch einen zusätzlichen Steg in der Mitte getrennt. Links: die Figur eines Landsknechts mit Hellebarde und Schwert, rechts: die Figur eines Dudelsackpfeifers. Die Figur des bewaffneten Landsknechts stammt von dem selben Model, die bei der vorher beschriebenen Kachel Verwendung fand. Dies zeigt daß bei der Herstellung einer Kachel mehrere Model verwandt und beliebig kombiniert wurden.
Vor allem über die Darstellung der Kleidung kann man die Kacheln in das Ende der 20er und in die 30er Jahre des 16. Jahrhunderts datieren. Wegen der kursächsischen Motive auf den Kacheln dürfte die Errichtung des Ofens erst – dann aber bald – nach dem Tod des mit Sachsen verfeindeten Kurfürsten Joachim I. von Brandenburg im Jahr 1535 stattgefunden haben. Der Abbruch des Ofens, mit seinen prächtigen Bildkacheln modischer Blickpunkt eines begüterten Spandauer Haushalts, kann wegen des erwähnten Münzfundes frühestens 1553 erfolgt sein. Wahrscheinlich ereignete er sich in den 60er Jahren im Zuge einer Modernisierungswelle in Spandau, die durch den 1560 beginnenden Zitadellenbau ausgelöst wurde.
A. Kernd'l (Berlin)

Der Berliner Jude Meyer als Kreditgeber

Juden werden in Berlin erstmals im Jahre 1295 genannt. Damals wurde den Wollwebern vom Berliner Rat verboten, sich bei den Juden Garn zu verschaffen. Dies ist ein Beispiel dafür, wie die Juden zunehmend aus dem Handel verdrängt wurden.
Zwei Urkunden aus dem Jahre 1320, mit denen der Landesherr der Stadt die Juden einschließlich der von ihnen zu fordernden Abgaben übertrug, zeigen, daß es in Berlin reiche und arme Juden gab. Die reichen Juden verfügten in der Stadt über erblichen Haus- und Grundbesitz, die armen Juden lebten in Buden. Ein Beispiel für die Tätigkeit eines der reichen Juden bietet die folgende bisher ungedruckte Urkunde.
Marquart von Lutterbach, markgräflicher Vogt zu Spandau, bekundet, daß Arnt von Bredow, dessen Frau Anna und dessen Söhne Otto und Hans dem Meyer, Juden zu Berlin, jährliche Einkünfte von 25 Pfund Brandenburger Pfennige in Gratzow (heute Gratze nordöstlich von Bernau) und Wendisch-Buch (Berlin-Buch) auf fünf Jahre für eine Schuld von 125 Pfund versetzt haben.

101.
Juden in der Mark Brandenburg und in den angrenzenden Gebieten im 14. Jh.
(Karte)
Bearbeitet von U. Riechert, W. Schich und K. Schulz auf Grundlage von K. Rosenbach. Gezeichnet von L + Z Grafik Design, 1986

Vitrine 33

102.
Urkunde von 1342 Dez. 13
Pergament, 26,5 × 21 cm
Deutsch
Berlin, Geheimes Staatsarchiv PK (Pr. Br. Rep. 8 Prenzlau, Urkunden Nr. 100)

Ich, Marquart van Lutterbach, eyn voghet des Marchgreven Lodewighes van Brandenborg in der voghedye czu Spandow, bekenne offenliche in desseme gegenwerdychen bryve vor alle den, dy en ansyen oder horen lesen, dacz vor mir sint ghekomen dy erbar lute Arnt van Bredow eyn knecht unde Anna syn husvrowe unde Otto unde Hans sine sone, dy mundich sin unde sine rechten erfnamen, habyn ghesatzet Meyer Juden czu Berlin unde sinen rechten erfnamen czu phande rechter setzunge in deme dorfe czu Gratzowe sechtzen phunt Brandenborgher phennige unde czu Wendyschen Buk neghen phunt in der bede vor hundert phunt unde funvnczuenzich phunt phennige, dy sy em unde sinen rechten erfnamen sculdych sin rechter sculde.
Dy vorgenanten sechzen phunt czu Gratzowe ufczunemen vif jar al umme alle jar uf sunthe Mertins daghe nach ejnander, anczuhevende an sunthe Merteyns daghe, der nu aller negest czu komende ist, unde dy neghen phunt czu Wendyschen Buk in der bede in den selven vif jaren al umme ufczuhevende alle jar uf sunthe Mychyles daghe unde uf sunthe Nycolaus dahge, dy nach eyn ander nu czukomende sint. Alse bede recht is vor desse vorbescreven stucke al czu haldene deme vorghenanten Joden Meygere unde sinen rechten erfghenamen, habyn ghelovet desse erbar lute, dy heirna ghescreven steyn: Andraas Sparre unde Hannes van Bredow knechte met den vorbescreven saheweldychen un truen met samenderhant. Weret dat ghescheghe, dat der borgen eyn storve, des got nycht en wille, so scolen dy saheweldychen eyn andern also gut weder an sine stede secken. Vort mer weret sake, dat Meyger Jode unde sinen rechte erfnamen engerleye hindernisse oder engerleye ghebreke an den vorbescreven dorpen worde, dat dy vifuntvindich phunt em nicht czu male worden, so scolen dy saheweldyghen unde dy borghen em dy vifuntvintich phunt ut den dorpen helpen panden. Weret aver, dat dy dorpe tu nichte worden, dat em sin gelt nicht vulkomen muchte werden, so scal Meyer unde sine erfnamen desse vorbesreven saheweldichen unde borghen achte daghe tu vorne manen, so scholen sy al sy ghelobet hebben met samenderhant in ryden czu Berlin unde in lygen rechtes inlegers, numer ut der stat tu Berlin tu ryden, Meyer Joden unde sinen rechten erfnamen worden vifundvintich phunt vorgulden, dy he des jares hebben sal. Weret sake, dat sy des inlegeres nicht wolden dun, also al sy ghelobet hebben in desseme gegenwerdichen bryve met samenderhant, so scal dy ghene, dy tu de(r tyd min)s herren des Margreven voghet is, Meyer Joden unde sinen rechten erfnamen dy vifuntvintich phunt uthelpen panden, dy he des jares haben sal ... gude der saheweldychen unde der borghen war syt hebben gelyhen was oft Meyer unde sine rechte erfanmen ut ervo(r)dert heidden met der klaghe vor mins herren gherychte.

Desse brif ist ghegheven na godes bort dusent jar dryhundert jar in deme cveundevyrtichsten jar an sunthe Lucien daghe. Cu eme thughe unde warheyt der vorbesreven dinge hebbe ich min ingeseghel an den bryf ghehangen.

Es folgt die hochdeutsche Übersetzung des ersten Teils der Urkunde:
„Ich, Marquart von Lauterbach, ein Vogt des Markgrafen Ludwig von Brandenburg in der Vogtei zu Spandau, bekenne öffentlich in diesem gegenwärtigen Brief vor all denen, die ihn ansehen oder lesen hören, daß vor mir erschienen sind die ehrbaren Leute Arnt von Bredow, ein Knappe, und Anne, seine Ehefrau, und Otto und Hans, seine Söhne, die mündig und seine rechtmäßigen Erbnehmer sind. (Sie) haben dem Juden Meyer zu Berlin und seinen rechten Erbnehmern nach rechtmäßiger Setzung zu Pfand gesetzt in dem Dorf Gratze (im Barnim) 16 Pfund Brandenburger Pfennige und zu Wendisch-Buch 9 Pfund von der Bede für 125 Pfund Pfennige, die sie ihm und seinen rechtmäßigen Erbnehmern nach rechtmäßiger Schuld schuldig sind. Die vorgenannten 16 Pfund zu Gratze sind einzunehmen 5 Jahre lang, nacheinander Jahr für Jahr am St. Martinstag [11. 11.], beginnend am nächstkommenden St. Martinstag, und die 9 Pfund von der Bede zu Wendisch-Buch

(Berlin-Buch) sind einzunehmen in denselben 5 Jahren nacheinander, alle Jahre am St. Michaelstag [29. 9.] und am St. Nikolaustag [6. 12.]."

Weiterhin werden in der Urkunde Bürgen bestimmt und zusätzliche Regelungen getroffen, die dem Juden zu seinem Recht verhelfen und Sicherheit für die genannten jährlichen Einkünfte bieten sollten. Es wird dabei auch ins Auge gefaßt, daß die beiden Dörfer, die hier übrigens erstmals erwähnt werden, „zunichte" würden. Das Dorf Gratze fiel tatsächlich bald darauf, jedenfalls vor 1375, für lange Zeit vollständig wüst (im Landbuch der Mark Brandenburg: tota villa est deserta). Der jüdische Geldverleiher war also mit Recht vorsichtig. Zwar nahm der Wüstungsprozeß erst im Gefolge des großen Schwarzen Todes, also der Pest, nach der Mitte des 14. Jahrhunderts erheblich größere Ausmaße an, doch setzten die Schwierigkeiten in der Landwirtschaft, vor allem im Getreideanbau, schon einige Zeit vorher ein und führten auch schon zur Aufgabe von agrarischen Nutzflächen.

Das Kreditgeschäft war zwar nicht die ausschließliche, jedoch die gesamtwirtschaftlich wichtigste und nicht selten auch einzig bezeugte Tätigkeit der Juden in dieser Zeit. Der Geldverleih gegen Zins war den Christen durch kirchliche Vorschriften zumindest offiziell verboten und dadurch immerhin erschwert. Dennoch war er wirtschaftlich notwendig, was auch im Berliner Stadtbuch vom Ende des 14. Jahrhunderts ausdrücklich anerkannt wurde. So erfüllten Juden als Geldverleiher lange Zeit, jedenfalls vom 12. bis zur Mitte des 14. Jahrhunderts, eine bedeutsame Funktion im Rahmen des Wirtschaftslebens. Sie verliehen Geld an Handwerker und Kaufleute in den Städten ebenso wie an Bauern, Adlige, Geistliche und Fürsten. Die häufig recht hohen Zinssätze sind zu erklären aus der oft kurzen Laufzeit der Kredite, dem erhöhten Risiko der stets gefährdeten Juden und den erheblichen Abgaben, die sie an ihre Schutzherren entrichten mußten. Als Sicherheiten ließen sie sich Pfänder übergeben oder Bürgen stellen. Bei Krediten an Adlige oder Fürsten wurden, wie auch im vorliegenden Falle, dem jüdischen Gläubiger sehr häufig Einkünfte, z. B. die Abgaben eines Dorfes, für einen bestimmten Zeitraum überschrieben. Den Ablauf eines solchen Kreditgeschäfts und die damit verbundenen Risiken bzw. die vom Schuldner verlangten Sicherheiten illustriert beispielhaft die hier vorgestellte Urkunde – eine der wenigen Stücke, die einen Berliner Juden betreffen.

Der Berliner Jude Meyer gehörte zu den Geldverleihern, die über bemerkenswert hohe Beträge verfügen konnten. Die vorliegende Urkunde ist nicht die einzige, in der er genannt wird. Schon am 22. Juni 1334 hatte er zusammen mit dem Juden Mache aus Berlin drei Bauern in dem havelländischen Dorf Markau (bei Nauen) eine hohe Summe ausgezahlt, die diese am nächsten Martinstag, also am 11. November, zurückzuzahlen versprachen. Der kurzfristige Kredit diente hier offensichtlich dazu, den Bauern Geld für die Zeit bis zum Verkauf der neuen Ernte zu verschaffen, letztlich also zur Stabilisierung des Marktes.

Der Jude Meyer gehörte dann offenbar zu den Opfern der Verfolgungswelle, die die Juden in der Zeit der großen Pest (1347–50) in weiten Teilen Europas heimsuchte und die 1349 auch die jüdischen Gemeinden in der Mark Brandenburg, darunter die in Berlin, mit ihren Rabbinern Josef und Salomon an der Spitze, und die in Spandau erreichte. 1350 verfügte Markgraf Ludwig (1323–51), der wieder das Judenregal für sich in Anspruch nahm, zugunsten von Dietrich Mörner und seinen Brüdern über den von dem Juden Meyer hinterlassenen Immobilienbesitz in Berlin, nämlich ein Haus bei der Synagoge (die bei dieser Gelegenheit erstmals erwähnt wird) und mehrere zugehörige Buden, die Meyer vermutlich an ärmere Juden vermietet hatte. Meyer war danach entweder getötet worden oder vor dem Pogrom aus Berlin geflohen. Hat er etwa in Prenzlau, wo sich die Urkunde von 1342 erhalten hat, eine neue Heimstatt gefunden? Die Zahl der Juden nahm in Prenzlau in dieser Zeit allem Anschein nach zu. Der Markgraf gestattete nämlich 1355 die Anlage eines Judenfriedhofs vor dem Steintor zu Prenzlau. Judenfriedhöfe gab es nur bei wenigen Städten mit einer größeren jüdischen Gemeinde, so auch in Spandau.

In Berlin wollte Markgraf Ludwig (aus dem Hause Wittelsbach) offenbar aus dem Pogrom für sich selbst Nutzen ziehen, ebenso wie er in seiner Funktion als Herzog von Bayern sich in bayerischen Städten des Gutes verfolgter Juden bemächtigte und wie er dies in Nürnberg immerhin versucht hat. Die Schenkung des Besitzes des Juden Meyer an Dietrich Mörner, der als Protonotar Leiter der landesherrlichen Kanzlei war, hängt vermutlich mit Ludwigs Versuch zusammen, Berlin unter Ausnutzung innerbürgerlicher Auseinandersetzungen in seine Gewalt zu bekommen bzw. in der Stadt festen Fuß zu fassen. Der Markgraf erreichte aber dieses Ziel nicht, jedenfalls nicht auf Dauer, er sah sich vielmehr 1351 gezwungen, sich mit der Bürgerschaft auszusöhnen, wobei er auch deren Vorgehen gegen die von ihm selbst beanspruchten Juden als erledigt betrachtete.

Im Zusammenhang mit dem für Spandau bezeugten Pogrom von 1349 scheint auch der dortige Judenfriedhof verwüstet worden zu sein. Die Grabsteine wurden anschließend im Palas der landesherrlichen Burg vermauert. Die bisher datierten unter den etwa 60 freigelegten Grabsteinen gehören in den Zeitraum zwischen 1244 und 1347. Unter ihnen können sich übrigens auch Denkmäler für Juden aus Berlin befinden (der Herkunftsort ist auf den Steinen nicht angegeben), denn auch die Berliner Juden bestatteten im Mittelalter ihre Toten auf dem Spandauer Friedhof, der 1324 als „Kiewer" (von hebräisch qever = Grab) erstmals erwähnt wird und der vielleicht westlich vor der Stadt in der Nachbarschaft des Galgens (an der „Hochgerichtstraße") lag. Die Judengemeinde zu Spandau hat offenbar zur Zeit der Anlage des Friedhofes im 13. Jahrhundert eine größere Bedeutung gehabt als die zu Berlin.

Den Untergang der Jundengemeinden in Berlin und Spandau bedeutete die Verfolgung von 1349 nicht. Im Berliner Schöffenrecht, das im 14. Jahrhundert auf der Grundlage des Sachsenspiegels ausgebildet worden war und in das am Ende des Jahrhunderts angelegte Berliner Stadtbuch eingetragen wurde, nimmt das Judenrecht einen beachtlichen Raum ein. Dort findet sich auch das alte Zeremoniell des den Juden speziell vorgeschriebenen Eides, bei dem der eidleistende Jude auf einer frischen Sauhaut stehen mußte. Der Berliner Rat hatte aber auch bereits nach dem Vorbild des Sächsischen Weichbildrechtes einen kürzeren und würdigeren Judeneid eingeführt, der in der Synagoge auf das Buch Moses oder Josua abgelegt wurde und den älteren („langen") Judeneid mit seiner erniedrigenden Zeremonie wenigstens teilweise ersetzte. Im wirtschaftlichen Bereich wurden die Juden in Berlin und Spandau vermutlich ebenso wie in anderen Städten nach den Verfolgungen in der Zeit des Schwarzen Todes stärker auf das Gebiet des Kleinkredites abgedrängt. Aus einer Gesellenordnung von 1387 erfahren wir, daß die Berliner Schuhmachergesellen häufig bei den Juden ein Pfand versetzten.

W. Schich (Kassel)

Lit.:

Zur Geschichte der Juden im Deutschland des späten Mittelalters und der frühen Neuzeit, hg. v. Alfred Haverkamp, Stuttgart 1981;

Werner Heise, Die Juden in der Mark Brandenburg bis zum Jahre 1571, Berlin 1932;

Ernst Kaeber, Die Berliner Juden im Mittelalter, in: Kaeber, Beiträge zur Berliner Geschichte, hg. v. Werner Vogel, Berlin 1964, S. 46–59;

Winfried Schich, Das mittlelalterliche Berlin, in: Geschichte Berlins, Bd. 1, hg. v. Wolfgang Ribbe, Berlin 1987;

Wolfgang v. Stromer, Die Metropole im Aufstand gegen Karl IV., in: Mitteilungen des Vereins für Geschichte der Stadt Nürnberg 65 (1978), S. 55–88; Volker Zimmermann, Die Entwicklung des Judeneids, Bern–Frankfurt/M. 1973.

103.
Urkunde von 1324 Mai 1
Pergament, 21 × 10 cm
Lateinisch
Berlin Spandau, Stadtgeschichtliches Museum, Archiv (IV U/25)
Druck: CDB I, 11, S. 28 Nr. 39
Regest: Schulze II, S. 5
Herzog Rudolph von Sachsen überläßt dem Rat der Stadt Spandau für zwei Jahre den von den Juden zu zahlenden Zins für den Bau der Stadtbefestigung.

Vitrine 34

104.
Pritzwalker Schmuckfund
Norddeutschland (Lübeck ?)
Ende 13. – Anfang 14. Jh.
Silber, zumeist vergoldet, gepreßt oder gegossen, z. T. graviert, nielliert; Filigran; Edelsteine oder Glasflüsse.
Berlin, Kunstgewerbemuseum SMPK, (Inv. Nr. 96, 344)
Abb. 116

20 einfache Ringspangen mit Handtreue. Dm. 2,1 cm – 4,1 cm.

1 Ringspange mit Handtreue; niellierte Inschrift: AVE MARIA GRA (cia). Dm. 3,1 cm.

1 Ringspange mit Handtreue, nielliert. Inschrift: AVE MARIA GRACIA. Auf der mittleren Scheibe Mann, ein Hackbeil haltend. Dm. 3,9 cm.

1 Ringspange mit Handtreue, nielliert. Inschrift: AVE MARIA GRA(cia). Auf dem mittleren Wappenschild Hackbeil neben Rosette. Dm. 3,6 cm.

3 Ringspangen mit Handtreue. Auf den Dorn gesetzte Scheibe. Dm. 3,05 cm – 8,9 cm.

1 Ringspange mit Handtreue. Auf der mittleren Scheibe graviert Simsons Löwenkampf. Dm. 6,7 cm.

1 Ringspange aus einem ausgeschnittenen Turnosgroschen Philipps IV. von Frankreich (1285–1314). Dm. 2,55 cm.

1 sechspassige Ringspange. Rahmen profiliert. Dm. 2,5 cm.

1 sechspassige Ringspange mit eingestelltem Stern. Besetzt mit 6 hohen Steinfassungen (blau u. rot) sowie 30 Filigran-„Türmchen". Dm. 5 cm.

1 Fragment einer passigen Ringspange, ehem. mit Steinen besetzt.

2 Ringspangen in Form von sechszackigen Sternen mit Steinfassungen und Filigran-„Türmchen". Dm. 2,2 cm – 2,7 cm.

1 Ringspange (2 Teile), Kränzchen, mit 4 Steinen besetzt. Dm. 4 cm.

1 zehnpassige Ringspange. Besetzt mit nuppenartigen Halbkügelchen um 10 hohe Steinfassungen. Dm. 5,1 cm.

1 große Adlerschließe, graviert. 4 gefaßte Steine. Rückseitig 2 Befestigungshaken. 10,35 cm × 8,35 cm.

1 große Schließe mit Adlerpaar und mittlerem Wappenschild. 6,8 cm × 12,5 cm

3 große Schließen mit gekröntem Löwenpaar. Über der Mitte stachelige Kugel. 7,5 cm × 11 cm.

1 große Schließe mit Greifenpaar. In der Mitte fleur de lys. 6,9 cm × 14,3 cm.

7 kleinere Schließen mit Adlerpaar. In der Mitte 1 oder 2 Kugeln.

2 kleine Schließen (u. 2 Fragmente) mit Greifenpaar.

7 Schließen mit Adlerpaar. In der Mitte 1 oder 2 Kugeln.

9 mittlere und kleine Schließen mit Löwenpaar (u. 11 Fragmente). Über dem mittleren Haken Beeren.

6 Adler bzw. Fragmente, darunter 1 Jungfrauenadler.

1 Schließe aus 2 sechsblättrigen Rosetten mit mittlerer Steinfassung, umgeben von 6 Rosettchen zwischen gefaßten Glasflüssen. Über dem mittleren Haken Platte mit à jour gearbeiteter Löwin.

1 Schließe aus 2 Dreipässen und mittlerem Knopf. Br. 7 cm.

17 Schließen aus 2 Dreipässen mit Bukkeln bzw. Beeren (u. 6 Fragmente). Dm. 4,0 cm – 4,8 cm.

10 winzige Schließen (u. 5 Fragmente) mit Rosetten, Blattsternen, Beeren.

8 Schließen (u. 7 Fragmente) aus 2 Sternen und mittlerem eingekerbtem Knopf oder Doppelraute. Br. 4,4 cm.

1 Schließenfragment, 3 durch Aststücke getrennte Buckel.

1 Schließe in Form eines gekrönten M, emailliert. Auf dem linken Balken R (?), auf dem rechten M. Mit Ring angehängte Sternblüte, daran herzförmige Pfeilspitze. 4,5 cm × 2,1 cm.

12 verschiedene fleur de lys.

7 verschiedene Wappenschilde unterschiedlicher Größe, drei mit Adlerfragment.

1 Fragment einer Löwin, gewölbt, durchbrochen.

4 Stück Aufnähschmuck; auf Platte über Kreisringe gelegte sechsblättrige Blüte mit mittlerem Stein. Dm. 8,5 cm.

2 flache, durchbrochene Anhänger in Herzform mit fleur de lys. H. 5 cm.

2 kleine Königsköpfe (Fragmente von einem Diadem ?)

5 Schmuckbrakteaten (11 Teile) mit Adlern bzw. Beeren.

2 Rosetten mit Anhängelasche. Dm. 3 cm.

1 Anhänger (?); auf sechspassiger Platte Blüte mit mittlerer Kugel. Dm. 2,6 cm.

1 Fingerring. Schmaler Reif. Auf der aufgesetzten Platte sechszackiger Stern vor schraffiertem Grund. Dm. 1,9 cm.

1 Fingerring. Auf dem Reif nach geschupptem, von Kralle umfaßtem Band je 2 Rauten mit Lilie. Über den Schultern

je ein hoch aufgesetzter Stein. Eingesetzte, von 4 Blättern eingefaßte Platte mit Bergkristall in hoher Krallenfassung. Dm. 5,1 cm.

1 Fingerring. Reif mit 9 Sternrosetten. Die hochaufgesetzte, von 9 „Türmen" umgebene Platte mit ehem. emaillierter Rose. Dm. 3 cm × 2,1 cm.

1 Fingerring in 2 Fragmenten mit 5 Ösen.

10 Reste von Armband, Ringen, Fibeln.

Durchbrochene Kügelchen mit Anhängehaken (Knöpfe ?).

54 unterschiedlich große, runde Knöpfe, z. T. profiliert oder nur gewölbt.

2 Paar Kugelknöpfe.

30 unterschiedlich große Kugelknöpfe.

2 Knöpfe in Eichelform.

1 Knopf in Dolchform.

Lit.:
Ernst Bassermann-Jordan, Der Schmuck. Leipzig 1909, 87, 94 Abb. 109. – Erich Steingräber, Alter Schmuck. München 1956, 51f., Abb. 69–71; vgl. Abb. 64, 66–68, 74f. – Johann Michael Fritz, Goldschmiedekunst der Gotik in Mitteleuropa. München 1982, 231 Nr. 323f., 327. – Annette Reiter, Ringspangen. Mag.-Arbeit. München 1984 (Ms.), 122–153. – Vgl. Hubert Stierling, Der Silberschmuck der Nordseeküste 1. Neumünster 1935, 121, 148–50, Abb. 194, 208. – Carl R. af Ugglas, Gotländska silverskatter från Valdemarstågets tid (UrStatens Historiska Museums Samlingar, 3) Stockholm 1936. – Leonie von Wilckens, Schmuckstücke aus einem Schatzfund in Münster i. W., in: Stadt im Wandel. Ausst. Braunschweig 1985, Kat. Bd. 1, 309f. Nr. 246 m. Abb.

116. Teile des Pritzwalker Schmuckfundes.

Bei dem 1896 für das Berliner Kunstgewerbemuseum erworbenen Schmuckfund aus Pritzwalk (Ostprignitz) ist nicht bekannt, an welcher Stelle und unter welchen Umständen er entdeckt worden ist. Immerhin deutet die Menge von mehr als 160 Schmuckstücken und -fragmenten, dazu ca. 90 Knöpfe sowie – neben einigen wertvolleren Einzelstücken – die Variationsbreite in Größe und Ausführung von bestimmten Typen auf einen versteckten Hort eher eines Händlers als eines die Dinge benutzenden Besitzers. Obwohl in den letzten Jahren mehrmals angegeben wurde, der Fund sei im zweiten Weltkrieg zum größten Teil verlorengegangen, vermag ein Vergleich mit alten Sammelphotos zu bezeugen, daß er fast vollständig erhalten ist und wohl auch die jetzigen Fragmente bereits als solche in den Besitz des Museums kamen.
Abgesehen von der Aufnahme von 32 Ringspangen durch Annette Reiter, ist der Fund bisher nur kursorisch mit seinen herausragenden Einzelstücken publiziert worden. Erich Steingräber bezeichnete diese als norddeutsch, die zum Vergleich herangezogenen Schmuckstücke aus Hortfunden aus Südschweden (Småland, Östergotland) und Gotland als hanseatisch. Er spricht in diesem Zusammenhang von einer regelrechten Schmuckindustrie; diese dürfte in Lübeck anzunehmen sein.
Es handelt sich sowohl um gepreßte Silberbleche als auch um Guß, wobei Teilgranulationen mitgegossen wurden. Aus den in Schweden geborgenen Stücken ragt die 1818 aus der Motala gehobene Rundbrosche mit 19 cm Dm. heraus (Stockholm, Statens Historiska Museum). Neben ihre gewölbt gegossenen Tiere lassen sich der Löwe von der Schließe aus 2 Rosetten und das zugehörige Fragment einer Löwin stellen. Die Blätter der Rosettenschließe – ebenso weiterer – sowie Filigran-„Türmchen" zwischen Steinfassungen kennzeichnen ebenso einen großen, bei Nyköping gefundenen Fingerring (Stockholm, Statens Historiska Museum). Der Fund von Amunde (Gotland) enthält Gewandschließen mit 2 Adlern zu Seiten eines mittleren Wappenschildes bzw. einer Raute sowie steigende Löwen zu Seiten eines Adlers, die einer Reihe von Schließen aus Pritzwalk ganz nahe stehen. Wappenschilde, paarweise zusammengehörende steigende Löwen, Greifen oder Adler sowie schlichte Ringfibeln mit der „Handtreue" enthält ebenso der in einer Ofenkachel gemachte Maldorfer Fund (Schleswig-Gottorf, Schleswig-Holsteinisches Landesmuseum). Reichen Aufnähschmuck mit steigenden Löwen in Sechspässen und Rosetten sowie eine große Gewandschließe, bei der ein mit vielen Edelsteinfassungen gefüllter Sechspaß den mittleren Wappenschild umschließt, zeigt das Bronzegrabmal der Eufemia von Dänemark (gest. 1330) in der Kirche von Sorö.

Das die meisten Ringspangen aus Pritzwalk kennzeichnende Motiv der „Handtreue" ist seit dem 12. Jahrhundert beliebt für Ringe und Broschen als Brautgaben. In norddeutschen spätmittelalterlichen Inventaren und Testamenten ist vielfach von „hant truwe breetzen" die Rede. Obwohl zu dem gleichzeitigen Fund in Münster i. W. ebenso zwei solcher Ringspangen gehören und weitere Details der übrigen Stücke mit solchen aus Pritzwalk verglichen werden können, handelt es sich wohl nur um zeitliche Verwandtschaft aus einer benachbarten Landschaft. Von diesen am ehesten westfälischen Schmuckstücken in Münster heben sich die in Pritzwalk, Meldorf und in Schweden gefundenen ab und weisen auf Lübeck als gemeinsames Herstellungszentrum.
L. v. Wilckens (Nürnberg)

Vitrine 35

105.
Urkunde von 1319 Sept. 30
Pergament, 33 × 23,5 cm
mit angehängtem Siegel
Lateinisch
Berlin Spandau, Stadtgeschichtliches Museum, Archiv (IV U/23)
Druck: CDB I, 11, S. 25f. Nr. 35
Regest: Schulze, II, S. 5, Krabbo, Nr. 2766
Herzog Rudolph von Sachsen, als Vormund der Markgräfin Agnes und sie selbst geben der Stadt Spandau eine umfassende Betätigung ihrer Privilegien: u. a. die freie Getreideausfuhr für Arme und Reiche nach Hamburg und das Handelsverbot für Adlige.

106.
Ein neuwes nützliches Raißbuechlin der fürnemsten Land/ unnd Stett/ Durch mich Jörg Gail Burger zü Augspurg/ in truck verfertiget
Faksimile, 15 × 19,5 cm
Wolfenbüttel, Herzog August Bibliothek
aufgeschlagen: S. 82
Lit.: Herbert Krüger, Das älteste deutsche Routenhandbuch. Jörg Gails „Raißbüchlein", Graz 1974.

Jörg Gails „Reisebüchlein"

Im Jahre 1563 erschien in Augsburg „Ein neuwes nützliches Raißbuechlin" des Augsburger Bürgers Jörg Gail. Es handelt sich um das älteste gedruckte deutsche Reisehandbuch, ein „reisehandliches" Büchlein von 272 Seiten, und zugleich um dasjenige Werk der frühen europäischen Reiseliteratur, das die meisten Routen enthält. Eine von diesen Routen führt über Berlin, nämlich die von Pommern (Stettin) in die Mark Meißen (Leipzig). Dies war für Berlin schon seit dem 13. Jahrhundert die wichtigste Landverbindung in nord-südlicher Richtung. Ein Teil des Verkehrs nach Norden führte allerdings zu der Zeit noch nach Oderberg, von wo aus man die Fahrt nach Stettin zu Schiff fortsetzen konnte. Während die ältere „Romwegkarte" des Erhard Etzlaub, die dieser anläßlich des Heiligen Jahres 1500 als Pilgerkarte in mehreren Auflagen angefertigt hat, zwischen Stettin und Wittenberg an der Elbe nur die Stationen Gartz, Angermünde, Bernau und Berlin aufführt, verzeichnet Jörg Gail auf dieser Strecke einige weitere Orte. Er nennt Stettin, Gartz, Vierraden (bei Schwedt), wo die Mark Brandenburg beginnt („Da hept die marck an"), Angermünde, Neustadt (Eberswalde), Bernau, Berlin (fälschlich an der „Oder" gelegen), Saarmund, Beelitz, (Treuen-)Brietzen und Wittenberg (an der Elbe).
Jörg Gail gibt auch die Abstände zwischen den einzelnen Stationen in Meilen an: von Bernau nach Berlin und von Berlin nach Saarmund je 4 Meilen.

107.
Modell eines Prahms
Typ der Zeit um 1300
Modellbau: Mirostaw Szymczak, 1987
Maßstab 1:15,7
Holz und andere Materialien

Vitrine 36

108.
Kornmaß (Scheffel)
Holz, Eisen, H 22,5 cm, Dm 62 cm
um 1816
Berlin, Rudow
Berlin, Museum für Deutsche Volkskunde SMPK (48 A 5)
Flaches, sehr weites zylindrisches Gefäß mit Bretterboden. Die Wandung ist aus einem Brett zusammengebogen. Oben und unten durch je ein umlaufendes Eisenband, die durch sechs senkrechte Eisenbänder verbunden sind.
Quer über das Gefäß ein Eisenstab, der in der Mitte von einem senkrechten Stab gestützt wird. Zwei Griffbügel. Auf dem Boden eingebrannt der Eichstempel, ein preußischer Adler und die Jahreszahl 1816.
1 Preußischer Scheffel entspricht ca. 55 Liter.

Vitrine 37

109.
Johann Georg Rosenberg
Ansichten Berliner Märkte 1785
a) Cöllnischer Fischmarkt
Vue du Marché aux Poissons, dans le quartier vieux de Cologne, et de l' Eglise St. Pierre, dans l' éloignement
Kolorierte Radierung
40 × 67 cm
Berlin, Kupferstichkabinett SMPK

b) Molkenmarkt
Vue du Marché dit Molckenmarkt, et de L' Eglise St. Pierre dans l' éloignement
Kolorierte Radierung
40 × 67 cm
Berlin, Kupferstichkabinett SMPK

c) Der Neue Markt
Vue du Marché neuf, et l' Egise Ste Marie, dans le quartier de Berlin
Kolorierte Radierung
40 × 67 cm
Berlin, Kupferstichkabinett SMPK
Abb. 40 auf S. 96

Vitrine 38

110.
Unterer Teil eines Bierfasses
Rekonstruiert
Holz
Berlin Spandau
MVF If 20248, 1–12

111.
Zwei Zapfhähne
Bronze, L 8 cm
16. Jh.
Berlin Spandau, Reformationsplatz 3–4
MVF If 20161.1–2

112.
Zwei Becher vom „Brünner Typ"
Ton, H 17 cm, Dm 10 cm
H 18,5 cm, Dm 9,5 cm
14./15. Jh.
Brünn
MVF If 3320, 3321

Vitrine 39

113.
Geburtsbrief für die Spandauer Knochenhauer von 1466 Juni 21
Pergament, 27 × 20 cm
Deutsch
Berlin Spandau, Stadtgeschichtliches Museum, Archiv (IV U/65)
Regest: Schulze II, S. 28
Der Rat der Stadt Spandau stellt der Gilde der Knochenhauer ein Zeugnis aus, daß Peter Kurtmuth nach Versicherung von drei Alten aus dem Dorf Schönwalde (Havelland) von allen seinen vier Ahnen deutsch und nicht wendisch, auch frei und nicht eigen geboren sei.

114.
1317 Nov. 30
Pergament mit angehängtem Siegel
31 × 29,5 cm
Lateinisch
Berlin Spandau, Stadtgeschichtliches Museum, Archiv (IV U/22)

Druck: CDB I, 11, S. 303f. Nr. 6
Regest: Schulze, II, S. 5
Der Spandauer Rat läßt die von ihm vorübergehend aufgehobene Bäckerinnung wieder zu, gestattet die freie Einfuhr von Brot aus anderen Orten an Jahr- und Wochenmärkten, regelt die Zulassungsbedingungen zur Innung und die Gewerbeaufsicht und behält sich die erneute Aufhebung der Innung bei Verstößen vor.

115.
Stempel der Tuchmacherinnung
1586
Dm 30 mm
Umschrift: DER TUCHM GEWER ZU SPANDOW
Berlin Spandau, Stadtgeschichtliches Museum, Archiv (S 43)

Vitrine 40

116.
Urkunde von 1590 Juni 24
Pergament in Libellform, 6 von 8 Seiten beschrieben. Mit grünem, gewebtem Baumwollband geheftet, 25 × 37 cm
Berlin, Landesarchiv (Rep. 238, Nr. 1590/1)
Druck: Fidicin, 4. T., S. 305–308
Bürgermeister und der Rat der Stadt Berlin bekunden, daß sie zusammen mit den Viergewerken und den Verordneten der gemeinen Einwohner der Stadt Cölln an der Spree ihren Zweidrittel-Anteil am gemeinsamen Eigentum in Mariendorf, Marienfelde und Tempelhof verkaufen.

Vitrine 41

117.
Zunftzeichen
mit Löwe und Brezel
Nieders. um 1600
Schmiedeeisern, 98 × 71 cm
Mollenfelde, Europäisches Brotmuseum Sammlung Kunkel (Nr. 3262)

118.
Zunftzeichen
Mark Brandenburg um 1500
27 × 35 cm
Mollenfelde, Europäisches Brotmuseum Sammlung Kunkel (Nr. 452)

119.
Zunfthumpen der Mehlbäcker
Berlin 1818
Dm 17 × 31,5 cm
Mollenfelde, Europäisches Brotmuseum Sammlung Kunkel (Nr. 3386)

120.
Brotwaage
Mark Brandenburg 17. Jh.
62 × 84 cm; Dm Schale 47 cm
Mollenfelde, Europäisches Brotmuseum Sammlung Kunkel (Nr.312)

121.
Siegelstempel der Bäckerinnung
Köpenick, 1615
Berlin, Geheimes Staatsarchiv PK (VIII E 10 Nr. 1)
Abb. 117

117. Siegelstempel der Bäckerinnung Köpenick, 1615.

122.
Blatt eines Brotschiebers
Holz, L 25,4 cm
Anfang 14. Jh.
Berlin Spandau, Fischerstraße 43–44
MVF If 20021

123.
Backmodel
Holz, L 10,5 cm
Anfang 14. Jh.
Berlin Spandau, Fischerstr. 43–44
MVF If 20020

124.
Rekonstruktion einer mittelalterlichen Schuhmacherwerkstatt
Erarbeitet vom Schweizerischen Waffeninstitut Grandson.
Die hier nachgestellte Schuhmacherwerkstatt orientiert sich in ihrer Gestaltung an den zeitgenössischen Darstellungen des 15. und 16. Jahrhunderts. Sie stellt die vielfach anzutreffende Verbindung von Werkstatt und Haushalt und die Mitwirkung der Ehefrau des Meisters beim Verkauf der Produkte dar. Typisch für das Mittelalter der Kleinstbetrieb, der mit oft einem Lehrling oder Gesellen auskommen mußte und auch die Kinder des Meisters miteinbezog. Meister und Gesellen waren gut organisiert. In Berlin und Cölln gehörten die Schuhmacher zu den sogenannten Viergewerken und erlangten im Spätmittelalter politisches Mitspracherecht.

Vitrine 42

125.
Schuhe
Ziegenleder
a) 13./14. Jh.
Berlin Spandau, Mönchstr.
MVF If 16548

b) L 52 cm, Schuhgr. 36
13./14. Jh.
Berlin Spandau, Mönchstr.
MVF If 16656

c) L 23,5 cm, gr. Br. 11 cm
13./14. Jh.
Berlin Spandau, Mönchstr.
MVF If 16546

d) L 21 cm
13./14. Jh.
Berlin Spandau, Mönchstr.
MVF If 16556

e) erh. L 12,4 cm
13./14. Jh.
Berlin Spandau, Fischerstr. 19
MVF If 20047

f) L 20,5 cm, gr. Br. 14,5 cm, Sohle: L 14 cm, gr. Br. 5,8 cm
13./14. Jh.
Berlin Spandau, Mönchstr.
MVF If 16545

126.
zwölf Schuhsohlen
Rinderleder
a) L 28,5 cm
13./14. Jh.
Berlin Spandau, Breitestr. 2
MVF If 20090

b) L 17,2 cm
13./14. Jh.
Berlin Spandau, Mönchstr.
MVF If 20114

c) L 11,2 cm
13./14. Jh.
Berlin Spandau, Mönchstr.
MVF If 20115

d) L 12,3 cm
13./14. Jh.
Berlin Spandau, Fischerstr. 19
MVF If 20045

e) Sohle und durchbrochenes Oberleder
21,2 cm
13./14. Jh.
Berlin Spandau, Fischerstr. 19
MVF If 20049.1–2

f) L 13,3 cm
13./14. Jh.
Berlin Spandau, Mönchstr.
MVF If 20120

g) erh. L 19 cm
13./14. Jh.
Berlin Spandau, Zitadelle
MVF If 17061

h) L 17 cm
13./14. Jh.
Berlin Spandau, Zitadelle
MVF If 20213

i) L 19,7 cm
13./14. Jh.
Berlin Spandau, Zitadelle
MVF If 20212

j) drei Sohlen und ein Schuhriemen
L 23,5–24,1 cm
13./14. Jh.
Berlin Spandau, Fischerstr. 19
MVF If 20046.1–4

127.
Werkstücke
a) Zwei Lederriemen mit Knoten
L 9,8 cm
13./14. Jh.
Berlin Spandau, Mönchstr.
MVF If 20111, 20112

b) Messerschneide
Leder, L 32,2 cm
13./14. Jh.
Berlin Spandau, Mönchstr.
MVF If 16547

128.
Schusterahle
Eisen/Knochen, L 16,5 cm
13./14. Jh.
Berlin Spandau, Fischerstr. 19
MVF If 17094

129.
Wetzstein mit Lederriemen
Stein/Leder, L 9,3 cm
13./14. Jh.
Berlin Spandau, Fischerstr. 19
MVF If 16552

130.
Abfall aus einer Schusterwerkstatt
Berlin Spandau

Vitrine 43

131.
Gesellenbrief des Gold- und Silberdrahtziehers Peter August Tischmann aus Berlin, 1776
Pergament, 12 Siegel, 39 × 58 cm
Berlin, Museum für Deutsche Volkskunde SMPK (44 E 210)
In großen Lettern steht der Name des Lehrherrn Johann Gottfried Barowsky zwischen Blumenranken und Arabesken. Oben Adler mit Drahtzieherwerkzeugen. Peter August Tischmann hatte vom 27. Oktober 1771 bis zum 27. Oktober 1776 gelernt. Unten Siegel der Meister und der Altgesellen als Zeugen.

132.
Zunftlade der Fleischer (?)
1645
Holz fourniert,Intarsia,
37,5 × 58, 8 × 40 cm
Berlin, Museum für Deutsche Volkskunde SMPK
Die Lade steht auf kugeligen Füßen. Ihre Sockelleiste entspricht dem überstehenden Deckelrand. Alle Seiten haben ein Mittelfeld aus hellerem Fournier mit dunklem Rahmenwerk. In der Mitte jeder Seite sind verschiedene Werkzeuge dargestellt. Vorn gekreuzte Beile, an den Seiten je ein Messer, auf der Rückseite ein Streichstahl (?). An den Seiten der Vorder- und Rückwand flache Pfeiler. Kleines geschlossenes Schloßblech in Form eines Säulentores.

133.
Zunftlade der Metallgießer
1662
Holz, aufgeleimte Flammleisten, ausgesägte und geschnitzte Ornamente, Intarsia
42 × 60 × 42 cm
Berlin, Museum für Deutsche Volkskunde SMPK (44 A 38)
Abb. 118

134.
Gesellenbüchse der Leineweber
1796
Messingblech, graviert, H 12,5 cm
Berlin, Museum für Deutsche Volkskunde SMPK
Zylindrische Büchse von ovalem Querschnitt. Scharnierdeckel mit Überwurf. Das zierliche Messingvorhängeschloß ist mit vier Doppelzuhaltungen ausgestattet. Auf einer Breitseite sind drei Schiffchen mit Blumen unter einer Krone eingraviert. Auf dem Deckel die Inschrift: „Dis ist der Leinewebergesellen ihre Büchse“.

118. Zunftlade der Metallgießer, 1662.

135.
Willkomm der Loh- und Rothgerber zu Berlin
1788
Zinn, H 43,5 cm (ohne Fahne)
Engelmarke des Zinngießers Jeremias Michaut (geb. in Maastricht; gest. 2. 12. 1793 in Berlin; Meister: 3. 10. 1746)
Berlin, Museum für Deutsche Volkskunde SMPK (Kat.-Nr. 44 A 28)
Die Inschrift besagt, daß der Willkommen ein Geschenk des Gesellen J. D. Barraud ist.
Der Wilkommen ist mit verschiedenen Medaillen (1691–1869) behängt, die von Zunftmeistern aus früherer und späterer Zeit gestiftet worden waren.

136.
Zunftstab (Schafferholz)
1763
Holz, gedrechselt, gebeizt.
Mit drei bestickten Seidenbändern
L 53 cm
Berlin, Museum für Deutsche Volkskunde SMPK (Kat.-Nr. 44 A 21)

Vitrine 44

137.
Aufzeichnung von Verhaltensregeln für fremde wandernde Gesellen, 1594 Okt. 21
Offenbar für das Sattlerhandwerk verfaßt.
Pergament in Seide eingebettet, früherer Umbug von 2,5 cm geglättet ohne Siegel.
40 × 45 cm
Berlin, Landesarchiv (Rep. 238 Nr. 1594/1)

Die Kietze

Während die Doppelstadt Berlin-Cölln einen einheitlichen, geschlossenen Siedlungskörper bildete, zu dem (vor der Mitte des 15. Jahrhunderts) keine besondere landesherrliche Burg gehörte, war die Situation anders bei den kleinen mittelalterlichen Städten im Bereich des heutigen Berlin, die im Anschluß an einen zentralen Burgort der slawischen Zeit entstanden waren. Sowohl neben der Stadt Spandau, innerhalb der heutigen Zitadelle, als auch neben dem Städtchen Köpenick, an der Stelle des jetzigen Schlosses, erhob sich eine landesherrliche Burg, der außerdem eine Burgdienstsiedlung, ein sogenannter Kietz, zugeordnet war. Ein derartiger dreiteiliger, baulich und rechtlich nicht geschlossener Siedlungskomplex, der sich aus Stadt, Burg (Schloß) und Kietz zusammensetzte, war in der Mark Brandenburg weit verbreitet. Dies hängt damit zusammen, daß die neuen deutschen Landesherren, die Markgrafen von Brandenburg, einen Teil der altansässigen slawischen Bevölkerung (die von den Deutschen als „Wenden“ bezeichnet wurde) als Dienstleute übernommen oder neben ihren Burgen neu angesiedelt hatten, während der größere Teil der slawischen Bevölkerung weiter als Bauern in den Dörfern lebte. Die Kietzbewohner beschäftigten sich, wenn auch nicht ausschließlich, so doch überwiegend, mit der Fischerei.
Der zur Burg Köpenick gehörende Kietz (vicus, qui dicitur Kytz) wird zuerst 1375 genannt. Als 1387 der Rat von Berlin Köpenick als Pfandbesitz erwarb, werden neben Schloß und Stadt Köpenick die „Wenden auf dem Kietz“ („und och die wende auf dem kitze darselbens“) eigens aufgeführt. Die alte Situation des am Wasser neben Stadt und Schloß liegenden Kietzes ist in Köpenick noch heute gut zu erkennen. Die Gasse zieht sich parallel zum Ufer des sogenannten „Frauentroges“ hin. Vor einigen Jahren wurde der „Kietz“ als Ensemble unter Denkmalschutz gestellt.
Der Kietz zu Köpenick wurde erst 1898 in die Stadt eingemeindet. Vorher bildeten die Kietzer wie andernorts eine eigene Gemeinde mit einem Schulzen an der Spitze. Die Kietzer genossen kein Stadtrecht, sondern sie waren ebenso wie die Bewohner der übrigen Kietze zur Dienstleistung der benachbarten landesherrlichen Burg zugeordnet. Damit unterstand der Köpenicker Kietz zusammen mit der Burg dem Amtmann oder „Hauptmann zu Köpenick“ (so im Kirchenvisitationsabschied von 1540). Im Erbregister des Amtes Köpenick werden in der zweiten Hälfte des 16. Jahrhunderts 31 fischereiberechtigte Kietzer aufgeführt. Diese Zahl hat sich bis in das 20. Jahrhundert gehalten. 31 Hausstellen zeigt auch der älteste Plan vom Köpenicker Kietz aus dem Jahre 1833. Zu den Bewohnern gehörte 1577 ein Jacob Judes. Seine Familie ist eine der wenigen, die sich über Jahrhunderte, bis in das 20. Jahrhundert, im Kietz gehalten hat. Nach ihr hat die vom „Kietz“ zum Frauentrog führende kleine „Judisgasse“ ihren Namen erhalten.

In den Städten gewann das Wort „Kietz" mit der Zeit einen ausgesprochen negativen Bedeutungsgehalt. Mit ihm wurde eine (von der Stadt aus gesehen) abgelegene, geschlossene Siedlung oder Gasse mit einer minderberechtigten und sozial niedriger stehenden Bewohnerschaft bezeichnet. So konnte das Wort im 19. und frühen 20. Jahrhundert auch auf andere Siedlungen in einer vergleichbaren Situation übertragen werden (z. B. „Beusselkietz"). Dabei handelte es sich dann aber um „unechte" Kietze. Bei der mittelalterlichen Doppelstadt Berlin-Cölln bestand kein Kietz. Die Bezeichnung „Fischerkietz" für einen Teil von Cölln ist ebenfalls jüngerer Entstehung.

Es ist charakteristisch, daß die Bewohner des Kietzes sich bei der Eingemeindung ihrer Siedlung in die Stadt Köpenick gegen die Benennung ihrer bisherigen (Dorf-) Straße als „Kietz" wehrten und stattdessen den Namen „Fischerstraße" verlangten. Sie konnten sich aber nicht durchsetzen. Die positive Umwertung des Bedeutungsgehaltes des Wortes „Kietz" erfolgte in Berlin in der Zeit der Flächensanierung der sechziger und siebziger Jahre unseres Jahrhunderts.

Der Kietz in Spandau wird zuerst 1319 genannt. Er lag südlich gegenüber der Burg (prope castrum), der er wirtschaftlich und rechtlich zugeordnet war. Dem Landbuch zufolge bestand er 1375 aus 25 Häusern, später, im 16. Jahrhundert, werden 29 Häuser gezählt. 1393 werden ausdrücklich die „Wenden uff dem Kytze doselbst vor Spandow" genannt, ähnlich auch noch 1409 und 1431. Sie beschäftigten sich, wie erhaltene Urkunden zeigen, ebenfalls vorwiegend mit der Fischerei.

Im Zusammenhang mit dem Ausbau der mittelalterlichen Burg zur modernen Befestigung im Sinne der Zeit, der heutigen „Zitadelle", wurde 1560 der Kietz aufgelassen und die Mehrzahl der Bewohner auf und gegenüber dem sogenannten „Burgwall" südlich der Stadt umgesiedelt. Bei der französischen Belagerung von Spandau wurden 1813 die dortigen Häuser niedergebrannt. Die Bewohner erhielten nach Beendigung des Krieges neue Baugrundstücke auf dem Tiefwerder.

Die heutige „Fischersozietät Tiefwerder" ist die Rechtsnachfolgerin der Kietzer. In ihrer „Lade" sind noch jetzt die Urkunden aufbewahrt, die die Kietzer in der ursprünglichen Siedlung bei der Burg erhalten hatten, z. B. die Urkunde von 1409 über die Schlichtung eines Streites zwischen den Wenden auf dem Kietz und der Stadt Spandau oder das Privileg von 1515, in dem Kurfürst Joachim I. ihren Nachkommen, den 29 Fischern zu Tiefwerder, die besonderen Fischereirechte in der Spree und der Unterhavel bestätigte. Noch heute stellt die Fischersozietät die Erlaubnisscheine zum Fischfang in diesem Bereich aus.

Wenn die Doppelstadt Berlin-Cölln keinen Kietz besaß, dann äußert sich darin zum einen, daß bei ihr ursprünglich keine landesherrliche Burg gelegen war, und zum anderen, daß Berlin-Cölln nicht an eine slawische Vorgängersiedlung angeknüpft hat.

W. Schich (Kassel)

Literatur:
Herbert Ludat, Die ostdeutschen Kietze, Bernburg 1936, Nachdruck mit einem Nachwort des Verfassers, Hildesheim-Zürich-New York 1984;
Bruno Krüger, Die Kietzsiedlungen im nördlichen Mitteleuropa. Beiträge der Archäologie zu ihrer Altersbestimmung und Wesensdeutung (Dt. Akad. d. Wiss., Schriften d. Sekt. f. Vor- und Frühgesch. 11), Berlin 1962;
Arno Jaster, Geschichte des Kietzes in Köpenick, in: Festschrift des Fischerei-Vereins für die Provinz Brandenburg, Berlin 1928, S. 165–208;
Reinhard Peesch, Der Wortschatz der Fischer im Kietz von Berlin-Köpenick (Dt. Akad. d. Wiss. zu Berlin, Veröff. d. Inst. f. Deutsche Sprache u. Literatur 3), Berlin 1955.

138.
Fischereiensemble bestehend aus Kahn, Netz und Reusen
Berlin Spandau, Stadtgeschichtliches Museum, Archiv
Abb. 48 auf S. 113

Vitrine 45

139.
Teile einer Reuse
Weidenruten
14. Jh.
Berlin Spandau, Fischerstr. 43–44
MVF If 20004.1–4

140.
Netzschwimmer und Netzsenker
a) vier Netzschwimmer und drei Netzsenker
aus Kiefernrinde, Ton
13./14. Jh.
Berlin Spandau, Fischerstr. 43–44
MVF If 20002.1–7

b) Netzschwimmer
Holz, L 8,5 cm
13./14. Jh.
Berlin Spandau, Fischerstr. 19
MVF If 20042

c) Netzsenker
Ton, Dm 12,5 cm
13./14. Jh.
Berlin Spandau, Fischerstr. 29–30
MVF If 17444

d) kugelförmiger Netzsenker
Stein, gr. Dm 4,9 cm
13./14. Jh.
Berlin Spandau, Zitadelle
MVF If 16635

141.
Angelhaken
a) Eisen, L 6 cm
13./14. Jh.
Berlin Spandau, Zitadelle
MVF If 16629

b) Eisen, L 5 cm
13./14. Jh.
Berlin Spandau, Behnitz 8
MVF If 20194

c) Eisen L 5,5 cm
13./14. Jh.
Berlin Spandau, Behnitz 8
MVF If 20195

142.
drei Netzflicker
Holz, L
18. Jh.
Berlin, Städtisches Museum Spandau

143.
Fischknochenreste
Berlin Spandau, Zitadelle
MVF If 16641a–c

Vitrine 46

144.
Urkunde von 1409 Sept. 19
Pergament
Deutsch
Berlin, Fischersozietät Tiefwerder
Druck: CDB I, 11, S. 72, Nr. 103
Schlichtung eines Streites zwischen den Wenden auf dem Kietz und der Stadt Spandau durch Markgraf Jost.

145.
Urkunde von 1431 Juni 21
Pergament
Deutsch
Berlin, Fischersozietät Tiefwerder
Druck: Märk. Forschungen 17, 1882, S. 83, Nr. 5
Markgraf Johann übergibt den Wenden auf dem Kietz zu Spandau Bruchland gegen die Zahlung einer jährlichen Abgabe.

146.
Urkunde von 1621 Apr. 4
Pergament mit Umbug und angehängtem Siegel
53 × 34 cm
Berlin, Landesarchiv (Rep. 238 Nr. 1621/1)
Kurfürst Georg Wilhelm bestätigt den Fischern von Berlin und Cölln wegen des Streits mit den Kietzern zu Spandau eine darin inserierte Schlichtung vom 4. Dez. 1468.

Vitrine 47

147.
Plan der Kalkberge bey Rüdersdorf
(c.1:6500)
(Gezeichnet von) Seiler d. J.
o. Ort und Jahr (um 1800)
44,3 × 33,5 cm
kolorierte Handzeichnung
Bergstriche
N rechts oben
Berlin, Staatsbibliothek PK (Kart N 6324)

148.
Situationsplan der Glindower Erdberge von 1803
26 × 20 cm
Berlin Spandau, Stadtgeschichtliches Museum, Archiv (4587/1)
Abb. 119

Vitrine 48

149.
Eckpfosten mit Eisenschuh von einem Brunnenkasten
Holz/Eisen, L 88 cm
14. Jh.
Berlin Spandau, Kinkelstraße
MVF If 20245

150.
Ziegelsteine im Klosterformat
(Formsteine für den Mittel- und für den Seitenpfosten eines Fensterstocks)
rot gebrannt, L zwischen 26–28,8 cm
14./15. Jh.
Berlin Spandau, verschiedene Fundplätze
MVF If 20252.1; 20268.5; 20262; 20196.1–3

151.
Zwei Mauerziegel
rot gebrannt, L 26 cm und 27,5 cm
14./15. Jh.
Berlin Spandau, Zitadelle
MVF If 20061.1–2

152.
Dachziegel (Mönch und Nonne)
rot gebrannter Ton, L 33 cm
14./15. Jh.
Berlin Spandau, Fischerstr. 19 und Zitadelle
MVF If 20058; 20274.1–9, 20251

153.
Dachziegel (Biberschwanz)
rot gebrannter Ton, L zwischen 37 und 43 cm
14./15. Jh.
Berlin Spandau, Fischerstr. 19 und Zitadelle
MVF If 20061

154.
Dekorstein
rot gebrannt, L 22,9 cm
14. Jh.
Berlin Spandau, Fischerstr. 43–44
MVF If 20003

155.
Gewölberippenstein
H 28,8 × 16,3 cm
2. H. 15. Jh.
Berlin Spandau, Breite Str. 32
MVF If 20247/1

156.
Zwei Bodenplatten
zwischen 20 und 20,9 × 20,4 cm
Dicke 6 cm
Berlin Spandau, Breite Str. 32
MVF If 20253/1–2

157.
Reste von Fensterglas
a) braunes rundes Glas (Butzenscheibe)
Dm 6,7–8,8 cm
14./15. Jh.
Berlin Spandau, Zitadelle
MVF If 20215.1–2

b) grünes flaches Glas
gr. L 6,6–6,9 cm
16. Jh.
Berlin Spandau, Fischerstr. 43–44

158.
Nägel
Eisen,
13./14. Jh.
Berlin Spandau, verschiedene Fundplätze
MVF If 17103.1–10; 20101; 16786.a–f

159.
Krammen
Eisen, L zwischen 6,5–12,5 cm
13./14. Jh.
Berlin Spandau, verschiedene Fundplätze
MVF If 20148; 20088.1–29; 20039

160.
Schlüssellochblenden
Bronze, L 8 cm
13./14. Jh.
Berlin Spandau, Fischerstr. 19
MVF If 20085

161.
Bartschlüssel für Kastenschlösser
a) Eisen, L 7,5 cm
13. Jh.
Berlin Spandau, Fischerstr. 19
MVF If 20076

b) Eisen, L 11,1 cm
13. Jh.
Berlin Spandau, Breite Str. 2
MVF If 20108

c) Eisen, L 12,8 cm
2. H. 12. Jh.
Burgwall Berlin Spandau
MVF If 17613

d) Eisen, L 12,7 cm
13./14. Jh.
Berlin Spandau, Mönchstr.
MVF If 20122

e) Eisen, L 11,3 cm
13./14. Jh.
Berlin Spandau, Fischerstr. 19
MVF If 20073

162.
Steckschlüssel für Vorhängeschlösser
a) Bronze, L 11,1 cm
13./14. Jh.
Berlin Spandau, Mönchstr. 11
MVF If 16655

b) Eisen, L 16,9 cm
13./14. Jh.
Berlin Spandau, Fischerstr. 43–44
MVF If 16597

163.
Topfkachel
dunkelgrauer Ton, H 12 cm, 13,5
13,3 cm
14. Jh.
Berlin Spandau, Zitadelle
MVF If 16610

164.
Löffelbohrer
a) Eisen, L 21,1 cm
13./14. Jh.
Berlin Spandau, Fischerstr. 19
MVF If 17089

b) Eisen, L 13,3 cm
13./14. Jh.
Berlin Spandau, Fischerstr .19
MVF If 17088
Mit solchen löffelartig gestalteten Bohrern wurden Löcher in das Holz gebohrt, in die dann Holznägel gesteckt wurden, um so die verschiedenen Bauteile miteinander verbinden zu können.

165.
Zimmermannsäxte
a) Eisen, L 15,6 cm
13./14. Jh.
Berlin Spandau, Fischerstr. 19
MVF If 17087

b) Eisen, L 17 cm
14. Jh.
Berlin Spandau, Platz am Kolk
MVF If 16785

c) Eisen, L 13,6 cm
13./14. Jh.
Berlin Spandau, Zitadelle
MVF If 17138

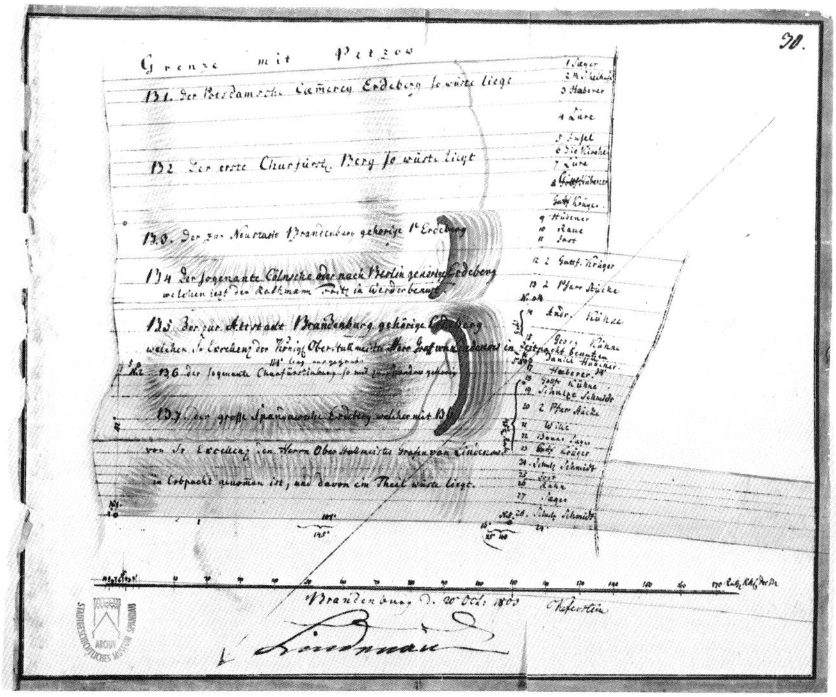

119. Plan der Glindower Erdberge.

IV. DIE KIRCHE

1.
Kirche zwischen Elbe und Oder um 1500 (Karte)
Bearbeitet von J. Fischer und D. Kurze
In Anlehnung an: G. Wentz; in: Hist. Atlas der Provinz Brandenburg 1,1, Berlin 1929
Gezeichnet von L+Z Grafik Design, 1987

2.
Die Diözese Brandenburg um 1500 (Karte)
Bearbeitet von J. Fischer und D. Kurze
In Anlehnung an: G. Wentz; in: Atlas der Provinz Brandenburg 1, 1, Berlin 1929
Gezeichnet von L+Z Grafik Design, 1987

3.
Kirchenglocke
Reliefverziert; eingestrichenes C
bis 1912 in der Dorfkirche Zehlendorf
Gießer unbekannt
2.H. 13.Jh.
Bronze, unterer Dm 83 cm; Höhe 68 cm; Kronenbügel 16/17 cm; 311 kg
Berlin Schlachtensee, Johanneskirche
Lit.: K.-D. Wille, Die Kirchenglocken von Berlin (West). Zwischenbilanz aus einer zweijährigen Inventarisationsarbeit, in: Mitteilg. d. Ver. f. d. Gesch. Berlins 75, 1979, S. 33–43, hier S. 38f.
Die schlanke zuckerhutförmige Glocke gilt als Berlins älteste Kirchenglocke. 20 Reliefbilder, Wappenfiguren, Heiligen- und Tiergestalten, eingefaßt und gegliedert durch einen 9 cm hohen romanischen Bogenfries, bilden ihren Schmuck. Viermal wird der umlaufende Fries unterbrochen durch ein Hochrelief: einen gekrönten Stierkopf, eine dreiteilige Lilie, den brandenburgisch-markgräflichen Adler und eine geöffnete Rose mit je 12 äußeren und inneren Blättern und geöffnetem Blumenkelch (auch als durchschnittener Granatapfel gedeutet). Die Form, insbesondere aber der Schmuck datieren die Glocke. Der gekrönte Stierkopf ist das Wappen der mecklenburgischen Fürsten von Werle. Markgraf Johann II. (1267–1281) hatte um 1263 Hedwig, die Tochter des Nikolaus von Werle geheiratet. Adler und Stierkopf können auf Johann II. und Hedwig als Spender der Glocke hinweisen. Johann II. starb 1281, Hedwig erst 1287. So ist wohl die Annahme berechtigt, daß die Glocke in der Zeit zwischen 1263 und 1281 (bzw. 1287) gegossen wurde. – Weitere Erkenntnisse ergeben sich vielleicht aus der Reinigung der Glocke, die unmittelbar vor der Ausstellung erfolgen soll.

Vitrine 1

4.
Gußform für einen den gekreuzigten Christus abbildenden Anhänger
Ton
erh. H. 6,2 cm, erh. B 5,3 cm
1.H. 10. Jh.
Burgwall Berlin Spandau
MVF If 17621
Abb.

5.
Ausguß der Form
Abb. 60 auf S. 131

6.
Verzierte Knochenplatte, vielleicht Teil eines Reliquienkastens
a) L 13,8 cm
10. Jh.
Burgwall Berlin Spandau
MVF If 17635

7.
Verzierte Knochenplatte, vielleicht Teil eines Reliquienkastens
L 12,4 cm
10. Jh.
Burgwall Berlin Spandau
MVF If 16240

8.
Buchschließe
Bronze
L 6,5 cm
12. Jh.
Burgwall Berlin Spandau
MVF If 18278

9.
Rekonstruktion zweier Gräber des frühdeutschen Friedhofs auf dem Klostergelände an der Nikolaikirche in Spandau.
Südlich der Niklaikirche wurden bei Errichtung eines Neubaues im Jahre 1982 mehr als 400 Gräber entdeckt, die von einem großen Gebäude aus der Zeit vor 1240 überbaut worden waren. Die Bestattungen sind demnach älter und datieren etwa in die Zeit zwischen 1160 und 1240. Die Toten der untersten drei Gräberschichten gehörten, nach Aussage des anthropologischen Befundes, zur slawischen Urbevölkerung Spandaus, die vom Gelände des Burgwalles während der 2. Hälfte des 12. Jahrhunderts in den Bereich der heutigen Altstadt von Spandau umgesiedelt worden war. Auffällig viele Skelette weisen Schlagnarben auf, die anzeigen, daß große Teile der Alt-Spandauer Bevölkerung vermutlich zwischen 1160 und 1180 einem Massaker zum Opfer gefallen sind. Die Tötung erfolgte durch Schwert- Axt- und Keulenhiebe. Auf Grund von zeitgenössischen Schriftzeugnissen muß man annehmen, daß solche Massaker bei Überfällen der im Lande noch weit verbreiteten slawisch-heidnischen Bevölkerung auf die slawisch-christlichen Bewohner Spandaus stattfanden.

10.
Die Kirche in Berlin und Cölln um 1230
Bearbeitet von J. Fischer und D. Kurze in Anlehnung an H. Seyer; in: Zeitschr. f. Archäologie 3, 1969, S. 123
Gezeichnet von L+Z Grafik Design, 1987

11.
Die Kirche in Berlin und Cölln um 1300
Bearbeitet von J. Fischer und D. Kurze
In Anlehnung an: W. Schich,
Abb. 62 auf S. 137
Gezeichnet von L+Z Grafik Design, 1987

12.
Die Kirche in Berlin und Cölln um 1500
Bearbeitet von J. Fischer und D. Kurze
In Anlehnung an: W. Schich, Abb. 62 auf S. 137
Gezeichnet von L+Z Grafik Design, 1987

Vitrine 2

13.
Friedrich Wilhelm Klose,
Das Innere der Marienkirche
o.J. (um 1830)
Stahlstich; 13,6 × 20,1 cm
Berlin, Berlin Museum

14.
Friedrich Wilhelm Klose,
Das Innere der Nikolaikirche
o.J. (um 1830)
Stahlstich; 13,6 × 20,7 cm
Berlin, Berlin Museum

15.
Johann Stridbeck d.J. (1690)
Die Petrikirche
Kopie von Andreas Ludwig Krüger von 1796
lavierte Pinselzeichnung
23,5 × 32,7 cm
Berlin, Berlin Museum

Vitrine 3

16.
Evangeliar (wahrscheinlich) des Benediktinernonnenklosters Spandau
Pergament; Vorderdeckel 30 × 21,5 cm
Norddeutschland 2.H. 13. Jh.
Berlin, Staatsbibliothek PK, Handschriftenabteilung
(Ms theol. lat. fol. 375)
Lit.: Max Joseph Husung, Berliner Bucheinbände aus der Preußischen Staatsbibliothek zu Berlin, Leipzig 1925, S. 5f. mit Abb. 12;
H. Knaus, Berliner Handschriften, in : Jahrb. Preuß. Kulturbesitz 7, 1969, S. 236–253, bes. S. 247–253; Zimelien. Abendländische Handschriften des Mittelalters aus den Sammlungen der Stiftung Preußischer Kulturbesitz Berlin. Ausstellung, Wiesbaden 1975, S. 275f.
Abb. 120

Evangeliare dienten als liturgische Lesebücher sowie für andere kultische Zwecke und wurden deshalb mit besonders prächtigen Einbänden versehen.
Der hölzerne Vorderdeckel wird durch eine Bordüre eingerahmt, in der sich 38 längliche Halbedelsteine (Amethyste) abwechseln mit derselben Zahl gestanzter, Christus und die 12 Apostel darstellender Reliefköpfe. Das mit Silberblech überzogene Mittelteil trägt das gestanzte und vergoldete Relief des thronenden Christus, dessen Rechte zum Segensgestus erhoben ist und dessen Linke ein Buch hält. Diese Darstellung ist umgeben von den vier Evangelistensymbolen in den Ecken und je 3 Edelsteinen bzw. Bernsteinen an den Seiten. Mit gemustertem Seidenstoff überzogen ist wie der Buchrücken auch der Hinterdeckel. Auf ihm treffen sich zwei Silberbänder in einer Scheibe, die zwei, ein Mariensymbol haltende Adler zeigt.
Das Evangeliar ist 1829 aus privater Hand erworben worden. Die Zuweisung zum Spandauer Nonnenkloster wurde aufgrund einer am Ende der Evangelientexte im 14. Jahrhundert eingetragenen Litanei vorgenommen.
Geschrieben und gemalt wurde der Kodex vielleicht in der Gegend von Magdeburg oder Brandenburg, wie auch die Stanztechnik eine märkische Herstellung des Einbandes nicht ausschließt.

120. Spandauer Evangeliar, 2. H. 13. Jh.

In der Mitte des Bildes auf rötlichem Grund ragt der Stamm eines Weinstocks auf. Seine gebogenen Äste bilden oben ein Kreuz, an dem Christus hängt. Unter ihm, auf einer Art Blattkonsole steht der Hl. Franziskus mit angehobenen Händen in der Haltung eines Schmerzensmannes. Das Blut aus den fünf Wunden Christi strömt zu ihm und prägt ihm die Wundmale (stigmata) auf. Dem Kreuzstamm entwachsen seitlich Ranken und Blätter eines Weinstocks. An ihnen erscheinen, (stufenförmig übereinander angeordnet,) vierundzwanzig Heilige und Selige des Franziskanerordens wie Früchte an einem Baum. Schriftbänder und Attribute bezeichnen sie.

Links, von oben:
1. S. anthoni(us) de pad(u)a, mit Stabkreuz, † 1231.
2. S. ricard(us), als Bischof mit einem dünnen, nagelähnlichen Attribut.
3. S. anthoni(us), mit Säbel. 4. B. francisc(us), mit Strahlennimbus und Beil.
5. S. bernha(r)din(us), mit einer Strahlenscheibe mit dem Christusmonogramm ihs, † 1444. 6. S. philippu(s), mit Säbel oder Messer. 7. B. ludouic(us), als Bischof mit einer Krone in der Hand. 8. S. Name unleserlich
9. S. odoric(us),
10. B. rogeri(us). 11. S. Name unleserlich (Bellermann las: badius; vielleicht Bandinus de Comitibus de Sancta Flora, um 1296?
12. B. conrad(us).
Rechts, von oben:
13. S. francisc(us) m(a)r (martyr), mit Säbel. 14. S. Jacobus m(a)r, als Bischof mit Schwert. 15. B. monald(us), mit Säbel, Monaldus von Ancona, † 1286 oder 1314. 16. B. nicola(us) m(a)r, mit Beil. 17. S. andreas, als Kardinal; Andreas von Anagni, Neffe Bonifaz VIII., wurde zum Kardinal vorgesehen, schlug das Amt aber aus, † 1302. 18. B. petr(us), mit einer Krone in der Hand. 19. S. adulph(us); Adolf IV. von Schauenburg, Minorit in Hamburg; † 1261. 20. S. bonaue(n)tu(r)a, als Kardinal mit Buch, † 1274. 21. S. siluest(er). 22. B. ulric(us), mit einem Fisch; dieses Attribut wohl irrtümlich vom Hl. Ulrich, Bischof und Patron von Augsburg † 973 übernommen, der hier nicht gemeint sein kann. 23. S. ioh(ann)es. 24. B. ioh(anne)s, mit Schwert.
Inschriften und Attribute sind durch Fehlstellen in der Malschicht nicht immer genau les- oder bestimmbar.
Obwohl die Gestalten mit Namen und Attributen bezeichnet sind, ist ihre Identifizierung keineswegs eindeutig. Versuche zur Identifizierung bei Bellermann und Kurth.
Am Kreuzstamm unten hängt ein Schriftblatt mit einem Text aus der Apokalypse des Johannes 7,2–4
(Et vidi) alteru(m) · a(n)gelu(m) · asce(n)de(n)te(m) · ab ortu ·
(sol)is · h(a)b(en)t(e)m · sig(nu)m · dei · uiui · et · clamauit ·
(voce m)ag(n)a · q(ua)tuo(r) · a(n)gel(is) · q(ui)b(us) · datu(m) · est · noce(re) · ter(ra) · e · et ·
(mar)is (!) · (dicens) · nolite · noce(re) · t(e)r(ra)e · et · ma(r)i neq(ue) · a(r)bo-(r)ibus
(quoadusque) · signem(us) · s(er)u(os) · dei · n(ost)ri · in · frontib(us) ·
(eorum et) audiui · num(erum) · signatoru(m) centu(m) q(ua –)
(dragin)ta 4^{or} (quattuor) milia (signati · apocal(ypsis) VII° ·
(Auflösung der Kürzel und Fehlendes in Klammern). Deutsch: „Und ich sah einen anderen Engel aufsteigen von der Sonne Aufgang, der hatte das Siegel des lebendigen Gottes und schrie mit großer Stimme zu den vier Engeln, welchen gegeben war zu beschädigen die Erde und das Meer; und er sprach: Beschädiget die Erde nicht noch das Meer noch die Bäume, bis daß wir versiegeln die Knechte unseres Gottes an ihren Stirnen. Und ich hörte die Zahl derer, die versiegelt wurden, hundertvierundvierzigtausend …".
Auf der linken Seite des Kreuzes knien zwei heilige Klarissinnen. Diejenige mit dem Kelch in der Hand ist vermutlich die Hl. Klara selbst, die Gründerin des

17.
Sammelhandschrift bes. mit Predigtentwürfen eines Johannes Philosophus und eines Contractus teilweise in Berlin 1440 geschrieben.
Papier, 254 (255) Bll.,
ca. 17 × 11–12 cm
Berlin, Staatsbibliothek PK
Handschriftenabteilung
(Ms. theol. lat. qu. 288)
Lit.: V. Rose 2, 1, S. 235–537; H. Knaus (wie bei Nr. 16), S. 241–245; G. Achten 2 (1984), S. 59.
Der Band enthält insgesamt 14 Texte, überwiegend Predigten oder Predigtentwürfe, die dem Besitzer die Mühe der eigenen Vorbereitung abnehmen oder erleichtern sollten. Von den beiden Verfasserangaben verweist der Name des Johannes Philosophus auf seine Vorliebe, ungewöhnlich oft den Philosophen Aristoteles zu zitieren. Aus seinen Heiligenpredigten geht hervor, daß er ein Franziskaner war. Hinter der Angabe „Contractus" soll sich ein Johannes Korz verbergen.
Während der letzte Teil des Kodex im Jahr 1365 geschrieben wurde, geht aus Eintragungen auf den Blättern 30r (Explicit iohannes philosophus de sanctis in Berlyn scriptus anno domini M^{o} CCCC^{o} XL°) und 157r (Explicit Contractus in Berlyn comparatus per Martinum Steynkerke plebanum de Kynicz) hervor, daß die ersten Teile der Pfarrer von Kunitz (bei Frankfurt/O), Martin Steinkirche, im Jahr 1440 in Berlin geschrieben hat.
Aufgeschlagen ist hier Bl. 157.

18.
Die Franziskanerklöster in der Mark Brandenburg um 1500
(Karte)
Bearbeitet von J. Fischer und D. Kurze.
In Anlehnung an G. Heinrich; in: Hist. Handatlas von Berlin und Brandenburg, Abb. VII (1969).
Gezeichnet von L + Z Grafik Design, 1987

19.
Kreuzallegorie auf den Orden der Franziskaner
um 1490
Eichenholz, zwei Bretter, senkrechte Brettlage; mit Rahmen: 199 × 145 cm; Bildfeld: 176 × 118,5 cm; Bildträger 3 cm, mit Rahmen 5,5 cm stark.
Der in Gehrung geschnittene, 13 cm breite, flache, ringsum gleich profilierte Rahmen ist auf den Bildträger aufgedoppelt.
Vermutlich für das Franziskanerkloster in Berlin gefertigt.
Berlin, Bischöfliches Ordinariat
Abb. 121

121. Kreuzallegorie auf den Orden der Franziskaner, um 1490.

2. Ordens des Hl. Franz. Rechts vom Kreuz kniet ein heiliges Fürstenpaar, sie mit einer Krone in der Hand, er mit hermelinbesetztem Mantel und Fürstenhut. Die Schrift auf den Bändern ist zerstört, so daß wir nicht wissen, wer hier dargestellt ist. Ein weiteres Schriftband windet sich am Fuß des Kreuzes. Die Schrift ist kaum noch lesbar. Bellermann las: „virgo formosa mater dei". Diese Lesung ist mit den vorhandenen Resten nicht in Übereinstimmung zu bringen. Dabei knien zwei Nonnen im Gestus der Ewigen Anbetung. Das Schriftband gibt demnach einen Gebetsanruf der beiden Stifterinnen der Tafel.
Die Darstellung vereint mehrere Vorstellungen zu einem Bild. Das Kreuz in Gestalt eines grünen, wachsenden Weinstocks ist – im Unterschied zu dem aus glatten Balken gezimmerten Marterholz – ein Sinnbild des Lebensbaums. Die Darstellung will (nach Apokalypse 22,2) anschaulich machen, daß das Kreuz Christi ein Holz des Lebens ist. Damit reiht sich die Darstellung ein in die Tradition franziskanischer Kreuzallegorien, wie sie in den Werken des Pacino di Bonaguida, (Accademia, Florenz) und des Taddeo Gaddi (Refektorium in Santa Croce, Florenz) erhalten sind. Der Bildgedanke wird inhaltlich und formal in Gestalt von Tugend- und Lasterallegorien, Stammbäumen u. ä. weiter variiert (vgl. hierzu: A. M. Hind, Early Ital. Eng. IV, 497, 498; Cat. 1. Nat. Gall. Washington D. C., XV Century Woodcuts & Metalcuts, Nr. 256).
Mit dem Bild des Weinstocks verbindet sich ferner eine Anspielung auf die eucharistishe Gleichsetzung von Wein und Blut Christi im Abendmahl.
Am Kreuzstamm unter Christus steht der Hl. Franz und empfängt die Wundmale. Diese ungewöhnliche Form der Stigmatisierung des Heiligen verdeutlicht den zentralen Gedanken von der conformitas des Bruders Franz mit Christus. Das Ideal franziskanischen Lebens, die absolute Nachfolge in der Passion Christi wird so anschaulich gemacht. Der Hl. Franziskus ist gleichsam der Stamm, aus dem als Ranken die Brüder wachsen. Die Mitbegründer und Konfratres des Ordens sind so in den Gesamtzusammenhang eingebunden. Die Darstellung wird zugleich auch ein Stammbaum des Franziskanerordens.
In diesen Zusammenhang gehören möglicherweise auch die am Fuß des Kreuzes knienden Heiligen als Vertreter des Zweiten und Dritten Ordens des Hl. Franz.
In eine andere Dimension wird der Heilige und sein Orden durch den beigefügten Text der Apokalypse gerückt. Schon in der Generation nach dem Ordensgründer, um die Mitte des 13. Jahrhunderts, unter seinem Nachfolger Johann von Parma, wurde diese Stelle auf Franz bezogen. Dabei wurden die Wundmale des Heiligen als das „signum dei vivi" und die „Siegel auf den Stirnen der Knechte" als die Nimben auf den Häuptern der heiligmäßigen Ordensjünger gedeutet. Die weltgeschichtliche Bestimmung des Hl. Franz und seines Ordens wird im Rahmen der Prophezeihungen des Joachim von Fiore gesehen. Franz erscheint in dieser Betrachtung als der Engel, der das Siegel des sechsten Zeitalters löst. So spiegelt die künstlerisch eher anspruchslose Darstellung doch einen komplexen Inhalt und einen großen Reichtum franziskanischen Denkens.
Dieser Kreuzallegorie wird, nach Bellermann, 1824, erstmals von Martin Diterich (Berlinische Kloster- und Schulhistorie, 1750?) allerdings ohne Verständnis gedacht. Sie ist also im 18. Jahrhundert schon in der Klosterkirche nachgewiesen und aller Wahrscheinlichkeit nach auch von Anfang an für diese bestimmt gewesen. Vermutlich ist auch die Malerei in Berlin selbst gefertigt worden, vielleicht von einem wandernden, dem Orden verbundenen Maler. Mangels vergleichbarer Arbeiten läßt sich dies nicht erweisen. Eine Zuordnung an regional benachbarte Kunstlandschaften mit breiterer Produktion, an Niedersachsen oder Franken mit Nürnberg, darf man aufgrund der Stillage ausschließen. Bellermann gibt eine ausreichende, kommentierte Beschreibung der Tafel. Er hielt das Bild für ein Werk aus den „frühesten Zeiten des Ordens", aus dem 14. Jahrhundert. Ebenso urteilten Kugler und Borrmann. Berckenhagen datierte es ohne Angabe von Gründen: „um 1440". Kurth wies auf die Darstellung des 1444 verstorbenen und 1450

Literatur:
Bellermann, Johann Joachim, Das Graue Kloster in Berlin mit seinen alten Denkmälern, Berlin 1824, S. 30ff.
Kugler, Franz, Kleine Schriften und Studien zur Kunstgeschichte, Stuttgart 1853, I., S. 109ff.
Borrmann, Richard, Die Bau- und Kunstdenkmäler von Berlin, Berlin 1893, S. 197.
Kurth, Julius, Die Altertümer der St. Nikolai-, St. Marien- und Klosterkirche zu Berlin, Berlin 1911, S. 132f.
Berckenhagen, Eckhart, Die Malerei in Berlin vom 13. bis zum ausgehenden 18. Jahrhundert, Berlin 1964, S. 1, Abb. 10.

Vitrine 4

20.
Brief von 1540 April 20
Papier, 21 × 33 cm
Deutsch
Berlin Spandau, Stadtgeschichtliches Museum, Archiv (U/110)
Druck: Fidicin, Beiträge 4, S. 257 Nr. 225 und CDB I, 11, S. 136f. Nr. 183
Regest: Schulze, II, S. 50f.
Guardian und Älteste des Barfüßer-(Franziskaner-)Klosters zu Berlin bitten (nach Einführung der Reformation) den Rat zu Spandau, ihnen die weitere Benutzung der vor fast 50 Jahren dem Rat übergebenen Zelle (Terminei) zu erlauben. – Ähnliche Schreiben vom 14. Apr. u. 30. Aug. 1540 bei Fidicin 4, S. 256 Nr. 224 und CDB I, 11, S. 136 Nr. 182 u. S. 137f. Nr. 184.

21.
Johann Stridbeck d.J. (1690)
Die Franziskaner Klosterkirche
Kopie von Andreas Ludwig Krüger von 1796
Lavierte Pinselzeichnung
23,4 × 32 cm
Berlin, Berlin Museum

22.
Sechs spätgotische Schnitzfiguren (15.Jh.)
Berlin, Das Konsistorium der Evangelischen Kirche in Berlin Brandenburg
Lit.: Kurth, Julius: Die Altertümer der St. Nicolai-, St. Marien- und Klosterkirche zu Berlin, Berlin 1911.
Sie stammen wahrscheinlich aus einem Altarschrein der Berliner Klosterkirche. Ob sie tatsächlich zusammengehören und wieviele Skulpturen der Altar besaß, bleibt einer genaueren Untersuchung überlassen. Auch über den Meister ist nichts bekannt. Die Figuren sind in jüngerer Zeit stark übermalt worden. Es wird vermutet, daß zu den hier gezeigten Figuren noch eine Skulptur des Hl. Georg gehörte.
a) Heilige Barbara
mit dem Turm ihrer Gefangenschaft
H ca. 92 cm
Im Besitz der Dorfkirche Schöneberg

b) Heiliger Antonius
Da er augenscheinlich einen Esel mit sich führt, handelt es sich wohl um den Franziskaner Antonius von Padua (1195–1231) und nicht um den, oft mit einem Schwein dargestellten, Mönchsvater Antonios d.Gr. (3./4. Jh.)
H ca. 90 cm

kanonisierten Hl. Bernhardinus von Siena hin, weshalb das Gemälde erst nach 1450 gefertigt sein könne.
Auch die zeitliche Einordnung des provinziellen Werkes ist aufgrund der formelhaften Behandlung nicht leicht festzulegen. Die großäugigen, leicht glotzenden, holzschnittartig behandelten Köpfe beschränken sich auf wenige, nur leicht variierte Typen. Auch die Gewänder sind mit, zwar mit einer gewissen Routine, vorwiegend linearen Formeln gegeben. Die Ausbildung der Stoffdraperien mit den brüchigen Röhrenfalten, die in haken- und klammerförmigen Faltenschüsseln enden und der Typus des Gekreuzigten mit dem S-förmig weitherabgezogenen Lendentuch sind wohl nicht vor 1490 anzusetzen. Regional Vergleichbares gibt es nicht. Der künstlerische Hintergrund – wenn auch weit entfernt – ist am ehesten in der Fränkischen Kunst zu suchen.
W. Köhler (Berlin)

c) Ritter
mit Schwert und weißem Schild (Deutung noch offen)
H ca. 90 cm

d) Männerfigur
mit hinter dem Kopf verschränkten Händen (Deutung noch offen)
H ca. 90 cm

e) Heilige Katharina von Alexandrien
mit Krone und Schwert
H ca. 95 cm
Im Besitz der Dorfkirche Schöneberg

f) Bischof mit Mithra und Krummstab (vermutlich der den Franziskanern nahestehende Ludwig von Toulouse, 1274 (?)–1297)
H ca. 105 cm

Vitrine 5

23.
Johannes Kannemann
Praeceptorium
15. Jh.
Papier, 254 Blatt; 15 × 9/10 cm
Lateinisch
Berlin, Staatsbibliothek PK
Handschriftenabteilung
(Ms. theol. lat. qu. 41)
Lit.: V. Honemann, Kannemann, Johannes, in: Die deutsche Literatur des Mittelalters. Verfasserlexikon 4, 1983, Sp. 983–986 (mit weiteren Angaben). – Rose, 13, 2, 1, Berlin 1901, S. 480f.
Der aus Niedersachsen stammende Franziskaner Johannes Kannemann war von ca. 1445 über mehr als 20 Jahre immer wieder eng mit der Geschichte der Mark Brandenburg und Berlins verbunden. An der Spree wirkte er als Lektor, Inquisitor und Prediger. Neben polemischen und apologetischen Schriften verfaßte er Predigten sowie zahlreiche aszetisch-pastoraltheologische Werke. Das hier ausgestellte „Preceptorium“ sammelt mehrere Schriften, an erster Stelle (fol. 1–227) eine Erklärung der 10 Gebote mit alphabetischem Inhaltsverzeichnis, sodann Auslegungen eines Psalmes und des Vaterunsers.

24.
Johannes Kannemann
Sermones
1468
Papier, 409 Bll. 16 × 11/12 cm
Lateinisch
Berlin, Staatsbibliothek PK
Handschriftenabteilung
(Ms. theol. lat. qu. 79)
Lit.: Rose, 13, 2, 1, 1903, S. 344–347
Vgl. Nr. 23

25.
Sammelhandschrift vorwiegend juristischen Inhalts u. a. mit der sog. Confutatio primatus papae
wahrscheinlich von Matthias Döring
1444–1450
Papier; 253 Blatt; c. 23 × 15 cm
Berlin, Staatsbibliothek PK, Handschriftenabteilung
(ms. theol. lat. fol. 305)
Lit.: Rose, Cod. elect., S. 961–966; P. Albert, Matthias Döring. Ein deutscher Minorit des 15. Jahrhunderts, Stuttgart 1892; K. Colberg, Döring, Matthias, in: Die deutsche Literatur des Mittelalters. Verfasserlexikon 2, Berlin-New York 1978, Sp. 207–210.
Der streitbare, und deshalb auch „Doctor armatus" genannte Franziskaner Matthias Döring (c. 1390–1469) aus Kyritz stand Friedrich II. von Brandenburg nahe und war als zeitweiliger Minister der Ordensprovinz Sachsen und sogar Ordensgeneral der konventualen Minoriten sowie als Geschichtsschreiber auch sonst mit der Mark und ihren geistigen Spannungen um die Mitte des 15. Jahrhunderts verbunden. Gute Gründe sprechen dafür, daß er 1443 jene dem Kurfürsten Friedrich II. und der Stadt Magdeburg übersandte Schrift verfaßt hat, die mit „Scienti bonum et non facienti peccatum est" beginnt, seit dem 16. Jahrhundert als „confutatio primatus papae" bezeichnet und einem anderen Autor (Gregor v. Heimburg) zugeschrieben wurde. Der historisch und theologisch argumentierende Traktat wendet sich scharf gegen die vom Papsttum beanspruchte Zwangsgewalt (potestas coactiva) in irdischen Angelegenheiten und sieht das Priestertum allein zur Seelsorge, zur Verkündigung der Lehre Christi und zur Spendung der Sakramente eingesetzt. Deshalb wurde auf der hier aufgeschlagenen Seite (fol. 147r) mit blasserer Tinte Vorsicht bei der Lektüre des Büchleins empfohlen (Sis cautus in perlectione huius libelli ...). Es folgt denn bis 153r der Traktat, dessen keineswegs originelle Thesen nur ein Beleg sind für die außerordentliche Spannweite spätmittelalterlicher Theologie. – Der Kodex stammt aus dem Havelberger Dom und enthält überwiegend „Havelberger Rechts-Studien in Leipzig" (Rose).

26.
Carl Wilhelm Pohlke
Das Innere der (Franziskaner-)Klosterkirche mit Blick zum Chor
1831
Aquarell und Deckfarben
57,8 × 41,4 cm
Berlin, Berlin Museum
Abb.

27.
Die Dominikanerklöster in der Mark Brandenburg um 1500 (Karte)
Bearbeitet von J. Fischer und D. Kurze in Anlehnung an G. Heinrich; in: Hist. Handatlas, Abt. VII (1969).
Gezeichnet von L + Z Graphik Design, 1987

Vitrine 6

28.
Sammelhandschrift moraltheologischer Schriften
Berlin 1471 März 29
Papier 21 × 15,5 cm
259 Bll.
Berlin, Staatsbibliothek PK
Handschriftenabteilung
(Theol. lat. qu. 370)
Lit.: G. Achten 2, 1984, S. 218–220; F. Bünger, Zur Mystik und Geschichte der märkischen Dominikaner, Berlin 1926, S. 113.
Der Kodex enthält neben Abhandlungen bekannter dominikanischer Autoren wie Bernard Gui, Nikolaus von Dinkelsbühl und Antoninus von Florenz zu Beicht- und Bußfragen Predigten an alle Stände, einen Traktat des Augustiners Gerhard von Siena über den Wucher u. a. m. Für Berlin ist interessant, daß laut Eintrag am Ende des Bandes (vor Register, Glossar und einem Gebet in deutscher Sprache) als sog. Kolophon (fol. 253r: Finitum et completum per me fratrem Johannem Derne conventus Tremonensis ord. predicatorum tunc temporis studens theoloye in Berlin. Sub anno 1471 feria quinta post Letare etc.) der dem Predigerorden angehörende, in Berlin studierende Johannes Derne am 29. März 1471 die Abschrift beendet hat. Damit ist bezeugt, daß damals schon die Dominikaner Ordensbrüder an der Spree ausbildeten (vgl. auch Nr. 63). Diesem Schreibvermerk folgt noch ein kurzes lateinisch-deutsches Vokabularium.

29.
Breviarius der Stiftskirche in Halle a. S. des Kardinal Albrecht von Brandenburg
(Titel):
Breuiarius glo-/riose et prestantis-/sime ecclesie Col-/legiate Sa(n)cto(rum)/Mauritij et Ma-/rie magdalene:/Hallis: ad Su-/dariu(m) domini:/1.5.3.2.
Handschriftlicher Pergamentkodex in vorwiegend gotischer Minuskel, je 40 Zeilen in einer Kolumne, lateinisch und deutsch, 23 × 17,1 cm, 207 Blätter, Buchschmuck von Georg Stirlein.
Bamberg, Staatsbibliothek (Ms. Ed. VI, 3 = Liturg. 119).
Lit.: Paul Wolters, in: Neue Mitteilungen aus dem Gebiete historisch- antiquarischer Forschungen Bd. 15., Halle, 1882, S. 7–41. Alfons W. Biermann, in: Aachener Kunstblätter, Bd. 46, 1975, S. 215f.
Der Hallenser Breviarius vom Jahre 1532 regelt den gesamten Kultus des Neuen Stifts von Halle a. S. in seiner Eigenschaft als Kollegiatkirche. Neben Angaben zur Verwaltung nimmt es eine Fülle von Vorschriften für die liturgischen Handlungen auf, die die Mitglieder des Kapitels zu vollziehen hatten. Nicht zuletzt der in ihm vorgeschriebene Gebrauch von kostbaren Ornaten, Teppichen und Antependien, die hier geregelten aufwendigen Prozessionen und der ausführlich beschriebene Reliquienkult des Kardinals Albrecht trugen diesem die Titulierung „Abgott zu Halle" durch Luther ein.
Abb. 122

30.
Teil des Breviarius der Stiftskirche in Berlin-Cölln
(ohne Titel, von späterer Hand: Rituale Officiorum Sacrorum).
Handschriftlicher Pergamentkodex, 4 Schreiber (einer davon der Propst W. Redorffer), lateinisch, 20,6 × 16,5 cm, 55 Blätter, 1536 bis 1540 entstanden.
Berlin, Staatsbibliothek Preußischer Kulturbesitz (Ms. theol. qu. 87b)
Lit.: Nikolaus Müller: Der Berliner Dom, Berlin 1906. Walter Lipphardt: Lateinische Osterfeiern und Osterspiele, 6 Bde., 1975–1981; hier: Bd. 3., 1976, Nr. 533; Bd. 6., 1981, S. 225.
Die Handschrift enthält die Liturgieanweisungen für den Palmsonntag, Gründonnerstag, Karfreitag, Ostern und Himmelfahrt für das 1536 vom Schloß in die ehemalige Dominikanerkirche verlegte Stift (vgl. Nr. 31). Der bis 1598 gültige Text ist eine auf die Berliner Verhältnisse abgestimmte (Teil)Abschrift des Hallenser Breviarius (vgl. Kat. Nr. 29).

Vitrine 7

31.
Rekonstruktion des zweiflügligen Nikolausaltares mit der Gefangennahme Christi im Schrein der Stiftskirche in Berlin-Cölln des Kurfürsten Joachim II. von Brandenburg.
Fotomontage, Maßstab: 1:100.
Berlin, Privatbesitz.
Lit.: Andreas Tacke, Untersuchungen zum Verhältnis von Passionsliturgie und bildender Kunst in den Stiftskirchen in Halle a. S. und Berlin-Cölln, M. A. FU-Berlin, Masch. 1986. Ulrich Steinmann; in: Forschungen und Berichte, Staatliche Museen zu Berlin, Bd. 11. (Kunsthistorische Beiträge), 1968, S. 88–91.
Der Altar war nur einer von vierzehn Passionsaltären, die von Lucas Cranach d. Ä. und seiner Werkstatt zwischen 1536 und 1538 für die Stiftskirche geschaffen wurden. Er zeigt im geöffneten Zustand der Feiertagsseite die Gefangennahme Christi (Judaskuß) (heute im Kunsthistorischen Museum, Wien), die von zwei Heiligen gerahmt wird: auf dem linken Innenflügel der Hl. Wolfgang und ihm gegenüber der Altarpatron Nikolaus. Die Predella enthält eine auf die Passion bezogene typologische Darstellung aus dem Alten Testament: Joab ersticht Abner (heute: Bob Jones University, Greenville, s. C.). Bei geschlossenem Zustand der Alltagsseite waren (von links nach rechts) ein Bischof, der Papst Sixtus, der Heilige Stanislaus (von Krakau) und ein weiterer, nicht näher gekennzeichneter Bischof zu sehen. Zur Rekonstruktion wurde, da die Altarflügel mit den Heiligentafeln wohl vernichtet sind, die erhaltene Vorzeichnung verwendet (heute im Louvre, Paris).
A.Tacke (Berlin)

122. Hallenser Brevier von 1532.

32.
Die Kirchlichen Einrichtungen Spandaus (Karte)
Bearbeitet von J. Fischer und D. Kurze
Gezeichnet von L + Z Grafik Design, 1987

Kirche in Spandau

Spandau als ursprünglich slawischer Burgort wesentlich älter als Berlin und Cölln kam entsprechend früher als die Doppelstadt an der Spree mit dem Christentum in Berührung. Im Bereich des alten Burgwalls wurde, vermutlich um 980, eine kleine Kirche errichtet, deren Grundriß von den Archäologen freigelegt werden konnte. Von den ersten Rechristianisierungsbemühungen des 12. Jahrhunderts zeugen ergrabene Reste eines kleinen Gotteshauses am Havelufer sowie ein christlicher Friedhof aus der Zeit vor 1200 in der Nähe der Nikolaikirche.
Im Mittelalter war Spandau entsprechen seiner geringeren Bedeutung weniger mit geistlichen Einrichtungen versehen als Berlin-Cölln. Der Reisende, der sich von Süden kommend der Stadt näherte, konnte schon von weitem einen ansehnlichen Komplex geistlicher Einrichtungen vor dem Klostertor erblikken. In dem Bereich, in dem heute die Hauptpost (vor den Bahnanlagen)

ihren Standort hat, befand sich das 1239 gegründete Benediktinernonnenkloster St. Marien. Es war das bedeutendste Frauenkloster in der Mark Brandenburg. Die Markgrafen und der Adel hatten es mit zahlreichen Stiftungen und Schenkungen ausgestattet. Sein Grundbesitz umfaßte u. a. zeitweilig 13 Volldörfer. Auch nach der Reformation von 1539 bzw. der Kirchenvisitation von 1541 wurde das Klosterleben noch – mit gewissen Einschränkungen – weitergeführt, der Besitz von 1558 eingezogen und in das kurfürstliche Amt Spandau umgewandelt. Die Klostergebäude fielen 1626 auf kurfürstlichen Befehl zum größten Teil dem Abriß zum Opfer, als Spandau wegen des 30jährigen Krieges stärkere Festungsanlagen erhielt.
Gegenüber dem Kloster lag das 1307 zuerst erwähnte St. Lazarus-Hospital, das wenig später in St. Georg-Hospital umbenannt wurde. Unmittelbar vor dem Klostertor, an der Grenze zwischen Kloster und Stadt, stand das Heilig-Geist-Hospital, das der Propst des Nonnenklosters und die Spandauer Bürgerschaft 1244 gemeinsam gestiftet hatten. In der Vorstadt Stresow erhielt Spandau in der zweiten Hälfte des 15. Jahrhunderts ebenso wie Berlin-Cölln ein drittes Hospital mit dazugehöriger Kapelle. Das St. Georg-Hospital und das Heilig-Geist-Hospital wurden 1541 zusammengelegt und die Gebäude des ersteren im folgenden Jahr abgebrochen. 1640 fielen auch die verbliebenen Hospitäler mit ihren Kapellen dem Festungsbau zum Opfer.
Die Stadt Spandau bestand nur aus einer Pfarrei. Die 1240 zuerst als „Marktkirche" genannte Nikolaikirche war die Pfarrkirche. Sie wurde im 15. Jahrhundert zu einer gotischen Hallenkirche ausgebaut und mit einem Turm versehen, der als der höchste in der Mark galt. Das Patronat besaß bis zur Reformation das Nonnenkloster.
Ein bescheidener Bau war die in der Jüdenstraße (heute: Kinkelstraße) gelegene und 1920 abgerissene Moritzkirche, die vielleicht ebenfalls aus der Frühzeit der Stadt stammte. Mit ihr verfügte Spandau über eine zweite Kirche, doch fehlten die Voraussetzungen für die Einrichtung einer zweiten Pfarrei in der Stadt. Mit einer eigenen Kapelle war schließlich (seit 1317) auch die markgräfliche Burg ausgestattet. Die Bettelorden der Franziskaner und Dominikaner besaßen in Spandau bis zur Mitte des 16. Jahrhunderts eigene Zweigstellen, sogenannte Termineien, die von den in Berlin und Cölln ansässigen Vollkonventen beschickt wurden. Sie entsprachen baulich normalen Bürgerhäusern. Die Niederlassung der Franziskaner, die „Graue Zelle", befand sich am Nordende der Jüdenstraße. Ein schmaler Gang, die „Zelle", führte von ihr zur Klosterstraße (heute: Carl-Schurz-Straße) auf der Höhe der Nikolaikirche. Das Absteigequartier der Dominikaner, die „Schwarze Zelle", lag in der nach ihnen benannten Mönchstraße. Unmittelbar westlich des Grundstücks der Schwarzen Zelle haben Archäologen Reste einer bedeutenden Baulichkeit ausgegraben, die ins frühe 13. Jahrhundert datiert und als ehemalige Klosteranlage gedeutet wird. Wenn dies zutrifft, haben die Dominikaner im 13. Jahrhundert zunächst in Spandau ein Kloster zu gründen versucht, bevor sie sich in Cölln niederließen. In Spandau hätten sie danach von dem großen Komplex nur die Terminei behalten.
Spandau war im Rahmen der brandenburgischen Diözeseanorganisation sowohl bischöfliche als auch archidiakonale „Sedes". Priester der Stadt und des Umlandes vereinigten sich zu einer „Kalandsbruderschaft von Spandau und auf der Heide" (confraternitas ac fratres Kalendarum de Spandowe et de merica, 1319), der sich (1358) noch der Kaland des Barnim anschloß. Auch einige höher gestellte Laien wie die Ritter Gruelhut wurden Mitglieder der über besondere Einkünfte und sogar Altäre verfügenden Genossenschaft.
Die mittelalterliche Überlieferung Spandaus ist heute durch Originalurkunden in Berlin (West) leichter vorzustellen als die Berlins und Cöllns, doch kann auch sie in vielfacher Weise die vergleichbaren Berliner Probleme veranschaulichen.

J. Pohl/D. Kurze (Berlin)

Vitrine 8

33.
Urkunde von 1497 März 9
Pergament, 43 × 30 cm; Siegel verloren
Lateinisch und deutsch
Berlin Spandau, Stadtgeschichtliches Museum, Archiv (IV U/79)
Regest: Schulze II, S. 32
Bischof Joachim von Brandenburg bestätigt eine Kapitalstiftung des Spandauer Rates vom 27. Febr. 1497 für den Marienaltar der dortigen Nikolaikirche, von der zwei Frühmeßpriester unterhalten werden sollen, und übernimmt dabei den Text der deutsch geschriebenen Ratsurkunde in seine lateinisch verfaßte Confirmatio.

34.
Urkunde von 1251 Mai 22
Pergament, 20,5 × 15,1 cm; Siegel verloren
Lateinisch
Berlin, Geheimes Staatsarchiv PK (VII. HA Nr. 390)
Druck: CDB I, 11, S. 3f. Nr. 3
Regest: Krabbo Nr. 736
Markgraf Johann von Brandenburg bekundet, daß der Ritter Friedrich von Kare eine Mühle im Gebiet des Dorfes, das „Weddinge" genannt wurde, an der Panke dem Propst Jakob und den Nonnen des Klosters der heiligen Jungfrau bei Spandau verkauft hat, gibt seine Zustimmung und schenkt seinerseits Besitz und Mühlenrecht dem Kloster. – Erste Erwähnung Weddings, das damals schon nicht mehr als Dorf bestanden zu haben scheint. – Gleichlautende Urkunde vom selben Tag auch von Markgraf Otto.

35.
Urkunde von 1308 Januar 21
Pergament, 34,5 × 15,5 cm; Verlust des angehängten Siegels
Lateinisch; buchschriftähnliche Minuskel
Berlin, Geheimes Staatsarchiv PK (VII. HA Nr. 406)
Druck: CDB I, 11, S. 18f. Nr. 25
Der Rat (Konsuln u. Schöffen) zu Spandau bekundet den von einem Mitbürger vorgenommenen Verkauf einer beim Apfelgarten des Klosters gelegenen Wiese an die Spandauer Nonnen und befreit das Grundstück von allen weltlichen Abgaben. – Unter den Zeugen die Pfarrer von Staaken (Johannes de Morzan), Heiligensee (Nicolaus Clanier), Dalldorf (Hs.: taldorp; Riedel las irrig tasdorp) (Hynricus) und Lankwitz (Arnoldus Weger).

36.
Urkunde von 1317 Februar 10
Pergament, 37,5 × 24,5 cm mit angehängtem „öffentlichem“ Siegel (sigillo publico) des Markgrafen
Lateinisch; buchschriftähnliche Minuskel
Berlin, Geheimes Staatsarchiv PK (VII. HA Nr. 409)
Druck: CDB I, 11, S. 21 Nr. 29
Regest: Krabbo Nr. 2528
Markgraf Johann von Brandenburg befreit $9^1/_2$ Hufen im Dorf Beiersdorf (Beygerstorp), die vom Spandauer Nonnenkloster erworben sind und zur Ausstattung eines links im Klosterchor aufgestellten Corpus-Christi-Altars dienen sollten, von allen Abgaben und Diensten.

37.
Urkunde von 1410 Mai 1
Pergament, 24,5 × 15,5 cm mit Siegel des Spandauer Klosters Berlin Spandau. Stadtgeschichtliches Museum, Archiv (IV U/52)
Regest: Schulze, II, S. 13
Das Kloster Spandau erwirbt für 25 Schock böhmischer Groschen eine Wiese von Hans von Kröchern (Hanse von Crogeren).
Der Propst, Johan Coln, die Priorin Margareta Donnis und der gesamte Klosterkonvent versprechen, einen jährlichen Zins von drei Schilligenen böhmischer Groschen zu zahlen, und sichern dem Rat und den Bürgern Spandaus das Vorkaufsrecht zu. – Von den angekündigten Siegeln des Propstes und des Konventes ist nur letzteres erhalten.
Eine entsprechende Urkunde des Spandauer Rates vom selben Tag ist gedruckt bei CDB I, 11, S. 73, Nr. 104.

38.
Dorfkirchen im Berliner Raum (Karte)
Bearbeitet von J. Fischer und D. Kurze in Anlehnung an K. Pomplun
Gezeichnet von L + Z Grafik Design 1987

Mittelalterliche Dorfkirchen in den Stadtgrenzen Groß-Berlins

Auf dem 1920 festgelegten Gebiet Groß-Berlins waren im Mittelalter mindestens 55 Gotteshäuser, die in aller Regel als Pfarrkirchen dienten, errichtet worden. Einige sind schon bald nach ihrer Gründung oder doch vor Einführung der Reformation eingegangen (Wedding, Schönow und Hellersdorf); andere wurden wegen Zerstörung oder Baufälligkeit im 18. und 19. Jahrhundert völlig abgetragen und durch Neubauten ersetzt (Bohnsdorf, Hermsdorf, Marzahn, Schöneberg, Steglitz, Tegel, Zehlendorf und 9 weitere); wieder andere vernichtete der 2. Weltkrieg; sie sind bis heute nicht wiederaufgebaut (Falkenberg, Malchow und Wartenberg). Noch jetzt aber erinnern nicht weniger als 33 „Dorfkirchen“ an ihren mittelalterlichen Ursprung; sei es, daß nur wenige Teile in die Nachfolgebauten einbezogen wurden (z. B. Biesdorf und Kaulsdorf); sei es, daß altes Mauerwerk im größeren Umfang in Neubauten integriert wurde (z. B. Buchholz, Niederschönhausen, Pankow und Rosenthal), oder sei es, daß die Gunst des Schicksals und der Wille der Restauratoren noch dem heutigen Besucher den mehr oder weniger berechtigten Gesamteindruck eines mittelalterlichen Werkes vermitteln (z. B. Buckow, Dahlem, Mariendorf, Marienfelde und Mahlsdorf).
Die gemeinsame Lage auf dem Boden der modernen Großstadt darf nicht dazu verführen, eine vergleichbare Zusammengehörigkeit der Dorfkirchen auch schon für das Mittelalter anzunehmen. Entstehungs- und Besitzgeschichte, Ausstattung mit Land (Hufen), Abgaben (Kirchenzehnt und Hufengeld) und kirchenorganisatorische Zuordnung machen ganz andere Beziehungen und Einbindungen deutlich. Am auffallendsten war wohl die Unterscheidung in „alte“ und „neue“ Lande, als deren Grenze 1237/38 die Havel und die, etwas später durch Einbeziehung Köpenicks, Alt-Glienickes und Rahnsdorfs in die neuen Lande nach Süden überschrittene, Spree vereinbart waren. In den heute zum Berliner Stadtgebiet gehörenden Raum der neuen Lande teilten sich die Archidiakonate (Propsteien) Berlin und Bernau so, daß die Kirchen von Weißensee, Hohenschönhausen und Wartenberg sowie die der weiter südöstlich gelegenen Dörfer zur Berliner Propstei, diejenigen von Pankow, Heinersdorf und Malchow sowie die der weiter nordöstlich gelegenen Ortschaften zur Bernauer rechneten. Jede der beiden Propsteien galt für die Einziehung des bischöflichen Hufengeldes und für allgemeine episkopale Steuern (Prokurationen und Subsidien) als eine nach Berlin bzw. Bernau benannte bischöfliche „sedes“. In den alten Landen zählten alle Kirchen von Staaken im Westen bis Bohnsdorf und Schmöckwitz im Osten zur bischöflichen „sedes“ Spandau. Hier waren die Kirchenzehnten sowie, direkt an den Brandenburger Bischof, die Prokurationen und Subsidien, aber kein Hufengeld zu zahlen. Als Archidiakon war hier der Brandenburger Dompropst zuständig. Dieser hatte sein Gebiet so in archidiakonale „sedes“ aufgegliedert, daß zur „sedes“ Mittenwalde Glienicke, Zehlendorf, Schönow, Lichterfelde sowie Britz, Rudow, Bohnsdorf und Schmöckwitz, alle anderen Dörfer von Staaken bis Lichtenrade zur „sedes“ Spandau gehörten.
Im späten Mittelalter und in der Reformationszeit werden nicht wenige Kirchen als „mater“ (Mutter) und entsprechend andere als „filia“ (Tochter) bezeichnet. Die für das Altsiedelland in der Regel zutreffende Annahme, Mutterkirchen seien erheblich älter als die aus ihrem Zuständigkeitsbereich bei Weiterbestehen einer gewissen Abhängigkeit oder Anerkennung einer Art Ehrenvorrang ausgegrenzten Tochtergemeinden, kann aus siedlungsgeschichtlichen Gründen auf den Berliner Raum nur in Einzelfällen übertragen werden, vermutlich bei Mariendorf-Marienfelde oder bei Köpenick-Alt-Glienicke. Die Fragen, seit wann und warum aber beispielsweise Schöneberg Mutter von Lankwitz, Dalldorf von Tegel und Lübars, Wartenberg von Falkenberg und Marzahn oder gar in Überschreitung der Sedes- beziehungsweise Propsteigrenzen Lichterfelde von Steglitz und Hohenschönhausen von Malchow gewesen war, entziehen sich derzeit noch einer befriedigenden Antwort. Bes-

123. Blankenburg.

123. *Blankenburg* (Archidiakonat und bischöfl. Sedes Bernau; heute Verw. Bez. Pankow)
Granitquaderbau aus der Mitte des 13. Jahrhunderts mit mächtigem Westturm und spätgotischem Sakristeianbau. Erste Erwähnung 1375 mit 4 Pfarrhufen; 1541 außerdem Pfarrhaus mit 5 Morgen für die Kirche. Patronat 1375 und 1541 im Besitz Berliner Patrizier.

124. Blankenfelde.

124. *Blankenfelde* Archidiakonat und bischöfl. Sedes Bernau; heute Verw. Bez. Pankow)
Wenig sorgfältiger Feldstein-Saalbau aus dem 14. Jahrhundert, später verputzt. Erste Erwähnung 1375 mit 4 Pfarrhufen und 1 Kirchenhufe, ebenso 1450 und 1541; im letzten Jahr außerdem Pfarrhaus. Patrone: 1375 die Bornewitz, 1441 Ludwig Wardenberg aus Berlin, 1541 Christoffel Barfuß zu Malchow.

125. Alt-Buckow.

125. (Alt-) *Buckow* (Archidiakonat des Brandenburger Dompropstes, archidiakonaler und bischöfl. Sedes Spandau; heute Verw. Bez. Neukölln)
Sorgfältiger Rechteckbau aus Granitquadern und Feldsteinen mit Turm aus der Zeit um 1250; Spitzbogenportal an der Südseite aus dem 15. Jahrhundert; im Innern spätgotische Fresken. Erste Erwähnung 1375 mit 2 Pfarrhufen, ebenso 1450 und 1480; 1541 außerdem 1 Kirchenhufe, Filiale von Lichtenrade. Patrone: 1541 Jörg Flans und Familie Lindholtz.

126. *Dahlem* (Archidiakonat des Brandenburger Dompropstes, archidiakonaler und bischöfl. Sedes Spandau; heute Verw. Bez. Wilmersdorf)
Einschiffiger Backsteinbau auf Feldsteinsockel aus dem 14. Jahrhundert (nach anderer Meinung bereits aus der Mitte des 13. Jahrhunderts); spätgotischer Chor aus dem Ende des 15. Jahrhunderts; im Inneren Fresken aus dem späten 14. Jahrhundert, spätgotische Ausstattung. Erste gesicherte Erwähnung 1375; 1450 2 Pfarrhufen und 1 Kirchenhufe; 1541 2 Morgen für die Kirche. Patron wahrscheinlich bereits seit 1220/25 das Stift Coswig.

119. Dahlem.

127. *Karow* (Archidiakonat und bischöfl. Sedes Bernau; heute Verw. Bez. Pankow)
Granitquaderbau in gestufter Anlage von Langhaus, Chorquadrat und halbrunder Apsis, aber ohne Turm, aus der ersten Hälfte des 13. Jahrhunderts; spätmittelalterlicher Sakristeianbau an der Nordseite; Ergänzungen im 16. und 19. Jahrhundert. Erste Erwähnung 1375 mit 4 Pfarrhufen, ebenso 1450 und 1541. Patrone 1541 die Familie Schragen.

127. Karow.

128. *Lankwitz* (Archidiakonat des Brandenburger Dompropstes; archidiakonaler und bischöfl. Sedes Spandau; heute Verw. Bez. Steglitz)
Ursprünglich turmloser, spätromanischer Granitquaderbau mit Chor und Halbkreisapsis aus dem 13. Jahrhundert. Erste Erwähnungen des Dorfes 1239 als Besitz des Nonnenklosters zu Spandau, der Pfarrei 1265, eines Pfarrers 1308. 1375 4 Pfarrhufen, ebenso 1480 (dazu 1 Kirchenhufe) und 1541. Patron: Kloster Spandau.

128. Lankwitz.

129. Mahlsdorf.

129. *Mahlsdorf* (Archidiakonat und bischöfl. Sedes Berlin; heute Verw. Bez. Marzahn) Granitquaderbau mit eingezogenem langen Rechteckchor aus der Mitte des 13. Jahrhunderts, Turm und Sakristeianbauten aus dem 15. Jahrhundert. 1345 erste Erwähnung des Dorfes. 1375, 1450 und 1541 4 Pfarrhufen, 1450 außerdem 2 Kirchenhufen und 1541 Pfarrhaus. Patrone 1375 die Familie von Falkenberg, dieselbe auch noch 1541, aber zusammen mit der Berliner Familie Grieben.

130. Marienfelde.

130. *Marienfelde* (Archidiakonat des Brandenburger Dompropstes; archidiakonaler und bischöfl. Sedes Spandau; heute Verw. Bez. Tempelhof)
Älteste und eindrucksvollste Dorfkirche in Berlin. Erbaut von den Templern um 1220 mit Westturm, Langhaus, Chorquadrat und Apsis aus Granitquadern in gestaffelter Anlage. Im 14. und 15. Jahrhundert Anbauten am Chor und Errichtung einer Sakristei. Nach der Aufhebung des Templerordens geht 1344 das bei dieser Gelegenheit zuerst erwähnte Dorf an die Johanniter über, die es 1435 an den Rat von Berlin und Cölln verkauften. 1375 3 Pfarrhufen, 1450 und 1541 außerdem 1 Kirchenhufe.

131. Pankow.

131. *Pankow* (Archidiakonat und bischöfl. Sedes Bernau; heute Verw. Bez. Pankow) Mittelalterlich an der heutigen Kirche ist lediglich der im 15. Jahrhundert ohne besondere Sorgfalt errichtete Feldsteinsaal mit seinen Backsteinkanten und den ebenfalls aus Backsteinen gestalteten Spitzbogenblenden des Giebels im Osten. Der dreischiffige rote Ziegelbau im Westen und die beiden Türme sind das Werk des Hofarchitekten August Stüler aus den Jahren 1858/59. Der Vorbau im Westen wurde 1908 hinzugefügt. Zu 1375 und 1450 werden 4 Pfarrhufen erwähnt, 1541 außerdem noch 6 zur Kirche gehörende Morgen und ein Pfarrhaus. Das Patronat besaßen nach dem Verkauf des Dorfes an die Städte Berlin und Cölln (1370) die Stadträte oder vornehme Bürger.

132. *Reinickendorf* (Archidiakonat und bischöfl. Sedes Bernau; heute Verw. Bez. Reinickendorf)
Spätmittelalterlicher Saalbau mit rundem Ostabschluß; wenig sorgfältig aus Feldsteinen gemauert, vielleicht 1491, in dem auf der erhaltenen alten Glocke angegebenen Jahr; Westturm aus dem Jahr 1713. Im Inneren Flügelaltar aus der Zeit um 1520 sowie Schnitzfiguren Mariens und der hl. Magareta vom Ende des 15. Jahrhunderts. Erste Erwähnung von 4 Pfarrhufen 1397, dieselbe Anzahl sowie einen Pfarrhof und 7 Rücken Land für die Kirche werden 1541 genannt. Patrone sind seit dem ausgehenden 14. Jahrhundert die Räte von Berlin und Cölln.

132. Reinickendorf.

133. *Schmargendorf* (Archidiakonat des Brandenburger Dompropstes; archidiakonaler und bischöfl. Sedes Spandau; heute Verw. Bez. Wilmersdorf)
Kleiner, schlichter Saalbau aus Feldsteinen vermutlich aus dem Anfang des 14. Jahrhunderts; im 19. und 20. Jahrhundert mehrfach verändert und mit einem Dachturm versehen. Erste gesicherte Erwähnung des Dorfes 1354. 1375, 1450 und 1541 2 Pfarrhufen. Patron wie bei Dahlem wahrscheinlich bereits seit 1220/25 das Stift Coswig.

133. Schmargendorf.

134. *Wittenau* (bis 1905 Dalldorf) (Archidiakonat und bischöfl. Sedes Bernau; heute Verw. Bez. Reinickendorf)
Roher Saalbau aus Feldsteinen und großen Backsteinen mit spitzbogigen Blendarkaden im Ostgiebel aus dem Ende des 15. Jahrhunderts, aus dieser Zeit (1484) ist auch eine Glocke erhalten; Dachturm aus dem Ende des 18. Jahrhunderts. Im Inneren ein Flügelaltar mit Figuren (Anna, Maria und Nikolaus) von ca. 1500. 1375 4 Pfarrhufen, 1450, 1480 und 1541 außerdem 1 Kirchenhufe und 1541 Pfarrhaus. Die Einkünfte des Dorfes kamen 1351 an das Kloster Spandau, das noch 1541 Patron (Collator) war.

134. Wittenau.

ser verstehen lassen sich hingegen die Angaben über die Ausstattung der einzelnen Pfarreien mit Land, wenngleich auch hier noch nicht alle Rätsel gelöst sind. Allem Anschein nach existierte eine Grundausstattung, die hauptsächlich zum Unterhalt des Geistlichen dienen sollte und deshalb als Pfarr- oder Pfarrershufen bezeichnet wurde. Zusätzlich wurde dann noch sehr häufig eine weitere Hufe, eine Wiese oder ein anderes Stück nutzbaren Landes für Bauarbeiten am Gotteshaus oder für dessen Beleuchtung (sog. Kirchhufe) hinzugefügt. Die Grundausstattung in den „neuländischen", auf dem Barnim liegenden Dörfer betrug nun fast immer 4 Hufen (in Weißensee sogar 5 bzw. 6). Man kann daraus schließen, daß hier die Abmachung aus dem Zehntvertrag von 1237/38 eingehalten wurde und die Kirchen wohl erst nach dem Vertrag errichtet worden sind. Unter der Norm blieben mit je 3 Hufen nur Wartenberg, seine Filialen Falkenberg und Marzahn sowie die Marzahn benachbarte, noch im Mittelalter eingegangene Kirche in Hellersdorf. Sollte die 3-Hufendos ein Hinweis auf askanische Siedlungsbemühungen auf der Barnim vor 1237 sein?
Bei den Dorfkirchen auf dem Teltow scheinen auf den ersten Blick keine mit dem Barnim vergleichbare Dotationsprinzipien zur Anwendung gekommen zu sein, doch lassen sich bei näherem Hinschauen auch hier Grundsätze erkennen, die sich mit neueren Forschungsergebnissen zur Siedlungsgeschichte dieses Gebietes recht gut vertragen. So entspricht der wahrscheinlich planvoll angelegten Reihe von Dörfern im nordwestlichen Teltow mit Dahlem, Schmargendorf und Wilmersdorf eine Grundausstattung von 2 Hufen, und die 4-Hufen-dos Zehlendorfs, das ebenfalls in diese Reihe gehört, könnte erklärt werden als Zusammenlegung von 2 Zehlendorfer Pfarrhufen mit 2 weiteren eines eingegangenen Dorfes am „Krummen Fenn". Eine parallele Dorfkette mit Giesensdorf, Lichterfelde, Steglitz und Schöneberg weist in Giesensdorf und Lichterfelde 3 Pfarrhufen, in Steglitz 6 (vielleicht zusammengelegt aus 3 Steglitzer Hufen und 3 aus dem eingegangenen Nachbarort Giersdorf?) und nur in Schöneberg 2 Pfarrhufen und 1 Kirchhufe auf. Ob Schönow mit seinen 2 Pfarrhufen und 1 Kirchhufe in diese Kette oder nicht doch zur ersten Reihe gehört, bleibt noch zu klären. Einen dritten Komplex bilden sodann die drei Kirchen der Templer, von denen die in Tempelhof, weil vom Orden unmittelbar versorgt, zunächst gar keine Pfarrhufen hatte, die beiden in Mariendorf und Marienfelde aber mit je 3 Hufen ausgestattet waren. Die gleichsam aus dem Rahmen fallenden 4 Pfarrhufen in Lankwitz könnten damit zusammenhängen, daß Lankwitz wohl nicht zu den planmäßigen Neugründungen gehörte, sondern an eine ältere slawische Siedlung anknüpfte. Die nordwestlich des Teltow gelegenen Berliner Dorfkirchen und ihre Ausstattung müßten aus den havelländischen Voraussetzungen erklärt werden, wie eine Klärung der Verhältnisse auf dem östlichen Teltow zu berücksichtigen hätte, daß hier vor den Askaniern bis in das erste Drittel des 13. Jahrhunderts politisch die Wettiner und kirchlich das Bistum Meißen tätig gewesen waren. Wer Näheres über die mittelalterliche Geschichte der Berliner Dorfkirchen oder gar über deren Pfarrer und ihre Gemeinden erfahren will, wird von der schriftlichen Überlieferung bitter enttäuscht. Fast immer sind es nur statistische Quellen wie das Landbuch von 1375, weltliche Steuer (Landschoß-) Register der Jahre 1450, 1451 und 1480–1482 und Verzeichnisse bischöflicher Einnahmen oder Forderungen von 1527–1529, denen wir kaum mehr entnehmen können als Namen, Hufenzahl, Sedeszugehörigkeit und Abgaben. Etwas mitteilsamer sind erst die reformationszeitlichen Visitationsberichte (1540/41) mit ihren eingestreuten Nachrichten über Pfarr- und Küsterhäuser oder über die offenbar überall vorhandenen kirchlichen Gerätschaften (Monstranzen, Kelche, Pacems/Kußtäfelchen). Zur Erkundung der mittelalterlichen Baugeschichte ist man in aller Regel angewiesen auf die gegenwärtige Bausubstanz, auf archäologische Untersuchungen und auf die Auswertung älterer Abbildungen. Die älteste erhaltene Dorfkirche Berlins ist die zu Marienfelde. Ihre Errichtung wird in die Zeit um 1220 gesetzt. In der 4fachen

Vitrine 9

39.
Fragment der Glocke aus der Dorfkirche Britz
Typ der sog. Marienglocke mit Jahreszahl 1268
Bronze, 28,5 × 36,5 × 8
stark beschädigt beim Brand der Kirche am 29. 12. 1943
Berlin, Heimatmuseum Neukölln
Lit.: W. Grigat, Britz einst und jetzt, Berlin 1932.
Zwei Brustbilder von Heiligen; der eine, mit stärkerem Bart- und Haarwuchs, hält in seiner linken Hand ein Spruchband, das gelesen wurde: Pax vobis bene nobis; der andere hält in seiner rechten Hand ein Spruchband mit: AVE MARIA darunter 2-zeiliges Spruchband mit altem christlichen Glockengebet:
+ O REX.GLORIE.CRISTE
VENI (. .) CUM PACE +
Denselben Spruch tragen auch die Glocken von Schmargendorf, Hermsdorf, Reinickendorf und Mariendorf.

Stufung mit Westturm, Langhaus, Chor und halbrunder Apsis repräsentiert sie den (von Pomplun so genannten) Typ der „vollständigen Anlage“. Weitere, aber veränderte Vertreterinnen dieses Typs waren u. a. Mariendorf, Karow und Lankwitz. Bereits um 1200 soll das Fundament für die Kirche in Tempelhof gelegt sein. Den ersten Bau ersetzten nach einem Brand die Templer um die Mitte des 13. Jahrhunderts durch eine geräumige rechteckige Apsissaalanlage, die als Typ nicht nachgeahmt wurde. – Chorquadratkirchen entstanden in Britz, Hohenschönhausen und Mahlsdorf. Am verbreitesten war der einfache Typ der einräumigen, rechteckigen Saalkirche (in Steglitz, Lichterfelde, Giesensdorf, ursprünglich auch in Dahlem und anderswo).
Als ein Datierungsmerkmal gilt die Art der Verarbeitung von Feldsteinen. Die sorgfältigere Technik in der Herstellung und Fügung von Quadern wird der Mitte und der 2. Hälfte des 13. Jahrhunderts zugerechnet (z. B. in Buckow), während weniger saubere Steinbehandlung und das Ausfüllen von Fugen mit Steinsplittern die Bauten der anschließenden Periode kennzeichnen. Die Verwendung von Backsteinen soll mit Sicherheit erst auf das 14. Jahrhundert hinweisen.
Zwischen der aus siedlungsgeschichtlichen Gründen für den Teltow im ausgehenden 12. und im ersten Drittel des 13. Jahrhunderts und für den Barnim im zweiten Drittel des 13. Jahrhunderts anzunehmenden Einrichtung der meisten Pfarreien und der über die Architektur zu erschließenden Erbauung der zugehörigen Kirchen klafft oft eine zeitliche Lücke von mehreren Jahrzehnten. Mehr oder weniger provisorische Vorgängerbauten aus Holz dürfen deshalb vermutet werden.
Wie bei den städtischen Gotteshäusern endete auch bei den Dorfkirchen die Bautätigkeit nicht mit der Fertigstellung der ersten massiven Anlage. Reparaturen, Erweiterungen und Modernisierungen sind wohl nirgends ausgeblieben. Die St. Annenkirche in Dahlem bietet hierfür ein besonders anschauliches Beispiel.
Die im Zusammenhang mit der Besitznahme und Besiedlung des Berliner Raumes im 13. und frühen 14. Jahrhundert entstandene kirchliche Struktur hat sich im Großen und Ganzen als tragfähig erwiesen. Die zusätzlichen Bedürfnisse des 15. Jahrhunderts wurden dadurch abgedeckt, daß man im neuentstandenen Rixdorf eine Filiale von Tempelhof mit eigenem Gotteshaus errichtete, das Fischerdorf Stralau mit einer Kirche bedachte und in Schmöckwitz eine Kapelle baute.
D. Kurze (Berlin)

40.
Muttergottes über der Mondsichel, Anna Selbdritt und hl. Nikolaus
Mark Brandenburg
Um 1520
Lindenholz, rückseitig flach. Mit Resten der ursprünglichen Bemalung und Vergoldung
Muttergottes: H. 119, Br. 38, T. 18 cm – Anna Selbdritt: H. 112, Br. 39, T. 16 cm – Nikolaus: H. 123,5, Br. 37, T. 15 cm
Zahlreiche Beschädigungen. Risse und Verwurmungen. Sämtliche Nasen bestoßen. Die Köpfe der beiden Christusknaben und weitgehend deren Ärmchen fehlen, weitere Verluste unter anderem die Finger der Linken Mariens (bis auf die unteren Glieder), die Besätze ihrer Krone,

Muttergottes über der Mondsichel Anna Selbdritt u. hl. Nikolaus

Die in der künstlerischen Ausführung beachtenswerten Standbilder in der Dorfkirche von Alt-Wittenau (dem ehemaligen Dalldorf) dürften aus dem Dreifigurenschrein eines um 1520 entstandenen Flügelretabels stammen. Dieser hat vermutlich zur Chorausstattung des zum Ende des 15. Jahrhunderts errichteten Gotteshauses gehört. Das „Inventar der Bau- und Kunstdenkmäler in der Provinz Brandenburg“ von 1885 berichtet von zwei weiteren, schon damals nicht mehr auffindbaren Bildwerken, dem Apostel Thomas und der hl. Katharina. In ihrem Fall ist anzunehmen, daß sie die Innenseiten der Flügel schmückten (als Kleinfiguren innerhalb einer ursprünglich umfangreicheren Folge oder als Großfiguren vielleicht in noch flacherem Relief gearbeitet als die Bildwerke des Schreins?). Hinweise zu dem Altar und seinen bildlichen Darstellungen enthält eine Beschreibung angeblich im Archiv von St. Nikolai in Spandau, deren Wiedergabe hier nach einem Zitat erfolgt, da die Primärquelle nicht eingesehen werden konnte: „Der Altar ist eine ... Bildern besetzt. Gemeint sind Figuren aus Holz. In dem rechten Flügel befindet sich ein Bild, in der Hand haltend ein ... buch, in der Linken einen langen Spieß. Um das Haupt stehen: St. Thomas, ora pro. Auf dem Altar

selbst befinden sich 4 Bildnisse, 1 Frauenbild mit fliehenden Haaren mit der Überschrift: St. Anna, ora. Ein anderes Frauenbild, in der rechten Hand ein Kind, in der linken das Szepter, die Überschrift lautet: St. Maria, ora pro. Dann eine männliche Figur, hat in der Rechten ein offenes Buch, in der Linken den ...stab. Um das Haupt stehen: St. Nikolaus, ora pro" (Auszug aus dem Manuskript einer wohl in den Jahren um 1920/30 gehaltenen Ansprache im Pfarrgemeindearchiv Alt-Wittenau; freundliche Mitteilung von Herrn Friedrich Helmchen). Dem Verfasser des Berichts stand offenbar das noch in wesentlichen Teilen erhaltene Retabelgehäuse vor Augen. Allerdings scheinen seine Angaben nicht in allen Punkten korrekt. Die erwähnten Anrufe um Fürbitte – „ora pro [nobis]" – waren sicherlich in den Kreidegrund der vergoldeten Nimben graviert und geschnitten. Erwähnt sei an dieser Stelle, daß die inzwischen sehr fragmentarische Faßmalerei der Figuren wohl keinerlei Übermalung erfahren hat. Bezüglich besonderer Verzierungstechniken ist auf die Mantelborte der Anna mit einem in die Grundierung gravierten Blütenmuster aufmerksam zu machen.
Die Madonnengestalt nahm die Mitte des Altarschreins ein. In der Stirnhöhe überragt sie deutlich die beiden anderen Figuren. Den „Ehrenplatz" zu ihrer Rechten beanspruchte ihre Mutter, die hl. Anna, die als Anna Selbdritt, das Christkind und die mädchenhafte Maria auf dem Arm, auf einer weiter gespannten Bezugsebene die heilsgeschichtliche Thematik der Muttergottesfigur wiederholt. Die Annenverehrung, die sich auf die Teilhabe an der Inkarnation Christi bezieht, fand im 15. Jh. und zu Beginn des 16. Jahrhunderts in Bild, Reliquienkult und Wallfahrtswesen ihren Höhepunkt. Nikolaus, Bischof von Myra in Lykien in der ersten Hälfte des 4. Jahrhunderts, war rechts aufgestellt und erschien hier als Patron der Kirche. Die Linke umfaßt neben dem Rest des einstigen Bischofsstabs ein aufrecht gehaltenes Buch, auf dem die Goldklumpen (heute zwei, ein dritter abgebrochen) liegen, mit denen der Heilige der Legende nach drei Jungfrauen, Töchtern eines verarmten Edelmanns, eine standesgemäße Ehe ermöglichte. Die Rechte des Heiligen war wohl im Segensgestus erhoben.
Einer vergleichbaren Anordnung, wie sie der ehemalige Flügelaltar der Wittenauer Dorfkirche aufwies, mit der stehenden Anna Selbdritt zu seiten der Madonnengestalt im Zentrum des Schreins, begegnet man an einer Reihe von norddeutschen Retabeln. Die Beispiele finden sich gestreut vom östlichen Niedersachsen (Altar aus Riestedt in der Niedersächsischen Landesgalerie Hannover) über Mecklenburg (Lanken) bis in die Mark Brandenburg (außer Wittenau zu erwähnen drei angeblich aus Köpenick stammende Figuren im Märkischen Museum, nach einem Foto im Archiv der Skulpturengalerie SMPK, ferner die Altäre in Teetz (Ldkr. Kyritz) und in Passow (Ldkr. Angermünde); bei diesen Anna im Schrein rechts placiert – (Vertauschung der ursprünglichen Disposition der Nebenfiguren?). Als weiteres brandenburgisches Altarwerk sei der im Bildnerischen aufwendiger gestaltete Hochaltar der ehemaligen Wallfahrtskirche zu Wittstock genannt, bei dem im Schrein eine Darstellung der Marienkrönung von Anna Selbdritt und der hl. Maria Magdalena flankiert ist. Bezeichnend sind immer wieder, allerdings nicht in allen der aufgeführten Fälle, Beziehungen zur Lübecker Kunst des frühen 16. Jahrhunderts wie auch Anlehnungen an den Figurenstil des Würzburger Bildhauers Tilman Riemenschneider (um 1460/65–1531).
Auch die Wittenauer Figuren zählen zur norddeutschen Filiation Riemenschneiderscher Stilauffassung. Sie sind auf Frontalansicht berechnet und von breiter, flächiger Erscheinung. Zu den Seiten hin werden sie durch die vertikale Konturierung klar begrenzt. Im Einklang mit Tendenzen im späteren Werk des Würzburgers liegt den Gestalten eine ganz und gar bildhafte Konzeption zugrunde. Dementsprechend konzentrierte sich die Aufmerksamkeit des Bildschnitzers auf die Darbietung eines zeichnerischen Draperiegefüges, das wegen der hochgerückten Taillen vor allem im unteren Bereich zu einer recht spannungsvollen Entfaltung gelangt. Die durch die Ponderation und

die Rechte des hl. Nikolaus und sein Bischofsstab, von dem nur ein Rest erhalten ist. Ausbrüche ebenfalls an den Plinthen. – Im Bereich des linken Beines von Anna ein großes rechteckiges Stück Holz in den hier ausgesägten Block der übrigen Figur original eingefügt.
Restaurierungen um 1954–1957 und seit 1986.
Berlin, Evang. Kirchengemeinde Alt-Wittenau
Abb. 135
Lit.: R. Bergau, Inventar der Bau- und Kunstdenkmäler in der Provinz Brandenburg (Berlin 1885) 313; – E. Finohr: Evangelisches Gemeindeblatt für Berlin-Wittenau (1932, Juni); – K. Pomplun, Berlins alte Dorfkirchen (6. Aufl. Berlin 1984) 102–103, Abb. 31; – G. Kühne u. E. Stephani, Evangelische Kirchen in Berlin (Berlin 1978) 116; – G. Heinrich, Handbuch der historischen Stätten Deutschlands, 10: Berlin und Brandenburg (2. verb. u. erw. Aufl. Stuttgart 1985) 124.

135. Schnitzfiguren, um 1520 (vor der Restaurierung): Anna Selbdritt, Maria, Nikolaus

Raffung der Gewänder bedingten Hauptmotive, geradlinige, häufig diagonale Züge oder flache Schwünge, sind rhythmisch aufeinander bezogen, durch Brechungen und Dellen belebt und auf diese Weise in ihrer Bestimmtheit entschärft. Zuweilen lösen sich die Falten in splitterigen Formen auf; überhaupt ist die Vorliebe für dünne bis gratige Linien typisch für die Gewandkomposition. Auch in dem Bemühen um sensible Abstufungen innerhalb des Oberflächenverlaufs wird der künstlerische Ausgangspunkt sichtbar.
Was den Typus der Muttergottes betrifft, so könnte man bei Riemenschneider auf dessen späte Madonnen im Volkacher Rosenkranz und im Mainfränkischen Museum Würzburg (in Stein) hinweisen. Vor allem auch die Gestalten der Maria des Creglinger Altarschreins und die im Krieg zerstörte Dorothea der Würzburger Marienkapelle lassen sich als Voraussetzungen heranziehen. Hinsichtlich der Annenfiguren sei als Parallele eine Anna Selbdritt in der Kirche von Wiestedt, wie der schon genannte Riestedter Altar Beispiel einer Riemenschneider-„Nachfolge" im Nordosten Niedersachsens, erwähnt (zum Thema der Anna Selbdritt im Œuvre Riemenschneiders vgl. J. Bier, in: The Journal of the Walters Art Gallery 7/8, 1944/45, 11–37; dort Abbildung des Bildwerks in Wiestedt, Fig. 33). Die riemenschneiderischen Einflüsse auf die märkische Schnitzkunst des frühen 16. Jahrhunderts, die nicht nur an den Beispielen in Wittenau zu beobachten sind, gehen wohl kaum auf unmittelbare Anschauung zurück. Zur Verbreitung von Stilprägungen des Würzburger Künstlers in der Mark Brandenburg haben vermutlich auch bedeutendere Importwerke wie der 1507 vollendete Prenzlauer Hochaltar, Arbeit eines nach Lübeck abgewanderten Riemenschneider-Schülers, und das aus Kloster Lehnin stammende Retabel im Chor des Brandenburger Doms, 1518 datiert, beigetragen. Eine weitere Bewertung und eine genauere Lokalisierung des Schnitzers der Alt-Wittenauer Figuren scheint wegen der fehlenden systematischen Aufarbeitung der altmärkischen Bildnerei zur Zeit nicht möglich.
H. Krohm (Berlin)

41.
Kirchentruhe aus der Dorfkirche Lübars
Alter unbekannt
Holz mit Eisenbeschlag
Br. 45 cm; L. 74 cm; H. 48 cm
Truhen waren die wichtigsten Kastenmöbel im Mittelalter – notwendiger als Stuhl und Bett, weil sie beide ersetzen konnten, und dienten zur Aufbewahrung von Kleidern, Wäsche und anderen Kostbarkeiten. Die Kirche verschloß in ihnen Gewänder, Altargeräte und auch ihre Urkunden.

Vitrine 10

42.
Johann Stridbeck d.J. (1690)
Die Getraudenkirche
Kopie von Andreas Ludwig Krüger von 1796
lavierte Pinselzeichnung
23,3 × 32 cm
Berlin, Berlin Museum
Vgl. zur Gertraudenkirche S. 146

Vitrine 11

43.
Urkunde von 1282 Dezember 17 – mit Text- und Siegelverlust beschädigt.
Pergament, 31 × 18 cm
Lateinisch
Berlin Spandau, Stadtgeschichtliches Museum, Archiv (IV U/14)
Druck: Kuntzemüller, S. 82
Regest: Schulze II, S. 3
Schöffen und Rat von Spandau geben bekannt, daß die Bischöfe von Brandenburg, Preußen, Lebus, Kammin und Havelberg je 40 Tage sowie der päpstliche Legat Hugo 60 Tage Ablaß denjenigen gewährt haben, die zum Aufbau des Heiliggeistspitals beitragen. – Typisches Beispiel für die Förderung karitativer Einrichtungen durch die Gewährung von Ablässen.
Älteste erhaltene urkundliche Äußerung des Spandauer Rats.

44.
Urkunde von 1305 Februar 24
Pergament mit angehängtem Siegel des Ritters Busso Gruelhot, 2. Siegel des Markgrafen ist verloren
32 × 18,8 cm
Berlin, Geheimes Staatsarchiv PK (VII. HA Nr. 404)
Druck: CDB I, 11, S. 16f. Nr. 22
Regest: Krabbo Nr. 1950
Markgraf Hermann von Brandenburg und Busso Gruelhot schenken das Patronatsrecht der Kirchen im Dorfe Dahlewitz und im Dorfe Groß-Kienitz dem Krankenhaus (infirmarie) der Marienkirche des Nonnenklosters in Spandau. – Beispiel für die Förderung kirchlich-karitativer Einrichtungen mittels Überlassung von Patronatsrechten durch weltliche Herren.

45.
Urkunde von 1307 Oktober 13
Pergament mit angehängtem Siegelrest des Markgrafen und leicht beschädigtem Siegel des Busso Gruwelhut,
32 × 18,8 cm
Lateinisch
Berlin, Geheimes Staatsarchiv PK (VII. HA Nr. 405)
Druck: CDB I, 11, S. 17f. Nr. 24
Regest: Krabbo Nr. 2032
Markgraf Hermann von Brandenburg übereignet 4 von seinem Truchseß, Busso Gruwelhut, geschenkte Hufen im Dorfe Wustermark der Lazaruskapelle, die im Felde bei Spandau zur Aufnahme von Aussätzigen (pro lepra percussis) errichtet ist. – Der von Geschwüren bedeckte Lazarus des Neuen Testaments (Luk. 16, 19–31) wurde im Mittelalter als Patron der Aussätzigen verehrt. Die nach ihm benannte Kapelle vor Spandau ging bald im Georg-Spital auf.

Vitrine 12

46.
Urkunde von 1299 Juli 4
Pergament, 22 × 16 cm, o. Siegel
Lateinisch
Berlin, Geheimes Staatsarchiv PK (VII. HA Nr. 403)
Druck: CDB I, 11, S. 15 Nr. 20
Regest: Krabbo Nr. 1754
Markgraf Hermann von Brandenburg weist seine Beamten und Vögte (officialibus seu advocatis) an, die Einwohner seines Landes, die ihre Kinder im Nonnenkloster Spandau unterrichten lassen, die Kosten dafür aber mangelhaft oder mit großer Verspätung zahlen, sofort zu pfänden.
Früheste Nachricht über Unterricht und Schulgeld im Raum Berlin. – 1541 bestimmten die Visitatoren, daß für Aufnahme und Unterricht von jungen „Meidlein“ jährlich 4 Schock „Kostgeld, wie von Alters geschehen“, in das Kloster zu geben seien (CDB I, 11, S. 142).

Vitrine 13.

47.
Schreibtäfelchen mit Wachseinlage und eingeritztem Buchstaben „d“,
Holz und Wachs
L 6,7 cm; B 3,3 cm; Dicke 0,5–0,6 cm
14./15. Jh.
Freiburg, Abortgrube des Klosters der Augustinereremiten
Freiburg, Landesdenkmalamt Baden-Württemberg
Lit.: B. Bischoff, Paläographie des römischen Altertums und des abendländischen Mittelalters (= Grundlagen der Germanistik 24), Berlin 1979, S. 26ff. – P. Schmidt-Thome, in: Ausgrabungen auf dem Augustinerplatz, Museum für Ur- und Frühgeschichte, Die kleine Ausstellung 1, hrsg. von G. Biegel, Freiburg 1983, 14.
Wachstafeln dieser und ähnlicher Art waren seit der Antike bis weit in die Neuzeit, vor allem aber im Mittelalter weit verbreitet. Sie wurden in den Schulen benutzt und dienten – mit oder ohne Griff, mit ein- oder beidseitiger Wachsauflage – für Konzepte sowie im Rechnungswesen. Wurden zwei oder mehr Tafeln zusammengefaßt, spricht man von Diptychen oder Polyptychen bzw. von Wachstafelbüchlein.

Vitrine 14

48.
Schulszene: Lehrer mit zwei Schülern
Holzschnitt, Nürnberg um 1500
Initiale (4 × 4,8 cm) aus dem Titelblatt der Editio prima Donati grammatici urbis Rome, Nürnberg, Hieronymus Holtzel o.J.
Berlin, Staatsbibliothek PK Handschriftenabteilung (Inc. 1931)
Donatus Aelius, um 350 Lehrer des hl. Hieronymus, verfaßte u.a. eine „Ars minor“, eine Grammatik, die über das Mittelalter hinaus das Hauptlehrbuch im Elementarunterricht war, so daß der „Donat“ zur Bezeichnung für „lateinische Sprachlehre“ wurde. Schulszenen wurden gerne in Inkunabeln und Frühdrukken der lehrhaften Literatur abgebildet, hier in der kleinen Form einer Initiale mit wenigen Schülern.

49.
Schulszene: Lehrer mit neun Schülern
Holzschnitt 13,6 × 11,5 cm
Titelblatt von: Cathonis carmen de moribus per Anthonium Mancinellum correctum, Nürnberg, Hieronymus Holtzel MCCCCC (1500)

Berlin, Staatsbibliothek PK
Handschriftenabteilung (Inc. 1929)
Lit.: W. L. Schreiber u. P. Heitz, die deutschen „Accipies“ und „Magister cum discipulis“ Holzschnitte (= Studien zur deutschen Kunstgesch. 100), 1908 (ND 1973), bes. S. 50 und Abb. 73; E. Reicke, Magister und Scholaren. Illustrierte Geschichte des Unterrichtswesens, Leipzig 1901 (3. ND 1979); H. Kühnel, Alltag im Spätmittelalter, 2. Aufl. Graz u. a. 1985, bes. S. 169 ff.
Die „Dicta“ oder „Disticha“ Catonis, ein im 3. Jahrhundert nach Christus entstandenes Handbüchlein der Moral und der Lebensführung, waren im Mittelalter in mannigfacher Bearbeitung meist in Versform, lateinisch und lateinisch-volkssprachlich, vornehmlich als Schulbuch, weit verbreitet. Der hier vorliegende Druck enthält die Tugend- und Sittenratschläge in lateinischen und deutschen Versen. Der im Titel als Bearbeiter genannte Antonius Mancinellus (1452 bis nach 1503) war ein in Veletri geborener italienischer Humanist und Grammatiker und kommt allenfalls für die lateinischen Verse in Frage. – Hieronymus Holtzel besaß einen Holzstock, den er nicht nur für das hier ausgestellte Buch, sondern auch für andere Drucke verwendete. – Eine große Rolle auch im Berliner Schulunterricht spielte das Singen, das beim Gottesdienst, bei Beerdigungen usw. nutzbringend anzuwenden war. Die Notentafel im Hintergrund des Holzschnittes verweist auf diesen Teil des Schulalltags.

Vitrine 15

50.
Urkunde von 1321 Juni 14 und 1332 Mai 9
Pergament, 24 × 17 cm; ein Siegel; ein weiteres verloren
Latein
Berlin, Geheimes Staatsarchiv PK (VIII. HA Nr. 413)
bisher weder Druck noch Regest
Weil es heilbringend ist, für die Toten zu beten, und weil die Kalandsbrüderschaft von der Heide bzw. von Spandau (de merica siue Spandow) sich urkundlich verpflichtete, für ihre Eltern zu beten, haben Albert und Busso Gruelhot mitsamt ihren Erben das Patronatsrecht des Georgsaltars im (gleichnamigen) Spandauer Spital dem Kaland, dem sie selbst auch angehören, überlassen. Albert behält sich vor, bei Freiwerden der Altaristenstelle ein Mitglied des Kalands vorzuschlagen. Nach seinem Tod soll dieses Recht ausschließlich dem Kaland zustehen. Zeugen dieser in Seegefeld (Seghevelt) am 14. Juni 1321 getätigten Schenkung sind der Spandauer Propst Johannes, der Pfarrer von Gr. Ziethen (Siten) Denekin, der als Pfarrer in Bornim (Bernem, das dem Spandauer Kloster inkorporiert war) amtierende Vikar Johannes sowie als weltliche Herren die Brüder Hermann und Konrad von Niebede (Nybede), Ludwig, Heinrich, Henning, Nikolaus und Keppekin von Groeben (Groben), Hilbert und Busso von Falkenrehde (Valkenrede), Otto von Fahrland (Vorlant), Henning von Falkenrehde (Valkenriethe) u. a. m. Am 9. Mai 1332 verspricht der inzwischen mündig gewordene Busso Gruelhot, die Abmachung unverletzt einzuhalten. – Von den beiden Siegeln der Brüder ist nur eines erhalten. – Im CDB I, 11, S. 28 Nr. 38 ist eine entsprechende Urkunde von 1322 Mai 31 und 1332 Mai 9 (aber vom Hg. irrig mit Januar 19 angegeben) gedruckt. Hier lassen die Brüder Gruelhut ihr Patronatsrecht zunächst dem (damaligen Landesherrn und Obereigentümer) Herzog Rudolf von Sachsen auf, der es unmittelbar dem Kaland übereignet.
Beide Urkunden verweisen exemplarisch auf wichtige Elemente der damaligen Frömmigkeit und des Stiftungsrechts.

Vitrine 16

51.
Pilgerzeichen von Wilsnack (Kr. Perleberg)
15. Jh.
Flachguß aus Zinn/Blei
3,2 × 3 × 0,15 cm, Rückseite glatt
bekrönende Kreuze über den beiden oberen Hostien weggebrochen,
gefunden 1953 in Kloster Wienhausen (Kr. Celle) unter der Bohlenauflage des Nonnenklosters
Wienhausen, Kloster Wienhausen (Inv. S. 147 Nr. j)
Lit.: O. F. Gandert, Das Heilige Blut von Wilsnack und seine Pilgerzeichen, in: Festgabe f. Joh. Schultze, Berlin 1970, S. 73–90; H. Boockmann, Der Streit um das Wilsnacker Blut, in: Zs. f. Hist. Forschung 9, 1982, S. 385–408.
Nach einem Brand der Dorfkirche Wilsnack (1383) fand man drei unbeschädigte, geweihte Hostien, die zu bluten schienen (heute weiß man, daß es sich um einen Pilzbefall gehandelt haben muß). Obwohl diese „Bluthostien“ und ihre Verehrung schon damals stark umstritten waren und die Mehrheit der Theologen zu den Wilsnackgegnern zählte, war der Zulauf der Pilger aus nah und fern gewaltig: Zeugnis verdinglichter Frömmigkeit mit ökonomischen Folgen. Die am Wallfahrtsort verkauften Pilgerzeichen wurden zur wichtigen Einnahmequelle. Dargestellt ist auf den drei Hostien jeweils Christus: an der Geißelsäule (unten), am Kreuz (oben links) und bei der Auferstehung aus dem Grab (oben rechts). – Gewiß haben sich auch viele Berliner auf den Weg zum „Heiligen Blut“ gemacht.

Vitrine 17

Ablaßurkunde von 1502 Februar 14 und 1510 April 19
Pergament, 59 × 29,2 cm mit Siegel des Bischofs von Brandenburg und Siegelschnur des abgeschnittenen Siegels des ausstellenden Kardinals
Lateinisch
Berlin Spandau, Stadtgeschichtliches Museum, Archiv (U/83)
Regest: Schulze II. S. 33
Der Kardinal und päpstliche Legat Raimund (Peraudi, Bischof von Gurk) verspricht 100tägigen Ablaß denjenigen, die zum Marienaltar in der Spandauer Pfarrkirche („in Parrochiali ecclesia in Spandaw, Z. 4) etwas beitragen. Halberstadt, 1502 Febr. 14. – Auf dem Umbug der Urkunde (unten links) bestätigt Bischof „Hieronimus“ (d. i. Hieronymus Schultz, 1507–1521) diesen Ablaß in seiner Residenz Ziesar und hängt auch sein Siegel an. Ziesar, 1510 April 19.

53.
Brief von 1513 März 19
Papier, 22 × 23 cm
Deutsch
Berlin Spandau, Stadtgeschichtliches Museum, Archiv (IV U/120)
Druck: CDB I, 11, S. 130 f. Nr. 176
Regest: Schulze II, S. 35.
Markgraf Albrecht (der jüngere Bruder Joachims I. und spätere Kardinal) zeigt dem Spandauer Rat an, daß er den geistlichen Stand angenommen hat, und lädt ihn ein, an seiner ersten Vesper und Messe in Berlin am 2. bzw. 3. April teilzunehmen.

54.
Mandat von 1521 März 10
Abschrift aus dem Jahr 1524
Papier, 32 × 44 cm
Deutsch
Berlin Spandau, Stadtgeschichtliches Museum, Archiv (U/88)
Druck: E. Fidicin 4, Berlin 1842, S. 236–238 (Anm.)

Mandat Kaiser Karls V. an alle Angehörigen „des heilligen Reichs“, Martin Luthers Schriften bis auf weiteres einzuziehen, nicht zu drucken und zu verbreiten. Kurfürst Joachim hatte dieses in Worms beschlossene Mandat vom 10. März 1521 in „wahrhafftige(r) Abschrifft“ einem Verbot vom 25. August 1524 (abgedruckt bei Fidicin 4, S. 235–238) beigefügt, in dem er auf Befehl des Kaisers alle Einwohner der Mark an die Wormser Verfügung erinnerte. – Druck des Mandats von 1521 in: Deutsche Reichstagsakten. Jüngere Reihe, Bd. 2, 1896 (ND 1962), S. 529–533 Nr. 75, wo aber die hier ausgestellte Abschrift von 1524 nicht genannt ist.

55.
Mandat von 1526 Juni 17
Papier, 21,5 × 34 cm
Deutsch
Berlin Spandau, Stadtgeschichtliches Museum, Archiv (IV U 91)
Druck: Fidicin 4, S. 250f. (mit falschem Datum: Juni 15)
Regest: Schulze II, S. 39
Kurfürst Joachim befiehlt bei schwerer Strafe allen Einwohnern der Mark, „der hilligen Christlichen Kirchen alt ordenung zu halten“, Luthers Lehre nicht anzuhängen und die deutschen Lieder Luthers und seiner Anhänger nicht zu singen. – Eine weitere scharfe Anordnung „wegen der luttherischen Ketzereyen“ ergeht am 4. Juli 1527 (Druck bei Fidicin 4, S. 251 f.).

Vitrine 18

56.
Kelch aus der Dorfkirche Kladow
um 1500
Silber vergoldet
H 18,9 cm; Dm Fuß 15 cm
Berlin, Evangel. Kirchengemeinde Kladow
Der Kelch wurde ausweislich des am Fußrand umlaufenden Inschriftenbandes im Jahre 1520 von einem Dominus BURCHARDUS restauriert. Da die Bezeichnung dominus (Herr) dem Adel oder der Geistlichkeit vorbehalten war, Kladow aber dem Kloster Spandau gehörte, war es vielleicht der Ortspfarrer, der den Kelch aufarbeiten ließ.
Der Sechspassfuß des Kelches trägt eine eingravierte Christusdarstellung, die das Leiden und die Auferstehung Jesu symbolisiert. Der sechskantige Schaft ist durch einen reich mit Ornamenten verzierten Nodus (Knoten zum Anfassen) gegliedert. Unter dem Nodus tragen die Schaftflächen die Buchstabenfolge MARIA; über dem Nodus IHESUS.
Ein knapper Korb aus plastischem Blattwerk faßt die Cuppa (Trinkschale).

57.
Kelch aus der Kirche von Heinersdorf, Kr. Lebus (Brandenburg)
Danzig (?), um 1480/90
Silber, getrieben, gegossen, graviert und vergoldet; Drahtemail Höhe: 17,2 cm
Berlin, Kunstgewerbemuseum SMPK, Inv. Nr. 89, 12
Lit.: Die Kunstdenkmäler des Kreises Lebus (Die Kunstdenkmäler der Provinz Brandenburg, Band VI, Teil 1). Berlin 1909, 132, 135, Taf. 19. – Sandor Mihalik, Denkmäler und Schulen des ungarischen Drahtemails im Ausland, in: Acta Historiae Artium Academiae Scientarum Hungaricae, 5, 1958, 94ff. – Johann Michael Fritz, Gestochene Bilder, Gravierungen auf deutschen Goldschmiedearbeiten der Spätgotik. Köln – Graz 1966, 454 Nr. 72. – Ders., Goldschmiedekunst der Gotik in Mitteleuropa. München 1982, 301 Nr. 831. – Kinga Szczepkowska-Naliwajek, Złotnictwo gotyckie na Pomorzu Gdańskim, ziemi Chełmińskiej i na Warmii, Nr. 4 (im Druck).

Der Kelch von Heinersdorf sieht auf den ersten Blick wie viele ähnliche Meßkelche aus, die sich in überraschend großer Zahl aus dem späten Mittelalter erhalten haben. Wie diese besteht er aus einem recht breiten sechspassigen Fuß, aus dem der aus zwei sechseckigen Teilen bestehende Schaft herauswächst. Dazwischen ist als Handhabe ein kräftiger Knauf eingefügt, aus dem, entsprechend der auf der Sechszahl beruhenden Konstruktion, sechs rautenförmige Zapfen, die sogenannten Rotuli, herausragen. Über dem oberen Schaftstück folgt die sich stark verbreiternde glatte Cuppa (Trinkschale), die von einem korbartigen Unterfang gehalten wird. Auch in seiner verhältnismäßig geringen Höhe unterscheidet sich der Kelch nicht von vielen ähnlichen Werken der Spätgotik. Betrachtet man den Kelch jedoch genauer, so entdeckt man eine ganze Reihe von Besonderheiten, die ihn aus der Menge der schlichten Kelche seiner Zeit herausheben.
Als erstes sind die figürlichen Gravierungen auf dem Fuß zu nennen, der gerade im 15. Jahrhundert häufiger in dieser zurückhaltenden Technik geschmückt wurde, deren Darstellungen meist nur bei günstigem Lichteinfall deutlich hervortreten. Fünf Felder des wie eine sechsblättrige Rose aussehenden Fußes zeigen in Halbfiguren fünf Heilige, die verhältnismäßig einfach mit kräftigen Umrissen, unterstützt nur durch wenige modellierende Striche, wiedergegeben sind. An ihren Attributen sind erkennbar die Heiligen Jakobus mit Pilgerstab und Hut, Barbara mit Turm und Schwert, Maria mit dem Jesuskind im Arm, Katharina mit Rad und Schwert und Bartholomäus mit dem Messer. Der sechste Paß zeigt einen plastisch aufgelegten Kruzifix, das Kreuz selbst mit INRI-Tafel ist graviert, und die ebenfalls plastisch aufgelegten Figürchen der trauernden Maria und Johannes. Da die Apostel Jacobus maior und Bartholomäus an vornehmster Stelle rechts und links der Kreuzigungsgruppe erscheinen, mag ihre Darstellung auf besonderen Wunsch des unbekannten Stifters zurückgehen.

136. Kelch aus der Kirche von Heinersdorf, Brandenburg, um 1480/90

Zum zweiten ist bei Kelchen die Anbringung von winzigen Figürchen am Schaft, dessen Kanten durch vorgeblendete Pfeiler betont werden, selten. In den auf diese Weise gebildeten Nischen stehen durch Heiligenscheine ausgezeichnete Statuetten, vermutlich Propheten oder Apostel, die, ein Schriftband in den Händen, offenbar alle nach demselben Modell gegossen sind.
Drittens ist noch ein ungewöhnlicher Dekor zu nennen, der sich am Übergang vom Fuß zum Schaft, am Knauf und im unteren Teil des Korbunterfanges der Cuppa befindet. Dort erkennt man in buntem Email, in Dunkelblau, Schwarz, Rotbraun, Grün und Weiß, Blüten und Ornamente, die in der Technik des sogenannten „ungarischen Drahtemails" gearbeitet sind. Diese Technik, die sich in Italien im Laufe des 14. Jahrhunderts ausgebildet hatte, wurde in Ungarn während des 15. Jahrhunderts zu hoher Blüte geführt. Sie ist in gewisser Weise dem Zellenschmelz verwandt, nur werden statt der Stege aus dünnem Blech gedrehte Silberdrähte aufgelötet, die das Muster ergeben. Beim Brand sinkt dann die Emailmasse etwas ein, so daß sie wegen der überstehenden Drähte nicht mehr geschliffen werden kann.
Unter den recht zahlreich überlieferten, meist ziemlich schlichten Kelchen der Mark Brandenburg läßt sich kein einziger finden, der dem von Heinersdorf verwandt ist. Vielmehr muß dieser, vor allem wegen des „ungarischen Drahtemails", in einer anderen Region entstanden sein. Zum Glück läßt sich eine größere Gruppe von Kelchen anführen, die erstaunlich viele Gemeinsamkeiten mit dem Heinersdorfer aufweisen. Vor allem zwei ebenso reich gestaltete Werke sind zu nennen: 1. ein 1488 datierter Kelch in Barczewo (ehemals Wartenburg, Ermland), den Balthasar Stockfisch, Domherr von Ermland (1482–1489) gestiftet hat, und 2. ein seit 1945 verschollener Kelch in Rössel (Reszel), der auf Grund des Wappens eine Stiftung des Bischofs von Ermland, Lukas Watzelrode (1489–1512) war.
Die Gemeinsamkeiten der drei Werke sind so groß, daß man sogar ihre Entstehung in derselben Werkstatt vermuten darf. Einige der gravierten Heiligenfiguren stimmen so genau überein, daß sie nicht nur nach denselben Vorlagen, sondern wahrscheinlich sogar mit Hilfe eines papierenen Reibeabdruckes, der von einer solchen Gravierung genommen wurde, übertragen worden sind. Der Wartenburger Kelch besitzt zudem einen ähnlichen Knauf; der Kelch von Rössel zeigte fast identische Schaftstücke, deren kleine Figuren durch ihre Attribute deutlich als Apostel gekennzeichnet sind.
Schließlich sind diese beiden Kelche wie auch der Heinersdorfer am Schaftansatz, am Knauf und am Korbunterfang der Cuppa mit „ungarischem Drahtemail" geschmückt. Auf Grund weiterer Übereinstimmungen mit anderen Kelchen im ehemaligen Ost- und Westpreußen läßt sich sagen, daß die ganze Gruppe um 1480/90 in diesem seit dem zweiten Frieden von Thorn (1466) zum Königreich Polen gehörenden Land entstanden sein muß, wahrscheinlich in Danzig als dem bedeutendsten künstlerischen Zentrum, in Elbing oder einer anderen Stadt. Jedenfalls war im „Königlichen Preußen", wie die polnische Bezeichnung lautet, die Technik des Drahtemails bekannt, das seinen Weg von Ungarn über Krakau und Breslau bis in den Norden genommen hatte.
Wie der kostbare, einem Domherrn oder Bischof wohl anstehende Kelch in die kleine Kirche von Heinersdorf gelangt ist, läßt sich nicht feststellen. Wahrscheinlich ist er ursprünglich nicht für diese geschaffen worden. Denkbar wäre, daß der am Knauf noch mit Steinen und Perlen besetzte Kelch von Mitgliedern des Domkapitels von Lebus gestiftet worden ist, einer Diözese, die als Suffraganbistum bis 1420 zur Erzdiözese Gnesen gehörte. Vielleicht ist der Kelch, der ursprünglich bei der Messe und nach der Reformation beim Abendmahl verwendet wurde, auch erst in späterer Zeit nach Heinersdorf geschenkt worden.
J. M. Fritz (Heidelberg)

137. Taufschale aus der Dorfkirche Lankwitz, Anfang 16. Jh.

58.
Taufschale aus der Dorfkirche Berlin-Lankwitz
Beckenschlägerschüssel, Messing.
Deutsch (Nürnberg?) Anfang 16. Jh.
Dm 40 cm, H 5,8 cm, Materialstärke ca. 1,8 mm, Gewicht ca. 1650 g
Berlin, Evangel. Kirchengemeinde Lankwitz
Lit.: G. Bergholz, Die Beckenwerkergilde zu Braunschweig, Braunschweig 1954. W. Dexel: Das Hausgerät Mitteleuropas, 1973. H. P. Lockner, Das Handwerk der Beckenschläger. Zu den in Negative geschlagenen Messingschüsseln des 15. und 16. Jahrhunderts, in: Kunst und Antiquitäten 1977/1. ders., In der Fälscherwerkstatt. Auf den Spuren der Nachahmer von Beckenschlägerschüsseln; in: Kunst und Antiquitäten 1978/2. ders., Messing. 15.–17. Jahrhundert, 1982. H. Stegmann, Zur Geschichte der Herstellung und Verzierung der geschlagenen Messingbecken; in: Mitteilungen aus dem Germanischen Nationalmuseum I, II (1899) 11 ff. A. Walcher v. Moltheim, Geschlagene Messingbecken; in: Altes Kunsthandwerk I, 1 (1927) 9 ff.
Abb. 137

„1 Taufschale, schöne Messingtreibarbeit des 17. Jahrhunderts mit Darstellung von Adam und Eva. Reiches Rankenwerk und ein sich immer wiederholender Text: ZEITGELUEKEMBARTAL, als fortlaufendes Schriftband.“ – So lesen wir im Kircheninventar der Evangelischen Dorfkirchengemeinde in Berlin-Lankwitz (Bezirk Steglitz).
Daß die dort immer noch in Verwendung stehende Schüssel schon als „schöne Messingtreibarbeit“ aber nicht eigentlich als Taufschale hergestellt wurde, daß die Datierung in das 17. Jahrhundert für diese Arbeit viel zu spät angesetzt und daß schließlich der umlaufende „Text“ in dieser Form nicht lesbar ist, soll folgend eine kurze Darstellung finden.
Die allgemeine Abhandlung dieses kunsthandwerklichen Gerätetyps der sog. Beckenschlägerschüsseln wurde bereits mehrfach vorgenommen (siehe Literaturangaben).
Die oftmals angegebene Provenienz „Nürnberg“ als Herstellungsort sämtlicher Beckenschlägerschüsseln ist durch nichts gesichert, allerdings für einen Großteil dieses Gerätetyps sehr wahrscheinlich. Spätestens ab 1500 gehen wir davon aus, daß die Stadt Nürnberg d e r messingverarbeitende Ort in Deutschland ist. Nachdem eines der Hauptzentren der Bronze- und Messingverarbeitung – Dinant im Bistum Lüttich – 1466 durch den Herzog von Burgund (Philipp der Gute) zerstört wurde, kommt die Produktion von Messinggerät unter anderem auch in Nürnberg in Schwung. Eine Folge davon ist, daß der Nürnberger Rat 1493 den Beruf des Messingschlägers in den Stand erhob, d. h. wählbare und geschworene Meister für dieses Handwerk zuließ. Beckenschlägerschüsseln wurden nachweislich allerdings auch in Norddeutschland (Aachen, Braunschweig, Lübeck) gefertigt.
Im berühmten Ständebuch des Hans Sachs kommt der „Beckenschlager“ 1568 zur Abbildung. In der Versunterschrift heißt es:

Ein Beckschläger bin ich genannt /
Mein Beckn führt man in weite Land /
Allerleyart / groß und auch klein /
Von gutem Messing gschlagen rein /

Gestempfft mit bildwerck / gwechß vn̄ blū /
Einestheils jr Spigel glatt auff tum /
Wie groß Herrn und Balbierer han /
Auch gring / für den gemeinen Mann.

Der hierin enthaltene Hinweis auf den Export von deutschen Beckenschlägerschüsseln „in weite Land" ist in Bezug auf große Vorkommen vor allem auf der Iberischen Halbinsel, in Frankreich aber auch in England, Skandinavien und Rußland interessant und zeigt die Beliebtheit dieser Metallarbeiten vor allem in der Regierungszeit Karls V. (1519–1556). Größere Aufkommen von Beckenschlägerschüsseln mit der Herkunftsangabe „Südamerika" können wohl auch nur im Zusammenhang mit spanischen Einwanderern seit dieser Zeit stehen.

Die neuere Literatur über Beckenschlägerschüsseln unterscheidet inzwischen mehrere aufeinanderfolgende Gruppen von Becken aus Deutschland. Dutzende von verschiedenen Mittelmotiven und Kombinationen von Punzornamenten um das Mittelfeld oder auf dem Rand sind bekannt geworden. Auch unterscheiden sich die Schüsseln wesentlich nach Gesamtdurchmesser, Randbreite und Tiefe. Was die frühen Becken des 15. und 16. Jahrhunderts gemeinsam haben, ist die kräftige Materialstärke, die später bei den verschiedensten Produktionen des 17. und 18. Jahrhunderts erheblich abnimmt. Ein Umbörteln des äußeren Schüsselrandes um einen offenen Eisenring aus Stabilitätsgründen wird dann fast obligatorisch. Verwirrung bringt allerdings die Tatsache, daß auch schon frühe Becken um oder kurz nach 1500 gelegentlich diesen Eisenring im Rand enthalten. Somit bietet dieser Hinweis auf den ersten Blick keine Datierungshilfe. Vielen Beckenschlägerschüsseln gemeinsam jedoch ist ein Loch im Randbereich, in dem eine Metallklammer mit einem Ring für die Wandaufhängung angebracht war, die oftmals wenig Rücksicht auf eine richtige Ausrichtung der Darstellungen nimmt.

Die dekorierten Beckenschlägerschüsseln des 15. und 16. Jahrhunderts sind bis heute materialtechnisch nicht näher untersucht, was denn auch eine Anzahl von offenen Fragen hinterläßt. So sind bisher keine vergleichenden Materialanalysen greifbar, die etwa Unterschiede des verwendeten Messings in den einzelnen Regionen herauskristallisieren könnten. Ebenso fehlen gezielte herstellungstechnische Untersuchungen, die in der Lage wären, einzelne Werkstätten aufgrund von Bearbeitungsspuren einzukreisen. Auch fehlen bislang Belege für die großen Mittelnegative oder anderer Dekorpunzen, die zur Ornamentierung in großer Zahl vorhanden gewesen sein müssen.

Das Adam- und Evamotiv der Lankwitzer Schüssel ist unter den bislang bekannt gewordenen biblischen Mittelmotiven das am häufigsten verwendete. So sind auch tatsächlich Schüsseln mit Abbildungsvarianten dieses Typs gelegentlich als Taufschalen in Kirchen anzutreffen. Eine andere, an den Anfang des 16. Jahrhunderts zu datierende Beckenschlägerschüssel mit dem Mittelmotiv der „Mariä Verkündigung" und zwei umlaufenden Schriftbändern, befindet sich ebenfalls als Taufschale in einer Dorfkirche Berlins – in Alt-Britz. Eine hierauf befindliche nachträglich angebrachte Datierung des Stifters Friedrich Müller u. a. 1661 interpretiert auch dieses Becken mindestens einhundert Jahre zu jung.

Es gibt keine Hinweise auf eine Herstellung der mit biblischen Szenen ornamentierten Beckenschlägerschüsseln für den kirchlichen Gebrauch. Die zum Abschlag kommenden Motive aus dem Alten und Neuen Testament entsprechen vielmehr einem Zeitgeschmack, der in diesen Messingarbeiten einmal mehr eine Reproduktions- und Verbreitungsmöglichkeit wahrnimmt. Die Motivvorlagen mögen von zeitgenössischer Graphik (Holzschnitte etc.) stam-

men, die in jener Zeit vor allem in der applikenreichen Keramikproduktion (Köln, Siegburg, Frechen u. a.) großen Einfluß nimmt.
So war der Verwendungszweck der Beckenschlägerschüsseln zwar nicht festgelegt, doch kann man davon ausgehen, daß der Großteil der stark reliefierten Becken blank aufpoliert als Wandschmuck und Raumaufheller gedient hat. Hochpoliertes Messing erfüllt durch die Reflektion einer Lichtquelle (Kerze oder Tages- bzw. Sonnenlichteinfall) hervorragend spiegelnde Eigenschaften, die man sich gerade im 16. Jahrhundert durch die Einführung von überwiegend aus Messing bestehenden Metallgerätschaften geschaffen hatte. Der Verwendung der Becken im normalen Hausgebrauch etwa als Blut-, Servier- und Obstschüssel steht ebenfalls nichts entgegen, jedoch mag dies eher auf weniger dekorierte Beckenschlägerschüsseln zutreffen.
Fast alle Messingbecken wurden somit mehr oder weniger stark geputzt, was in Einzelfällen bis zur vollkommenen Unkenntlichkeit der Mittelmotivdetails geführt hat, oder gar zu Löchern besonders auf erhabenen Stellen sowie Rißbildungen an den Kanten der aufgehenden Schüsseln. Auch die Lankwitzer Schüssel ist besonders an jenen hochplastischen Partien „durchgeputzt" und von der Rückseite her immer wieder mit Zinn oder Blei, in einem Fall auch mit rotem Siegellack repariert worden. Die Funktion als Taufschale machte dies natürlich unerläßlich! Über größere Risse wurden ebenfalls auf der Rückseite Messingbleche aufgelötet.
Die kunstgeschichtlich und zeitlich interpretierbaren Ornamente auf den Beckenschlägerschüsseln sind durch ihre lange Verwendungsdauer genau besehen als „terminus ante quem" für eine genaue Datierung außer Kraft gesetzt. Andere Datierungshilfen in Form von Merkzeichen (Marken) auf den Becken selbst sind bisher nicht bekannt geworden. Jahreszahlen in den Matrizen der Schriftbänder, wie sie in wenigen Fällen vorliegen, sind, ähnlich wie bei den Appliken von Keramiken als feste Datierung ebenso nur bedingt brauchbar. So ist es denkbar, daß durch das Tradieren von Form und Technik der Typ der Lankwitzer Schüssel eben auch aus einer Serienproduktion – was die Beckenschlägerschüsseln ja eindeutig waren – erst aus der 2. Hälfte des 16. Jahrhunderts stammen kann.
Auch das umlaufende „Schriftband" hilft hier leider nicht weiter, da man inzwischen weiß, daß die Wortbruchstücke (einzelne Matrizen) scheinbar ganz wahllos zu einem Buchstabenkranz nebeneinander geschlagen wurden. Allerdings fällt gerade die Lankwitzer Beschriftung in Varianten auf, die in der Fachliteratur bereits vor langer Zeit diskutiert wurden.
Die Umstellung der Buchstabenkombination aus dem Kircheninventar von Alt-Lankwitz ergibt ein EMBART ALZEIT GELUEK, was mit anderen Kombinationen wie ICH WART ALZEIT GELUCK oder ALZ ICH WART GELUCK doch verwandt scheint. Sind dies etwa Hinweise auf ein und diesselbe Werkstatt? Nur wenige Schüsseln sind erhalten, deren Schriftbänder eine klare Deutung bzw. Lesung zulassen. Wird man sich also vorerst der Meinung anschließen müssen, daß die Beckenschläger wahllos in ihre über Jahrzehnte durch Verlust (?) reduzierten Schriftmatrizenbestände griffen und diese ohne Zusammenhänge zum Abschlag brachten? Diese Lösung scheint etwas unbefriedigend, jedoch für die Massenproduktion der Messingbecken des 16. Jahrhunderts durchaus denkbar.
Auf ein Jahrzehnt genau wird es uns deshalb nicht gelingen, die Taufschale aus der Dorfkirche Alt-Lankwitz einordnen zu können, jedoch gilt es durch den Typenvergleich und die herstellungstechnische Untersuchung als gesichert, daß diese Beckenschlägerschüssel aus der Produktion der ersten Hälfte des 16. Jahrhunderts stammt, eher wohl noch um oder kurz nach 1500.
H. Born (Berlin)

Vitrine 19

59.
Rosenkranz
17./18. Jh.
Knochen, Leinen
Amberg, Museum der Stadt Amberg/Oberpfalz (N 0327)

60.
Halbfabrikate und Knochenperlen von der Ringherstellung für Rosenkränze
Knochen, L 6,6–9,5 cm
Konstanz
Konstanz, Landesdenkmalamt Baden-Württemberg

61.
Clemens Lossow, Rosarius
o. O. u. J. (Leipzig, Lukas Brandis 1486)
Latein
Berlin, Staatsbibliothek PK, Handschriftenabteilung (Inc. 1921/7)
Lit.: F. Bünger, Zur Mystik und Geschichte der märkischen Dominikaner, Berlin 1926, bes. S. 113ff.
Der Dominikaner Clemens Lossow ist 1477 und 1478 als Leiter (lector regens) des Generalstudiums seines Ordens in Cölln nachweisbar, nahm also an der Spree zeitweilig eine wichtige Stellung ein. Später war er Professor der Theologie, Vikar der sächsischen Ordensprovinz und Inquisitor. Als eifriger Förderer des Reliquienkultes und der Lehre von der jungfräulichen Empfängnis Marias stiftete er eine Rosenkranzbruderschaft und verfaßte in diesem Sinne u. a. den „Rosarius beate virginis", eine Zusammenstellung von sieben Predigten (Sermones). In der vierten Predigt (auf Blatt [8v] und [9r] des ohne Seitenzählung gedruckten Werkes – für die Ausstellung aufgeschlagen) erzählt er die erbauliche Geschichte von einem bösen Berliner Goldschmiedegesellen, der dank des Rosenkranzgebetes und der Ermahnung durch die Gottesmutter bekehrt wird: Ein für die Frömmigkeitsgeschichte und den Dominikanerorden aufschlußreicher Text.

62.
Epitaph des Johann Graf von Hohenlohe vor 1420
Öl auf Holz, 176 × 122 cm
Berlin, Kirche Alt-Buckow
ehem. Franziskanerklosterkirche
Berlin, Das Konsistorium der Evangelischen Kirche Berlin Brandenburg
Lit.: Julius Kurth, Die Altertümer der St. Nikolai-, St. Marien- und Klosterkirche zu Berlin, Berlin 1911, S. 129f.
Das Epitaph (Totentafel) des Johann von Hohenlohe ist das älteste Bild, das ein Hohenzoller in der Mark gestiftet hat. Friedrich I. ließ es für den am 24. Okt. 1412 im Kampf gegen die Pommern am Kremmer Damm gefallenen Grafen in der Franziskanerkirche aufhängen. Das Votivgemälde zeigt auf blauem Grund stehend Christus mit den am Kreuz empfangenen Wunden, aus denen Blut in einen Kelch spritzt. Vor ihm kniet anbetend mit umgürteten Schwert, einen Pelzmantel um die Rüstung gelegt, der jugendliche Graf. Darüber das hohenlohesche Wappen.
Umrahmt wird das Bild von einer gelben, in gotischen Buchstaben gemalten Inschrift, die das Todesdatum „Johans. von. hohenloch. dem got. genade", angibt.

Vitrine 20

63.
Besiegelte Mitteilung des Basler Konzils an den Rat der Stadt Spandau von 1435 August 27
Pergament 50,5 × 28 cm
Lateinisch
Berlin Spandau, Stadtgeschichtliches Museum, Archiv (IV U/58)
Druck: Fidicin, Beiträge 4, S. 147–149 und CDB I, 11, S. 94 Nr. 132
Regest: Schulze II, S. 19f.
Auf dringende Bitten von Rat und Bürgerschaft der Stadt „Spandow" übermittelt und bekräftigt das Basler Konzil seine Beschlüsse aus der 20. Sessio vom 22. Januar 1435 (Ad vitandum scandala und Quoniam ex indiscreta). Danach sollen Personen und Gemeinschaften nur noch als gebannt gelten, wenn sie in einem entsprechenden Urteil direkt genannt wurden oder ihre Exkommunikation notorisch ist. Außerdem sollen Städte und Gemeinde wegen Vergehen von einzelnen Privatpersonen nicht mehr unter das Interdikt fallen.
Spandau war offensichtlich daran interessiert, sich ebenso wie viele andere Städte gegen die mißbräuchliche Anwendung kirchliche Kollektivstrafen abzusichern.

64.
Stephan Bodecker, De decem preceptis und contra Judaeos
Papier, 354 Blatt fol., 24 × 15 cm
Lateinisch
Brandenburg 15. Jh.
Berlin, Staatsbibliothek PK
Handschriftenabteilung
(Ms. theol. lat. fol. 118)
Lit.: Lex. d. Mittelalters 2, München u. Zürich 1983, Sp. 305f.
Stephan Bodecker, der gelehrte und um Reform bemühte Bischof von Brandenburg (1421–1459), nimmt mit seiner ausführlichen Auslegung der zehn Gebote (de decem preceptis, fol. 1r–300r) Bezug auf den gesamten christlichen Lebensbereich.
In seiner Anleitung zu Predigten für die erstrebte Missionierung märkischer Juden (contra Judaeos, fol. 301r–354v) erweist er sich als einer der wenigen kenntnisreichen und begrenzt toleranten Hebraisten seiner Zeit.

65.
Hebräische Bibel mit kleiner Masorah und Pentateuchonklos versweise
(3 Bde.)
Pergament (gr. fol.), 45 × 34 cm
Berlin, Staatsbibliothek PK
Orientabteilung (Ms. or. fol. 5–7)
Lit.: B. Walde, Christliche Hebraisten Deutschlands am Ausgang des Mittelalters, in: Alttestamentl. Abhandlg. 6, 2–3, Münster 1916, bes. S. 30–63.
Die hebräische Bibel enthält Angaben zur Textgestaltung (Masorah) und aramäische Rezension in Versen zu den fünf Büchern Mose. Der Brandenburger Bischof Stephan Bodecker hat das Werk am 14. August 1437 für sein persönliches Studium gekauft und darüber eine Notiz in den ersten Band eingetragen (anno domini MCCCCXXXVII. Ego Stephanus Episcopus Brandenburgensis comparavi hos XXIIII libros ad studium meum pro XXXIII florenis in vigilias assumpcionis gloriose virginis Marie). – Für die Ausstellung sind aufgeschlagen Band 1 (= 5), fol. 1r mit der Eintragung Bodeckers und Band 2 (= 6), fol. 1v mit dem Titelblatt und seinen schön verzierten hebräischen Initialen.

66.
Wörterbuch des Menahem ben Jacob ibn Saruq
Papier und Pergament, 195 Blatt, 31 × 22 cm
Hebräisch 1436
Berlin, Staatsbibliothek PK
Orientabteilung (Ms. or. fol. 120)
Lit.: Encyclopaedia Judaica 11, Jerusalem 1971, Sp. 1305f. (zu Menahem)
Das Wörterbuch des Menahem, auch „Buch der Lösungen" genannt, entstand im 10. Jahrhundert und war eine systematische Zusammenfassung des lexikalischen und grammatikalischen Wissens seiner Zeit in hebräischer Sprache.
Obwohl nicht unumstritten und nicht konkurrenzlos wurde es von europäischen Juden viel benutzt. Einer lateinischen Notiz auf Bl. 1r zu Folge (Ipse scripsit Isaac die I, Ijar mensis, feriis III, anno

Der Berliner Judenprozeß vom Jahr 1510

Die spätmittelalterliche Verfolgungs- und Vertreibungswelle, die das europäische Judentum zu erleiden hatte, ließ in ihrer Vermischung von wirtschaftlichen Motiven, religiösen Vorurteilen und irrationalen Ängsten auch die Mark Brandenburg nicht aus. Anlaß war hier der Diebstahl und angebliche Verkauf geweihter Hostien an einen Spandauer Juden durch einen übelbeleumdeten Schmied, Paul Fromm. Sogleich wurde unterstellt und nach erpreßten „Geständnissen" für wahr gehalten, daß der Jude Hostienfrevel begangen habe und auch anderen Juden in der Mark und darüber hinaus durch Versendung von Hostien oder Hostienteilen die wahrgenommene Gelegenheit gegeben worden sei, sich am Leib Christi zu vergehen. Schnell gesellte sich der zeittypische Vorwurf hinzu, Juden in Berlin und anderenorts hätten Christenkinder zu kultischen Zwecken mißbraucht. Kurfürst Joachim I. zog den Prozeß nach Berlin, wo nach einem formell normgerechten Verfahren am 19. Juli 1510 auf dem Neuen Markt vor der Marienkirche 39 Juden zum Feuertod und zwei zum Christentum übergetretene Angeklagte zur Hinrichtung durch das Schwert verurteilt wurden. Die Geschichte vom Diebstahl der Hostien, vom angeblichen Hostienfrevel und Kindermord, vom Prozeß und von der frommen Gefaßtheit, mit der die Juden in den Tod gingen, beschäftigte noch eine Generation später Katholiken wie Johannes Eck, Protestanten wie Osiander und Juden wie den Rabbi Josel von Rosheim. Vergleichsweise lebhaft war schon die den Ereignissen unmittelbar folgende publizistische Aufbereitung. In den Jahren 1510–1511 sind 7 Drucke zu diesem Thema veröffentlicht worden. 1510 wurden allein 5 nahe verwandte Texte verlegt sowie eine gereimte Version, und 1511 erschien eine weitere ausführlichere Darstellung:

1. Die Schrift schildert knapp den Diebstahl und die angeblichen Vergehen der Juden sowie das Urteil und die Hinrichtung; genauer Titel bei 67 a.

2. Inhaltlich und sprachlich bis auf einige zusammenfassende Kürzungen mit 1 nahezu identisch; genauer Titel bei 67 b.

3. Ein wunderbarlich geschichte. Wye // dye Merckischen Juden das // hochwirdig Sacrament: // gekaufft vñ zu martern // sich vnderstanden. // Anno domini. 1510. // (Getruckt zu Nuremberg durch Hieronymum Hoͤltzel. //) 3 ungezählte Blätter, sonst im wesentlichen identisch mit 2. Vorhanden in der Bayerischen Staatsbibliothek München. Reproduktion durch d. Verlag Friedländer & Sohn, Berlin 1881. Eine Wiedergabe in modernem Drucksatz bei Heiko A. Oberman, Wurzel des Antisemitismus, Berlin 1931, S. 197–200.

4. Identisch mit 3, doch 4 ungezählte Blätter. Vorhanden in der Bayerischen Staatsbibliothek München und Bamberg sowie im Trinity College zu Dublin.

5. (Beschreibung in Anlehnung an Fr. Holtze [wie bei Nr. 67 c] S. 55 f.)
Eyn wunderbarlich / geschichte: wye die Merckischen Jüden / das hochwirdigst Sacrament gekaufft, und zu / martern sich understanden; Durch ein hochgelerten hernn Doctorem / des thuns gegründt: / kürtzlich erleutert / Anno 1510.
4 ungezählte Blätter mit Abbildung eines Sakramentshäuschens als Titelholzschnitt. Abgesehen von der verschiedenen Schreibart einzelner Worte nahezu identisch mit 1. Ein Exemplar befand sich ehedem in der Königlichen Bibliothek zu Berlin; heute in der Staatsbibliothek Berlin (West) nicht nachweisbar.

6. In Anlehnung an einen der 1510 erschienenen Drucke hat wahrscheinlich noch im selben Jahr ein Jacob Winter, der vermutlich mit dem namensglei-

196 milenary sexti ab creatione mundi, scilicet anno Christo 1436, imo 1436) wurde es am 17. April 1436 vom Schreiber Isaac fertiggestellt. Stephan Bodecker hat die Handschrift mit lateinischen und deutschen Randglossen versehen. Sie zeigen durch Übersetzung von Wörtern und Bibelstellen seine gründliche Beschäftigung mit dem Werk – z. B. auf den hier aufgeschlagenen Seiten 168v u. 169r.

Vitrine 21

67.
Drei Frühdrucke zum Berliner Judenprozeß von 1510
a) Eyn wunderbarlich ge = //schichte/ wye die Marckischen Juͤdenn das // hochwirtigst Sacrament gekaufft / vnd zcu // Martern sich vnterstanden: Durch ein hoch = //gelarten Hern Doctoren des thuͤns gegrunt///kortzlich erlewtert. Anno 1510.//
5 ungezählte Blätter mit einem Titelholzschnitt, der eher die Büste eines Landsknechts als die eines Juden darzustellen scheint (vielleicht die des Richters?).
Nicht angegeben werden Druckort und Drucker, doch konnte durch Typenvergleich herausgefunden werden: Leipzig: Martin Landsberg 1510.
17,5 × 10,5 cm
Wolfenbüttel, Herzog August Bibliothek (T 91.4 Helmst.)

b) Ein wunderbarlich geschi = /chte: wie die Merckischen // judẽ das hochwirdig // Sacramẽt gekau = //fft vnnd zu mar// tern sich vnđ//stannden // Anno d[omi]ni M. d. x.
(Am abend der gepurd Marie) [7. September 1510]
4 ungezählte Blätter, ohne Angabe von Druckort und Drucker: München: Hans Schobser.
19,5 × 14 cm
München, Bayerische Staatsbibliothek (4 Jud. 30[6])

c) [Sumarius]
Ditzs ist der wahrhafftig Sumarius der gerichts hendel vnnd proceß der gehalten ist worden vff manchfaldig Indicia / aussag und bekentnus eines Pawl From gnant der das hochwirdig Sacrament sambt einer monstrantzien etc. auss der kyrchen zu Knobloch gestolen. Vnd auch der begangen hendell der Jüden die ir thetliche hannde an das aller heiligst hochwirdigst Sacrament Vnnd vil vnschuldige cristliche kinder torstiglich geleget vnnd im Zehende Jar zu Berleinn gerechtfertigt sein worden.
Gedruckt zu Franckfurt an der Oder

durch Johannem Hanaw. im iar tausent fünfhundert vnd im eylfte / Sonabent vor vnser lieben frawen liechtmeß [Frankfurt/O.: Johann Hanau, 27. Januar 1511].
22 ungezählte Blätter im Klein-Quart mit 25 Holzschnitten.
Von dem schon im 19. Jahrhundert als ganz selten geltenden Druck befindet sich das hier ausgestellte Exemplar, dem nur die Titelseite fehlt, im Besitz des Vereins für die Geschichte Berlins; ein zweites, lediglich fragmentarisch erhaltenes Exemplar wird in der Bibliothek des Märkischen Museums in Berlin (Ost) aufbewahrt.
Der „Sumarius" ist die ausführlichste und wichtigste Quelle zum Berliner Judenprozeß von 1510, besonders interessant durch die Illustrationen, von denen die auf der Rückseite von Blatt 17 im Hintergrund mit der Abbildung der Marienkirche und zweier Häuser am Neuen Markt die älteste Darstellung eines Berlin-Motivs bietet.
Eine Beschreibung der 25 Holzschnitte und ein Abdruck des Textes des „Sumarius" findet sich bei Friedrich Holtze, das Strafverfahren gegen die märkischen Juden vom Jahre 1510 (= Schriften des Vereins für die Geschichte Berlins 21), Berlin 1884, S. 57–72.
Berlin, Der Verein für die Geschichte Berlins.

68.
Urfehde der braunschweigischen Juden 1510 September 25
Pergament, 17 angehängte Siegel an Pergamentstreifen
35 × 53 cm
Niederdeutsch
Braunschweig, Stadtarchiv (A I 1 Nr. 1256)
Abb.
Lit.: H.-H. Ebeling, „De jodden, de hyr wonhafftich syn..." Judenschutz und Judenpolitik des Braunschweiger Rates im Spätmittelalter zwischen Pestverfolgung und Vertreibung 1250–1546. In: Rat und Verfassung im mittelalterlichen Braunschweig, Braunschweig 1986, S. 39–98 Abb. 138
1510 wurden braunschweigische Juden unter dem Vorwurf der Hostienschändung inhaftiert. Sie wurden beschuldigt, an dem Vergehen, das den Juden in der Mark Brandenburg zur Last gelegt wurde, beteiligt gewesen zu sein. Während der Prozeß gegen die märkischen Juden mit einer Massenverbrennung in Berlin endete, wurden die braunschweigischen Juden wieder entlassen. In der Urfehde verpflichteten sie sich, keine Rache für die erlittene Haft zu nehmen.

chen Magdeburger Drucker identisch ist, der 1509 eine Schrift über das Wunderblut zu Wilsnack herausbrachte, „ein Lied von dieser Geschicht gemacht / und zum Druck verfertiget". Es ist nicht im Original überliefert, aber – unter Übernahme der Sprachformen des ausgehenden 16. Jahrhunderts – wiedergegeben bei Andreas Angelus, Annales Marchiae Brandenburgicae, Frankfurt/O. 1598, S. 277–279.

7. Sumarius, vgl. Nr. 67c.
Im Deckel eines Buches der Gymnasialbibliothek zu Landsberg an der Warthe wurde eine aus der Druckerei des Johann Hanau stammende Einblatt-Buchanzeige gefunden, für die der – im ausgestellten Exemplar fehlende – Titelholzschnitt des „Sumarius" wiederverwendet wurde; vgl. Konrad Haebler, Eine märkische Buchhändleranzeige aus dem Jahre 1511 (= Der Berliner Bibliophilen-Abend seinen Gästen, zum Stiftungsfest am 22. Januar 1909), Berlin 1909 (6 ungezählte Blätter, dort auf der Vorderseite von Blatt 2 Wiedergabe der Anzeige).
D. Kurze (Berlin)

138. Urfehde der Braunschweigischen Juden, 1510.

69.
Urfehde dreier braunschweigischer Juden 1510 September 25
Pergament, 3 angehängte Siegel an Pergamentstreifen
17 × 37,5 cm
Niederdeutsch
Braunschweig, Stadtarchiv (A I 1 Nr. 1257)
Zur Sache vgl. Nr. 68

Akten einer Berliner Inquisition 1458

Auch in der mittelalterlichen Mark Brandenburg, besonders in der Uckermark und in der Neumark, gab es Christen, die sich durch ihre Glaubens- und Lebensformen von der katholischen Kirche hartnäckig unterschieden und deshalb als Ketzer verfolgt wurden. In ihrer strengen Beichtpraxis, der Ablehnung des Eides, der Todesstrafe, des Fegefeuers und der kirchlichen Hierarchie gaben sie sich als Waldenser zu erkennen. Ein erstes Inquisitionsverfahren brachte 14 Angeklagte 1336 in Angermünde auf den Scheiterhaufen. 1384 fand in Prenzlau ein Prozeß statt, und in den Jahren 1392–94 wurden in Stettin mehr als 450 märkisch-pommersche Waldenser verhört, kamen aber, wie es scheint, mit milden Strafen davon. In der ersten Hälfte des 15. Jahrhunderts übernahmen sie Elemente der auch politisch als gefährlich geltenden hussitischen Häresie und nannten sich die „treuen Brüder“. Nach der Gefangennahme und Hinrichtung ihres in Straßburg wohnenden „Bischofs“, Friedrich Reiser, wurden in der Mark ein ehemaliger Schneider und jetziger „Priester“, Matthäus Hagen, mit drei Gehilfen gefangen und auf Befehl des Markgrafen Friedrich II. nach Berlin gebracht. Dadurch wurde nun auch die Stadt an der Spree zum Ort eines vom zuständigen Bischof, Stephan Bodecker, und von dem Franziskaner Johannes Kannemann geleiteten Inquisitionsverfahrens. Die Folter brauchte nicht angewandt zu werden. Die drei Gehilfen ließen sich überzeugen, wurden wieder in die Kirche aufgenommen und hatten als vorläufige Bußleistung nur Kreuze auf ihren Kleidern zu tragen. Matthäus Hagen aber blieb unbeugsam. Nach dreitägigen Verhandlungen wurde er am 28. April 1458 auf dem Markt in Berlin dem weltlichen Arm zur Bestrafung übergeben und verbrannt.
Den gesamten Prozeßverlauf mit allen seinen Formalien hat als Notar der Lebuser Geistliche Heinrich Bawerungk festgehalten. Eine bald nach dem Verfahren angefertigte Abschrift der Akten ist in einem Band der Herzog-August-Bibliothek zu Wolfenbüttel (Cod. Helmst. 403) überliefert. Sie findet sich dort auf den Blättern neuer Zählung 1 und 3–18. Unmittelbar anschließend (bis Blatt 20) ist der Bericht über ein Pauschalverfahren gegen Kerkower Bauern in Angermünde vom Juni 1458 eingetragen. Den Rest des Kodex (Blätter 21–125) füllen zunächst in Prenzlau aufbewahrte Protokolle der Stettiner Inquisition aus dem Ende des 14. Jahrhunderts. Wann und von wem der Band zusammengestellt wurde, ist nicht mehr feststellbar, doch scheint ihn der protestantische Kirchenhistoriker Mathias Flacius Illyricus bereits 1555 in der vorliegenden Form benutzt zu haben. Mit anderen Teilen seiner Büchersammlung ist der Kodex in die Bestände der heutigen Herzog-August-Bibliothek gelangt.
D. Kurze (Berlin)

Vitrine 22

70.
Akten einer Berliner Inquisition 1458
29,5 × 22 cm
Wolfenbüttel, Herzog August Bibliothek (Cod. Guelf. 403 Helmst.)
Lit.: Quellen zur Ketzergeschichte Brandenburgs und Pommerns. Gesammelt, herausgegeben und eingeleitet von Dietrich Kurze (= Veröff. d. Histor. Kommission zu Berlin 45), Berlin – New York 1975, bes. S. 6ff., 39f. u. 288ff.

V. DER ADEL

Vitrine 1

1.
Schwert
Eisen, L 97 cm
12. Jh. (wikingisch)
aus der Warthe bei Landsberg
MVF o. Nr.
Auf der Klinge ist der Name des Herstellers eingraviert.

2.
Schwert
Eisen, L 81,5 cm
11. Jh.
Berlin Tegel „Reiherwerder"
MM II 41412

3.
Scheidenbügel
Eisen, L 18,4 cm
Ende 13. Jh.
Berlin Spandau, Mönchstr.
MVF If 20118

4.
Normannischer Helm
Eisen, H 17 cm, B 18 cm, L 24 cm
11. Jh.
o. Fundort
Privatbesitz

5.
Flachscheitliger Topfhelm
Eisen, H 25 cm, B 25 cm, L 35 cm
13./14. Jh.
o. Fundort, Deutsch (?)
Privatbesitz
Der Helm ist aus fünf Platten zusammengenietet. Die mit einem sehr ausgeprägten Mittelgrad versehene Gesichtsplatte hat auf beiden Wangen je elf Luftlöcher in Form eines senkrecht halbierten Kreuzes. Die paarweise angeordneten Löcher unterhalb der Scheitelplatte dienten zur Befestigung des Helmschmucks.

6.
Streitaxt
Eisen, Klinge 30 × 20 cm
11. Jh.
o. Fundort
Privatbesitz

7.
Schildbuckel (Beschlag)
Kupfer mit Goldauflage
Dm 9,7 cm
um 1100
Burgwall Berlin Spandau
MVF IF 17214

139. Schildbelag, um 1100.

8.
Schildbuckel
Eisen verzinnt, Dm 20,1 cm
um 1100
Burgwall Berlin Spandau
MVF If 16472

9.
Lanzenspitze
Eisen, L 17,9 cm
1. H. 12. Jh.
Burgwall Berlin Spandau
MVF If 17612

10.
Lanzenspitze
Eisen, L 39,2 cm
12. Jh.
Burgwall Berlin Spandau
MVF If 16348

11.
Zwei Speerspitzen
Eisen, L 8,3 cm u. 4,5 cm
11. Jh.
Burgwall Berlin Spandau
MVF If 16253, 16250

12.
Axt
Eisen, L 8,3 cm
11. Jh.
Burgwall Berlin Spandau
MVF If 10410

13.
Sechs Sporen
a) Stachelsporn
12./13. Jh.
Burgwall Berlin Spandau
MVF If 17239

b) Sporn mit Zwiebelkopf
Eisen, L 10,5 cm
1. H. 12. Jh.
Burgwall Berlin Spandau
MVF If 17588

c) Sporn
Eisen mit Silber belegt, L 13,3 cm
12. Jh.
Burgwall Berlin Spandau
MVF If 17615

d) Rädchensporn
Eisen, L ca. 10,5 cm
13. Jh.
Burgwall Berlin Spandau
MVF If 18814

e) Stachelsporn
Eisen, L 12,1 cm
13. Jh.
Berlin Spandau, Behnitz
MVF If 16558

f) Stachelsporn
Eisen verzinnt (?); L 13 cm
13. Jh.
Berlin, Spandau, Fischerstr.
MVF If 16454

14.
Trensenteile
Eisen, L ca. 18 cm
11. Jh.
Burgwall Berlin Spandau
MVF If 16237 a–d

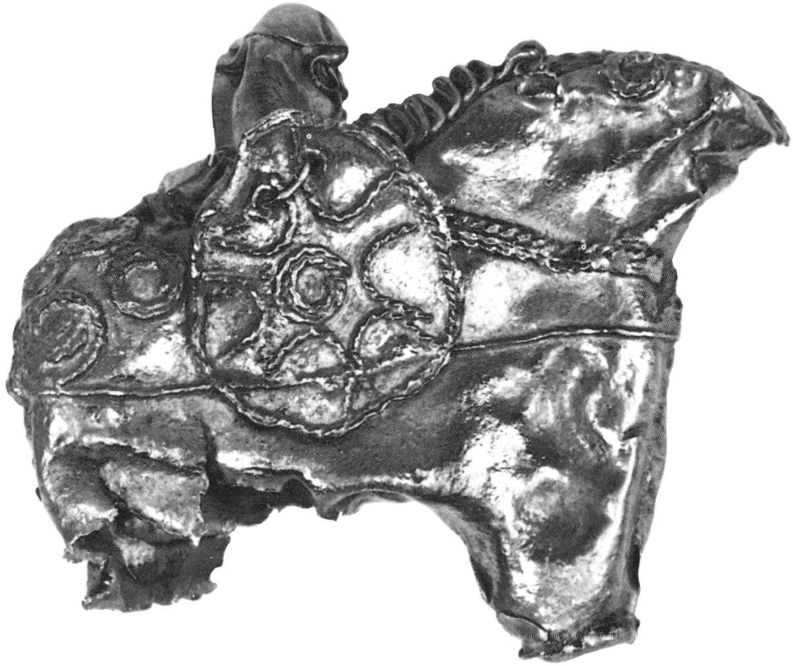

140. Kleine Reiterfigur, Anfang 11. Jh.

15.
Beschläge vom Zaumzeug
Bronze, L 41 cm, B 3,9 cm
11. Jh.
Burgwall Berlin Spandau
MVF If 16549

15a.
Nachbildung von 15

16.
Kleine Reiterfigur
„slawischer Reiter" aus dem Hacksilberfund von Leissow
Silber, L 3,7 cm, H 3 cm, 0,9 cm dick
Anfang 11. Jh.
Leissow (Mühle), West Sternberg
MVF MM II 20309–470
Der Ritter trägt Helm, Lanze und Schild.
Abb. 140

Vitrine 2

17.
Drei Spielsteine
a) Geweih, Dm 4,2 cm
mit der Darstellung eines Trapphahnes
Ende 11. Jh.
Burgwall Berlin Spandau
MVF If 16211
Abb. 141

b) Gestein, Dm 3 cm
1. H. 12. Jh.
Burgwall Berlin Spandau
MVF If 17623

c) Knochen, Dm 1,8 cm
2. H. 12. Jh.
Burgwall Berlin Spandau
MVF If 19585

18.
Drei Fingerringe
a) achteckiger Ring
Gold, Dm 2,3 cm; 2,2 g
um 1100
Burgwall Berlin Spandau
MVF If 17633
Abb. 72 auf S. 165
Der Ring trägt die Inschrift „Thebal gut gutani"

b) Ring mit eingelegtem Stein
Bronze/Stein, Dm 2,2 cm
1. H. 12. Jh.
Burgwall Berlin Spandau
MVF If 19645

c) Ring
Glas, Dm 2,8 cm
11./12. Jh.
Burgwall Berlin Spandau
MVF If 19650

Vitrine 3

19.
Grundtriss Der Churfürstlichen Brandenburg. Pass- und Haubt Vöstung Spandaw
von Albrecht Faulhaber (1685)
Pergament, 67,8 × 76,7 cm
kolorierte Handzeichnung
Berlin, Staatsbibliothek PK, Kartenabteilung (Kart X 33854)

20.
Modell der Zitadelle Spandau im 14. Jh.
Maßstab 1:200
Erarbeitet von W. Gehrke
Hergestellt von Schülern der Otto-Bartning-Oberschule

21.
Mittelalterliche Adelssitze im Raum Berlin (Karte)
Bearbeitet von F. Escher
gezeichnet von L + Z Grafik Design, 1987

22.
Namensübertragung für Siedlungen, die mit Adelsgeschlechtern in Verbindung zu setzen sind (Karte)
Bearbeitet von F. Escher
Gezeichnet von L + Z Grafik Design, 1987

23.
Nachgewiesener Eigenbesitz der Herren von Schneidlingen (Vögte von Spandau) Mitte des 13. Jh. (Karte)
Bearbeitet von F. Escher
Gezeichnet von L + Z Grafik Design, 1987
Abb. 75 auf S. 170

141. Spielstein, Ende 11. Jh.

Vitrine 4

24.
Kugeltopf
schwarzgrauer Ton, H 15 cm;
Dm 17,2 cm
13. Jh.
Berlin Spandau, Zitadelle
MVF If 17452

25.
Kleiner Kugeltopf
schwarzgrauer Ton, Dm 12,7 cm;
H 10,2 cm
13. Jh.
Berlin Spandau, Zitadelle
MVF If 17225

26.
Grapen
Bronze, H 29,7 cm;
Mündungsdm. 35,3 cm
14./15. Jh.
Götz, Kreis Zauch-Belzig
MVF If 15929
Abb. 142

142. Bronzener Grapen, 14./15. Jh.

27.
Eckige Holzschale
außen geschnitzt, innen gedrechselt,
L 21,1 cm, B 20,6 cm
14. Jh.
Berlin Spandau, Zitadelle
MVF If 17078

28.
Eckige Holzschale
außen geschnitzt, innen gedrechselt,
Dm 15,9 cm
14. Jh.
Berlin Spandau, Zitadelle
MVF If 17079

29.
Runde Holzschale
außen geschnitzt, innen gedrechselt,
Dm 23,7 cm
14. Jh.
Berlin Spandau, Zitadelle
MVF If 17111

30.
Gefäß mit flachem Boden
schwarzgrauer Ton, Dm 17,5 cm;
H 14,4 cm
Ende 15. Jh.
Berlin Spandau, Zitadelle
MVF If 20216

31.
Kugelkopf
schwarzgrauer Ton, Dm 22,6 cm;
H 20,8 cm
15. Jh.
Berlin Spandau, Zitadelle
MVF If 17055

32.
Gerippter Henkeltopf (Kanne)
heller Ton, innen gelbe Glasur
H 15,5 cm; innerer Dm 11 cm
16. Jh.
Berlin Spandau, Zitadelle
MVF If 17056

33.
Runde Bratpfanne
heller Ton, innen gelbe Glasur
äußerer Dm 24 cm; Grifflänge 7,5 cm
1. H. 16. Jh.
Berlin Spandau, Zitadelle
MVF If 20256

34.
Ovale Pfanne oder Bräter
heller Ton, innen gelbe Glasur
gr. Dm 17,5 cm; Grifflänge 8 cm
1. H. 16. Jh.
Berlin Spandau, Zitadelle
MVF If 20259

35.
Becher
ziegelroter Ton, H 25,5 cm; Dm 11 cm
16. Jh.
Berlin Spandau, Zitadelle
MVF If 20260

36.
Kleiner Becher
ziegelroter Ton, H 18,5 cm; Dm 8,5 cm
16. Jh.
Berlin Spandau, Zitadelle
MVF If 20261

37.
Schüssel
ziegelroter Ton, gr. Dm 20,7 cm
16. Jh.
Berlin Spandau, Zitadelle
MVF If 20263

38.
Zwei Ofenkacheln
schwarzgrauer Ton
14. Jh.
Berlin Spandau, Zitadelle
MVF If 17052, 17053

39.
Muscheln (Austern)
13. Jh.
Berlin Tempelhof, Dorfkirche und Zitadelle
MVF If 20255/1–4

Vitrine 5

40.
Amtsrechnung des Spandauer Vogts Marquard Lutterbeke von 1340, Bl. 6
Papier 32 × 22,5 cm
Deutsch
München, Bayerisches Hauptstaatsarchiv (Fürstensachsen 1322)

Vitrine 6

41.
Peter Hafftiz
Wahre eigentliche und gründliche Beschreibung des Zustands der Chur Brandenburg, Berlin und Cölln an der Spree
1595
Papier, 33 × 21,5 cm
Deutsch
Berlin, Geheimes Staatsarchiv PK (X.HA Rep. 16 Nr. 66)
Abb. 76 auf S. 172
Früheste handschriftliche Überlieferung der Aufzeichnungen des Engelbert Wusterwitz. Sie geben ein anschauliches Bild der unruhigen Verhältnisse an der Wende vom 14. zum 15. Jh.

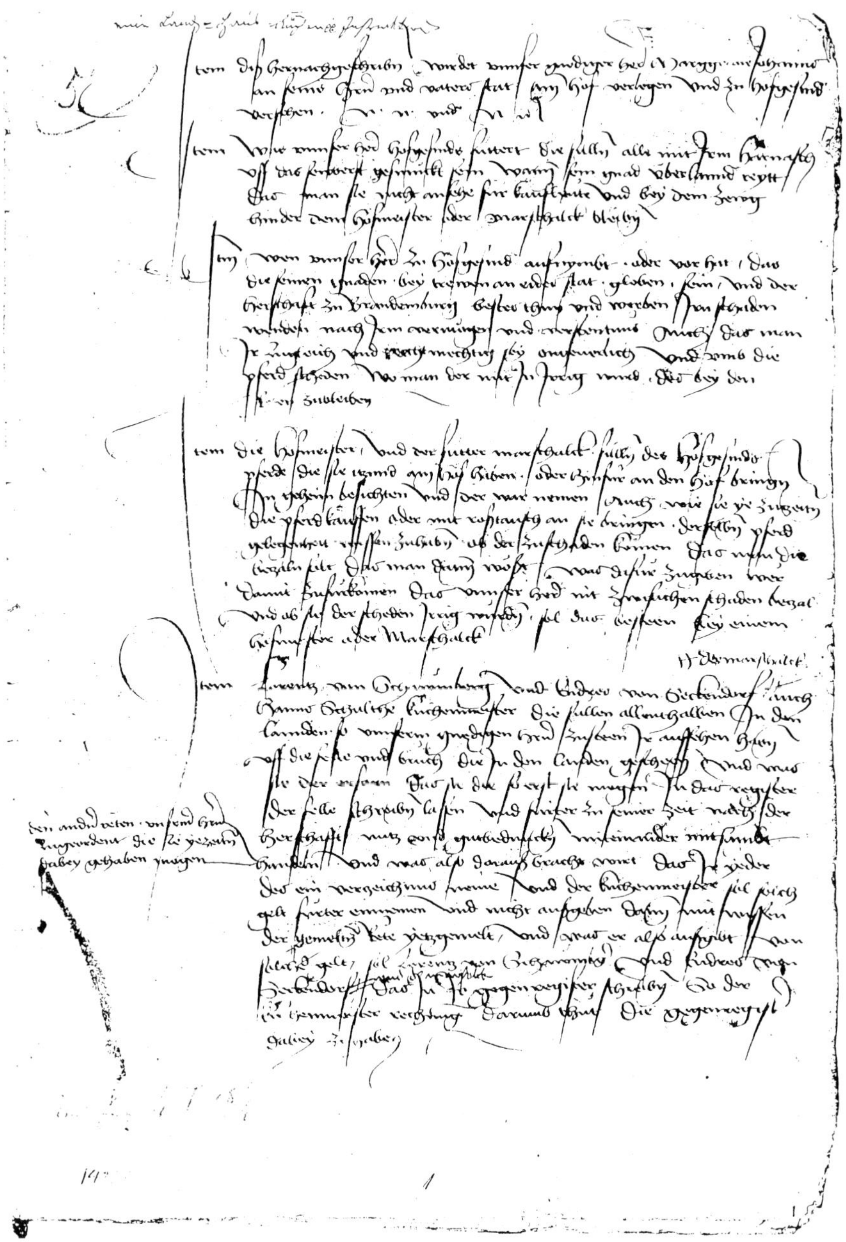

143. Landes-, Haus- und Kücheninstruktion des Albrecht Achilles, 1470.

Vitrine 7

42.
Landes-, Haus- und Kücheninstruktion des Albrecht Achilles von 1470
Papier, 31,5 × 22 cm
Bamberg, Staatsarchiv (A 160 L 558 Nr. 557)
Es handelt sich um die erste Hofordnung der Mark Brandenburg. Sie wurde von dem fränkischen Ritter Ludwig von Eyb verfaßt.

43.
Belehnungsurkunde von 1415 April 30
Pergament, 61 × 34 cm
Majestätssiegel an blauroter Seidenschnur
Deutsch
Berlin, Geheimes Staatsarchiv PK (BPH Urk. Abt. VI Nr. 38)
Druck: CDB II, 3, S. 226
Belehnung des Burggrafen Friedrich VI. von Nürnberg, Kurfürst Friedrich I. von Hohenzollern, durch König Sigismund mit der Mark Brandenburg.
Abb. 143

Vitrine 8

44.
Vier Schlußsteine aus dem Herrenhaus Dahlem
Gipsabgüsse; 26 × 28 cm
15. Jh.
a) Christus mit der Dornenkrone

b) beflügelter Stier

c) Adler

d) Geflügelter Löwe

Vitrine 9

45.
Dorfordnung Mahlsdorf
8. Okt. 1614
Papier, 16 Bll., 20 × 34 cm
Deutsch
Berlin, Geheimes Staatsarchiv PK (Pr. Br. Rep. 2a Kurmärkische Kammer, Domänenregistratur, Amt Köpenick, Paket 3)

46.
Versuch einer Rekonstruktion der markgräflich-kurfürstlichen Hofhaltung in Berlin vor dem Schloßbau.
Erarbeitet von W. Gehrke und G. Embleton
Hergestellt vom Schweizerischen Waffeninstitut Grandson nach Abbildungen des 15. Jhs.

Vitrine 10

47.
Schwert
(Anderhalb-Zweihänder)
Eisen, L 108 cm
Spitze weggebrochen
1. Hälfte 14. Jh.
Berlin Wedding
MVF EB 1956:61

48.
Helm, sog. Hundskugel
Eisen, L 35 cm, H 30 cm, B 24 cm
Kopie
14./15. Jh.
o. Fundort; Deutsch (?)
Privatbesitz

49.
Kettenhemd
Eisen, H 80 cm; B 100 cm
15. Jh.
o. Fundort
Privatbesitz

50.
17 Panzerplättchen
Eisen, L ca. 4,3–6,5 cm
14. Jh.
Berlin Spandau, Zitadelle
MVF If 17139/1–5; 1709.1–12

51.
Steigbügel
Eisen, H 16,7 cm, B 13,3 cm
14. Jh.
Berlin Spandau, Breite Str. 2
MVF If 16557

52.
Spornrädchen
Eisen, Dm ca. 5 cm
14. Jh.
Berlin Spandau, Behnitz
MVF If 16559

53.
Fünf Sporne
a) Stachelsporn
Eisen, L 8,5 cm
14. Jh.
Berlin Spandau, Fischerstr. 43–44
MVF If 16789

b) Stachelsporn
Eisen verzinnt (?), L 8,6 cm
13./14. Jh.
Berlin Spandau, Mönchstr.
MVF If 20125

c) Stachelsporn
Eisen
13./14. Jh.
Berlin Spandau, Markt
MVF If 20250

54.
Pfeilspitze
Eisen, L 5,2 cm
13./14. Jh.
Berlin Spandau, Mönchstr.
MVF If 20116

55.
Pfeilspitze
Eisen, L 9,4 cm
14. Jh.
Berlin Fischerstr. 19
MVF If 20038

56.
Dolch (Panzerstecher)
Eisen, L 28,5 cm
16. Jh.
Berlin Spandau, Zitadelle
MVF If 20204

57.
Zwei Armbrustbolzen
Eisen L 5,5–6,9 cm
14. o. 15. Jh.
Berlin Spandau, Zitadelle und Platz am Kolk
MVF If 17062; 16782

58.
Trensenteil
Eisen, L 11,9 cm
13./14. Jh.
Berlin, Fischerstr. 19
MVF If 17098

59.
Trense
Eisen
13./14. Jh.
Berlin Spandau, Platz am Kolk
MVF If 20149

60.
Trense
Eisen, L 24,5 cm
14. Jh.
Berlin Spandau, Breite Str. 32
MVF If 20276

61.
Heerlager
Erarbeitet vom Schweizerischen Waffeninstitut Grandson nach Abbildungen des 15. Jhs.

Vitrine 11

62.
Das Berliner Stadtschloß
Aquarell
17. Jh. (?)
Berlin, Landesarchiv (Rep 250, Acc. 664.1)

Vitrine 12

63.
Turnierharnisch des Markgrafen Georg Friedrich von Brandenburg, Ansbach-Bayreuth (1539–1603)
Hervorragendste Arbeit des Nürnberger Hofplattners Wilhelm von Worms d. J.
um 1560
Ehemals Zeughaus Berlin
Berlin, Kunstgewerbemuseum SMPK
Lit.: Paul Post, Das Zeughaus, Die Waffensammlung 1. Teil, Berlin 1929, S. 71f.
Der Harnisch ist, wie aus urkundlicher Überlieferung hervorgeht, am 24. August 1561 anläßlich der in Leipzig stattgefundenen Hochzeit der Herzogin Anna von Sachsen mit Wilhelm I. von Oranien, dem Schweiger, im Turnier benutzt worden.

Vitrine 13

64.
Türzieher des Lübecker Rathauses
Werkstatt des Johann Apengeter, Lübeck
um 1347–50
Bronze-Gitterguß, H 64 cm, B 63 cm
Gewicht 22,3 kg
Teilweise gebrochen; mehrere alte Reparaturen und Ergänzungen. Vergoldung nahezu gänzlich abgerieben. Farbreste (Mennige), die eine zeitweilige Rotfassung des Türflügels belegen, auf dem der Türzieher montiert war.
Hansestadt Lübeck, Museen für Kunst und Kulturgeschichte (St. Annen-Museum, Inv.-Nr. 1978/13). Bis 1978 Ostportal (= Hauptportal) des Lübecker Rathauses. Seither dort moderner Abguß (rechter Türflügel) sowie ein solcher des Jahres 1817 (linker Türflügel). Abguß 1978
Abb. 144

Türzieher des Lübecker Rathauses

Die Darstellung des Türbeschlages zeigt im Gerank von Weinblättern und -trauben einen größeren Mittelring mit der Figur des deutschen Königs, umgeben von sieben kleineren Ringen mit den Figuren jener Reichsfürsten, die den König zu wählen hatten, bestätigt durch den „Kurverein von Rhense" (1338), Reichsgesetz geworden mit der „Goldenen Bulle" (1356). Von links im Uhrzeigersinn ab eigentlichem Türzieher sind dies: die rheinischen Erzbischöfe von Mainz, Köln und Trier, der König von Böhmen, Pfalzgraf bei Rhein, Herzog von Sachsen und Markgraf von Brandenburg. Sie sitzen auf Thronen und sind in ihrer Amtstracht bzw. mit ihren Amtsinsignien gegeben – die Erzbischöfe in pontifikaler Kleidung mit Krummstab, die weltlichen Fürsten mit dem (Gerichts-)Schwert, der gekrönte König mit Zepter und Reichsapfel. Allen Fürsten sind ihre Wappen beigegeben.

Daß die lehnsrechtliche Struktur des Reiches mit ihrer personalen Spitze hier am Rathaus der seit 1226 reichsfreien Stadt Lübeck zur Abbildung kam, ist in mehrfacher Hinsicht programmatisch: Zum einen wird mit der Darstellung „des Reiches" die Unabhängigkeit der Hansestadt von jeglicher Landesherrschaft sowie die alleinige Nachordnung der Reichsspitze betont, ja diese Reichsunmittelbarkeit Lübecks ist der eigentliche und hauptsächliche Bildinhalt.

Zum andern ist die Abbildung des seit 1338 in besonderer Weise festgelegten Wahlgremiums mit dem gewählten König eine Stellungnahme der freien Reichsstadt zum Eigenwert des „althergebrachten" Reichsrechtes – und damit erneut zur eigenen Unabhängigkeit. Man goß den Türzieher nämlich zu einer Zeit, als sich König und Reich gegen päpstliches Bestreiten der Legitimität unabhängiger Königswahlen wehrten und diese formal festzuschreiben suchten. Weiterhin war es die Zeit der Thronkämpfe zwischen den Häusern Wittelsbach und Luxemburg, zwischen Kaiser Ludwig dem Bayern und seinem Sohn, dem Markgrafen Ludwig V. von Brandenburg auf der einen Seite und auf der anderen König Johann von Böhmen und dessen Sohn, dem späteren Kaiser Karl IV. Aufgrund der Westorientierung der hansischen Fernhandelsstädte sowie Lübecks im Besonderen nahmen sie für Kaiser Ludwig Partei. Dessen Sohn, der Markgraf von Brandenburg, hatte überdies den lübeckischen Reichsvogt Graf Berthold VII. von Henneberg zum Vormund, der somit auch Verweser der Mark Brandenburg war. Lübeck stand Karl IV., Gegenkönig seit 1346, auch noch nach dem Tode Kaiser Ludwigs (1347) längere Zeit ablehnend gegenüber.

Eine genaue personenbezogene wie stadt- und reichsgeschichtliche Deutung des Lübecker Türziehers setzt dessen äußerst präzise Datierung voraus. Diese ist mangels eindeutiger Quellenlage aber kaum anzugeben. Einige Daten liegen zwar vor, so für die mutmaßlich schrittweisen Umbauten des Rathauses zwischen 1344 und 1351, für einen Rathausbrand um die Jahreswende von 1357 auf 1358,für ein neues Dachwerk – dendrochronologisch datiert um 1360 – sowie für einzelne Nutzungen des Gebäudes, etwa für den ersten „Hansetag" 1358. Aber der Bronzeguß selbst, der zur Neuausstattung des Rathausumbaues zu gehören scheint, gibt uns leider nur indirekte und mitnichten hinreichende Auskünfte.

So weicht die Heraldik vom zu Erwartenden ab: Der Pfalzgraf bei Rhein und der Herzog von Sachsen zeigen entweder ein leeres Wappenschild oder anstatt gekreuzter Schwerter und Rautenkranz einen kleinteilig gerauteten Querbalken (für Sachsen-Wittenberg statt Sachsen-Lauenburg?). Darin könnte sich eine Unsicherheit über die wirklich Wahlberechtigten äußern.

Der Erzbischof von Trier hält ein Wappenschild nicht mit dem Kapitelskreuz sondern dem Gotteslamm (Agnus Dei). Dieses mag auch der Unterscheidungsmöglichkeit zum benachbarten Kölner Erzbischof dienen, wird aber hauptsächlich damit zu begründen sein, daß der damalige Erzbischof Balduin von Trier, ein Luxenburger, seinem Hochstift die Reichsabtei Prüm von 1347 bis

Lit.: Theodor Hach, Zur Geschichte der Erzgießkunst, in: Repertitorium f. Kunstwiss. 4, 1881, S. 157–182. – Ders., Lübecker Glockenkunde, Lübeck 1913, S. 181 ff. – Josef Giesen, Heraldisches am Türklopfer des Lübecker Rathauses, in: Zeitschr. d. Vereins f. Lübeckische Gesch. u. Altertumskde. 30, 1940, S. 361–364. – Die Bau- u. Kunstdenkmäler der Hansestadt Lübeck, Bd. I/2, Lübeck 1974, S. 147 ff. – Jürgen Wittstock, Kirchliche Kunst des Mittelalters und der Reformationszeit (= Lübecker Museumskataloge I), Lübeck 1981, Nr. 297 (m. Lit.). – Ursula Mende, Die Türzieher des Mittelalteres (= Bronzegerät des Mittelalters 2), Berlin 1981, S. 95 ff. u. 267 ff. (m. Lit.). – Ernst G. Grimme, Bronzebildwerke des Mittelalters, Darmstadt 1985. – Gerhard Gerkens u. Ulrich Pietsch, Kunst und Kultur in Lübeck, Stuttgart 1986, S. 7. – Armin Wolf, Die ältesten Bilddenkmale der Kurfürsten, in: Protokoll Nr. 285 d. Konstanzer Arbeitskreises f. mittelalterl. Gesch. 18.3–21.3. 1986, S. 4 ff.

144. Türzieher aus Lübeck, um 1340.

zu seinem Tode 1354 inkorporieren konnte. Das Agnus Dei ist nun das Prümer Wappen, womit uns auch ein Datierungshinweis gegeben ist.
Von der allgemeinen Einordnung abgesehen, daß der Türzieher in das zweite Viertel oder um die Mitte des 14. Jahrhunderts zu setzen ist, darf vom stilgeschichtlichen Entwicklungsstand eine einengende Datierung kaum erwartet werden. Die Bildgießer nutzten in ihren Werkstätten über längere Zeiträume hinweg nämlich immer die gleichen Model, dies gelegentlich – wie auch für Lübeck belegt – sogar nach Meisterwechsel. Für die Gußform des Türziehers sind in der Tat Model (Matrizen) nachzuweisen, etwa für Weinblätter und Trauben, insbesondere aber für die Körper der weltlichen Kurfürsten: Jeweils modelgleich sind der König von Böhmen und der Markgraf von Brandenburg einerseits sowie der Pfalzgraf bei Rhein und der Herzog von Sachsen andererseits. Es weichen allein die Häupter und Wappen der Dargestellten voneinander ab. Gleichwohl sind es weder Portraits, noch ist über die Kleidungsmode eine nähere Datierung zu gewinnen. Auch die Formen der erzbischöflichen Mitren, die weit vor die Mitte des 14. Jahrhunderts weisen, dürften auf ältere Model zurückzuführen sein.
Der Türzieher steht den Werken des Johann (Jan, Hans) Apengeter (von Halberstadt) nahe und hat gewisse Parallelen in den Türziehern von Kolberg und Stettin. Im Vergleich mit der qualitätvollen Bronzetaufe in Kiel (1344) und

der mutmaßlichen Werkstattarbeit der Tauffünte von St. Marien (1337) schließt sich der Türzieher eher an den Kieler Guß an. Seiner partiellen Derbheit halber dürfte er aber kaum eigenhändig sondern eher ebenfalls eine Werkstattarbeit sein.
Hans Apengeter (hier wurde eine Berufsbezeichnung zum Nachnamen: Apengeter = Affengießer; Apen/Affen = figürliche Verzierungen; ein Apengeter ist daher Bildgießer, der sich von den Grapengetern/Grapengießern absetzt, die Grapen, Haushaltsgerät und Glocken gossen) ist in den Jahren 1332 bis 1341 als wohlhabender Hausbesitzer in Lübeck belegt. Werkstatt und Gießhaus („fabrica") hatte er in der Breiten Straße 36 (Eckhaus Beckergrube). Hans Apengeter war höchstwahrscheinlich auch der Gießer des Bronzegrabmales für Bischof Heinrich Bochold († 1341) im Lübecker Dom, wohl aber nicht Hersteller des Modells dazu. Apengeters Tauffünte in Kiel, datiert auf das Jahr 1344, ist kaum als ein ausreichender Beleg anzunehmen, er habe damals Lübeck bereits verlassen. Hingegen können seine Arbeiten in Südniedersachsen, etwa die Göttinger Glocke des Jahres 1348, dafür Indiz sein, so daß in Lübeck zu dieser Zeit nur noch seine Werkstatt und ein in ihr nachfolgender Meister tätig gewesen sein dürfte.
So gehen wir davon aus, daß der Türzieher im Zuge des Rathausumbaues zwischen 1344 und 1351 für das neue Ostportal gegossen wurde. Spätestens zur Zeit der großen Pestepidemie des Jahres 1350 wird er fertiggestellt und angebracht gewesen sein, denn danach war der „normale" Lauf der Dinge und Arbeiten auch in Lübeck der enormen Bevölkerungsverluste wegen für geraume Zeit unterbrochen.
Bisher ist nicht hinreichend untersucht worden, wie der Türzieher im Verhältnis zum Rathausneubau mit seiner Portalverlegung, den neuen Raumdispositionen, der lettnerartigen Vorhalle sowie den später hinzugefügten Beischlagwangen mit dem Bildnis des Kaisers und dem Reichswappen zu bewerten ist. Ausweislich unsauberer Verstreichungen auf der Rückseite und den dortigen Spuren von Kernen, auf denen die Wachsmodelle der Figuren aufgetragen worden sind, ist unser Bronze-Gitterguß im Wachsausschmelzverfahren hergestellt worden. Damit ist sicher, daß es keinen zweiten, formidentischen Türzieher gegeben haben kann. Gleiches legen auch die Quellen nahe, die über das Ersetzen des um 1770 als schadhaft abgenommenen zweiten Türziehers im Jahre 1817 berichten. Er muß also eine andere Form gehabt haben.
Der große, kreisförmige, ehemals vergoldete und vor rotem Grund stehende Guß ist ein Türbeschlag; der eigentliche Türzieher, mit dem man den Türflügel bewegte, ist ein zum Teil separat gegossener Griff in Form eines Hundes, um dessen Vorderpfoten sich eine Schlange windet. Dieser Hund ist kaum als Halterung für einen Zugring zu sehen, denn es sind keinerlei Abnutzungsspuren feststellbar.
Nach Ausgeführtem ist nochmals eigens zu betonen, daß eine Portraithaftigkeit des dargestellten Königs und der nachmaligen Kurfürsten nicht gegeben ist und auch nicht beabsichtigt war. Ein Betrachter wußte aber im 14. Jahrhundert um die Namen der hier abgebildeten Amtsträger: Der König kann nur Kaiser Ludwig der Bayer sein oder Karl IV., der König von Böhmen Johann oder dessen Sohn Karl (IV.) und der Markgraf von Brandenburg Ludwig V. oder gar der falsche Woldemar (Waldemar). Sie stehen hier aber nicht als Personen der damaligen Zeitgeschichte, sondern vertreten als Königswähler bzw. König das Reich und dessen Recht. Die Wirkung von Form und Inhalt unseres Türziehers kann man sich nicht eindrücklich genug vorstellen, vor allem auf die Vertreter der Hansestädte, die im Lübecker Rathaus tagten, insbesondere solcher Städte, die nicht – wie Lübeck – reichsfrei waren, etwa der Doppelstadt Berlin-Cölln.
W. Erdmann (Lübeck)

65.
Jüdische Grabsteine im Hof der Zitadelle Spandau
Berlin Spandau Zitadelle

145. Grabstein vom Jüdischen Friedhof Spandau (1244).

Die mittelalterlichen Grabsteine des jüdischen Friedhofs von Spandau

Die schon mehr als zwanzig Jahre andauernden archäologischen und baugeschichtlichen Untersuchungen auf dem Gelände der Zitadelle Spandau, insbesondere im Bereich des Palas, erbrachten bisher etwa 60 Grabsteine mit Inschriften in hebräischer Sprache. Sie waren meist beim Bau des gotischen Palas und der dazugehörigen Burgmauer (2. Hälfte 14. Jh.) vermauert worden und sind auf diese Weise erhalten geblieben. Nur 19 Grabsteine wurden bisher gelesen und publiziert; während ein Großteil der Texte noch nicht entziffert ist. Durch ihre Inschriften, die eine Datumsangabe (nach jüdischer Zeitrechnung „nach der Erschaffung der Welt“ im Jahre 3761 v. Chr.) enthalten, sind bisher zehn Grabsteine datiert. Sie umfassen einen Zeitraum von ca. 100 Jahren. Der bisher älteste erhaltene Grabstein nennt das Jahr 1244; der jüngste das Jahr 1347.
Die Fundsituation der Grabsteine und das bisher jüngste Datum lassen vermuten, daß der jüdische Friedhof von Spandau in Folge des Judenpogroms des Mittelalters zerstört wurde. In den Jahren 1347–50 suchte die Pest in bis dahin kaum bekanntem Ausmaß weite Teile Europas heim. Überall wurden die Juden für die Seuche und ihre Verbreitung verantwortlich gemacht, verfolgt, verjagt und umgebracht. Hiervon sind wohl auch die Spandauer Juden nicht verschont geblieben.
Die hohe Zahl der Grabsteine setzt eine starke jüdische Gemeinde voraus, denn nur angesehene große Gemeinden hatten einen eigenen Begräbnisplatz, auf dem auch kleinere Gemeinden aus der näheren Umgebung ihre Toten begruben. Auch die Berliner Juden bestatteten in Spandau ihre Toten.
Der jüdische Friedhof des mittelalterlichen Spandaus wird erstmals 1324 schriftlich erwähnt. Er lag vielleicht an der „Hochgerichtstr.“ außerhalb der Stadt.
Die Inschriften enthalten nicht nur das Todesdatum, sie nennen uns auch den Namen des Verstorbenen, den Namen des Vaters und manchmal auch seinen Stand innerhalb der jüdischen Gemeinschaft. So finden sich unter den Spandauer Grabsteinen vier, die für einen Rabbiner aufgestellt wurden. Unter den bisher gelesenen 19 Grabsteinen lassen sich aufgrund der Namen zwölf männlichen und sieben weiblichen Verstorbenen zuordnen.
Der Grabstein aus dem Jahre 1244 wurde errichtet für JONA, SOHN DES DAN.
Die Inschrift lautet übersetzt:

Dieses Mal
wurde errichtet
über dem Haupte der Grabstätte des H(errn)
Jona, des S(ohnes) des H(errn) Dan, der einging
zu seiner Ewigkeit im Monat Marcheschwan (zwischen
Mittwoch, 5. Okt. und Mittwoch, 2. Nov.)
(des Jahres) 5 der Zeitrechnung (5 = 5005 = 1244).

Der Grabstein aus dem Jahre 1347 wurde errichtet für SERKE, DIE TOCHTER MOSES.
Die Übersetzung der Inschrift lautet:

Dieses Mal
wurde errichtet über
der Grabstätte der Serke (?),
(b ?), der Tochter des H(errn) Mose,
die begraben wurde am sechsten (?)
Wochentage, am zwanzigsten
des Monats Ijjar (1. Mai)
(des Jahres 107 der Zeitrechnung (107 = 5107 = 1347).

Lit.: E. L. Rapp: Die mittelalterlichen hebräischen Epitaphien aus der Zitadelle von Spandau 1244–1347; in: Jahrbuch für brandenburgische Landesgeschichte 23 (1972), S. 14ff.
W. Gehrke: Siedlung und Burg auf der Spandauer Zitadelle, in: Ausgrabungen in Berlin 5 (1978), besonders S. 124–127.
G. Saherwala (Berlin)

Quellen und allgemeine Literatur

Achten, Gerard: Die theologischen Lateinischen Handschriften in quatro der Staatsbibliothek Preußischer Kulturbesitz Berlin, Wiesbaden 1984 (Achten)

Bahrfeldt, Emil: Das Münzwesen der Mark Brandenburg von den ältesten Zeiten bis zum Anfange der Regierung der Hohenzollern, Berlin 1889 (Bahrfeldt)

Berckenhagen, Ekhart: Die Malerei in Berlin vom 13. bis zum ausgehenden 18. Jahrhundert, Berlin 1964

Berlinisches Stadtbuch. Neue Ausgabe, hrsg. v. Paul Clauswitz, Berlin 1883

Clauswitz, Paul: Zur Geschichte Berlins. Historische Einleitung zu: Richard Borrmann: Die Bau- und Kunstdenkmäler in Berlin, Berlin 1893

Clauswitz, Paul/Zögner, Lothar: Die Pläne von Berlin von den Anfängen bis 1950. Nachdruck der Ausgabe von 1906, Berlin 1979

Faden, Eberhard: Berlin im Mittelalter; in: Max Arendt, Eberhard Faden und Otto-Friedrich Gandert: Geschichte der Stadt Berlin, Berlin 1937

Fidicin, Ernst: Berlin, historisch und topographisch dargestellt, Berlin 1843

ders.: Historisch-diplomatische Beiträge zur Geschichte der Stadt Berlin, 5 Tle., Berlin 1837–1842 (Fidicin)

Heise, Werner: Die Juden in der Mark Brandenburg bis zum Jahre 1571, Berlin 1932 (ND 1965)

Historischer Atlas der Provinz Brandenburg. Hrgs. v. d. Histor. Kom. d. Prov. Brdbg. 1–4, Berlin 1929–39

Historischer Handatlas von Brandenburg und Berlin. Lfg. 1ff., Berlin 1962ff. (Veröffentlichungen der Histor. Komm. zu Berlin beim Friedrich-Meinecke-Inst. d. FU Berlin)

Holtze, Friedrich: Geschichte der Stadt Berlin, Tübingen 1906

Krabbo, Hermann/Winter, Georg: Regesten der Markgrafen von Brandenburg aus askanischem Hause, Lfg. 1–12, Leipzig 1910–1955 (Krabbo)

Kuntzmüller, Otto: Urkundliche Geschichte der Stadt und Festung Spandau von Entstehung der Stadt bis zur Gegenwart, Berlin-Spandau 1928 (ND Leipzig 1978)

Mensch und Umwelt im Mittelalter, hrsg. v. Bernd Herrmann, Darmstadt 1986

Müller, Adriaan v.: Edelmann, Bürger, Bauer, Bettelmann. Berlin im Mittelalter, Berlin 1979

Riedel, Adolf Friedrich: Codex diplomaticus Brandenburgensis. Sammlung der Urkunden, Chroniken und sonstigen Quellenschriften für die Geschichte der Mark Brandenburg und ihrer Regenten, Berlin (1838–1869) (CDB)

Rose, Valentin: Die Handschriftenverzeichnisse der Königlichen Bibliothek zu Berlin, Bd. 2.1.: Verzeichnisse der lateinischen Handschriften, Berlin 1901

Schultze, Johannes: Die Mark Brandenburg, Bde. 1–3, Berlin 1961–1963

Schulze, Berthold: Berlin und Cölln bis zum 30jährigen Kriege; in: Heimatchronik Berlin, Köln 1962

ders.: Berlins Gründung und erster Aufstieg, sein Kampf mit der Territorialgewalt; in: Berlin. Neun Kapitel seiner Geschichte, hrsg. v. Richard Dietrich, Berlin 1960

Schulze, Daniel Friedrich: Zur Beschreibung und Geschichte von Spandau. Gesammelte Materialien. Im Auftrage der Kirche und der Stadt, hrsg. von Otto Recke, 2 Bde., Spandau 1913

Schwebel, Oskar: Geschichte der Stadt Berlin, 2 Bde., Berlin 1888

Slawenburg – Landesfestung – Industriezentrum. Untersuchungen zur Geschichte von Stadt und Bezirk Spandau. Hrsg. v. Wolfgang Ribbe, Berlin 1983

Das Stadtbuch des alten Köln an der Spree aus dem Jahre 1442, hrsg. v. Paul Clauswitz, Berlin 1921

Abbildungsnachweis

BAMBERG Staatsbibliothek *122, 143*
BERLIN Berlin Museum *36, 64*
BERLIN Bildarchiv Preußischer Kulturbesitz *2, 9, 30–31, 38, 43, 48, 54, 65, 68–69, 102, 114, 118, 119, 121, 123–134, 135*
BERLIN Geheimes Staatsarchiv PK *21, 45, 76, 93, 96, 100, 117*
BERLIN Klaus Goldmann *12*
BERLIN Gunther Hahn *49, 104–111*
BERLIN Kunstgewerbemuseum SMPK *116, 136*
BERLIN Kupferstichkabinett SMPK *20, 40, 94–95*
BERLIN Landesarchiv *6*
BERLIN Landesbildstelle *27–28, 32, 66, 70, 74, 145*
BERLIN Max Ley *7, 72*
BERLIN L + Z Grafik Design *4–5, 19, 22, 62, 75, 92*
BERLIN Museum für Vor- und Frühgeschichte *8, 11, 16–17, 50–51, 60, 63, 73, 83–91, 115, 137, 139–142. 14, 39, 101 (Zeichnung: H. Fleck)*
BERLIN Staatsbibliothek PK, Handschriftenabteilung *37, 67, 120*
BERLIN Erwin Reinbacher *10*
BERLIN Günter Stahn, Das Nikolaiviertel am Marx-Engels-Forum, 1985, S. 72 *80*
BRAUNSCHWEIG Westermann Verlag *13*
BRAUNSCHWEIG Stadtarchiv *138*
FREIBURG Landesdenkmalamt Baden Württemberg *113*
GÖTTINGEN Städtisches Museum *44*
GOSLAR Stadtarchiv *82*
HAMBURG Staatsarchiv *41*
KONSTANZ Thorbeke Verlag *77*
LÜBECK Amt für Bodendenkmalpflege *103*
LÜBECK W. Erdmann *144*
MARBURG Lichtbildarchiv älterer Originalurkunden *3, 59*
MOLLENFELDE Europäisches Brotmuseum, Sammlung Kunkel *46*
MÜNCHEN Bayerische Staatsbibliothek *81*
ROTHENBURG o. d. T. Mittelalterliches Kriminalmuseum *112*
TRIER Stadtarchiv *1*